MYTHOLOGIE
DER
WELTRELIGIONEN

MYTHOLOGIE DER WELTRELIGIONEN

Eine illustrierte Weltgeschichte des mythisch-religiösen Denkens

Herausgegeben von

Richard Cavendish
und
Trevor O. Ling

RVG
RHEINGAUER
VERLAGSGESELLSCHAFT

Aus dem Englischen übertragen von
Dr. Dagmar Ahrens-Thiele
Dr. Barbara Kinter
Dr. Nikolaus Mikoletzky
Dr. Joachim Rehork
Hildegard Rudolph
Dr. Peter Schröter
Dr. Gerhard Steinborn

Lizenzausgabe für RVG, Rheingauer Verlagsgesellschaft mbH,
Eltville, mit freundlicher Genehmigung der
Christian Verlags GmbH, München 1985

Die Originalausgabe erschien unter dem Titel
"Mythology. An Illustrated Encyclopedia"
by Orbis Publishing Ltd., London.

Redaktion: Rudolf Radler, Dr. Sigrun Thiessen
Textlayout: Dieter Lidl
Entwurf des Schutzumschlags: Ludwig Kaiser
Korrekturen, Register: Dr. Linde Lang

Satz: Fotosatz Schwanke + Holzmann, München
Druck, Bindearbeiten: Mladinska Knjiga, Ljubljana
Printed in Yugoslavia

ISBN 3 88102 067 5

INHALT

EINLEITUNG

Das Interesse an der Mythologie hat in den letzten hundert Jahren beständig zugenommen; bewirkt wurde dies durch die Erkenntnis, daß Mythen nicht etwa kindliche Darstellungen oder gar präwissenschaftliche Auslegungsversuche der Welt sind, sondern daß sie durchaus ernstzunehmende Einsichten in die Lebenswirklichkeit vermitteln. Mythen gibt es in allen – gegenwärtigen und vergangenen – Gesellschaften. Sie gehören zum Wesen des menschlichen Lebens, sie offenbaren Glaubensbekenntnisse, prägen Verhaltensweisen, rechtfertigen Institutionen, Riten und Wertvorstellungen. Man kann daher unmöglich die Menschen verstehen, wenn man ihre Mythen nicht kennt. Entsprechend umfassend ist das Spektrum der wissenschaftlichen Disziplinen, aus denen die Autoren dieses Buches kommen, von der Anthropologie und Archäologie über die Religionswissenschaften, die vergleichende Religionsforschung und die Religionsgeschichte, bis hin zur Sprach- und Literaturwissenschaft. Und entsprechend umfassend sind auch Anlage und Methodik des Buches, das in sechs Abschnitte und dreißig Kapitel unterteilt ist und die ganze Welt umfaßt. Jedes Kapitel behandelt die wichtigsten Mythen eines Religionsgebietes oder Kulturkreises und beleuchtet den sozialen und historischen Hintergrund, dem diese Mythen entstammen.

Mythen sind phantasievolle Überlieferungen über das Wesen, die Vergangenheit und die Zukunft des Universums, der Götter, der Menschen und der Gesellschaft. Sie werden in diesem Buch als Gedankengebäude vorgestellt, die unsere entschiedene Aufmerksamkeit verdienen, sowohl hinsichtlich ihrer Bedeutung für die Menschen, die daran glauben, als auch in bezug auf ihre Aussagen über grundsätzliche Fragen des Lebens. Es ist üblich geworden, das Wort »Mythos« zur abschätzigen Bezeichnung einer törichten Geschichte oder falschen Vorstellung zu verwenden, mit der mißlichen Folge, daß Mythen als trivial gelten. Das Gegenteil ist richtig: Gerade das, was den Menschen wichtig erscheint, findet seinen Niederschlag in ihrer Mythologie.

Aber man sollte sich auch über die fiktive Einleitung der Mythen im klaren sein. Eine gängige und ungenaue Definition des Begriffs »Mythos« lautet »eine Geschichte über Götter«, eine andere, weitergefaßte »eine heilige Geschichte«. Keine der beiden Definitionen ist korrekt, zutreffend aber ist zweifellos, daß viele Mythen Heldentaten von Gottheiten und übernatürlichen Wesen zum Inhalt haben. Diese Mythen sind Erzählungen, keine historischen Aufzeichnungen. Die darin erzählten Ereignisse haben nicht wirklich stattgefunden, und doch können diese Mythen auf Wahrheit beruhen – einer anders gearteten und tiefgründigen Wahrheit.

Wenige Menschen etwa glauben noch immer, daß das Menschengeschlecht von Adam und Eva abstamme, dem ersten Mann und der ersten Frau, die im blühenden Garten Eden lebten und von der falschen Schlange verführt wurden. Es gilt als Allgemeingut, daß dies eine fiktive Erzählung ist, aber eine fiktive Erzählung von hohem Rang. Diese Erzählung gilt zwar nicht mehr wie früher als buchstäblich wahr, wohl hält man sie aber für wahr im dichterischen Sinne. Sie sagt etwas Grundsätzliches über das Dasein der Menschen aus, das auf andere Weise nicht so vollkommen ausgedrückt werden könnte. Und gerade hierdurch unterscheidet sich diese Erzählung von der Masse trivialer fiktiver Erzählungen, so daß sie mit Recht ein Mythos genannt werden darf.

Mit einem religiösen Mythos kann eine heilige Wahrheit vermittelt werden, jedoch nicht alle Mythen sind religiös. Andere sind in erster Linie soziale und historische Mythen, in ihnen spielen Götter eine viel geringere oder überhaupt keine Rolle. Sie erläutern die Geschichte und die Grundzüge eines Gemeinwesens, einer Institution, eines Ritus oder einer gesellschaftlichen Entwicklung. Ein Mythos, der die Geschichte eines Volkes erzählt, untermauert gewissermaßen dessen Gemeinschaftssinn und Lebensrichtung, sein Selbstvertrauen und seinen Stolz. Die Römer übernahmen den größten Teil ihrer religiösen Mythen von den Griechen, und bei ihren eigenen Mythenschöpfungen ging es meist um die Geschichte Roms. Sie berichteten, wie die Stadt gegründet, wie sie mit gefährlichen Notlagen fertig wurde und gestärkt daraus hervorging, und sie beschrieben römische Bürgertugenden der Vergangenheit und stellten sie als Vorbild für die Gegenwart dar. Ein solcher Mythos mag auf wirkliche Begebenheiten gegründet sein, dennoch ist er keine historische Darstellung, sondern eine Geschichte mit Vorbild- und Lehrcharakter. Zwischen wahren und unwahren Begebenheiten wird darin nicht unterschieden. Die Kunst des Mythenerzählens ist älter als die der Gestaltung historischer Aufzeichnungen, und der Wert eines Mythos ist unabhängig von seiner historischen Genauigkeit.

Definitionen, die den Begriff »Mythos« als »Erzählung« kennzeichnen, treffen nicht zu, denn eine große Anzahl Mythen sind überhaupt keine Erzählungen. Die Mythologie einiger Gesellschaften umfaßt auch die Zuweisung verschiedener Funktionen oder Interessenssphären an diverse Götter und Göttinnen; eine Gottheit herrscht über die Landwirtschaft, eine andere über den Krieg, eine dritte über das Meer, und so fort. Darüber hinaus wird der Terminus »Mythos« auch auf religiöse und weltliche Überlieferungen angewandt, die einen bestimmenden Einfluß auf die Lebenseinstellung haben, deren Gewißheit strenggenommen aber in Zweifel gezogen werden muß. Ein Beispiel dafür ist die Höllenvorstellung. Die alte christliche Vorstellung von der Wirklichkeit der Hölle als einem Kerker des Feuers und der Folter tief im Innern der Erde, gilt vielen Christen heute als Mythos. Die darin enthaltene Wahrheit ist von anderer Art, sie lautet etwa, daß ein Mensch, der ein für allemal Gott ablehnt, zwangsläufig auch die Qualen dieser Ablehnung zu erdulden hat. Und in diesem Sinne wird im vorliegenden Buch die Vorstellung von der Hölle, im Christentum und in anderen Religionen, als Mythos verstanden.

Als Mythos gilt daher eine Geschichte oder Überlieferung, die von sich in Anspruch nimmt, eine grundlegende Wahrheit über das Universum und das menschliche Leben auszusagen, und die in ihrem jeweiligen Milieu als autoritativ gilt; aber die diesbezügliche Wahrheit ist weder wörtlich zu nehmen, noch ist sie historisch oder wissenschaftlich belegbar. Der Bericht der Bibel, nach dem Gott die Welt in sieben Tagen erschaffen hat, ist wissenschaftlich unhaltbar, genauso wie indische, tibetanische, chinesische und griechische Überlieferungen, nach denen das Universum einem Ei entschlüpft ist; aber der Kern des Mythos wird hierdurch nicht berührt, auch wird seine Glaubwürdigkeit zwangsläufig dadurch nicht erschüttert. Da Mythen aber eng mit der menschlichen Gesellschaft verwoben sind und von ihr wortwörtlich genommen zu werden pflegen, hat sich gemeinhin in der Praxis erwiesen, daß durch den Einfluß neuer Entdeckungen, neuer Verhaltensweisen und Lebensformen Mythen an Kraft verlieren.

Wenn alte Mythen untergehen, besteht Bedarf an neuen. Mythen florieren, welken und sterben ab; aber neue entstehen, alte werden wiederbelebt, und Mischformen aus alten und neuen Elementen tauchen auf, wenn sich die Zeiten ändern und Kulturen sich miteinander vermischen. Mythen sind nicht nur für analphabetische oder »primitive« Völker oder Gesellschaften der weit zurückliegenden Vergangenheit typisch, auch vielschichtige, moderne Gesellschaften haben Mythen hervorgebracht. Der Mythos vom Fortschritt etwa hatte einen tiefgreifenden Einfluß auf Verhaltensweisen und politische Entwicklungen in der modernen westlichen Welt. Linke wie rechte politische Bewegungen haben ihre Stärke aus der Überzeugung geschöpft, auf einer schicksalhaften Woge des Fortschritts nach vorn getragen zu werden, und beide haben den Mythos eines vergangenen Goldenen Zeitalters umgegossen in den neuen Mythos einer utopischen Zukunft. Offenbar ist bisher keine Gesellschaft ohne ein Mythengebäude ausgekommen, das ihre Vorstellungen von Vergangenheit, Gegenwart und Zukunftsgestaltung umfaßte.

Mythen können auf vielerlei Art interpretiert werden; aber schematisch lassen sich die funktionelle, die symbolische und die strukturelle Methode als die wichtigsten klassifizieren. Jede dieser Methoden vermag brillante und faszinierende Analysen hervorzubringen, aber es darf wohl bezweifelt werden, ob eine dieser Theorien für sich eine zufriedenstellende Deutung des universalen Charakters der Mythologie zu geben vermag. In der Praxis sind die Kategorien nicht voneinander zu trennen, und die funktionelle, die symbolische und die strukturelle Methode greifen ineinander über.

Die Vertreter der funktionellen Methode gehen davon aus, daß Mythen soziale Gegebenheiten rechtfertigen. Ein bestimmtes Volk beispielsweise lebt seit altersher vom Fischfang, und folglich existiert dort ein Mythos, der berichtet, wie in grauer Vorzeit ein übernatürliches Wesen seine Vorfahren lehrte, Fische zu fangen. Der Mythos erzählt, wie die Angehörigen des Volkes Fischer wurden, er erklärt ihre Lebensweise, erhellt ihre traditionellen Fischfangtechniken, ihre Glaubensvorstellungen und Riten, die damit in Zusammenhang stehen. Und der Mythos vermittelt ihnen auch das Gefühl, durch ihre Lebensweise am Leben ihrer Vorfahren teilzuhaben.

Auf vergleichbare Art autorisieren viele Mythen bestimmte Gruppen, Institutionen, soziale Rangordnungen, Gesetze und Riten, moralische Regeln, Werte und Glaubensvorstellungen. In aller Welt erklären und sanktionieren Mythen Verwandtschaftsbeziehungen, Heiratsbräuche, Jagdtechniken und Viehzucht, Kunst und Kriegsführung, Opferriten, die Herrschaft von Königen und Häuptlingen, die Abhängigkeit der Frau und zahlreiche andere Aspekte der Gesellschaftsstruktur. Sie üben eine wichtige moralische Funktion aus und liefern Unterscheidungskriterien zwischen angemessenen und unangemessenen Verhaltensweisen. Einige wirken auch als ungeschriebene Eigentumsurkunden, die den Anspruch eines Volkes auf sein Territorium rechtfertigen. Wieder andere werden in den Dienst politischer Zielsetzungen eines Regimes, einer Aristokratenschicht oder einer Priesterkaste gestellt, wie etwa in Ägypten, Rom und Japan, bei den Azteken oder den Inka.

Diese Mythen legitimieren den jeweiligen Status quo der gesellschaftlichen Verhältnisse. Der Natur des Menschen scheint ein tiefes Bedürfnis nach solcherart Legitimation zu entsprechen – eine Legitimation jenseits aller Rationalität – und nicht nur Stammesgesellschaften liefern hierfür Beispiele. Im 17. Jahrhundert wurde in England und Frankreich die Allmacht der Könige durch den Glauben an ihr Gottesgnadentum gerechtfertigt, ein politisches Dogma, das in mythologischen Überlieferungen wurzelt. Die Gegenströmung, das Entstehen der Demokratie, rechtfertigte man durch den Mythos vom Sozialvertrag. In Nazi-Deutschland wurden die aggressiven Expansionsprogramme und der leidenschaftliche Rassenhaß teilweise mit einer Belebung alter germanischer Mythologie »gerechtfertigt«. Der japanische Imperialismus vor 1945 erfuhr eine ähnliche Sanktionierung mit der Auffrischung von Mythen, die Nationalismus, Militarismus und den Glauben an die göttliche Autorität des Staates förderten.

Mythen sind oft eng mit Ritualsystemen verbunden, obwohl die Theorie, alle Mythen hätten ihren Ursprung im Ritus, keine große Unterstützung findet. Die Erzählung, wie Prometheus Zeus beim ersten Opfer unter Zuhilfenahme einer List um das Fleisch brachte, stellte eine Rechtfertigung für den üblichen griechischen Ritus dar, das Fleisch eines Opfertieres nicht zu verbrennen und auf diese Weise den Göttern darzubringen, sondern es von den Gläubigen verzehren zu lassen. Allgemein ausgedrückt bedeutet dies, daß der Ritus den Mythos wiederholt und neu in Szene setzt, um ihn mit all seinen wohltätigen Folgen für die Menschen neu zu schaffen. In Syrien pflegte man Darstellungen der Triumphe des Fruchtbarkeitsgottes Baal über seine Feinde rituell zu rezitieren und offenbar auch darzustellen, um einen ähnlichen Sieg der Fruchtbarkeit über die Trockenheit auf Erden zu erwirken. Mythen werden auf diese Weise in Verbindung mit Riten gebraucht, um Kraftquellen zu erschließen und zu sonst nicht erreichbaren Erfahrungen zu gelangen, denn die Akteure des Ritus haben Teil am neugeschaffenen Mythos. Sie werden aus unserer Welt herausgehoben und werden eins mit den Gestalten des Mythos, mit den Göttern und den Ahnen. Dramatische Beispiele hierfür gibt es bei den Voodoo-Zeremonien und den Riten der australischen Ureinwohner.

Einige Mythen sind jenseits von Ritus und Brauchtum angesiedelt und beschäftigen sich mit allgemeinen Problemen des menschlichen Lebens. Sie erklären die Entstehung des Universums, den Ursprung der Menschen, Tiere und Pflanzen, die Abkunft der beiden Geschlechter, sie erzählen, wie die Menschen sich das Feuer aneigneten, wie die Gesellschaft sich entwickelte, wie Arbeit, Alter, Krankheit und der Tod als schlimmster Feind des Lebens sich auf der Erde ausbreiteten. Auch in diesen Fällen rechtfertigen die Mythen durch ihr Erklärungspotential die gegenwärtigen

Verhältnisse, die Welt, wie sie ist. Ihre praktische Funktion ist nicht so sehr, Neugierde zu befriedigen, als vielmehr Unglück, Schmerz und Not zu lindern, indem sie eine phantasievolle und befriedigende Erklärung der Welt und der Lebensumstände der Menschen anbieten.

Ob die funktionelle Interpretationsmethode die Auswirkungen von Mythen auf das menschliche Denken sowie einige ihrer spezifischen Eigenarten genügend berücksichtigt, muß dahingestellt bleiben. Die Vertreter der symbolischen Theorie betrachten Mythologie als eine Denkweise und einen dichterischen Weg der Verständigung, sie fragen nach dem Sinn unter der Oberfläche. In Darstellungen über den Ursprung des Universums aus einem Ei zum Beispiel wird das Ei nicht als wirkliches Ei gedacht. Das kosmische Ei gilt als greifbares Symbol des Lebens, eingelagert in ein Ganzes, so wie das wirkliche Ei das in ihm befindliche Leben umhüllt und ernährt. Gleiches gilt, wenn in einem ägyptischen Mythos gesagt wird, daß die ersten Menschen aus Ton entstanden und von einem Gott auf einer Töpferscheibe modelliert worden seien; dann gilt der auf einer Töpferscheibe geformte Ton als Symbol für die Beziehung des Menschen zum Göttlichen, aber auch zur Erde, auf der er lebt und in die er schließlich nach dem Tode zurückkehrt.

Mythen haben Ähnlichkeit mit dem Traum. Seltsame, geisterhafte Gestalten treten in ihnen auf, Ungeheuer und zwitterhafte Wesen, Tiere gehen und sprechen wie Menschen, Menschen und Tiere heiraten untereinander, verändern ihr Aussehen und besitzen magische Kräfte. Frauen werden geschwängert und Kinder geboren, und dies auf absolut unmögliche Weise. Es begegnen uns düstere und beklemmende Motive von Vatermord, Brudermord, Kannibalismus, Kastration, Inzest, Schändung und Mord, die oftmals ungesühnt bleiben. Die Gesetze der Zeit, der Natur und der Gesellschaft, die uns geläufig sind, haben keine Gültigkeit; dies ist aber durchaus verständlich, da Mythen eine Welt beschreiben, die vor der gegenwärtigen Ordnung der Dinge bestand.

Mythen dieser Art beflügelten die Theorien Sigmund Freuds und Carl Gustav Jungs sowie die Vorstellung, sie seien Schöpfungen des Unterbewußten und des dunklen, primitiven Urgrunds der menschlichen Natur. Freud glaubte, daß Mythen, ebenso wie Träume, Projektionen vereitelter Wünsche seien, die das Bewußtsein unterdrückt hält und die deswegen als Zerrbilder an die Oberfläche stoßen. Jung hielt Mythen für Gebilde des »kollektiven Unterbewußtseins«, die allen Menschen zu eigen seien, die durch die Erfahrungen der prähistorischen Menschen gestaltet und »Archetypen« oder grundlegende Erscheinungsformen jener Gedanken seien, die in Mythen, Träumen, im Symbolismus, in der Kunst und in allen anderen Ausdrucksformen des Geistes auftauchen.

Man hat die Interpretationen Freuds und Jungs oft kritisiert, weil sie auf unzulässige Weise vereinfachen und komplizierte Phänomene in ein zu einfaches, vorgefaßtes Denkmodell pressen. Aber sie haben den viel gravierenderen Nachteil, daß sie nicht unzweideutig widerlegt werden können. Da wir nur Zugang zum Bewußten haben, sind Aussagen über das Unbewußte Behauptungen, die weder bewiesen noch widerlegt werden können. Deshalb herrscht die Neigung vor, Mythen überhaupt nicht in solchen Kategorien zu interpretieren. Sie werden häufiger als Ausdruck philosophischen Denkens verstanden, als Weltanschauung oder als Schöpfungen, die, wie Kunst und Literatur im allgemeinen auch, bewußte und unbewußte Elemente, soziale und symbolische Darstellungsformen in sich zu vereinen pflegen. Besonders wenn sie als Reaktion auf Drangsale und Bürden erscheinen, die überall auf allen Menschen lasten, kann ihnen eine Bedeutung zukommen, die über ihre unmittelbare funktionelle Relevanz im engeren Sinne hinausgeht.

Trotzdem hat die Theorie Freuds die strukturelle Mythologieforschung, eine relativ junge Wissenschaft, beeinflußt. In der strukturellen Methode wird der Mythos in seine Elemente, in Begebenheiten und Motive zerlegt, und es wird erörtert, wie diese untereinander in Beziehung stehen, damit man, ähnlich einem Querschnitt durch unterirdische geologische Schichten, die zugrundeliegende Struktur offenlegen kann. Der Sinn des Mythos wird nicht aus der Darstellung als Ganzem, sondern aus der Anordnung der zugrundeliegenden Schichten abgeleitet.

Strukturelle Interpretationen sind außergewöhnlich komplex, und es ist nicht möglich, sie kurz zusammenzufassen. Aber ein in Mythen gefundenes Grundmuster ist die Wechselwirkung von Gegensätzen. Zum Beispiel: Der gegenwärtige Zustand der Dinge ist das Gegenteil vom Zustand der

Dinge »am Anfang«. Heute dominieren die Männer, aber vor langer Zeit hatten die Frauen das Sagen. Oder: Die heutigen Verwandtschaftsbeziehungen und Heiratsgesetze sind gewachsen aus einer Zeit, als Inzest zwischen Eltern und Kindern, Brüdern und Schwestern üblich war.

Der führende Vertreter der strukturellen Mythologieforschung, der französische Anthropologe Claude Lévi-Strauss, versteht Mythen als Gebilde von Gegensätzen – Natur und Kultur (das Rohe und das Gekochte), männlich und weiblich, Ordnung und Chaos. Nach dieser Anschauung legen Mythen in verschleierter Form die dem Dasein innewohnenden Widersprüchlichkeiten dar, denen der bewußte Mensch sich nicht stellen will. Mythisches Denken schreitet vom Erkennen der Widersprüche zu ihrer Lösung; Darstellungen in der Welt des Mythos, die über ein wirres Chaos berichten, versuchen zwischen Gegensätzen zu vermitteln und sie aufzulösen. Die wahre Funktion des Mythos besteht darin, »ein überzeugendes Vorbild, das einen Widerspruch überwindet« zu schaffen; wenn aber der Widerspruch in der Wirklichkeit bestehe, fügt Lévi-Strauss hinzu, sei dies allerdings ein hoffnungsloses Unterfangen.

Ähnlichkeiten und Parallelen zwischen Mythen aus verschiedenen Gesellschaften – nicht alle sind leicht oder erschöpfend durch den Einfluß einer Kultur auf die andere zu erklären – legen nahe, daß sie allgemeingültige Denkweisen wiedergeben. Neben den Parallelen bestehen natürlich zahlreiche Unterschiede. Aber gleiche Denkmodelle tauchen oft genug auf und bezeugen, daß der menschliche Geist dazu neigt, analoge Antworten auf gleiche Grundfragen des Lebens zu geben. Ein Grundzug, der sich durch die Mythen weit voneinander entfernt lebender Völker zieht, ist das Bewußtsein, in einer Welt zu leben, die von seltsamen, außermenschlichen Kräften, Göttern, Geistern und übernatürlichen Wesen beherrscht wird. Ein weiteres gemeinsames Element ist die Neigung, von den Nöten der menschlichen Existenz zu handeln.

Ähnliche Motive und Muster tauchen auch in Ursprungsmythen auf: das dunkle und wäßrige Chaos, das zuerst da war, ohne Licht, Sonne, Mond und Sterne; das kosmische Ei; der Schöpfungsvorgang aus dem zerstückelten Leib eines Gottes oder Ungeheuers; die Trennung von Himmel und Erde, die ursprünglich eins waren; die Entstehung der Ordnung aus dem Chaos; die Erschaffung des Menschen aus Erde, Ton oder Schlamm oder sein Auftauchen aus der Erde.

Mythen geben im großen und ganzen auch ähnliche Antworten auf die Frage, warum wir sterben müssen. Der Tod erschien auf der Erde, nachdem ein Mensch gefehlt hatte, manchmal auch ein Gott oder ein Bote der Götter. Der Mond wird häufig mit Sterblichkeit oder Unsterblichkeit in Verbindung gebracht, da er am Himmel zu sterben und wiedergeboren zu werden scheint; das gleiche gilt für die Schlange, die sich durch Häuten immer wieder erneuert.

Ein anderes immer wiederkehrendes Motiv ist die gewaltige Katastrophe in der Vergangenheit, nach der die Weltordnung wiederhergestellt oder neu erschaffen werden mußte. Und eine neuerliche Zerstörung droht in der Zukunft, wenn die gegenwärtige Welt untergehen wird, so beispielsweise in hinduistischen, zoroastrischen, christlichen, skandinavischen und mexikanischen Mythen. Die Vorstellung von einer Mutter Erde ist sehr weit verbreitet, ebenso wie das Motiv der gegenseitigen Abhängigkeit von Mann und Frau, von Menschen und Tieren oder von Familienangehörigen. In Mythen vieler Gesellschaften wird auch das Bewußtsein eines Gleichgewichts der kosmischen Kräfte vermittelt, von dem das Leben und die Existenz der Menschen abhängt.

Mythen sind nicht nur vom wissenschaftlichen Gesichtspunkt aus interessant, wegen der Erkenntnisse, die sie über Psychologie und Kultur der Menschen vermitteln, sondern auch um ihrer selbst willen, wegen der dichterischen Wahrheit, die bedeutende Mythen, wie bedeutende literarische Werke, von trivialer Prosadichtung unterscheidet. Die in unserer Zeit wiederauflebende Begeisterung für Mythologie schöpft ihre Kraft aus dem Gefühl, daß der wissenschaftlich und technologisch bestimmte Mensch die Orientierung verloren hat und daß durch die Gefilde des Mythos ein Weg zur Wahrheit führt.

ASIEN

ERSTES KAPITEL

DER HINDUISMUS

Wenn es zutrifft, daß Mythen Erzählungen über Götter sind, dann ist es schwierig, überhaupt eine hinduistische Erzählung zu finden, die keinen mythologischen Inhalt hat. »Hier gibt es«, so stellte ein erstaunter Europäer vor Jahrhunderten in Indien fest, »mehr Götter als Menschen.« Die Trennungslinie zwischen Göttern und Menschen ist im Hinduismus so vage und flüchtig wie der Dunststreifen einer Reklameschrift am Himmel. In Indien können Menschen leicht göttlichen Einfluß als Könige, Priester oder Asketen erlangen. Die Götter andererseits sind so anthropomorph und so eng mit irdischen Dingen verwoben – durch die Errichtung von Schreinen, die Errettung ihrer in Not geratenen Anhänger und auch durch leichtsinnige Vergnügungen, in die sich Hindu-Götter mit Vorliebe auf der Erde statt im Himmel stürzen –, daß der Weg vom Himmel zur Erde genauso frequentiert wird wie der von der Erde in den Himmel.

In Indien sind Götter keineswegs tugendhafter als Menschen, sie sind nur mächtiger. Zweifellos gestatten ihre außergewöhnlichen Fähigkeiten es ihnen, ihren Lastern besonders zügellos freien Lauf zu lassen – denn göttliche Fähigkeiten verderben den Charakter wahrlich göttlich! Die Dämonen, dritte Kraft im mythologischen Drama, sind oft ebenso schwer von den Göttern wie von den Menschen zu unterscheiden. Äußerlich manchmal verunstaltet oder theromorph (tiergestaltig), sind sie meistens jedoch ebenso anthropomorph wie die Götter. Manchmal sind sie bösartig (besonders die niedrigen Ränge und die Dämonenanwärter, die blutsaugenden Kobolde und Friedhofsgeister), meistens jedoch wesentlich tugendhafter als die Götter. Ihr Dasein als Dämonen erklärt sich aus ihrer Feindschaft zu den Göttern. Manchmal bewirkt diese die gleichzeitige Feindschaft zu den Menschen; aber wenn die Götter selbst, wie dies häufig vorkommt, den Menschen feindlich gesonnen sind, ist es ungewiß, wessen Partei die Dämonen ergreifen.

Die Hindus jedoch wissen sehr gut zwischen Göttern und Menschen, selbst »Gott-Menschen« zu unterscheiden. So ist es zum Beispiel allgemein bekannt, daß die Götter, im Unterschied zu den Menschen, nicht blinzeln oder schwitzen, ihre Füße den Boden nicht ganz berühren, ihre Blumengirlanden niemals welken und sie nicht schmutzig werden. In Indien ist Göttlichkeit, wie in Europa der Adel, fast ausschließlich eine Sache der Vergangenheit, der Geburt und der Vererbung. Götter zeichnen sich dadurch aus, daß sie immer Götter gewesen und ihre Namen in alten Texten bewahrt worden sind oder, wenn es sich um Assimilationen von lokalen Überlieferungen handelt, ihre Namen »unseren Großvätern bekannt waren«. Das Pantheon ändert sich von Zeit zu Zeit und von Ort zu Ort, manchmal gelingt es Göttern, neu dazuzustoßen, aber dann müssen sie durch Berichte legitimiert sein, die bezeugen, daß sie, entweder durch Geburt oder Heirat, zu einem der älteren Götter in Beziehung stehen.

Vedische Schöpfungsmythen

Der *Rig-Veda* ist eine Sammlung von mehr als tausend Hymnen, die um 1500 v. Chr. in Nordwest-

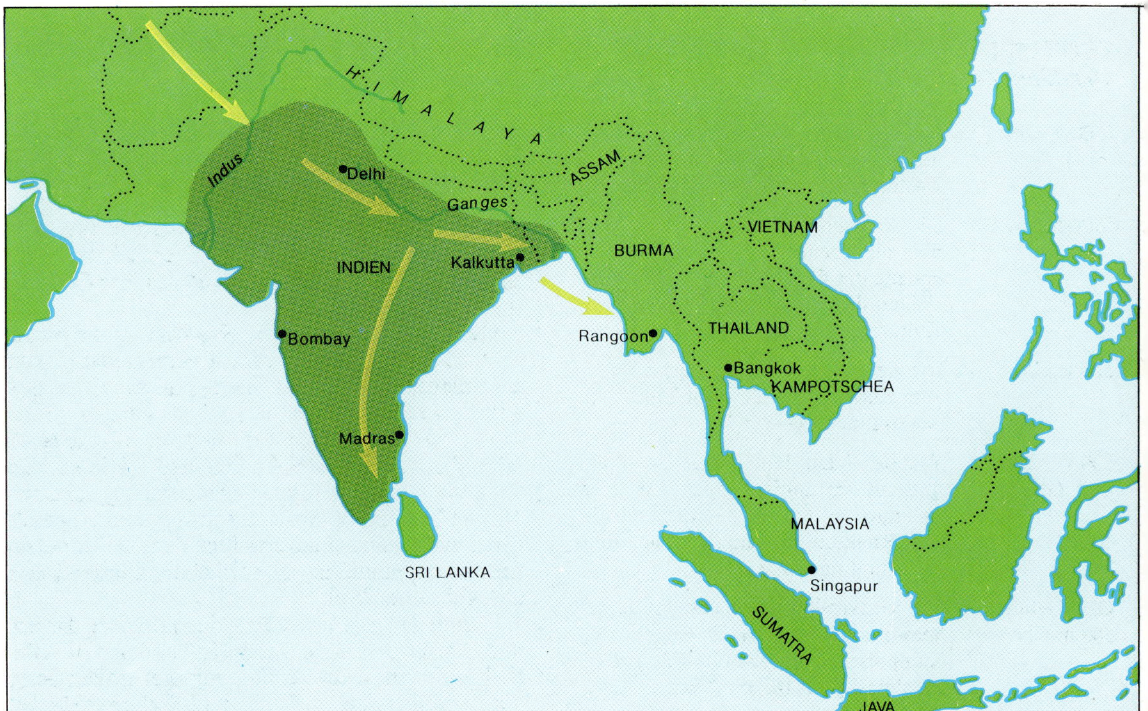

ZEITTAFEL
Ungefähre Zeitangaben

1500 v. Chr.	Die Indoarier fallen in Nordwestindien ein und erobern die Indus-Tal-Zivilisation: Entstehung des *Rig-Veda.*
1500–500 v. Chr.	Die Arier breiten sich nach Südosten über die Ebenen Nordindiens und entlang des Ganges-Tals aus und errichten die Sanskrit-(Brahmanen-) Kultur: Entstehung der *Brahmanas*
500 v. Chr.	Die Zentralebene des Ganges wird zum Kernland der Sanskrit-Kultur: Aufkommen des Buddhismus
500 v. Chr. bis Chr. Geburt	Weitere Südausdehnung des Buddhismus auf dem indischen Subkontinent und nach Sri Lanka (Ceylon), in östlicher Richtung Ausdehnung nach Bengalen und nach Assam
Chr. Geburt bis 500 n. Chr.	Die Sanskrit-Kultur gelangt auf dem Seewege nach Burma, Thailand, Kampotschea, Sumatra und Java: Entstehung der frühen *Puranas*

Indien in einer archaischen Form des Sanskrit, einer alten indoeuropäischen Sprache, verfaßt wurden. Zahlreiche Mythen sind, außer in diesem Kanon, auch in Kommentaren zu finden, die einige Jahrhunderte später entstanden und als *Brahmanas* bekannt sind. Obwohl diese Texte erst viele Jahrhunderte nach ihrer Entstehung niedergeschrieben wurden, sind sie durch mündliche Überlieferung erhalten geblieben, und die jüngere hinduistische religiöse Literatur beruft sich sehr stark auf ihre Charaktere und Begebenheiten.

Der zentrale Mythos im *Rig-Veda* ist der Schöpfungsmythos. Dieser wird auf verschiedene Arten geschildert. Häufig wird gesagt, daß das Universum aus dem Chaos entstanden sei, als eine Gottheit – Indra, der »König der Götter« und »Regengott«, oder Vishnu, eine Sonnen-Gottheit – Himmel und Erde voneinander trennte. Danach ging die Sonne auf, und an ihrem Ausgangspunkt, dem Nabel der Erde, wurde eine Säule errichtet, damit Himmel und Erde voneinander getrennt blieben. Diese Säule ist die Achse der Welt.

Fortan gab es drei Welten: den Himmel, die Erde und die dazwischenliegende Luft oder den Äther. Vishnu soll diese drei Welten mit drei großen Schritten durchmessen und, nach vedischem Glauben, auf diese Weise geschaffen haben. Obwohl es einige

Die Göttin Chamunda, »die Grimmige«, und Kali, »die Schwarze«, bekämpfen eine Dämonenarmee. Chamunda ist ein Titel der Göttin Durga, den man ihr verlieh, nachdem sie einen Kampf gegen zwei Dämonen gewonnen hatte. Einst hatten die Dämonen den Gott Shiva gezwungen, ihnen Macht und Stärke zu verleihen, die größer war als die der Götter selbst. Aber sie hatten nicht bedacht, daß sie durch diese Gabe nicht auch für die Göttinnen unbesiegbar geworden waren. Der Konflikt zwischen den Göttern und ihren Rivalen und Feinden, den Dämonen, ist ein Hauptmotiv der hinduistischen Mythologie. Miniatur-Bild, Pahari-Schule, 1800.

Indra war der Kriegsgott der Indoarier, die um 1500 in Nordwestindien einfielen. Als Herr des Sturms und der Fruchtbarkeit ist er der höchste Gott des *Rig-Veda*. Das Bild zeigt ihn in seinem Himmel, umgeben von den Apsaras, schönen jungen und in der Liebeskunst bewanderten Nymphen. Razmanama-Handschrift, Akbar-Schule, 1598.

dunkle Andeutungen über eine Unterwelt gibt, wird im *Rig-Veda* wenig über diesen Teil des Universums gesagt. Nachts wandert die Sonne unter der Erde, damit sie morgens im Osten ankommt. Diese strahlende Spiegelbild-Welt wird von Varuna, dem »Gott der kosmischen Ordnung« und »Herrn der Gewässer«, regiert. In jüngerer Literatur gilt die Unterwelt als ein finsterer Ort und zugleich Wohnort der Dämonen.

In einer jüngeren Hymne des *Rig-Veda* wird ein anderer Schöpfungsvorgang beschrieben. Das kosmische Wesen Purusha soll in einem Ur-Opfer zerstückelt worden sein, und aus seinen Körperteilen entstanden der Kosmos und die vier Kasten der Gesellschaft (die Priester, Krieger, das gemeine Volk und die Diener). Eine noch jüngere und abstraktere Hymne beschreibt die Entstehung des Seins aus dem Nicht-Sein. Am Anfang gab es weder Tag noch Nacht, weder Tod noch Unsterblichkeit. Dann entstand aus der Dunkelheit und den Ur-Fluten das Verlangen; aber nicht einmal die Götter kennen den Ursprung dieser Schöpfung, denn sie traten erst nach der Weltschöpfung auf den Plan.

Nach und nach schrieb man die Rolle des Schöpfers nur einem Gott zu: Prajapati, dem »Herrn der Geschöpfe«, später als Brahma bekannt. Im *Rig-Veda* geht der Gott des Himmels eine blutschänderische Verbindung mit seiner Tochter, der »Morgenröte«, ein und läßt seinen Samen auf den Boden tropfen. In der Periode der *Brahmanas* wurde diese Handlung Prajapati zugeschrieben, der bereits in frühen Texten als Gott des »Goldenen Samens« bekannt war. Und dieser goldene Same, der in die kosmischen Fluten gefallen war, entwickelte sich zum Universum, einem goldenen Ei, das sich in zwei Teile spaltete: die obere Schalenhälfte wurde der Himmel und die untere die Erde, während aus dem Eidotter die Sonne entstand. Selbst in jüngerer hinduistischer Kosmologie wird das Universum als das Ei des Brahma bezeichnet, und man betrachtet es als eine geschlossene Sphäre.

In den *Brahmanas* wurden die sozialen Nachwehen dieser inzestuösen Schöpfung dann weiter ausgemalt. Prajapati zeugte vier Söhne (Feuer, Wind, Sonne und Mond) und eine Tochter (die Morgenröte), die er begehrte und der er deshalb nachstellte. Sie floh vor ihm in Gestalt einer Hirschkuh, und deshalb verwandelte er sich in einen Hirsch; als sie sich in eine Kuh verwandelte, wurde er zum Bullen; sie wurde zur Stute, er zum Hengst usw.; auf diese Weise entstanden alle Kreaturen, selbst die Ameisen. Prajapatis Söhne stellten der »Morgenröte« ebenfalls nach und ließen ihren Samen auf den Boden tropfen, wo dieser die Gestalt des ungestümen Gottes Rudra annahm. Eine andere Variante dieses Mythos besagt, daß die Götter, schockiert über die Unziemlichkeit der Tat Prajapatis, Rudra erschufen, um Prajapati zu bestrafen. In jüngerer Hindu-Mythologie gilt Rudra selbst als der Gott, aus dessen auf dem Boden versprengten Samen der Gott Skanda gezeugt wird.

In späteren Ausschmückungen des Schöpfungsmythos werden verschiedene dieser grundlegenden Vorstellungen miteinander kombiniert. Am Anfang wollten die Ur-Fluten sich vermehren, sie erhitzten sich deshalb und zeugten Prajapati, der aus einem goldenen Ei schlüpfte. Er schuf die Bezeichnungen für Erde, Atmosphäre und Himmel, und aus diesen gingen dann die Erscheinungen selbst hervor. Prajapati wünschte sich Kinder und wurde Vater der Götter, die göttliche Gestalt annahmen, als sie den Himmel erreichten, und er wurde auch Vater der Dämonen, die die Dunkelheit und das Böse schufen.

Die Götter als Gegner der Dämonen

Neben dem vedischen Schöpfungsmythos spielen auch die Mythen über den ewigen Kampf zwischen Göttern und Dämonen eine entscheidende Rolle im Hinduismus. Faktisch werden diese beiden Grundmotive oft miteinander verwoben, denn die Dämonen stören den Schöpfungsakt und werden selbst zu einem Teil der Materie, aus der das Universum entsteht: Sie sorgen für die notwendige Macht des Bösen, um so der Macht der Götter Daseinsberechtigung zu verschaffen.

Im *Rig-Veda* werden die Dämonen oft mit den irdischen Widersachern der nach Indien eindringenden Indoarier verwechselt. Indra besiegt als »König der Götter« zugleich die irdischen Feinde und die bedrohlichen Dämonen und setzt dadurch die schöpferische Kraft des Universums frei. Erzfeind Indras ist Vritra, eine große Schlange, die zusammengerollt über dem Weltenberg am Nabel der Erde liegt und die Wassermassen abdämmt. Indra durchbohrt Vritra, befreit auf diese Weise die Regenfälle und zerschmettert die Berge. Mit dieser Tat befreite er die Kühe, die am Weltenberg gefangen waren (Kühe sind das Symbol für Reichtum und Fruchtbarkeit) und erlöste die Sonne, die im felsigen Dunkel der Unterwelt festgehalten wurde. Die Tötung der Schlange gilt sowohl als ein Akt der Schöpfung als auch der Zerstörung. Durch sie wurden zugleich die Sphären von Himmel und Erde dauerhaft festgelegt und konsolidiert. Indra soll auch die Schwingen der Berge gestutzt haben, die zuvor nach Lust und Laune herumgeflogen waren und große Verwüstungen angerichtet hatten.

Der Mythos über Vritra wird durch eine Episode ergänzt, in der Indra Vritras älteren Bruder, den dreiköpfigen Vishvarupa, ermordet. Vishvarupa ist der Sohn Tvashtars, des Kunsthandwerkers unter den Göttern. Da Tvashtar oft auch als Indras Vater angesehen wird und Indra ihn tötet (er hatte ihm das Unsterblichkeitselixier vorenthalten), haben wir hier einen Mythos mit Elementen sowohl des Brudermordes als auch des Vatermordes vor uns.

Jüngere Texte erhellen, daß alle Götter und Dämonen Brüder sind; die Dämonen gelten als die älteren Brüder, die um ihr Erbteil betrogen worden sind. Die ganze Auseinandersetzung muß also als ein Kampf unter Brüdern angesehen werden. Götter und Dämonen haben einen gemeinsamen göttlichen Vater (Tvashtar, Prajapati oder den göttlichen Weisen Kashyapa), aber verschiedene Mütter: Die Götter sind Söhne der Sonnengöttin Aditi, »der Unendlichen«, während die Dämonen die Dämonin Diti zur Mutter haben. Vishvarupa diente den Göttern als Priester, folgte aber insgeheim dem niederträchtigen Rat seiner Mutter und setzte sich für die Dämonen ein, zur Strafe enthauptete ihn Indra. Als Vergeltung für die Sünde der Ermordung eines Priesters (denn auch Dämonen konnten Priester sein) beschnitten die Götter Indras Macht und zwangen ihn, seine Sünde wie einen ansteckenden moralischen Virus auf die Erde, die Gewässer und die Frauen zu übertragen. Als Gegenleistung gewährte er diesen Empfängern die Gabe der Fruchtbarkeit.

Der Kampf zwischen Göttern und Dämonen beginnt unmittelbar nach deren Erschaffung. Beide streben danach, ihre Macht zu vergrößern und Überlegenheit zu erlangen, und letztendlich geht dieser Kampf zugunsten der Götter aus: Die Götter werden zu aufrichtigen, die Dämonen zu arglistigen Wesen; die Götter nehmen ihren Wohnsitz im Himmel, während die Dämonen in die Unterwelt verbannt werden. Die Götter nehmen den Dämonen schließlich die Befugnis zum Ritual und besiegen sie auf diese Weise. Die Ritualgewalt ist in Gestalt verschiedener Gottheiten personifiziert; die wichtigsten Personifizierungen sind Agni (der »Feuergott«), Soma (das »Unsterblichkeitselixier«) und Vach (die »Göttin der Rede«). Diese drei verlassen die Dämonen und gesellen sich den Göttern zu.

Agnis Geburt wird auf verschiedene Weise beschrieben. Er gilt entweder als Sohn des Himmels und der Erde oder als der des Tvashtar und der Gewässer. Einer anderen Überlieferung zufolge soll

Links: Vishnu, zusammen mit Shiva der größte Gott des mittelalterlichen und modernen Hinduismus. Im *Rig-Veda* wird berichtet, daß die Dämonen zunächst die Erde beherrschten und daß die Götter um einen Teil von ihr baten. Dieser Teil sollte so groß sein, daß der Zwerg Vishnu ihn mit drei Schritten überschreiten könnte. Die Dämonen waren einverstanden, und Vishnu überschritt die drei Welten des Himmels, der Erde und der Atmosphäre, die er auf diese Weise für die Götter eroberte. Schnitzerei, 10. Jahrhundert.

Unten: Die Hauptgottheiten des vedischen Pantheons verloren in späterer Zeit an Bedeutung. Varuna galt als alter Himmelsgott und Gott der kosmischen Ordnung, möglicherweise stand er mit dem iranischen Gott Ahura Mazda und dem griechischen Uranos in Beziehung. Später wurde er der Gott der Gewässer. Varuna-Statue aus dem Brahmesvara-Tempel, Bubenesvar, vermutlich 11. Jahrhundert.

Südindische Holzschnitte, Soma *(rechts)* und Sarasvati *(unten)* darstellend. Soma soll eine Halluzinationen erzeugende Droge gewesen sein, die aus einer Pflanze, möglicherweise dem Fliegenpilz, gewonnen wurde. Die Götter erlangten »Unsterblichkeit«, wenn sie Soma tranken, das bedeutete für sie eine Lebensspanne von tausend Jahren. In einem Mythos kaufen die Götter Soma von den Gandharvas, den himmlischen Musikanten und Magiern, im Austausch für Vach, die Göttin der Rhetorik. Vach wurde später mit Sarasvati, der Frau Brahmas, gleichgesetzt. Sie gilt als Göttin der Rhetorik und der Weisheit, sie erfand die Schrift und das Alphabet.

Indra Agni durch Aneinanderreiben zweier Steine gezeugt haben. Seine irdischen Eltern sind die beiden Reibhölzer (das obere sein Vater, das untere seine Mutter) oder die zehn Jungfrauen (die zehn Finger). Im Himmel wird er als Blitz geboren, und seine dritte Geburt erfolgt aus den Fluten. Agni verbrennt die Dämonen, die sich des Opfers bemächtigen wollen, dann trägt er das Opfer zu den Göttern. Er verkörpert den Mund der Götter, der die Opfergaben verspeist. In dieser Eigenschaft soll er auf der Ziege, einem Opfertier, reiten oder wird ziegenköpfig gedacht. Unter den Menschen fungiert er nicht als Mund, sondern als Magen, als Feuer der Verdauung.

Gilt Agni gleichsam als der große Esser, dann ist Soma, Elixier der Unsterblichkeit und zweites Element des personifizierten Opfers, die Speise. Soma war eine Halluzinationen erzeugende Droge, die aus einer hoch oben in den Bergen wachsenden Pflanze gewonnen wurde. Das Herabholen dieser Pflanze aus den Bergen ist eine Variante des indoeuropäischen Mythos über das Herabholen des Feuers vom Himmel. Soma wurde im Himmel geboren, und ein pfeilschneller Adler brachte Soma zu Indra. Unterwegs schoß ein Bogenschütze auf den Adler, so daß eine Feder von ihm zu Boden fiel und sich in eine heilige Pflanze verwandelte.

Größter Feind der Götter ist kein Dämon, sondern der Tod. Die besondere Eigenschaft, die die Götter von anderen Lebewesen unterscheidet, ist ihre sogenannte Unsterblichkeit. Aber diese besitzen sie weder für ewig, noch ist sie unwiderruflich. Wenn es von den Göttern heißt, sie hätten durch Trinken von Soma Unsterblichkeit erlangt, dann bedeutet das oft nicht mehr, als daß sie eine volle Lebensspanne, also tausend Jahre zu erwarten haben. Auch Sterbliche können »Unsterblichkeit« erringen, was in ihrem Falle hundert Jahre heißt.

Auch Prajapati wurde nicht als Unsterblicher geboren. Nachdem er zuerst die Menschen erschaffen hatte, zeugte er als nächstes den Tod. Die Hälfte von ihm war sterblich (sein Haar, seine Haut, sein Fleisch, seine Knochen und sein Knochenmark), die andere Hälfte (sein Geist, seine Stimme, sein Atem, seine Augen und Ohren) unsterblich. Er flüchtete aus Angst vor dem Tode und wurde durch ein Opferritual unsterblich. Seitdem war der Tod nicht länger der Feind der Götter, und die Todesgefahr konnte immer wieder durch das Ritual besiegt werden. Dafür stellte sich jetzt das Problem, rituelle Fehler zu vermeiden, eine Aufgabe, der sich die Priesterschaft jahrhundertelang zu widmen hatte. Die Götter ihrerseits erhielten durch Prajapati die Unsterblichkeit. Aber der »Gott des Todes« beschwerte sich nun, daß er keinen ihm gehörenden Gewinnanteil mehr hätte, und daraufhin bestimmten die Götter, daß die Körper der Menschen dem Tode zugeteilt werden sollten. So erwarben die Götter ihre Unsterblichkeit auf Kosten der Menschen.

Die Götter als Wohltäter der Menschen

Außer dem Gott, der die Personifizierung des Todes ist, erwähnen die vedischen Texte noch einen »König der Toten«, den ersten Menschen, der starb: Yama, Sohn des Vivasvat (der Sonne). Yamas gefleckte Hunde pflegen als seine Boten unter den Menschen umherzustreifen, und sobald ein Mensch stirbt und sein Körper verbrannt wird, geht seine Seele in das Reich des Lichtes unter der Erde ein, einen Ort der Freude, den Yama beherrscht. Ein anderer Sohn der Sonne und folglich Bruder Yamas (und sein Spiegelbild) ist Manu, Ahnherr des Men-

schengeschlechts der Erde. Manu brachte das erste Opfer dar und wurde durch seine Tochter Ida (»die Opfergabe«) zum Ahnherrn der Menschheit, denn Ida wurde aus seinen Opfergaben Butter und Milch gezeugt. Manu gilt deshalb, wie auch sein göttlicher Gegenspieler Prajapati, als Erzeuger, der Inzest begeht. Manu soll auch in einem Schiff die Sintflut überlebt haben, die alle anderen Lebewesen hinwegschwemmte. Als die Wassermassen anschwollen, befestigte ein gehörnter Fisch, den Manu zuvor beschützt hatte, sein Schiff sicher an einer Bergspitze. (Der Fisch wurde später mit Vishnu identifiziert.)

Aber Manu ist nicht der einzige Sterbliche, den die Götter retteten. Tatsächlich helfen gelegentlich fast alle vedischen Götter, insbesondere aber Indra und Vishnu, der Menschheit. Die bedeutendsten Rettungsaktionen jedoch vollbringen die beiden Ashvins (»die Dioskuren«), die Zwillingsbrüder Manus. Die Verwandtschaftsbeziehung zwischen Manu, Yama und den Ashvins wird in einem alten Mythos dargelegt: Der Sonnenhengst Vivasvat heiratete die Tochter Tvashtars, die ihm Yama und dessen Schwester Yami gebar. Dann aber floh Tvashtars Tochter vor der übergroßen Hitze Vivasvats, nahm die Gestalt einer Stute an und ließ an ihrer Stelle eine ihr gleichende Frau zurück. Mit dieser Ersatzfrau zeugte Vivasvat Manu, und als er dann die Täuschung bemerkte, nahm er die Gestalt eines Pferdes an und zeugte mit der Stute die Ashvins. Daher sind diese Zwillinge eng mit den Sterblichen verwandt, obwohl sie, im Gegensatz zu Yama und Manu, als Götter gelten.

Ihr Anspruch auf die göttliche Würde blieb anfangs nicht unangefochten, nicht zuletzt wegen ihrer unziemlichen Zuneigung zu den Sterblichen. Fanatisch hütete Indra das Geheimnis des Soma-Saftes, des Elixiers, das die Götter zu Göttern macht (er hatte es selbst von Tvashtar gestohlen), und verbarg es vor den Ashvins. Aber ein erdgeborener Heiliger namens Dadhyanch wußte um dieses Geheimnis. Deshalb gaben die Ashvins Dadhyanch einen Pferdekopf, durch den er ihnen verriet, wo Tvashtar Soma versteckt hielt. Als daraufhin Indra Dadhyanchs Pferdekopf abhackte, ersetzten die Ashvins diesen durch seinen eigenen Kopf.

Eindeutig muß die symbiotische Beziehung zwischen Göttern (den Ashvins) und Menschen (Dadhyanch) in diesem Mythos als Hauptinhalt dieses für beide Seiten vorteilhaften Opfers (in dem ein Tier enthauptet wird) angesehen werden. Bei anderen Gelegenheiten genügen Huldigung und Opfergaben (möglicherweise die Gabe des Soma, die auch Dadhyanch darbrachte), um die Hilfe der Ashvins zu erwirken. Als Dämonen den Weisen Atri gerade in einer tiefen Grube einäschern wollten, gaben ihm die Ashvins mit einem erfrischenden Trunk, möglicherweise Soma, die Lebenskraft zurück. Den betagten Weisen Chyavana ließen sie wieder jung werden, indem sie ihn mit Jungfrauen verheirateten. Einen anderen Weisen retteten sie von einem Baumstumpf, an den er sich mitten im Ozean festgeklammert hatte; einem dritten Weisen, dem sein Vater die Augen ausgestochen hatte, schenkten sie das Augenlicht wieder; sie gaben einer Stute, die im Kampf ein Bein verloren hatte, ein eisernes Bein; und sie freundeten sich mit einer Frau an, die in ihrem väterlichen Haus kinderlos alt wurde. Ihr allgemeiner Auftrag besteht darin, als Ärzte zu wir-

Pferde wurden mit der Sonne in Verbindung gebracht. Surya, der Sonnengott, war einer der vedischen Hauptgötter und behielt, obwohl später mit Vishnu identifiziert, seinen eigenen Kult. Er überquerte den Himmel in einem Wagen, der von sieben Pferden oder, nach späterer Überlieferung, von einem siebenköpfigen Pferd gezogen wurde. Als Sonnenhengst Vivasvat war er Vater der Ashvins, der Zwillings-Wagenlenker, die den Sterblichen halfen und Krankheiten heilten. Pferdestatue aus dem Sonnentempel in Konarak, Orissa, 13. Jahrhundert.

ken, Krankheiten zu heilen und den Tod fernzuhalten. Als ihr Fachgebiet gilt die Geburtshilfe und die Gynäkologie; so machen sie junge Frauen fruchtbar, lassen unfruchtbare Kühe Milch geben und schenken Frauen von Eunuchen Kinder.

Die Mythologie der Epen und Puranas

Die Götter des vedischen Pantheons spielen im Hindu-Drama späterer Jahrhunderte weiter in Nebenrollen mit, aber sie werden nicht mehr religiös verehrt. Sie werden zu literarischen und metaphorischen Gestalten. Indra wird wegen seiner übergroßen sexuellen Bedürfnisse und seines Alkoholkonsums verlacht, als Schürzenjäger, Feigling und Lügner dargestellt. Yama bleibt König der Toten, obwohl er jetzt wie Indra selbst nur noch als Schachfigur in den Händen der wahren Götter, Shiva und Vishnu, fungiert.

Die Mythen über diese beiden großen Götter und andere unbedeutendere Gottheiten der nach-vedischen Periode finden sich in Sanskrit-Texten, die von 500 v. Chr. bis weit in das Mittelalter verfaßt wurden, und sie werden, oft in Sanskrit, bis heute häufig nacherzählt. Als die beiden bedeutendsten Quellen für die Hindu-Mythologie gelten die Sanskrit-Epen *Mahabharata* und *Ramayana,* nach und nach ergänzt durch 18 umfangreiche Texte, die *Großen Puranas,* und ergänzt durch zahllose kleinere, lokale *Puranas,* von denen einige möglicherweise sehr alt sind. Außerdem wurden die Mythen in den Klassikern der Volkssprache, etwa dem *Heiligen See der Taten Ramas* (eine Hindi-Version des *Ramayana)* oder dem *Ozean der Liebe* (einem Hindi-Gedicht über Krishna) erzählt. Es gibt außerdem allgemein geschätzte Versionen der Sanskrit-Klassiker in Tamil, einer südindischen Sprache. Viele Hindus kennen die Mythen nur aus diesen Nacherzählungen in Volkssprache, andere haben sie in lokalen Tempeln in Sanskrit rezitiert gehört.

In seinen Inkarnationen als Fisch und Eber rettete Vishnu das Leben auf der Erde vor der Zerstörung durch die Sintflut.

Oben: Der weise Manu fing einst einen Fisch und behandelte ihn mit Barmherzigkeit. Der Fisch wuchs und wuchs, bis schließlich nur noch der Ozean groß genug für ihn war; denn es war Vishnu in seiner Inkarnation als der Fisch Matsya. In dieser Gestalt errettete der Gott Manu vor der Sintflut, indem er ihm auftrug, ein Boot zu bauen und den Samen aller Wesen der Natur mit an Bord zu nehmen. Später tötete der Gott einen monsterhaften Dämonen, der die Veden gestohlen hatte. Vishnu als Fisch, den Dämon tötend. Tempelmalerei, um 1870.

Rechts: In Gestalt des großen Ebers Varaha rettete Vishnu die Erde, die von einem mächtigen Dämon auf den Grund des Ozeans gezogen worden war. Nachdem er den Dämon getötet hatte, zog Vishnu die Erde mit seinen Klauen wieder an die Oberfläche. Ostindien, Pala-Dynastie, 10. Jahrhundert.

Die Avatare des Vishnu

Im *Rig-Veda* erscheint Vishnu zwar nicht als einer der wichtigsten Götter, aber er wird hier als besonders gütig zu den Menschen dargestellt, und er wird hervorgehoben wegen seiner Fähigkeit, in die Dinge einzudringen und sie zu durchdringen, »so wie ein Messer in die Scheide paßt«. Ein Mythos in den *Brahmanas,* der Mythos über den Zwerg, stellt dessen Fähigkeit dar, sich auszudehnen. Als die Dämonen die Erde in Besitz genommen hatten, sollen die Götter um einen Anteil von ihr gebeten haben, der eben groß genug sein sollte, dem Zwerg Vishnu als Liegestatt zu dienen, oder aber so groß, daß Vishnu ihn mit drei Schritten überschreiten könnte. Die Dämonen stimmten unbedachterweise zu, und Vishnu schritt über alle drei Welten und eroberte sie für die Götter. So entstand der älteste von Vishnus zehn Avataren oder Inkarnationen.

Andere Avatare in den *Brahmanas* standen ursprünglich nicht mit Vishnu im Zusammenhang, sondern hatten alle mit Fruchtbarkeitsvorstellungen oder Rettungsaktionen zu tun. Der Fisch, der Manu vor der Sintflut rettet, ist zunächst namenlos und wird erst später mit Vishnu identifiziert. Ebenso wird der Eber, der die Erde rettet, als diese überladen unter die kosmischen Gewässer absinkt, zuerst als Verbündeter der Dämonen dargestellt, die Vishnu durch Indra töten lassen will. Dann soll Prajapati als Eber die Erde zunächst gezeugt, geheiratet und schließlich zusammen mit ihr Kinder bekommen haben. Erst wurden diese Handlungen Vishnu zugeschrieben.

Auch der Avatar der Schildkröte war anfänglich keine Erscheinungsform Vishnus, sondern des abstrakten Universums mit Himmel und Erde als seinem Schildpatt. Die Schildkröte wurde auch als eine Erscheinungsform der Sonne (wie Vishnu), als Ehemann der Erde (wie der Eber) und als Vater aller Lebewesen (wie Prajapati) betrachtet. Vishnu wird schließlich zur Schildkröte und handelt so wie in seinen anderen Inkarnationen als Wassertier: Er stützt die Erde inmitten der kosmischen Fluten ab.

Der Milch-Ozean
Die Götter entschlossen sich, den Milch-Ozean zu buttern, damit Soma, das Elixier der Unsterblichkeit, daraus hervorginge. Dazu riefen sie die Dämonen zu Hilfe und versprachen ihnen einen Anteil des Soma. Als Achse verwendeten sie einen Berg, der auf dem Grund des Ozeans ruhte, und als Seil zur Drehung der Achse benutzten sie die riesige Schlange Vasuki. Durch das wilde Quirlen geriet die Erde in Gefahr, in Stücke zu brechen, deshalb verwandelte sich Vishnu in eine Schildkröte und nahm die Achse auf seinen Rücken. Als die Götter und Dämonen den Ozean hin- und herbewegten, tauchten aus ihm nacheinander eine Reihe wunderbarer Schätze auf, darunter die schöne Göttin Lakshmi, die Vishnus Frau wurde. Als Soma aus den aufgewühlten Fluten hervorkam, so wie Käse aus gebutterter Milch entsteht, begannen die Götter und Dämonen darum zu streiten. Schließlich machten sich die Dämonen mit Soma davon, aber da verwandelte sich Vishnu in die schöne Zauberin Mohini und, betört von ihrem Liebreiz, gaben die Dämonen das kostbare Naß zurück. Vishnu aber brachte es daraufhin den Göttern zurück.

Neben seinen Gestalten als Tier tritt Vishnu auch als der berühmte Löwenmensch auf, als ambivalente Gestalt (halb wild, halb zahm; halb Mensch, halb Tier). Der Löwenmensch tritt in Erscheinung, wenn immer es eine ambivalente Situation zu lösen gibt. Einst wurde der gute Dämon Prahlada, der ein Verehrer Vishnus war, von seinem dämonischen Vater gequält. Prahlada berief sich auf Vishnu, der sich überall aufhalte. Prahladas Vater fragte sarkastisch zurück, ob Vishnu sich denn auch in der zentralen Säule (eine andere Form der Weltachse) seines Thronsaales verborgen halte. Da entstieg Vishnu der Säule in Gestalt des Löwenmenschen und entleibte den niederträchtigen Dämonen, um seine Allgegenwart kundzutun.

DIE AVATARE DES VISHNU

Der bedeutende Gott Vishnu erscheint auf Erden in verschiedenen Gestalten. Es gibt, nach der am weitesten verbreiteten Überlieferung, zehn dieser »Avatare« genannten Inkarnationen:

1. Matsya, der Fisch, der Manu vor der Sintflut rettete
2. Kurma, die Schildkröte, auf der die Achse während des Butterns des Ozeans ruhte
3. Varaha, der Eber, der die Erde vor der Sintflut bewahrte
4. Narasimha, der Löwenmensch, der den Dämonen Hiranyakashipu ermordete
5. Vamana, der Zwerg, der die Welt mit drei Schritten durchmaß
6. Parashurama, der die Kriegerkaste ausrottete
7. Rama, der Königssohn
8. Krishna, Kuhhirte und Liebhaber der Gopis
9. Buddha, eine Erscheinung, die Vishnu annahm, um die Dämonen zu verunsichern
10. Kalki, der Reiter des weißen Pferdes am Ende des Kali-Weltalters

Oben: Die Götter und die Dämonen butterten den Milch-Ozean, um in den Besitz von Soma zu gelangen. Die große Schlange Vasuki benutzten sie zur Drehung der Achse, und Vishnu, in seinem Avatar als Schildkröte, nahm die Achse auf seinen Rücken, um die Erde vor den heftigen Stößen des Quirlens zu bewahren.

Links: Vishnu als Löwenmensch entleibt einen bösen Dämon, der seinen Sohn – einen Verehrer Vishnus – angegriffen hatte, um die Existenz seines eigenen Gottes zu beweisen. Schnitzerei aus dem 6. Jahrhundert.

Oben: Vishnu als Zwerg Vamana. In dieser Inkarnation durchmaß Vishnu die Welten mit drei Schritten. Nach einer späteren Version dieses Mythos entriß er dem mächtigen Dämon Bali die Welten und schickte diesen in die Unterwelt. Miniatur-Bild, Jainpur-Schule, 1750.

Rechts: Vishnu erschien in seinen letzten fünf Avataren in Menschengestalt, um der Menschheit zu helfen, das Böse zu unterdrücken. Die Avatare basieren auf Geschichten, die ursprünglich über verschiedene Volkshelden erzählt wurden. Einer dieser Helden war Rama, Modell des guten Menschen, tugendhaft, ritterlich und tapfer. Ramas schöne Frau Sita galt als das Musterbild der idealen Frau und Mutter. Rama mit der toten Sita. Hola, Pondicherry, 17. Jahrhundert.

Rama und Sita

Die letzten fünf Avatare sind (wie der des Zwergs) anthropomorph; der Gott soll sie eingegangen sein, um den Menschen zu helfen, das Gute zu verbreiten und das Böse zu besiegen. In Wirklichkeit aber beruhen sie auf einem bunten Gemisch dunkler und sehr unterschiedlicher Legenden, die ursprünglich über mehrere volkstümliche Helden erzählt wurden, deren Aktivitäten nicht immer mit den angeblich moralischen Absichten des Gottes zu vereinbaren waren. Als einer der populärsten dieser Avatare gilt Rama.

Rama war der große irdische Held und Königssohn im Epos *Ramayana,* lange bevor er als Avatar Vishnus eingestuft wurde. Er galt als das Musterbild des guten, tapferen und ritterlichen Menschen, als der tugendhafte Sohn, der wohltätige König und der treue Gatte. Auch seine schöne Frau Sita ist ein Modellcharakter, das Ideal der hinduistischen Vorstellung von Weiblichkeit, treu, eine hingebungsvolle Gattin und Mutter.

Rama gewann Sita zur Frau, nachdem er einen riesigen Bogen, der nur von einem achträdrigen und von 150 Menschen gezogenen Wagen transportiert werden konnte, gebogen und mit einer Sehne versehen hatte. Als Ramas Vater sich verleiten ließ, Sita in der Erbfolge zu übergehen, da nahmen Rama und Sita mit Freuden die Verbannung in die Wälder an. Dann entführte der mächtige Dämon Ravana Sita aus den Wäldern, aber Rama gelang es mit Hilfe des Affenvolkes und dessen Häuptling Hanuman, Sita auf der Insel Lanka wiederzufinden. Rama tötete Ravana in einem großartigen Kampf und rettete Sita. Aber dann wies er sie zurück, da sie – gegen ihren Willen – durch das Leben im Hause eines anderen Mannes entehrt worden war. Schließlich aber nahm er sie doch wieder mit zurück, weil sie ihre Reinheit beweisen konnte: Sie ging durch ein Feuer und kam unversehrt hervor.

Der andere Rama, Parashurama (»Rama mit der Axt«), ist eine weniger attraktive und beliebte Figur. Parashuramas Vater, Jamadagni, entdeckte eines Tages, daß sich seine Frau Renuka unzüchtiger Gedanken schuldig gemacht hatte, deswegen enthauptete Parashurama seine Mutter auf Bitten seines Vaters. Später bekam er die Gnade erwiesen, seine Mutter wieder zum Leben zu erwecken. Obwohl Parashurama der Priesterkaste angehört, zeichnet er sich vornehmlich durch Gewalttaten aus: So macht er sich auch des Massenmords schuldig, um den Tod seines Vaters zu rächen (und dies im deutlichen Gegensatz zu den Motiven des Muttermordes): Parashurama tötete ein Mitglied der Kriegerkaste, das ihn beleidigt hatte; deshalb übte ein anderer Krieger Vergeltung an seinem Vater Jamadagni und erschlug ihn. Daraufhin löschte Parashurama die Kriegerkaste aus und übergab den Priestern die Regentschaft über die Erde.

Das Leben Krishnas

Die ungestüme Natur der beiden Ramas ist noch – obwohl in abgeschwächter Form – in Vishnus drittem menschlichem Avatar als Krishna erhalten geblieben. Ursprünglich trat Krishna als der zerstörerische, arglistige und unmoralische Kriegsheld im *Mahabharata*-Epos auf. Nachdem er aber mit Vishnu identifiziert worden war, legte man die Motive seiner grausamen Handlungen in metaphysischer und theologischer Form aus: Die irdischen Könige, die er ermordete, waren in Wahrheit verkappte Dämonen, die die Erde derart übervölkerten, daß diese (die Erde) Krishna bat, sie auszurotten. So wurde er die Inkarnation eines irdischen Königs. Und als Krishna es versäumte, die Ausrottung seiner Familie zu verhindern – ein Akt des Völkermordes, der an Parashurama erinnert –, beschwor man verschiedene vormalige Flüche und, als letzten Ausweg, die Macht des Schicksals, ihm zu verzeihen. Die martialischen Heldentaten aus der klassischen Periode bleiben Teil der hinduistischen Legende über Krishna, aber sie werden in den jüngeren Kul-

Die beliebtesten Avatare Vishnus waren Rama und Krishna.

Oben: Figur Krishnas als Kind, Bengalen 18. Jahrhundert. Krishna kam auf die Erde, um die als menschliche Könige getarnten Dämonen zu vernichten. Er wurde in einem königlichen Palast geboren, aber um sein Leben zu schützen, vertauschte man ihn mit dem Sohn eines Kuhhirten, und so wurde er in einem Dorf aufgezogen. Die Geschichte von dem Gott, der unter dem einfachen Volk aufwächst, hatte unwiderstehliche Anziehungskraft. Die Krishna-Kulte betonten seine ausgelassenen Kindheitsstreiche und seine erotischen Abenteuer, die er als Jugendlicher hatte, bevor er das Dorf verließ, um seine Mission zu erfüllen.

Ganz links: Als Ramas Frau Sita von einem Dämon entführt wurde, machten sich Rama und sein ihm ergebener Bruder Lakshmana auf, um sie zu retten. Hanuman, Herr des Affenvolkes, half ihnen. Hanuman trägt hier Rama und Lakshmana, Jaipur-Schule, 1825.

Links: Vishnus Inkarnation als Parashurama oder »Rama mit der Axt«, eine gewalttätige Figur. Er löschte aus Rache die gesamte Kriegerkaste aus. Detail eines Miniatur-Bildes, Mewar-Schule, 1649.

Es gibt viele Geschichten über Krishnas Wundertaten als Jugendlicher, die deshalb so großes Erstaunen ausgelöst haben sollen, weil man ihn für einen Menschen hielt.

Rechts: Die Dämonen sandten die Riesin Putana aus, um das Baby Krishna mit vergifteter Milch zu stillen. Aber Krishna saugte ihren Lebensodem aus ihren Brüsten.

Unten: Die Dorfjungen schwammen in einem verbreiterten Arm des Flusses, und die vielköpfige Schlange Kaliya verschlang sie alle. Krishna tanzte auf Kaliyas Köpfen, bis sie um Gnade bat und versprach, den Teich für immer zu verlassen.

ten von der Betonung seiner Kindheitsstreiche und seiner erotischen Tändeleien überlagert.

Krishna kam auf die Erde, da er den Auftrag hatte, die Dämonen, die sich als bösartige Könige inkarniert hatten, zu töten. Von Geburt an war sein Leben in Gefahr. Da der böse König Kamsa wußte, daß es sein Schicksal sein sollte, von Krishnas Hand zu fallen, trachtete er danach, den Neugeborenen zu töten. Aber man brachte das Baby heimlich aus dem Palast und vertauschte es mit dem Sohn eines einfachen Kuhhirten, der den Knaben in einem kleinen Dorf wie seinen eigenen Sohn aufzog. Kamsa beauftragte deshalb eine Menschenfresserin, das Kind zu suchen und mit vergifteter Milch zu stillen. Aber Krishna saugte ihren Lebensodem durch ihre Brüste aus. Als die Schlange Kaliya die Knaben seines Dorfes, die in einem verbreiterten Arm des Flusses schwammen, verschlang, konnte sich Krishna durch Wegtauchen retten und tanzte anschließend auf den zahlreichen Köpfen der Schlange, bis diese um Gnade bat. Krishna verschonte sie unter der Bedingung, daß sie für immer verschwinde.

Die Hirtenfrauen, die Gopis, und die Kühe (Symbol der Mutterliebe), deren Milch und Butter Krishna stahl, verliebten sich heftig in den tollkühnen Krishna. Die Dorfmädchen vergötterten den jugendlichen Krishna, der ihre Kleider entwendete, als sie im Fluß badeten. Als Jüngling tanzte er mit ihnen im Mondlicht, aber wenn immer eine von ihnen glaubte, Krishna liebe nur sie allein, entzog er sich ihr. Ihre Suche nach dem Geliebten, der sie zum Narren hält, wird schließlich zur Metapher weiterentwickelt, die die Sehnsucht des Andächtigen nach seinem Gott beschreibt.

Am Ende verließ Krishna das Dorf und tötete Kamsa und viele andere Dämonen. Seine Söhne und Angehörigen töteten, da sie von einem Weisen verflucht worden waren, einander nach zahlreichen Kämpfen im Rausch. Krishna selbst wurde von einem Jäger erschossen, der ihn für einen Hirsch hielt und in die einzige verwundbare Stelle seines Körpers, seinen Fuß, traf. So verließ er die Erde.

Links: Die Dorfmädchen waren in den jungen Krishna verliebt. Er neckte sie, indem er ihre Kleider stahl, während sie im Fluß badeten, und hängte ihre Kleider außer Reichweite in einen Baum. Er tanzte mit ihnen im Mondlicht und glitt immer dann davon, wenn ein Mädchen glaubte, er liebe nur sie allein. Ihre Sehnsucht nach ihm wurde zur Metapher für die Sehnsucht eines Gläubigen nach seinem Gott. Illustration zum *Bhagavata-Purana,* Kangra-Schule.

Unten: In seiner letzten Inkarnation taucht Vishnu als Kalki auf, als der Reiter des weißen Pferdes oder manchmal als das weiße Pferd selbst. Er inkarniert sich vor Ende der Zerstörung der Welt und ihrer anschließenden Erneuerung. Dieser Avatar ist durch das Bild Christi als Reiter auf einem weißen Pferd, wie es im Buch der Offenbarung beschrieben wird, beeinflußt worden. Vishnu als Kalki, Basholi-Schule, 1760.

Das Kali-Weltalter

Das gegenwärtige Kali-Weltalter soll mit dem Tode Krishnas begonnen haben und gilt als das letzte und schlimmste der vier Weltalter der Erde. Das erste Weltalter war das Goldene Zeitalter, in dem die Tugend alles überragte und die Menschen sich von den Früchten des Gartens auf ihrer Erde ernährten. Nach einem beständigen Verfall der Tugend und des Höchstalters der Menschen während des zweiten und dritten Weltalters befinden wir uns gegenwärtig in der Ära der Sünde, der Krankheit und der Ketzerei. Unter den Häresien des Kali-Weltalters galt bei den Hindus der alten Zeit der Buddhismus als die Hauptgefahr, und deshalb war es die Gestalt des Buddha, in der sich Vishnu nach dem Tode Krishnas inkarnierte. Später sahen die Hindus in diesem Avatar einen Annäherungsversuch an den Buddhismus. Jedoch sollte dieser Avatar ursprünglich den Buddhismus in den Augen der Hindus ächten. So soll Vishnu die Gestalt Buddhas angenommen haben, um die gefährlichen Dämonen irrezuleiten, zu verderben und schließlich ganz auszurotten. Diese waren aber nicht zu besiegen, solange sie standhaft in ihrer Ausübung des orthodoxen Hinduismus blieben. Die Dämonen wurden zwar schließlich Buddhisten und dadurch bezwungen; aber trotzdem blieben die Buddhisten unter den Sterblichen auf der Erde tonangebend und werden bis zum Ende des Kali-Weltalters immer noch weiter zunehmen.

An diesem Wendepunkt, dem Ende des Kali-Weltalters, wird die Erde durch Feuer und Wasser zerstört werden, und aus den kosmischen Fluten wird das Universum mit einem jungen Goldenen Zeitalter neu entstehen. Die Zyklen des allmählichen Verfalls, gefolgt von einer plötzlichen Erneuerung, werden bis ans Ende aller Zeiten dauern. Symbolhaft für die Zerstörung des bösen Kali-Weltalters wird Vishnu in seinem letzten Avatar als Kalki, als Krieger auf einem weißen Pferd, auftreten und wird die gewissenlosen Könige aus Indien vertreiben, die Häretiker vernichten und nur eine kleine Schar guter Menschen retten, von der die Bevölkerung des nächsten Goldenen Zeitalters abstammt. Im Avatar des Kalki gibt es antike Anklänge: Die Gestalt, die den »Keim« guter Menschen aus den Fluten rettet, hat sich aus dem Avatar des Fisches entwickelt; und sie weist auch durch das Motiv des Pferdes Verbindungen zu Kalki auf. Eine antike Erscheinungsform Vishnus war die eines pferdeköpfigen Gottes; und in der Volksmythologie wird Kalki oft als ein weißes Pferd (anstatt als Reiter auf einem weißen Pferd) dargestellt. Allgemein anerkannt wird der Einfluß des Christentums auf den Kalki-Mythos.

Vishnu taucht auch in theromorpher Gestalt als Schlange und Vogel auf, beide gelten als seine »Reittiere«. Alle Hindu-Götter besitzen Reittiere: Indra reitet auf einem weißen Wolken-Elefanten, die Sonne auf einem braunen Hengst, Agni auf einer Opferziege und Brahma auf einer wilden Gans. Diese Tiere transportieren die Götter nicht nur im wörtlichen Sinn, sondern man sagt, daß auch die Substanz der Gottheiten überall dorthin gelangt, wo die

Rechts: Am Ende eines jeden Zyklus, zwischen Zerstörung und Erneuerung der Welt, schläft Vishnu auf der zusammengerollten Ananta, der Schlange der Unendlichkeit. In der oberen Hälfte des Bildes sehen wir Vishnu auf dem Vogel Garuda reiten, der ihn durch die Lüfte trägt. Miniatur aus Rajastan, 17. Jahrhundert.

Oben: Der andere große Hindu-Gott, Shiva, war zunächst ein Außenseiter. Um seine Überlegenheit zu demonstrieren, nahm er die Gestalt einer Säule an, die so hoch war, daß Brahma als Vogel nicht ihre Spitze, und Vishnu als Eber nicht ihre Basis erreichen konnte. Die Säule symbolisiert einen Phallus. Basalt-Skulptur, 13. Jahrhundert.

Tiere auftauchen. Als Reittiere Vishnus gelten zwei einander diametral entgegengesetzte heilige Symbole, die beide Göttlichkeit und Unsterblichkeit bezeichnen: Der Vogel Garuda, der ihn durch die Lüfte trägt, ist eine Nachbildung des indoeuropäischen Feuervogels, der das Unsterblichkeitselixier vom Himmel holt, und er ist zugleich das Symbol der Sonne, der unsterblichen Seele und der Göttlichkeit, aber auch des goldenen Eis, aus dem das Universum entsteht. Eng verbunden ist Vishnu aber auch mit der Schlange der Unendlichkeit, mit Ananta, auf deren zusammengerolltem Körper er während der Periode des Zwielichts zwischen dem Ende eines jeden Kali-Weltalters und dem Beginn des nächsten Goldenen Zeitalters schläft. Schlange und Vogel gelten als Symbole der Göttlichkeit, der Wiedergeburt, des Geheimnisses und der Unendlichkeit. Indem Vishnu zwischen ihnen vermittelt, offenbart er das große Spektrum seiner Machtfülle.

Shiva und Rudra

In auffälligem Gegensatz zu Vishnu, der bereits in den frühesten Texten als Mitglied des orthodoxen Pantheons auftaucht und als Gott den Menschen wohlgesinnt ist, beginnt Shiva seine Götterkarriere als undurchsichtiger Außenseiter, als dämonischer Gegenspieler der übrigen Götter und der Menschheit insgesamt. Als sein vedischer Vorfahr gilt der Gott Rudra, der Prajapati für seine inzestuöse Tat bestraft. Rudra wird als Gott der Wildnis, der wilden Tiere und des Dschungels, der Berggipfel und der gefährlichen Straßenkreuzungen angesehen; man versagt ihm einen angemessenen Platz im vedischen Opferritus und verehrt ihn statt dessen gesondert an einsamen Orten.

Ein vergleichbarer Mythos, in dem eine Anerkennung nur unwillig und zögernd vollzogen wird, kehrt im nach-vedischen Hinduismus wieder: Shiva heiratete Sati, die Tochter Dakshas. Als Daksha ein Opfer veranstaltete und Shiva nicht einlud, beging Sati daraufhin, wegen der Schande, die ihr Vater über sie gebracht hatte, Selbstmord. Sie stürzte sich in das Opferfeuer und wurde die erste »Sati« (ein Ritus, in dem Witwen sich selbst verbrennen). Daraufhin zerstörte Shiva das Opfer, enthauptete Daksha und warf seinen Kopf ins Feuer. Als die Götter vor ihm niederknieten und um Gnade flehten, stellte Shiva das Opfer wieder her, erweckte Daksha zum Leben und versah ihn mit dem Kopf einer Opferziege. Auf diese Weise wurde Shiva vom Opfer ausgeschlossen, brachte sein eigenes Opfer (mit Daksha) dar und gelangte schließlich in die Gesellschaft der hinduistischen Götter.

Als Grund für Rudras ursprünglichen Ausschluß vom Opfer muß seine enge Verbindung zum Tode gesehen werden, der als Dämon galt und den die Götter, wie die anderen Dämonen auch, erst bezwingen mußten. Im Gegensatz dazu akzeptierte man im späteren Hinduismus den Tod als einen wesentlichen Teil der göttlichen Ordnung. So wie Vishnu als Kalki in Erscheinung tritt, um dem Kali-Weltalter ein Ende zu bereiten, hat auch Shiva für seine Verehrer die Funktion, zu einem vorbestimmten Zeitpunkt die Rolle des Richters im Jüngsten Gericht wahrzunehmen. Dies zeigt sich im eindrucksvollen Mythos über Rudras Zerstörung des Kosmos, in den der Mythos über die dreiteilige Stadt verwoben ist: Die drei Söhne des Dämonen Taraka erlangten große übernatürliche Kräfte und bauten drei Städte, eine aus Eisen, die andere aus Silber und die dritte aus Gold. Brahma aber verwehrte ihnen den Wunsch nach Unsterblichkeit, doch als sie darum baten, ihre drei Städte nach tausend Jahren zu vereinigen, damit sie durch einen einzigen Pfeil von Rudras Bogen zerstört werden könnten, gewährte Brahma ihnen diesen Wunsch. Am Ende der vom Schicksal bestimmten Zeit schlossen sich die drei Städte zusammen und wurden zerstört, genauso wie die Dreiheit der Welten am Tage des Jüngsten Gerichts untergeht. Shiva spielt auch noch eine andere, ergänzende Rolle als Mörder des Todes. Als Boten Yamas einen Verehrer Shivas davontragen wollten, erschien Shiva und tötete den Tod. Später, als er ihn wieder zum Leben erweckte, nahm er ihm das Versprechen ab, die Anbeter des großen Gottes (Shiva) zu verschonen.

Der Mythos über die Ermordung und Wiedererweckung des Todes entstand nach dem Vorbild eines anderen, älteren Mythos über Shiva, seine Tötung und Wiedererweckung Kamas, des Gottes des Verlangens. Shiva, in seiner Eigenschaft als »Gott der Asketen«, weigerte sich, nach Satis Tod wieder zu heiraten. Aber schließlich heiratete Shiva tatsächlich seine zweite Frau, Parvati, die Tochter des Berges Himalaya. Obwohl die Ehe Shivas mit Parvati viele Jahre vollzogen wurde, ging aus ihr kein Kind hervor. Am Ende sandten die Götter Agni in Gestalt eines Papageis, um das nicht enden wollende Liebesspiel zu unterbrechen. Agni nahm den goldenen Samen Shivas in seinen Schnabel und ließ ihn in den Ganges fallen. Die sechs Plejaden, die Frauen der Sieben Weisen, die das Sternbild des Großen Bären bilden, fanden den Samen und gebaren einen sechsköpfigen Knaben. Es war der Gott Skanda.

Shiva, Linga und der Tanz

Shiva gilt, obwohl ein großer Yogi und Gott der Asketen, auch als Gott der Fruchtbarkeit, und sein Reittier ist der Bulle Nandi. Außerdem wird er als Gott des Phallus (*linga*) verehrt. Die Hindus erzählen eine Reihe unterschiedlicher Geschichten, um einen anerkanntermaßen nicht-vedischen Kult zu verfechten; als bekannteste muß der Mythos über die Erscheinung des *linga* angesehen werden. Einst, als das Universum nur aus Wasser bestand, hatten Vishnu und Brahma einen Streit, jeder behauptete von sich, der größte aller Götter zu sein. Plötzlich erschien zwischen ihnen eine riesige Feuersäule (noch eine weitere Form der Weltachse), deren Spitze und Basis nicht auszumachen waren. Deshalb verwandelte sich Brahma in eine Gans und flog so hoch hinauf, wie er nur konnte, um die Spitze zu suchen, während Vishnu in Gestalt eines Ebers in die Fluten hinabtauchte, um die Basis zu finden; aber keiner von beiden vermochte das jeweilige Ende der Säule auszumachen. Da trat Shiva aus dem Inneren der Säule hervor, die die kosmische Erscheinung seines *linga* war, und beide verneigten sich vor ihm.

Eine andere, etwas weniger erhabene, dafür mehr anekdotische Erzählung über den Ursprung des *linga* taucht im Mythos über den Pinienwald auf. Eine Gruppe Weiser (manchmal werden sie mit den Sieben Weisen identifiziert) lebte in Askese im Pinienwald und hatte keine rechte Vorstellung von der Größe Shivas; dieser begab sich daher zu ihnen, um ihnen eine Lehre zu erteilen. Er verwandelte sich in einen nackten Bettler mit einer Bettelschale in Form eines Schädels und verführte die Frauen der Weisen. Die wütenden Weisen bestraften daraufhin den »Bettler« mit Kastration. Doch als sein *linga* zu Boden gefallen war, senkte sich Dunkelheit über das Universum, und die Weisen erkannten, wen sie bestraft hatten. Sie flehten Shiva an, alles wieder in seinen ursprünglichen Zustand zu versetzen. Shiva war unter der Bedingung einverstanden, daß die Weisen seinen *linga* für immer anbeten würden.

Spätere Variationen des Pinienwald-Mythos werden dazu verwandt, Shivas Erscheinungsform als Herr des Tanzes, Nataraja, zu erklären. Als die Weisen zornig waren, veranstalteten sie ein Opfer und schleuderten eine Reihe furchtbarer Gegenstände auf Shiva, aber dieser verwandte sie alle zu seinem Vorteil: Als sie einen Tiger schufen, nahm er dessen

Ganz links: Shiva und Parvati. Shiva tritt in zahlreichen Rollen auf, unter anderem gilt er als Gott des Phallus. Nach mythologischer Überlieferung hatte er mehrere Frauen. Eine davon war Sati, die sich auf dem Opferfeuer verbrannte und auf diese Weise das Brauchtum der Witwenverbrennung einführte. Eine andere seiner Frauen war Ganga, die Personifizierung des Flusses Ganges, der durch Shivas Haar fließt. Die schöne Parvati schließlich, eine Reinkarnation Satis, war die Tochter des Himalaya. 10. Jahrhundert.

Links: Shiva und Parvati mit ihren Kindern, dem sechsköpfigen Skanda und dem elefantenköpfigen Ganesha, auf dem Berg Kailasa. Der Bulle Nandi ist Shivas Reittier und ein Symbol seines Charakters. Kangra-Schule.

Shiva in seiner Erscheinungsform als Nataraja, »Herr des Tanzes«. Shiva tanzte auf dem Kopf eines Dämonen, und während er tanzte, drehte sich die Welt im Kreis und stürzte ins Chaos. Man bat ihn aufzuhören, und er war einverstanden, den Tanz bis zum Ende jenes Zeitalters zu verschieben, in dem er als Zerstörer der Welt auftritt. Bronze-Figur aus Südindien, Chola-Periode.

Fell als Lendenschurz; sie machten einen Feuerball, er behielt ihn in seiner Hand; schließlich schufen sie einen kleinen Dämon, auf dessen Kopf trampelte Shiva herum. Und als der Dämon nicht aufgab und sich wehrte, tanzte Shiva auf ihm so wie Krishna auf Kaliya getanzt hatte, und während er tanzte, erbebte das Universum und verwandelte sich schlagartig in Chaos. Starr vor Schreck flehten die Weisen Shiva an, er möge zu tanzen aufhören. Er war einverstanden, das Tanzen bis zum Jüngsten Gericht zu verschieben, dann aber würde sein Tanz den allgemeinen Untergang ankündigen.

Diese Geschichte, in der der Tanz die Kastration ersetzt, taucht nur in südindischen Quellen auf. Die Texte aus Nordindien charakterisieren Shiva als Gegner des Tanzes: Als der Weise Mankanaka eines Tages seinen Finger an einem Grashalm geschnitten hatte und sah, daß anstelle von Blut Pflanzensaft aus der Wunde quoll, da tanzte er in voller Ekstase über dieses Wunder, bis die Welten zu beben begannen. Die Götter entsandten daraufhin Shiva, die Ursache dieses Bebens zu ergründen. Shiva erschien vor Mankanaka, und als er den Grund für dessen überschwengliche Freude gehört hatte, durchbohrte er seinen eigenen Daumen mit dem Fingernagel. Asche quoll aus der Wunde, und als Mankanaka sich seines törichten Benehmens bewußt geworden war, hörte er auf zu tanzen und bat Shiva um Verzeihung.

Shivas Symbole

Die Asche, die aus Shivas Adern fließt, symbolisiert die Asche Verblichener. Shiva lebt, umgeben von unreinen Schakalen, im Gelände der Leichenverbrennung. In späterer tantrischer Ikonographie nimmt er sogar die Gestalt eines Leichnams an. (Tantrismus ist ein indischer und tibetischer Sexualkult.) Alle diese Attribute rühren von seiner Rolle als »Herr der Toten« her. Als anderes Symbol dieser Rolle trägt er einen Totenschädel, manchmal in der Hand und manchmal als Ornament in seinem gelockten Haar. Der Schädel stammt von Brahma, den er im Laufe einer seiner häufigen Auseinandersetzungen mit ihm enthauptete. Der Schädel blieb an Shivas Hand hängen, während er um Almosen bettelnd umherzog; erst als er die Stadt Benares erreichte, fiel der Schädel von ihm ab. Deswegen errichtete er dort einen »Schrein der Lösung vom Totenschädel«, einen Schrein, der sogar die ungeheuerliche Sünde der Tötung eines Priesters zu sühnen vermochte. Der Totenschädel gilt als ambivalentes Sinnbild – er ist Mord und zugleich die Kraft, die vom Stigma des Mordes befreit. Dieses Sinnbild wird einem anderen Symbol des Todes und der Wiedererweckung gegenübergestellt: dem Mond, den Shiva auch in seinem Haar trägt und der jeden Monat abnimmt und wieder zunimmt.

Als letztes Element in Shivas Haartracht erscheint der Ganges, der die Fruchtbarkeit, die Wiedergeburt und die Reinigung repräsentiert, aber auch Shivas Gnade: Der Ganges existierte zuerst als Milchstraße am Himmel, bis ein König, dessen Söhne zu Asche verbrannt waren, die Göttin des Ganges (Ganga) bat, auf die Erde herabzusteigen und seine Söhne wieder zum Leben zu erwecken. Sie tat worum er sie ersucht hatte, aber zunächst bat sie Shiva, ihren wuchtigen Fall abzufangen und ihr zu gestatten, die Erde erst auf dem Gipfel des Himalaya durch sein Haupt zu berühren, damit sie sich anschließend an seinem gelockten Haupthaar auf die Erde abseilen könnte. Ganga fließt durch den Totenschädel in Shivas Haar und dann über die Asche der toten Prinzen, die sie zum Leben erweckt, so wie Shiva Kama und den Tod aus der Asche hatte wiedererstehen lassen. In ihrer anthropomorphen Gestalt gilt Ganga als weitere Frau Shivas, und ihr Reittier ist das Krokodil oder das Meeresungeheuer.

Shiva und Andhaka

Unter dem Einfluß mittelalterlicher Andachtskulte begann man allmählich, die destruktiven Taten Shivas als Gnadenakte zu betrachten. Shiva gilt, zusammen mit Vishnu, als einer der höchsten Götter des Hinduismus. Er wird sowohl als Schöpfer als auch als Zerstörer betrachtet, er ist erotisch und asketisch zugleich, maßvoll und zügellos in einer Person. Der Mythos über Andhaka, den Blinden, zeigt, wie diese Gegensätze miteinander verwoben werden.

Shiva besaß drei Augen, das dritte hatte er auf seiner Stirn. Seine Frau Parvati hielt ihm einst aus Scherz die Augen zu, daraufhin senkte sich Finsternis über das Universum, denn die drei Augen symbolisieren die Sonne, den Mond und das Feuer. Als dann ein Schweißtropfen in sein drittes Auge tropfte, entstand daraus ein blindes Kind, denn es war in Finsternis empfangen worden. Der Knabe erhielt den Namen Andhaka und wurde von einem Dämonen adoptiert, so wuchs er nach Art der Dämonen auf. Er stellte Parvati nach, da er nicht wußte, daß sie seine Mutter war. Shiva spießte ihn deshalb auf seinen Dreizack, hielt ihn dort jahrhundertelang fest

Oben links: Im mittelalterlichen Hinduismus wurden Shivas destruktive Handlungen als Gnadenakte verstanden. Eines von Shivas Kindern, Andhaka, wurde aus dem dritten Auge auf des Gottes Stirn geboren. Andhaka stellte Parvati nach, deshalb spießte ihn Shiva auf seinen Dreizack und entzündete ihn mit demselben Auge, das ihn geboren hatte. Die Verbrennung reinigte Andhaka, und er wurde ein Diener Shivas. Mughal-Handschrift, um 1590.

Oben: Die Große Göttin tötet einen Büffel-Dämon. Die Götter wurden einst von einem Dämon belästigt, den nur eine Frau töten konnte. Aus ihren zornigen Leibern lösten sich Energiewellen und gebaren die Große Göttin. Sie enthauptete den Dämon und befreite seine Seele aus dem Dämonenkörper, in dem sie gefangengehalten worden war. 12. Jahrhundert.

und setzte ihn mit dem Auge, das ihn gezeugt hatte, in Brand. Das Feuer verbrannte Andhakas Dämonennatur und reinigte ihn. Auf diese Weise wurde er einer von Shivas Dienern. Verknüpft mit dem kaum verschleierten Thema des Inzests, besagt der Kernpunkt der Geschichte, daß der Gott denjenigen seine Gnade erweist, die ihm gegenüber Emotionen äußern, und seien diese auch Haß. In Wahrheit ist es Shivas erklärte Absicht, daß wir ihm, trotz seiner verderblichen Handlungen, im Tode näherrücken.

Die Große Göttin

Göttinnen verschiedenster Charaktereigenschaften tauchen in der gesamten Hindu-Mythologie auf. Die Morgenröte gilt als eine bedeutende vedische Göttin; Vach, die Verkörperung der Rhetorik, als eine der Hauptgöttinnen in den *Brahmanas*; die Göttin der Erde als Gemahlin Vishnus; Ganga, Sati und Parvati sind Frauen Shivas. Aber die Göttin als solche, als höchste göttliche Macht, nicht nur als Attribut oder Abhängige eines männlichen Gottes, kommt mit eigenem Gewicht erst in der Periode des Mittelalters auf.

Die klassische Form des Mythos über die Geburt der Großen Göttin besteht aus der Umkehrung des ursprünglichen Schöpfungsmythos, in dem eine kosmische Zerstückelung stattfindet. Geplagt von einem Büffeldämon, den kein Gott zu töten vermochte, gerieten die Götter in Zorn, und aus ihren zornigen Körpern löste sich eine Energiewelle. Diese Energien vereinigten sich zu einer Göttin: Aus Shivas Energie entstand ihr Kopf, aus Vishnus wurden ihre Arme, aus Brahmas ihre Füße, Indras Energie zeugte ihre Taille, Agnis ihre Augen, und so weiter. Der Löwe wurde ihr Reittier. Die Göttin tötete den Büffel-Dämon, indem sie ihn erst verführte, sich in sie zu verlieben, und ihn dann enthauptete. Auf diese Weise befreite sie seine unsterbliche Seele vom Leib des Büffeldämons, der diese gefangengehalten hatte (der Körper wurde von ihren Löwen aufgefressen). Das Motiv für seine Aggression gegen sie und auch ihre Aggression gegen ihn ist Liebe.

Den Verehrern der Großen Göttin gilt sie als die belebende Kraft, die es den Göttern erst ermöglicht, ihre eigenen Taten zu vollbringen. In diesbezüglichen Versionen der klassischen Mythen bittet etwa Vishnu als Löwenmann die Göttin und ihren Löwen, ihm bei der Ermordung von Prahladas Vater behilflich zu sein; Shiva versichert sich ihrer Hilfe bei der Zerstörung der dreiteiligen Stadt. Der Mythenzyklus mit besonderer Aufnahmefähigkeit für diese Form des Wandels ist der Mythos über Shiva und seine Frauen Sati und Parvati. Die Verehrer der Großen Göttin, insbesondere ihre tantrischen

Anhänger, fügen der Geschichte über Dakshas Opfer einen Epilog an. Nachdem Sati Selbstmord begangen hatte, wanderte Shiva mit dem Leichnam auf seinen Armen umher, tanzte, weinte und versetzte die Erde in Aufregung, bis Vishnu den Leichnam zerstückelte. Überall, wohin ein Stück des toten Leibes fiel, errichtete man der Großen Göttin Schreine; der heiligste Schrein aber entstand in Assam, wohin die Genitalien *(yoni)* der Göttin gefallen waren. In Bengalen taucht der Totentanz Shivas in umgekehrter Form auf, dort wird behauptet, daß die Göttin, in ihrer furchterregenden Gestalt als die blutrünstige Kali, auf dem Leichnam ihres Mannes Shiva tanzt. Dadurch verwandelt sie ihn in Shiva, den lebendigen Gott.

Dieser furchterregende Wesenszug der Göttin wird durch ihren gütigen, mütterlichen Zug als Gauri, die »Goldene«, die Mutter Skandas, ausgeglichen. Es gibt einen Mythos, der diesen offensichtlichen Widerspruch erklärt: Einst verspottete Shiva, dessen Körper mit weißer Asche bedeckt ist, seine Frau wegen ihrer dunklen Hautfarbe. Zornig und beschämt zugleich, lebte sie so lange in Askese, bis ihr die Gnade einer goldenen Hautfarbe zuteil wurde. Dann streifte sie wie eine Schlange ihre dunkle Haut ab, und diese äußere Hülle wurde die Göttin Kali. Ein ähnlicher Mythos über eine »gespaltene« Mutter taucht in späterer volkstümlicher Mythologie auf, in der die Erzählung über Parashurama und Renuka durch eine bedeutsame Episode erweitert wird. Als Parashurama seine Mutter enthauptet und anschließend die Gnade erhalten hatte, sie wieder zum Leben zu erwecken, da setzte er versehentlich ihren Kopf auf den kopflosen Leichnam einer Frau von niedriger Kastenherkunft und den Kopf dieser Frau auf den Leichnam seiner Mutter; auf diese Weise erstanden die beiden Frauen in gemischter Form von den Toten. Dieser Mythos zeigt ganz offenkundig, wie so viele Erzählungen über die

Oben: Der furchterregende und blutrünstige Wesenszug der Großen Göttin drückt sich in ihrer schwarzen Haut aus, die sie einst wie eine Schlange abstreifte. Die sichtbar gewordene Gestalt mit goldener Haut repräsentiert ihren wohlwollenden, mütterlichen Wesenszug. In ihrer furchterregenden Gestalt als Kali, die »Schwarze«, tanzt sie auf dem leblosen Körper ihres Mannes Shiva. Durch den Tanz erweckt sie ihn zum Leben und verwandelt seinen Leichnam (Shava in Sanskrit) in Shiva, den lebendigen Gott.

Rechts: Skanda oder Karttikeya, der vielköpfige Gott des Krieges, dessen Reittier der Pfau ist. Da die Hindu-Mythologie heute noch in Indien lebendig ist, finden sich auch Gestalten Mahatma Gandhis und Pandit Nehrus auf diesem Relief aus dem Muragan-Tempel in Tiruchendur, Südindien.

Ganesha, Gott der Schriftsteller und Kaufleute. Sein ursprünglicher Kopf fiel ab und wurde durch den Kopf des weißen Elefanten Airavata, des Reittiers Indras, ersetzt. Shivas Reittier, der Bulle Nandi, hatte Airavata getötet. Ganeshas Titel, »Herr der Hindernisse«, kann so interpretiert werden, daß er Hindernisse aus dem Weg der Menschen räumt, die ihn korrekt verehren, daß er sie jedoch denen in den Weg legt, die den Göttern nicht die notwendige Verehrung zollen.

Große Göttin, ein Wissen um historischen Synkretismus und wirft ein Licht auf gewisse Kastenbeziehungen; aber man kann ihn auch rein symbolisch interpretieren als Bildnis der ambivalenten Mutter, die liebevoll und haßerfüllt zugleich auftritt.

In Bengalen, wo der Kult der Großen Göttin immer besonders viel Beachtung gefunden hat, wird sie auf Kosten Shivas verherrlicht. Hier behauptet man, daß Shiva zuerst Ganga heiratete und dann die Göttin Durga zu seiner Nebenfrau machte. Durga ist zahllosen Erniedrigungen wegen ihres Mannes ausgesetzt. Shiva raucht Marihuana, bis er nicht einmal mehr klar genug im Kopfe ist, um betteln zu gehen und deshalb Durgas Schmuck verkaufen muß, um seine Sucht zu befriedigen. Einmal jährlich kommt Durga anläßlich des Herbstfestes in Durgapuja in ihr Elternhaus heim und klagt über ihren Mann. Jedoch nach Ende dieses Festes kehrt sie wieder in die Himalaya-Region zu ihm zurück.

In Südindien wird der Kult der Großen Göttin durch den Kult der »Sieben Schwestern« und »Kleinen Mütter« ergänzt. Diese geheimnisvollen Gestalten, manchmal identifiziert mit den gütigen, reinen Plejaden, die Skanda stillen, zuweilen auch mit einer Gruppe schrecklicher, Furcht einflößender Menschenfresserinnen, die man gütig stimmt und fernhält, statt sie anzurufen, werden in weiten Kreisen gleichzeitig mit bekannteren Göttinnen des orthodoxen Pantheons verehrt. Andere, in ganz Indien verehrte, oft mit der Großen Göttin oder mit einer der Mütter identifizierte Göttinnen werden für Krankheit und Unglück verantwortlich gemacht. Jyeshtha, »die Älteste«, gilt als Göttin des Bösen und des Unglücks, die im Hause derjenigen wohnen soll, die miteinander streiten. Shitala, »die Kühle«, ist ein Euphemismus für die Fieber erzeugende Göttin der Pocken, die auf einem Esel reitet und rote Kleider trägt. In Bengalen kommt auch noch eine andere Erscheinungsform der Großen Göttin vor, Manasha, die Göttin der Schlangen. Shashti, »die Sechste«, gilt als Göttin der verheirateten Frauen, der man am sechsten Tag nach der Geburt eines Kindes opfert, dann soll die größte Gefahr der Säuglingssterblichkeit gebannt sein.

Skanda und Ganesha

Die »Kleinen Mütter« und selbst die Große Göttin sind eng verwoben mit den Mythen über Skanda und Ganesha, zwei Göttern, die als Söhne Shivas gelten, aber ihren eigenen Kult haben. Skanda gilt als der große Krieger unter den Göttern, er trägt eine Lanze und reitet auf einem Pfau. Unmittelbar nach seiner Geburt durchbohrte er mit seinen Pfeilen die Berge und zerschmetterte sie, dadurch verursachte er Chaos und beunruhigte Indra (der in den alten Texten als der große Zerstörer der Berge gilt). Die Götter baten daraufhin Indra, Skanda zu töten, bevor er sie alle überwältigt hätte. Indra schickte daher »die Mütter« aus, Skanda umzubringen. Aber als sie seine Heldengröße und seine Macht erkannten, gerieten sie in Panik und stillten ihn mit der Milch aus ihren Brüsten. Daraufhin griff Indra Skanda selbst

HINDUISTISCHE GOTTHEITEN UND MYTHOLOGISCHE WESEN

Auf einer Ebene kann der Hinduismus als polytheistisch, auf der anderen als monotheistisch betrachtet werden, denn zahlreiche Gottheiten gelten oftmals als Erscheinungsformen ein und desselben Prinzips. Es gibt außerdem viele verschiedene Sekten und Denkschulen innerhalb des Hinduismus. Einige indische, manchmal auch europäische Texte sprechen von einer Götter-»Trinität«, Trimurti, bestehend aus Brahma, dem Schöpfer, Vishnu, dem Bewahrer, und Shiva, dem Zerstörer; aber diese Auffassung ist weder populär, noch ist sie unbestritten, denn Brahma werden keinerlei Opfer dargebracht. Für viele Hindus ist entweder Vishnu oder Shiva das höchste Wesen: Schöpfer, Bewahrer und Zerstörer in einer Person. Aber auch andere Gottheiten haben ihre Anhängerschaft oder leben in der Mythologie oder Folklore fort.

Aditi, die Unendliche, die Himmelsgöttin, Mutter der Götter
Aditiyas, himmlische Gottheiten, Kinder Aditis, unter ihnen Indra, Mitra, Rudra, Tvashtar, Varuna und Vishnu
Agni, Gott des Feuers, sein Name ist das Äquivalent zum lateinischen *ignis,* »Feuer«
Ananta oder **Shesha,** die zusammengerollte Schlange der Unendlichkeit
Ashvins, wohlwollende Gottheiten, Zwillings-Wagenlenker, Söhne der Sonne; sie stehen in Beziehung zu den göttlichen Zwillingen der griechischen und römischen Mythologie
Asuras, titanenhafte Dämonen, Feinde der Götter, im Besitz von magischen Kräften
Brahme, die nach-vedische Form Prajapatis, des Schöpfers
Buddha, Gautama, Gründer des Buddhismus; wird im Hinduismus als eine Inkarnation des Vishnu betrachtet
Durga, eine Göttin, die in ganz Indien verehrt wird, besonders aber in Bengalen; Frau Shivas, oft mit Kali oder Parvati identifiziert
Dyaus, ein früher indoeuropäischer Gott des Himmels, mit dem griechischen Zeus und dem römischen Jupiter verwandt, keine bedeutende Figur in der Hindu-Mythologie
Gandharvas, himmlische Musikanten, Halbgötter
Ganesha, Herr der Hindernisse, der elefantenköpfige Gott der Schriftsteller und der Kaufleute, Sohn Shivas und Parvatis
Ganges, der Heilige Strom, wird als die Göttin Ganga personifiziert, eine von Shivas Frauen, Tochter des Himalaya; bevor der Strom auf die Erde gelangt, ist er die Milchstraße am Himmel
Garuda, König der Vögel und Reittier Vishnus
Gauri, »die Goldene«, die wohltätige Erscheinungsform der Großen Göttin
Gopis, Hirtenfrauen, Geliebte des jugendlichen Krishna
Hanuman, erster Minister und General des Affenvolkes
Hari-Hara, eine gemischte Gottheit, Verkörperung Vishnus und Shivas
Himalaya, Heimat des Schnees, ein großer Berg oder eine Bergkette, Vater Parvatis
Indra, in der vedischen Periode König der Götter, Herr des Sturms, der Fruchtbarkeit und des Krieges, trat später in den Hintergrund
Jyeshtha, »die Älteste«, Göttin des Unglücks
Kali, »die Schwarze«, Frau Shivas, die Göttin in ihrer furchterregenden, grausamen und blutrünstigen Erscheinungsform
Kama, Gott des Verlangens
Karttikeya, ein anderer Name für Skanda
Krishna, »der Dunkle«, Hirtenjunge und Königssohn, verehrt als Inkarnation Vishnus
Lakshmi, Göttin der Schönheit und des Glücks, den Wellen des Ozeans entstiegen, Frau Vishnus
Manasha, Göttin der Schlangen, in Bengalen verehrt
Manu, Stammvater der Menschheit, wurde von einem großen Fisch vor der Sintflut bewahrt
Mitra, ein vedischer Gott des Lichts, Mithra im Iran, Mithras in der römischen Welt
Nagas, eine legendäre Schlangenart, Vorfahren vieler indischer Fürstendynastien, oft als Kobras oder in Menschen- bzw. Halbmenschengestalt dargestellt
Nandi, der Bulle, Reittier Shivas
Nataraja, der Herr des Tanzes, eine Erscheinungsform Shivas
Parashurama, Rama mit der Streitaxt, eine menschliche Inkarnation Vishnus, seine magische Streitaxt erhielt er von Shiva
Parvati, Tochter des Himalaya, Frau Shivas
Prajapati, Herr der Geschöpfe, in der vedischen Periode Schöpfer des Universums, Vater der Götter, Dämonen und aller Geschöpfe, später als Brahma bekannt
Prithivi, Göttin der Erde, Frau Dyaus'
Purusha, ein kosmischer Mensch, er wurde geopfert und alle Teile des Kosmos, die vier Kasten der Gesellschaft eingeschlossen, entstanden aus seinem zerstückelten Körper
Radha, die Hauptgeliebte Krishnas
Rama oder **Ramachandra,** ein Prinz, Held des *Ramayana,* verehrt als eine Inkarnation Vishnus
Rudra, Herr der Tiere, vedischer Gott des Dschungels und der wilden Natur, Gott der Krankheit, mit dem Tode assoziiert, er wurde später zu Shiva
Sati, erste Frau Shivas; sie bewirkte die Einführung des *Sati*-Brauchtums (Witwe, die sich mit dem Leichnam ihres Mannes verbrennen läßt
Shakti, Bezeichnung für die Kraft oder die Frau eines Gottes, insbesondere für Shivas Frau in ihrer femininen Erscheinungsform
Shashti, »die Sechste«, eine Göttin, die Kinder und Frauen bei der Geburt beschützt
Shitala, »die Kühle«, Pockengöttin
Shiva, zusammen mit Vishnu der größte Gott des nachvedischen Hinduismus; unter seinen Symbolen befinden sich der erigierte Phallus und der Dreizack
Skanda, Sohn der Plejaden, ein Kriegsgott, der sechsköpfige Sohn Shivas
Soma, das Lebenselixier, sowohl eine Droge als auch ein Gott. Die Droge wird aus einer Pflanze gewonnen, die manchmal mit dem Halluzinationen erzeugenden Fliegenpilz identifiziert wird; iranisch: Haoma
Surya, Sonnengott, später mit Vishnu gleichgesetzt, er hat aber auch seinen eigenen Kult
Tvashtar, der Kunsthandwerker unter den Göttern
Uma, ein anderer Name für Shivas Gemahlin
Ushas, Göttin der Morgendämmerung, in einem Mythos ist sie die Tochter Prajapatis und wird durch ihn zur Mutter aller Lebewesen
Vach, Göttin der Rhetorik
Varuna, ein alter Himmelsgott und Gott der kosmischen Ordnung, möglicherweise in Beziehung stehend zu Ahura Mazda im Iran und Uranos in Griechenland; später Gott der Gewässer
Vishnu, eine vedische Sonnengottheit, später, im nachvedischen Hinduismus, einer der beiden großen Götter
Vivasvat, der Sonnenhengst, eine Erscheinungsform Suryas
Yama, Sohn der Sonne, König der Toten

an und schleuderte seinen Donnerkeil auf ihn. Die Waffe schlitzte Skanda an der Seite auf, aber aus der Öffnung trat ein weiterer Krieger hervor, deshalb warf sich Indra Skanda zu Füßen. Nachdem diese anfängliche Rivalität beigelegt worden war, machte Skanda sich an die Aufgabe, um derentwillen er geschaffen worden war: Er tötete den Dämon Taraka. Skanda gilt als General unter den Göttern, seine Frau ist die »Armee der Götter«.

Ganesha wird auch – wie Skanda – seit seiner Geburt von Indra bedroht; trotzdem zeugen die Umstände seiner Geburt von einer größeren Gefahr, die ihm von seinem leiblichen Vater Shiva droht. Parvati wünschte sich ein Kind, doch Shiva wollte nichts von Familienleben wissen. Schließlich forderte er Parvati spöttisch auf, ein Kind aus einem Fetzen roten Tuchs zu machen. Sie tat, was er ihr vorgeschlagen hatte, und aus dem Tuch wurde ein stattlicher Sohn geboren. Aber als Shiva den Kopf des Knaben berührte, fiel er ab. Um die niedergeschlagene Parvati zu trösten, sandte Shiva sein Reittier Nandi, den Bullen, und seinen stiernackigen Türhüter aus, einen anderen Kopf für sein Kind zu besorgen. Nandi entschied sich für den Kopf Airavatas, des weißen Elefanten, Indras Reittier. Indra stellte sich Nandi entgegen, aber dieser brach einen der Stoßzähne des Elefanten ab und zwang schließlich Indra, aufzugeben. Shiva erklärte daraufhin Indra, er solle den kopflosen Rumpf Airavatas ins Meer werfen, von wo er bei Flut in wiederhergestellter Körpergestalt auftauchen würde. Eine andere Version über Ganeshas Geburt besagt, daß Parvati ihn aus dem Schmutz, den sie von ihrem Körper gewaschen hatte, erschuf. Außerdem soll sie ihn auf die Schwelle ihrer Badezimmertür gelegt haben, um zu verhindern, daß Shiva sie störe. Die Tatsache, daß Ganesha Parvatis Tür bewacht (so wie Nandi Shivas Tür hütet), bedeutet, daß hier der sexuelle Konflikt zwischen Vater und Sohn zum Ausdruck gebracht werden soll.

Die Götter teilten Ganesha eine große Ratte als Reittier zu, denn Ganesha gilt als Bezwinger von Hindernissen, und auch die Ratte findet oder bahnt sich durch Nagen ihren Weg aus jeder Falle. Ganeshas Beiname, »Herr der Hindernisse«, wird oft seltsam interpretiert. Er soll von den Göttern geschickt worden sein, um denen ein Hindernis in den Weg zu legen, die ihren Weg in den Himmel zu schnell finden und an Schreinen opfern, ohne den Göttern in angemessener Form zu huldigen; aber er soll auch denen, die ihn korrekt verehren, die Hindernisse aus dem Weg räumen. Ganesha wird als Gott der Schriftsteller verehrt, der zu Beginn einer jeden literarischen Arbeit angerufen wird. Er soll mit den beiden Göttinnen Erfolg und Verstand verheiratet sein. In einigen Texten wird berichtet, daß auch Skanda in diese verliebt gewesen sein soll; die beiden hätten sich deshalb darauf geeinigt, daß die Göttinnen demjenigen zufallen sollten, der die Welt als erster ganz umrundet hätte. Der Athlet Skanda raste im Sturmlauf um den Erdball, während der schlaue Ganesha nur um seine Eltern, die Inkarnation der Welt, schlenderte und damit die Wette gewann.

Die Mythologie im modernen Hinduismus

Jeder Mythos, von dem hier die Rede war, wird in verschiedenen Versionen erzählt. Noch heute werden in Indien Mythen nacherzählt, neu interpretiert und neu entdeckt; die Hindus sind überzeugt von der Fortschrittlichkeit und der zeitgemäßen Relevanz selbst der in ursprünglicher, archaischer Form erzählten Geschichten. Sie werden von Zeit zu Zeit durch Anpassung an soziale Entwicklungen aktualisiert, aber die dauerhaften Elemente der Mythen – die menschlichen Konflikte, die metaphysischen Rätsel, die symbolischen Bedeutungen, die rituellen Gesetze – bleiben auch heute noch erhalten.

Die Bedeutung der Gliederung in abstrakte Klassen durch ein geeignetes Ordnungssystem wird

Statue der Göttin Durga auf einem Löwen, ihrem Reittier. Sie wird von einem Fahrrad gezogen, um während des Durga-Festes in einem Schrein aufgestellt zu werden. Durga gilt als grausame Göttin und als die berühmte Mörderin der Dämonen, aber sie soll auch zärtlich und sanft gegenüber denen sein, die sie verehren.

in Mythen betont, die das hinduistische Kastensystem unterstützen sollen. Selbst in der urbanen indischen Gesellschaft florieren noch Mythen, die die Gefahren des Inzests, die schicksalhafte brüderliche Rivalität oder den Gegensatz zwischen der guten Mutter und der sündhaften Verführerin schildern. Die Mythen über rituelle Enthauptungen haben zwar viel von ihrer kultischen Kraft eingebüßt, besitzen aber möglicherweise immer noch eine gewisse freudianische oder furchterregende Anziehungskraft. Bedeutsam bleibt der Gegensatz zwischen reinen und unreinen Tieren oder zwischen zahmen und wilden – Kühe und Stuten, Katzen und Hunde, Vögel und Schlangen, Elefanten und Löwen – in einem Land, das noch größtenteils ländlich und landwirtschaftlich orientiert ist.

In Kalkutta kann man Comics über die Heirat Shivas und Parvatis kaufen; dann und wann werden anstößige Stellen ausgelassen oder entstellt, dennoch sind diese Comics oft bemerkenswert zuverlässig in der Erhaltung des ursprünglichen Geistes der Mythen. In Neu-Delhi werden Dämonen zwar unter Fanfarenstößen furchtbar entstellter indischer Musik auf der Kinoleinwand gezeigt, aber sie sind von Kopf bis Fuß Dämonen geblieben. Politische Reformer wie Gandhi und Aurobindo beriefen sich auf die klassische Mythologie, bogen sie zwar oftmals für ihre eigenen Zwecke zurecht, aber sie konnten sicher sein, damit eine unmittelbare Resonanz, auch unter ihren ungebildetsten Anhängern, zu finden. Der moderne westliche Wortgebrauch für »Mythos«, der eine Geschichte bezeichnet, die unwahr und erlogen ist, gilt mit Sicherheit nicht für das moderne Indien. Selbst die »aufgeklärtesten« Hindus glauben, daß ihre Mythologie oftmals wahre Dinge ausdrückt.

ZWEITES KAPITEL

DER THERAVADA-BUDDHISMUS

Der Gründer des Buddhismus, Siddhartha Gautama, wurde 563 v. Chr. in Nordindien geboren. Sohn eines Häuptlings des Shakya-Clans, verließ er seine Heimat und seine Familie im Alter von 29 Jahren, um die geistige Erleuchtung zu erlangen. Nach sechsjährigem Ringen kam ihm im Alter von 35 Jahren die Erleuchtung in Bodh Gaya, der indischen Provinz Bihar. Fortan war er als Buddha (»der Erleuchtete«) und Shakyamuni (der »Shakya-Weise«) bekannt. Er lebte einfach, reiste umher, um zu lehren und Anhänger zu gewinnen und starb im Alter von 80 Jahren.

Der Buddhist Ashoka, im 3. Jahrhundert v. Chr. Herrscher des nordindischen Maurya-Reichs, schickte Missionare in verschiedene Länder, unter anderem nach Ägypten und Griechenland. Ashokas Sohn Mahinda trug den Buddhismus um 250 v. Chr. nach Sri Lanka. In der folgenden Zeit gelangte er nach Burma, Thailand, Kambodscha und andere Länder Südostasiens. Der Buddhismus gelangte auch nach Zentralasien und von dort nach China, wo der erste buddhistische Tempel im 1. Jahrhundert n. Chr. erbaut wurde; später, im 4. Jahrhundert, kam er nach Korea und von dort im 6. Jahrhundert nach Japan. In Tibet wurde der Buddhismus zwischen dem 7. und dem 13. Jahrhundert heimisch.

In Indien begann der Buddhismus um 500 n. Chr. zu zerfallen und war mit dem Aufkommen des Islam im 11. Jahrhundert so gut wie ausgestorben. Heute gibt es in Indien und Pakistan eine kleine Zahl von Buddhisten, ebenso in Indonesien, auf den Philippinen, in Nord- und Südamerika und in Westeuropa.

Buddhas Lehren wurden mündlich überliefert und erst im 2. oder 1. Jahrhundert v. Chr. in Sri Lanka niedergeschrieben. Die ältesten buddhistischen Schriften sind in Pali verfaßt; sie bilden eine Textsammlung, *Tripitaka* (»Dreikorb«), die von der traditionellen Schule der Theravadins in Sri Lanka, Burma und Südostasien als authentisch betrachtet wird. Die davon abweichende Überlieferung in Tibet, China, Korea und Japan kennen wir unter der Bezeichnung Mahayana-Buddhismus.

Buddhismus und Hinduismus

Der Buddhismus entstand in Indien vor dem religiösen Hintergrund des Brahmanismus, eines frühen Stadiums des Hinduismus. Die Buddhisten teilten den seinerzeit in Indien verbreiteten Glauben, daß der Mensch viele Leben durchlebt, daß er lebt, stirbt und in verschiedensten Gestalten und unter verschiedensten Existenzbedingungen wiedergeboren wird gemäß dem Gesetz des *Karma* und dem Prinzip, daß der Mensch erntet, wie er gesät hat. Das höchste Ziel des Buddhisten war es, sich von diesem Zyklus des Lebens, des Todes und der Wiedergeburt zu befreien, die Erleuchtung und den unbedingten Zustand zu erlangen, der frei von Verlangen und Leiden ist, das Nibbana in Pali, das Nirwana in Sanskrit. In der indischen Geisteswelt gab es zahlreiche Götter, Göttinnen und Geister sowie viele Himmel und Höllen, in denen die Menschen je nach Verdienst belohnt oder bestraft wurden. Auch der Buddhismus teilte diese Vorstellungen, allerdings mit Variationen.

Mit der Zeit entwickelte der Buddhismus ebenfalls eine eigene Mythologie. Volkstümliche Geschichten über die Person Buddhas entstanden. Es wurde behauptet, daß seine Empfängnis und seine Geburt unbefleckt gewesen seien und daß er in den Leib seiner Mutter in Gestalt eines schneeweißen Elefanten (oder, nach einer anderen Überlieferung, als sechsstrahliger Stern) gelangt sei. Seine Mutter Maya sah dies im Traum und gebar ihn nach zehn Monaten. Er trat unbefleckt aus ihrer Seite, ohne ihr Schmerzen zu bereiten, und der Teakbaum, der nur erblüht, wenn ein Buddha geboren wird, trieb Blüten. Am siebten Tage nach seiner Geburt starb Maya vor Freude und wurde unter den Göttern wiedergeboren. Später unterwarf sich der zukünftige Buddha, während er wie ein Asket lebte, Entbehrungen und Härten, die ihn fast zum Skelett abmagern ließen. Es gab viele Erzählungen über Wunder, die er vollbracht haben soll, nachdem er die Erleuchtung erlangt hatte. Er starb friedlich, umgeben von seinen Jüngern, inmitten blühender Bäume am Flußufer in Kushinagara (Bezirk Gorakhpur, Provinz Uttar Pradesh), während die himmlischen Musikanten, die Gandharvas, musizierten und sangen. Der Scheiterhaufen, auf dem sein Leichnam verbrannt werden sollte, entzündete sich von selbst.

Es gab auch Darstellungen über Buddhas frühere

Geburten, und nach allgemeiner Auffassung konnten und sollten andere seinem Weg folgen. Daraus entstand im jüngeren Buddhismus, in Indien und auch außerhalb Indiens, der Glaube, es gebe viele Buddhas als Manifestierung des geistigen Prinzips der Buddhaschaft und viele Bodhisattvas, vollkommene Wesen, die als buddhistische Gottheiten verehrt wurden. Ein Bodhisattva ist ein zukünftiger Buddha, der aus Mitleid seine Befreiung vom Kreislauf der unaufhörlichen Wiedergeburten aufschiebt und in ihm verweilt, um anderen Menschen zu helfen.

Die Niederwerfung der Asuras

Die mythologische Welt der frühen buddhistischen Texte jedoch wird in erster Linie von den Devas, den althergebrachten indischen Gottheiten, beherrscht. (Als früher Buddhismus wird hier die Theravada-Überlieferung bezeichnet, die älteste Form des indischen Buddhismus.) Es gibt fast keinen Rangunterschied zwischen Devas und Asuras, übernatürlichen Wesen von titanenhafter Stärke (oft »Dämonen« genannt). Beide wurden aus der althergebrachten indischen Mythologie übernommen wie auch der Mythos über die ewige Feindschaft zwischen ihnen (siehe Hinduismus). Bezug genommen auf diese Feindschaft wird schon in den frühesten buddhistischen Texten, aber zu lebendigen Geschichten ausgeschmückt wird sie erst in späteren Texten.

Die Asuras, mächtige übernatürliche Wesen, lebten einst zusammen mit den Göttern auf der Ebene Tavatisma. Dem König von Tavatisma, dem Gott Sakra, behagte es nicht, sein Königreich mit anderen teilen zu müssen. Deswegen machte er die Asuras betrunken und ließ sie dann an den Beinen packen und auf die steilen Abhänge des Berges Sineru schleudern. Von dort aus stürzten sie Hals über Kopf in das Gebiet, das als Ebene der Asuras bekannt wurde, auf den untersten Absatz des Berges Sineru, der so groß war wie Tavatisma. Hier wuchs der legendäre Cittapatali-Baum, und als er zu blühen begann, wußten die Asuras, daß sie nicht mehr in der Ebene der Götter waren. Entschlossen, ihr Königreich wiederzuerobern, erklommen sie den Berg Sineru, »wie Ameisen an einer Säule hochkriechen«. Als der Alarmruf ertönte, stellte sich Sakra ihnen im Ozean entgegen, aber er erlitt eine Niederlage und floh zu seinem Streitwagen. Bei seiner

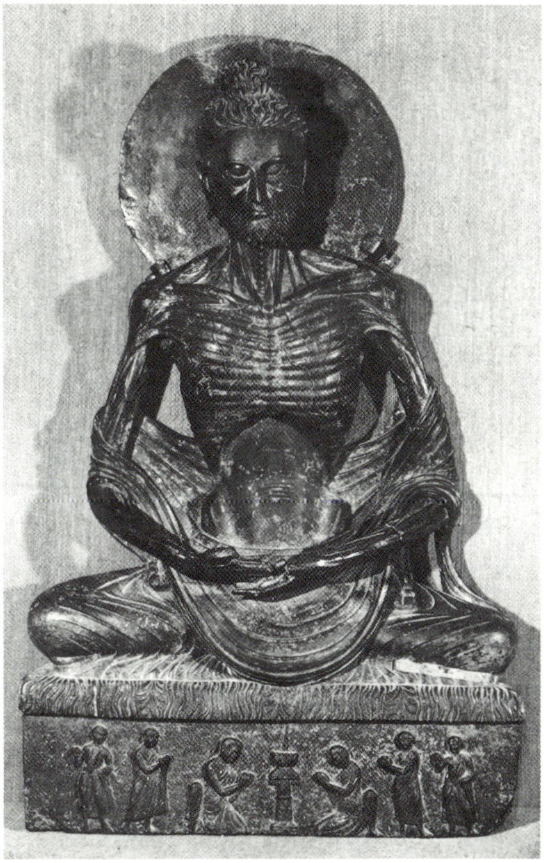

Der indische Buddhismus entstand vor dem Hintergrund einer althergebrachten indischen Mythologie, aber mit der Zeit entwickelte er auch eine eigene lebendige Mythologie. Selbst über den Gründer des Buddhismus, Gautama Buddha, entstanden populäre Erzählungen.

Oben: Sitzender Buddha in den Tempelruinen von Polonnaruwa, Sri Lanka, 12. Jahrhundert.

Ganz links: Gautamas Mutter, Königin Maya, soll im Traum gesehen haben, wie der zukünftige Buddha in Gestalt eines schneeweißen Elefanten in ihren Leib eindrang. Indische Schnitzerei, vermutlich 2. Jahrhundert n. Chr.

Links: Als junger Mann unterwarf sich der zukünftige Buddha der Askese, die ihn fast zum lebenden Skelett abmagern ließ.

Flucht durch die Simbali-Haine, die Heimstatt der Garudas (mythische Kreaturen, halb Tier, halb Mensch), überkam ihn die Sorge, daß sein Streitwagen die jungen Garudas verletzen könnte, und deshalb kehrte er um. Die Asuras glaubten nun, daß Sakra Verstärkung bekommen hätte, und traten fluchtartig den Rückzug in das Asura-Reich an. Sakra aber kehrte in seine Hauptstadt zurück, und bei seinem triumphalen Einzug tauchte sein Palast vom Meeresgrund auf. Um die Asuras an der abermaligen Rückkehr zu hindern, postierte Sakra an fünf Stellen Wachen und brachte überall Abbildungen des Gottes Indra mit dem Donnerkeil an.

Die Sphären der Götter und der Menschen

In frühen Texten gibt es 14 Rangstufen oder Klassen von Gottheiten, deren Lebensformen in gewissem Sinne über der menschlichen Lebensform stehen. Diese Klassen entsprechen den himmlischen Sphären oder Ebenen, die in zwei Hauptzonen unterteilt sind, eine untere mit sechs und eine obere mit acht Zonen. Die Gottheiten der sechs unteren Ebenen schwelgen in ewiger Sinnenlust, während die Gottheiten der acht höheren Ebenen die ungetrübte Glückseligkeit der Meditationserfahrung genießen.

Die höchsten Gottheiten sind die Brahmas, und ihre Sphäre heißt das Brahmakayika. Nur von einigen wenigen, unter ihnen Sahampati als Ranghöchstem, wird gesagt, sie hätten überhaupt Berührung mit den Menschen. Die anderen Brahmas haben kein Interesse an menschlichen Dingen. Die Gottheiten der sechs unteren Sphären befassen sich mit der irdischen Welt und tauchen in den verschiedensten Mythen auf. Sakra, König der Gottheiten in der Ebene Tavatisma, tritt in vielen dieser Erzählungen auf, entweder mit oder ohne seinen göttlichen Wagenlenker Matali. Es gibt mehrere Darstellungen darüber, daß diese Gottheiten Interesse an der Verbreitung der Lehren Buddhas haben.

Es gibt außerdem eine Klasse von Gottheiten, die unter den Gottheiten der himmlischen Sphären steht, und diese Götter leben näher an den Wohnorten der Menschen, in Waldhainen, Bäumen und anderswo. Unter diesen niedrigen Göttern sind es

Oben: Gautama erlangt die Erleuchtung in Bodh Gaya unter dem Baum der Weisheit, wo Tiere und Vögel ihm huldigen. Schnitzerei aus dem späten 18. Jahrhundert.

Rechts: Am Ende seines Erdenlebens, im Alter von 80 Jahren, ging Buddha in das Nirwana ein. Er ruhte auf einem Lager inmitten eines Hains blühender Bäume und war umgeben von seinen Schülern. Das Parinirwana (das endgültige Nirwana), Relief aus dem Tal Swat, Indien, 2. Jahrhundert.

die Waldgottheiten (*vana devatas*) und Baumgottheiten (*rukkha devatas*), die über das Schicksal der Menschen wachen, die in Meditation versunken sind, um das Nibbana zu erlangen. Diese Gottheiten entstammen dem Bereich der Baumverehrung, die zu Buddhas Zeiten existierte. Darstellungen über sie in frühen buddhistischen Texten betonen die umsichtige Betreuung und den Schutz, den diese liebenswerten und wohlwollenden Gottheiten gewähren, sie sind stets für die Meditierenden da.

Darüber hinaus gibt es drei Lebensformen oder Sphären, die unter der menschlichen Lebensform stehen sollen. Das gilt zunächst für Pettivisaya, die Sphäre der Petas (der Geister). Zur zweiten Ebene gehört das Tier-Königreich, Tiracchanayoni, zur dritten Niraya (das Fegefeuer), wo die Menschen für ihre Verbrechen entweder bestraft oder von ihnen reingewaschen werden. Niraya hat zehn Unterabteilungen, die als die verschiedenen Stadien des Leidens verstanden werden müssen, nicht als räumliche Unterabteilungen. Eine vierte niedrige Ebene, Asura Nikaya, wurde später in das System der Sphären eingefügt, es gibt in frühen Texten keinerlei Hinweis darauf, daß die Asuras eine eigene Sphäre haben.

Diese Ebenen oder Sphären sind von denen der Menschen nicht im räumlichen Sinne getrennt, wie das in anderen mythologischen Gedankengebäuden der Inder der Fall ist. Diese buddhistische Vorstellung entspricht der frühen buddhistischen Kosmologie, in welcher das Universum nicht in einzelne Sphären als gesonderte Welten menschlicher und nicht-menschlicher Lebewesen aufgeteilt ist. Die mythologischen Wesen gehören nicht verschiedenen Welten an, sondern anderen Lebensformen oder Klassen, die nichts mit der menschlichen Lebensform gemein haben, und die Namen der verschiedenen Sphären kennzeichnen spezifische geistige Zustände, keine Örtlichkeiten.

Dieses Prinzip gilt für die frühesten buddhistischen Schriften, ändert sich jedoch in der späteren Literatur, als kosmologische Gedanken anderer Religionen Eingang in buddhistische Texte fanden. Dadurch wurde zunächst die charakteristische buddhistische Kosmologie verfärbt und im Laufe der Zeit fast vollständig überlagert, besonders dann, wenn die Originaltexte einige Jahrhunderte später durch die Hand von Kommentatoren gingen und neu interpretiert wurden.

Im frühen Buddhismus jedoch war die gegenständliche Welt nur in dem Maße interessant, als sie in Beziehung zu den Menschen stand, und dieses Prinzip wurde konsequenterweise auch auf Götter und andere mythologische Wesen ausgedehnt. Deren Aktivitäten spielen sich nicht in fernen Himmeln oder Höllen ab, sondern in der unmittelbaren Umgebung der Menschen. Die Götter sind nicht als solche interessant, sondern nur in bezug auf ihr Verhalten gegenüber und in Hinsicht auf den Menschen. Darin liegt der große Unterschied, der zwischen buddhistischer Mythologie und fast allen anderen Mythologien besteht.

Folgerichtig sind die mythologischen Gestalten, die in frühen buddhistischen Erzählungen auftauchen, grundsätzlich nur solche, die auch Umgang mit den Menschen haben. Die meisten dieser Darstellungen scheinen aus dem allgemeinen Fundus der traditionellen indischen Mythologie geschöpft und dann entsprechend den speziellen Bedürfnissen des Buddhismus bearbeitet worden zu sein; und diese Bearbeitungen führten dann zu wichtigen Veränderungen in der Mythologie: Himmel und Höllen wandelten sich von gesonderten und fernen Welten zu Stätten, in denen die Menschen nach dem Tode leben, und auch das Leben in ihnen konnte nicht länger ewig währen. Die himmlischen Sphären waren nur noch vorübergehende Zufluchtsorte, und die Höllen wandelten sich zu einer Art neuen Fegefeuers, das man am treffendsten als Besserungsanstalt für Übeltäter bezeichnet. Damit wandelte sich auch das Ziel aller religiösen Bestrebungen: Statt ewige Glückseligkeit in einer Himmelssphäre zu suchen, erstrebte der Buddhist nun, über alle himmlischen Sphären und die Lebensform der Gottheiten hinauszugelangen. Der Erleuchtete gilt als das höchste Wesen im gesamten Kosmos, Götter und Geister sind ihm allesamt untergeordnet.

Mara und Buddha

Im Buddhismus gibt es keine Mythen über böse Geister, denn nach seiner Lehre kann es keinen Geist geben, der in der Lage wäre, den Menschen etwas Böses anzutun. Trotzdem entwickelten sich frühe buddhistische Schilderungen über die vergeblichen Versuche des Dämonen Mara, Buddhas Erleuchtung zu verhindern, in der späteren Literatur zu kunstvoll ausgeschmückten Erzählungen. Es wurde darin berichtet, wie Mara seine gesamten Streitkräfte gegen Buddha führte, als dieser unmittelbar vor seiner Erleuchtung unter dem Bodhi-Baum saß. Maras Streitkräfte umzingelten Buddha und bildeten einen etwa 70 Kilometer breiten Ring um den Baum. Der tausendarmige Mara selbst ritt auf einem riesigen, in den Himmel ragenden Elefanten, Girimekhala. Seine Gefolgsleute verwandelten sich in die schrecklichsten Gestalten und schwangen bedrohliche Waffen. Als sie nahten, flohen alle die Götter und Geister, die sich um Buddha versammelt hatten, ihn zu preisen und ihm zu huldigen. Da ihn nun alle verlassen hatten, rief Buddha die zehn Tugenden (*parami*) zu Hilfe, die er bis zur Vollendung praktiziert hatte.

In sehr späten Versionen dieser Erzählung werden die zehn Armeedivisionen Maras äußerst detailliert beschrieben. Jeder einzelnen Division setzte Buddha eine seiner Tugenden entgegen und zwang sie dadurch in die Flucht. Dann schleuderte Mara als seine letzte Waffe die runde Scheibe Cakkavudha, die einen Berg in zwei Hälften teilen konnte, auf

Oben links: Die Apsaras wurden aus der traditionellen indischen Mythologie in den buddhistischen Glauben übernommen. Es sind schöne, in der Liebeskunst bewanderte Paradiesnymphen. Auf diesem Fresco aus Sigiriya, Sri Lanka, ist eine der Nymphen mit einer Dienerin abgebildet. 5. Jahrhundert.

Oben: Nachdem Buddha die Erleuchtung erlangt hatte, meditierte er mehrere Wochen lang. Die große Kobra Musilinda breitete ihre Haube als Baldachin über Buddhas Kopf, um ihn vor einem heftigen Sturm zu schützen, und sie ringelte sich unter ihm zusammen und diente ihm als Sitz.

Buddha wird von Mara angegriffen. Der böse Mara wollte die Erleuchtung Buddhas verhindern. Als erstes schickte er drei schöne Mädchen, die vergeblich versuchten, Buddha abzulenken und zu verführen. Dann griff Mara mit einer Armee von Ungeheuern und Dämonen an, aber Buddha war standhaft. Auf der Abbildung kniet Maras weißer Elefant vor Buddha. Aus einem Tempel in Telvatte, Sri Lanka, vermutlich 16. Jahrhundert.

Buddha, doch sie blieb wie eine Blumengirlande über Buddhas Kopf stehen. Trotzig begann Mara nun, um Buddhas Sitz zu streiten, indem er behauptete, dieser gehöre ihm. Und im Chor riefen die Mannen Maras, der Sitz sei dessen rechtmäßiger Platz. Da Buddha keinen anderen Zeugen als die Erde hatte, bat er diese, für ihn auszusagen. Brausend und dröhnend erfüllte sie seine Bitte. Augenblicklich flohen Mara und seine Gefolgsleute in wilder Hast, die Götter versammelten sich wieder um Buddha und feierten seinen Sieg.

In frühen buddhistischen Textsammlungen sind die Versionen dieser Erzählung sorgfältig und systematisch an Hand verbreiteter indischer Mythen bearbeitet worden, während man in späteren Erzählungen diese Quellen vollständig und wahllos übernahm. In der späteren Literatur etwa taucht die schlichte Erzählung, wie Buddha den Stammeshäuptling Alavaka bekehrt, mit all den mythologischen Ausschmückungen des Mara-Mythos auf. Diese späteren Bearbeitungen scheinen stark von der Tradition des Jainismus (einer indischen Religion, die etwa um die gleiche Zeit wie der Buddhismus entstand) beeinflußt worden zu sein. In der Erzählung über die Erleuchtung Parsvas, eines jainistischen Heiligen und Weisen, setzt der Gott Samvara oder Meghamalin alle ihm zur Verfügung stehenden Kräfte ein, Parsvas Erleuchtung zu verhindern. Die Vorstellung von einem unsterblichen Erzfeind der Erleuchtung scheint tief in der jainistischen Tradition verwurzelt gewesen zu sein, denn es gibt eine ähnliche Darstellung darüber, wie ein Gott, der auch als Dämon auftritt, die Erleuchtung des jainistischen Propheten Mahavira (eines Zeitgenossen Buddhas) zu verhindern trachtet.

Yama und das Fegefeuer

Ein späterer Text (das *Vimanavatthu)* beschreibt die Herrlichkeit in den himmlischen Sphären der verschiedenen Gottheiten, die als Belohnung für ihre verdienstvollen Taten auf der irdischen Welt dort wiedergeboren wurden. Ein anderes Werk (das *Petavatthu)* enthält lebendige Darstellungen über Menschen, die als Vergeltung für ihre vergangenen Verbrechen elende Qualen im Niraya erdulden müssen. Herrscher im Niraya ist König Yama (siehe Hinduismus). Die Geburt, das Alter, die Krankheit, die Strafe für Verbrechen und der Tod gelten als Yamas Boten, die er zu den Menschen schickt, um sie zu ermahnen, Gutes zu tun und das Böse zu meiden. Menschen, die nach ihrem Tode im Fegefeuer wiedergeboren werden, führt man Yama zum Verhör vor. Auch dieses Motiv stammt aus der traditionellen indischen Mythologie; in frühen buddhistischen Texten spielte Yama jedoch noch keine bedeutende Rolle im Zusammenhang mit dem Wirken des *Karma*-Gesetzes, daher entscheidet er auch nicht über Art und Ausmaß des Leidens für ein bestimmtes Individuum. Er gilt lediglich als wohlwollender Beobachter. In einem anderen Text (im *Devaduta Sutta* der *Majjhima Nikaya)* heißt es deshalb, daß er die Übeltäter nicht verhöre, um über die gerechte Strafzumessung zu entscheiden. Ein diese Vorstellungen erweiternder Kommentar erklärt, man müsse Yamas Verhör verstehen als eine Gelegenheit für den Delinquenten, sich das Leiden im Niraya durch die Erinnerung an eine gute Tat zu ersparen. Eine Episode in diesem Kommentartext handelt davon, wie Yama einen Minister, dem auch nicht eine gute Tat einfiel, daran erinnerte, daß er einst der Großen Pagode (in Anuradhapura in Sri Lanka) ein Jasminblütenopfer dargebracht und das Verdienst dieser Tat auf Yama übertragen hatte. Und daraufhin wurde der Minister im Himmel wiedergeboren. Die Vorstellungen, die aus dieser Geschichte sprechen, sind für die Lehre des frühen Buddhismus undenkbar, aber in der sich in Sri Lanka entwickelnden Spielart der buddhistischen Lehre wurden sie anerkannt und weiterentwickelt.

Der Wandlungsprozeß

Obwohl die Verfasser der frühen buddhistischen Texte uneingeschränkt und ausgiebig aus dem Fundus des mythologischen Erbes Indiens jener Tage schöpften, veränderten sie ihre Anleihen so gründlich, daß sie als Lehrsätze zur Verbreitung des Buddhismus dienen konnten; die Texte wurden jedoch niemals Bestandteil der Lehre selbst. Dieses Prinzip wird in den alten Texten erstaunlich konsequent eingehalten, so daß am Ende dieses »Buddhistifizierungs«-Prozesses lediglich die äußere Schale der nicht-buddhistischen Mythen erhalten geblieben ist, der innere Charakter sich aber gewandelt hat.

So wurden die kriegerischen, blutrünstigen und Gebete erheischenden Götter des Brahmanismus, die man nur mit häufigen kostspieligen und rituell schwierigen Opferzeremonien besänftigen konnte, zu Wesen, die ihrem wahren Charakter nach gutmütig und wohlwollend sind und die voller Verehrung und Respekt nicht nur auf Buddha und die Arhats (Menschen, die die Erlösung erlangt haben) schauen, sondern auf alle guten Menschen. Yama, grimmiger König der Toten, wandelt sich zu einem zurückhaltenden Beobachter des Wirkens des *Karma*-Gesetzes. Die bösen Geister, die die menschlichen Wohnstätten heimzusuchen pflegten, haben nun furchtbare Qualen als Vergeltung für ihre früheren bösen Taten zu erleiden; und dieses paßt nicht im geringsten zu der Vorstellung, daß sie den Menschen schaden könnten. Die Sphären der Götter befinden sich nicht mehr im äußersten Winkel des Weltalls, sondern die Götter bewohnen die gleichen Orte wie die Menschen.

Die frühen buddhistischen Texte am Ende dieses Wandlungsprozesses ähneln den zahlreichen nicht-buddhistischen mythologischen Überlieferungen, die unentbehrlicher Bestandteil der buddhistischen religiösen Literatur geworden sind. Diese Mythologie jedoch hat nichts von ihren inneren Wesensmerkmalen bewahrt, und so stellen wir bei näherer Betrachtung fest, daß die Ähnlichkeiten rein äußerlich sind, der innere Charakter aber verändert wurde, um den besonderen Anforderungen des Buddhismus gerecht zu werden. Dieser Wandlungsprozeß vollzog sich sowohl im mythologischen als auch im nicht-mythologischen Bereich. Die Opfer, die den Göttern dargebracht wurden, und auch die verschiedensten magischen Handlungen, mit denen die niedrigen mythologischen Wesen bedacht und besänftigt wurden, ersetzte man durch *dana* – Speiseopfer, die man vorzugsweise buddhistischen Mönchen darbrachte. Auf diese Weise wurde kein Gott oder Dämon, der in den Buddhismus Eingang fand, Mittelpunkt eines Kultes oder ritueller Zeremonien.

Die im Laufe der Zeit in die Hauptströmungen indischer Religion einfließenden lokalen religiösen und rituellen Elemente, besonders aus dem Iran und aus Griechenland, beeinflußten ihrerseits in ganz erheblichem Maße die nachträglichen Interpretationen des mythologischen Stoffes früher buddhistischer Texte. In diesem geistigen Klima führte auch Mahinda seine Mission in Sri Lanka durch. Die rituelle Spielart des Buddhismus, die er in Sri Lanka populär zu machen suchte, scheint stark von den Ereignissen auf dem Subkontinent zu dieser Zeit beeinflußt zu sein. Und so entstanden durch die neue Strömung veränderte religiöse Rituale und Praktiken, die im frühen Buddhismus undenkbar gewesen wären. Die Originaltexte jedoch blieben unangetastet. Spätere Kommentatoren und Autoren waren zu sehr in ihre eigenen lokalen Traditionen verstrickt, um den gegenüber den frühen buddhistischen Texten veränderten Charakter der Mythologie zu erkennen. Das erklärt den gewaltigen Unterschied zwischen der Mythologie in den Originaltexten und der in späteren Bearbeitungen.

Theravada ist die Form des Buddhismus, die in Sri Lanka, Burma und Südostasien verbreitet ist. Wie in den nördlichen Ländern, wo der Mahayana-Buddhismus vorherrscht, entwickelte sich auch im Theravada-Buddhismus der Glaube an zahlreiche Buddhas und Bodhisattvas, die als Gottheiten verehrt wurden.

Links: Sitzender Buddha in einem Tempel in Bangkok, Thailand, 18. Jahrhundert.

Unten: In dieser Tempelruine in Angkor, Kampotschea, wird der König als eine Inkarnation des Avalokitesvara abgebildet, eine der Hauptgottheiten des Buddhismus, die allen Lebewesen in Not hilft.

DRITTES KAPITEL

DER ZOROASTRISMUS

Zoroaster ist der griechische Name für den persischen Propheten Zarathustra. Er lebte wahrscheinlich um 1500 v. Chr. im Nordostteil des Iran, obwohl nach der Überlieferung seine Lebenszeit in das 6. Jahrhundert vor Chr. verlegt wird. Ein Fragment der Lehre Zoroasters ist in den Hymnen erhalten, die als *Gathas* bekannt und in der zoroastrischen heiligen Schrift, dem *Avesta*, gesammelt worden sind. Die klassische Darlegung der Lehre Zoroasters findet sich in mittelpersischen Schriften, die in ihrer gegenwärtigen Form aus dem 8. und 10. Jahrhundert n. Chr. stammen. Der Zoroastrismus war die persische Staatsreligion während dreier großer Dynastien: der Achämeniden-Dynastie vom 5. bis 3. Jahrhundert v. Chr., des Parther-Reiches vom 3. Jahrhundert v. Chr. bis zum 3. Jahrhundert n. Chr. und des Sassaniden-Reiches vom 3. bis zum 7. Jahrhundert n. Chr. Im Verlauf des 7. Jahrhunderts trat Persien dann zum Islam über.

Die muslimische Unterjochung Persiens zwang eine Gruppe Zoroastrier, eine neue Heimat zu suchen, in der sie ihre Religion in Freiheit ausüben konnten. Im 10. Jahrhundert setzten sie sich im Nordwesten Indiens fest; sie werden dort als Parsen (das bedeutet Perser) bezeichnet. Die Parsengemeinde Indiens nahm an Zahl und Einfluß zu und entwickelte sich zum numerischen Zentrum des Zoroastrismus; Bombay fiel allmählich eine ähnliche Stellung im Zoroastrismus zu, wie sie in der römisch-katholischen Kirche Rom einnimmt: Es wurde zum Brennpunkt der geistlichen Autorität. Es gibt heute ungefähr 90 000 Parsen in Indien, 17 000 Zoroastrier im Iran und kleinere zoroastrische Gemeinden von 3000 bis 4000 Anhängern in Pakistan, England, den Vereinigten Staaten, Kanada, Hongkong und Ostafrika.

Der Schöpfungsmythos

Ausgangspunkt für das Verständnis der zoroastrischen Mythologie ist das Thema Gut und Böse, das jahrhundertealte Problem vieler Religionen. Wie kann der Glaube an einen alles mit seiner Liebe umfangenden und allmächtigen Gott mit der Realität unverdienten Leides in der Welt in Einklang gebracht werden? Wenn Gott gut ist, dann ist er möglicherweise nicht allmächtig. Wenn er allmächtig ist, dann kann er nicht ausschließlich gut sein. Die Substanz der zoroastrischen Mythologie und Religion besteht in dem Glauben, daß Gott vollkommen gut ist und alles Böse, das Leiden, das Unglück und der Tod, vom Teufel herrühren.

In zoroastrischer Mythologie gilt Ahura Mazda, der »Weise Herr«, später im Mittelpersischen Ohrmuzd genannt, als Schöpfer. Er bewohnte seit Urbeginn die lichte und tugendhafte Sphäre der Oberwelt, während in den dunklen und barbarischen Sphären der Unterwelt Ahra Manyu, der »Zerstörerische Geist«, später Ahriman genannt, hauste. Ohrmuzd gestaltete zuerst die himmlischen Wesen und dann die Welt als Fallgrube, in der das Böse gefangengesetzt werden sollte. Er schuf die Welt zunächst in geistiger und dann in materieller Gestalt. Sie hatte die Form eines Eis, in dessen Mitte, flach und rund wie eine Schüssel, die Erde schwamm. Ohrmuzd zeugte auch den archetypischen, vorbildlichen Menschen Gayomard und das Ur-Rind als Ursprung allen tierischen und pflanzlichen Lebens. Unterdessen formte Ahriman seine mißgestalteten Günstlinge, die unheilvollen Dämonen und die zerstörerischen Lebewesen, etwa die Schlangen und die Ameisen, die seither die Erde bevölkern.

Triebfeder Ahrimans ist die Zerstörung, deshalb

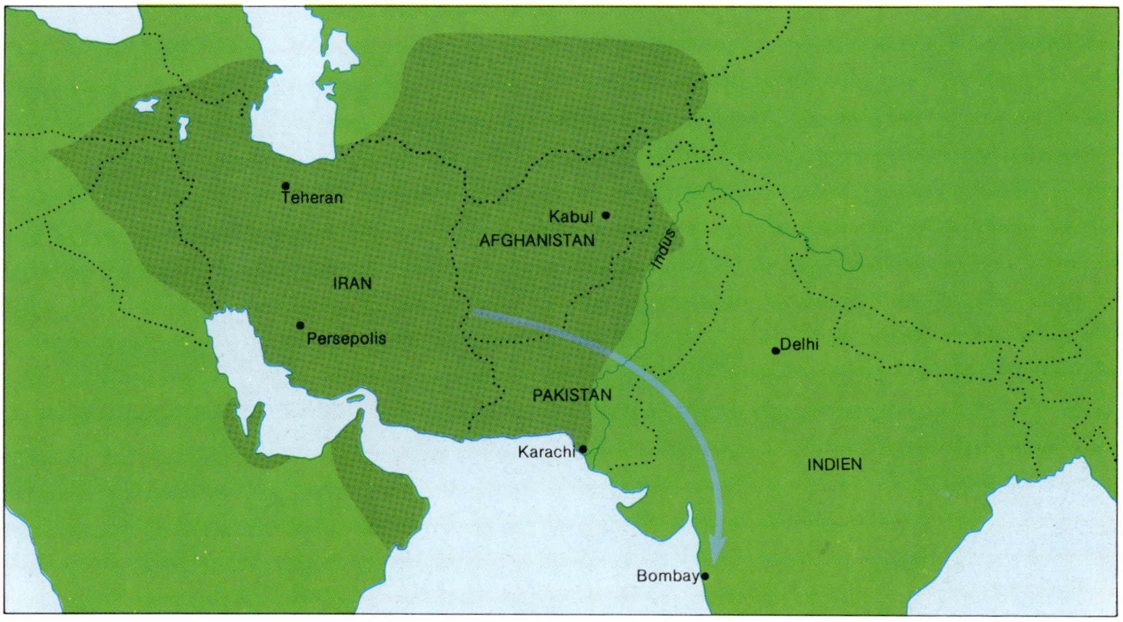

verlangte es ihn danach, die »Gute Schöpfung« Ohrmuzds anzugreifen. Er betrat die Welt von der Basis des Himmels aus, ließ seine Mißgestalten auf sie los und griff den archetypischen Menschen und das Ur-Rind an. Nachdem er ihnen Schmerzen zugefügt hatte, tötete er sie. Aber als Ahriman und dessen Streitkräfte die Welt auf demselben Wege wieder verlassen wollten, fanden sie den Ausgang versperrt und waren gefangen. Aus dem Samenerguß des sterbenden Rindes entstanden alle nützlichen Tiere und segensreichen Pflanzen, während aus dem Samen des Menschen eine Pflanze hervorging, deren Blätter sich zum ersten menschlichen Paar vereinigten.

Das Böse war nun gefangen in der Welt des Lebens. Der Kampf zwischen den Kräften des Guten und des Bösen reicht von der Erschaffung der Geistigen Welt bis zur Welterneuerung, eine Zeitspanne, die insgesamt 12000 Jahre umfaßt (siehe Zeittafel).

Im Schöpfungsmythos existieren Ohrmuzd und Ahriman von Urbeginn als zwei voneinander unabhängige Wesen. Ahriman ist keine zweitrangige, untergeordnete Gestalt, er ist nicht der »Gefallene Engel«, sondern das Gute und das Böse werden als zwei einander widerstreitende Wesenheiten betrachtet, die sich in Gegensätzen wie Licht und Dunkel, Gesundheit und Krankheit, Leben und Tod manifestieren. Die Urheber dieser Gegensätze müssen, nach zoroastrischer Lehre, grundverschiedene Wesen sein.

Autoren der mittelpersischen Epoche entwickelten diese Lehre in bewußtem Gegensatz zu den Glaubenssätzen anderer Religionen. Sie wurde in Gegensatz gebracht zu gewissen, insbesondere mit dem Gott Shiva verknüpften, hinduistischen Lehren, in denen die Gegensätze miteinander versöhnt werden und die Einheit hinter der Polarität gesucht wird. Die Zoroastrier lehnten auch den Glauben einiger Christen ab, daß Gott dem Teufel eine Zeitlang Handlungsfreiheit lasse, um das Böse zu verbreiten. Eine solche Annahme, so glaubten die Zoroastrier, mache Gott letztlich für das Böse verantwortlich. Ebenso abstoßend fanden die Zoroastrier in späterer Zeit die muslimische Lehre von der absoluten Souveränität Allahs und der von den Menschen erwarteten Unterwürfigkeit unter dessen unergründlichen Willen.

Oben: Der Berg Demavend südlich des Kaspischen Meeres. Nach einem alten Mythos soll das Ungeheuer Azi Dahaka hier gefangengehalten worden sein.

Links: Der Thronsaal des antiken Palastes in Persepolis, entstanden in der zoroastrischen Periode des Persischen Reiches. In der Mitte der Mauer die »Unsterblichen« als königliche Leibwache, gruppiert um eine königliche Inschrift. Links von den Wächtern ein Löwe, der einen Stier angreift, ein an verschiedenen Punkten des Palastes auftauchendes mythisches Motiv, möglicherweise symbolisiert es die Abfolge der Jahreszeiten.

Abdruck von einem königlich-achämenidischen Walzen-Siegel, das den großen König Darius (522–486 v. Chr.) auf der Jagd, dem beliebten persischen Sport für Mußestunden, zeigt. Über dem königlichen Wagen schwebt das geflügelte Symbol Gottes – eine Versinnbildlichung des göttlichen Schutzes über dem König. Interessanterweise wird ein abstraktes, oder nicht-anthropomorphes, Symbol für Gott verwandt; es wurde aus dem ägyptischen und mesopotamischen Glauben übernommen. Die zoroastrische Form dieses Symbols ist ein männlicher menschlicher Torso mit einer zum Segen erhobenen rechten Hand. Der Torso steht über dem Herrschaftsring. Er hat Flügel und einen Vogelschwanz.

Die Mächte des Guten und des Bösen

Der wohlwollende Gott Ohrmuzd wird von seinen Schöpfungen, insbesondere den himmlischen Wesen, unterstützt. Während der Christ betont: »Gott ist die Liebe«, neigt der Zoroastrier des Altertums eher dazu, diese Feststellung umzukehren: »Die Liebe ist Gott«. Viele der zoroastrischen himmlischen Wesen sind abstrakte, vergöttlichte und manchmal personifizierte Kräfte. Ohrmuzd ist umgeben von den sieben Gütigen Unsterblichen. (*Amesha Spenta*), es sind das Gute Denken, die Wahrheit, die Herrschaft, die Fügsamkeit, das Heil, das Nichtsterben und der Gehorsam. Sie symbolisieren nicht nur Wesenszüge Ohrmuzds, die auch die Menschen besitzen können oder die sie verwirklichen sollen, sondern auch die göttlichen Wesen. Das männliche Wesen Vohu Mana, etwa das Gute Denken, nimmt die rechtschaffene Seele nach dem Tode in Empfang und geleitet sie in den Himmel. Die sieben *Amesha Spenta* stehen unter Ohrmuzd in der himmlischen Hierarchie, unter diesen wiederum rangieren die *Yazatas*, die »Verehrungswürdigen«. Einige von ihnen sind alte persische, mit der Natur identifizierte Gottheiten, etwa die Sonne und der Mond, die in das zoroastrische Glaubensbekenntnis übernommen worden sind; andere wiederum sind abstrakte Gottheiten, Mithra beispielsweise, um den später die Mysterien des Mithras kreisten. Nur ein Sterblicher rangiert unter den Yazatas, der Prophet Zoroaster, durch den der Rechte Glaube der Guten Schöpfung offenbart wurde.

Den himmlischen Kräften des Guten stehen die dämonischen Kräfte des Bösen gegenüber. Den Amesha Spenta entsprechen die Ur-Dämonen der bösen Gesinnung, die Geister der Abtrünnigkeit, der Anarchie, der Unzufriedenheit und zwei weitere ziemlich dunkle Gestalten, die die Schöpfung vergiften. Den Yazatas stehen die Hauptdämonen gegenüber, die Wut, die Lüge, der Mangel, das Böse Auge und in weiblicher Gestalt Nasu – die Dämonin der toten Materie, als Fliege dargestellt. Das in den Texten einen hervorragenden Platz einnehmende böse Wesen Azi Dahaka hat drei Köpfe, drei Münder und sechs Augen und gilt als der mächtigste Dämon; er versucht, die Gute Schöpfung zu zerstören.

Ohrmuzds Schöpfung der Welt steht die schlechte Schöpfung des Bösen gegenüber. Alles Gute hat sein schlechtes Gegenstück. Dem heiligen Feuer steht der die Umwelt verschmutzende Rauch gegenüber; dem treuen Hund der räuberische Wolf, den nützlichen Tieren (Rindern, Schafen und Pferden, die dem Menschen helfen) entsprechen die beißenden, giftigen, abstoßenden und schädlichen Tiere *(kraftstar),* die Schlangen etwa, die Skorpione, die Spinnen, die Eidechsen und die Katzen.

Die Zoroastrier unterteilen daher das gesamte Dasein in Kräfte des Guten und des Bösen; und der Sinn der Schöpfung besteht darin, den Konflikt, der zwangsläufig aus den sich gegenseitig zerstörenden Wesensarten des Guten und des Bösen resultiert, auszutragen. »Denn wo das Gute herrscht, da kann unmöglich auch das Böse existieren. Wo das Licht hinfällt, verdrängt es die Dunkelheit.«

Der Mythos der Auferstehung

Die Vernichtung des Bösen begann, als der Rechte Glaube auf der Welt auftauchte und dem Propheten Zoroaster offenbart wurde. Der Endkampf dauert insgesamt 3000 Jahre, manchmal verschärft sich der Konflikt, dann wieder nimmt er ab, und ganz allmählich werden die Kräfte des Bösen reduziert. Beim Angriff des Bösen entbrennt ein abschließender harter Kampf: Die ganze natürliche, gottgegebene Ordnung wird zerstört werden, Sonne und Mond werden nicht mehr leuchten, die religiöse Frömmigkeit wird untergehen, der Respekt vor dem Alter und den Familienbanden verschwinden. Die Welt wird einen lang andauernden und schrecklichen Winter durchleben, und das Ungeheuer Dahak (Azi Dahaka) aus seinem Berggefängnis ausbrechen und die Erde terrorisieren.

Dann wird eine Jungfrau, die in einem See badet, den dort erhalten gebliebenen Samen Zoroasters empfangen und den letzten Erlöser Saushyant gebären. Dieser wird alle Toten erwecken und die Versammlung für das Jüngste Gericht einberufen. Die Bösen werden in die Hölle zurückgeschickt, die ihr Aufenthaltsort war, und von ihren leiblichen Sünden gereinigt werden. Dann werden alle miteinander durch eine Flut flüssigen Metalls waten, um ihre Rechtschaffenheit unter Beweis zu stellen. Die himmlischen und dämonischen Kräfte werden sich einen Kampf liefern, bis die Kräfte des Bösen vernichtet sind, und Ahriman selbst für alle Ewigkeit entmachtet ist. Die Welt wird vervollkommnet werden durch die Nivellierung der Berge und Aufschüttung der Täler. Ohrmuzd und der Erlöser werden das letzte Tier, das im Dienste des Menschen stirbt, opfern, und dieser Ritus wird alle Menschen mit dem Elixier der Unsterblichkeit versorgen. Der Himmel wird zum Mond herab- und die Erde zu ihm hinaufsteigen; und dann sind alle Menschen mit Ohrmuzd in ewiger Vollkommenheit vereint.

Das Wesen der Welt

In vielen Überlieferungen wird die Welt als böse bezeichnet. Sie gilt als Gefängnis für die geistigen Kräfte des Menschen, die sich von ihren Fesseln befreien sollen. Obwohl es im Zoroastrismus einen ausgesprochenen Dualismus des Guten und des Bösen gibt, lehnt er ganz entschieden jeden Dualismus von Geist und Körper ab. Ohrmuzd erschuf zunächst die Welt in geistiger Gestalt (*menok)*, nach 3000 Jahren erhielt diese Welt ihre materielle Gestalt (*geti*). *Menok* gilt als ursprüngliche Daseinsform, aber da *menok* unsichtbar und unbeweglich ist, wird die geistige Welt nicht als die ganze Wirklichkeit angesehen.

Geti ist der physische, greifbare und wahrnehmbare Aspekt von *menok* und aus ihm hervorgegangen.

Deshalb ist die physische Welt eins mit der idealen Welt. Das Übel, mit dem sie zu kämpfen hat, existiert nicht als angeborene Schwäche, sondern ausschließlich als Folge von Ahrimans Eingriff. Im Schöpfungsmythos wird berichtet, wie die Welt in ihrer materiellen Idealgestalt aussah: Die Sonne verharrte am höchsten Punkt, und die Erde lag flach und bewegungslos da. Die heftige Attacke Ahrimans aber ließ die Erde so erbeben, daß die Sonne aus ihrer Position rutschte und sich zu drehen begann, dadurch entstanden Tag und Nacht. Die Erschütterung bewirkte auch, daß Berge aufgeworfen wurden und Täler entstanden. Darum gelten im Mythos der Auferstehung Erdbeben als Zeichen des Untergangs, vergleichbar mit den Beben der Erde am Anfang der Welt. Das erklärt auch, warum nach zoroastrischer Vorstellung bei der Welterneuerung die Berge nivelliert und die Täler zugeschüttet werden, denn zum Zeitpunkt der Auferstehung wird sich alles in seine ursprüngliche Idealgestalt zurückverwandeln. Das verdeutlicht schließlich auch, warum Himmel und Erde einander treffen sollen. Dabei vergehen sie nicht, sondern verschmelzen zu der aus beiden bestehenden »besten Welt«. Die Zoroastrier glauben nicht an den »Weltuntergang« wie Christen und Moslems. Nach zoroastrischem Glauben gehört die Welt Gott, und ihr Ende wäre gleichbedeutend mit einem Triumph des Bösen. Die Zoroastrier sehnen die Erneuerung des Daseins herbei, den Zeitpunkt der endgültigen Ausrottung des Bösen und die Vereinigung von *menok* und *geti* in vollkommener Harmonie: Dann wird Ohrmuzd erstmals allmächtig sein.

Die Urteilsbrücke

Nach zoroastrischem Glauben stellt der Mythos über den archetypischen Menschen Gayomard vor Eingriff Ahrimans den wahren Charakter des Menschen dar. Bei seiner Erschaffung war Gayomard unsterblich, tugendhaft, glücklich und bedürfnislos. Ohrmuzd war sein Schöpfer, und zu ihm wird er auch nach der Auferstehung zurückkehren. Während des ganzen Lebens hat der Mensch vollständige Entscheidungsfreiheit, seiner eigentlichen Natur zu folgen oder sie zu verleugnen und sich mit dem Bösen einzulassen.

Über jeden Menschen wird nach seinem Tode ein individueller Urteilsspruch gefällt, seine Gedanken, Worte und Taten im Leben werden auf die Waage der Gerechtigkeit gelegt. Wenn seine guten Gedanken, Worte und Taten seine bösen übertreffen, dann nimmt eine schöne, süß duftende Jungfrau als Personifizierung seines moralischen Gewissens seine Seele an der Brücke des Auslesers (Cinvat-Brücke) in Empfang und geleitet sie über die Brücke. Jenseits der Brücke erwartet sie der Amesha Spenta die »Gute Gesinnung« und führt sie in den Himmel. Wenn jedoch die bösen Gedanken, Worte und Taten des Menschen seine guten übertreffen, begegnet er an der Brücke der Personifizierung seines Gewissens in Gestalt einer häßlichen, übelriechenden alten Hexe. Versucht die böse Seele, die Brücke zu überqueren, dann erlebt sie, daß der Pfad so schmal wie die Schneide eines Schwertes wird, und stürzt in den Höllenabgrund.

Die Höllenstrafen sind der Schwere der Verbrechen angepaßt, denn das Ziel der Hölle ist es, den Menschen zu erziehen. Nach zoroastrischem Glauben gilt die Ewige Hölle als unmoralische Institution, denn der Sinn der Strafe besteht in der Besserung des Menschen. Deshalb wird zu einem vorausbestimmten Zeitpunkt jeder Mensch von den Toten erweckt, seine Seele aus dem Himmel oder der Hölle zurückgeschickt, damit sie sich einem zweiten Urteilsspruch anläßlich der Auferstehung der Welt stellen kann. Der Mensch muß sich zwei Urteilssprüchen unterziehen, da es zwei Aspekte seines Seins, *menok* und *geti*, gibt. Wenn über die beiden Aspekte im Menschen das Urteil gesprochen ist und er sich zum Guten gewandelt hat, dann darf er in das vollkommene Sein Ohrmuzds eintreten.

Die Natur des Menschen

Entsprechend dem Urteilsspruch über den Menschen nach dem Tode, der die körperlichen und geistigen Aspekte berücksichtigt, müssen auch im menschlichen Leben diese beiden Aspekte des Seins miteinander in Harmonie gebracht werden. Ein Leben des Geistes auf Kosten des Körpers, etwa wie ein Asket, zu führen, heißt die Bedeutung der materiellen Schöpfung zu verneinen. Das gilt als ebenso sündhaft wie das Leben eines Schlemmers, der die geistige Dimension des Daseins vernachlässigt. Die religiöse Pflicht des Zoroastriers besteht in der Förderung der »Guten Schöpfung«. Wie der Schöpfungsmythos verdeutlicht, ist Ohrmuzd das Wachstum, der Überfluß und das Leben, Ahriman aber der Niedergang, der Mangel und der Tod. Der Mensch führt ein gottgeweihtes Leben, wenn er es Ohrmuzd in Reinheit, Hingabe und Fruchtbarkeit widmet. Landwirtschaft, Rinderzucht, Heirat und Vermehrung sind heilige Tätigkeiten, durch die der Mensch zum Mitarbeiter Gottes auf Erden wird.

Während der Islam lehrt, der Mensch lebe als Diener Allahs, und der Hinduismus postuliert, das Leben der Menschen stelle eine niedrigere Lebensform als die der Götter dar, ist der Mensch nach zoroastrischem Glauben »vollkommener als die Sterne und der Mond, vollkommener selbst als das heilige Feuer, und er wird in der Offenbarung größer und vollkommener genannt als die geistige Schöpfung«. Nach dem Schöpfungsmythos brachte Ahriman zu jedem Werk Ohrmuzds eine Gegen-Schöpfung hervor: gegen die Amesha Spenta stellte er

Steinrelief einer königlichen Krönungsszene aus dem persischen »Tal der Könige«, Naqsh-i Rustam. Hier wurden bedeutende Monarchen alter Dynastien beerdigt. Rechts tritt Ohrmuzd seinen besiegten Feind Ahriman mit Füßen, dessen böse Natur durch die schlangenköpfige Kopfbedeckung symbolisiert wird. Ohrmuzd überreicht König Ardashir I. (224–241 n. Chr.) den Herrschaftsring, der hier den göttlichen Akt wiederholt und auf seinem politischen Feind herumtrampelt. Diese jüngere Darstellung zeigt den Gott, im Gegensatz zu der auf dem älteren Achämeniden-Siegel, in menschlicher Gestalt. Interessant ist auch das gewandelte Bild vom König, der dem Gott nicht länger untertan, sondern ihm an Größe und Macht ebenbürtig ist und sein Spiegelbild verkörpert.

Jahr:	
0	*Erschaffung der Geistigen Welt* DIE IDEALE GEISTIGE WELT
3000	*Erschaffung der Materiellen Welt* DIE IDEALE MATERIELLE WELT
6000	*Angriff Ahrimans* PERIODE DER VERMISCHUNG DES GUTEN UND DES BÖSEN
9000	*Geburt Zoroasters* DIE NIEDERLAGE DES BÖSEN
12000	*Die Welterneuerung*

Zeittafel der zoroastrischen Geistesgeschichte

ne Ur-Dämonen, gegen das Leben den Tod, gegen das Glück das Unglück. Aber er fand nichts, was er dem Menschen hätte entgegenstellen können. Die Humanität des Menschen gilt als »seine Erlösung und seine Zierde«.

Nach zoroastrischem Glauben hebt die herausragende theologische Stellung den Menschen nicht über seine physische Umgebung hinaus. Das erste Menschenpaar soll sich aus den Blättern einer Pflanze entwickelt haben - eine kraftvolle Metapher für den Glauben, daß der Mensch eins sei mit der Natur. Die Tiere ernähren, kleiden und beschützen den Menschen und tragen seine Lasten, deshalb ist auch der Mensch verpflichtet, die nützlichen Tiere zu beschützen, für sie zu sorgen und sie zu ernähren.

Der Zurvan-Mythos

Die obenbeschriebene Exegese zoroastrischer Mythologie blieb auf das Zentrum der orthodoxen Lehre beschränkt. Aber es hat begreiflicherweise eine Reihe unterschiedlicher Interpretationen oder gar Abweichungen von dieser Lehre in der Antike gegeben. Eine davon wird als Zurvanismus bezeichnet. Sie basiert in der Hauptsache auf Zurvan, der Zeit. Der Zurvanismus war offensichtlich im vorislamischen Iran weit verbreitet, aber keine seiner Quellen ist erhalten geblieben. Die zurvanistische Lehre muß deshalb an Hand außenstehender Quellen wie der orthodoxen zoroastrischen Literatur oder christlicher und arabischer Autoren rekonstruiert werden. Die daraus resultierende Deutung kann folglich nicht als gesichert gelten. Der alte Mythos berichtete offenbar, daß der große Gott Zurvan als Zwitter allein existierte. Tausend Jahre lang brachte er vergebens Opfer dar, weil er sich einen Sohn wünschte, doch schließlich begann er an der Wirksamkeit seines Opfers zu zweifeln. In dem Augenblick, da ihn der Zweifel überkam, empfing er Zwillinge. Ahriman war die Personifizierung seines Zweifels und Ohrmuzd die Verkörperung seiner Weisheit. Er schwor, daß er seinem Erstgeborenen das Königreich überantworten würde. Da beeilte sich Ahriman, aus seiner Seite hervorzukommen. Zurvan bereute seinen Schwur, aber er konnte nicht umhin, ihn in die Tat umzusetzen, und so erhielt Ahriman die Herrschaft über die Welt. Ohrmuzd verlieh er das Amt eines Hohenpriesters, die Souveränität über die geistige Welt, und er versprach ihm auch den Endsieg.

Kern dieses zurvanistischen Mythos scheint die Unzufriedenheit mit dem zoroastrischen Glauben an zwei voneinander unabhängige und gegensätzliche Kräfte des Lebens zu sein. Die Zurvaniten strebten danach, die undifferenzierte Einheit zu finden, aus der die Zweiheit und die Vielheit hervorgegangen war - ein geistiges Ringen, das möglicherweise durch griechisches und indisches Gedankengut angeregt worden war. Diese Interpretation zoroastrischer Mythologie führte zu einer tiefgreifenden Uminterpretierung des zoroastrischen Glaubens: Die Vorstellung von der unumstrittenen Führungsrolle der Zeit entstand unter dem Einfluß babylonischer Astrologie und mündete in die Idee von der »Gnadenlosen Zeit«, die die Welt beherrschte und das Schicksal aller Menschen bestimmte - und das bedeutet die Verneinung des grundlegenden zoroastrischen Glaubenssatzes von der Entscheidungsfreiheit des Menschen.

Der Glaube, Ahriman sei der Herrscher der menschlichen Welt, brachte eine pessimistische Einstellung gegenüber der Welt mit sich, und dies hätte Zoroaster niemals geduldet. Der vielleicht größte Wandel jedoch zeigte sich in der Vorstellung von der göttlichen Natur. Kern der zoroastrischen Lehre ist die alles überragende Überzeugung, daß Ohrmuzd durch und durch, absolut und ausschließlich gut ist, während Zurvan in sich die Anlage zum Bösen trägt. Die Zurvaniten glaubten deshalb, Gut und Böse seien keine polaren Gegensätze, und sie stellten auf diese Weise ausgerechnet die Grundlage der zoroastrischen Mythen über Schöpfung und Auferstehung in Frage.

Gnostizismus ist ein Oberbegriff für eine Reihe religiöser Überlieferungen, die im Römischen Reich vom 1. bis zum 4. Jahrhundert n. Chr. weit verbreitet waren. Das gnostische Gedankengut stellte - in unterschiedlicher Zusammensetzung bei den verschiedenen Denkschulen - ein Amalgam griechischer, jüdischer, christlicher und persischer Vorstellungen dar. Aus Persien entlehnten die Gnostiker die dualistische Vorstellung, daß das Gute dem Bösen in Gestalt des Konfliktes zwischen Helligkeit und Dunkelheit gegenübersteht, den Mythos über den archetypischen Menschen sowie einige Gedanken im Zusammenhang mit der Erlösung. Aber sie interpretierten die verschiedenen mythologischen Details im Lichte hellenistisch-griechischer Glaubensvorstellungen von der sinnlichen Fleischeslust, von der die reinen geistigen Seelenkräfte gefangen gehalten werden.

Diese gnostischen Auslegungen oder vielmehr Entstellungen der zoroastrischen Lehre verkündete Mani im 3. Jahrhundert n. Chr. in Persien. Mani empfahl sich als die Erfüllung nicht nur zoroastrischer, sondern auch christlicher und buddhistischer Erwartungen. Sein Aufruf, ein asketisches, eheloses Leben zu führen, war der Gedankenwelt Persiens fremd, und deshalb wurde er schließlich als Häretiker hingerichtet.

Zoroastrismus in Indien

Die Zoroastrier in Persien waren jahrhundertelang gezwungen, sich in entlegene Dörfer zurückzuziehen, wo sie vor der Aufspürung durch Moslems sicher waren, und deshalb haben sich ihre Überlieferungen weitgehend unverändert erhalten. Die Parsen in Britisch-Indien jedoch waren der intellektuellen Herausforderung des Westens und einer Reihe sozialer Unruhen in großem Maße ausgesetzt.

Unter Hindu- und Moslem-Herrschaft konnten die Parsen im allgemeinen in Frieden und Zurückgezogenheit leben. Aber das Wirtschaftsleben und die Bildungsmöglichkeiten unter der britischen Herrschaft veränderten ihre Lebensumstände. Die Parsen Westindiens gelangten zu Einfluß als Mittelsmänner im Handel zwischen Briten und den wegen ihrer Kastenzugehörigkeit in ihrer Bewegungsfreiheit eingeschränkten Hindus. Ihre berufliche und politische Erfolgsgeschichte zwischen 1750 und 1900 ist beeindruckend.

Es blieb nicht aus, daß sich als erste Folge dieses gewandelten Lebensstils materielles Denken breitmachte. Der antike Schöpfungsmythos hatte die Zoroastrier gelehrt, es sei ihre religiöse Pflicht, die Gute Schöpfung Ohrmuzds zu mehren, damit das verderbliche Wirken des Bösen überwunden würde. Traditionellerweise hatte man diese Pflicht auf die Feldbestellung und die Zeugung von Kindern in der Ehe bezogen - beides religiöse Verpflichtungen für den gläubigen Zoroastrier. Mitte des 19. Jahrhunderts wandelten die Parsen dieses alte Dogma ab und setzten an seine Stelle einen Glaubenssatz, der es ihnen erlaubte, materielle Leistungen in Handel und Technologie zu erbringen. Sie glaubten, besonders mit der Technologie, dem Gebrauch von Dampfmaschine und Elektrizität etwa, könne der moderne Mensch angemessen der ihm seit altersher auferlegten Pflicht dienen.

Während der letzten hundert Jahre haben die theologischen Kenntnisse in der Parsengemeinde erheblich abgenommen. Trotzdem prägen eine Reihe von grundlegenden Glaubenssätzen der Mythen noch immer den Charakter des Parsen. Die Lüge etwa gilt in alten Mythen und bis heute als Quelle des Bösen. So war auch die althergebrachte Wertschätzung der Weisheit (Ahura Mazda, der »Weise Herr«) ein wichtiger Faktor für die enge Beziehung der Parsen zur westlichen Bildung.

Der Einfluß des Westens

Da so viele Parsen sich mit großer Leidenschaft der westlichen Bildung zuwandten, geriet der parsische Zoroastrismus bald unweigerlich unter den geistigen Einfluß des Westens, und zwar auf doppelte Weise: durch Einwirkung westlicher Religionswissenschaften und durch das geistige Klima wissenschaftlicher Entdeckungen. Im späten 19. Jahrhundert galt die Evolution bei vielen Menschen in Europa als Schlüssel zur Lösung zahlreicher Probleme. Übertragen auf die Religionsforschung hieß das, die Menschheit habe sich geistig vom heidnischen Polytheismus zum sittlich höherstehenden Monotheismus entwickelt. Nicht wenige Parsen studierten bei westlichen Gelehrten, die diese Ansicht vertraten. Als bestes Beispiel kann M.N. Dhalla gelten, der

Unten links: Ein persischer Feuertempel in Bombay, der bezeugt, daß künstlerische Motive aus dem antiken Persien in der indischen Gemeinde nachgebildet wurden. Das geflügelte Symbol und die geflügelten, den Eingang bewachenden Tiere sind Nachbildungen aus Persepolis. Nicht-Parsen dürfen einen Parsen-Tempel nicht betreten. Tempel gelten als sorgfältig geschützte Zonen der Reinheit, es brennt dort ständig das Heilige Feuer, das lebende, gestaltlose Symbol Gottes, das die Parsen verehren.

spätere Hohepriester (Dastur) der Gemeinde in Karachi, er studierte bei A.V.W. Jackson an der New Yorker Columbia-Universität. Dhalla interpretierte den zoroastrischen Schöpfungsmythos im Sinne des Monotheismus. Der Mythos über Ohrmuzd und Ahriman, die von Urbeginn an nebeneinander existiert haben sollen, galt bei ihm als eine Verwässerung des Idealzustandes des Monotheismus. Deswegen interpretierte er Ahriman nicht als mythologische Gestalt, sondern als die Anlage zum Bösen im Menschen. Aber da entstand das Problem, wie er den Tod erklären sollte, der im antiken Mythos als stärkste Waffe Ahrimans gilt. In einigen Passagen beschreibt Dhalla den Tod in bildhafter Form als finsteren Jäger und in dieser Eigenschaft als böse Macht, weiß aber keine Erklärung über seinen Ursprung zu geben. Er definiert in seinen Schriften den Tod häufig als Ahura, der die Menschen zu sich zurückrufe – eine Vorstellung, die dem traditionellen Zoroastrismus völlig fremd ist, jedoch der einzige Ausweg, nachdem er erst einmal die so wesentliche Realität des Bösen verneint hatte.

Dhalla versuchte auch, einige zoroastrische Lehren zu »entmythologisieren«. Seine Höllendarstellung ist ein gutes Beispiel: Im überlieferten Mythos wird die Hölle in lebendiger Form beschrieben als ein dunkler Abgrund, die Menschen leben dort eng zusammengepfercht und empfinden dies trotzdem als völlige Isolierung. Derartige Berichte waren für Dhallas geschulten Geist abstoßend, deswegen beschrieb er die Hölle als Trennung der Seele von Gott oder als Gewissensqualen.

Dhallas Auslegung zoroastrischer Mythologie war in erster Linie von westlicher Religion beeinflußt, andere Parsen gerieten mehr unter den Einfluß westlicher Wissenschaft. Als im Westen Theorien über die Antimaterie aufkamen, benützten nicht wenige Parsen diese, um den alten Mythos über den Konflikt zwischen dem guten Schöpfer (Materie) und dem bösen, zerstörerischen Geist (Antimaterie) zu erklären. Diese Parsen sahen auch Anschauungsmaterial für die Theorie der Evolution in ihrem eigenen Schöpfungsmythos: Wenn durch das jahrhundertelange Streben Rechtschaffener der nach dem ersten Angriff Ahrimans fast vollständige Verfall der Welt bis zur Wiederauferstehung allmählich rückgängig gemacht würde, dann wäre dies ein Beispiel für die Zurückdrängung des Bösen durch menschliche Leistung.

Oben: Tempel waren ursprünglich nicht Teil der zoroastrischen Überlieferung. Die Zoroastrier sollen früher ein von Menschenhand errichtetes Gebäude als zu gering erachtet haben, um das Symbol Gottes zu beherbergen. In der alten Nomaden-Kultur bevorzugte man Berggipfel als Kultstätten. Die hier abgebildeten Feueraltäre entstanden in der Sassaniden-Dynastie (3.–7. Jahrhundert n. Chr.).

Rückbesinnung

Diese vom Westen beeinflußten Interpretationen der Mythen und Glaubensvorstellungen führten unvermeidlich dazu, daß das Bedürfnis nach einer Rückbesinnung auftauchte. Ironischerweise jedoch manifestierte sich die Reaktion gegen den westlichen wissenschaftlichen Einfluß zunächst in einer Bewegung, die ihren Ursprung im Westen hatte, in der Theosophie. Die theosophische Gesellschaft wurde 1875 von Madame Blawatsky und anderen Personen in New York gegründet, verlegte aber bald ihr Hauptquartier in ihre natürliche Heimat Indien. Im wesentlichen ermutigten die Theosophen Hindus und Zoroastrier, sich nicht von westlichen Gelehrten irreleiten zu lassen, da diese die geheime Bedeutung der althergebrachten Riten, Gebete und Mythen nicht verstünden. Bedeutendster lebender Vertreter der theosophischen parsisch-zoroastrischen Lehre ist der Hohepriester K.S. Dabu. Er erklärt, daß der Glaubenssatz von der Auferstehung tatsächlich so zu verstehen sei, daß die Seele »ihren früheren aufrechten Zustand wiedererlangt, den sie während ihrer Inkarnation in einem menschlichen Körper verloren hatte«. Den Mythos über den Konflikt zwischen dem Guten und dem Bösen sieht er als eine Allegorie für den Seelenkampf mit Schwierigkeiten aller Art, die der Seele während aufeinanderfolgender Reinkarnationen widerfahren.

Der allgemein im 20. Jahrhundert zu beobachtende Trend, Religionen ihrer mythologischen Elemente zu entkleiden, macht viele Gläubige unzufrieden, und so entstehen neue Mythen. Bei den Parsen äußerte sich diese Unzufriedenheit in der Bewegung, die als Ilm-i Kshnoom bekannt geworden ist. Ihr Gründer Behramshah Shroff (1857–1927) verließ seine Heimat im Alter von 17 Jahren und soll Mitglieder eines rätselhaften Riesengeschlechts getroffen haben, die ihn in ihr geheimnisvolles Land Firdos (oder Himmel) in die Berge des Iran mitnahmen. Dort lebten alle in paradiesischem Zustand in Höhlen, und Honig strömte im Überfluß, außerdem wurden dort die alten persischen Schätze und Lehren aufbewahrt. Nach seiner Rückkehr nach Indien lebte Shroff zunächst 30 Jahre lang zurückgezogen und verbrachte dann die letzten 20 Jahre seines Lebens damit, seine Lehren zu verkünden.

Die Lehren der Kshnoom-Bewegung postulieren, daß das geistige Ich des Menschen, wenn es in den Prozeß der »Verwicklung« (des Eintretens in die materielle Welt) eintritt, mit einem materiellen Körper ausgestattet wird. Es durchläuft eine Reihe von Wiedergeburten auf seinem Wege »durch das dunkle Tal der Entfaltung in der Materie«, wo es in den gefährlichen und »magnetischen« Strudel der Unkeuschheit gerissen wird. Der Mensch macht während aufeinanderfolgender Wiedergeburten eine Evolution zu geistiger Vervollkommnung durch – von der Befreiung von der Materie bis hin zum Eintritt in ein ewiges Sein.

Als besonders interessanter Aspekt der Lehre der Kshnoom-Bewegung in bezug auf die persische Mythologie kann der »Mythos« über seinen Gründer angesehen werden. Als im frühen 20. Jahrhundert der Reichtum der Parsen in Bombay abzubröckeln und Unzufriedenheit mit der parsischen Westorientierung sich zu regen begann, da gab es eine starke pro-iranische Sympathiewelle in der Gemeinde; die iranische Liga wurde gegründet; und es folgten Aufrufe, die die Parsen zur Rückkehr in ihr Mutterland bewegen sollten. Nicht wenige Parsen verglichen den schreienden Materialismus ihrer Gemeinde in Indien mit dem reichen religiösen Erbe im Iran.

Ein parsischer Hoherpriester oder Dastur, hier zu erkennen an seinem Meßgewand, übergibt einem Initianden die Symbole des Glaubens, das heilige Hemd und das Band. Die Zeremonie kann in der Privatwohnung (wie hier abgebildet) oder in einem Tempel vollzogen werden, aber sie muß wie alle zoroastrischen Riten in Gegenwart des Heiligen Feuers stattfinden. Das weiße Hemd als Symbol der Reinheit der Religion soll bei jeder Gelegenheit getragen werden. Das Band wird mehrere Male täglich unter Gebeten angelegt und abgelegt. Inhalt der Gebete ist entweder die Abwehr des Bösen, die Verehrung Gottes oder das Gelöbnis guter Gedanken, Worte und Taten.

Rituelle Bräuche

Obwohl diese modernen Auslegungen bei vielen Parsen populär sind, können sie doch nicht als Glaubensinhalt der Mehrheit angesehen werden. Die Religiosität der meisten Parsen äußert sich im Ritual. Gerade aus den heiligen Riten schöpfen die Parsen im allgemeinen das Wissen, das sie über die althergebrachten Mythen besitzen. Insbesondere zwei traditionelle Rituale betreffen alle Parsen: die Initiations- und die Begräbniszermonien.

Ein zoroastrisches Kind wird im Alter zwischen acht und dreizehn Jahren in die Gemeinde aufgenommen. Vor diesem Zeitpunkt trägt es keine moralische Verantwortung für sein Tun, aber alle Gedanken, Worte und Taten nach der Initiation sind für sein Schicksal bestimmend. Es gibt nichts im Zoroastrismus, das auch nur im entferntesten an die Kindtaufe erinnert. Da das Zentralproblem der Mythologie die Wahlfreiheit aller Geschöpfe zwischen dem Guten und dem Bösen ist, liegt es nahe, daß die Initiation erst dann vorgenommen werden soll, wenn das Kind alt genug ist, sich selbst für die *naujote*-Zeremonie (Initiation) zu entscheiden.

Die Initiation gilt bei den Zoroastriern als Eintritt in die Armee Ohrmuzds, als Anlegen der Rüstung des Glaubens, als Umgürtung mit dem Degengehenk des Glaubens und als Beginn des Kampfes gegen das Böse. Obwohl in der Zeremonie wenige Details des Schöpfungsmythos offen ausgesprochen werden, beinhaltet sie unausgesprochen einen Großteil der Grundvorstellungen der alten Lehre. Das gilt insbesondere für die Betonung des Konflikts zwischen den Kräften des Guten und des Bösen. Dieser Konflikt, der sich im Mythos durch das gesamte Weltgeschehen zieht, soll laut Initiationsritus auch das ganze zukünftige Erdenleben des Initianden durchziehen. Deswegen werden Gebete gesprochen, in denen der Wunsch ausgedrückt wird, der Initiand möge diesen Kampf so führen, daß er durch seine guten Gedanken, Worte und Taten einen Platz im Himmel erlangt.

Die Türme des Schweigens

In fast jeder Religion ändern sich die mit dem Tod verknüpften Riten am allerwenigsten, dies gilt auch für den Zoroastrismus. In den Begräbnisriten drückt sich der Glaube aus, ein Leichnam sei ein greifbares Symbol für den Sieg des Bösen. Er ist deswegen ein Körper, in dem Dämonen hausen, eine Quelle physischer und geistiger Verunreinigung. Da man glaubt, der Tod eines rechtschaffenen Menschen sei ein größerer Triumph für Ahriman als der eines Sünders, gilt der Leichnam eines heiligen Menschen als besonders unrein.

Sobald jemand gestorben ist, wird der Priester mit einem Hund gerufen. Der Hund soll mit seinem starren Blick die Dämonen, die er im antiken Mythos von der Urteilsbrücke fernhält, auch jetzt vom Leichnam fernhalten. Der Tote soll auf einer Metalltrage weggebracht werden, nicht auf einer hölzernen Bahre, da diese porös ist und die Verunreinigung in sich aufnehmen könnte. Der Tote wird sofort zur Begräbnisstätte gebracht, wo er gewaschen und in weißes Tuch gehüllt auf eine Marmorplatte gebettet wird (diese ist auch nicht porös). In der Leichenhalle brennt ständig ein heiliges Feuer, damit durch den heiligen Lichtschein der Prozeß der Verwesung hinausgezögert wird. Priester, weibliche Angehörige und Freunde sprechen Gebete, um die Seele auf ihrer Reise zur Urteilsverkündung zu begleiten.

Wenn möglich, soll das Begräbnis selbst am Todestage stattfinden, um die Zeitspanne der Verunreinigung so kurz wie möglich zu halten. Der Leichnam wird in einer Prozession, die von einem Priester und seinem Hund angeführt wird, auf einer Metallbahre fortgetragen. Am Ende des Weges hält man ein letztes Mal inne und deckt das Gesicht des Verstorbenen auf, damit die Hinterbliebenen ihren irdischen Abschied von ihm nehmen können. Dann tragen professionelle Leichenträger, und nur sie allein, den Leichnam in einen »Turm des Schweigens«, *dokhma*. Hier wird alles von Verwesung und der Kraft des Bösen beherrscht. Die Menschen, die in einem so engen Kontakt mit der Verwesung stehen, können nur nach besonders strengen Reinigungsriten, darunter ein Ritual, das neun Nächte lang währt, am Leben der Gesellschaft teilhaben.

Im Turm entkleiden die Leichenträger den Toten und überlassen es den Geiern und der Sonnenhitze, das Fleisch zu verzehren und die Knochen zu bleichen. Erst nach einigen Monaten wirft man die Gebeine in eine Sammelgrube. Während der 30 Minuten, in denen die Geier ihr Werk vollendet haben sollen, spricht die Trauergemeinde Gebete in einer nahegelegenen Trauerhalle; und die kommenden drei Tage, während die Seele auf dem Weg zur Urteilsverkündung durch die heilige Waage der Gerechtigkeit sein soll, beten die Familienangehörigen zu Hause, um der Seele auf ihrem Weg Trost und Hilfe zu spenden. Es wird von den Hinterbliebenen erwartet, daß sie eine festgelegte Periode trauern, aber diese Zeit auch nicht überschreiten. Denn wenn sie sich nicht daran halten, heißt es im Mythos, bilden ihre Tränen eine Flußbarriere, und der Tote hat Schwierigkeiten, diese zu überwinden.

Der Ritus, die Toten Geiern oder anderen Raubtieren zum Fraß vorzuwerfen, stammt möglicherweise aus der Zeit zwischen 3000 und 1000 v. Chr., als die alten Perser Nomaden waren und zu Fuß die asiatischen Steppen auf der Suche nach frischen Weideflächen durchstreiften, bevor sie dann in den Gebieten seßhaft wurden, die wir heute als Iran bezeichnen. Dieser althergebrachte Brauch wurde durch den zoroastrischen Glauben, daß der Tod das Werk Ahrimans sei, mit religiösen Weihen versehen: Ein verwesender Körper, so nahm man an, müßte die heiligen Geschöpfe Erde, Feuer und Wasser verunreinigen, wenn man ihn begraben, verbrennen oder dem Meer überantworten würde. Aber es wird zunehmend schwieriger, in Bombay den alten Brauch beizubehalten, dort, wo die Enge und das Überhandnehmen giftiger Autoabgase die Geierpopulation der Stadt rapide dezimieren. Trotz der Gerüchte, daß ein Leichnam wegen der selten gewordenen Geier über Monate verwest, halten die Parsen zäh an dem Ritus der Aussetzung ihrer Toten fest, da er durch den Mythos gerechtfertigt wird.

Es blieb nicht aus, daß man begann, die Riten vom Standpunkt der Zweckmäßigkeit zu betrachten. Die Türme des Schweigens, sagen die Parsen, seien hygienischer und weniger beklemmend als Friedhöfe, auf denen die Leichen über Jahre hinweg der Verwesung preisgegeben würden. Sie seien auch diskreter als die Verbrennungsrituale der Hindus, bei denen Trauernde und Fremde die Leichenverbrennung öffentlich verfolgen. (Als einer der wenigen Außenstehenden, die das Privileg hatten, *dokhmas* in Bombay zu besichtigen, kann ich, der Autor, die dort herrschende Atmosphäre der natürlichen Ruhe und des Friedens bezeugen; die *dokhmas* haben nichts gemein mit den Greueln, die Gemüter im Westen gemeinhin mit ihnen assoziieren.) Aber diese Rationalisierungen sind jüngeren Datums.

Ein *dokhma*, Turm des Schweigens, aus Yazd im Iran. Solche Bauwerke sollen vorzugsweise in abgelegenen und öden Gebieten oder auf Hügeln errichtet werden, damit sich die Totenverwesung in angemessener Entfernung von den Lebenden vollzieht. In der Nähe des Turms befindet sich ein Gebäude, in dem die Trauergemeinde während des Begräbnisses betet und in dem auch das Heilige Feuer brennt, dessen Lichtschein auf den Turm fallen soll, um die bösen Kräfte fernzuhalten.

VIERTES KAPITEL

TIBET

In der tibetischen Kultur haben sich zwei Mythen- und Legendenzyklen nebeneinander entwickelt: der Zyklus der prä-buddhistischen Religion, manchmal als Bon bezeichnet, und der der speziellen Form des Buddhismus, die sich in Tibet vom 7. Jahrhundert n. Chr. an entwickelte. Die Bezeichnung Bon wurde ursprünglich auf einen Stand von Zauberpriestern angewandt, nicht auf die Religion selbst, die man als *lha-chos*, »heilige Dinge«, im Unterschied zu *mi-chos*, »menschliche Dinge«, bezeichnete. Das Hauptmerkmal der Bon-Mythologie scheint der Kult der Gottheiten des Himmels, der Erde und der Unterwelt sowie die Verehrung von Bergen und heiligen Königen gewesen zu sein. Die späteren *Bon-po* (Anhänger des Bon)-Mönche haben sehr wenig von diesen frühen Glaubensvorstellungen bewahrt, wie ihre Literatur und ihre lebendige Tradition bezeugt. Im Laufe ihrer Geschichte absorbierten und reproduzierten die Bon-pos die verschiedensten einheimischen und fremden Glaubensvorstellungen, mit denen sie in Berührung kamen. Zwischen dem 7. und dem 13. Jahrhundert, der Periode, in der der Buddhismus in Tibet Verbreitung fand, entwickelte sich die Bon-Religion zu einer ziemlich heterogenen Form des tibetischen Buddhismus. Der Ausdruck Bon erhielt nun eine neue Bedeutung, die dem buddhistischen Terminus *chos* (Sanskrit: *dharma*) gleichzusetzen ist und als »Religion« oder »Lehre« übersetzt werden kann.

Die Bon-pos glauben, daß ihre Lehren durch Vermittlung des Religionsstifters gShen-rabs aus Ländern westlich von Tibet und letztlich aus sTag-gzig (vermutlich Persien) kamen. Das läßt darauf schließen, daß die Bon-pos zuerst mit der Form des Buddhismus in Berührung kamen, wie er in den westlich von Tibet gelegenen Ländern Gilgit und Udayana praktiziert wurde, und ihnen zunächst nicht bewußt war, daß diese mit der Lehre verwandt war, die die tibetischen Könige direkt aus Indien nach Tibet gebracht hatten. Bon-pos und Buddhisten schrieben in einer Sprache und benutzten beide die aus Indien eingeführte buddhistische Literatur. Dabei behaupteten die Bon-pos, daß diese Literatur ihre eigene sei, und wollten deren indischen Ursprung nicht anerkennen. Sie übernahmen das buddhistische Pantheon, gaben dessen Mitgliedern jedoch andere Namen. Auch prä-buddhistische Gottheiten wurden in den neuen Bon-Götterhimmel aufgenommen, und als auch die Buddhisten eine Reihe von prä-buddhistischen Gottheiten in ihr Pantheon einführten, begann ein Prozeß der wechselseitigen Verschmelzung. Charakteristisch hierfür und gleichzeitig für die Erfindungsgabe der Bon-pos ist die Legende über ihren Religionsstifter gShen-rabs, eine weitgehend fiktive Figur. Diese Legende basiert auf der Biographie Shakyamunis (des Gründers des Buddhismus, des Gautama Buddha, siehe Theravada-Buddhismus). gShen-rabs' Leben verläuft nach dem gleichen Muster, nur werden einige typische tibetische Elemente eingefügt.

Der Religionsstifter des Bon

Die Quelle *Legs-bshad rin-po-che'i mdzod dpyod-ldan dga'-ba'i char* (»Der kostbare Schatz vortrefflicher Sprüche, glückverheißender Regen für den Weisen«) erzählt gShen-rabs' Lebensgeschichte. Nach einer Reihe von Inkarnationen wird dieser in seinem vorletzten Leben als gSal-ba, als jüngerer Bruder Dag-pas, seinem unmittelbaren Vorgänger in einer Aufeinanderfolge von sieben Lehrern, wiedergeboren. Er lernt die Lehren des Bon im Himmel, während Dag-pa diese zur selben Zeit unter den Menschen auf Erden verkündet. Vor seiner irdischen Wiedergeburt erwählt er sich das Land und den Klan seiner Wiedergeburt. Dann betritt er zu einer glückverheißenden Zeit als weiße Silbe A den Kopf

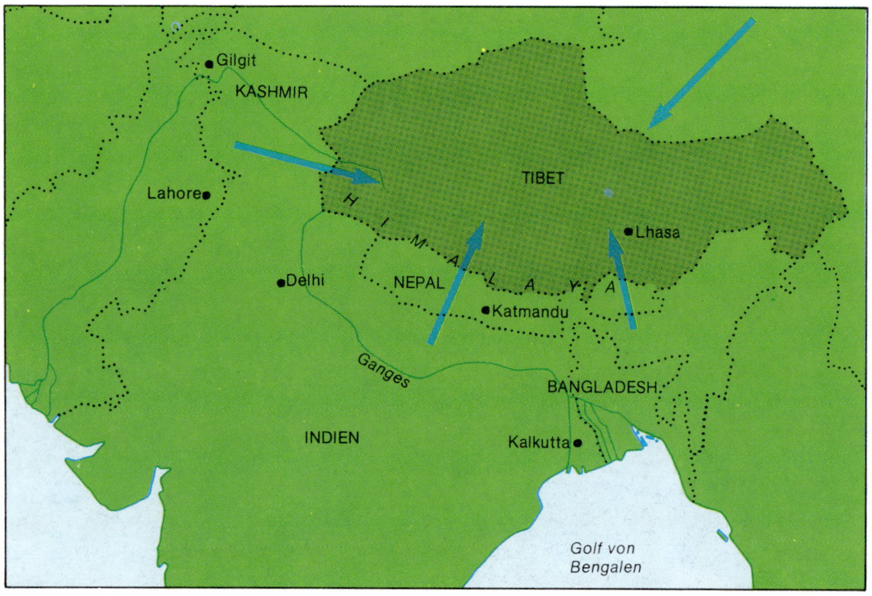

seines Vaters, während gleichzeitig eine rote Silbe MA in den Leib seiner Mutter eindringt. Nach neun Monaten und zehn Tagen erblickt er das Licht der Welt und erhält den Namen »Lehrer gShen-rabs, Herr der Menschen und Siegreicher«. Im Alter von zehn Jahren predigt er den Glauben in den Sphären der Erdgötter, der Schlangen und der Himmelsgottheiten. Als er zwölf Jahre alt ist, nimmt er mehrere Lehrergestalten gleichzeitig an und verbreitet den Glauben zur selben Zeit in verschiedenen Ländern. Dann heiratet er zehn Frauen und zeugt mit ihnen acht Söhne und zwei Töchter.

Später befeindet ihn der Dämon Khyab-pa, der eine seiner Töchter entführt und mit ihr kurz darauf zwei Söhne zeugt. gShen-rabs holt seine Tochter und deren zwei Kinder zurück; aber nun stiehlt ihm Khyab-pa seine sieben Pferde. Deshalb begibt sich gShen-rabs unverzüglich auf die Suche nach ihnen, aber Khyab-pa legt ihm jetzt zunächst Schnee, dann Feuer und schließlich Sand in den Weg. gShen-rabs jedoch überwindet nacheinander alle diese Schwierigkeiten, und es gelingt ihm auf diese Weise, nach Tibet zu gelangen. Dort unterrichtet er die Bon-pos, lehrt sie die Dämonenaustreibung und verschiedene Riten und Bittgebete an die Götter. Aber Khyab-pa beginnt nun von neuem mit seinen Schikanen: Er verbirgt seine Identität und wird gShen-rabs' Schüler, dann verbrennt er dessen Bücher und verschwindet. Dieses Mal jedoch schenkt ihm gShen-rabs überhaupt keine Aufmerksamkeit. Im Alter von 31 Jahren verläßt er seine Familie und seine irdischen Besitztümer und wird Bettelmönch, übt sich in Askese und praktiziert die Meditation. Noch einmal kehrt Khyab-pa zurück, aber als er feststellt, welchen Härten gShen-rabs sich unterwirft, bereut er seine bösen Taten und wird sein treuer Jünger. gShen-rabs verbringt den Rest seines Lebens in Einsamkeit und stirbt im Alter von 82 Jahren.

Der Buddhismus in Tibet

Die frühen tibetischen Könige förderten die Einführung des Buddhismus aus Indien nach Tibet. Während der Regierungszeit des Königs Srong-btsan sgam-po (gestorben um 650 n. Chr.) entstand der Jokhang-Tempel in Lhasa, der »Tempel des Herrn«. Dieser enthielt ein Bildnis Shakyamunis, der als der heiligste Buddha in Tibet verehrt wurde. Die zwei Frauen dieses Herrschers, eine Chinesin und eine Nepalesin, galten als die ersten Schutzheiligen des Buddhismus und wurden später als die Reinkarnationen der Göttin Tara in ihren beiden Erscheinungsformen als Weiße und Rote Tara betrachtet. Im 8. Jahrhundert entstand das erste tibetische Kloster, und Tibeter wurden zu Mönchen ordiniert. Es gibt Berichte, wie ausführlich darüber debattiert worden sein soll, ob man der indischen oder der chinesischen Form des Buddhismus folgen sollte; schließlich sollen die Befürworter des indischen Buddhismus sich durchgesetzt haben. Um das 13. Jahrhundert hatten die Tibeter das gesamte buddhistische Schrifttum Indiens, Kaschmirs und Nepals, das ihnen zugänglich war, übersetzt.

Es wird oft behauptet, daß die Tibeter nur eine seichtere Ausprägung des indischen Buddhismus übernommen hätten. In Wahrheit jedoch haben sie die Lehre in ihrer ganzen Vielfalt kennengelernt und eingeführt, einschließlich des Glaubens an zahlreiche Buddhas und Bodhisattvas (zukünftige Buddhas), die im wesentlichen buddhistische Gottheiten sind. Auch prä-buddhistische Gottheiten und Kulte wurden in den tibetischen Buddhismus übernommen, jedoch, wie es scheint, ausschließlich in

Oben: Eine bemalte Tempelfahne, Thang-ka, welche die große Versammlung der buddhistischen Gottheiten, Heiligen und Weisen darstellt. Die Figur in der Mitte ist Tsong-ka-pa (gestorben 1419), der Gründer eines der führenden tibetischen Mönchsorden.

Gegenüber und links: Szenen aus dem Leben Buddhas: die ersten sieben Schritte als Kind, die Verkündung seiner universalen Herrschaft und eine Badszene mit Göttern. Als junger Mann schneidet Buddha seine Haare und wird Bettelmönch.

Rechts: Kostüm für einen klösterlichen Tanz, Göttermaske, Trommel und Schurz aus Menschenknochen. Präbuddhistische Gottheiten wurden in den tibetischen Buddhismus übernommen und möglicherweise am Beginn einer buddhistischen Zeremonie versöhnlich gestimmt.

Unten: Die tibetischen Könige unterstützten die Einführung des Buddhismus nach Tibet. Im 7. Jahrhundert ließ ein tibetischer König einen Tempel in Lhasa erbauen, der ein Bildnis Buddhas enthielt. Hier eine Ansicht Lhasas von einer Tempelfahne aus dem 19. Jahrhundert, die den Potala-Palast, die Residenz des Dalai Lama, darstellt.

untergeordneter Funktion. Lokale tibetische Gottheiten etwa werden gelegentlich zu Beginn buddhistischer Zeremonien versöhnlich gestimmt, damit sie sich ruhig verhalten und nicht stören.

Eine der bemerkenswertesten Eigenarten des tibetischen Buddhismus ist das System der sich reinkarnierenden Lamas. Lama (tibetisch: *bla-ma*, »Superior« oder »Oberer«) ist ein höflicher Titel, der dienstältesten Mönchen oder Oberen großer Klöster gegeben wird. Die Reinkarnation eines Lamas gilt als »der offenbar gewordene Leib« (*sPrul-sku)* einer bestimmten buddhistischen Gottheit oder eines berühmten Religionslehrers. Es gibt Hunderte von ihnen; als politisch wichtigste gelten der Dalai Lama, als Reinkarnation des Bodhisattva Avalokitesvara, und der Panchen Lama, als Reinkarnation des Buddha Amitabha. Seit 1959, der chinesischen Invasion Tibets, leben der Dalai Lama und viele andere tibetische Religionsführer in Indien oder anderswo im Exil.

Die Schöpfungsmythen

Die Tibeter übernahmen die Vorstellung der indischen Buddhisten von einer unbegrenzten Aufeinanderfolge von Weltaltern. Jedes Weltalter durchläuft den Prozeß des Entstehens, des temporären Bestehens und des Vergehens; und in jedem Weltalter erscheint zu passender Zeit ein Buddha, der die Lehre (*dharma*) verkündet. Shakyamuni gilt als Lehrer des gegenwärtigen Weltalters. Obwohl das Schrifttum der Bon-pos stark mit buddhistischen Vorstellungen durchsetzt ist, bewahrten diese doch die verschiedensten eigenständigen Mythen über die Erschaffung der Welt. In einem Mythos heißt es, daß am Anfang ein gestaltloses Wesen da war, aus dem ein weißer Lichtschein hervorleuchtete. Dieser wiederum brachte ein Ei hervor, das zwar keine Bestandteile hatte, aber die Kraft, sich zu bewegen und zu fliegen. Es zerbrach nach fünf Monaten, und ein Mensch kam zum Vorschein. Dieser ließ sich auf einem Thron inmitten des Ozeans nieder und begann, das Universum zu ordnen. Eine andere Version dieses Mythos beschreibt den Ursprung des Universums als Leere, aus der ein Wesen hervorging. Dieses sandte ein vielfarbiges Licht in den Weltraum. Daraufhin entstanden nacheinander Wind, Feuer, Schaum und eine Schildkröte. Die Schildkröte trug sechs verschiedenfarbige Eier, aus denen die sechs Schlangenarten (*klu*) als Ursprung der sechs Lebensformen der Lebewesen schlüpften. In zwei anderen Variationen dieses Mythos entspringt das Universum entweder einem Ei, das durch ein blau leuchtendes Licht aus der Leere austritt, oder das Universum entsteht aus einer Schlange, die dem Ur-Ei entschlüpft ist. In einer weiteren Variante entschlüpft der Leere eine weibliche Schlange, und aus ihrem Scheitel entsteht der Himmel, aus dem Lichtstrahl ihres rechten Auges der Mond, aus dem Lichtstrahl ihres linken Auges die Sonne, aus ihren Zähnen die Planeten, aus ihrer Stimme der Donner, aus ihrer Zunge der Blitz, aus ihrem Atem die Wolken, aus ihren Tränen der Regen, aus ihrer Nase der Wind, aus ihrem Blut die fünf Ozeane, aus ihren Adern die Flüsse, aus ihrem Fleisch der Erdboden und aus ihren Knochen die Berge. In Balladen aus Westtibet wird die Welt als ein Baum mit drei Wipfeln und sechs Zweigen beschrieben, auf denen je ein Vogel sitzt und ein Ei legt. Diese verschiedenen Mythen kamen höchstwahrscheinlich mit einzelnen Volksstämmen (u. a. aus Indien und Persien) nach Tibet.

Es gibt Mythen, in denen es heißt, Tibet sei, wie Nepal und Kaschmir auch, in prähistorischer Zeit ein großer See gewesen. Nach buddhistischer Auffassung trocknete dieser See hundert Jahre nach Buddhas Tod aus und wurde von einem Wacholderwald überwuchert; allmählich nahm Tibet seine heutige Oberflächengestalt an. Das tibetische Volk soll, wie eine merkwürdige Geschichte berichtet, die offizielle buddhistische Anerkennung fand, aus einem Affen und einer Bergriesin entstanden sein.

Der Affe und die Riesin

Buddha Amitabha schickte den Bodhisattva Avalokitesvara, seine Pflicht zu erfüllen und das Schneeland (Tibet) zu missionieren, das Shakyamuni noch nicht zum Buddhismus bekehrt hatte. So saß Avalokitesvara auf dem Gipfel des Berges Potala und schaute über das Land, das er zum Glauben erwekken sollte; dessen Bewohner waren unaufgeklärt und hatten rohe Sitten. Er sandte einen Lichtstrahl aus seiner Handfläche, woraus ein Affe geboren wurde (in anderen Versionen nimmt er selbst die Gestalt des Affen an). Dann unterrichtete er diesen in der Lehre und schickte ihn zur Meditation ins Schneeland. Dort gab es neun Sphären: drei obere von Elefanten und Rotwild, drei mittlere von Affen und Bergriesen und drei untere von Riesen bewohnt; Menschen gab es nicht zu jener Zeit. Als der Affe in Meditation versunken dasaß, näherte sich ihm eine als Äffin getarnte Bergriesin. Er jedoch schenkte ihr keinerlei Aufmerksamkeit. Daraufhin verwandelte sie sich in eine schöne Frau, näherte sich ihm abermals und verlangte, seine Frau zu werden. Der Affe lehnte dies ab, aber da drohte sie, wenn er sich weigere, werde sie alle Riesen zusammentrommeln, die Lebewesen des Landes zu verschlingen; die Riesinnen aber würden so viele Kinder bekommen, daß sie das ganze Land überfluten und die gesamte Welt verschlingen könnten.

In seiner Hilflosigkeit suchte der Affe Avalokitesvara auf, um ihn um Rat zu fragen. Der Bodhisattva wies ihn an, die Riesin zu heiraten, denn ihre Nachkommen würden als Menschen geboren werden, unter denen sich die wahre Lehre verbreiten könne. Der Affe gehorchte, und nach neun Monaten gebar ihm die Riesin sechs Söhne, deren Körper wie der ihres Vaters behaart waren und die Schwänze wie ihre Mutter hatten. Ihre Gesichter waren rot, und sie hatten eine Vorliebe für Fleisch und Blut. Als sie nach Nahrung verlangten, brachte ihr Vater sie in den Pfauen-Wald, in dem auch noch andere Affen lebten, und ließ sie dort zurück. Nach einem Jahr kam er wieder und stellte fest, daß sie auf fünfhundert angewachsen waren. Ihre Nachkommen waren weder Affen noch Menschen, und sie litten im Sommer unter Hitze und Regen, im Winter unter Schnee und Kälte, außerdem hatten sie nichts zu essen. Der Affenvater gab ihnen etwas zu essen, aber als sie die Nahrung verschlangen, wanden sie sich vor Schmerzen und verloren ihre Haare und Schwänze. Voller Kummer wandte sich der Affe ein weiteres Mal ratsuchend an Avalokitesvara, doch dieser tröstete ihn und erklärte ihm, seine Nachkommen seien nun Menschen geworden und er, Avalokitesvara, könne seine Mission erfüllen und sie zum Buddhismus bekehren. Er übergab dem Affen sieben verschiedene Arten Saatgut, wertvollen Staub und andere Mineralien für seine Kinder. Dieser kehrte zu ihnen zurück, um sie zu lehren, das Land zu beackern und Nahrung anzubauen. Der Staub und die Mineralien aber wurden über das ganze Land verteilt (nach dem *Mani bka' 'bum*).

Mara, der Herr des Todes, hält das Rad des Lebens, denn alles Lebende stirbt, lebt und stirbt abermals, und so immer fort. Die sechs Abschnitte des Rades stellen die Sphären der Gottheiten, der titanischen Dämonen, der aus dem Leben geschiedenen Geister, der Höllen, der Tiere und Menschen dar. Thang-ka aus dem 19. Jahrhundert.

Der König und das Himmelsseil

Es gibt verschiedene Versionen über den Ursprung des Königtums in Tibet. Einige sind einheimisch, andere wiederum zeigen indischen Einfluß. Eine bekannte einheimische Version besagt, daß die sechs Nachfolger des ersten Urahns »Inthronisierte Gewaltige« oder »Inthronisierte des Himmels« hießen. Alle stiegen sie an einem Himmelsseil zur Erde herab und benutzten dasselbe Himmelsseil, um nach ihrer Regierungszeit wie ein Regenbogen von der Erde zu verschwinden und wieder in den Himmel aufzusteigen. Man glaubte, daß ihre Gräber im Himmel seien.

Der siebte König verlor seine Macht, als er, voller Selbstüberschätzung seiner Stärke und Fähigkeiten, einem seiner Minister einen Wettstreit vorschlug. In einer Erzählung heißt es, daß der König, während der Vorbereitungen für den Kampf seinen treuen Hund als Spion zum Hause des Ministers schickte.

weiß wie Schnee, dessen Finger mit Schwimmflossen versehen und in dessen Handflächen Radspuren zu erkennen waren. Da der König fürchtete, dies alles könnte ein schlechtes Omen sein, steckte er das Kind in einen Kupferbehälter und schleuderte diesen in den Ganges. Ein Bauer fand den Knaben und nahm sich seiner an (in anderen Versionen zog ihn ein Einsiedler groß). Als er herangewachsen war, erfuhr er von seiner Herkunft und war darüber so traurig, daß er sich in die Himalaya-Regionen aufmachte. Als er nach Yarlung in Tibet kam, sahen ihn zwölf Männer und fragten nach seiner Herkunft. »Ich bin ein Gewaltiger«, sagte er und wies gen Himmel. Da sie glaubten, er sei womöglich vom Himmel herabgestiegen, machten sie ihn zu ihrem König. Die schwarzen Magier hingegen sind überzeugt, daß er aus dem Land Mu kam; während die Bon-pos behaupten, er sei an einem Himmelsseil herabgestiegen.

Oben: Der Kult der Fünf Buddhas beruht auf der Vorstellung von den vier Himmelsrichtungen und dem Zentrum der Welt. Die zentrale Buddha-Figur, Vairocana, wird von den anderen vier Buddhas und zwei Göttinnen eingerahmt. Es sind, im Uhrzeigersinn von oben links, Ratnasambhava, Amitabha, Amoghasiddhi, die Weiße Tara, die Göttin Vijaya und Akshobhya. Thang-ka, 18.–19. Jahrhundert.

Rechts: Eine elfköpfige Figur des Bodhisattva Avalokitesvara, des Herrn des Mitleids und »Schutzheiligen« Tibets. Bronze, 17. Jahrhundert.

Dieser hörte, wie der Minister zum Schein Freunden erzählte, daß der König den Kampf unter bestimmten Bedingungen gewinnen könne: Er müsse einen schwarzen Turban tragen und einen Spiegel an seiner Stirn, die Kadaver eines Fuchses und einer Maus an seine Schultern hängen, einen Sack Asche auf einem Stier befestigen und sein Schwert schwenken. Der König hielt dies alles für wahr und handelte danach. Aber der Sack Asche zerriß und nahm ihm die Sicht; die beiden Schutzgeister, die den Menschen auf seinen Schultern begleiten, verließen den König durch die Kadaver. Als der König in seiner Verwirrung sein Schwert schwang, trennte er das Himmelsseil durch. Schließlich zielte der Minister mit seinem Pfeil auf den Spiegel an des Königs Stirn und tötete ihn.

Tibetische Buddhisten, vertraut mit Mythen dieser Art, waren bestrebt, ihre einheimischen Überlieferungen über den Ursprung des Königtums mit Indien in Verbindung zu bringen. Die folgende Geschichte erzählt gSum-pa mKhan-po, ein tibetischer Gelehrter aus dem 18. Jahrhundert: Der Herrscher des indischen Vatsala, Udayana, hatte einen Sohn, dessen Unterlider die Augen bedeckten, dessen Augenbrauen so blau wie Türkis, dessen Zähne so

Buddhas und Bodhisattvas tauchen in zahlreichen Gestalten auf, die verschiedenen Aktivitäten und Manifestationen entsprechen. Einige in Tibet allgemein bekannte Buddha-Gruppen und einzelne Buddha-Erscheinungen werden zornig und grimmig dargestellt. Ein zorniger Buddha ist Heruka, der hier in der besonderen Form als Cakra-Samvara in der yab-yum-(Vater-Mutter-) Umarmung dargestellt wird. Thang-ka aus dem 18. Jahrhundert.

Buddhas, Bodhisattvas und Götter

Obwohl die tibetischen Buddhisten der später entstandenen Mahayana-Lehre anhängen, bewahren sie auch frühe Überlieferungen über die historische Figur Shakyamuni Buddhas. Tibetische Darstellungen über sein letztes und seine davorliegenden Leben basieren ausschließlich auf frühen indischen Versionen. In der bildlichen Kunst erscheint Shakyamuni in unterschiedlichen symbolischen Posen, die mit verschiedenen Ereignissen in seinem Leben in Zusammenhang stehen. Ein anderes Requisit der Buddha-Verehrung ist der Stupa, ursprünglich ein Erdhügel, der Reliquien Buddhas enthielt und später zum Symbol der kosmischen Buddhaschaft wurde.

Auch der Kult der Fünf Kosmischen oder Himmlischen Buddhas ist in Tibet weit verbreitet. Die Fünfergruppe entstand aus einer älteren Dreiergruppe: Vairocana als predigender Buddha, Amitabha als meditierender Buddha und Akshobhya als Verkörperung Shakyamunis, der die Streitkräfte des Teufels Mara bezwingt und seine Erleuchtung erlangt (siehe Theravada-Buddhismus). Die spätere Form der Fünf Buddhas basiert auf der Vorstellung von

Die Beschützer der Religion sind bedeutende Gottheiten, die die Unantastbarkeit der buddhistischen Religion gegen ihre Feinde verteidigen. Viele von ihnen gebärden sich zornig und grimmig, haben zahlreiche Köpfe und Arme und schwingen Waffen.

Oben: Yamantaka, der Vernichter des Todesgottes. Bronze, 17. Jahrhundert.

Rechts: Mahakala, der »Große Schwarze«. Kupfer vergoldet, 18. Jahrhundert.

den vier Himmelsrichtungen und dem Zentrum der Welt und taucht in verschiedensten indischen Texten auf. Im bedeutendsten (in der »Sammlung der Wahrheit aller Thatagatas«) erscheint Shakyamuni als Vairocana (»der Erleuchtende«) und zentraler Buddha inmitten der vier anderen Buddhas: Akshobhya (»der Unerschütterliche«), Amitabha (»unendliches Licht«), Ratnasambhava (»der Juwelen-Geborene«) und Amoghasiddhi (»der Sichere Erfolg«).

Andere in Tibet allgemein bekannte Buddha-Gruppen oder einzelne Buddha-Manifestationen sind: Die »Buddhas der Vergangenheit«, sieben oder 24; die 35 »Sündenbekenntnis-Buddhas«, die während der sogenannten Sündenbekenntnis angerufen werden; die acht »Medizin-Buddhas« mit Bhaishajyaguru als Höchstem; Amitayus (»Unendliches Leben«), der Buddha des langen Lebens. Es gibt auch zornige Buddha-Erscheinungen, etwa Kalacakra, Hevajra, Guhyasamaja, Samvara und Heruka.

Aus dem Kult der früheren Leben Shakyamunis als Bodhisattva, einem »für die Erleuchtung bestimmten Wesen«, das für das Wohlergehen anderer tätig ist, wurde der Kult der vielen himmlischen Bodhisattvas. Als populärster himmlischer Bodhisattva in Tibet gilt Avalokitesvara (»der Herr des

Mitleids«). Er ist der Schutzheilige Tibets und wird in vielerlei Gestalt verehrt, die vierarmige, einköpfige und die elfköpfige, tausendarmige Figur kommen am häufigsten vor. Maitreya (»der Liebevolle«), der kommende Buddha, erfreut sich ebenfalls großer Popularität. In der bildenden Kunst stellt man ihn in europäischer Weise sitzend dar.

Viele Götter, Buddhas und Bodhisattvas tauchen in unterschiedlichen Gestalten auf, je nachdem, welcher Aktivität oder Manifestation sie zugeordnet sind. Avalokitesvara etwa wird in der Ikonologie in 108 verschiedenen Gestalten dargestellt. Alle Götter, Buddhas oder Bodhisattvas können auch in unterschiedlicher Gemütsverfassung auftreten, ruhig, zornig, leidenschaftlich.

Einer wichtigen Gruppe von Gottheiten, die als »Beschützer der Religion« (*chos-skyong)* bekannt ist, kommt die besondere Aufgabe zu, die Reinheit der buddhistischen Lehre gegen ihre Feinde zu verteidigen. Jede noch so kleine religiöse Körperschaft, Kloster oder Tempel, hat ihre eigene Schutzgottheit. Die meisten dieser Schutzgötter gebärden sich zornig oder grimmig, und selbst diejenigen, die friedfertig auftreten, kann man leicht in Zorn versetzen. Dargestellt werden sie als vielarmige und vielköpfige Gestalten, sehr oft sind sie auch tierköpfig. Sie schwingen charakteristische Waffen, die mit Ornamenten, Juwelen, Tigerfellen, Schlangen, Blumen-, Knochen- oder Schädelgehängen verziert sind. Es gibt eine Klassifizierung, die zwischen Göttern des Diesseits und des Jenseits unterscheidet, nach einer anderen wird zwischen »Beschützern der weißen Partei« und »Dämonen der schwarzen Partei« unterschieden; letztere Bezeichnung bezieht sich auf Gottheiten nicht-buddhistischen Ursprungs, dic in den Buddhismus übernommen worden sind. Diese Gruppe wird auch als »die durch Eid Gebundene« bezeichnet, da einige der mächtigen Lokalgottheiten erst unterworfen und durch einen Eid verpflichtet werden mußten, die buddhistische Lehre zu verteidigen.

Mahakala, »der Große Schwarze« (tibetisch: Nag-po chen-po), eine Gottheit indischen Urprungs, gilt als eine der bekanntesten Schutzgottheiten überhaupt. Er taucht in der Ikonologie in nicht weniger als 75 Gestalten auf, die bekanntesten sind der »Sechsarmige« und der »Vierarmige«. Außerdem gibt es die beiden mächtigen Beschützer-Gottheiten Hayagriva, »der Pferdehalsgestaltige« (tibetisch: rTa-mgrin), und Yamantaka, »Vernichter des Todesgottes« (tibetisch: gShinrje-gshed). Als bedeutendste aller weiblichen Schutzgottheiten des Buddhismus gilt Sridevi, »die Süße, Glückgewährende Göttin« (tibetisch: dPal-ldan lha-mo).

Über unbedeutenden weiblichen Mächten, Beschützerinnen der Religion oder untergeordneten Göttinnen thront die Universalgöttin des indischen Buddhismus in ihren zwei Erscheinungsformen als die Personifikation der Höchsten Weisheit (Prajnaparamita) und als die Mutter aller Buddhas oder die Universal-Mutter, Tara, »die Erlöserin« (tibetisch: sGrol-ma). Tara erfreut sich außerordentlicher Beliebtheit bei den Tibetern. Sie tritt in 21 Gestalten auf, am bekanntesten ist sie als Grüne Tara und Weiße Tara.

Mit der Entwicklung des tantrischen Buddhismus, in dem der Mensch die Erleuchtung durch Verbindung von Weisheit und Reichtum erlangt, symbolisch verstanden als Vereinigung des Männlichen mit dem Weiblichen, gelangte eine große Zahl von Göttinnen in das Mahayana-Pantheon. Die tantrische Vorstellung von der Buddhaschaft, symbolisiert durch die Fünf Kosmischen Buddhas oder andere Buddha-Erscheinungen, wurde bildlich als männlich-weibliche Zweiheit dargestellt.

Links: Tara, die Erlöserin, hat eine sehr große Anhängerschaft in Tibet. Sie tritt in zahlreichen Gestalten auf, die bekanntesten sind die Grüne Tara und die Weiße Tara. Stehende Figur der Grünen Tara, die als Partnerin Avalokitesvaras gilt. Kupfer vergoldet, 16. Jahrhundert.

Auch viele der zahllosen einheimischen Gottheiten und Dämonen gelangten in das buddhistische Pantheon. Ihre Identität und ihr Charakter waren oftmals äußerst unklar, aber man glaubte, daß sie die Macht besäßen, Naturgewalten und Menschenleben zu beeinflussen, und die meisten von ihnen galten als vermutlich böse. Es gibt die verschiedensten Versuche, sie einzuteilen. Eine Liste zählt neun Untergruppen auf:
1. *gNod-sbyin* – sie sollen Epidemien verursachen; einige von ihnen wurden zu Tempelbeschützern;
2. *bDud* – übelgesinnte Dämonen der höheren Sphären, sie ähneln Vögeln, Fischen, Kräutern, Steinen; ihr Anführer, das »Schonungslose Blut-Haupt«, bewohnt ein schwarzes Schloß mit neun Stockwerken;
3. *Srin-po* – menschenfressende Riesen (entsprechen den indischen Rakshasas);
4. *Klu* – Schlangen-Gottheiten der Unterwelt;
5. *bTsan* (und *The)* – eine große Gruppe von Gottheiten, die den Himmel, die Wälder, die Berge und Gletscher bewohnt; einige von ihnen wurden zu Beschützern der buddhistischen Lehre;
6. *Lha* – prä-buddhistische weiße himmlische Wesen, die im allgemeinen gütig sind; jedoch wurden auch mehrere andere Gottheiten im Volksmunde lha genannt, unter ihnen diejenigen, die auf den Schultern der Menschen wohnen sollen, sowie die Gottheiten der Nahrung, des Heims und der Straße;
7. *dMu* – böse Dämonen;
8. *'Dre* – unheilvolle Wesen, Boten des Todes, die oft tödliche Krankheiten bringen; fast alles Schädliche wird im Volksmund *'dre* genannt;
9. *'Gan-'dre* – eine weitere Klasse schädlicher Wesen. In einer anderen Liste, frei von buddhistischem Einfluß, werden die einheimischen Gottheiten in drei Gruppen eingeteilt:
a) *gNyan* – im allgemeinen bewohnen sie den Raum über der Erde, aber auch Berge, Wälder und Felsen;
b) *Sa-bdag* – Gottheiten, die an bestimmte Orte gebunden sind, über die sie Kontrolle ausüben, darunter einzelne Berge, Ortschaften und Felder; mäßig gut und böse, aber sie sind leicht reizbar und verursachen Schaden;
c) *Klu* – Schlangen-Gottheiten des Wassers und der Unterwelt, sehr böse, wenn man sie verärgert.

Oben: Ein magischer Dolch zur rituellen Tötung eines Feindbildnisses, philosophisch ausgedrückt: »Feind des eigenen Ichs«.

Berühmte Lehrer und Yogis werden in Tibet verehrt.

Rechts: Der im 8. Jahrhundert lebende indische Yogi Padmasambhava, der »Lotus-Geborene«, der den Buddhismus in Tibet verkündete, soll mit seinen magischen Kräften die lokalen Gottheiten besiegt haben. Thang-ka, 18. Jahrhundert.

Unten: Milarepa, ein berühmter tibetischer Mystiker des 12. Jahrhunderts; seine Biographie und seine »Hunderttausend Lieder« gehören zu den volkstümlichsten religiösen Büchern in Tibet. Bronze, 17. Jahrhundert.

Arhats und Ge-sar

Eine Gruppe von 16 oder 18 Arhats, »Heiligen«, hat einen festen Platz in der buddhistischen Tradition Tibets. Arhat war ein Titel, den man den Schülern Shakyamunis verlieh, die den Status der geistigen Vervollkommnung erreicht hatten. Tibetisch heißen sie »Feindbesieger«, das bedeutet Überwindung aller der Unvollkommenheiten, die den geistigen Fortschritt verhindern. In späterer Tradition entstanden noch andere Arhat-Gruppen, die 108, 500 oder 1000 Arhats zählten.

Unter den 84 Mahasiddhas, »Große Magier«, versteht man eine Gruppe indischer Yogis, die große magische Kräfte besessen haben sollen. Der im 8. Jahrhundert lebende indische Yogi Padmasambhava, »der Lotus-Geborene«, wird überall in Tibet verehrt; er ist dort unter dem Namen Guru Rin-poche bekannt. Ihm werden außergewöhnliche magische Kräfte zugeschrieben, mit denen er die lokalen Gottheiten unterwarf, die den Buddhismus bekämpften. Die Tibeter entwickelten auch gesonderte Kulte für andere berühmte indische und tibetische Lehrer, zum Beispiel für den im 12. Jahrhundert lebenden tibetischen Yogi Milarepa.

Eine Fülle legendären Stoffes hat sich im tibetischen Epos über Leben und Abenteuer des Königs von Ling, Ge-sar, erhalten. Dieser Held war bei den Mandschus in China, den Völkern Zentralasiens sowie in Tibet populär. Sein Name stellt möglicherweise eine Wiedergabe des Namens Caesar dar; auch sind einige Episoden des Epos Legenden um Alexander den Großen entlehnt.

Der große Magier Padmasambhava benachrichtigte die Versammlung der Himmelsgottheiten, in Kürze würden auf Erden mächtige Dämonen geboren werden, die danach trachteten, die wahre Religion und ihre Anhänger auszulöschen. Daraufhin beschlossen die Götter, eine Gottheit solle auf Erden geboren werden, die mit genügend magischen Kräften ausgestattet sei, um die Dämonen zu vernichten. So erblickte im Lande Ling – in der Nähe Hors, dem Sitz der Dämonen – ein Knabe das Licht der Welt. Er war der Sohn eines Gottes und einer Schlangen-Göttin und erhielt später den Namen Ge-sar. Ein lokaler Herrscher, dem prophezeit worden war, daß Ge-sar König von Ling werden sollte, trachtete ihm nach dem Leben. Aber alle seine Versuche, den Knaben zu töten, schlugen fehl: Zunächst schleuderte er ihn mit dem Kopf gegen einen Felsen, dann versuchte er ihn bei lebendigem Leibe zu verbrennen und schließlich durch Magie zu vernichten. Schließlich schickte man Ge-sar mit seiner Mutter in ein fernes Land ins sichere Exil. Als die Götter ihn an seine besondere Mission erinnerten, kehrte Ge-sar nach Ling zurück und wurde König, nachdem er mit List ein Pferderennen gewonnen hatte. Dann zog er aus, sich verborgene Schätze anzueignen und einen mächtigen, im Norden residierenden Dämon zu töten, was ihm mit Hilfe der Frau des Dämons gelang. Als er schließlich nach sechs Jahren Abwesenheit zurückkehrte, sah er, daß die bösen Herrscher Hors sein Land verwüstet und viele Menschen seines Volkes getötet hatten.

In Hor fand ihn die Tochter eines Schmieds in Gestalt eines kleinen Knaben in einem großen Haufen Teesatz. Er wurde Lehrling ihres Vaters; und bald erfuhr das Volk Hors über seine außergewöhnlichen Fähigkeiten. Während der Dämonen-König und sein Volk eine Reihe magischer Puppen betrachteten, die der junge Lehrling angefertigt hatte, tötete Ge-sar ihre Schutzgottheiten. Da der König von Hor nun ahnte, wer der Lehrling sei, bat er einen Magier, dessen Identität festzustellen. Ge-sar tötete den Magier, erschien vor dem König als Phantom-Magier und gab ihm falsche Auskünfte. Dann erschien er abermals vor dem König als indischer Zauberkünstler und sagte ihm seinen frühen Tod voraus. Schließlich tauchte er noch ein weiteres Mal als des Königs Schutzgottheit auf und belehrte ihn, wie er sein Leben retten könne: Er müsse allein im Palast bleiben, während seine Soldaten und sein Volk Tänzen zuschauten, die von sechs in Menschen verwandelten Spinnen aufgeführt würden. Während das Volk die Tänze verfolgte, die in Wirklichkeit Vorspiegelungen Ge-sars waren, betrat der Held den Palast, gab sich zu erkennen und tötete den König. Ein zweiter Dämon, des Königs Bruder, wurde mit allen seinen Beamten Opfer der Götter, die sie mit Blitzschlägen in Asche verwandelten.

Im tantrischen Buddhismus erlangt der Mensch die Erleuchtung durch Verbindung von Weisheit und Reichtum, symbolisch dargestellt als das Männliche und das Weibliche. Hier wird der Bodhisattva Samantabhadra von seiner Partnerin umarmt und von den Fünf Buddhas eingerahmt: In der oberen Reihe Ratnasambhava, Vairocana und Amitabha, unten Akshobhya und Amoghasiddhi.

Als Ge-sar schließlich seine Mission erfüllt hatte, begab er sich in die Berge, meditierte und ging schließlich ins Paradies ein.

Wir können drei Arten von Mythen in Tibet unterscheiden: kosmologische Mythen, die den Ursprung der Welt beschreiben, religiöse Mythen, die zitiert werden, um grundsätzlich religiöse Wahrheiten darzulegen, und schließlich Mythen, die erfunden wurden, um traditionelle Glaubensvorstellungen zu erklären, etwa den Ursprung des tibetischen Volkes. Diese letzte Kategorie ist vollkommen fiktiv, und sie nimmt keinen wirklichen Einfluß auf fundamentale Lebensfragen. Die kosmologischen und religiösen Mythen jedoch vermitteln symbolisch grundsätzliche Wahrheiten. Der tibetische Buddhismus (oder auch die Bon-Religion) kann nicht als »reine« Mythologie bezeichnet werden, denn die buddhistische Lehre vermittelt in noch lebendiger Tradition wirkliche religiöse Werte.

FÜNFTES KAPITEL

CHINA

China hat nicht nur kontinentale Ausmaße und umfaßt ein Territorium von beinahe der Größe ganz Europas, sondern darüber hinaus wurden über mehr als 3000 Jahre im wesentlichen alle historischen und literarischen Quellen in derselben Sprache abgefaßt. Besagte Quellen kennen keine Vorgeschichte im Sinne der Archäologie, sondern schreiben die grundlegenden Erfindungen der Menschheit – die Landwirtschaft etwa, die Tierzucht, die Kunst des Töpferns, Bauens und Schreibens – den »Drei Erhabenen« und den »Fünf Kaisern« zu. Auf diese Kulturheroen folgten die drei Dynastien Hsia, Shang und Chou; die Existenz der ersten allerdings bleibt im dunkeln und ist historisch nicht gesichert. Die chinesische Zivilisation breitete sich durch im Norden wohnende Volksstämme nach Süden aus. Wir haben es mit einem unablässigen Kampf um die Vorherrschaft zu tun, mit ineinander übergreifenden Territorien, mit sich überschneidenden Regierungsperioden, bis im 3. Jahrhundert vor unserer Zeitrechnung China zum ersten Mal unter Shih Huang-ti aus der Ch'in-Dynastie geeint wurde. Die westliche Bezeichnung für China leitet sich aus dem Namen der Ch'in-Dynastie ab, während die chinesische Eigenbezeichnung Chung-kuo, »Reich der Mitte« lautet.

Diesem ersten kurzlebigen Zusammenschluß folgte die Reichseinigung unter der Han-Dynastie. Damals hatte China schon fast seine heutige territoriale Ausdehnung. Seit der Han-Zeit ist das chinesische Staatswesen durch fast alle Epochen bis zum Jahre 1912 ein zentral gesteuertes Regierungssystem gewesen, regiert von einem Kaiser und verwaltet von einer Bürokratie, deren Führung in den Händen von Zivilbeamten lag, die sich durch ein staatliches Prüfungssystem auf der Grundlage der philosophischen Klassiker qualifiziert hatten. Immer wenn die Zentralgewalt schwach war, führten die Provinzen ein mehr oder weniger eigenständiges Dasein.

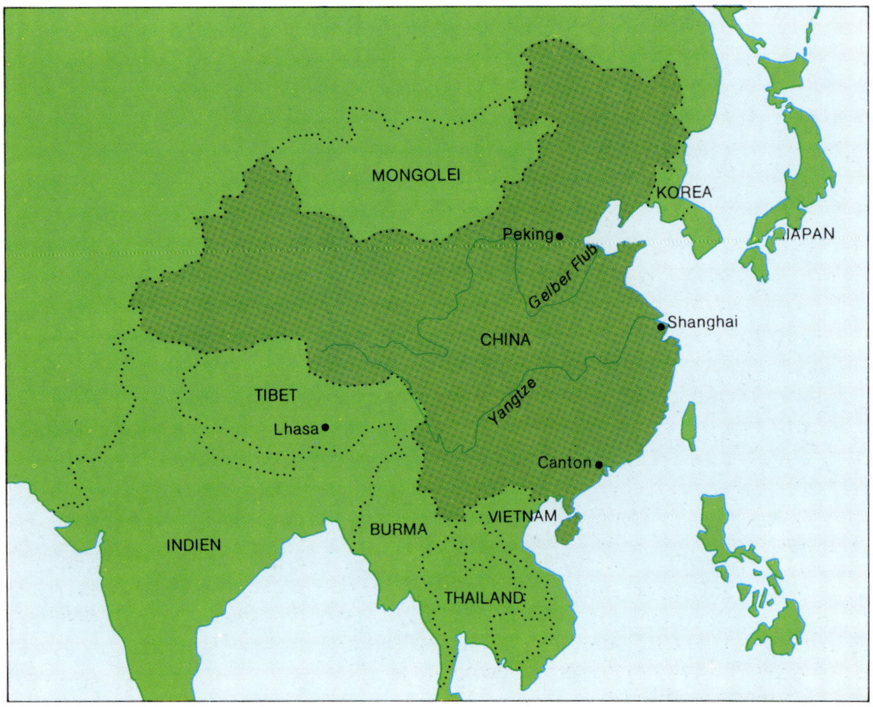

Die herkömmlichen chinesischen Ahnenkulte und die traditionelle Verehrung einer Vielzahl von Gottheiten wurde in allen Jahrhunderten beeinflußt durch die philosophischen Systeme des Konfuzianismus, gegründet von Konfuzius (K'ung-tzu, 551–479 v. Chr.), und des Taoismus, als dessen Gründer herkömmlicherweise Laotse (Lao-tzu), ein älterer Zeitgenosse des Konfuzius, angesehen wird.

Trotz der beispiellosen Kontinuität der noch lebendigen chinesischen Überlieferung sind paradoxerweise die Quellen zur chinesischen Mythologie rar, widersprüchlich und schwer zu interpretieren. Für diese Tatsache gibt es zwei Erklärungen, die beide mit der Existenz der Beamten-Gelehrtenschicht zusammenhängen. Ein Großteil des relevanten Schrifttums soll den Eindruck vermitteln, aus der Shang- oder Chou-Zeit zu stammen, entstand aber größtenteils erst in der Han-Dynastie oder noch später. Diese falsche Zuordnung ist das Werk von Gelehrten, die ihre Schriften zurückdatierten, um ihren eigenen Anschauungen größere Autorität zu verleihen. Es gibt guten Grund zu der Annahme, daß ein Mann namens Li Szu, Minister unter Shih Huang-ti, die größte Schuld an diesem Zustand trägt. Im Jahre 213 v. Chr. überredete er den Kaiser, alle Bücher (mit Ausnahme technischer Handbücher über Medizin, Wahrsagerei, Landwirtschaft und Baumzucht) verbrennen zu lassen. Damals sollen 460 Gelehrte gestorben sein, weil sie sich diesem Befehl widersetzten. Li Szu argumentierte, die Gelehrten seien ausschließlich an Vorbildern interessiert, sie studierten die alten Zeiten, um und sich allen Neuerungen zu widersetzen.

Daß trotzdem so viel erhalten blieb, verdanken wir denen, die die Tradition fortführten; daß so vieles von konfuzianischem Gedankengut geprägt ist, zeigt, wie stark diese im wesentlichen konformistische und konservative Schule war. Im Jahre 191 v. Chr. widerrief man den besagten Erlaß, und das Schrifttum wurde in der Form rekonstruiert, daß die Gelehrtenschicht mit ihrer Ordnungsvorstellung eines hierarchischen Systems, in dem jeder ein Diener des Staates in Gestalt des Kaisers war, gestärkt daraus hervorging. Die Texte wurden mit der Absicht systematisiert, aufzuzeigen, wie es sein sollte, und nicht, wie es tatsächlich war. Alte Quellen wurden bearbeitet, um sie mit der konfuzianischen Theorie in Einklang zu bringen; dabei wurde vieles absichtlich ausgelassen, anderes wiederum war verlorengegangen. Vor diesem Tatsachenhintergrund muß die uns überlieferte Mythologie gesehen werden; und dies ist auch der Grund, warum es so viele Lücken, ungelöste Probleme und Fragezeichen gibt. Zum Schluß soll noch angemerkt werden, daß Li Szu selbst ein Gelehrter war, der auf der Basis von

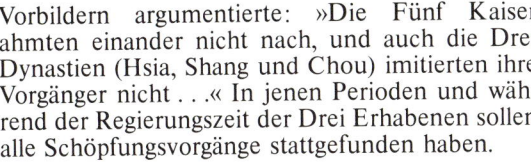

Vorbildern argumentierte: »Die Fünf Kaiser ahmten einander nicht nach, und auch die Drei Dynastien (Hsia, Shang und Chou) imitierten ihre Vorgänger nicht . . .« In jenen Perioden und während der Regierungszeit der Drei Erhabenen sollen alle Schöpfungsvorgänge stattgefunden haben.

Ordnung aus dem Chaos

Chuang-tzu, ein Philosoph, der im 3. Jahrhundert v. Chr. lebte, berichtet, wie der Kaiser des Nordmeeres, Hu, und sein Nachbar vom Südmeer, Shu, sich im Reich des Hun-tun, des Kaisers der Mitte, zu treffen pflegten. Hun-tun, dessen Name Chaos bedeutet, war sehr gastfreundlich. Da ihm die sieben Körperöffnungen fehlten, die andere Menschen besitzen, beschlossen Shu und Hu (deren kombinierte Namen »Blitz«, *shu-hu,* bedeutet), um sich für Hun-tuns Gastfreundschaft erkenntlich zu zeigen, diesem die notwendigen Körperöffnungen zu bohren, und zwar täglich ein Loch. Am siebten Tage, als sie das letzte Loch gebohrt hatten, starb Hun-tun; gleichzeitig entstand die Welt, wie sie heute ist.

Sechshundert Jahre später erfahren wir, daß das Chaos die Gestalt eines Hühnereis hatte, es gab weder Himmel noch Erde. Aus dem Weltenei entstieg P'an-ku, darauf entstand aus den schweren Elementen des Eis die Erde und aus den leichten der Himmel. P'an-ku wird als ein Zwerg mit einem Bärenfell oder mit Blättern bekleidet dargestellt. 18000 Jahre lang vergrößerte sich der Abstand zwischen Himmel und Erde täglich um 10 Fuß (einem chinesischen Fuß entsprechen etwa 0,36 Meter); in gleichem Maße wuchs auch P'an-ku, so daß sein Körper den Raum zwischen beiden ausfüllte. Als er starb, verwandelten sich seine diversen Körperteile in die verschiedensten Elemente. Die Einzelheiten variieren von Quelle zu Quelle. In der ausführlichsten Darstellung entstehen die vier Pole und die vier Hauptberge aus seinem Körper, Flüsse und Seen aus seinem Blut und anderen Körpersäften; aus seinem Fleisch wird die Erde. Wind und Wolken sind sein Atem, Donner und Blitz seine Stimme, sein linkes Auge ist der Ursprung der Sonne, sein rechtes Auge der des Mondes; die Sterne entstehen aus seinen Haaren, die Planeten aus seinen Augenbrauen. Seine Zähne und Knochen werden zu Metallen und Steinen, sein Samen wird zu Perlen und sein Knochenmark zu Jade, sein Schweiß zu Regen. Aus den Flöhen auf seinem Körper schließlich entsteht das Menschengeschlecht.

Oben links: Bestickte kaiserliche Robe aus dem 18. Jahrhundert. Sie stellt einen Drachen unter einem Medaillon mit dem weißen Mondhasen dar, der die Droge der Unsterblichkeit unter dem mythischen Cassia-Baum zerstampft. Das Getränk soll die Mondgöttin Heng-o in eine unsterbliche Kröte verwandelt haben.

Oben: Lao-tzu, wahrscheinlich ein Zeitgenosse Konfuzius' und Gründer des Taoismus. Taoismus und Konfuzianismus sowie der aus Indien eingeführte Buddhismus bilden die Grundlage der chinesischen Kultur. Holzschnitt, 16. Jahrhundert.

Eine Überlieferung aus dem Jangtse-(Yang-tzu-) Delta besagt, daß P'an-ku und dessen Frau *Yang* und *Yin* repräsentieren, ebenso die beiden Hälften des Eis, aus dem P'an-ku geschlüpft war. In der chinesischen Philosophie gelten Yin und Yang als zwei gegensätzliche Teile, die zusammengenommen ein harmonisches Ganzes bilden. Beispiele dafür sind die Gegensatzpaare weiblich-männlich, Erde-Himmel, Mond-Sonne, Wasser-Feuer, viereckig-rund, dunkel-hell, der Kompaß *(keui)* und das Winkelmaß *(chu)*, zusammengesetzt das *keui-chu*, das richtige Verhalten oder die Ordnung.

Oben: Der Zwerg P'an-ku, aus dessen Körper nach mythologischer Überlieferung die Welt entstand. Er hält das Yin-yang-Symbol in Händen, welches in sich symbolisch die kosmische Dualität vereinigt. Zum P'anku-Mythos gibt es indische Parallelen. Lithographie, 19. Jahrhundert.

MYTHISCHE UND HISTORISCHE DYNASTIEN

v. Chr.	
Mythische Periode	Die »Drei Erhabenen« (Fu-hsi; Shen-nung; Yen-ti)
Mythische Periode	Die »Fünf Kaiser« (Huang-ti, der »Gelbe Kaiser«; Chuan-hsü; K'u; Yao; Shun)
2000–1520	Hsia-Dynastie
1520–1030	Shang-(Yin-)Dynastie
1030–221	Chou-Dynastie
221–207	Ch'in-Dynastie
v. Chr./n. Chr.	
206 v.Chr.–220 n.Chr.	Han-Dynastie
n. Chr.	
221–265	Die »Drei Reiche«
265–420	Chin-Dynastie
420–581	Nan-pei-ch'ao=südliche und nördliche Dynastien (Zeit staatlicher Zerrissenheit)
581–618	Sui-Dynastie
618–906	T'ang-Dynastie
907–960	Die »Fünf Dynastien«
960–1126	Nördliche Sung-Dynastie
937–1125	Liao-Dynastie (K'itan)
1125–1234	Chin-Dynastie (Dschurdschen)
1127–1279	Südliche Sung-Dynastie
1260–1368	Yüan-Dynastie (Mongolen)
1368–1644	Ming-Dynastie
1644–1911	Ch'ing-Dynastie (Mandschu)
1912–1949	Republik China
seit 1949	Volksrepublik China

Die Struktur des Universums

Aus Quellen, die zum größten Teil aus der Periode der Späteren Han-Dynastie (25–220 n. Ch.) stammen, können wir uns einen ungefähren Begriff von den Kosmogonien der Vor-Ch'in-Zeit machen. Es gab drei Denkschulen: *Hsüan-ye, Hun-t'ien* und *T'ien-k'ai* oder *Chou-pei.* Von der ersten Schule ist nur bekannt, daß die Sonne und die anderen Himmelskörper frei am Himmel schweben sollten, der kein fester Körper war. Die *Hun-t'ien*-Schule, deren Vorstellungen augenfällige Verbindungen zum P'anku-Mythos aufweisen, begriff die Welt als ein aufrecht stehendes Hühnerei. Der Himmel, über den die Sterne wandelten, sei die Innenseite des oberen Schalenteils; die Erde schwimme auf dem Ur-Ozean, der den Grund der Eierschale ausfülle. Nach den Vorstellungen der dritten Schule, der wahrscheinlich die älteste Überlieferung zugrunde liegt, rotierte die umgestürzte Schale des Himmels um eine Achse, den Polarstern, während die anderen Sterne an der Unterseite der Schale hafteten. Die Erde wurde entweder als flaches Quadrat gedacht oder als viereckiger Pyramidenstumpf, an vier Seiten umgeben von Meeren. (Diese Vorstellung spiegelt sich in den ältesten Formen des chinesischen Schriftzeichens für die Erde.) Die Erde liegt unbewegt, sie ist quadratisch und Yin, während der Himmel sich dreht, rund und Yang ist. Die kompakte Himmelsschale besaß einen oder mehrere Pfeiler, die durch Leitseile verankert waren und dieselbe Bezeichnung tragen wie die Gurte, die einen Wagenkasten mit dem Chassis verbinden. Der altchinesische Wagen bestand aus einem quadratischen Wagenkörper mit einem von einer Stange abgestützten runden Baldachin. Die Bezeichnung für den Balda-

Rechts: Seidenmalerei, die den mythischen Herrscher Yao darstellt, der die Winde reguliert haben soll. Ende des 18. Jahrhunderts.

Oben links: Shen-nung, der Zweite Erhabene, Erfinder des Ackerbaus und der Medizin. Glasierte Keramik.

Oben: Chu-jung, Himmlischer Scharfrichter und Feuergott, dessen Aufgabe es war, Ordnung auf Erden zu halten. Im 10. und 11. Jahrhundert erhielt er hohe kaiserliche Auszeichnungen.

chin lautet *t'ien-k'ai*; Metaphern aus dem Bereich des Wagens sind zur Schilderung der Weltstruktur allgemein üblich. Manchmal wird der Himmel als ein Wagenrad mit dem Polarstern als Nabe gedacht, jedoch findet sich die Vorstellung von einem Baldachin häufiger. Dieser weist oft auch vier oder acht Pfeiler anstelle des einzigen in der Mitte auf.

Erklärt wird jedoch der offensichtliche Widerspruch, daß der Polarstern, als theoretisches Zentrum des Systems und zugleich Mittelpunkt des »Reichs der Mitte«, in Wirklichkeit erheblich außerhalb des Zentrums liegt. Nach dem *Shan-hai-ching* (»Buch der Berge und Meere«) versuchte einst ein Ungeheuer namens Kung-kung dem Vierten Kaiser, Yao, die Macht zu entreißen. Als ihm das nicht gelang, nahm er in seinem Zorn den Nordwest-Pfeiler, den Berg Pu-chou (der Name bedeutet »nicht rund«), auf sein Horn. Der Berg brach auseinander, der Himmel stürzte im Nordwesten ein, und es entstand an dieser Stelle ein Loch. Die Erde kippte daraufhin in die Gegenrichtung, das ist der Grund, warum die Flüsse in südöstlicher Richtung fließen. Die Folge dieses Angriffs waren Überschwemmungen, die selbst wieder Gegenstand einer Reihe von

DIE BEDEUTENDSTEN MYTHISCHEN ERFINDERGESTALTEN

Fu-hsi, Erster Erhabener: Fischerei, Tierdomestizierung, Aufzucht von Seidenraupen, die Orakel-Trigramme, Meßwerkzeug, Kalender; die Ehe wurde von seiner jüngeren Schwester und Frau, Nü-kua, erfunden

Shen-nung, Zweiter Erhabener: Ackerbau, Kräutermedizin

Huang-ti, Erster Kaiser: Regulierte die Winde durch den Schützen I

Shun, Fünfter Kaiser: Bezwang die Überschwemmung durch Yü, der ihm auf dem Thron folgte

Yü, erster Kaiser der Hsia-Dynastie: Nachfolger Kaiser Shuns; nach Intervention der Feudalfürsten wurde sein Sohn Ch'i Herrscher; hierdurch wurden Erstgeburtsrecht und dynastisches System, das bis zum Jahre 1912 dauerte, eingeführt

Rechts: Die taoistische Göttin Hsi-wang-mu, »Königin-Mutter des Westens«. Die magischen Pfirsiche in ihrem Palastgarten werden einmal in 6000 Jahren an ihrem Geburtstag reif. Dann versammeln sich alle Unsterblichen, um die Früchte zu verzehren und damit ihre Unsterblichkeit aufzufrischen. Porzellanteller aus dem frühen 18. Jahrhundert.

Unten: Oberes Ende eines Zauberstabs, der die Form eines Drachen hat. Drachen sollen sich im Frühjahr in die Lüfte erheben und im Herbst in die Fluten hinabtauchen. Bronze vergoldet, 18. Jahrhundert.

Mythen über die Bekämpfung von Flutkatastrophen wurden, ein beständiges Problem für die Chinesen. Dieselbe Katastrophe »erklärt« auch den Wechsel der Jahreszeiten, klimatische Veränderungen und Tag und Nacht. Die Sonne kann an dem Punkt, an dem kein Himmel ist, nicht scheinen, und an ihre Stelle tritt ein feuriger Drache mit menschlichem Antlitz. Wenn er seine Augen geöffnet hat, ist es Tag, wenn geschlossen, Nacht. Sein Einatmen ruft den Sommer hervor, sein Ausatmen den Winter. Sein Atem erzeugt außerdem Wind; hält er aber den Atem an, dann gibt es weder Wind noch Regen.

Im *Shu-ching* (»Buch der Urkunden«) wird die Auffassung vertreten, daß die zentrale Säule, die wie P'an-kus Körper Himmel und Erde voneinander trennt und damit gleichzeitig verbindet, allenfalls ein zweifelhafter Segen sei: Da Kontakt zwischen Himmel und Erde bestand, herrschte Durcheinander zwischen Göttern und Menschen mit dem Ergebnis, daß keine rechte Ordnung mehr beim Opfern bestand. Deshalb befahl der mythische Herrscher Chuan-hsü dem Herrscher des Südens, Chung, und dem Herrscher des Feuers, Li, die Kommunikation zwischen den beiden Herrschaftsbereichen zu zerstören. Ersterer führte den Vorsitz im Himmel und stufte die Götter in die richtige Ordnung ein, während letzterer dieselbe Aufgabe bei den Menschen wahrnahm. Diese Geschichte unterstreicht die außergewöhnliche Bedeutung der vorschriftsmäßigen Ordnung und des Rituals, ebenso gibt sie einen Einblick in die komplizierte Himmelsbürokratie im religiösen System. Sie war genauso organisiert wie die kaiserliche Verwaltung auf Erden, sie hatte göttliche Ministerien, die jeden Aspekt irdischer Aktivitäten kontrollierten.

Über den Ursprung von Sonne, Mond und Sternen erfahren wir nichts. Über den Blitz wird lediglich gesagt, daß er durch ein Loch am höchsten Punkt des Himmels hervorzucken soll. Der Herr des Blitzes ist der Scharfrichter in der himmlischen Bürokratie. Es gibt eine alte Überlieferung, die besagt, daß Sonne und Mond einen gemeinsamen Vorfahren haben, den Kaiser Shun. Tatsächlich gibt es zehn Sonnen und zwölf Monde, das sind die zwölf

Mondmonate. Jeder dieser Himmelskörper besitzt eine Mutter, die für die jeweiligen Tätigkeiten ihrer Kinder verantwortlich ist. Vor Dämmerung werden die Sonnen in einem See am Rande des Tals des Lichtes, das am äußersten östlichen Rand der Welt liegt, gebadet. Dort steht der Riesenbaum Po, manchmal auch der »Hohle Maulbeerbaum« genannt. Frisch gebadet setzen sich neun der Sonnen in die unteren Zweige des Baumes, während die zehnte auf den Wipfel des Baumes klettert und Platz in einem von Drachen gezogenen Streitwagen nimmt, dessen Kutscher ihre Mutter ist. Der Wagen überquert den Himmel in verschiedenen Stationen, die den Stunden des Tages entsprechen. Am Abend gelangt er zu dem Baume Jo, der in der Nähe des Berges Yen-tzu im äußersten Westen gelegen ist. Dort werden die Drachen ausgespannt. Es gibt keine Darstellung über die Rückreise der Sonne. Allerdings wird von dem Baum Jo berichtet, daß er leuchtend rote Blüten habe, vielleicht ein Hinweis auf den Nachthimmel.

Es war üblich, das gleichzeitige Erscheinen von mehr als einer Sonne am Himmel als schlechtes Omen zu betrachten; und es gibt einen Mythos, der erklärt, warum es jetzt nur noch eine Sonne gibt. Als Yao, der Vierte Kaiser, Gefahr lief, seinen Thron an Shun zu verlieren, erschienen zehn Sonnen gleichzeitig am Himmel, und ihre übermäßige Hitze bedrohte alle Lebewesen. Da gab Yao dem Bogenschützen I einen Wunderbogen, mit dem er neun der Sonnen abschoß. I gilt als Mann Heng-os, die den Mond in Gestalt einer unsterblichen Kröte bewohnt. Sie hatte I das Unsterblichkeitselixier entwendet, als dieser es von Hsi-wang-mu, der »Königin-Mutter des Westens« bekommen hatte. Und nicht zufällig treten die Monde, nachdem sie im Westen gebadet haben, von Westen aus ihre Reise über den Himmel an. Der Mond besteht aus Wasser, und er ist Yin. Er soll auch noch von einem Hasen bewohnt werden – eine ältere Überlieferung als der Kröten-Mythos. Die Sonne besteht aus Feuer, und sie ist Yang. Sie wird von einem dreifüßigen Raben bewohnt. Als I die neun Sonnen abschoß, stürzten die Raben zur Erde.

Der Schütze I soll auch die Ordnung unter den Winden wiederhergestellt haben. Die Winde stekken in einem großen Sack, den Fei-lien, der »Graf des Windes« unter Verschluß hat. Von Fei-lien wird gesagt, daß er Minister auf Erden gewesen sei, ehe er himmlischer Staatsdiener wurde. In dieser Eigenschaft wird er auch mit der Trockenheit in Verbindung gebracht, verständlicherweise, denn unter chinesischen klimatischen Bedingungen können Winde alles ausdörren oder aber Regenwolken herantreiben. Als Fei-lien gegen Huang-ti, den »Gelben Kaiser«, rebellierte, entfesselte er heftige Stürme. I ritt daraufhin mit dem Wind auf eine Bergspitze, wo er den Rebellen mit einem Pfeil in Schach hielt und sicherstellte, daß fortan die Winde in vernünftiger Weise gelenkt wurden.

Links außen: Der Bogenschütze I, der Kaiser Yao half, die unbotmäßigen Winde unter Kontrolle zu bringen. Als Yaos Herrschaft bedroht war, erschienen zehn Sonnen auf einmal am Himmel, und ihre Hitze gefährdete alle Lebewesen. Yaos Nachfolger Shun gab I einen Wunderbogen, mit dem er neun der Sonnen abschoß. Das ist der Grund, warum es jetzt nur noch eine Sonne gibt. I ist der Mann Heng-os. Buchillustration aus dem Jahre 1645.

Links: Moderne Terrakotta-Statuette Heng-os, der Göttin des Mondes und Frau Is, dem sie das Kraut der Unsterblichkeit gestohlen haben soll. Nach einem anderen Mythos ist sie unsterblich, weil sie den magischen Trank, den der Mondhase gebraut hatte, zu sich nahm. Dieses Getränk verwandelte sie in eine Kröte. Sie galt als Tochter Ho-pos, des Grafen des Gelben Flusses. I hatte auch mit der Bändigung der Fluten zu tun, und bei seinen Arbeiten traf er Heng-o und heiratete sie.

Die Erschaffung des Menschen

Wie wir gelesen haben, berichtet eine Quelle, daß die Menschen ursprünglich die Flöhe P'an-kus waren. Ein anderer Mythos, dessen Datierung unsicher ist, berichtet, daß einst, als Himmel und Erde, Pflanzen und Tiere schon geschaffen waren, P'an-ku die Abwesenheit eines denkenden Wesens bedauert habe, das sich die Schöpfung hätte nutzbar machen können. Deswegen formte er Tonfiguren, die er mit Yin und Yang durchtränkte. Während diese unentwickelten Männer und Frauen in der Sonne trockneten, zogen im Nordwesten (da, wo Kung-kung den Himmel zerstört hatte) Wolken auf. P'an-ku schob die Figuren mit einer eisernen Forke zusammen, um sie ins Haus zu tragen. Aber es begann zu regnen, und die beschädigten Figuren wurden zu lahmen und verkrüppelten Menschen.

In einem anderen Mythos wird berichtet, daß Nü-kua, die manchmal als Frau Fu-hsis, des ersten der Drei Erhabenen, gilt, sich daranmachte, Männer und Frauen aus gelbem Ton zu formen. Als ihr das zu langweilig wurde, nahm sie ein Seil, tauchte dieses in Ton und wirbelte es anschließend herum, so daß die Tonklumpen abfielen. Die handgefertigten Figuren wurden die Vornehmen und Wohlhabenden, die Tonklumpen aber die Geringen und Armen. In anderen Mythen werden die Menschen durch Sexualverkehr, der oft inzestuös ist, erschaffen. In einer Version ist Nü-kua zu einem Bruder-Schwester-Paar geworden. Eine junge Quelle führt den Ursprung der Menschheit auf ein Dienerpaar des »Gottes der Literatur«, Wen-ch'ang, zurück. Das Paar hieß T'ien-lung und Ti-mu (»Erdmutter«), und aus ihrer Vereinigung entstanden die Menschen und alle anderen Kreaturen.

K'uei-hsing, Gott der Prüfungen und Gefährte Wen-ch'angs, des Gottes der Literatur. Gewöhnlich wird er auf dem Kopf einer Wasserschildkröte stehend abgebildet. Mit seinem Pinsel signiert er die Liste der erfolgreichen Examenskandidaten. Statue aus der K'ang-hsi-Periode (1665–1722).

Die Herrschaft über die Natur

Han Fei-tzu, ein Philosoph des 3. Jahrhunderts v. Chr., berichtet über das Erscheinen eines Weisen zu einer Zeit, als es noch wenig Menschen, aber zahllose Tiere gab. Er lehrte die Menschen, Nester aus Holz zu ihrem Schutze zu bauen. Die Menschen machten den Weisen daraufhin als Nestbaumeister zum Herrscher über die Welt. Zu dieser Zeit aßen die Menschen ausschließlich rohe Nahrung und erkrankten deshalb in großer Zahl. Da erschien ein anderer Weiser und lehrte sie, mit dem Reibholz Feuer zu machen, so daß ihnen die Möglichkeit offenstand, Nahrung zu kochen. Die Menschen machten ihn als Reibholzmeister zum Herrscher über die Welt. Kun und Yü der Hsia-Dynastie hoben Gräben aus, um die Fluten zu regulieren; Yü zeigte seinem Volk auch, wie man pflügt und gräbt.

Als Kung-kung das Universum aus den Fugen brachte, die vier Pole umgestürzt waren, Himmel und Erde sich nicht mehr deckten, das Feuer unablässig brannte und die Wassermassen nicht mehr in Schach zu halten waren, reparierte Nü-kua den Himmel. Sie legte die vier Himmelsrichtungen mit Hilfe der Füße einer Schildkröte fest und häufte Schilfasche auf, um die Fluten unter Kontrolle zu bringen (Schilf assoziiert mit Wasser und Asche assoziiert mit Feuer ist vielleicht ein Symbol für Yin-Yang). Die Wiederherstellung der Ordnung ist Bestandteil vieler Schöpfungsmythen.

Der Enkel Shen-nungs, Ch'ih-yu, rebellierte gegen Huang-ti: Als Huang-ti den Krieg und die Waffen erfunden hatte, setzte Ch'ih-yu die Rüstung dagegen; Ch'ih-yu sandte dichten Nebel herab, aber Huang-ti erfand den Kompaß, damit sich seine Truppen zurechtfinden konnten. Da kam Pa, die Göttin der Trockenheit, Huang-ti gegen die Bundesgenossen Ch'ih-yus, den Grafen des Windes und den Herrn des Regens, zu Hilfe, aber schließlich schickte Huang-ti Pa in die Verbannung, da er die Menschen vor Trockenheit bewahren wollte.

Nach einem anderen Mythos, der die Bezwingung einer Flutkatastrophe behandelt, soll zur Zeit des Kaisers Yao, des Vierten Kaisers, Kun versucht haben, die Wassermassen einzudämmen. Da die von ihm errichteten Dämme brachen, stahl er die »Schwellende Erde« (die unablässig anschwoll und mit der man eine unbegrenzte Zahl von Löchern stopfen konnte). Huang-ti aber war über den Diebstahl empört und ließ Kun hinrichten. Als man nach drei Jahren Kuns Leib mit einem magischen Schwert aufschlitzte, kam dessen Sohn Yü daraus hervor. Nun begab sich Yü in den Himmel und bat den Gelben Kaiser, ihm ein Stück der Schwellenden Erde zu schenken. Zunächst deichte er damit die 233 559 Quellen ein, dann warf er an den vier Ecken der Erde Berge auf, um sicherzustellen, daß sie nicht weggeschwemmt würde und daß es immer Landstriche gab, die trocken lagen. Schließlich bohrte er Tunnels, um das Wasser ins Meer zu leiten.

Während der Tunnelgrabungen gelangte Yü in eine Höhle, in der er Fu-hsi traf, der ihm eine Jadetafel gab, mit der er Himmel und Erde vermessen konnte. Yü machte sich auch an diese Aufgabe, und da sie mit Reisen verbunden war, wurde ihm die Erfindung der verschiedensten Transportmittel zugeschrieben. Ein Abschnitt im *Shu-ching* (»Buch der Urkunden«) ist Yüs Aktivitäten als Geograph gewidmet. Dieser Text, wahrscheinlich aus dem 5. Jahrhundert v. Chr. stammend und auf einer älteren Überlieferung basierend, ist eine Mischung aus wirklichen und mythologischen Elementen, die gleichberechtigt nebeneinanderstehen. Es wird auch berichtet, daß Yü neun große Kessel gießen ließ, für jede der Provinzen einen, auf denen die Ergebnisse seiner Forschungen im Relief dargestellt waren. Möglicherweise sah man in Yüs Tätigkeit des Tunnelbaus eine Parallele zu den Grabungen von Bergleuten, die nach Erzen suchten. Diese Tätigkeit wiederum brachte Yü in Beziehung zu dem Berufsstand der Schmiede, und zwar sowohl in seiner Eigenschaft als Bergmann als auch als Metallarbeiter. Alle diese Elemente – Schmiede, Kessel, Erze aus den neun Provinzen oder aus den fünf Hauptbergen (in denen das Metall gefunden wurde, mit dem Nü-kua den Himmel reparierte) – gelten als Teil einer vielschichtigen Symbolik kaiserlicher Herrschaft, die die Quelle aller Ordnung und Harmonie darstellt: Der Kaiser gewährleistet durch seine eigene korrekte Beziehung zum Herrscher des Himmels die Ordnung in seinem kaiserlichen Herrschaftsbereich. Nachgeordnete Würdenträger unterhalten entsprechende Beziehungen zu Untergebenen des himmlischen Herrschers; und wenn die Riten eingehalten werden, ist die Harmonie gewährleistet.

Das Kürbismädchen

Das Menschenopfer, ein nicht ungewöhnliches Motiv in chinesischen Mythen und Legenden, kommt auch im Mythos über das Kürbismädchen vor. Zur Zeit des Kaisers Shih Huang-ti der Ch'in-Dynastie pflanzten die beiden Familien Meng und Chiang, die Nachbarn waren, je einen Kürbis an der Mauer, die ihre beiden Grundstücke voneinander trennte. Die beiden Kürbispflanzen wuchsen nach und nach über der Mauer zusammen, und aus ihnen entstand ein Kürbis von ungewöhnlichen Ausmaßen. Deshalb unterhielten sich die beiden Familien darüber, wem der Kürbis gehören sollte, und kamen schließlich überein, ihn zu teilen. Als sie den Kürbis zerschnitten, fanden sie im Innern ein wunderschönes kleines Mädchen, das sie gemeinsam aufziehen wollten und das den Namen Meng Chiang, nach den Namen ihrer beiden Familien, erhielt. Es war die Zeit, als der Kaiser beschlossen hatte, eine 10000 Meilen (eine chinesische Meile entspricht etwa einem halben Kilometer) lange Mauer entlang seiner Nordgrenze bauen zu lassen, um sie vor den Hsiung-nu zu schützen. Aber sobald man einen Abschnitt der Mauer vollendet hatte, fiel dieser wieder in sich zusammen. Schließlich gab ein Weiser den Rat, man solle bei jeder Meile des Bauwerks einen Menschen als Opfergabe lebendig eingraben.

Die Jagd nach Menschen begann, und Terror durchzog das ganze Land. Deshalb schlug ein anderer Weiser vor, einen Mann mit Namen Wan (was zehntausend bedeutet) zu opfern, da dieses Opfer jede Meile mit einem menschlichen Geist versorgen würde, ohne daß man noch weiter Terror unter dem Volk verbreiten müßte. Ein gewisser Wan, auf der

Oben: Taoistische Weise mit dem Yin-yang-Symbol, Abbildung auf einer Schale aus der K'ang-hsi-Periode.

Links: Shou-lao, Gott des Langen Lebens und Alter Mann vom Südstern, eine taoistische Gottheit, dessen Symbol der Pfirsich ist. Er wird hier in einem Pfirsich, auf einem Reh, dem Symbol der Sexualität, sitzend abgebildet. Der offene Pfirsich symbolisiert die weiblichen äußeren Schamteile, sein Korallenzepter den erigierten Phallus. Porzellan, 18. Jahrhundert.

Flucht vor der Gefahr, die Menschen mit seinem Namen drohte, hatte sich in einem Baum im Garten Meng Chiangs verborgen, als diese ins Mondlicht hinaustrat, um in einem Teich zu baden. Freudig erregt sprach sie: »Wenn mich, nackt wie ich bin, ein Mann zu sehen bekäme, so würde ich ihm für immer angehören.« Da rief Wan aus: »Ich sehe dich.« Und so heirateten sie. Aber während der Hochzeitsfeier kamen Soldaten hereingestürzt und ergriffen Wan, der daraufhin wie vorgesehen geopfert wurde. Meng Chiang, die sich an ihren Mann gebunden fühlte, obwohl sie mit ihm nicht vereinigt gewesen war, machte sich auf den Weg zur Großen Mauer, um nach seinen Gebeinen zu suchen. Wie sie nun verzweifelt da saß und weinte, da hatte die Mauer Mitleid mit ihr und fiel genau dort zusammen, wo die sterblichen Überreste ihres Mannes lagen.

Als Shih Huang-ti von der Treue der Witwe erfuhr, ließ er sie holen, und als er ihrer Schönheit gewahr wurde, da entschloß er sich, sie zur Kaiserin zu machen. Meng Chiang fügte sich dem kaiserlichen Wunsch unter der Bedingung, daß eine 49 Tage währende Begräbnisfeier zu Ehren ihres Mannes veranstaltet würde, an der der Kaiser und der Hofstaat teilnehmen sollten; außerdem sollte ein 49 Fuß hoher Altar am Flußufer errichtet werden, auf dem sie für ihren toten Mann Opfer darbringen wollte. Der Kaiser stimmte zu, und alles wurde nach ihren Wünschen ausgeführt. Da stieg Meng Chiang auf den Altar und verfluchte den Kaiser vor seinem gesamten Hofstaat wegen seiner Grausamkeit. Shih Huang-ti saß wie erstarrt da, aber als Meng Chiang sich in den Fluß stürzte, um sich zu ertränken, befahl er seinen Soldaten, sie aus dem Wasser zu ziehen, ihren Leib zu vierteilen und ihre Gebeine zu Staub zu zermahlen. Die Staubteilchen aber wurden zu kleinen silbernen Fischchen, in denen die Seele der Meng Chiang weiterlebt.

Das Pantheon

Ein verbindliches chinesisches Pantheon gibt es nicht, und es muß bezweifelt werden, daß es jemals so etwas wie einen umfassenden Katalog aller Gottheiten gegeben hat. Elemente aus prä-dynastischer Zeit und aus Regionen, in die die Chinesen einwanderten, vereinigten sich zu einem Konglomerat widersprüchlicher und unsystematisierten Elemente.

Die barmherzige Göttin Kuan-yin etwa scheint eine Lokalgottheit gewesen zu sein, die die Buddhisten mit dem männlichen Bodhisattva Avalokitesvara der Inder identifizierten. Ein Mythos weiß zu berichten, daß die Reispflanze schon immer auf Erden existierte, aber ihre Rispen anfänglich taub waren. Als Kuan-yin sah, daß die Menschen Not und Hunger litten, stieg sie heimlich in die Reisfelder hinab und preßte dort ihre Brüste, so daß die Milch in die tauben Rispen floß. Als schon fast alle Pflanzen gefüllt waren, mußte sie zum Schluß ihre Brüste so hart pressen, daß eine Mischung aus Milch und Blut in die Ähren floß; und darum gibt es zwei Arten Reis, den weißen und den roten.

In einem anderen landwirtschaftlichen Mythos untersteht ein Bodhisattva der mehr oder weniger höchsten Gottheit der Taoisten, die ihrerseits einen Platz in der Hierarchie des Himmels einnimmt, die auf dem konfuzianischen System beruht. Der Bodhisattva Ti-tsang, der Mitleid mit den um ihre Nahrung kämpfenden Menschen hatte, empfahl dem Herrscher des Himmels, Yü-ti, dem »Erhabenen Jade-Kaiser«, den himmlischen Ochsen auf die Erde zu schicken, damit er bei der Feldarbeit helfen könne. Yü-ti war damit nicht einverstanden, da er

Rechts oben und unten: Zwei Abbildungen der Göttin Kuan-yin, die auch unter dem Namen Sung-tzu niang-niang bekannt ist, als die Frau, die die Kinder bringt. Sie ist die Verkörperung der Barmherzigkeit und entspricht dem männlichen indischen Bodhisattva Avalokitesvara. Es wird angenommen, daß sie eine einheimische chinesische Göttin ist, die die Buddhisten in ihr Pantheon aufnahmen. Aber sie wurde nicht nur in buddhistischen Haushalten verehrt.

Unten: Haarnadel (Silber, vergoldet) mit Intarsien aus Perlmutt und Eisvogelfedern, um 1820. Meng-chiangs Körper soll zu einem Schwarm Silberfischchen geworden sein; Fisch, insbesondere Karpfen, wurde mit langem Leben und Unsterblichkeit assoziiert.

Bei der Reisaussaat werden die Körner zunächst in feuchten Feldern ausgelegt, später werden die Setzlinge in andere Felder umgepflanzt, wo sie unter ständiger Bewässerung wachsen. Im Volksglauben war es die Milch aus Kuan-yins Brüsten, die die Rispen füllte; der rote Reis entstand, weil sie zum Schluß ihre Brüste so stark pressen mußte, daß Blut in die Rispen floß. Druck aus dem 19. Jahrhundert.

wußte, daß die Menschen sich nur so lange um den Ochsen kümmern würden, wie er stark genug war, den Pflug zu ziehen. Wenn er erst einmal alt wäre, würden sie sein Fleisch verzehren und sein Fell gerben. Ti-tsang gelobte, die Verbannung in die Hölle auf sich zu nehmen, wenn dies geschähe. Es erwies sich, das Yü-ti recht hatte. Als der Ochse zu schwach geworden war, den Pflug zu ziehen, töteten die Menschen ihn, aßen sein Fleisch und gerbten sein Fell, und das trotz aller Bitten, die Yü-ti an seine Nutznießer richtete. Erzürnt verbannte Yü-ti Ti-tsang in die Hölle, wo er verdammt ist, seine Augen geschlossen zu halten; nur am 30. Tage des siebten Monats darf er sie öffnen. An diesem Tage zünden die Menschen Kerzen an und verbrennen Weihrauch zu seinen Ehren.

In einem anderen Mythos über einen Bodhisattva wird der Ursprung des Radieschens, *lo-p'u,* erklärt. Der Bodhisattva Mu-lien (dessen persönlicher Name Lo Pu lautete) hatte eine nicht nur faule, sondern auch gierige Mutter, die Tiere zum Verspeisen schlachtete. Als er ihr deswegen Vorwürfe machte, schalt sie ihn zu seinem Kummer sehr. Auf dem Totenbett vertraute sie ihrem Sohne an, daß ihre Seele als Strafe für die Tötung von Lebewesen für immer in der Hölle bleiben müßte. So kam es, daß ihr Sohn alle seine Geldmittel für Priester ausgab, damit sie für ihre Seele beteten; und als er kein Geld mehr hatte, wurde er selber Mönch, um für sie beten zu können. Wegen seiner verdienstvollen Taten wurde er ein Bodhisattva und erhielt so die Möglichkeit, in die Hölle hinabzusteigen, um seine Mutter zu erlösen. Er nahm sie in seine Arme und rannte so lange, bis er erschöpft in einem Rettichfeld niedersank. Seine Mutter, die auch die Qual des Hungers erlitten hatte, zog einen Rettich aus dem Acker und verzehrte ihn. Da Mu-lien wußte, daß seine Mutter für immer in die Hölle zurück müßte, wenn der Herrscher des Himmels den Diebstahl entdecken würde, schnitt er seinen Finger ab und steckte ihn in das Loch, aus dem seine Mutter den Rettich gestohlen hatte. Dieser wuchs und wurde ein Radieschen.

Der Affenmythos

Im Mythos über den Affen zeigt sich erneut, wie buddhistische und taoistische Elemente miteinander verwoben wurden. Diesem Mythos liegt die historische Reise des bedeutenden Gelehrten Hsüan-tsang (gestorben 664 n. Chr.) zugrunde, der nach Indien ging, um den Buddhismus zu studieren.

Auf einem Berge in Ao-lai, am Oststrand des Ozeans, befruchtete der Wind ein Ei, und diesem Ei entschlüpfte ein Affe. Er erwarb sich magische Fähigkeiten, und später lehrte ihn ein taoistischer Wei-

Der Affe und sein Gefährte bekämpfen eine Dämonin. Holzschnitt, 17. Jahrhundert.

ser, sich zu verwandeln und durch die Luft zu fliegen. Er vereinigte zunächst alle Affen zu einem Affen-Königreich, und nachdem er vom Drachenkönig des Ostmeeres eine Wunderwaffe erhalten hatte, versuchte er, die Herrschaft über die vier Himmelsrichtungen an sich zu bringen. Den Höllenbütteln jedoch gelang es, den Affen festzunehmen, nachdem er sich auf einem Fest zu seinen Ehren betrunken hatte, und sie legten ihn in der Unterwelt in Ketten. Der Affe aber konnte fliehen, und er ließ auch noch das Sündenregister aus der Hölle mitgehen, strich daraus seinen eigenen Namen und die aller anderen Affen. Daraufhin zitierte man ihn in den Himmel, wo er sein Verhalten rechtfertigen sollte; und damit er endlich Ruhe hielt, ernannte man ihn zum Oberaufseher der himmlischen Marställe. Als dem Affen jedoch dies klar geworden war, richtete er im Himmel selbst Verwüstungen an und zog sich anschließend auf den Berg Hua-kuo zurück. Daraufhin belagerten die Götter den Berg, mußten sich am Ende aber geschlagen zurückziehen. Jetzt rief der Affe sich selbst zum Herrscher des Himmels und zum Großen Heiligen aus; und so blieb den Göttern nichts anderes übrig, als ihn zum Oberaufseher des Himmlischen Pfirsichgartens zu ernennen, dem Quell der Unsterblichkeit. Diesmal gelobte der Affe, sich an die göttlichen Gesetze zu halten. Aber dann erhielt er keine Einladung zum Pfirsichfest und rächte sich, indem er alle vorbereiteten Speisen und Getränke zu sich nahm und die Unsterblichkeitspillen aus dem Hause Lao Chuns entwendete und schluckte.

Nachdem er auf diese Weise doppelt unsterblich geworden war, zog er sich erneut auf den Berg Hua-

kuo zurück. Diesmal wurde er trotz aller seiner magischen Künste gefangengenommen, und der Jade-Kaiser verurteilte ihn als Rebellen gegen den Himmelsthron zum Tode. Da der Affe aber sich selbst unsterblich gemacht hatte, übergab man ihn zunächst Lao Chun mit der Order, in seinem Alchemistenofen aus ihm das Lebenselexier herauszuschmelzen. 49 Tage und Nächte schürte Lao Chun den Ofen bis zur Weißglut, aber am Ende war der Affe immer noch lebendig, lüftete den Ofendeckel und drohte, den Himmel zu zerstören. In seiner Verzweiflung sandte der Jade-Kaiser nach Buddha, der den Affen fragen sollte, warum er den Himmel besitzen wolle. Der Affe erwiderte, daß er sich mächtig genug für diese Würde fühle, und Buddha bat ihn daraufhin, einen Beweis zu liefern. Der Affe behauptete, er sei unverwundbar, unsterblich und imstande, 72 verschiedene Gestalten anzunehmen und 108 000 Meilen zu fliegen oder zu springen. Buddha wettete, er könne nicht einmal aus seiner, Buddhas, Handfläche springen, versprach ihm aber trotzdem die Regierung über den Himmel, falls ihm das gelänge. So sprang der Affe in der Luft über den Himmel und bis ans Ende der Welt, wo er, um sein Territorium zu markieren, an den Fuß eines großen Baumes urinierte. Dann kehrte er mit einem einzigen Purzelbaum zu Buddha zurück. Dieser lachte aber nur über seine Behauptung, er habe das Universum mit einem einzigen Sprung überquert, und zeigte ihm, daß der Berg, an dem er Wasser gelassen hatte, nichts anderes als die Wurzel eines seiner Finger gewesen war, es sei ihm also nicht einmal gelungen, seine Handfläche zu verlassen. Alsdann schuf Buddha einen magischen Berg und sperrte den Affen darin ein.

Zu der Zeit, als T'ang Seng sich anschickte, zu seiner großen Pilgerfahrt in das »Westliche Paradies« (Indien) aufzubrechen, um authentische Berichte über Buddhas Lehren nach China zu holen, bat der barmherzige Bodhisattva Kuan-yin um die Freilassung des Affen, damit dieser zusammen mit Chu Pa-chieh, einem Schweinegeist, der als Diener für den Pilger dienen sollte, T'ang Seng auf seiner Reise begleiten könne. Der Affe schwor seinem neuen Herrn Gehorsam, aber dieser befestigte trotzdem als Vorsichtsmaßnahme einen eisernen Helm auf dem

Links: Zwei aus einer Serie von acht Neujahrs-Laternen. Die Laternen haben die Gestalt der Acht Unsterblichen. Die beiden hier abgebildeten verkörpern Ho Hsien-ku und Lu Tung-pin. Bemaltes Pergament, Provinz Shansi, 19. Jahrhundert.

Unten: Farbholzschnitt der taoistischen Acht Unsterblichen. Der Kult um sie scheint im 13. Jahrhundert populär geworden zu sein. Sie bilden eine nicht homogene Gruppe und haben wenig Gemeinsames. T'ieh Kuai-li mit dem eisernen Krückstock soll ein Schüler Laotses gewesen sein. Han Chung-li, ein sorgenfreier Mann reifen Alters, lebte angeblich in der Han-Dynastie. Der alte Mann Chang Kuo-lao war berühmt wegen seines Affen, der tausende von Meilen an einem Tag zurücklegen und wie ein Stück Papier zusammengefaltet werden konnte. Lan Ts'ai-ho, ein zerlumpter Straßensänger mit nacktem Fuß, wurde von Störchen in den Himmel getragen. Ts'ao Kuo-chiu, ein reicher junger Mann, war Schüler Han Chung-lis. Ho Hsien-ku ist ein junges Mädchen mit einer Lotosblume, das zum Himmel aufstieg. Han Hsiang-tzu erlernte die taoistische Lehre von Lu Tung-pin, dessen Geschichte wohl die bekannteste der Acht Unsterblichen ist. Lu Tung-pin schließlich träumte, daß ein Straßenräuber ihn tötete. Daraufhin beschloß er, dem Leben zu entsagen und sich dem Studium des Taoismus zu widmen. Er wird hier mit einem Fliegenwedel und einem Schwert abgebildet und ist als Gelehrter gekleidet.

Oben: Porzellanfigur Mi-lofos (Maitreya), des Buddhas, der im gegenwärtigen Zyklus erst noch geboren werden muß. Er wird oft der »Lachende Buddha« genannt und mit Reichtum assoziiert.

Kopf des Affen, der sich verengte, sobald dieser eine launische oder übermütige Tat im Schilde führte. Trotz mannigfaltiger Versuchung und 80 schwierigen Gefahrensituationen geleitete der Affe T'ang Seng sicher ins Westliche Paradies und brachte ihn wohlbehalten zurück. Nachdem sie den letzten Fluß durchschwommen und den Boden Chinas wieder betreten hatten, wurden sie vom Volk und vom Kaiser herzlich begrüßt und übergaben ihm die Schriftstücke.

Ein himmlisches Empfangskomitee unter dem Vorsitz des zukünftigen Buddhas Mi-lo erkannte in T'ang Seng den früheren prominentesten Schüler Buddhas und verlieh ihm einen hohen Rang im Himmel. Das Pferd, das den Pilger und die Schriftstücke transportiert hatte, wurde als vierklauiger Drache zum Chef der himmlischen Drachen befördert; und das Schwein wurde zum »Obersten Himmlischen Altarputzer« ernannt, während der Affe den Titel »Gott des Siegreich Überstandenen Haders« erhielt. Als ihm diese Würde verliehen wurde, bat er darum, den Helm absetzen zu dürfen, da er ja nun ein Erleuchteter geworden sei. T'ang Seng erwiderte, wenn er wirklich erleuchtet sei, würde sich der Helm von selbst verflüchtigen. Der Affe faßte sich an den Kopf und stellte fest, daß der Helm in der Tat nicht mehr da war.

Rechts: Kuan-yü, ein General aus der Periode der Drei Reiche (220–255 n. Chr.). Er wurde als Kuan-ti, Gott des Krieges, kanonisiert und verdankt seine große Popularität seiner Rolle als Verhüter, nicht als Förderer des Krieges. Nach seinem Tod durchlief er eine Reihe von Beförderungen: Herzog (1120), Prinz (1128), dann Prinz der Krieger und Zivilisationsbringer, schließlich Treue und Loyale Große Gottheit, Verteidiger des Himmels und Beschützer des Kaiserreiches (1594). Er war außerdem Schutzherr der Literatur und Verteidiger der Gerechtigkeit. In seinem Tempel bewahrte man das Schwert der Scharfrichter auf, und man rief ihn oft an, um die Zukunft zu erfahren. Ölbild, 19. Jahrhundert.

Das himmlische Beamtentum

Für den Außenstehenden wird alles noch undurchsichtiger dadurch, daß die Kaiser die Macht besaßen und auch nutzten, per Dekret Rang und Status verschiedener Gottheiten zu ändern. Betrachten wir etwa den Fall des Gottes des Krieges und der Literatur, Kuan-ti. Dieser kann auch als weiteres Beispiel für eine Gottheit angesehen werden, die ursprünglich ein Mensch gewesen sein soll. Kuan-ti spielte als halbhistorische Figur eine Rolle im Roman *Die Geschichte der drei Reiche* (frühe Ming-Zeit), in dem er einen tyrannischen Beamten der ausgehenden Han-Dynastie tötete. Aber erst nach und nach wurden seine Verdienste gewürdigt: Unter der Nördlichen Sung-Dynastie wurde er zum Herzog und dann zum Prinzen befördert. Später gab ihm ein Yüan-Kaiser den Titel »Fürst der Kriege« und »Zivilisationsbringer«. Im Jahre 1594 machte ihn ein Ming-Kaiser zum »Getreuen und Redlichen Großen Gott« und zur »Stütze des Himmels« sowie zum »Beschützer des Kaiserreiches«. In der Mandschu-Zeit schließlich genoß er kaiserliche Protektion und wurde in 1600 Tempeln sowie zahllosen kleineren Schreinen verehrt.

Seit frühester Zeit scheint es eine höchste Gottheit, Shang-ti, gegeben zu haben, die unter dem Einfluß konfuzianischer Rationalisierungsbestrebungen zu T'ien (Himmel) wurde. Im Volksglauben aber lebte Shang-ti als Gottheit weiter und wurde mit der taoistischen Jade-Gottheit Yü-ti verschmolzen. Yü-tis oberster Gehilfe hieß Tung-yo ta-ti, der »Große Kaiser vom Ostgipfel«, dort soll der Ursprung des Yang gelegen haben. Er stand einem Ministerium mit nicht weniger als 75 Ressorts vor, in denen die Seelen der Tugendhaften als Staatsdiener wirkten und sich um jeden Aspekt menschlichen und tierischen Lebens kümmerten. Ähnliches gilt für den »Gott des Erdbodens«, der eine ganze Reihe

Oben: Gemälde, das Yen-lo, den buddhistischen Yama und König der Hölle, in kaiserlichen Gewändern zeigt. Er beobachtet, umgeben von Ministern und Hofbeamten der Siebten Hölle, wie Dämonen und Hunde die wegen Grabräuberei oder Kauf und Verzehr von Menschenfleisch Verurteilten in den Fluß treiben. Bittsteller bringen Yen-lo Geschenke dar, wie das auch Bittsteller in irdischen Richterstuben zu tun pflegten.

Links: Rollbild mit den Vier Königen der Hölle, die den buddhistischen Herrschern der vier Himmelsrichtungen entsprechen. Chinesische Höllenvorstellungen sind zahlreich, alle Höllen sind nach dem Vorbild der irdischen Bürokratie organisiert.

Porträt des Küchengottes und seiner Frau. Er erstattet am Neujahrstag im Himmel Bericht über jeden Haushalt. Handdruck.

von Stellvertretern hatte, die unter dem Sammelnamen Ch'eng-huang bekannt waren. Sie hatten über das Wohlergehen eines jeden Bezirkes zu wachen, während der Gott selbst sich um das Reich insgesamt kümmerte. Es gehörte auch zu den Obliegenheiten der Ch'eng-huang, darauf zu achten, daß die Boten des Herrschers der Toten, Yen-lo, nur die Seelen entführten, deren Lebensspanne nach Tungyo ta-tis Ermessen abgelaufen war. (Humane Richter pflegten vor der Entscheidung schwieriger Fälle den lokalen Ch'en-huang wegen seiner genauen Kenntnis des Bezirks in seinem Tempel zu konsultieren.)

Die Aufsicht über die unbedeutenden Aspekte des Lebens lag in Händen von Scharen niedriger Gottheiten, die ihrerseits von Stellvertretern des »Gottes des Erdbodens« und des »Himmelsgewölbes« beaufsichtigt wurden. Jede Tätigkeit und jeder Berufsstand – Beamte oder Diebe, Prostituierte oder Soldaten – hatte seine verantwortliche Gottheit. Der »Küchengott« galt als wichtigste Gottheit für das Individuum und die Familie, er war Vorgesetzter aller Götter im Bereich des Hauses und des Haushalts. Zweimal monatlich opferte man ihm Honig und Zuckerkuchen; diese Gaben erhielt er auch zu Neujahr, da er zu dieser Zeit der höchsten Gottheit über jedes Haushaltsmitglied zu berichten pflegte, und mit diesen Opfern sollte er dazu gebracht werden, seinen Bericht entweder zu entschärfen oder zu unterdrücken. Die Haushaltsmitglieder konnten auch durch ihre Ahnen mit dem »Himmel« in Verbindung treten; den Ahnen im Haushaltsschrein wurde regelmäßig Verehrung gezollt, man lieferte ihnen Berichte über Familienereignisse, da man glaubte, daß die nächsten Ahnen bei der himmlischen Bürokratie zugunsten der Familie intervenieren könnten. Und in der Hauptstadt erstattete der Kaiser den kaiserlichen Ahnen Bericht über die Reichsangelegenheiten und brachte dem Himmel und der Erde, dem Gott des Himmelsgewölbes und dem Gott des Erdbodens Opfer für das gesamte Kaiserreich dar. Auf diese Weise sollten durch das Ritual die Hierarchie und die Ordnung sowohl für den Staat als auch für das Individuum in ewiger Harmonie aufrecht erhalten werden. In diesem Prozeß hatten alle – Herrscher und Beamte im Himmel und auf Erden – die ihnen zugewiesenen Rollen einzuhalten und wahrzunehmen.

DIE BEDEUTENDSTEN MYTHISCHEN GESTALTEN

Ch'eng-huang, Name für die Gottheit eines bestimmten Bezirks, verantwortlich für dessen Territorium und Bewohner

Ch'ih Sung-tzu, Herr des Regens, wohnt auf dem K'un-lun, einem mythischen Berg im fernen Westen

Chu-jung, Gott des Feuers und Himmlischer Scharfrichter

Chung-kuei, Gott der Prüfungen und Beschützer der Reisenden vor bösen Geistern

Die Acht Unsterblichen, Gruppe taoistischer Heiliger, die die Unsterblichkeit durch Befolgung des »Weges« (tao) erlangt haben sollen

Die Fünf Buddhas werden mit den vier Himmelsrichtungen und dem Zentrum des Reiches assoziiert; dies entspricht der taoistischen Vorstellung von den Großen Herrschern der Fünf Berggipfel.

Die Vier Diamant-Könige des Himmels, buddhistische Herrscher der Himmlischen Paradiese

Die Vier Drachenkönige, Herrscher der Vier Meere, Regenbringer

Die Vier Könige der Hölle, Herrscher der Höllenbezirke, Abgesandte Yen-los, gelegentlich sind es auch zehn oder vierzehn

Fei-lien oder **Feng-po**, Graf des Windes, wird mit Wind und Dürre in Verbindung gebracht

Fu-hsing, Gott des Glücks

Heng-o, Göttin des Mondes, dort lebt sie im Palast der Großen Kälte; Frau des Schützen I, der im Palast der Sonne lebt

Ho-po oder **Ping-i**, Graf des Flusses, Gott des Gelben Flusses und bedeutendster unter den Flußgöttern

Hsi-wang-mu, Königin-Mutter des Westens, eine schöne Göttin, die auf dem K'un-lun wohnt

Kuan-ti, Gott des Krieges und Verteidiger der Gerechtigkeit; unter kaiserlichem Schutz gewann der Kult um ihn immer größere Bedeutung und erreichte seinen Höhepunkt unter den Mandschu-Herrschern

Kuan-yin, eine barmherzige Göttin, die weibliche Form des Bodhisattva Avalokitesvara der Inder

Lei-kung, Gott des Donners

Lohans, chinesischer Name für die ersten Schüler Buddhas (Arhats in Indien), die unbedeutende taoistische Gottheiten wurden

Lu-hsing, Gott der Gehälter oder der Beamten

Lu-pan, Gott der Zimmerleute und Maurer

Men-shen, zwei Göttinnen, die den Hauseingang vor bösen Geistern und schädlichen Einflüssen schützen

Mi-lo-fo, chinesischer Name für den Buddha, der erst noch geboren wird, der Lachende Buddha (Maitreya in Indien)

Nü-kua, eine Göttin, von der manchmal behauptet wird, sie habe die Menschen erschaffen, auch Erfinderin der Ehe

Shakyamuni, die historische Gestalt des Buddha

Shang-ti, ursprünglich die höchste Gottheit, später als t'ien (Himmel) bekannt, verschmolzen mit Yü-ti, der höchsten taoistischen Gottheit

Shou-lao, Gott des Langen Lebens, er bestimmt die Lebensspanne für jedes Individuum

Ti-tsang, chinesischer Name des Bodhisattva Ksitigarbha, ein barmherziges Wesen, das nach buddhistischem Glauben Seelen vor der Bestrafung der Hölle rettet

Tsai-shen, Gott des Reichtums

Tsao-chun, Küchengott, die wichtigste Gottheit der Familie und des Hauses

Tung-yo ta-ti, Großer Herrscher vom Ostgipfel, Leiter der himmlischen Bürokratie und Haupt-Stellvertreter des Yü-ti

Wang-mu niang-niang, Frau des Yü-ti, eine andere Form für Hsi-wang-mu

Wen-ch'ang, Gott der Literatur

Yao-shih, chinesischer Name für den Bhaishajyaguru-Buddha, den Meister der Heilkunst, der ein Paradies im Osten regieren soll

Yen-lo, Herrscher der Toten und der Unterwelt (indische Entsprechung: Yama)

Yü-ch'iang, Gott des Ozeanwindes

Yü-ti, Yü-huang oder **Yü Huang-ti,** der Erhabene des Jade oder Jade-Kaiser, höchste taoistische Gottheit, Herrscher des Himmels und Beschützer der chinesischen Kaiser; gilt in der taoistischen Mythologie auch als Schöpfer der Menschheit.

Ein Ch'i-lin, ein glückbringendes Fabelwesen, dessen Erscheinen als Zeichen gedeutet wurde, daß eine Dynastie die Gunst des »Himmels« hatte. Detail aus einem Stuhlbezug, 19. Jahrhundert.

SECHSTES KAPITEL

JAPAN

In Japan wurde die Mythologie seit frühester Zeit in den Dienst politischer Zielsetzungen der herrschenden Klasse gestellt, die die überlieferten Mythen zusammenstellen ließ, sie veränderte und ergänzte, um ihre eigene Stellung zu stärken. In ihrer Eigenschaft als Arahitogami, der Personifizierung der (Sonnen-)Gottheit, wurden die Kaiser lange für göttlich gehalten. Die Regierungen in der Meiji-Zeit (1868–1912) demonstrierten, wie effektiv die Mythologie zum politischen Instrument gemacht werden konnte, indem sie dem Shinto-Glauben – der einheimischen Religion Japans, aus der der Hauptteil der Mythologie hervorgegangen ist – einen zentralen Platz in staatlichen Erlassen einräumte, die die Autorität des Kaisers stärkten. Religiöse und politische Angelegenheiten wurden eins, und in den dreißiger Jahren unseres Jahrhunderts war es die Mythologie, die der nationalistischen und militaristischen Politik Japans die geistigen Weihen verlieh.

Erst nach dem Zweiten Weltkrieg veränderte sich diese Situation: Am 1. Januar 1946 widerrief der Kaiser öffentlich, daß er ein Gott sei, und stellte klar, daß seine Beziehung zum Volke nicht aus den Mythen abgeleitet werden könne. Der Shinto war nicht länger Staatsreligion, und es war hinfort möglich, die japanische Mythologie anders als die politischen Kategorien zu interpretieren; und dieses kommt möglicherweise auch ihrem ursprünglichen Gehalt zugute.

Der Kern der japanischen Mythologie findet sich in zwei der ältesten noch erhaltenen japanischen Texte: im *Kojiki* (»Bericht über alte Begebenheiten«) und im *Nihonshoki* oder *Nihongi* (»Japanische Chroniken«); die eine Quelle wurde 712, die andere 720 n. Chr. fertiggestellt. Beide Bücher zusammen bezeichnet man häufig als *Kigi.* Mit ihrer Zusammenstellung begann man schon 50 Jahre früher auf Weisung Kaiser Tenmus, der die Fehler und Unwahrheiten mißbilligte, die sich in die Genealogien und historischen Aufzeichnungen der kaiserlichen Familie und anderer führender Familien der damaligen Zeit eingeschlichen hatten. Das Kaiserhaus benötigte zudem amtliche Annalen, um seine politische Herrschaft und den Anspruch auf Abstammung von Amaterasu, der Sonnengöttin, zu rechtfertigen. Außerdem war Japan damals auf dem besten Wege, die Überlieferungen und Institutionen Chinas zu übernehmen, und deshalb hielt man offizielle historische Aufzeichnungen für angebracht, um zu dokumentieren, daß Japan hinter China an Größe und Alter keineswegs zurückstehe.

Schon früher waren Versuche gemacht worden, historische Aufzeichnungen zu kompilieren, die viele Mythen und Legenden enthielten. Diese Mythen und Legenden waren von Priestern und einflußreichen Familien mündlich überliefert und von professionellen Geschichtenerzählern, den Kataribe, vorgetragen worden. Auch Dorfälteste hatten Geschichten über Lokalgottheiten, Ahnen und Heldengestalten sowie Berichte über den Ursprung religiöser Feste und anderer Phänomene unter den Menschen und in der Natur weitergegeben. Viele dieser Mythen wurden später entweder in den *Fudoki* (topographische Werke der Provinzen), den *Norito* (Ritualgebete) oder im *Kogoshui* aufgeschrieben (Chronik über Vorfahren der Inbe, ein bedeutender Priesterclan, der offiziell die Aufsicht über die Shinto-Religion hatte).

Die wichtigsten Mythenzyklen entstammen drei verschiedenen geographischen Regionen: es gibt die Takamagahara- oder Yamato-Mythen, die Izumo-Mythen und die Himuka- oder Tsukushi-Mythen. Im *Kigi* wurden diese drei Zyklen miteinander verschmolzen mit der Absicht, sie in einer zusammenhängenden »historischen« Reihenfolge zu präsentieren. Es blieb nicht aus, daß dieser Versuch nicht durchweg erfolgreich verlief, und deshalb gibt es im *Kigi* zahlreiche Verdrehungen, Widersprüche und Auslassungen. Das japanische Wort für »Gott« lautet *Kami,* aber man darf *Kami* nicht immer als »Gott« oder »Gottheit« in andere Sprachen übersetzen. Denn alles, was Ehrfurcht einflößte und was übernatürliche Kräfte oder Schönheit besaß, hieß *Kami.* Berge, Flüsse, Bäume, Felsen, Höhlen, Tiere und menschliche Wesen – sie alle konnten als *Kami* verehrt werden; und deswegen gibt es eine Vielzahl von Göttern, Geistern und Kultgegenständen in der japanischen Geistesgeschichte.

Izanagi und Izanami

Am Anfang, berichtet das *Kigi,* waren Himmel und Erde nicht voneinander getrennt, und die Welt war eine chaotische Masse, sie hatte die Form eines Eis,

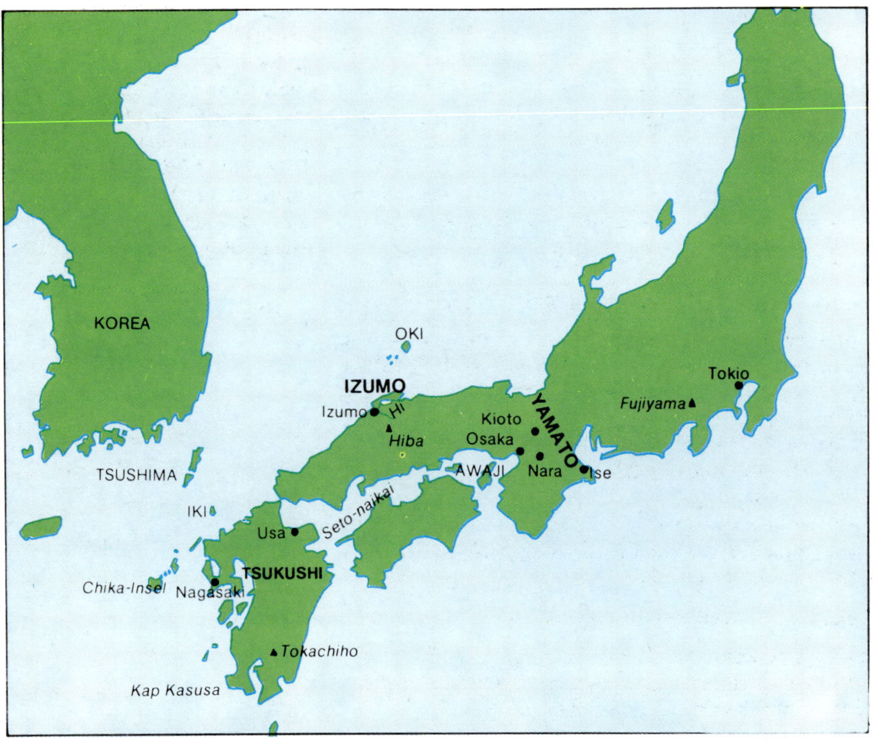

Der Vulkan Fujiyama ist der höchste Berg Japans und wird mit dem nationalen Symbol der aufgehenden Sonne assoziiert. Viele Pilger suchen den Schrein der Göttin Sengen-sama auf dem Berggipfel auf und betrachten ehrfurchtsvoll den Sonnenaufgang. In der Shinto-Religion sind viele Naturerscheinungen heilig, unter anderem Berge. Nach mythologischer Überlieferung wurden fünf Berggottheiten geboren, als Izanagi den Feuergott in Stücke schnitt; unter ihnen befand sich auch O-yama-tsu-mi, der Hauptgott der Berge.

jedoch keine festen Abmessungen. Der reinere und klarere Teil des Eis wurde zum Himmel und der schwerere und dickere Teil, der länger brauchte, sich zu senken, wurde zur Erde. In diesem Stadium der Schöpfung trieb die Landmasse auf der Oberfläche des Ur-Ozeans wie ein Fisch, der sich auf einer Wasseroberfläche tummelt.

Dann traten die ersten drei Gottheiten auf den Plan: als erstes die Gottheit des Himmelszentrums. In ihr spiegelt sich die chinesische Vorstellung vom Himmel *(t'ien),* die die japanische Kosmologie beeinflußte; diese chinesische Himmelsvorstellung soll auch der Ursprung des japanischen Wortes für Kaiser *(tenno)* gewesen sein. Die nächsten beiden Gottheiten verkörpern die schöpferische Energie oder zeugende Kraft oder gar die schöpferische Evolution, die alle Dinge hervorbringt. Dieser ziemlich abstrakten Götterdreiheit folgte die vierte Gottheit in Gestalt eines Schilfrohrschößlings. Hiermit wird die Geburt aller Dinge aus einer schilfartigen Substanz im schlickartigen Ur-Ozean symbolisiert, und Schilfrohr gilt an dieser Stelle als Symbol für das Leben, das ins Dasein aufkeimt. Dann erschien die fünfte Gottheit, die die Errichtung der Sphäre Takamagahara oder des Himmels versinnbildlicht. Diese fünf hohen Wesen verkörpern die »Besonderen Himmlischen Gottheiten«, die aus einem nicht bekannten Grunde von den anderen Göttern getrennt und in eine gesonderte Kategorie eingestuft werden. Sie alle gelten als himmlische Götter und unterscheiden sich von den irdischen Göttern.

In der folgenden Periode tauchten zwölf weitere Gottheiten auf, unter ihnen als letztes das Bruder-Schwester-Paar Izanagi und Izanami. Die himmlischen Gottheiten beauftragten diese beiden, die Erschaffung des Festlandes weiterzuführen und dieses zu konsolidieren; zu diesem Zwecke übergaben sie ihnen die mit Juwelen geschmückte himmlische

DIE ÄLTESTEN GOTTHEITEN

Koto-amatsu-kami (Die »Besonderen Himmlischen Gottheiten«). Die ersten fünf himmlischen Gottheiten, die nach der Schöpfung der Welt auftraten:

Ame-no-minaka-nushi-no-kami (»Herr der Erhabenen Himmelsmitte«)

Taka-mi-musubi-no-kami

Kami-musubi-no-kami

Umashi-ashikabi-hikoji-no-kami

Ame-no-tokotachi-no-kami

Kamiyo-nanayo (Zeitalter der Sieben Göttergenerationen)

Zwölf Gottheiten wurden nun erschaffen, die beiden letzten unter ihnen waren ein Bruder-Schwester-Paar:

Izanagi-no-kami (»Der Umwerbende«)

Izanami-no-kami (»Die Umworbene«)

Dieses Paar zeugte die 14 Inseln Japans und 40 Gottheiten, die mit den Wohnhäusern, den Winden, den Flüssen, dem Meer, den Bergen, den Feldern, der Ernte, dem Feuer, der Produktion und der Zeugung in Beziehung stehen. In der Folgezeit wurden aus Izanagis Körper viele andere Gottheiten geboren, unter anderem:

Amaterasu-o-mi-kami, die Sonnengöttin. Sie ist die wichtigste Gottheit Japans und die Zentralgestalt der Takamagahara-Mythen

Tsukuyomi-no-kami, der Mond-Gott

Takehaya-susano-o-no-mikoto, der Sturmgott. Er ist die Versinnbildlichung der ungestümen Männlichkeit und die Zentralgottheit in den Izumo-Mythen.

Lanze. So kam es, daß Izanagi und Izanami auf der »Schwimmenden Brücke des Himmels« stehend (als Regenbogen, Milchstraße oder Boot beziehungsweise Floß interpretiert) ihre Lanze in den Ozean hinabtauchten und diesen mit brodelndem Geräusch umrührten. Anschließend zogen sie die Lanze heraus, so daß das Salzwasser von seiner Spitze abtropfte und zu einer Insel gerann. Izanagi und Izanami stiegen nun aus den himmlischen Gefilden auf diese Insel herab und errichteten einen himmlischen Pfeiler sowie einen großzügigen Palast. Als sie erkannten, daß sie verschiedenen Geschlechts waren, umkreisten sie den himmlischen Pfeiler, der Mann links, die Frau rechts herum, um dann bei ihrem Zusammentreffen den Eheakt zu vollziehen. Unglücklicherweise entschlüpften Izanami, als sie aufeinandertrafen, in ihrer Freude und Erregung die Worte: »Oh, was für ein schöner und liebenswerter junger Mann!« Darüber, daß sie zuerst gesprochen hatte, geriet Izanagi in Zorn, und so zeugten sie im Zorn zwei Kinder, die mit einem Gebrechen behaftet waren und deshalb verstoßen wurden.

Das junge Paar kehrte in den Himmel zurück, um sich Rat bei den Gottheiten zu holen, die zu dem Schluß kamen, der Fehler beruhe darauf, daß die Frau zuerst gesprochen habe. Izanagi und Izanami kehrten auf die Insel zurück und gingen noch einmal um den Pfeiler herum. Diesmal aber sprach Izanagi zuerst bei ihrem Zusammentreffen und bewunderte seine junge Frau, die daraufhin seine Bewunderung erwiderte. Nun zeugten sie zahlreiche Nachkommen, u. a. Oh-yashima-guni (das »große Acht-Insel-Land«, ein alter Name für Japan) und die kleineren Inseln des japanischen Archipels.

Und als sie das Festland erschaffen hatten, zeugten sie zahlreiche Gottheiten. Bei der Geburt des Feuergottes Kagutsuchi-no-kami wurden Izanamis Geschlechtsorgane so stark verbrannt, daß sie bald darauf starb und in Yomi-no-kuni, die Unterwelt und das Land der Toten, einging. Weinend und wehklagend begrub Izanagi seine geliebte Frau auf dem Berge Hiba, am Rande der Provinz Izumo. Dann schlug er seinem Kinde, das Izanamis Tod verursacht hatte, den Kopf ab. Aus Blut und Körper des Feuergottes entstanden weitere Gottheiten.

Rechts: Izanagi und Izanami. Dieses göttliche Geschwisterpaar schuf das Festland, indem es mit der Himmlischen Juwelengeschmückten Lanze den Ur-Ozean umrührte; das von der Lanzenspitze abtropfende Salzwasser wurde die Insel Onokoro (»die Selbstgerinnende«), auf die Izanagi und Izanami zu ihrer Hochzeit hinabstiegen. Seidenmalerei, Ukiyo-e-Schule, 19. Jahrhundert.

Unten: Die Felsen »Mann und Frau« in Futami. Auf der Spitze ein shintoistisches Torii, ein Schreintor. Die Felsen sind durch geflochtene Seile miteinander verbunden, dies soll die Vereinigung des Männlichen und des Weiblichen symbolisieren. Man sagt, daß die Felsen Izanagi und Izanami beherbergt haben, deren Vereinigung die japanischen Inseln und zahlreiche Gottheiten hervorbrachte.

Izanagi in der Unterwelt

Danach machte Izanagi einen erfolglosen Versuch, Izanami aus dem Reich Yomis zurückzuholen: Gramgebeugt folgte er seiner Frau in Yomis Unterwelt und bat sie, zu den Lebenden zurückzukehren. Die Göttin aber erwiderte: »Oh, du mein geliebter Mann, warum kommst du so spät? Ich habe schon die Speisen von Yomis Herd gekostet und bin dadurch eine der Seinen geworden. Trotzdem will ich die Angelegenheit mit den Göttern Yomis besprechen. Ich flehe dich an, mich bis dahin nicht anzusehen.« Aber Izanagi hielt sich nicht an das Verbot, brach einen Zahn aus seinem Kamm, entzündete diesen wie eine Fackel und sah Izanami an. Maden hatten sich in den Körper seiner Frau gebohrt und zerfraßen sie, und auch die acht Donnergottheiten (oder Schlangen) hatten von ihrem Körper Besitz ergriffen. Voller Schrecken und Angst rief er aus: »Ahnungslos bin ich hier in ein furchtbar verseuchtes Land geraten«, machte auf dem Absatz kehrt und floh. Es gelang Izanagi, zu entkommen und bis an den Eingang von Yomis Reich zu gelangen. Dort holte ihn Izanami, die selbst auch die Verfolgung aufgenommen hatte, ein, und als er sie sah, blockierte er den Eingang mit einem riesigen Felsen. So standen die beiden Gottheiten einander Auge in Auge gegenüber und sprachen die Scheidungsformel. Dann kündigte Izanami an: »Ich werde jeden Tag tausend Menschen deines Reiches erwürgen.« Izanagi ließ sich von diesem Fluch nicht einschüchtern und erwiderte: »Dann werde ich dafür sorgen, daß täglich eintausendundfünfhundert geboren werden.« Das war der Anfang der Bevölkerungszunahme in Japan.

Nachdem Izanagi in die Menschenwelt zurückgekehrt war, begab er sich nach Awagihara an die Mündung des Tsukushi (in Kyushu), wo er sich von der Verschmutzung der Unterwelt reinwusch. Als er seine Kleider ablegte, wurden zwölf Gottheiten geboren, und als er sich im Wasser wusch, erschienen zehn weitere. Amaterasu, die Sonnengöttin und Ahnherrin der kaiserlichen Familie, tauchte aus den Fluten auf, als Izanagi sein linkes Auge wusch, Tsukuyomi, der Mondgott, wurde aus seinem rechten Auge und Susano, der Sturmgott, aus seiner Nase geboren. Izanagi war außer sich vor Glück über diese drei edlen Kinder. Er schenkte Amaterasu sein Halsband und beauftragte sie, den Himmel zu regieren, dann hieß er Tsukuyomi, das Reich der Nacht, und Susano, den Ozean zu verwalten. Amaterasu und Tsukuyomi gehorchten, aber Susano schrie, zeterte und schäumte so vor Wut, daß die Berge zu schrumpfen und Flüsse und Meere auszutrocknen begannen. Überall surrten die bösen Gottheiten wie Schmeißfliegen umher, und Katastrophen aller Art brachen herein. Als Izanagi seinen Sohn nach einer Erklärung für sein Verhalten fragte, antwortete Susano: »Ich möchte meiner Mutter ins Reich Yomis folgen.« Das brachte Izanagi so in Wut, daß er Susano in die Unterwelt verbannte.

Amaterasu und Susano

Susano bat um die Erlaubnis, den Himmel besuchen zu dürfen, um sich von seiner Schwester Amaterasu zu verabschieden, bevor er für immer in die Unterwelt hinabstiege. Das wurde ihm gewährt, und so begab sich Susano in den Himmel. Aber da er sich wild und stürmisch gebärdete, brachte er die Wellen des Meeres in Wallung und bewegte Hügel und Berge zu lautem Gejammer. Auch Amaterasu verfiel in helle Aufregung und war von tiefem Mißtrauen gegen ihren ungestümen Bruder erfüllt. Daher bewaffnete sie sich und forderte ihn zum Kampf heraus. Susano versuchte ihr vergeblich zu erklären, daß er nicht in böser Absicht gekommen sei, aber sie verlangte erst nach einem Beweis. So schlug Susano vor, beide sollten einen Eid schwören, um herauszufinden, wer im Recht sei. Beide würden durch den Akt des Schwurs Kinder gebären, und als Beweis für Susanos gute Absichten und die Reinheit seines Herzens sollte die Geburt von männlichen Kindern gelten. So standen sie einander nur durch den himmlischen Fluß getrennt gegenüber, und jeder sprach seinen Eid. Dann tauschten sie die Insignien ihrer Macht aus, Amaterasu nahm Susanos langes Schwert und Susano das Geschmeide seiner Schwester. Die Sonnengöttin war als erste an der Reihe: Sie brach das Schwert in drei Teile, kaute diese und spuckte sie anschließend aus. Dem Nebel des Wassers entstiegen drei weibliche Gottheiten. Susano tat dasselbe mit dem Geschmeide, und so entstanden fünf männliche Gottheiten. Auf diese Weise bewies er seine Unschuld und durfte im Himmel bleiben.

Susano wurde nun wegen seines Triumphes immer eingebildeter und zügelloser. Auf Amatera-

Die beiden Hauptreligionen Japans sind der Shinto (»der Weg der Götter«), japanischen Ursprungs, und der Buddhismus, der von China über Korea importiert wurde und sich mit der Shinto-Religion vermischte. Die einheimische japanische Mythologie wurzelt in der Shinto-Tradition. Das Torii, das Schreintor, ist ein charakteristischer Teil des Shinto-Schreins. Das hier abgebildete Tor befindet sich im heiligen Hain von Ise, dessen Schreine der Sonnengöttin und der Göttin des Getreides gewidmet sind. Alle 20 Jahre werden die Schreine neu gebaut.

sus himmlischen Feldern zerstörte er die Deiche zwischen den einzelnen Reispflanzungen und schüttete die Bewässerungsgräben zu. Als Amaterasu das Fest der Ersten Früchte feiern wollte, da beschmutzte er mit seinen Exkrementen den Neuen Palast. Trotz des schlechten Betragens ihres Bruders war Amaterasu erstaunlich langmütig. Aber dann beging Susano die schlimmste seiner Untaten: Als er Amaterasu in der heiligen Webhalle beobachtete, in der auch ein himmlisches Mädchen an den göttlichen Gewändern webte, zog er einem scheckigen Himmelsfohlen das Fell ab, bohrte ein Loch in das Dach der Halle und schleuderte das Fohlen hinein. Zu Tode erschrocken über diesen abscheulichen Anblick stieß das Mädchen mit ihren Geschlechtsteilen gegen das Weberschiffchen und war sofort tot. Amaterasu war darüber so erzürnt, daß sie sich in die himmlische Höhle einschloß. Über Himmel und Erde senkte sich Finsternis, und es war ewige Nacht.

Die achthundert Myriaden Götter, die auf der Ebene des Hohen Himmels wohnten, versammelten sich am Ufer des himmlischen Flusses, um zu beraten, wie sie die Sonnengöttin am besten beschwichtigen könnten. Omoigane-no-kami, der Gott der Weisheit, wurde herbeigeholt, um einen Ausweg zu ersinnen. Man riß Bäume aus, stellte sie vor die Höhle und dekorierte sie mit einem Spiegel aus der Hand eines berühmten Schmieds, mit Perlschnüren und Opfergaben aus Tuch. Dann begann die Göttin Ame-no-uzume auf einem umgestürzten Eimer zu tanzen und entblößte ihre Brüste und Genitalien in Ekstase. Die achthundert Myriaden Götter mußten darüber so lachen, und sie spendeten so wilden Applaus, daß der Himmel anfing zu beben. Da öffnete Amaterasu, von Neugier überwältigt, einen Spalt der Höhlentür und erkundigte sich nach dem Grund der Heiterkeit. Ame-no-uzume antwortete, man habe eine neue, über Amaterasu stehende Göttin herbeigeholt. Schnell brachten andere Götter den Spiegel in ihr Blickfeld, so daß sie sich darin, ohne es zu wissen, selbst sah. Langsam kam sie nun aus ihrer Höhle hervor, um sich dem Spiegel zu nähern. Daraufhin packte sie Tajikara-no-mikoto, der Gott mit den starken Armen (eine Vergöttlichung der physischen Stärke), an der Hand und zog sie ganz aus der Höhle. Jetzt wurden Himmel und Erde wieder hell. Die Götter hielten schließlich einen Rat ab und beschlossen, Susano aus dem Himmel zu verstoßen.

Der Drache mit den acht Schwänzen

Nach seiner Verbannung aus dem Himmel stieg Susano in die Provinz Izumo hinab. Dort traf er am Oberlauf des Flusses Hi ein altes Ehepaar mit seiner Tochter. Das Ehepaar weinte, da das Mädchen Kushinada-hime einem Drachen mit acht Schwänzen geopfert werden sollte. Dieser Drache kam jedes Jahr und hatte zuvor schon Kushinadas sieben ältere Schwestern verschlungen. Seine Augen hatten die Farbe der Winterkirsche, er besaß acht Köpfe und acht Schwänze, auf seinem Rumpf wuchsen Moos, Zypressen und Zedern. Er war so riesig, daß er mit seinem Leib über acht Täler und Bergspitzen ragte, und aus seinem Bauch sickerte Blut. Susano ver-

Oben und rechts außen: In frühen Zeiten stellte man Shinto-Gottheiten nicht bildlich dar; aber nachdem der Buddhismus zur Hauptreligion Japans geworden war, fanden auch Abbildungen buddhistischer und gemischt buddhistisch-shintoistischer Gottheiten ihren Platz in einigen Schreinen. Hier zwei Holzfiguren shintoistischer Gottheiten.

Oben Mitte: Ein Torii im Ozean. Es ist der Eingang zum Miyajima-Schrein, in der Nähe Hiroshimas, der drei Göttinnen geweiht ist, den Töchtern Susanos. Susano war der Sturmgott und galt als Versinnbildlichung der ungestümen Männlichkeit.

sprach, das Mädchen vor dem Ungeheuer zu retten, stellte aber die Bedingung, daß sie nach vollbrachter Tat seine Frau würde.

Als der alte Mann und seine Frau erkannten, mit wem sie sprachen, waren sie einverstanden. Zunächst verwandelte Susano Kushinada in einen Kamm, den er in seinen Haarknoten steckte, dann hieß er das alte Paar Sake (Reiswein) keltern und diesen in acht Fässer abfüllen. Als der Drache erschien und die Fässer sah, trank er mit jedem der Köpfe ein Faß leer, so daß er volltrunken in tiefen Schlaf fiel. Susano zog nun sein Schwert und vierteilte den Drachen. Als er dessen mittleren Schwanz traf, wurde die Klinge seines Schwertes ein wenig schartig. Er wunderte sich darüber und schlug mit seinem Schwert eine tiefere Kerbe. Da entdeckte er im Innern des Schwanzes ein anderes Schwert. Er hielt es für ein göttliches Schwert und schenkte es deshalb seiner Schwester Amaterasu. Schließlich heiratete er Kushinada.

Susano wurde Ahnherr der herrschenden Familie der Provinz Izumo und tat dort viel Gutes. Man assoziiert ihn in Izumo mit der Fruchtbarkeit, und zu seinen Nachkommen werden Gottheiten der Flüsse, des Getreides, der Bäume und des Donners gezählt. Der bekannteste Gott unter seinen Kindern ist Okuni-nushi-no-miko-to, eine andere heldenhafte Gestalt der Izumo-Mythen.

Links: Amaterasu, die Sonnengöttin und wichtigste Gottheit Japans, kommt aus der Höhle hervor, in die sie sich eingesperrt hatte. Durch ihr Erscheinen werden Himmel und Erde wieder hell. Druck von Kunisaga, 19. Jahrhundert.

Die Abenteuer des Okuni-nushi

Okuni-nushi hatte 80 Brüder, die alle die schöne Prinzessin Yagami-hime heiraten wollten. Deswegen machten sie sich nach Inaba, der Heimat der Prinzessin, auf die Reise. Okuni-nushi aber ließen sie ihr Gepäck schleppen und behandelten ihn als ihren Diener. Da er so schwer zu tragen hatte, blieb er bald hinter den anderen zurück. Seine Brüder hatten auf ihrem Weg ein krankes Kaninchen, das sein Fell verloren hatte, getroffen und diesem heimtückischerweise eine Heilmethode empfohlen, die seinen Zustand noch verschlechterte. Bald darauf traf Okuni-nushi das unglückliche Kaninchen, das ihm erzählte, wie Krokodile ihm sein Fell abgezogen hatten und welch üblen Scherz sich seine Brüder mit ihm erlaubt hatten. Okuni-nushi hatte Mitleid mit dem Kaninchen und empfahl ihm die richtige Behandlung, so daß es wieder vollständig genas. Es eröffnete ihm dafür, daß die Prinzessin ihn und nicht seine Brüder heiraten würde; ungefähr zur gleichen Zeit teilte Yagami-hime ihren Freiern mit, daß sie ihre Heiratsanträge nicht annehmen, sondern Okuni-nushi zu ihrem Mann erwählen werde.

Okuni-nushis Brüder waren darüber so erzürnt, daß sie nun darauf sannen, ihn umzubringen. Als sie an einen Berg in der Provinz Hohki kamen, schlugen sie ihm vor, einen roten Eber zu fangen, den sie den Berg hinunterhetzen würden; aber sie ließen statt dessen einen rotglühenden Felsen hinabrollen, der dem Eber täuschend ähnlich sah. Als Okuni-nushi diesen fing, erlitt er tödliche Verbrennungen. Daraufhin stieg seine Mutter weinend in den Himmel und erflehte Hilfe bei Kami-musubi-no-kami, einem der Besonderen Himmlischen Götter. Dieser sandte Boten aus, um Okuni-nushi wiederzuerwecken.

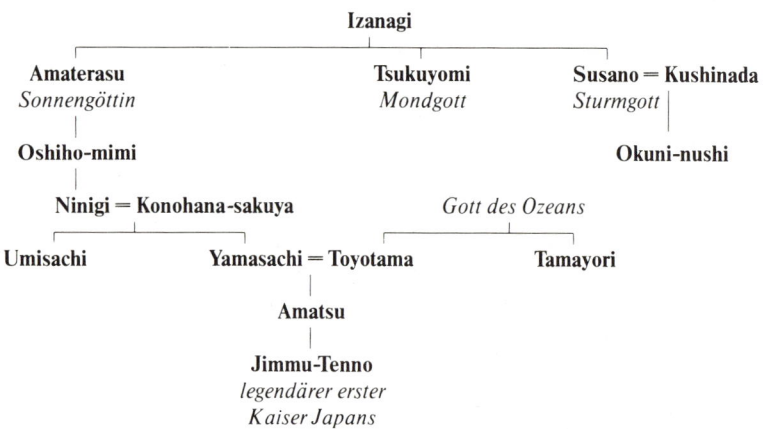

Oben: Der Reis- und Fruchtbarkeitsgott Inari, der jedes Frühjahr von seiner Bergbehausung in die Reisfelder hinabsteigt. Die Füchse sind seine Boten.

Als Okuni-nushis Brüder sahen, daß er wiederauferstanden war, brachten sie ihn in die Berge und quetschten ihn unter einem großen Baum zu Tode. Wieder fand seine liebevolle Mutter die Leiche und ließ ihn abermals zum Leben erwecken. Sie schlug ihm nun vor, Susano im Reiche Yomis aufzusuchen.

Okuni-nushi begab sich in Susanos Palast, wo ihm Prinzessin Suseri-bime, die Tochter der großen Göttin, zu seiner Begrüßung entgegenkam. Sie tauschten verliebte Blicke aus und vereinigten sich. Susano wollte nun Okuni-nushis Mut und Klugheit auf die Probe stellen. Als erstes sperrte er den Besucher in einen Raum, in dem Schlangen hausten, die nächste Nacht in ein Zimmer voller Tausendfüßler und Bienen. Mit Hilfe der Prinzessin verließ Okuni-nushi beidesmal unversehrt den Raum. Dann sollte er einen Pfeil zurückholen, den Susano in eine Ebene geschleudert hatte. Aber als er unterwegs war, setzte Susano das Gras in Flammen. Mit Hilfe einer Maus, die ihm einen Fluchtweg wies, wurde Okuni-nushi gerettet, und die Maus brachte ihm auch den Pfeil. Als er damit zurückkehrte, war Susano befriedigt und legte sich schlafen. Jetzt band Okuni-nushi Susanos Haarsträhnen an der Decke fest, blockierte den Eingang des Gemachs mit einem riesigen Felsen und floh dann mit der Prinzessin auf seinem Rücken. Als Susano erwachte, verfolgte er das Paar bis an die Grenze zwischen Yomis Reich und dem Diesseits und rief Okuni-nushi nach, er solle seine Brüder aufspüren und sie in die Knie zwingen: »Werde Okuni-nushi-no-mikoto (der Herr der Großen Erde) und mache meine geliebte Tochter zu deiner Hauptfrau.«

FAMILIENSTAMMBAUM DES ERSTEN KAISERS

Izanagi

- **Amaterasu** *Sonnengöttin*
  - **Oshiho-mimi**
    - **Ninigi = Konohana-sakuya**
      - **Umisachi**
      - **Yamasachi = Toyotama**
        - **Amatsu**
          - **Jimmu-Tenno** *legendärer erster Kaiser Japans*
- **Tsukuyomi** *Mondgott*
- **Susano = Kushinada** *Sturmgott*
  - **Okuni-nushi**

Gott des Ozeans
- **Toyotama**
- **Tamayori**

Das Tenson-korin

Die Izumo-Mythen berichten, daß Okuni-nushi auf Erden regierte, bis die Sonnengöttin Amaterasu ihn enterbte und ihren Enkel schickte, seinen Platz einzunehmen. Das *Tenson-korin* (das »Herabsteigen des Enkels«), die Geschichte, die erzählt, wie der Enkel des Himmels herabstieg, um die Erde zu regieren, gilt als eine der wichtigsten Episoden in der japanischen Mythologie, da sie die höchste Gewalt rechtfertigt, die Amaterasu auf das Kaiserhaus vererbt haben soll.

Amaterasu befahl: »Ashihara-no-mizuho-no-kuni –› das zentrale Land der Schilfebene ‹(literarischer Name für Japan) – soll von meinem Sohn Oshiho-mimi regiert werden.« Aber es kam ihr zu

Oben links: In der japanischen Volksüberlieferung gibt es sieben Gottheiten des Glücks und der Freude. Dieser Druck von Kushinada stellt sie auf einem Juwelenschiff dar. Zu ihnen zählt die Göttin Benten, die mit der Liebe, den Künsten und dem Meer assoziiert wird.

Oben: Elfenbeinfigur Hoteis, einer der Gottheiten des Glücks. Er ist freundlich, gelassen und zufrieden und wird oft als buddhistischer Priester abgebildet.

Links: Porzellanfiguren Daikokus, einer buddhistischen Gottheit des Reichtums, und einer weiteren Gottheit des Glücks. Im Shinto-Glauben wird Daikoku mit Okuni-nushi identifiziert, der die Erde regierte, bis die Sonnengöttin ihn ablösen ließ.

Oben: Im Buddhismus gibt es viele Paradiese und Höllen, in denen die Menschen entweder belohnt oder bestraft werden. Szene aus einer der Höllen. Spätes 12. Jahrhundert.

Rechts: Darstellung Ninigis, des Enkels der Sonnengöttin Amaterasu. Er stieg auf die Erde herab und regierte sie in Amaterasus Auftrag. Dieser Mythos rechtfertigte die Herrschaft des japanischen Kaiserhauses, das seine Abstammung von Amaterasu herleitet.

Ohren, daß unbotmäßige Gottheiten dort ihr Unwesen trieben und das Land in Aufruhr versetzt hatten. So schickte sie zunächst mehrere Expeditionen, um das Land unterwerfen zu lassen, aber alles war vergebens. Schließlich wurden die beiden Söhne Okuni-nushis doch in die Knie gezwungen, und so übergab auch der große Gebieter der Erde sein Land unter der Bedingung, daß man ihn in seinem Schrein in Izumo verehren und sich geziemend um seine Kinder kümmern würde.

Amaterasu verfügte nun abermals, Oshiho-mimi solle das Land regieren, aber dieser schlug seinen eben geborenen Sohn Ninigi als Regenten vor. Amaterasu war damit einverstanden und schickte ihren Enkel auf die Erde. Sie händigte ihm einige Reisrispen von einem heiligen Reisfeld aus, damit er auf Erden Reis anbauen und den himmlischen Gottheiten opfern könnte. Sie übergab ihm auch den Spiegel und das Geschmeide, zwei Dinge, mit denen sie aus der Höhle hervorgelockt worden war, sowie das Schwert Kusanagi-no-tsurugi (»das Schwert, welches das Gras bezähmt«), das Susano im Drachen mit den acht Schwänzen gefunden hatte. Sie nahm ihm das Versprechen ab, den Spiegel als ihre Seele zu betrachten und ihn zu verehren. (Der Spiegel, die Juwelen und das Schwert wurden die drei großen Embleme kaiserlicher Macht in Japan.)

Ninigi betrat die Erde, begleitet von einer Reihe himmlischer Gottheiten, auf dem Gipfel des Berges Takachiho (in Kyushu). Dort bot ihm der Berggott an, zwischen seinen beiden Töchtern zu wählen, zwischen der häßlichen Iwanaga-hime (Prinzessin des »Unwandelbaren Felsens«) und der vollendet schönen Konohana-sakuya-hime (Prinzessin »Blütenpracht«). Ninigi wählte die schönere jüngere Tochter, aber das erwies sich als falsch: Er hätte auch die ältere wählen sollen, damit ihm sowohl ein langes und dauerhaftes, einem Felsen vergleichba-

BUDDHISTISCHE GOTTHEITEN JAPANS

Der Buddhismus gelangte von China über Korea nach Japan. Als im 6. Jahrhundert n. Chr. Missionare aus Korea an den kaiserlichen Hof kamen, trat die kaiserliche Familie zum Buddhismus über. Anschließend gelangten Abschriften buddhistischer Texte aus China und Korea nach Japan, und chinesische buddhistische Sekten etablierten sich im Inselbereich. Nach der Gründung einheimischer japanischer Sekten wurde der Buddhismus die Hauptreligion Japans und vermischte sich mit dem Shinto. In vielen Shinto-Schreinen gab es fortan einen speziellen Altarraum, der dem buddhistischen Kult vorbehalten war; Shinto-Gottheiten verschmolzen mit buddhistischen Gottheiten. Die Sonnengöttin Amaterasu etwa galt als die Erscheinungsform des Buddha Vairocana, als »Große Sonne«. Im 17. Jahrhundert jedoch erfolgte eine Wiederbelebung des Shinto, und 1868 wurde dieser zur Staatsreligion erklärt. Gleichzeitig verbannte man die buddhistischen Gottheiten und Priester aus den Shinto-Tempeln. Gegenwärtig hat der Buddhismus in Japan eine größere Anhängerschaft als der Shinto.

Japanische Buddhas, Bodhisattvas (zukünftige Buddhas) und Gottheiten:

Amida: die japanische Form des Buddha Amitabha (»Unendlicher Glanz«), Herrscher des »Reinen Landes«, eines Paradieses im Westen; einige Sekten verehren ihn als den Erretter der ganzen Menschheit

Benten oder **Benzaiten**: eine Göttin, die mit Weiblichkeit, Liebe, dem Meer, der Musik und der Literatur assoziiert wird

Daikoku (Daikoku-ten): Gott des Reichtums, gleichgesetzt mit dem indischen Mahakala; im Shinto mit Okuni-nushi identifiziert

Dainishi-nyorai (»Große Sonne«): Buddha Vairocana (»der Erleuchtende«), der höchste Buddha der Shingon-Sekte

Emma-o: Herrscher der Unterwelt und das Oberhaupt der Richter in der Unterwelt (gleichzusetzen mit dem indischen Yama)

Fugen-bosatsu: Samantabhadra, die Bodhisattva-Form des Vairocana

Hosho-nyorai: Buddha Ratnasambhava (»der Juwelen-Geborene«), Hüter der Schätze

Ida-ten: Beschützer der buddhistischen Lehre, Beschützer des Rechts

Jizo-bosatsu: Ksitigarbha Bodhisattva, Beschützer der Menschheit und Erretter der Seelen aus der Unterwelt

Kannon-bosatsu: Buddha Avalokitesvara (der »Große Mitleidende«), einer der populärsten Gottheiten in Japan, manchmal männlich, manchmal weiblich; Kannon leitet sich aus dem chinesischen Kuan-yin ab

Kishi-mojin: eine Göttin, die Mütter und Kinder beschützt

Miroku-bosatsu: der zukünftige Buddha, Maitreya

Rakan: die ursprünglichen Schüler Buddhas (die indischen Arhats)

Yakushi-nyorai: Bhaishajyaguru, der Buddha der Heilkunst

Ganz links: Holzfigur Jizobosatsus, einer sehr populären Gottheit, die die Menschen, auch Kinder und schwangere Frauen, beschützt. Jizo-bosatsu ist in der Lage, Seelen aus der Hölle zu retten und sie ins Paradies zu bringen. Er ist das Äquivalent zu Ti-tsang in China und die japanische Form des indischen Bodhisattva Ksitigarbha. Gewöhnlich wird er als buddhistischer Mönch dargestellt.

Links: Holzfigur Kusho-jins, eines der Höllenrichter, 13. Jahrhundert.

Der Suwa-taisha-Schrein in der Präfektur Nagano. Mehrere hundert Jahre bestanden in Japan Shinto und Buddhismus gleichberechtigt nebeneinander; buddhistische Gläubige benutzten Shinto-Schreine. 1868 jedoch erklärte die japanische Regierung den Shinto zur Staatsreligion, und Shinto- und Buddhismus-Heiligtümer wurden daraufhin voneinander getrennt. Der Shinto genoß offizielle Förderung und war bis zum Ende des Zweiten Weltkrieges mit dem japanischen Nationalismus und Militarismus verknüpft.

res als auch ein Leben voller Blütenpracht beschieden gewesen wäre. Seine einseitige Entscheidung war die Ursache für die relativ kurze Lebensdauer aller folgenden Kaiser.

Bald teilte Konohana-sakuya Ninigi mit, daß sie schwanger sei und binnen kurzem niederkommen werde. Ninigi aber konnte nicht glauben, daß er sie in einer einzigen Nacht geschwängert hatte, und vermutete daher, daß sie das Kind irgendeiner irdischen Gottheit austrage. Deswegen zog sich Konohana-sakuya in einen türlosen Palast zurück und setzte diesen zur Stunde ihrer Niederkunft in Flammen. Sie gebar unversehrt drei prächtige Kinder und bewies damit ihre Aufrichtigkeit.

Unter diesen Kindern waren der Fischer Umisachi-hiko und der Jäger Yamasachi-hiko, dessen jüngerer Bruder. Eines Tages beschlossen sie, ihre Rollen zu tauschen. Aber Yamasachi fing nicht einen Fisch und verlor bei dem Rollentausch auch noch seines Bruders Angelhaken im Meer. Umisachi zog daraus die Lehre, man solle die Werkzeuge des eigenen Gewerbes niemals aus der Hand geben, und stellte fest, die magischen Kräfte, mit denen man zum Erfolg gelange, seien nicht übertragbar. Yamasachi zerschlug daraufhin sein Schwert und machte tausend Angelhaken daraus, aber Umisachi wollte diese nicht annehmen und bestand auf der Rückgabe seines eigenen Angelhakens.

Da machte sich Yamasachi auf, um sich beim Meeresgott Rat zu holen. Als dessen Tochter Toyotama ihn sah, verführte sie ihn, und weil Yamasachi dem Gott gefiel, gab er ihm seine Tochter zur Frau. Nachdem er drei Jahre beim Meeresgott geblieben war, erinnerte er sich an den Grund seines Kommens und bat diesen um Hilfe. Der Gott rief daraufhin alle Fische des Meeres zusammen und schließlich fand sich der verlorengegangene Haken in einem Fisch wieder, der ihn verschluckt hatte. Yamasachi nahm den Haken an sich und kehrte zu seinem Bruder zurück, aber dieser wollte ihm immer noch nicht verzeihen. Deshalb verursachte Yamasachi mit einem magischen Edelstein, den ihm der Meeresgott gegeben hatte, seinem Bruder so große Qualen und Schmerzen, daß dieser schließlich schwor, ihm fortan Tag und Nacht zu dienen.

Bald darauf kam Toyotama vom Meeresgrund zu Yamasachi herauf und teilte ihm mit, daß sie in Kürze ein Kind gebären werde. Sie halte es aber für unschicklich, es auf dem Meeresboden zur Welt zu bringen, da es das Kind einer himmlischen Gottheit sei. Außerdem eröffnete sie ihm, daß sie sich bei der Geburt in ihre ursprüngliche Gestalt zurückverwandeln werde und er sie deshalb nicht beobachten dürfe. Yamasachi fand das seltsam und belauschte sie daher heimlich: Sie verwandelte sich in ein riesiges Krokodil, kroch und rutschte auf dem Boden herum, während sie einem Knaben das Leben schenkte. Als sie merkte, daß ihr Mann sie beobachtet hatte, war sie so beschämt, daß sie ins Meer floh und den Knaben zurückließ. Dieser heiratete später seine Tante, Tamayori-hime, mit der er viele Kinder zeugte. Eines von diesen wurde der legendäre erste Kaiser Japans, Kaiser Jimmu. Das war der Beginn der historischen Ära.

Charakteristika der japanischen Mythologie

Die japanische Mythologie ist hoch politisch und nationalistisch gefärbt, da sie in der Mythologie des Kaiserhauses wurzelt, in die lokale Mythen verwoben worden sind. Es wird häufig behauptet, daß sie der tragischen Größe entbehre, da leidenschaftliche Konflikte und Streitigkeiten im allgemeinen durch einen friedlichen Kompromiß gelöst würden.

Die Takamagahara-Mythen gruppieren sich um Amaterasu, die Sonnengöttin, und umfassen die Darstellung ihres Konflikts mit Susano, ihren Rückzug in die Höhle, und das *Tenson-korin.* Vereinfacht ausgedrückt, spiegelt sich in diesen Mythen eine Jäger-Kultur, die mit Elementen der Sonnenverehrung verwoben ist. Die Izumo-Mythen, die um Susanos Heldentaten auf der Erde und die Abenteuer Okuni-nushis kreisen, fußen auf einer Ackerbau-Kultur, die eher auf den Regen als auf die Sonne konzentriert ist und die Verehrung der Erdgottheiten und der Gottheiten der Unterwelt zum Inhalt hat.

NAHER UND MITTLERER OSTEN

SIEBENTES KAPITEL

MESOPOTAMIEN

Fast zwei Jahrtausende lang waren die alten Mythen Mesopotamiens fast völlig in Vergessenheit geraten. Es blieben einige ungenaue Angaben, die man bei den Autoren der griechisch-römischen Antike finden konnte, und es gab einige Hinweise in der Bibel, aber diese Geschichten waren im Laufe der Zeit völlig durcheinandergebracht worden. Zuerst schrieben mesopotamische Schreiber diese Mythen in Keilschrift auf Tontafeln (in sumerischer oder akkadischer Sprache). Die Kenntnis dieser Schrift ging jedoch vor etwa zweitausend Jahren verloren, und so konnte die sumerische und akkadische Literatur erst nach der Entzifferung der Keilschrift durch die europäischen Gelehrten des 19. Jahrhunderts wiederentdeckt werden.

Aber auch nach der Entzifferung der Schrift waren diese Sprachen nicht leicht zu verstehen. Bis heute existieren keine vollständigen sumerischen oder akkadischen Wörterbücher, und jede Übersetzung, die vor 1939 erschien, ist mit großen Mängeln behaftet. In den letzten Jahren gab es rasche und bedeutende Fortschritte in der Linguistik, und die Archäologen haben eine große Anzahl beschriebener Tontafeln in den Ruinen der mesopotamischen Städte entdeckt. Wir müssen uns darüber klar sein, daß unser Wissen in den nächsten Jahrzehnten noch beträchtlich anwachsen wird.

Die ersten schriftkundigen Bewohner Mesopotamiens nannten das Land Sumer – und deshalb werden sie von uns Sumerer genannt. Irgendwann scheinen sie in diese Region eingewandert zu sein, doch wissen wir weder wann noch woher. Vielleicht um 3500 v. Chr. ließen sie sich in der Nachbarschaft des östlichen Verbreitungsgebietes semitischer Dialekte nieder. Sumerisch war keine semitische Sprache, aber die von den Sumerern entwickelte Keilschrift wurde bald auch von den semitischen Akkadern übernommen. An Hand unzähliger Tontafeln, die erhalten geblieben sind, ist es heute möglich, einiges von dem zu rekonstruieren, was die Bewohner Mesopotamiens über die Götter glaubten, obgleich einige Einzelheiten unklar sind und man nicht weiß, wie verbreitet diese Glaubensvorstellungen in Mesopotamien waren. Auch fällt es schwer, die sumerischen Elemente von den semitischen zu trennen, denn bei der Vermischung der beiden Kulturen scheinen auch mythische Themen übernommen und zum Teil neu interpretiert und in neue Zusammenhänge gestellt worden zu sein.

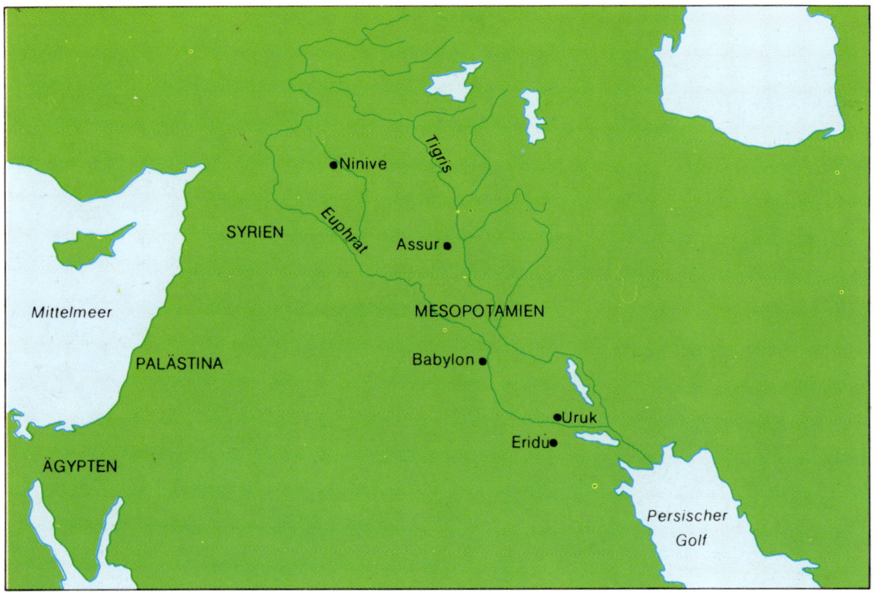

Die Schöpfung und die Sintflut

Der bekannteste mesopotamische Mythos handelt von der großen Flut, mit der die Götter alles Leben auf Erden vernichten wollten. Die mesopotamische Version ähnelt sehr dem Sintflutbericht der Bibel, aber es handelt sich um ein Gedicht – nicht um einen Prosabericht. Vier sumerische Götter hatten mit dem Plan dieser alles vernichtenden Flut zu tun: An (der Himmels- und Schöpfergott, der Vater der Götter), Enlil (der Sturmgott und Ratgeber der Götter, der Besitzer der »Schicksalstafeln«), Ninurta, der Sohn Enlils (der Kriegs- und Jagdgott, den die Bibel als Nimrod, »den großen Jäger vor dem Herrn« kennt, der »Thronträger« genannt) und Ennugi (der »Schutzherr der Kanäle«). Ein fünfter Gott, Enki, (akkad. Ea), der Herr des Apsu (des »Süßwasserozeans«, d. h. des Grundwassers), verriet den Plan dem König Ziusudra (im *Gilgamesch-Epos* Utnapischtim genannt) und empfahl ihm, ein Schiff zu bauen, um sich zu retten.

Ut-napischtim erbaute das Boot nach den Anweisungen des Gottes (so die Handlung jener Version, die in das *Gilgamesch-Epos* eingeschoben ist). Er lud alle nötigen Vorräte ein, sogar Gold und Silber, und brachte seine Familie sowie einige Wildtiere an Bord. Dann kam ein schrecklicher Sturm auf, der sogar die Götter im Himmel erschreckte. »Die Götter kauerten sich wie Hunde an der Mauer zusammen.«

Die Flut dauerte sieben Tage und Nächte. Danach landete das Boot auf einem Berg. Ut-napischtim sandte zuerst eine Taube aus, dann eine Schwalbe und schließlich einen Raben. Die ersten beiden kehrten zu ihm zurück, nicht jedoch der Rabe, weil sich das Wasser verlaufen hatte. Ut-napischtim opferte nun allen Göttern, außer Enlil, den er hauptsächlich für die Flut verantwortlich machte. Enlil ärgerte sich, daß jemand am Leben geblieben war, doch stimmte er zu, Ut-napischtim und seine Frau zu segnen, und er sagte, sie sollten wie die Götter werden. Schließlich wurden beide an einen fernen paradiesischen Ort versetzt »an der Mündung der Ströme«.

Aus anderen Quellen, vor allem aus dem babylonischen Schöpfungsmythos *Enuma elisch,* erfährt man mehr über die Götter. In diesem Text gilt An als der Nachkomme zweier anderer Gottheiten (Anschar und Kischar) und als Vater von Nudimmud, der auch Ea (= Enki) genannt wird. (In sumerischen Mythen war Ki, semitisch Antu, die Gemahlin des

An.) Diese ersten Götter galten (in Babylon) als Nachkommen der Urkräfte Apsu und Tiamat. (Apsu, das männliche Prinzip, ist das Süßwasser unter der Erde, das sie Quellen speist, und Tiamat, das weibliche Prinzip, ist das Meer, das die Erde umgibt.)

Die meisten Einzelheiten dieses Mythos haben wenig mit der Erschaffung der Welt zu tun, sondern behandeln die Rivalitäten verschiedener Gruppen von Göttern. Zwei dieser Kämpfe werden beschrieben; im ersten wird Anschar von Ea besiegt, und im zweiten, der die Haupthandlung ausmacht, wird das Ur-Monster Tiamat von Marduk vernichtet, der aus ihrem Leib die Welt formt. Marduk war der Stadt-, später der Reichsgott von Babylon; nach seinem Sieg wurde ein gemeinsames Heiligtum für Enlil, Ea und Marduk errichtet. Offensichtlich spiegelt die Verherrlichung Marduks in diesem Mythos den

Machtzuwachs Babylons wider. Dem heroischen Gott wurden fünfzig rühmende Beinamen verliehen, und zuletzt nennt ihn Enlil noch »Herr aller Länder«. Danach ergreift Ea das Wort, um Marduk seinen eigenen Namen zu verleihen:

»Er, dessen Name von seinen Vorfahren gerühmt
wurde,
Er wird mir sicherlich gleichen, sein Name wird Ea
sein.
Er soll all meine Riten überwachen
Und er soll meine Anordnungen durchführen.«

Die Rezitation dieses Mythos war ein Akt des Patriotismus, wie eine andere Tafel beweist, welche das Ritual beschreibt, mit dem Babylonier ihr Neujahrsfest feierten. Diese Feier dauerte elf Tage, und am vierten Tag mußte der Priester diesen langen Schöpfungsmythos (mit mehr als tausend Zeilen Text) vortragen. Dies war nicht der einzige, aber wohl der wichtigste Text, der rezitiert werden mußte. Der König mußte an diesem Ritual teilnehmen, und die Verlesung des Mythos von Marduks Erfolg sollte vermutlich ein glückliches und erfolgreiches neues Jahr herbeiführen. Dementsprechend galt es als böses Vorzeichen, wenn der König nicht an der Feier teilnahm und der Mythos einmal nicht vorgetragen wurde.

Die »Schicksalstafeln«

Eines der Symbole von Marduks Macht und Autorität war der Besitz der »Schicksalstafeln«. Obgleich man nicht genau weiß, was die Schicksalstafeln waren, kennen wir einen Mythos, der davon berichtet, wie sie von einem geheimnisvollen Vogel-Gott (?) namens Zu gestohlen wurden. Die Tontafeln, auf denen diese Mythe vom Sturmvogel Zu verzeichnet ist, sind stark beschädigt, aber aus dem, was erhalten geblieben ist, kann man ersehen, daß die Götter verzweifelt waren, als sie die Schicksalstafeln verloren.

»Vater Enlil, ihr Ratgeber, war sprachlos,
Eine blendende Helligkeit erschien, alles wurde still,
Alle minderen Gottheiten waren verstört,
Der Glanz des Heiligtums war verlorengegangen.«

An koordinierte die Maßnahmen und sagte, wem es gelänge zuzuschlagen, dessen Name sollte der größte von allen sein. Zuerst forderten die Götter Adad (Hadad), den Sturmgott auf, für sie zu streiten, doch dieser wollte nicht gegen den schrecklichen Vogel kämpfen. Dann riefen sie Gibil, den Feuergott, auf und Schara, den ältesten Sohn der Ischtar, die ebenfalls vor dem Kampf zurückschreckten. An dieser Stelle ist der Text beschädigt. Wir wissen deshalb nicht, wer schließlich als Kämpfer ausgewählt wurde. Auf einigen Tontafeln wird Ninurta erwähnt, andere verbinden Marduk mit dem Sieg über Zu.

Der Held, wer es auch gewesen sein mag, wurde durch eine Rede einer Göttin (Makh, Nansche oder Mammi) angefeuert:

»Besiege ihn mit deinem schrecklichen Schrei,
Laß es dunkel um ihn werden, daß er kaum
etwas erkennen kann,
Laß ihn nicht entkommen, wenn du ihn triffst,
laß seine Stärke zur Schwäche werden,
Laß die Sonne nicht über ihm scheinen,
verdunkle den Tag,

Oben: Die Abenteuer des sagenhaften Helden Gilgamesch wurden häufig auf Rollsiegeln dargestellt. Mit derartigen Siegeln wurden Verträge auf Tontafeln gesiegelt, von denen man unzählige gefunden hat. Einige Siegel zeigen nur bildliche Darstellungen, andere tragen Inschriften. Diese Abrollung eines Siegels aus dem 3. Jahrtausend v. Chr. zeigt vielleicht Ziusudra, den König von Schurruppak (Fara), den die Babylonier Ut-napischtim nannten, in seinem Boot, mit dem er, dem Rat des Gottes Enki (Ea) folgend, der großen Flut entging. Rechts daneben sieht man einen Helden (Gilgamesch?) mit einem Stiermenschen kämpfen.

Links: Diese Abrollung eines sehr detaillierten Rollsiegels des Schreibers Adda (ca. 2250 v. Chr.; links im Kasten sein Name) zeigt mehrere Götter, die man als solche an ihren Hörnerkronen erkennt: Der Gott des Wassers und der Weisheit Ea (dessen Kennzeichen Wasserströme sind, in denen Fische schwimmen) besteigt einen Berg, gefolgt von seinem januskköpfigen Gehilfen Usmu. Er hält einen Vogel in der Hand (vielleicht Zu), der Schamasch (Utu), dem Sonnengott mit Sonnenstrahlen auf seinen Schultern, zugewandt ist, welcher zwischen den Bergen aufsteigt. Links oben auf dem Berg steht Ischtar. Ganz links erkennt man den Gott Ninurta mit einem Bogen in der Hand und einem Löwen.

Zerstöre seine Lebenskraft, schränke seine Handlungsfähigkeit ein,
Laß den Wind ihn an unbekannte Orte forttragen.«

Bis zu diesem Zitat folgen wir den ältesten (altbabylonischen) Texten (um 2000 v. Chr.), aber die weiteren Informationen über diesen Mythos verdanken wir assyrischen Texten, die in der Bibliothek des Königs Assurbanipal (669/68 bis etwa 630 v. Chr.) in Ninive gefunden wurden. Es scheint sich demnach so verhalten zu haben, daß Zu ein Diener Enlils war, der die Schicksalstafeln zu sehen bekam und sie begehrte.

»Ich werde die Schicksalstafeln an mich nehmen,
Ich will den Befehl über die Götter an mich bringen, über sie alle...«

Zu wartete eine günstige Gelegenheit ab, als sich Enlil eines Abends wusch, und flog mit den Tafeln auf einen fernen Berg. Enlil beriet sich mit den anderen Göttern, wie sie Zu töten und die Tafeln wiedererlangen könnten.

Kürzlich wurden viele fragmentarische Tontafeln gefunden, die auf diesen Mythos Bezug nehmen. Die längste von ihnen beschreibt den Kampf mit Zu, und in dieser Version ist Ninurta der Kämpfer. Er wurde von Adad, dem Sturmgott, unterstützt, der Stürme und Überschwemmungen schickte, »Todeswolken entstanden, diese entluden Regenmassen, Blitze flogen wie Pfeile«, doch keiner konnte Zu erreichen, weil dieser die Schicksalstafeln besaß. Deshalb befahl Ea, der den Kampf aus der Ferne leitete, daß der Südwind den Vogel überwältigen sollte, es wäre dann möglich, »seine Flügel abzuschneiden und sie links und rechts herabfallen zu lassen«.

Diese Geschichte zeigt, daß unser Wissen über mesopotamische Mythen aus unterschiedlichen Quellen gespeist wird, die in vielen Einzelheiten stark voneinander abweichen. Wir sehen, daß in mythologischen Erzählungen ein Gott die Rolle eines anderen übernehmen kann, je nachdem, wann und wo der Mythos erzählt wird. Es gibt auch ein Beispiel dafür, daß ein Mythos mit einem bestimmten Ritual verbunden war. Zum Bau einer neuen Trommel für den Tempel nahm man das Fell eines schwarzen Stiers, der vorher von einem Priester geschlagen wurde; dieser mußte dem Stier dabei einen Spruch ins linke Ohr sagen: *»alpu illitu Zi attama«* (»Du, oh Stier, bist ein Nachkomme von Zu«). Nach weiteren Beschwörungen und Riten wurde der Stier geschlachtet, und sein Herz wurde vor der Trommel verbrannt. Aber wir kennen nicht den Zusammenhang zwischen dem rebellischen Zu und dem heiligen Stier.

Tod und Unterwelt

Die mesopotamischen Mythen waren im Nahen Osten weithin bekannt. Auf zwei Beispiele stieß man bei den Ausgrabungen im ägyptischen Tell el-Amarna. Eine dieser Erzählungen, der *Adapa-Mythos*, handelt von dem Helden Adapa, der die Chance hatte, unsterblich zu werden, und der diese Chance nicht nützte.

Abrollung eines akkadischen Serpentinsiegels (B. M. 103317, 3. Jahrtausend v. Chr.): Der Vogelmensch Zu wird vor seinen Richter Ea (kenntlich an dem von seinen Schultern fließenden Wasser) geführt, der auf einem Thron sitzt. Eine Gottheit bedroht Zu mit einem Speer. Im Mythos hatte Zu dem Gott die »Schicksalstafeln« gestohlen.

Adapa lebte in der Stadt Eridu im südlichen Mesopotamien. Der Gott Ea (Enki), der »Weise Gott von Eridu«, schuf ihn als einen vorbildlichen Menschen. Jeden Tag fuhr Adapa mit seinem Boot zum Heiligtum des Gottes, aber einmal trieb der Wind sein Boot auf das Meer hinaus; es kenterte, und Adapa »ging hinunter in das Haus der Fische«. Ärgerlich drohte er, dem Südwind die Flügel zu brechen, und kaum hatte er seinen Fluch ausgesprochen, da waren die Flügel des Windes gebrochen.

Nach sieben Tagen, da der Wind nicht weiter wehte, hörte An, der König der Götter, was geschehen war, und er befahl, daß Adapa zu ihm gebracht werde. Ea, der Adapa geschaffen hatte warnte diesen:

»Wenn du vor An stehst,
Wenn sie Dir das Brot des Todes anbieten, sollst Du es nicht essen.
Wenn sie Dir das Wasser des Todes anbieten, sollst Du es nicht trinken.
Wenn sie Dir ein Kleidungsstück anbieten, zieh es an.
Wenn sie Dir Öl anbieten, dann salbe Dich.«

Als Adapa jedoch vor An geführt wurde, da verurteilte ihn der Gott nicht, sondern tadelte Ea.

»Warum hat Ea den Plan von Himmel und Erde
Einem wertlosen menschlichen Wesen enthüllt?...
Was sollen wir jetzt mit Adapa tun?
Gebt ihm das Brot des Lebens zu essen!
Aber als sie ihm das Brot des Lebens brachten, da aß er es nicht.
Als sie ihm das Wasser des Lebens brachten, da trank er es nicht.
Als sie ihm ein Gewand brachten, da zog er es an.
Als sie ihm Öl brachten, salbte er sich.«

Adapas Weigerung, das Brot zu essen und das Wasser zu trinken, überraschte An. Er befahl, ihn auf die Erde zurückzuschaffen. Adapa hatte seine Chance, die Unsterblichkeit zu erlangen, vertan.

Wir wissen nicht, wie der Mythos endet, denn die Tafeln sind zerbrochen, aber es scheint, daß die Stadt Eridu dadurch eine Vorrangstellung erlangte, daß »Adapa zum Himmel aufstieg«. Wenn dem so ist, dann sollte der Mythos die Privilegien dieser Stadt erklären.

Der andere mythologische Text, der Mythos von *Nergal und Ereschkigal,* den man in Tell el-Amarna fand, handelt von den Kommunikationsschwierigkeiten zwischen dem Himmel, dem Wohnsitz der wichtigsten Götter, und der Unterwelt, »dem Land ohne Wiederkehr«, das von der Göttin Ereschkigal beherrscht wurde.

»Als die Götter ein Festessen vorbereiteten,
Da sandten sie einen Boten an ihre Schwester Ereschkigal.
Wir können nicht zu Dir hinabsteigen und Du kannst nicht zu uns heraufkommen,
Schicke deshalb jemanden, der Dir Deinen Anteil bringt.«

Ereschkigal sandte ihren Boten Namtar, den einer der Götter, Nergal, mißachtete. Als Namtar dies seiner Herrin berichtete, schickte sie ihn zurück und sagte:

»Der Gott, der sich nicht vor meinem Boten erhob –
Bringe ihn mir, damit ich ihn töte!«

Namtar hatte einige Schwierigkeiten, Nergal wiederzufinden; dieser hatte seinen Fall Ea, seinem Vater, vorgetragen. Ea versprach Nergal, ihm zu seinem Schutz Dämonen mitzuschicken, wenn er sich mit der wütenden Ereschkigal träfe. Nergal stieg hinab zum Tor der Unterwelt und Ereschkigal drohte, ihn zu töten. Hier sind die Tafeln zerbrochen, doch zeigen einige Zeilen am Ende, daß es Nergal gelang, Ereschkigal zu besiegen.

»Im Hause bekam er Ereschkigal zu fassen.
Er zog sie an ihren Haaren vom Thron herunter
Auf den Grund und drohte ihr, ihr den Kopf abzuschneiden.
Als sie um ihr Leben bat, da weinte sie und sagte:
»Sei mein Mann und ich will deine Frau sein,
Ich will deine Autorität in der Unterwelt anerkennen.
Ich will die Tafeln der Weisheit in deine Hand geben.
Du wirst der Herr sein und ich die Herrin.«

Nergal küßte und beruhigte sie mit den Worten: »Was Du von mir gewollt hast in den letzten Monaten, das sollst Du jetzt haben.«

Ischtars Abstieg in die Unterwelt

Die Unterwelt wird in vielen Mythen erwähnt, aber die vielleicht treffendste Beschreibung findet man in dem Gedicht von *Ischtars* (sumerisch Inannas), *Gang zur Unterwelt.* In diesem Text wird die Unterwelt »Das Land ohne Wiederkehr« genannt.

»Jene, die es betreten, sehen kein Licht mehr.
Sie erhalten nur Staub und Erde zu essen.
Sie sind gekleidet wie Vögel, ihre Gewänder haben Schwingen,
Staub liegt auf den Toren und auf den Riegeln.«

Ischtar, die schöne Göttin der Liebe, ging hinab in die Unterwelt. Die Herrin der Unterwelt Ereschkigal wies den Türhüter an, Ischtar so zu behandeln, »wie es seit altersher üblich ist«, und das bedeutete, als die Göttin die sieben Tore der Unterwelt passierte, da wurden ihr am ersten Tor die Kleider und die Krone abgenommen, am zweiten Tor die Ohrgehänge, dann ihr Halsband, ihr Brustschmuck, ihr Gürtel, ihre Armbänder und der Schmuck ihrer Fußgelenke und schließlich ihre Unterwäsche. Dann wurde sie nackt vor Ereschkigal gebracht, die sie mit den »sechzig Qualen« an jedem Körperteil folterte. Die Folgen von Ischtars Gefangenschaft machten sich bald im Lande der Lebenden bemerkbar, denn die Erde verlor ihre Fruchtbarkeit und die Götter berichteten Ea, »dem König«:

»Seit Ischtar in das Land ohne Wiederkehr hinabgestiegen ist,
Bespringt der Stier nicht mehr die Kuh,
Der Esel nicht mehr die Eselin,
Der Mann auf der Straße kommt nicht mehr zum Mädchen.«

Ea schuf einen Eunuchen und schickte ihn zu Ereschkigal. Als dieser darum bat, aus dem Schlauch trinken zu dürfen, der das »Wasser des Lebens« enthielt, da verwünschte sie ihn.

»Deine Nahrung soll der Abfall der Stadt sein,
Dein Trank soll das Abwasser der Stadt sein,
Du sollst im Schatten stehen unter der Stadtmauer
Du sollst auf der Schwelle hausen
Und die Betrunkenen und die Dürstenden sollen deine Wange schlagen.«

Ischtar (sumerisch Inanna) war die Göttin der Liebe, der Fruchtbarkeit, aber auch des Krieges, ihr Stern war die Venus. Hier sieht man sie in kriegerischer Haltung auf dem Rücken eines Löwen stehen. Diese Stele aus dem 8. Jahrhundert v. Chr. wurde in Tell Asmar gefunden. Die Geschichte von Ischtars (Inannas) Abstieg in die Unterwelt ist in vielen Varianten überliefert (allerdings stets nur bruchstückhaft, deshalb ist die Deutung vieler Einzelheiten und Zusammenhänge umstritten).

DIE WICHTIGSTEN GÖTTER

In den mesopotamischen Texten wird eine große Anzahl von mächtigen und weniger bedeutenden Göttern genannt. Einige sind Verkörperungen von Naturphänomenen wie Sturm oder Wasser, andere sind die Schutzgötter von Städten und Staaten. Die folgenden werden in den uns bekannten Mythen am häufigsten genannt:

An: König der Götter, Himmelsgott (Gemahl der Antu; sum. Ki)
Enlil: Ratgeber der Götter, Sturmgott
Ninlil: Gattin des Enlil
Ninurta: Kriegs- und Jagdgott, Gott des Südwinds, göttlicher »Thronträger«, Sohn des Enlil
Adad (Hadad): semitischer Sturmgott, eine Entsprechung des sumerischen Enlil
Ea (sum. Enki): Gott des Wassers und der Weisheit
Ninchursag: Erdgöttin, Gattin des Ea (Enki)
Sin (sum. Nanna): Mondgott
Schamasch (sum. Utu) : Sonnengott
Ischtar (sum. Inanna): Göttin der Erde, Fruchtbarkeit, Liebe, auch Kriegsgöttin, Göttin des Abendsterns
Tammuz (sum. Dumuzi): ursprünglich ein halbgöttlicher Held, König von Uruk, später mit einem Vegetationsgott identifiziert
Ereschkigal: Herrin der Unterwelt
Nergal (sum. Meslamtaëa): Gott des Krieges und der Seuchen, Gatte der Ereschkigal
Marduk (auch **Bel** genannt): Stadt-, später Reichsgott von Babylon
Nabu: babylonischer Gott der Sprache und der Schrift, der Wissenschaften, Sohn des Marduk
Assur: Gott der gleichnamigen Stadt und Assyriens, symbolisiert durch die geflügelte Sonnenscheibe

Der Eunuch, so scheint es, wurde gegen Ischtar ausgetauscht, was bedeutet, daß in der Unterwelt Unfruchtbarkeit gegen Fruchtbarkeit eingetauscht werden kann. Ereschkigal befahl, daß Ischtar mit dem Wasser des Lebens besprengt und dann aus der Unterwelt hinausgeführt werde. Als sie die sieben Tore passierte, da erhielt sie ihre Kleidung und ihren Schmuck wieder – und wahrscheinlich (obgleich die letzten Zeilen sehr schwer verständlich sind) kehrte auf Erden alles zur gewohnten Ordnung zurück.

Die semitische Version des Mythos ähnelt sehr der sumerischen, in der (wie viele Gelehrte annehmen) Inanna in die Unterwelt hinabsteigt, um ihren Geliebten Dumuzi zu befreien. Diese Geschichte weist auffällige Parallelen zu jener des Orpheus und des Osiris auf. Wegen dieser Parallelen fragt man sich, ob dieser Mythos bei Fruchtbarkeitsriten rezitiert wurde (einige Gelehrte halten ihn für das Textbuch eines Kultdramas, d. Üb.), doch gibt es dafür keinerlei Beweise. Man hat Ischtar-Tempel gefunden, doch weiß man nicht, welche Riten darin praktiziert wurden.

Das Gilgamesch-Epos

Alle diese Mythen wurden in Gedichtform aufgeschrieben, und sie wurden zweifellos regelmäßig bei Zeremonien rezitiert. Ein anderer Mythos, den man jedoch besser als Epos bezeichnen kann, behandelt die Taten eines Helden namens Gilgamesch. Seine Abenteuer werden in dem bekannten akkadischen Epos (mit babylonischen und assyrischen Abschriften bzw. Varianten) auf elf Tafeln erzählt, dazu kommt noch ein Kommentar auf einer zwölften Tafel.

Man fand Abschriften in Assurbanipals Bibliothek in Ninive und in vielen anderen alten Bibliotheken. Gilgamesch war ein König der sumerischen Stadt Uruk, aber man weiß nicht genau, wann er regierte. Er wird in einigen Bauinschriften genannt, ist also eine historische Persönlichkeit, aber in einer alten Königsliste wird er der »Göttliche Gilgamesch« genannt, der 126 Jahre regierte. Offenbar war er schon in frühgeschichtlicher Zeit eine legendäre Gestalt und galt als halbgöttlicher Heros.

Im *Gilgamesch-Epos* heißt es, er war zwei Drittel göttlich und ein Drittel Mensch. Das Epos beginnt mit seiner Begegnung mit Enkidu, einem halbmenschlichen Monster, das die Götter geschaffen hatten, um Gilgameschs Macht in Uruk zu brechen. Enkidus ganzer Körper war dicht behaart, und auf dem Kopf trug er »Locken, die so üppig waren wie ein Kornfeld«. Das Erscheinen dieser Kreatur beunruhigte das Volk so sehr, daß Gilgamesch auszog, sie zu bekämpfen.

Die zweite und dritte Tafel beschreiben das Zusammentreffen von Gilgamesch und Enkidu, der sich gerade mit einer Tempeldirne vergnügt.

Sie rangen miteinander mit gewaltiger Kraft wie zwei Stiere, sie zerschmetterten dabei Torpfosten und brachten Mauern ins Wanken.

Aber offenbar gewann keiner von ihnen den Kampf, denn die dritte Tafel berichtet: »Sie umarmten einander und schlossen Freundschaft.« Dann wanderten die beiden Freunde zu dem schrecklichen Zedernhain, wo der Riese Humbaba (Chuwawa) wohnte, »der brüllt wie der Sturm und Feuer im Maul hat und einen todbringenden Atem«. Sie besiegten Humbaba, und der Sieg scheint die Göttin Ischtar beeindruckt zu haben, denn auf der sechsten Tafel fordert sie Gilgamesch auf, ihr Liebhaber zu sein, und verspricht ihm allerlei Segnungen. Der Held weist jedoch ihr Angebot zurück und tadelt sie.

»Welchen Liebhaber hast du denn auf Dauer
geliebt,
Welcher deiner Hirten hat dir alle Zeit gefallen?
Sogar Tammuz, den Liebhaber deiner Jugend –
Ihm hast du Jahr für Jahr zu weinen bestimmt.«

Die erzürnte Ischtar beklagte sich bei An, ihrem Vater, und bei Antu, ihrer Mutter, die ihr erlauben, den »Himmelsstier« gegen Gilgamesch auszuschicken. Dieser tötet jedoch mit Unterstützung von Enkidu das Tier.

Die siebente Tafel beginnt mit dem Kummer Enkidus, der in einem Traum erfahren hat, daß Enlil seinen Tod beschlossen habe. In seiner Verzweiflung trifft er eine Tempeldirne und verflucht sie.

»Du sollst in der Wüste schlafen,
Du sollst im Schatten der Mauer stehen,
Die Dornen und Sträucher sollen dir die Beine
zerkratzen,
Die Betrunkenen und die Durstigen sollen deine
Wange schlagen.«

Die Ähnlichkeit dieses Fluches mit jenem, der von Ereschkigal gegen den Eunuchen (in *Ischtars Abstieg*) ausgesprochen wird, ist auffällig. Enkidu

Die Ausgrabungen der Deutschen Orientgesellschaft in Babylon (1897–1917) unter der Leitung von Robert Koldewey legten bedeutsame Bauten der neubabylonischen Zeit frei. (Das Babylon Hammurabis konnte nicht erreicht werden, weil es unter dem heutigen Grundwasserspiegel liegt.) Wertvolle Funde befinden sich heute im Vorderasiatischen Museum in Berlin (DDR), in einem Flügel des Pergamon-Museums, darunter das berühmte mit Emailziegelreliefs geschmückte Ischtar-Tor. Das Bild zeigt einen der berühmten babylonischen Löwen vom Ischtar-Tor, sowie den Schmuckfries.

wird von Schamasch, dem Sonnengott, beruhigt, doch dann träumt er, daß er in die Unterwelt hinabsteigt, die detailliert beschrieben wird – ähnlich wie in *Ischtars Abstieg*, sogar mit den gleichen Wendungen. Mit jedem Tag wird Enkidus Qual größer, und seine Todesfurcht nimmt zu. Die achte Tafel berichtet von seinem Tod und von Gilgameschs Trauer.

Der letzte Teil der Geschichte beschreibt, wie Gilgamesch selbst dem Tode zu entrinnen sucht. Zuerst geht er in die »Berge von Maschu«, wo er ein Mädchen trifft; sie ist Mundschenk bei den Göttern und fragt ihn, warum der Held, der Humbaba besiegt und den Himmelsstier erschlagen hat, so schwach und alt aussehe. Er erklärt ihr, daß er wie sein Freund Enkidu sterben müsse, wenn er nicht von Ut-napischtim das Geheimnis der Unsterblichkeit erfahre, der diese Gabe einst von den Göttern erhalten habe. Er entschließt sich, das »Meer des Todes« zu überqueren, um Ut-napischtims Wohnsitz aufzusuchen. Nachdem er »zweimal sechzig Baumstämme« gefällt und daraus ein seetüchtiges Schiff erbaut hat, überquert er mit diesem das gefährliche Gewässer und trifft Ut-napischtim. Gilgamesch fragt ihn, »wie er in die Gesellschaft der Götter aufgenommen wurde.« Ut-napischtim berichtet ihm nun von der Großen Flut (siehe oben). Als Ut-napischtim seinen langen Bericht beendet hat, ist Gilgamesch eingeschlafen. Dies zeigt, wie schwach der Held bereits war. Als er erwacht, ist er entschlossen, die geheimnisvolle Pflanze zu finden, die, wie Ut-napischtim ihm sagte, ewiges Leben verleiht. Sie wächst auf dem Meeresgrunde.

»Er band schwere Steine an seine Füße und diese
zogen ihn hinab in die See.
Er sah die Pflanze, und obgleich sie ihn stach,
nahm er sie in die Hand.
Er schnitt das Seil mit den Steinen durch, und
die See warf ihn zurück an den Strand.«

Gilgamesch wanderte zurück nach Uruk, wo er die Pflanze essen und sich verjüngen wollte. Aber unterwegs machte er Rast, um ein kühles Bad zu nehmen.

»Sah Gilgamesch einen Brunnen,
dessen Wasser kalt war,
Hinunter stieg er, sich mit dem Wasser
zu waschen.
Eine Schlange roch den Duft des Gewächses,
Verstohlen kam sie herauf und nahm
das Gewächs;
Bei ihrer Rückkehr warf sie die Haut ab.«

So hatte Gilgamesch die Unsterblichkeit, die ihm durch den Besitz der geheimnisvollen Pflanze hatte zuteil werden sollen, wieder verloren. Statt seiner besaß die Schlange nun die Fähigkeit der alljährlichen »Verjüngung«, die sich im Abstreifen der Haut symbolisiert.

Da klagte Gilgamesch:

»Wofür habe ich mein Herzblut geopfert?
Ich habe nichts für mich selbst erlangt,
Am Lohn meiner Mühen erfreut sich die
Schlange
Und die Wasser tragen es zwanzig Meilen den
Strom hinab.«

Dieser Überblick der mesopotamischen Mythentexte zeigt, wie stark die Quellen miteinander verzahnt sind. Es handelt sich nicht einfach um verschiedene Mythen, welche einige Motive gemeinsam haben. Sie haben vielmehr ganze Erzählungskomplexe gemeinsam, die vermutlich lange Zeit in den mündlichen Überlieferungen der Semiten und der Sumerer variiert und miteinander kombiniert wurden, bevor man sie (in spätsumerischer und altbabylonischer Zeit) niederschrieb. Zweitens erkennt man, wie verbreitet diese alten Geschichten waren. Häufig kann man einen Mythos allein aus den Fragmenten, die man an einem Fundort entdeckte, nicht rekonstruieren; man braucht dazu weitere Varianten von anderen Fundorten im Irak, Syrien, der Türkei oder sogar Ägypten, um aus ihnen einen verständlichen Text zusammenzusetzen. Die Wiederentdeckung der mesopotamischen Literatur mit ihren Parallelen zur antiken und biblischen Überlieferung zeigt, wie stark die altorientalische Tradition in der Antike noch nachwirkte. Als die Griechen im Altertum mächtig wurden und ihre Nachbarn kulturell beeinflußten, da bewahrten die mesopotamischen Bibliotheken und Schreiber schon eine zwei Jahrtausende alte Tradition.

Ur war eine bedeutende sumerische Stadt (seit dem 4. Jahrtausend v. Chr. besiedelt). Man verehrte dort den Mondgott Nanna, den die Babylonier Sin nannten. Die abgebildete beschädigte Stele wurde von Ur-Nammu (aus der dritten Dynastie von Ur, 2112–2095 v. Chr.) errichtet. Man sieht den König unter der Mondsichel.

ACHTES KAPITEL

SYRIEN UND PALÄSTINA

In der Bibel werden die frühen Bewohner Syriens und Palästinas Kanaanäer genannt. Bis zum Jahre 1929 wußte man wenig von der kanaanäischen Literatur und Mythologie; damals wurden in dem syrischen Dorf Ras-Schamra (dem alten Ugarit) Tontafeln mit Texten in einer unbekannten Sprache gefunden, die man heute Ugaritisch nennt. Ugarit war das religiöse und politische Zentrum eines kanaanäischen Königreiches in Syrien, das von etwa 1500 bis 1000 v. Chr. blühte. Die zerbrochenen Tafeln enthalten u. a. Geschichten über Baal (den sogen. *Baal-Zyklus*), den Wettergott, der Regen und Fruchtbarkeit bringt. In den Texten wird er auch mit Adad (Hadad), dem Sturmgott, identifiziert.

Da in den Texten leider selten die Vokale angegeben werden, ist es schwer, sie genau zu übersetzen, und jede neue Version unterscheidet sich beträchtlich von früheren Übersetzungen. Die Reihenfolge, in der die Tafeln (und die auf ihnen verzeichneten Episoden) gelesen werden sollten, ist ungewiß; und da alle Tafeln unvollständig sind, muß man vieles ergänzen. Es gab drei Geschichten von Baal, die lose miteinander verbunden waren – und man nimmt an, daß sie rezitiert und in gewissem Umfang auch in Kultdramen dargestellt wurden, um die Fruchtbarkeit zu fördern, indem man die Triumphe Baals pries.

Baal und das Meer

Die erste Geschichte handelt von Baals Streit mit Jam, dem Meeresgott. Die (wie man annimmt) erste Tafel beschreibt den Bau eines Tempels für Jam durch den göttlichen Baumeister Kothar-Chasis. Dieser Bau scheint von El, dem höchsten Gott, gebilligt worden zu sein, aber man erzählt ihm, die Gefahr bestehe, daß Jam, das Meer, »sich rasch über die Erde ergießt« und auf dem Land Zerstörungen anrichtet. Dennoch unterstützt El das Werk, aber man sagt Jam, daß er gegen die Autorität Baals zu kämpfen habe und diesen »von seinem Thron vertreiben« müsse.

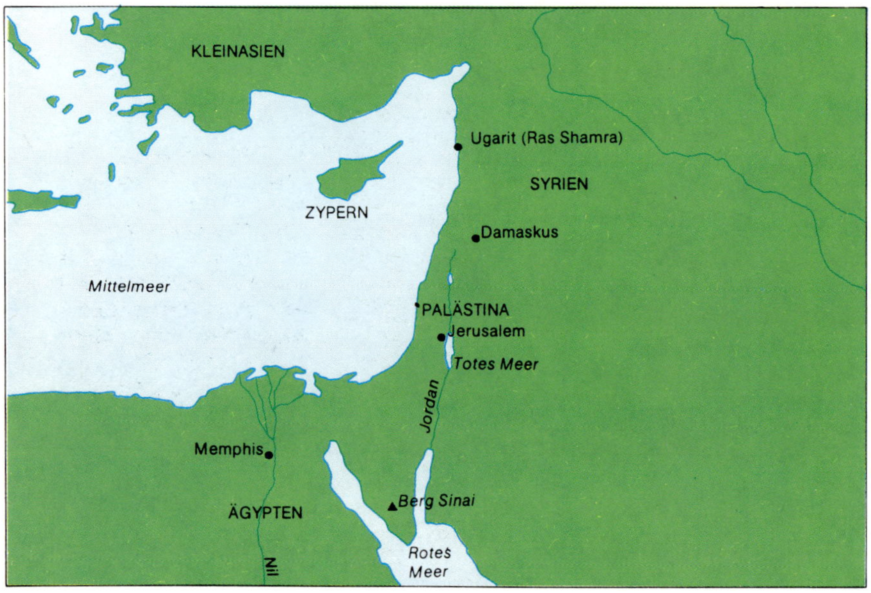

Die zweite Tafel beginnt mit der Ankündigung, daß Baal mit der Unterstützung eines anderen Gottes, Horon, und der Göttin Athart einen Angriff auf Jam plane. Jam sendet Boten zur Versammlung der Götter auf dem »Gebirge der Nacht«; diese sagen: »Liefert Baal und seine Diener aus. Ich werde das Gold des Sohnes von Dagon besitzen.« (In der Bibel ist Dagon ein Gott der Philister, die vermutlich von den Inseln des östlichen Mittelmeerbeckens in das Land kamen, das später ihren Namen erhielt.) El stimmt zu, Baal zum Sklaven von Jam zu machen. Baal widersetzt sich heftig, aber er wird von zwei Göttinnen Athirat und Anath gebändigt. Dann bricht der Text ab – offenbar wird Baal von den anderen Göttern Jam übergeben.

In dem nach einer Lücke wieder lesbaren Teil des Texts unterbricht der Gott Aschtar, der Baals Königreich zu beanspruchen scheint, die Arbeit an Jams Palast und beklagt sich, daß er kein Haus habe wie die anderen Götter, »keinen Hof wie die Söhne des Heiligen Einen«. Schapasch, die Sonnengöttin, erklärt ihm, er könne kein wirklicher König sein, weil er keine Frau habe wie die anderen Götter.

Am Ende dieser Schrifttafel ist Baal in heftigem Streit mit Jam. Er ist schon fast besiegt, da gibt ihm Kothar-Chasis, der Handwerker-Gott, zwei magische Keulen, »Jäger und Treiber«, und diese verjagen und treiben Jam von seinem Thron. Die erste lebendig gewordene Keule »schlug dem Fürsten Jam auf die Schultern«, doch »er fiel nicht«. Die zweite jedoch schlug Jam auf den Kopf.

»Jam brach zusammen, er fiel auf die Erde
Sein Gesicht zitterte, sein Körper krümmte sich.
Baal zog Jam fort und legte ihn nieder.«

Die letzten Worte könnte man auch übersetzen: »er trank ihn«. Wenn dem so ist, dann könnte das darauf hindeuten, daß man bei der Rezitation dieses Mythos an dieser Stelle Meerwasser trank, um den Sieg des Baal (des Sturm- und Regengottes) über Jam (den Meergott) darzustellen. Die wenigen fragmentarischen Zeilen am Ende der Tafel besagen: »Jam ist gewißlich tot, Baal soll der König sein.«

Baals Palast

Nachdem er Jam besiegt hat, ist es Baals Problem, keinen Palast oder Tempel zu besitzen. Um Els Erlaubnis zu erhalten, benutzt er den Charme zweier schöner Göttinnen. Zuerst wird Anath beschrieben, wie »sie sich mit Henna verschönert, das ausgereicht hätte, um sieben Mädchen nach Korianderöl riechen zu lassen und ihre Wangen rosig zu färben«. Das ist jedoch keine Verschönerung für die Liebe sondern eine Art Kriegsbemalung, denn es folgt eine Szene, in der Anath die Einwohner einer Stadt in der Ebene angreift.

»Die Köpfe rollen wie Bälle unter ihr,
Abgeschlagene Hände fliegen wie Heuschreckenschwärme über ihr,
Die Hände der Krieger wie traurige Grashüpfer,
Sie watet bis zu den Knien im Blut der Garde,
Ihr Gewand ist vollgesogen mit dem geronnenen Blut der Krieger.«

Als sie von dieser Metzelei genug hat, wäscht sich Anath rituell »mit dem Tau des Himmels und dem Öl der Erde und dem Regen des Wolkenreiters«.

An diese schreckliche Göttin wendet sich Baal um Hilfe, und sie ist damit einverstanden, El um Erlaubnis für den Bau eines Palastes für Baal zu bitten. Sie droht, wenn »El, der Stier«, ihr Vater, nicht zustimme,

»Dann werde ich ihn wie ein Lamm zu Boden drücken,
Ich werde Blut über sein graues Haar strömen lassen,
Ich werde seinen grauen Bart mit geronnenem Blut tränken.«

Anaths Mission ist nicht erfolgreich, doch wissen wir nicht, ob sie El angreift, weil der Schlußteil der Tafel fehlt. Enttäuscht wendet sich Baal nun an den göttlichen Handwerker Kothar-Chasis, der in Memphis (Ägypten) wohnt. Dieser schickt Baal schöne Gegenstände, die mit Gold und Silber eingelegt sind (vermutlich die typische Ausstattung kanaanäischer Tempel). Baal und Anath suchen dann die Göttin Athirat (Aschera) auf, Els Gattin, die am Meer sitzt und spinnt und dabei von ihrem geliebten El träumt.

Athirat ist erschrocken, als sie Baal und die furchtbare Anath sieht, aber sie ist entzückt, als sie die Geschenke erhält. Sie erklärt sich bereit, sich bei El für Baal einzusetzen. Inzwischen geht Baal selbst zu den »Höhen des Berges Zephon«. Dieser Berg ist der höchste Gipfel in dieser Region, er wurde im Altertum Casius genannt und heißt heute Dschebel el-Aqra.

Athirat reitet auf einem Esel mit silbernem Zaumzeug und goldenen Sporen zu El – und El ist so bezaubert von ihr, daß er ihr keinen Wunsch abschlagen kann.

»Wie ein Sklave helfe ich der Athirat,
Wenn Athirat ein Sklavenmädchen ist, das Ziegel streicht,
Dann bin ich ein Sklave, der die Maurerkelle hält.
Dem Baal soll ein Haus gebaut werden, ebenso wie diejenigen der anderen Götter.
Ein Hof wie für die Söhne der Athirat.«

Die Arbeit an dem Palast beginnt sofort. Zuerst ist sich Baal nicht schlüssig, ob der Palast Fenster haben soll, denn er fürchtet, daß seine Töchter Pidray (Nebel) und Talay (Tau) durch diese Öffnungen entweichen könnten oder daß sein alter Feind Jam eindringen könnte. Schließlich vertraut er jedoch auf seine neue Autorität, und er läßt den Palast mit Fenstern erbauen, durch die er den Donner erschallen läßt.

Baals Kampf mit dem Todesgott

Es gab nur noch ein Problem für Baal, er mußte Mot, den Todesgott, besiegen. Der Mythos scheint davon zu handeln, daß während einer harten Trockenzeit Baal starb und beerdigt wurde, obgleich die korrekte Übersetzung strittig ist. Die Anspielungen auf den Jahreszeitenrhythmus in Els Klage über Baal deuten darauf hin, daß dieser Mythos bei bäuerlichen Festen rezitiert wurde, um eine gute Ernte zu sichern und dafür zu sorgen, daß auf den Winter stets ein neuer Frühling folgte.

In dem Mythos wird beschrieben, wie Mot Baal verspottet und ihn daran erinnert, daß, »wenn die

In Ugarit und an anderen Orten dieser Region fand man Statuetten kanaanäischer Gottheiten. Zwei Bronzefiguren stellen (links) den höchsten Gott El und (rechts) den kriegerischen blitzeschleudernden Gott Baal (um 1350 v. Chr.) dar. Der Kriegsgott trägt eine ägyptische Krone. Diese Statuetten waren vermutlich Kultobjekte. Die Mythen von Baal wurden rezitiert, um die Fruchtbarkeit zu fördern, indem man seine Triumphe pries.

Szenen aus der kanaanäischen Mythologie werden u. a. auf Elfenbein-Einlegearbeiten der Möbel königlicher Paläste dargestellt. Phönizische Elfenbeinschnitzereien fand man auch in den Palästen Ägyptens, Israels und Assyriens. Das abgebildete Stück stammt von einer königlichen Liege aus Ugarit und zeigt die Göttin Anath, wie sie den Erbprinzen säugt. Daneben Szenen der königlichen Hochzeit.

Himmel brennen« (d. h. offenbar in der Trockenzeit), Baal »herabsteigen wird in den Schlund Mots, des Sohnes der Götter«. Baal wendet sich um Hilfe an El, doch er scheint von den Göttern seinem Schicksal überlassen zu werden. Doch auf dem Wege zur Unterwelt, dem Reiche Mots

»Liebte er eine junge Kuh auf der Weide.
Er war siebenundsiebzigmal mit ihr zusammen,
Sie ließ ihn achtundachtzigmal aufsteigen.
Sie wurde befruchtet und gebar sein Ebenbild.«

Weil die Tafel an dieser Stelle zerbrochen ist, ist es unklar, was danach passiert. Vielleicht entkommt Baal, und sein »Ebenbild« (die Bedeutung des Wortes ist nicht ganz klar) wird statt seiner von Mot getötet. Wenn die Tafel wieder lesbar wird, finden diejenigen, welche Baal suchten, ihn tot am Boden liegen. »Der mächtige Baal ist tot, der Fürst, der Herr der Erde ist gestorben.«

Auf diese Meldung hin veranstaltet El ein Trauerritual und sitzt in Sack und Asche auf dem Boden und schneidet sich den Bart mit einem Feuersteinmesser.

»Er eggte seine Arme und pflügte seine Brust wie einen Garten.
Er eggte seinen Rücken wie ein Tal.
Er erhob seine Stimme und schrie: ›Baal ist tot.‹«

(Mit »er eggte« ist gemeint, er fügte sich Kratzwunden zu, wie es z. T. heute noch im Orient zum Trauerritual gehört. Anm. d. Übers.)

Baal wird auf dem Zephon-Berg bestattet, und El beschließt, den Gott Athar an Baals Stelle zum König zu machen (der die Regentschaft schon in der Geschichte von Baal und Jam beanspruchte). Als Athar auf Baals großem Thron sitzt, da sieht er lächerlich aus, denn seine Füße reichen nicht bis auf den Boden. Seine Herrschaft ist wenig erfolgreich (was vermutlich Trockenheit bedeutet), und die Leute verbrauchen das Wasser aus ihren Zisternen.

Als diese Trockenheit andauerte, da suchte die Göttin Anath nach Baal und verhandelte mit Mot wegen seiner Freilassung. Als dieser das ablehnte:

»Da ergriff sie Mot und schlug ihn mit einem Schwert in Stücke.
Sie verbrannte ihn im Feuer und zermahlte ihn mit Mühlsteinen.
Sie verstreute ihn auf einem Feld und die Vögel fraßen sein Fleisch.«

(Mit anderen Worten, sie behandelte ihn wie Getreidekörner.)

Baal wurde wieder zum Leben erweckt, nachdem El eine Vision hatte von »den Himmeln, die Öl regnen, und den Tälern, in denen Honig strömt«. Schapasch, die Sonnengöttin, verspricht, Baal zurückzubringen, wenn man die richtigen Vorbereitungen treffe.

»Gießt aus den schäumenden Wein aus einem Faß
Windet Kränze für eure Familie
Und ich werde den mächtigen Baal suchen gehen.«

Wenn das wirklich ein Mythos ist, der bei Feiern vorgetragen wurde, die etwas mit dem Jahreszyklus zu tun hatten, dann spielen diese Zeilen auf Rituale an, die mit der Rezitation verbunden waren.

Weil etwa 40 Zeilen fehlen, ist es nicht klar, wie Baal wiederbelebt wird oder ob er vielleicht gar nicht tot war. Dann erscheint auch Mot wieder (vielleicht ist auch er auf wunderbare Weise wiederbelebt worden), und es gibt einen heftigen Kampf zwischen Baal und Mot. Schließlich sagt Schapasch zu Mot, weiterer Widerstand sei sinnlos. Der Mythos endet damit, daß Baal als rechtmäßiger König anerkannt wird. Mit Baals Sieg endete vermutlich die Trockenzeit, und der Regen begann zu fallen.

Aqhat und der Bogen

Neben derartigen Göttergeschichten findet man auf mehreren Tafeln auch Gedichte, welche die Taten menschlicher Helden rühmen. Einer von ihnen war Aqhat, der Sohn eines Königs Danel (nicht mit dem biblischen Daniel identisch!). Im Mittelpunkt der Geschichte steht ein (magischer?) Bogen, der dem jungen Aqhat von Kothar-Chasis, dem Gott der Handwerker und der Kunst, geschenkt wurde. Die Göttin Anath bietet Aqhat die Unsterblichkeit im Tausch gegen diesen Bogen an. In seiner Antwort scheint er sich über sie lustig zu machen.

»Was wird ein Sterblicher sich als letztes Ziel setzen?
Was wird ein Sterblicher als letztes Geschick haben?
Glasur (?) wird man auf mein Haupt gießen, Kalk wird man auf meinen Kopf streuen.
Ich werde einen Tod wie jedermann sterben, auch ich werde diesen Tod sterben.

Noch etwas will ich dir sagen: ein Bogen... ist
etwas für Krieger,
Kann eine Frau etwa damit auf die Jagd gehen?«

Mit Els Zustimmung beschließt Anath, sich den Bogen mit Gewalt zu nehmen. Sie hat schließlich Erfolg, indem sie ihren Diener Jatpan in einen Geier verwandelt. Dann schwebt sie mit den anderen Raubvögeln über Aqhat, und Jatpan stürzt sich auf diesen und tötet ihn.

Die dritte Tafel berichtet davon, daß auf diesen Mord eine sieben Jahre andauernde Dürre folgte.

»Sieben Jahre lang versagte Baal, und auch im
achten hatte der Wolkenreiter keinen Erfolg.
Es gab keinen Tau und keinen Schauer,
Die Brunnen versiegten, eine künstliche
Bewässerung war nicht mehr möglich,
Die süße Stimme Baals war nirgends zu hören.«

Als Danel seine Felder besichtigt, auf denen kaum etwas wächst, da hört er vom Tod seines Sohnes. Er sieht die Geier über sich fliegen und betet, daß Baal ihre Flügel zerbrechen soll. Als sie nun wirklich herabfallen, da findet er die Überreste Aqhats in den Eingeweiden von Sumul, »der Mutter der Geier«. Diese Tafel, die wohl noch nicht den Schluß der Geschichte beinhaltet, endet damit, daß Danels Tochter Jatpan sucht, um ihren Bruder zu rächen.

Die hebräische Bibel

Die kanaanäischen Mythen ähneln einander alle sehr. Sie enthalten alle Anspielungen auf Regen und Dürre, die in Beziehung gesetzt werden zu Leben und Tod, Gesundheit und Krankheit eines Gottes oder Helden. Sie sind jedoch zu lückenhaft dokumentiert, als daß man sie im Detail vergleichen könnte, auch ist die Übersetzung einiger Schlüsselworte umstritten.

Geographisch (und wohl auch historisch) stehen die biblischen Überlieferungen jenen von Kanaan nahe. Syrien und Palästina wurden auch von Mesopotamien kulturell beeinflußt. Während die Bewohner Mesopotamiens und die Kanaanäer mehrere Götter verehrten, pries jedoch die Jahwe-Religion den Gott Israels als den einzig wahren Gott. Einige biblische Geschichten greifen Themen auf, die man in der mesopotamischen und in der kanaanäischen Mythologie findet und die zweifellos aus frühen mündlichen Traditionen semitischer Gruppen stammen. Aber in der Bibel haben diese Themen ihre polytheistische Hülle abgelegt; sie wurden neu eingefügt in das Gewand des israelischen Monotheismus und dienen nun dazu, die einzigartige Kraft Jahwes zu demonstrieren und den Glauben zu untermauern, daß Israel Jahwes auserwähltes Volk sei. Sie sollten Gott als ein moralisches Wesen verdeutlichen.

Ein Beispiel ist die Geschichte von Noah und der Sintflut. In der mesopotamischen Version sind fünf Götter in diese Geschichte verwickelt; aber im Buche *Genesis* ist es Jahwe allein, der sich über die Verderbtheit der Menschen ärgert, der die Flut schickt und Noah rettet. Und am Ende der Geschichte setzt Jahwe einen Regenbogen in die Wolken zum Zeichen, daß er Gerechtigkeit mit Gnade verbinden und daß er nie wieder eine Sintflut schicken werde, um das Leben auf der Erde zu vernichten. Auch in der Schöpfungsgeschichte des Buches *Genesis* gibt es, anders als im mesopotamischen Mythos, keinen Konflikt zwischen Göttergenerationen, keinen Kampf gegen urzeitliche Monster. Jahwe allein erschafft die Welt.

Es gibt in der Bibel sehr viele Anklänge an kanaanäische Mythen. Der Name des obersten Gottes der Kanaanäer, El, ist ein Beiname Jahwes. Wie Baal reitet Jahwe auf den Wolken, spricht im Donner und sendet Regen auf die Erde, aber Jahwe ist mehr als ein Fruchtbarkeitsgott – und es gibt keine Geschichten von seinem Tod oder Verschwinden und seiner Wiederkehr. Baal wird in der Bibel heftig angegriffen, gerade weil sein Kult mit seiner Betonung der Fruchtbarkeit eine Alternative zur Verehrung Jahwes bildete, die einige Israeliten attraktiv finden mochten.

Wenn man die kanaanäischen Mythen mit den Geschichten in der Bibel vergleicht, dann findet man weniger Parallelen in den mythologischen Teilen am Anfang des Buches *Genesis* als in den Legenden von den Patriarchen und in den sehr viel jüngeren Geschichten von Elias, der sein Leben lang gegen den Baals-Kult predigte. Es war eine Überraschung, als man feststellte, daß einige Verse im Buch der *Psalmen* fast wörtliche Übersetzungen ugaritischer Gedichte waren und daß die poetischen Formulierungen im biblischen Hebräisch und im Ugaritischen sehr einander ähnelten. Wir begreifen jetzt, daß viele Teile der Bibel nicht nur die Größe Jahwes preisen, sondern zugleich auch Themen der kanaanäischen Literatur parodieren.

Überall in Palästina fand man Tontafeln mit Darstellungen einer nackten Göttin. Vermutlich dienten sie Fruchtbarkeitsriten, welche eine gute Ernte sichern sollten. Diese beiden Tafeln zeigen Astarte, ihre Frisur ähnelt jener der ägyptischen Göttin Hathor (vgl. S. 102). Die Religionen der Levante wurden sowohl von Mesopotamien wie von Ägypten her beeinflußt.

NEUNTES KAPITEL

ÄGYPTEN

Die Mythologie Ägyptens mit ihren vielen Anspielungen auf Naturphänomene und Naturgottheiten spiegelt die einzigartige geographische Situation Ägyptens wider: Das Land ist völlig abhängig von zwei lebenspendenden Naturkräften: dem Nil und der Sonne. Im Niltal, das in der formativen Phase der ägyptischen Geschichte von äußeren Einflüssen abgeschirmt war, entwickelte sich eine einzigartige Zivilisation. Die Mythen entstanden in einer Umwelt, die von scharfen Kontrasten geprägt war, welche die Ägypter stets an die Gegensätze von Leben und Tod erinnerten.

Der Nil windet sich durch das enge Tal Oberägyptens und fächert sich im Delta auf, bevor er sich in das Mittelmeer ergießt. Der kärgliche Regen in Ägypten unterstreicht noch die Abhängigkeit des Landes von der jährlichen Überschwemmung durch den Nil, die ihren Ursprung in den Urwäldern des tropischen Afrika hat und deren Ablagerungen als fruchtbarer schwarzer Schlamm die Felder bedekken. Eine künstliche Bewässerung ermöglichte es den Ägyptern schon frühzeitig, einen schmalen Streifen fruchtbaren Landes zu beiden Seiten des Nils zu bebauen, der Menschen, Tiere und Pflanzen ernährte. Außerhalb dieses Grünstreifens war Ägypten eine Wüste. Dieses schroffe Nebeneinander von Kulturlandschaft und Wüste beeindruckte die frühen Einwohner und wurde von ihnen ebenso wie der Rhythmus der Jahreszeiten als eine Koexistenz von Leben und Tod erlebt.

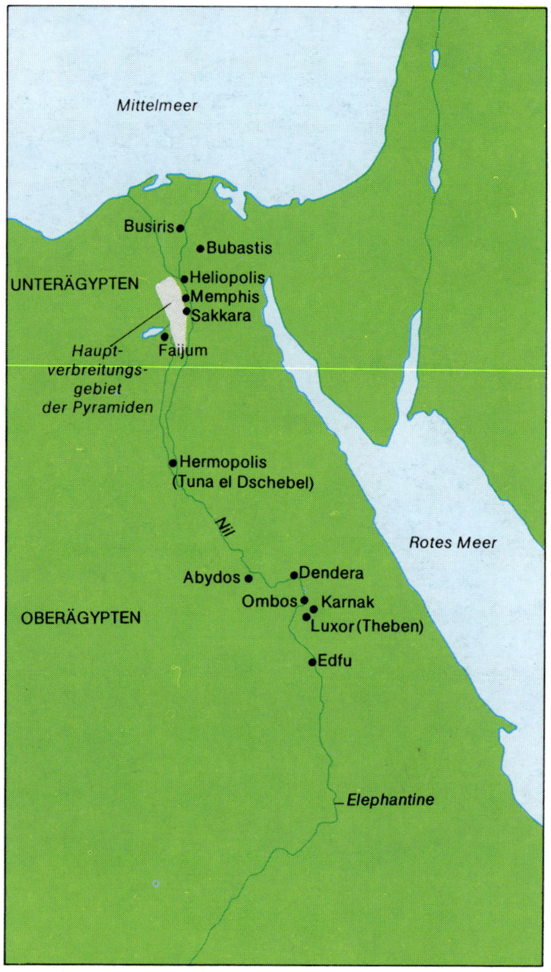

Mehr als 3000 Jahre lang blieb die ägyptische Zivilisation mit ihren Institutionen, religiösen Vorstellungen und ihrem Kunststil fast unverändert, obgleich man in verschiedenen Geschichtsperioden einige Variationen beobachten kann. Die Hauptperioden der ägyptischen Geschichte waren das Alte, das Mittlere und das Neue Reich. Dazwischen gab es die erste und die zweite Zwischenzeit: Zeiten innerer Krisen und fremder Invasionen. Nach dem Neuen Reich setzte ein allmählicher Verfall der ägyptischen Kultur ein, das Land wurde nicht nur erobert, sondern vor allem auch in fremde Großreiche und Kulturen eingegliedert (Assyrien, Persien, Hellenistische Welt, Römisches und Byzantinisches Reich). Die ägyptische Geschichte wird seit dem Altertum in Dynastien eingeteilt; diese Gliederung erwies sich bis heute als nützlich. Eine Dynastie wurde gewöhnlich von einer Herrscherfamilie gebildet.

Die Religion war in der geschichtlichen Entwicklung des Landes verwurzelt. Ägypten bestand ursprünglich aus einer Vielzahl kleiner Staaten bzw. Stämme mit eigenen lokalen Gottheiten. Als diese miteinander verschmolzen, da wurden ihre Götter z. T. miteinander identifiziert. Zur Zeit der Reichseinigung hat man die einstigen Lokalgötter in einem nationalen Pantheon vereint. Zu diesem gehörten auch kosmische Gottheiten, die vielleicht aus anderen Kulturen nach Ägypten eingeführt worden waren. Sie unterschieden sich von den Lokalgöttern dadurch, daß sie keine Tier- oder Fetisch-, (bzw. Totem-)Gestalt hatten und dem täglichen Leben der Menschen fernstanden. Für einen Außenstehenden mochte es scheinen, daß die Ägypter viele Götter verehrten, aber der einzelne Ägypter hielt sich gewöhnlich nur an seinen Lokalgott und jene Götter, die mit diesem verbunden waren.

DIE GÖTTER VON HELIOPOLIS

Atum

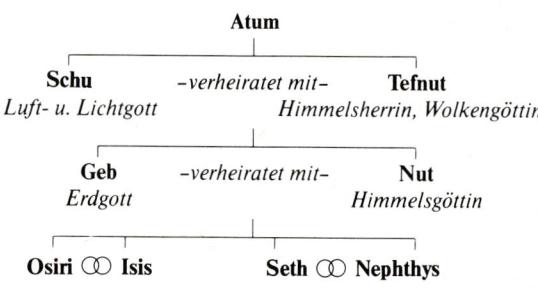

Schu *Luft- u. Lichtgott* –*verheiratet mit*– **Tefnut** *Himmelsherrin, Wolkengöttin*

Geb *Erdgott* –*verheiratet mit*– **Nut** *Himmelsgöttin*

Osiri ⚭ **Isis** **Seth** ⚭ **Nephthys**

Schöpfungsmythen

Zur Zeit des Alten Reiches hatten sich drei wichtige religiöse Zentren entwickelt: Heliopolis, Memphis und Hermopolis. Jedes widmete sich dem Kult eines anderen Gottes. Die Priesterschaften dieser Städte rivalisierten miteinander und versuchten in mythischer Form darzutun, daß ihr eigener Gott (und jene Göttergemeinschaft, die mit ihm verbunden war) die Welt geschaffen hatte. Die Mythen bezeugen alle einen Glauben an einen sich allmählich (evolutionär) entwickelnden Schöpfungsprozeß, aber bei einer Gelegenheit soll der betreffende Gott – in der mythischen Urzeit – entscheidend und schöpferisch eingegriffen haben. Dann folgte ein Goldenes Zeitalter, als die Menschen Gesetze, Normen und Institutionen erhielten.

Die Kosmogonie von Heliopolis ist die wichtigste, und sie wurde an vielen Orten übernommen. Der Schöpfergott der »Neunheit« (einer Gruppe von neun Göttern) war Atum, der ursprüngliche Gott von Heliopolis. Er war mit der mythischen Urinsel aus den Wassern aufgestiegen, wo er sich erbrach und den Luftgott Schu und die Göttin der Feuchtigkeit Tefnut hervorbrachte. Aus deren Vereinigung entstanden der Erdgott Geb und die Himmelsgöttin Nut, die wiederum die Eltern der nicht-kosmischen Gottheiten Osiris, Isis, Seth und Nephthys waren.

In Memphis behauptete man dagegen, daß Ptah, der oberste Gott der Stadt, mit Naunet Atum gezeugt habe, von dem dann die »Neunheit« abstammt. Auf diese Art und Weise wollten die Priester von Memphis behaupten, daß mit ihrem Gott der Schöpfungsprozeß begann. In Hermopolis glaubte man, daß die »Achtheit« (eine Gruppe von acht Göttern) – bestehend aus Nun und Naunet (dem Götterpaar des Urozeans), Huh und Hauhet (dem männlichen und weiblichen Gott des unendlichen Raumes), Kuk und Kauket (den Göttern der Urfinsternis) sowie Amun und Amaunet (dem Gott der Luft, oder nach anderen Überlieferungen des Nichts, der Leere oder der Verborgenheit, und seiner Gefährtin) – die Welt geschaffen habe. Wieder andere Glaubensvorstellungen gingen davon aus, daß die Welt aus einem kosmischen Ei oder aus einer Lotosblüte hervorgegangen sei.

Gegen Ende des Neuen Reiches erklärten die Priester von Theben, um die Allmacht ihres Gottes Amun hervorzuheben, daß dieser sich selbst »im Verborgenen« geschaffen habe und daß alle anderen Götter aus ihm hervorgegangen seien. In einer anderen Version hat Chnum, der Schöpfergott mit dem Kopf eines Widders, den man z. T. mit Amun identifizierte, die Menschen aus Ton auf einer Töpferscheibe geschaffen.

Der Sonnenkult

Die Verehrung der Sonne mag in einer frühen (nicht genau zu datierenden) Zeit in Ägypten eingeführt worden sein, doch im Alten Reich entwickelte sich in On (später als Heliopolis bekannt) ein Sonnenkult, den die Könige förderten. Hier nahm der Sonnengott Re die Eigenschaften des früheren lokalen Schöpfergottes Atum an, und es wurde ein Tempel für den Sonnengott erbaut. Der Kult des Re nahm an Bedeutung zu, bis er in der 5. Dynastie seinen Höhepunkt erreichte, als sich die Könige »Sohn des Re« nannten. Sie ließen auch große Sonnentempel errichten, stärkten die Macht der Re-Priesterschaft und machten den Sonnenkult zum Staatskult. Seit der 4. Dynastie wurde der König in einer Pyramide

Diese Nillandschaft verdeutlicht den Gegensatz zwischen der üppigen Vegetation im kultivierten Gebiet und der benachbarten unfruchtbaren Wüste. Die fruchtbare Landschaft bei Dendera in Oberägypten entspricht dem ägyptischen Ideal; so stellten sich die Ägypter die Szenerie der mythischen Ur-Insel vor. Die Palmstämme wurden in den steinernen Säulen mit Palmblätter-Kapitellen nachgeahmt, die man noch heute in ägyptischen Tempeln sehen kann.

Oben: In der Kosmogonie von Heliopolis waren der Erdgott Geb und die Himmelsgöttin Nut die Kinder des Licht- und Luftgottes Schu und der Göttin Tefnut. Osiris, Isis, Seth und Nephthys waren die Kinder von Geb und Nut, deren Vereinigung hier in einer Szene des Papyros von Tameniu dargestellt wird (21. Dynastie).

Rechts: Eine sitzende Statue des Re mit einem Falken (26. Dynastie). Er trägt eine Sonnenscheibe auf dem Haupt und hält eine Feder, das Symbol der Maat (der Tochter des Re, Inkarnation der Wahrheit und Gerechtigkeit).

bestattet, deren Form wahrscheinlich etwas mit dem Glauben an das jenseitige Leben des Königs als Sonne im Himmel zu tun hatte.

Als die Macht der Könige gegen Ende des Alten Reiches schwand und die politische und wirtschaftliche Macht allmählich auf regionale Zentren überging, da litt auch der staatliche Sonnenkult darunter; allerdings haben wohl auch Konflikte zwischen dem König und der mächtig gewordenen Re-Priesterschaft zum Verfall der zentralen Autorität beigetragen. Als der Sonnenkult in den folgenden Perioden an Bedeutung verlor und von dem volkstümlicheren Osiris-Kult in den Schatten gestellt wurde, verband man jedoch auch weiterhin Begräbnisriten und Vorstellungen von der Auferstehung mit dem Gott. Doch im Neuen Reich, als die Könige der 18. Dynastie ihren einstigen Lokalgott Amun zum König der Götter machten, da sorgten sie dafür, daß der ältere Kult des Re mit ihm verbunden wurde, indem sie den großen Staatsgott Amun-Re schufen.

Gegen Ende der 18. Dynastie versuchte König Echnaton erfolglos, einen solaren Monotheismus in Ägypten einzuführen, in dessen Zentrum die Verehrung des Aton stand, der Sonnenscheibe. Obgleich sich diese Verehrung in vielen Einzelheiten vom früheren Sonnenkult unterschied, kann man darin einen Versuch sehen, an die frühere einzigartige Beziehung zwischen dem Herrscher Ägyptens und dem königlichen Sonnengott wieder anzuknüpfen. Zu allen Zeiten blieb der Sonnenkult – vielleicht weil er dem täglichen Leben der einfachen Leute fernstand und sie keine Beziehung zu ihm hatten – vor allem ein Königs- und Staatskult.

ZEITTAFEL

Vor 3100 v. Chr.	Vordynastische Periode (prädynastische Zeit, Vorgeschichte)
3100 – 2686 v. Chr.	Frühdynastische Periode (Frühzeit, Thinitenzeit): *Dynastien 1 – 2*
2686 – 2181 v. Chr.	Altes Reich: *Dynastien 3 – 6*
2181 – 1991 v. Chr.	Erste Zwischenzeit: *Dynastien 7 – 11*
1991 – 1786 v. Chr.	*Dynastie 12*
1786 – 1552 v. Chr.	Zweite Zwischenzeit (Hyksoszeit): *Dynastien 13 – 17*
1552 – 1069 v. Chr.	Neues Reich: *Dynastien 18 – 20*
1069 – 525 v. Chr.	Dritte Zwischenzeit (Libyerzeit): *Dynastien 21 – 26*
525 – 332 v. Chr.	Spätzeit: *Dynastien 27 – 31*
332 – 30 v. Chr.	Ptolemäerzeit
30 v. Chr. – 641 n. Chr.	Römerzeit (eigentliche Römerzeit bis 394/95 und byzantinische Zeit)
Ab 641 n. Chr.	Islamische Zeit

Könige und Priester

Schon sehr früh entwickelte sich in Ägypten ein Glaube an ein Leben nach dem Tode, und man hielt es für nötig, sich mit der Umwelt zu arrangieren, welche die Ägypter in den Natur-, Vegetations- und Tiergöttern verkörpert sahen. Viele Mythen beziehen sich auf diese beiden Aspekte der ägyptischen Glaubensvorstellungen. Zuerst verehrte jeder Ort seine Gottheit in einem Kultsymbol, das in einem Heiligtum aufbewahrt wurde. (Es hatte die Form einer vorgeschichtlichen Schilfhütte mit geschweiftem Dach.) Die Stammeshäuptlinge verrichteten für ihre jeweilige Gemeinschaft die notwendigen Riten. Als das Land geeint wurde und der mächtigste Häuptling schließlich König wurde, da entwickelten sich diese Schreine allmählich zu Tempeln, in denen die Könige rituelle Handlungen für den Staatsgott zum Wohle des Landes und des Volkes zelebrierten. Der Tempel galt nicht als Ort einer gemeinsamen Verehrung, sondern als das Haus des Gottes, dessen Kultstatue dort von den Priestern verehrt wurde und wo man bestimmte Riten praktizierte. Die Priester waren keine Seelsorger, sondern verrichteten Rituale für die Götter und die verstorbenen und vergöttlichten Könige.

Die Götter wurden als Wesen mit menschlichen Bedürfnissen angesehen: Nahrung, Kleidung, Ruhe und Erholung. So wurden sie in den Tempeln durch die täglichen Rituale versorgt, bei denen man der Götterstatue Nahrung und Kleidung anbot, und auch bei den Festen, die regelmäßig stattfanden und bei denen bestimmte Ereignisse aus den Göttergeschichten szenisch dargestellt wurden. Während sich die Feste von Ort zu Ort voneinander unterschieden, gab es in allen Tempeln und für alle Götter

Links: Dieses Kalkstein-Relief aus dem Aton-Tempel von Amarna zeigt den Pharao Echnaton (Amenophis IV.) mit seiner Gemahlin Nofretete und ihrer ältesten Tochter beim Opfer vor Aton, der durch eine Sonnenscheibe symbolisiert wird. Die Strahlen der Sonne enden in Händen, welche dem Königspaar das Zeichen für Leben *(ankh)* entgegenhalten. 18. Dynastie (um 1355 v. Chr.)

Unten: Ein wichtiges Symbol des Re war das heilige Auge, das seine Feinde vernichtet. In dieser Szene eines Totenbuches (des Papyrus von Hen-taui, einer Priesterin des Re) sehen wir Hen-taui und einen Pavian (das heilige Tier oder eine Verkörperung des Gottes Thoth), wie sie der Sonnenscheibe mit dem heiligen Auge huldigen, die sich aus dem Gebirge erhebt. 21. Dynastie.

Rechts: Der Höhepunkt des Pyramidenzeitalters war die Zeit der 4. Dynastie. Ein Teil der ursprünglichen Kalksteinverkleidung der Chephren-Pyramide ist noch vorhanden. Der benachbarte Große Sphinx soll die Züge dieses Pharaos tragen; unter Benutzung einer vorhandenen Felspartie schufen seine Architekten die gigantische Darstellung eines Löwen mit menschlichem Antlitz.

Unten: Der König spielte als Sohn und Erbe des Gottes eine wichtige Rolle in den Tempelritualen. Dieses Flachrelief aus einem Tempel in Kom Ombo (der alten Stadt Nubit), der dem Krokodilgott Sobek (griech. Suchos) und dem falkenköpfigen Haroeris (Har-wer) geweiht war, zeigt den Sobek mit einem Krokodilkopf und der Atef-Krone, wie er den König umarmt. Hellenistische Zeit.

das gleiche tägliche Ritual. Ritual-Szenen wurden auf den Tempelwänden im Bilde dargestellt, häufig sieht man Könige bei kultischen Zeremonien. Theoretisch konnte sich allein der König – als Sohn eines Gottes – den Göttern nähern. Man glaubte, daß jeder König ein Sohn der Großen Königs-Gemahlin und des höchsten Reichsgottes war. Die Große Königs-Gemahlin war gewöhnlich die Tochter des vorigen Königs und seiner Großen Königin. Die Heirat mit einer Großen Königs-Tochter sicherte die Erbfolge, deshalb kam es nicht selten zur Heirat zwischen Bruder und Schwester.

Trotz der einzigartigen Rolle des Königs als Gottes-Sohn war es der Hohe Priester jedes Tempels, der die täglichen Rituale durchführte, vielleicht mit Ausnahme des Haupttempels in der königlichen Residenz, wo der König seine Sohnespflicht vielleicht persönlich erfüllte. In einer Konzeption des Leistungsaustauschs sollten die Rituale den Sieg des Königs über seine Feinde und das Wohlergehen Ägyptens sichern.

Die Schöpfungs-Insel

Der Tempel war jedoch nicht nur ein Platz, an dem die Götterstatue Schutz fand, und ein Kultzentrum, ein Zugang zu den Göttern; jeder Tempel galt auch als ein Abbild, eine steinerne Nachbildung der Urinsel der Schöpfung, wo der erste Gott auftauchte und sich in einer Schilfhütte niederließ. Dieser Mythos berichtet davon, daß vor der Erschaffung des Universums ein Chaos herrschte. Wassermassen bedeckten die Erde, es herrschte Finsternis, und es gab keine Götter. Dann tauchte eine Schlamminsel aus dem Wasser auf, und hier entstand der erste heilige Schrein. Halbgötter kamen aus der Dunkelheit und sammelten Schilfstücke, die an den Strand der neuen Insel gespült wurden. Sie stapelten das Schilf auf, und bald kam ein göttlicher Falke, der sich auf dem Schilf niederließ. Um diese Gottheit zu schützen, wurde eine Wand aus Schilf errichtet, so entstand der erste Schrein. Allmählich verlief sich das Wasser und legte einen großen Teil der flachen »Schöpfungs-Insel« frei.

Schließlich wurden weitere Räume angebaut rund um den Originalschrein, und man errichtete andere Hallen und Gemächer davor. Das ursprüngliche Heiligtum, das den göttlichen Vogel schützen sollte, der sich auf dem Schilf niedergelassen hatte, lag etwas höher als die umliegenden Räume und Hallen. Jeder spätere Tempel stellt diese Insel dar, wo das Leben entstand, das wahre Zentrum der Schöpfung. Der Bauplan der Tempel mit ihrer Abfolge von Höfen und Hallen, die langsam zum Allerheiligsten ansteigen und dann auf der Rückseite wieder auf einem niedrigeren Niveau errichtet werden, ebenso wie die architektonischen Zierformen (Papyros- und Lotos-Säulen sowie in Stein gemeißelte und gemalte Pflanzen, welche die Wände bedecken) sollten die Schlamminsel der Urzeit mit ihrer Vegetation und den ersten Schrein darstellen. Das gleiche Grundmuster blieb 3000 Jahre lang maßgebend – vom frühesten Schilfschrein bis zu den späteren Steintempeln.

Die älteste Form eines Schreins war eine Hütte, wahrscheinlich aus Schilfmatten, umgeben von einer kleinen Einfriedung, in der das Göttersymbol aufgestellt wurde. Die Hütte bot der Kultstatue Schutz. In der Zeit der 3. Dynastie begann man damit, in Stein zu bauen, und die älteren Bauformen aus Schilf und Ziegeln wurden in Stein umgesetzt.

Allmählich entwickelten sich zwei Haupttypen von Tempeln, die unterschiedlichen Funktionen dienten. Im Kulttempel sorgten die Pharaonen mit ihren Ritualen vor der Götterstatue für den Fortbestand der Schöpfung. Die Totentempel dienten sowohl der Verehrung eines Gottes wie dem Kult eines toten Königs. Im Neuen Reich hatten die riesigen Steintempel ihre endgültige Form angenommen und bewahrten doch den Bauplan und einige Zierformen der frühen Schreine.

Mythen und Feste

Neben jenen Mythen, die mit dem Ursprung der Tempel zusammenhängen, gab es verschiedene Erzählungen, die sich auf jene Feste bezogen, die man zu Ehren der Götter feierte. In Abydos kamen jedes Jahr viele Pilger zum Kultzentrum des Osiris, wo von den Priestern Mysterienspiele veranstaltet wurden, die Ereignisse aus dem Leben sowie Tod und Auferstehung des Osiris darstellten. Außerdem wurden im Allerheiligsten des Tempels Rituale vollzogen, von denen man annahm, daß sie die Wiederbelebung des Gottes und die Erneuerung der Vegetation bewirkten. Einen weniger ernsten Anlaß hatte das Opet-Fest in Theben, das etwa einen Monat lang dauerte: der Gott Amun verließ seinen Tempel in Karnak und besuchte seinen »südlichen Harem« in Luxor. Noch in der Ptolemäer-Zeit gab es derartige Feste, z.B. verließ Hathor, die Göttin der Freude und der Liebe, ihren Tempel in Dendera und reiste zu Schiff zum Tempel des Horus in Edfu, um ihren Gatten zu besuchen; sie blieb dort fünfzehn Tage. Derartige Feste boten die Gelegenheit zu ausgedehnten Lustbarkeiten – und die Bewohner der Dörfer am Nil versammelten sich an den Ufern des Stromes, um mit Vergnügen das Schauspiel der reichgeschmückten Barke zu bestaunen, welche die Kultstatue trug, die von weißgekleideten, kahlgeschorenen Priestern begleitet wurde.

Ganz oben: Der Amun-Tempel in Karnak war dem großen Reichsgott geweiht. Trotz seiner gigantischen Dimensionen erinnert er an die prähistorischen Schilfhütten.

Oben: Statue des Horus, des Falkengottes, dem der Tempel von Edfu (aus der Ptolemäerzeit) geweiht war.

Links: Diese Säulen des Säulensaales der Tempelanlage von Edfu erinnern an den Palmenhain auf der mythischen Ur-Insel.

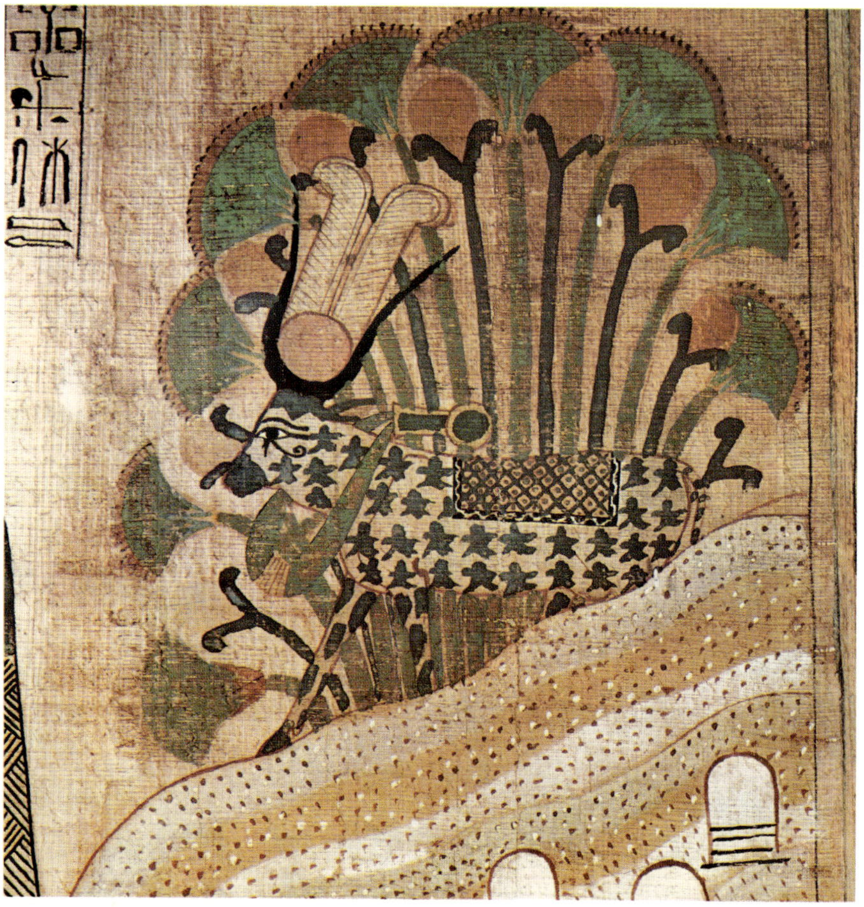

Ganz oben: Hathor war die Göttin der Freude, des Tanzes, der Musik und der Liebe, die Herrin des Himmels, die kuhgestaltige Amme des ägyptischen Königs und die Schutzherrin des Wüstengebirges der Toten im Westen. Auf diesem Ausschnitt eines Papyrusbildes sehen wir sie in Gestalt einer Kuh, die als Kopfschmuck eine Sonnenscheibe und Federn trägt. Ein Sternmuster auf ihrem Fell erinnert an ihre Funktion als Himmelsgöttin. 19. Dynastie.

Geburt und Schicksal
Mythen, die von einigen anderen Gottheiten berichten, sind weit weniger pittoresk. Einige Götter waren verantwortlich für die Ordnung des Universums oder für die Geschicke der einzelnen Menschen. Maat, die Göttin der Wahrheit und Gerechtigkeit war verantwortlich für Gleichgewicht und Ordnung im Universum und bei seinen Bewohnern. Re, der Sonnengott, war ihr Vater, und er hatte ihr die Aufgabe übertragen, für Harmonie und Ordnung in der Welt zu sorgen. Sie wurde dargestellt als eine Frau, die eine Straußenfeder als Kopfputz trägt. Sogar der König war dem Spruch der Maat unterworfen, und man erwartete von ihm, daß er ihre Prinzipien aufrechterhielt. Maat spielte auch eine wichtige Rolle beim Totengericht, das über die Geschicke des Individuums im Jenseits entschied. Dabei wurde das Herz des Verstorbenen auf der Waage gegen die Feder der Maat aufgewogen, um festzustellen, ob er würdig sei, in die Ewigkeit einzugehen.

Andere Gottheiten, die etwas mit dem persönlichen Geschick zu tun hatten, waren Schai, Meschenet und Renenutet. Schai und Meschenet galten als ein Ehepaar, sie waren bei der Geburt und beim Totengericht zugegen. Schai verkörperte das Schicksal und setzte die individuelle Lebensdauer eines Menschen fest sowie die Umstände seines Todes. Jedoch konnte das Schicksal durch eigene Taten des Individuums und durch das Eingreifen der Götter verändert werden. Meschenet war eine göttliche Verkörperung der »Gebärziegel«, auf denen die Mutter ihr Baby zur Welt brachte. Ihre enge Verbundenheit mit dem Kind ermöglichte es ihr, seine Zukunft vorauszusagen. Auch sie war beim Totengericht anwesend und wurde als Zeugin aufgerufen, die über den Charakter des Toten aussagen sollte.

Mit diesen Schicksalsgottheiten war Renenutet verbunden, die sich besonders um die Kinder kümmerte. Sie beschützte sie bei der Geburt und in der Zeit danach. Ebenfalls bei der Geburt anwesend waren die Sieben Hathoren, welche die gleiche Rolle spielten wie die Feen in unseren Märchen und das Schicksal eines neugeborenen Kindes voraussagen konnten. Die Göttin jedoch, zu der die meisten jungen Frauen um eine gefahrlose Geburt beteten, war Thoëris, die als schwangeres Nilpferd dargestellt wurde. Diese groteske Gestalt wurde sehr verehrt, und wie die meisten Göttinnen der Geburt hatte sie auch etwas mit der Wiedergeburt nach dem Tode zu tun. Ihr Gatte war Bes, ein Zwergengott mit grotesker Gestalt und fratzenhaftem Gesicht. Er schützte die Frauen im Kindbett vor verderblichen Einflüssen; zu seinem Einflußbereich gehörten Liebe, Heirat, Musik und Tanz.

Der Sieg über den Tod
Wenn auch die Geburt wegen der mit ihr verbundenen Gefahren mit vielen magischen und religiösen Vorstellungen und Riten verbunden war, so beschäftigte doch in erster Linie der Tod das ägyptische Denken. Man nahm an, daß die menschliche Persönlichkeit aus mehreren unterschiedlichen Elementen bestand, von denen einige unsterblich waren. Der Tod wurde anscheinend als eine Unterbrechung des Lebens angesehen, als ein Hindernis, das der Mensch überwinden mußte, um in die Ewigkeit zu gelangen. Beim Tode verließ das unsterbliche Element den Körper. Wie man sich dann seine weitere Existenz vorstellte, das hing einerseits vom sozialen Status des Verstorbenen ab und andererseits von der Periode der ägyptischen Geschichte, in der er gelebt hatte. Wie auch immer man sich die Form seiner Existenz vorstellte, man glaubte stets, daß das unsterbliche Element mit dieser Welt durch die Leiche im Grabe verbunden blieb und daß es Nahrung und Opfergaben benötigte, die am (bzw. im) Grabe zurückgelassen wurden, um seine Versorgung im Jenseits sicherzustellen. Das früheste und verbreitetste Konzept des Lebens nach dem Tode ging von einer fortdauernden Existenz im Grabe (oder im »Haus des Geistes«, wie es genannt wurde) aus.

Es gibt Hinweise darauf, daß die Ägypter schon in vorgeschichtlicher Zeit an ein Leben nach dem Tode glaubten. Man stellte Tongefäße und andere Beigaben in die frühesten Gräber, die nichts anderes waren als Löcher im Sand oder Kies des Wüstenbodens, in dem die Leiche austrocknete und ihr Aussehen einigermaßen bewahrte.

Mit der Entwicklung einer gesellschaftlichen Schichtung und einer beruflichen Differenzierung wurden die Angehörigen der jeweiligen Führungsschicht in sorgfältiger errichteten (aus Ziegeln erbauten) und reich ausgestatteten Gräbern beigesetzt. Der Tote im Grab kam mit dem heißen trocke-

Linke Seite unten: Ausschnitt aus einem Deckengemälde im Grabe des Pharaos Sethos I. in Theben (um 1300 v. Chr., 19. Dynastie) mit einer Darstellung des Nachthimmels. Die Zentralfigur ist der große Stier (entspricht unserem Sternbild des Großen Bären). Das Nilpferd ist die Göttin Thoëris.

nen Sand nicht mehr in Berührung. Folglich zersetzte sich das Körpergewebe stärker, bevor dieser Prozeß durch die Austrocknung zum Stillstand kam. Inzwischen hatte sich jedoch ein Glaube entwickelt, daß es nötig sei, den Körper eines Menschen nach seinem Tode zu erhalten, damit er, wenn er das wollte, jederzeit zu einem Ort auf Erden zurückkehren konnte, wo sich sein konservierter Körper in seinem Grab befand. Deshalb mußte man eine Methode entwickeln, den Körper auf unbegrenzte Zeit zu konservieren. Und allmählich entstand ein Verfahren der Einbalsamierung. Dem Körper wurde mit Hilfe von Natron(-Salz) die Feuchtigkeit entzogen, er wurde aufgeschnitten, und die inneren Organe wurden entfernt. Die Eingeweide wurden in Krügen (Kanopen) beigesetzt.

Es entwickelten sich zwei unterschiedliche Jenseitsvorstellungen: Im Alten Reich erreichte die Verbindung des Königs mit dem Sonnenkult ihren Höhepunkt, und es entstand ein solares Konzept für die jenseitige Existenz des Königs. Nach dem Tode wurde der König (der als halbgöttliches Wesen angesehen wurde) mit seinem Vater Re, dem Sonnengott im Himmel, vereinigt. Die Pyramide – seine Begräbnisstätte – mag als eine Art Rampe oder als magischer Zugang zum Himmel gegolten haben. Seine ewige Existenz erlangte der König im östlichen Himmel, wo er mit den anderen Göttern zusammenkam und königliche Aufgaben übernahm und am Totengericht teilnahm. Er begleitete den Sonnengott in seiner Barke, mit der dieser täglich über das Firmament fuhr. Diese solare Doktrin sah nur für den König die Unsterblichkeit vor, wenn auch seine Familie und die bevorzugten Höflinge darauf vertrauen konnten, an der ewigen Existenz des Königs teilzuhaben, wenn sie in der Nähe seiner Pyra-

Oben: Die Seele (Ba) in Gestalt eines menschenköpfigen Vogels (der geistige Teil eines Individuums, der den Körper nach dem Tode verläßt und eine eigene Aktivität entfalten kann). Auf diesem Ausschnitt eines Bildes im Papyrus des Schreibers Ani sehen wir die Ba-Seele über der Mumie des Verstorbenen schweben, der auf einer Bahre ruht, daneben Räucheraltäre.

Links: Bemaltes Kalkstein-Flachrelief mit einer Darstellung der Maat, der Göttin der Wahrheit und Gerechtigkeit. Auf dem Kopf trägt sie eine Straußenfeder (das Zeichen ihres Namens). In der dazugehörigen Hieroglyphen-Inschrift wird sie die Tochter des Re genannt. 19. Dynastie.

Rechts: Mumifizierter Kopf eines Mannes. Man bemühte sich, den Leib des Toten vor dem Zerfall zu schützen, um die Lebenskräfte magisch wieder vereinigen zu können zu einer neuen ewigen Existenz. Man glaubte, daß die Seele des Verstorbenen die Mumie im Grabe besuchen komme, um die Speiseopfer zu genießen. Hellenistische Zeit.

mide bestattet wurden. Jedoch auch der König mußte von dieser Welt in eine andere überwechseln. Er erreichte die Tore des Jenseits, nachdem er einen See überquert hatte – und der König mußte den Fährmann (u. a. unter Zuhilfenahme seiner magischen Kräfte) dazu bewegen, ihn überzusetzen. Um eine gefahrlose Reise ins Jenseits sicherzustellen, wurde der König mit einer Sammlung magischer Beschwörungsformeln ausgestattet (den »Pyramidentexten«), die ihn vor allem Unheil bewahren sollten.

Das andere Konzept besagt, daß, obgleich der König zuerst sehr eng mit dem Sonnengott verbunden war, er auch mit Osiris, dem Vegetationsgott, identifiziert wurde, welcher der Richter und Herrscher der Unterwelt war. Jedoch fand der Osiris-Kult mit seinen Versprechungen von Rettung und Auferstehung für jeden, sei er nun arm oder reich, vom Mittleren Reich an die meisten Anhänger unter den Ägyptern. Ewiges Heil wurde jenen versprochen, die diesen Gott verehrten und beim Totengericht vor dem Tribunal der Götter freigesprochen wurden. Der Verstorbene ging dann in die Unterwelt ein, wo er seine Tage damit verbrachte, zusammen mit seiner Frau ein kleines Stück Land zu bestellen.

Es gelang den Priestern niemals, ein allgemeingültiges System zu schaffen, welches die verschiedenen Konzepte des jenseitigen Lebens in überzeugender Weise in sich vereinte.

Unten: Eine Szene auf einem Papyrus-Bild. Wir sehen Chepre, die aufgehende Sonne (einen Aspekt des Sonnengottes), auf dem Sonnenschiff begleitet von anderen Gottheiten. Chepre hat als Kopf einen Skarabäus. Der Käfer bedeutete eine ewige Wiederkehr, deshalb trug man Amulette in Skarabäenform (die man auch an der Stelle des Herzens in die Mumienbinden einwickelte). Theben, Neues Reich.

Ausschnitt einer Illustration aus einem Totenbuch mit einer Darstellung des Totengerichts. Auf der einen Waagschale liegt das Herz des Toten, auf der anderen die durch eine Feder repräsentierte Göttin Maat; die Ba-Seele des Verstorbenen wartet auf das Resultat. Der ibisköpfige Gott Thoth ist der Protokollführer und schreibt das Ergebnis auf eine Tafel, der schakalköpfige Gott Anubis überwacht den Wägevorgang. In einem Schrein (oder unter einem Baldachin) thront der richtende Gott Osiris, hinter ihm steht seine Gemahlin Isis. Neben Thoth wartet ein Ungeheuer, die »Verschlingerin«; ist das Resultat ungünstig, so stürzt sich das Monster auf den Verdammten. 21. Dynastie.

Das Totengericht

Sobald die Bestattungsriten beendet waren, gelangte der Tote vor einen Gerichtshof von 42 Totenrichtern, verschiedenen anderen Göttern und Osiris, dem obersten Richter der Unterwelt. Der Verstorbene beteuerte seine Unschuld, indem er das »negative Bekenntnis« sprach, wobei er versicherte, keine Ungerechtigkeiten begangen zu haben. Wenn nötig, würde er versuchen, die Götter über seine Verfehlungen zu täuschen, um gerechtfertigt aus dem Totengericht hervorzugehen.

Dann folgte der zweite Teil des Verfahrens in Anwesenheit verschiedener Gottheiten. Thoth, der ibisköpfige Gott der Weisheit und Gelehrsamkeit, der Schutzgott der Zauberer, überwachte das Abwägen des Herzens des Verstorbenen auf einer großen Waage, während Maat, die Göttin der Gerechtigkeit, und Anubis, der Totenführer, als Zeugen darüber wachten, daß diese Prozedur korrekt durchgeführt wurde. Die Göttinnen des Schicksals und der Bestimmung sagten als Zeugen über den Charakter des Toten aus. Ihr Zeugnis wurde von Thoth auf einer Tafel verzeichnet. Auch die Seele des Menschen in Gestalt eines Vogels mit Menschenkopf war anwesend und wartete auf das Ergebnis.

Das Herz des Verstorbenen, das man auf eine der Waagschalen legte, galt als Sitz seiner Persönlichkeit. Die Feder, das Symbol der Göttin Maat, wurde in die andere Waagschale gelegt. Wenn die Waage sich im Gleichgewicht befand, wurde der Verstorbene freigesprochen, und Thoth zeichnete das Urteil auf. Seine erwiesene Unschuld wurde vom Tribunal der Götter akzeptiert, und der Tote konnte in eine glückliche Jenseits-Existenz übergehen und auf ewig in der Unterwelt des Osiris leben. Er entkam einem schrecklichen Geschick, das auf die Schuldigen wartete. Sein Körper wurde nicht einem Ungeheuer (das »die Verschlingerin« genannt wurde) vorgeworfen, das teils wie ein Krokodil, teils wie ein Nilpferd aussah und an den Waagschalen hockte, um die Herzen der Schuldigen zu verschlingen und diese so von jeder Wiedergeburt auszuschließen.

Ein demokratisches Jenseits

Im Alten Reich besaßen die Gräber der Könige und der Adligen reich ausgestattete Speisekammern. Von den Erben (insbesondere vom ältesten Sohn des Verstorbenen) wurde erwartet, daß sie diese Vorräte laufend erneuerten. Ähnliche Rituale wurden in den Totentempeln, die zu jeder Pyramide gehörten, für den verstorbenen König abgehalten. Jedoch konnte diese Prozedur durch Betrug und Vernachlässigung unterbleiben, und die Adligen suchten nach einer anderen Methode, um Nahrungsmittel-Opfergaben für die Toten auf Dauer sicherzustellen. Zu dieser Zeit wurden die ersten Ka-Priester eingesetzt, die aus dem Ertrag eines Landstücks, das man ihnen überließ, den Totenkult versehen und für die Bedürfnisse der Toten sorgen sollten. Auch dieses System war nicht unfehlbar, und schließlich mußten die Eigentümer reicher Gräber ihre Zuflucht in der Magie suchen. Sie ließen das Opfermahl in allen Einzelheiten an die Wände malen und statteten die Gräber mit Figuren von Handwerkern aus, welche für die Nahrung sorgen sollten. Durch magische Opferformeln sollten sich die dargestellten Nahrungsmittel in wirkliche verwandeln, die Dienerfiguren sollten arbeiten und neue Nahrung herstellen, und dem Toten sollte so alles zur Verfügung stehen, was er benötigte.

In dieser Periode wurden viele Einzelheiten der mythischen Vorstellungen von der Sonnenexistenz des verstorbenen Königs und von der Erschaffung des Universums (wahrscheinlich von den Priestern der mächtigsten Götter, vor allem des Re in Heliopolis) vereinheitlicht. Dennoch kam es aus politischen, wirtschaftlichen und religiösen Gründen schließlich zum Zusammenbruch und zum Zerfall des Alten Reiches, in dem die Pyramiden erbaut worden waren. Es folgte eine Periode der regionalen Zersplitterung, in der lokale Fürsten die Macht ergriffen und in ihren Provinzen als kleine Könige herrschten. Die regionale Aufsplitterung und die Einschränkung der absoluten Macht des Pharao führten zu einem tiefgreifenden Wandel der Jen-

Oben: Isis säugt den kleinen Horusknaben. Isis spielte eine wichtige Rolle im Osiris-Mythos. Sie half mit bei seiner Wiedererweckung und empfing von ihrem toten Gatten einen Sohn, den Horus. 18. Dynastie.

Unten: Dieses Bild des Osiris zeigt den Gott in mumienartiger, fest anliegender und bis zum Hals reichender Gewandung. Die Arme hat er auf der Brust gekreuzt und hält in den Händen Zepter und Geißel. Auf dem Haupt trägt er eine Krone mit großen Federn. Grab des Sennudjem in Deir el-Medina. 19. Dynastie.

seitsvorstellungen. Jetzt konnten die lokalen Fürsten und schließlich sogar Privatpersonen die Kosten für die reiche Ausstattung der Gräber aufbringen und sich eine individuelle Jenseits-Existenz erhoffen, die nicht mehr vom König abhing. Auch nach dem Wiedererstarken des Königtums und der Zentralgewalt im Mittleren Reich ging der Glaube an ein »demokratisches Jenseits« nicht verloren, das allen zugänglich war. Dies war die Voraussetzung für die Ausbreitung und das Aufblühen des Osiris-Kultes in ganz Ägypten, mit dem die bekanntesten Mythen verbunden sind.

Der Mord an Osiris

Nach der Lehre von Heliopolis waren Osiris, Isis, Seth und Nephthys die Kinder von Geb, dem Erdgott, und Nut, der Himmelsgöttin. Osiris war mit Isis verheiratet und Seth mit Nephthys. Osiris herrschte als ein guter und weiser menschlicher König, der Landwirtschaft, Kunst und Handwerk in Ägypten eingeführt hatte. Seth wurde jedoch neidisch auf die Popularität des Osiris und plante dessen Ermordung. Er lud Osiris zu einem Festmahl ein und ließ während des Mahles einen prächtig verzierten hölzernen Sarkophag hereintragen. Er versprach, ihn demjenigen zu schenken, der genau hineinpaßte. Mehrere Gäste legten sich hinein, um den Preis zu gewinnen, doch nur Osiris füllte ihn völlig aus, denn Seth hatte ihn nach seinen Maßen anfertigen lassen. Jetzt ergriffen die Komplizen des Seth die Gelegenheit und schlossen den Deckel; Osiris war gefangen. Sie trugen den mit Stricken umwundenen und versiegelten Sarkophag zum Nil und ließen ihn durch das Delta ins Meer hinaustreiben. Nachdem er viele Meilen umhergetrieben war, wurde der Sarg an der phönizischen Küste in der Nähe von Byblos an Land gespült.

Isis suchte nun den Leichnam ihres Gatten. Schließlich entdeckte sie ihn in Byblos und brachte ihn zurück nach Ägypten. Sie empfing von ihrem toten Gemahl einen Sohn und erwartete in den Sümpfen des Deltas seine Geburt. Doch als sie auf der Jagd war, entdeckte Seth den von Isis versteckten Sarg des Osiris, zerstückelte die Leiche und verstreute die Teile über ganz Ägypten. (Dies sollte vermutlich erklären, warum es in so vielen ägyptischen Tempeln Osiris-Reliquien gab. Anm. des Übers.)

Isis mußte nun von neuem auf die Suche gehen. Sie setzte die Körperteile magisch wieder zusammen und rieb den Leichnam mit Öl ein. Ihre Schwester Nephthys half ihr dabei. So wurde Osiris wiedererweckt.

Danach hatte Isis noch viele Gefahren zu bestehen, bis Horus geboren wurde. Isis zog ihn heimlich in den Sümpfen des Deltas auf, um ihn den Nachstellungen des Seth zu entziehen, und sie beschützte ihn mit ihren magischen Kräften. Als er herangewachsen war, beschloß Horus, den Tod seines Vaters zu rächen, indem er Seth tötete. Es entbrannte ein blutiger Kampf, und Horus kastrierte Seth, während dieser seinem Neffen ein Auge ausriß. Horus siegte schließlich, und der Gerichtshof der Götter trat in der Großen Gerichtshalle zusammen, um zu entscheiden, wie das Königreich in Zukunft aufgeteilt werden sollte. Thoth, der ibisköpfige Gott von Hermopolis, verteidigte Osiris. Die Richter entschieden zu Gunsten des Osiris. Er wurde von aller Schuld freigesprochen und wieder zum Leben erweckt, nicht als ein König der Lebenden, sondern als König und Totenrichter in der Unterwelt. Horus aber folgte dem Vater auf dem Thron als König der Lebenden, und sein ausgerissenes Auge wurde ihm von Thoth wieder eingesetzt. Seth jedoch wurde für ewig verflucht. Das Gute hatte über das Böse gesiegt.

Der Sieg über das Böse

Die Geschichte vom Tod und der Auferstehung des Osiris wurde uns von dem griechischen Schriftsteller Plutarch überliefert. Die vollständige Version dieses Mythos kommt in den älteren ägyptischen Quellen nicht vor, allerdings wird Osiris bereits in den Pyramidentexten erwähnt, die an den Wänden der Innenräume einiger Pyramiden des Alten Reiches standen. Andere Hinweise verdanken wir den Festspielen, die regelmäßig in mehreren ägyptischen Tempeln aufgeführt wurden. Osiris war ein Vegetationsgott und folglich auch für die Nilüberschwemmung, das Getreide und den Mond zuständig. In dieser Rolle symbolisierte er jedes Jahr den Tod des Landes und seine Wiederbelebung durch die Fluten des Stroms. Vermutlich erhielt er als zweite Funktion den Titel eines Totengottes und Richters der Unterwelt, der für die Geschicke der Toten und ihre ewige Existenz verantwortlich war. Jeder König wurde am Ende seines Lebens selbst zum Osiris, während sein Nachfolger als Horus – der lebende König, Sohn und Erbe des mythischen Osiris – den Thron bestieg.

Jedoch wird Osiris im Mythos auch als ein menschlicher Herrscher beschrieben. Dieser König brachte die Zivilisation sowie Verbesserungen auf dem Gebiete der Landwirtschaft nach Ägypten. Im Bilde wird er stets als ein toter Herrscher dargestellt, der eine Krone trägt und königliche Insignien in den Händen hält. Seine angenommene einstige Existenz als Mensch bestärkte zweifellos seine Verehrer in ihrem Glauben, daß sie selbst auch durch ihn zu einem ewigen Leben im Jenseits gelangen könnten. Einige Gelehrte haben vermutet, daß die mythischen Gestalten Osiris und Horus zwei Gruppen von Einwanderern entsprechen, die in der prädynastischen Zeit als Eroberer nach Ägypten kamen. Es hätte dann Konflikte mit der einheimischen Bevölkerung gegeben, deren oberster Gott eine frühe

Form des Seth war. (Dieser Gott wird häufig als ein Tier von merkwürdigem Aussehen dargestellt: mit einem windhundartigen Körper, einer langen gekrümmten Schnauze, Schlitzaugen und einem gerade aufgerichteten Schwanz. Dieses Phantasiewesen erinnert an einen Schakal, ein Schwein, einen Esel und andere Tiere.) Horus und Osiris (d. h. die Eroberer) besiegten Seth (die Einheimischen), und der Mythos könnte aus der Propaganda ihrer Anhänger gegen Seth hervorgegangen sein.

Die ursprüngliche Heimat des Osiris ist ungewiß. Man hat vermutet, daß er etwas mit den anderen nahöstlichen Naturgottheiten zu tun hatte. In Ägypten scheint man ihn zuerst in zwei Hauptzentren verehrt zu haben: in Abydos und in Busiris. Im Mittleren Reich hatte Osiris den Re als Hauptgott Ägyptens abgelöst; aber anders als der Sonnengott zog er mit seinen Versprechungen der Wiedergeburt die Massen an. Auch war er als Totengott keine Konkurrenz für die verschiedenen Lokalgötter, denn ein Mensch konnte sowohl seinen Lokalgott als auch den Osiris verehren. Abydos, sein größtes Kultzentrum mit den berühmten Königsgräbern und Friedhöfen und einem der »Osirisgräber« (in dem man angeblich den Kopf des Gottes aufbewahrte), wurde jetzt das heiligste Pilgerzentrum der Ägypter. Diese versuchten wenigstens einmal im Leben eine Wallfahrt nach Abydos zu unternehmen – in der Hoffnung, dadurch ihre Chancen für die Ewigkeit zu verbessern. Jedes Jahr fand hier ein großes Fest statt (mit Mysterienspielen, bei denen die Grablegung und Auferstehung des Gottes dargestellt wurde). Ähnliche Feste wurden auch anderswo abgehalten, aber jenes von Abydos war stets besonders wichtig.

Der Mythos drückte den Glauben daran aus, daß das Böse (Seth) zuletzt vom Guten (Horus und Osiris) besiegt wird. Isis war die ergebene Frau und Mutter, deren Mühen schließlich durch die triumphale Rückkehr ihres Gatten belohnt wurde. Ihre Popularität in Ägypten und später in anderen Ländern beruhte darauf, daß sie die Mütterlichkeit vorbildlich verkörperte.

Die im Osiris-Kult verankerten Jenseitsvorstellungen prägten das Leben und Denken der Ägypter. Sie boten nicht nur allen Gläubigen eine Chance, ein ewiges Leben zu erlangen, ungeachtet ihrer gesellschaftlichen Stellung und ihres Besitzes. Der Osiris-Kult führte auch die Idee ein, daß die weitere Existenz eines Menschen nach seinem Tode von seinen guten und bösen Taten in dieser Welt abhing. Nach seinem Tod wurde er vor einem göttlichen Tribunal zur Rechenschaft gezogen. Gelang es ihm nicht, die Götter davon zu überzeugen, daß er eine Wiedergeburt verdiene, dann würde seine Seele ver-

Szene an der Rückwand des Grabes des Sennudjem in Deir el-Medina. Sie zeigt, wie sich die Ägypter das Jenseits vorstellten: Fruchtbare Felder, die vom Verstorbenen und seiner Frau bearbeitet werden. In dem üppig grünenden Land sind die Bäume voller Früchte, und die Ernte ist reichlich.

geblich nach seinem Körper suchen. Wenn er die Prüfung jedoch bestand, dann wartete ein glückliches ewiges Leben auf den Feldern der Unterwelt auf ihn.

Die Aussicht auf eine ewig andauernde körperliche Arbeit bei der Kultivierung eines Stücks Land behagte allerdings jenen nicht, die bei Lebzeiten niemals derartige Mühen auf sich nehmen mußten. Wenn sie dazu in der Lage waren, statteten diese Leute ihre Gräber mit mehreren mumienähnlichen Figuren aus, die gewöhnlich aus Holz oder Fayence hergestellt wurden und die häufig mehrere Zeilen Hieroglyphen-Inschriften trugen. Diese Diener-Figuren, die Hacken in der Hand trugen, sollten die Arbeit für den Eigentümer des Grabes leisten. Man glaubte, daß sie »Hier bin ich« riefen, wenn man diesen dazu aufrief, Frondienste im Reiche des Osiris zu tun. Man war davon überzeugt, daß diese Figuren (wie das übrige Grabinventar: die Mumie, die Statuen und die Wandgemälde) magisch belebt würden, um den verstorbenen Grabeigentümer im Jenseits zu unterstützen, so wie sie es auch in seinem diesseitigen Dasein getan hatten.

Auch als im Neuen Reich Amun-Re zum obersten Reichsgott mit großen Tempelgütern wurde – und noch in der Spätzeit, als andere Götter vorherrschten –, beschäftigte der Glaube an Osiris und seinen zuletzt doch noch errungenen Sieg über das Böse die Phantasie seiner gläubigen Verehrer und spendete diesen Trost.

Detail eines Papyrus-Bildes; es zeigt, wie Seth die riesige Schlangengottheit Apophis tötet, die aber immer wieder neu ersteht und der ewige Feind des falkenköpfigen Sonnengottes ist. Re-Harachte, der hinter Seth in der Sonnenbarke sitzt, trägt auf dem Kopf eine Sonnenscheibe. Aus dem Totenbuch der Cherit-Webeshet. 21. Dynastie.

DIE WICHTIGSTEN ÄGYPTISCHEN GÖTTER

Amun: Schöpfergott, Fruchtbarkeitsgott, seine heiligen Tiere waren Widder und Gans
Amun-Re: Reichsgott der 18. Dynastie, eine Verschmelzung von Amun und Re
Anubis: Schutzgott der Balsamierer (alter Totengott), tritt in Gestalt eines wilden Hundes oder eines Schakals auf
Apis: Heiliger Stier (Symbol der Fruchtbarkeit), wurde in Memphis verehrt
Apophis: Schlangendämon, Feind der Götter
Aton: Die Sonnenscheibe (mit Strahlen, die in Händen enden), von Echnaton als einziger Gott verehrt
Atum: Sonnengott (Schöpfergott) von On (Heliopolis; vgl. auch Re-Harachte). Sein heiliges Tier war der Mnevis-Stier
Bastet: Göttin von Bubastis in Katzengestalt
Chepre: Manifestation der aufgehenden Sonne in Gestalt eines Skarabäus (oder Mensch mit Skarabäus als Kopf)
Chnum: Schöpfergott von Elephantine mit dem Kopf eines Widders mit doppelt gedrehtem Gehörn. Er schuf die Menschen auf seiner Töpferscheibe
Chons: Mondgott (Theben), Sohn des Amun und der Mut, später Heilgott, der böse Geister vertreibt, menschengestaltig mit Falkenkopf und der Mondscheibe darauf
Geb: Erdgott (Heliopolis)
Hapi: Personifikation des Nil
Harachte: Alter Sonnengott, später mit Re verschmolzen
Harpokrates: Horus als Kind. Bilder der Isis und des Harpokrates beeinflußten die christliche Ikonographie (Maria mit dem Jesuskind)
Hathor: Himmelsgöttin, Göttin der Freude, des Tanzes und der Musik, auch in Kuhgestalt dargestellt
Horus: Sohn des Osiris und der Isis, häufig als Falke dargestellt, Schutzgott des Pharaos
Imhotep: Vergöttlichter Ratgeber des Königs Djoser (aus der 3. Dynastie, um 2800 v. Chr.), Baumeister der Stufenpyramide von Sakkara, wurde in der Spätzeit als Gott der Heilkunst verehrt und mit Asklepios gleichgesetzt
Isis: Gemahlin des Osiris, vorbildliche Frau und Mutter, ihr Kult fand im römischen Reich eine weite Verbreitung
Maat: Göttin der Gerechtigkeit und der Weltordnung, symbolisiert durch ihre Feder
Meschenet: Geburtsgöttin, die auch beim Totengericht anwesend ist
Min: Fruchtbarkeitsgott mit erigiertem Phallus, Herr der östlichen Wüstenstraßen
Mnevis: Heiliger Stier, Inkarnation des Re-Harachte in Heliopolis (vgl. Apis)
Month: Falkenköpfiger Schutzgott der Könige der 11. Dynastie. Sein heiliges Tier war der Stier Buchis
Mut: Lokalgöttin eines Dorfes bei Karnak, Gattin des Amun
Neith: Stadtgöttin von Sais, Totengöttin
Nephthys: Menschengestaltige Göttin, Schwester der Isis und des Osiris, Gattin des Seth
Nut: Göttin des Himmelsgewölbes (Heliopolis)
Osiris: Mumienartig dargestellter Fruchtbarkeitsgott mit Königskrone, steht in Beziehung zum Mond und zum Getreide. (Aus Nilschlamm geformte Figuren waren mit Körnern vermengt, die bald zu sprießen begannen
Ptah: Schöpfergott von Memphis, Schutzherr der Künstler und Handwerker (von den Griechen mit Hephaistos identifiziert), der Apis-Stier galt als seine Inkarnation
Re oder **Ra (Re-Harachte):** Sonnengott, in Heliopolis auch mit Chepri (als Kind bei Sonnenaufgang) und Atum (als Greis am Abend) identifiziert. Auf ihn bezog sich die Autorität der Könige, die sich seit Chephren »Sohn des Re« nannten
Renenutet: Göttin der Kinder, in Schlangengestalt
Sachmet: Löwengestaltige Kriegsgöttin, in Memphis als Gemahlin des Ptah verehrt
Satis: Gattin des Schöpfergottes Chnum
Schai: Schicksalsgöttin, ist bei der Geburt und beim Totengericht anwesend
Schu: Luftgott (Heliopolis), Bruder und Gatte der Tefnut
Serapis: Reichsgott der Ptolemäer, er vereinigte Züge des Osiris mit denen des Zeus, des Pluton, des Dionysos und des Asklepios
Seth: Bruder und Feind des Osiris (sein Tier war das Gauzeichen des 11. Gaus). Er wurde zur Zeit der Hyksos-Herrschaft mit Baal identifiziert, später als Wüstengott verstanden und als Gott des Bösen
Sobek (Suchos): Krokodilgott, der in den Deltasümpfen, in Ombas und Kom Ombo verehrt wurde
Tefnut: Göttin der Feuchtigkeit, des Regens und Taus, Schwester und Gatte des Schu (Heliopolis)
Thoëris (Toëris): Göttin der Geburt in Nilpferd-Gestalt
Thoth: Ibisköpfiger Gott der Weisheit, Wissenschaft und Magie (Hermopolis), auch Mondgott, Schutzgott der Schreiber und der Zauberer, von den Griechen mit Hermes gleichgesetzt (Hermes Trismegistos)
Uto: Göttin von Buto, Göttliche Herrin von Unterägypten

Links: Bier und Brot wurden von den Toten ebenso wie von den Lebenden geschätzt. Modellfiguren von Bierbrauern, Müllern, Bäckern usw. sollten sicherstellen, daß es dem Toten im jenseitigen Leben an nichts fehle. Diese Statuette einer Frau, die Korn auf einer Mahlplatte zerreibt, stammt aus einem Grab des Alten Reiches.

Oben: Uschebti-Figur aus einem Grab der 26. Dynastie, Fayence. (Die ursprüngliche Bezeichnung war Schawabti.) Diese Figürchen sollten statt der Toten Frondienste im Totenreich tun, deshalb trugen sie zwei Hacken in der Hand und einen Sack auf dem Rücken.

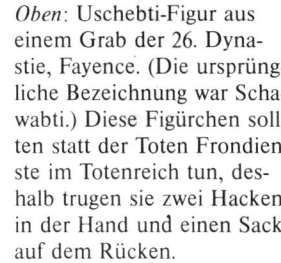

ZEHNTES KAPITEL

DER ISLAM

Der Islam wird mitunter als eine Religion dargestellt, die völlig in die Autorität heiliger Texte eingesponnen ist. Gott ist das Wort, und das heilige Buch ist die letzte Autorität. Der Prophet Mohammed hat diese Form der Gottesverehrung im Koran festgelegt. Der Koran ist im Prinzip der Entwurf des Allmächtigen für die weitere Ausgestaltung der Schöpfung.

Heute sind jedoch nur noch wenige Fachleute der Auffassung, daß die Sozialethik und die Struktur der Muslim-Gesellschaft als ein einheitlicher Entwurf in den Suren (Kapiteln) des Koran enthalten sind. Im Laufe der Wissenschaftsgeschichte haben sich neue Perspektiven ergeben. Die ursprüngliche Ansicht entsprach einem religiösen Vorurteil der westlichen Welt. Die Araber sind wie die Juden Semiten, und ihre Religion (der Islam) ist historisch mit dem jüdischen und dem christlichen Glauben verwandt. Mohammed hielt Moses und Jesus von Nazareth für seine Vorläufer als Propheten. Dementsprechend war es einst üblich, im Koran eine Beduinen-Version der semitischen Gottesverehrung zu sehen, die wenig zu jenem Verständnis von Gott hinzufügte, dessen Ausdruck ein christlicher Lobgesang war:

»Der Du einst auf den Höhen des Sinai
In alter Zeit den Stämmen das Gesetz gegeben hast
Majestätisch und erfurchtgebietend in Wolken
gehüllt...«

Später erst bewertete man die Tatsache, daß der Koran, wie wir heute wissen, in einer hochentwickelten Zivilisation entstand. In Südarabien gab es Städte mit »Wolkenkratzern«, mächtige Festungen und kunstvolle Bewässerungsanlagen. Sicherlich existierten bei den spätantiken Arabern, die mit Persien, dem Irak, Syrien, Ägypten und Äthiopien in Handelsbeziehungen standen, Mythen und Legenden.

Der französische Anthropologe und Psychologe Claude Lévi-Strauss war der Meinung, daß semitische Mythen wenig mit den primitiven oder den komplexen Mythologien der Naturvölker und der Hochkulturvölker Indiens oder Südostasiens gemein hätten. Er begründete dies mit der Annahme, daß semitische Mythen einer Tendenz zur Abstraktion unterworfen und intellektuell »deformiert« worden seien, machte allerdings eine Einschränkung: Sollte tatsächlich »archaisches Material« und ein »mythologisches Substrat« entdeckt werden, dann müßte möglicherweise diese Meinung revidiert werden, und einiges von der ältesten Mythologie der semitischen Völker könnte ans Licht kommen. Einige Geschichten und Gestalten im Koran geben uns Hinweise auf Form und Inhalt dieses »archaischen semitischen Substrats«. Im Koran werden alte arabische Glaubensvorstellungen bezeugt, umgedeutet oder verworfen. Sie sind mit Resten mythologischer Vorstellungen in der Bibel und mit den ältesten semitischen Texten vergleichbar, die es vor und neben der biblischen Tradition gab, sowie mit frühen arabischen Gedichten und mit mythischen und legendären Erzählungen, die älter als der Koran sind oder kurz nach dessen Entstehung niedergeschrieben wurden. All dieses Material gehörte zu den Quellen kunstvoller islamischer Erzählungen.

Eine Möglichkeit, die Mythen und Legenden des Koran zu erforschen, ist die Methode von Mircea Eliade, A. Wesinck und anderen Forschern dieser

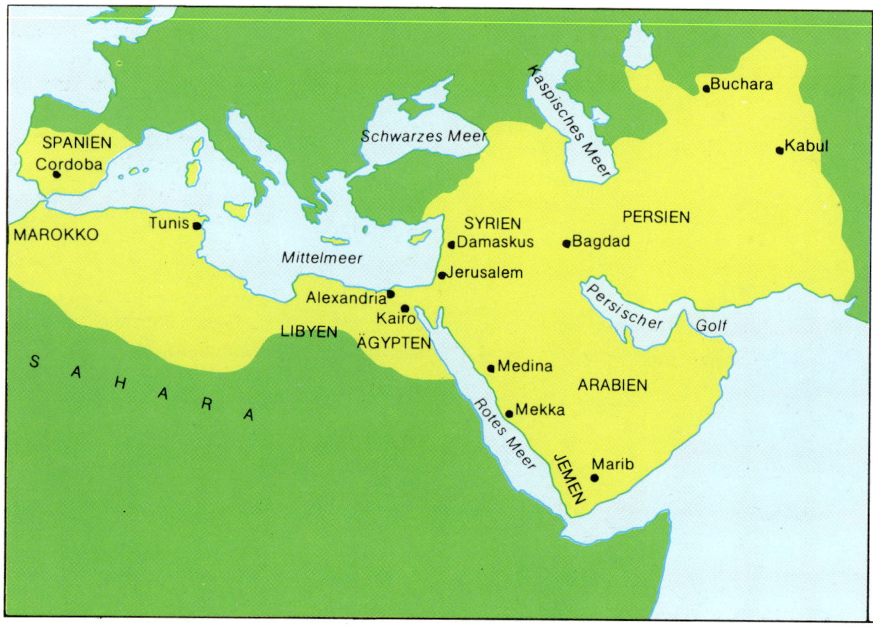

ZEITTAFEL

Daten AD

ca. 570	Mohammed wird in Mekka geboren
622	Die Flucht (Hedschra) Mohammeds und seiner Getreuen nach Yatrib (später Medina): Beginn der Islamischen Zeitrechnung
632	Mohammeds Tod
633/37	Arabische Eroberungen in Syrien, Irak und Persien
639/44	Eroberung Ägyptens und Libyens
661–750	Das Kalifat der Omajjaden in Damaskus: Eroberung Tunesiens, Algeriens und Marokkos, des südlichen Spanien, Afghanistans und des nordwestlichen Indien
750–1258	Das Kalifat der Abbasiden in Bagdad: das Goldene Zeitalter des Islam

Die Geschichte vom Aufstieg des Propheten Mohammed zu den Sieben Himmeln wird im Koran kurz erwähnt. Nach der islamischen Tradition ritt der Prophet auf einem Roß namens Buraq, das kleiner war als ein Maultier und größer als ein Esel, es hatte einen Frauenkopf und die Schwanzfedern eines Pfaus. Die Geschichte von der Himmelfahrt Mohammeds war ein Vorbild für Beschreibungen der Seelenreise nach dem Tode zum Thron des göttlichen Richters. Diese Szene ist in der islamischen Malerei häufig dargestellt worden. Wir sehen hier eine persische Miniatur in einem Manuskript des persischen Dichters Nizami (1504).

Richtung. Diese suchen nach bestimmten Symbolen – die Weltsäule, die mühsame Passage in eine andere Welt, der Ur-Ozean, Schlangen sowie Mysterien von Leben und Tod –, die sie in allen semitischen Quellen wiederfinden, so auch in einigen Erzählungen, die im Koran enthalten sind oder von ihm inspiriert wurden.

Sehr eindrucksvoll ist die dynamische Kraft der symbolischen Ritual-Objekte des Islam. Die jährlichen Wallfahrten nach Mekka, wo die Pilger den Schwarzen Stein, der in eine Wand der Kaaba (des Hauses Gottes) eingelassen ist, küssen, sind in dieser Beziehung ein vielleicht einzigartiges Phänomen. Wie viele Geschichten mögen von diesen Pilgerfahrten inspiriert worden sein? Und wie viele andere wurden von dem Bericht über die Himmelfahrt des Propheten angeregt, von seinem mystischen Flug auf dem Rücken des mythischen Rosses Buraq?

Im Koran sind die Symbole bestimmten Menschen zugeordnet und die mythischen Erzählungen des Koran handeln von Menschen, deren legendäre Heldentaten uns in Kommentaren erläutert werden. Kein Nicht-Muslim kann den Wert der »Koran-My-

Die mythische Stadt Iram mit ihrem Säulenpalast und dem Paradiesgarten ist ein Symbol für die Selbstsucht und Dummheit der Menschen. Die phantasievollen Geschichten, die sich in der islamischen Tradition mit dieser Stadt verbanden, wurden vermutlich von den Beschreibungen prä-islamischer Monumente im Jemen inspiriert. Hier sehen wir Shaddad Ibn Ad auf seinem Pferd, wie er das irdische Paradies besichtigt, das er geschaffen hat.

then« beurteilen. Seine Meinung wird notwendigerweise subjektiv und von der »Mythologie« seiner eigenen kulturellen Tradition geprägt sein. Die Personen, die im Koran erwähnt werden, haben Geschichtenerzähler, bildende Künstler und Dichter inspiriert. Gestalten wie Luqman, König Salomon, Bilqis (die Königin von Saba), Dhul-Qarnain und al-Khidr haben besonders häufig die Phantasie beschäftigt. Diese menschlichen Helden wurden immer wieder neu gesehen, sie wurden z. T. mit Djinn (Geister) identifiziert – oder man berichtete von ihrem magischen Umgang mit kosmischen Symbolen.

Luqman und Shaddad

Eine der ältesten Gestalten im Koran ist Luqman al-Hakim, ein legendärer Weiser, der in vorislamischer Zeit lebte. Nach der ältesten Legende war er ein weiser Mann, dem die Lebensdauer von sieben Geiern gewährt worden war. Er fütterte und pflegte nacheinander sieben von diesen Aasfressern und starb zur gleichen Zeit wie der siebente. Später glaubte man, daß er ein äthiopischer Sklave war und lehrreiche Fabeln verfaßte, ähnlich wie der Sklave Äsop, dem die griechischen Fabeln zugeschrieben wurden.

Die Geier sind mit der Überlieferung von Luqman so eng verbunden, daß sie untrennbar zu ihm gehören. Im prähistorischen Arabien gab es einen Glauben an heilige Tiere als Attribute und Diener der Götter – und wahrscheinlich hielt man in einigen arabischen Heiligtümern Tiere. Die Götter waren mit den Djinn verwandt und die Djinn mit den wilden Tieren. Zu den arabischen Göttern gehörten u. a. ein Löwengott (Jaghuth) und ein Geiergott (Nasr). Möglicherweise war Luqman in einer älteren Version mit einigen Merkmalen eines Gottes oder mit den Attributen eines halbgöttlichen Königs ausgestattet gewesen.

Luqman wird im Koran kurz erwähnt (Sure 31) als ein Mann, dem Gott Weisheit schenkte und der seinen Sohn ermahnte, er solle niemandem andern dienen als Gott allein. Daraus könnte man schließen, daß Mohammed Luqman als einen Weisen (in der Art des Äsop) kannte und als einen Prediger Gottes. Obgleich dies unzweifelhaft der Aussage dieser Sure entspricht, wird die Bedeutung durch den Kontext in zweifacher Hinsicht modifiziert. Erstens gab es unter den Bewohnern Mekkas, an die sich diese Sure richtete, eine allgemein bekannte Überlieferung von Luqman. Und zweitens wird in diesem Kapitel des Koran derjenige kritisiert, »der lächerliche Legenden kauft«; die Rede war von Ibn al-Harith, einem Rivalen des Propheten und einem Kenner und Liebhaber persischer Mythen. Der Hinweis auf Luqman als eine vorbildliche Persönlichkeit ist also aus der Rivalität heraus zu verstehen, die in dieser Sure bezeugt ist.

Der Prophet kannte zweifellos die verwickelten und oft widersprüchlichen Erzählungen von Luqman al-Hakim. Der soziale Aufstieg des Luqman vom äthiopischen Sklaven zum Freibeuter, Seher, König und Propheten mag bedeutsam gewesen sein. Wir müssen uns allerdings fragen, was ein Einwohner von Mekka um 600 AD in ihm gesehen haben mag – außer einen weisen Mann?

Der präislamische Luqman war der Bruder eines heidnischen Helden Shaddad Ibn Ad (von dem wir gleich noch hören werden), aber Luqman war fromm und beachtete die Warnungen eines Propheten namens Hud, den Gott zu seinem Volk, den Aditen, einer mächtigen Nation, geschickt hatte, von der man annahm, daß sie kurze Zeit nach Noah lebte. Luqman überlebte eine schreckliche Katastrophe, mit der Gott sein Volk heimsuchte, und er wurde mit der Lebensdauer von sieben Geiern belohnt. Er herrschte als König und Gesetzgeber über die zweiten Aditen, welche Höhlenbewohner waren. Er begann auch mit dem Bau des berühmten Dammes von Marib im Jemen. Luqman, der König mit einem Palast, wurde verschmolzen mit Luqman, dem Seher der Troglodyten (Höhlenbewohner), und mit Luqman, einem heldenhaften Freibeuter, der beabsichtigte, seinen Sohn oder seinen Neffen zu erschlagen, aber in jeder dieser Versionen von ihm überlistet wurde. Er war auch ein Riese, der eifersüchtig über seine Frau wachte. Er vereinigte in sich Züge, die nicht zueinander paßten, Aspekte sowohl der ungezähmten Natur als auch der bäuerlichen und städtischen Kultur. Vergleichbare Gestalten in der griechischen Mythologie waren die Kentauren und die Kyklopen.

Die Stadt Iram mit dem Säulenpalast

Shaddad Ibn Ad, Luqmans Bruder, wurde mitunter für den Erbauer der ägyptischen Pyramiden gehalten. Er ist am besten bekannt als der Titan, der versuchte, ein irdisches Paradies zu schaffen: die Stadt

Iram mit dem Säulenpalast. Seine Bemühungen wurden jedoch durch einen »Aufschrei« des Allmächtigen zunichte gemacht. Shaddad und seine Aditen wurden bei der Zerstörung der Stadt getötet, doch Reste der »Stadt der Steinsäulen« blieben an einem verborgenen Ort erhalten. Man suchte sie im Jemen, bei Palmyra, Damaskus, Alexandria und an anderen weit entfernten Orten. Einmal wird erwähnt, daß sie nach dem Tod des Propheten Mohammed unter der Herrschaft des Kalifen Muawija (661–680) entdeckt wurden.

Diese Erzählung, die auch in die Sammlung von *Tausendundeine Nacht* aufgenommen wurde, stammt ursprünglich aus präislamischer Zeit. Man kann, wenn man die Geschichten, die von dieser mythischen Stadt berichten, in Texten aus der Zeit der Abbasiden (z. B. das *Iklil* des Hamdani, um 945) mit der Behandlung dieses Themas in Gedichten des 8. Jahrhunderts vergleicht, feststellen, wie sich unterschiedliche Vorstellungen von Iram entwickelten: einerseits sah man darin ein Lustschloß, andererseits ein Ziel, das man beharrlich suchte.

Der Bericht von Wahb Ibn Munabbih, einem zum Islam bekehrten südarabischen Juden, der 732 starb (in seinem bekannten Buch *Kitab al-Tidjan fi muluk Himjar),* gehört zu den frühesten:

Als Shaddad Ibn Ad seine Herrschaft antrat, da sammelte er seine Truppen, denn er war ein energischer und entschlossener Mann. Er zog weit umher und erschütterte die Erde zu seinen Füßen. Er erreichte Groß-Armenien. Dort erschlug er jeden Rebellen und Aufrührer. Dann überquerte er den Euphrat und suchte die östlich davon gelegenen Länder heim. Er erreichte die äußersten Grenzen. Jeder, der ihm im Wege stand, wurde umgebracht. Dann überquerte er die Tiefebene von Samarkand, bis er das Land Tibet erreichte. Nun wandte er sich wieder westwärts nach Armenien, und auf dem Wege über Damaskus erreichte er den Maghreb (Nordafrika). Er hinterließ dort viele Spuren seiner Anwesenheit. Schließlich erreichte er den Atlantischen Ozean. Er erbaute Städte und besetzte Festungen mit Zisternen und reichen Vorratslagern. Zweihundert Jahre lang blieb er im Maghreb. Danach kehrte er in den Osten zurück.

Er war zu stolz, um Ghumdan zu betreten, darum ging er nach Marib. Dort erbaute er einen großartigen Palast, den die Geschichtenerzähler »Iram mit den Säulen« nennen. Im Jemen ließ er keine Perlen und keine Juwelen übrig, weder Karneol noch Onyx – und ebenso erging es dem Lande Babylon. Nach allen Himmelsrichtungen schickte er seine Leute aus, welche die Schätze zusammenraffen sollten; und er häufte die Reichtümer der ganzen Welt auf: Gold, Silber, Eisen und Zinn, Kupfer und Blei. Dann erbaute er dort seinen Palast und schmückte ihn mit all den Edelsteinen und Schätzen. Er ließ den Fußboden aus weißem und rotem Marmor herstellen und mit andersfarbigen Steinen einlegen. Im Untergeschoß befanden sich die Zisternen und Wasserleitungen, die das Wasser vom Marib-Stausee in sie ergossen. Diesem Palast kam kein anderer in der Welt gleich. Dann starb Shaddad Ibn Ad, nachdem er fünfhundert Jahre lang gelebt hatte. Er wurde im Djebel Shibam mit all seinen Reichtümern begraben.

In diesem Bericht wird das göttliche Strafgericht, welches die sagenhafte Stadt traf, nicht erwähnt. Im Koran (Sure 89) ist jedoch nur davon die Rede und von nichts anderem. »Hast du nicht gesehen, was der Herr mit Ad tat, mit Iram mit den Säulen, einer Stadt, die niemals ihresgleichen hatte?«

Salomon und Bilqis

König Salomon, der Israel im 10. Jahrhundert v. Chr. regierte, wurde in der jüdischen, christlichen und islamischen Überlieferung eine legendäre Gestalt, berühmt wegen seiner Weisheit, seiner Reichtümer, seinen vielen Frauen und seiner Macht über die Geister. Die Geschichte, wie die Königin von Saba ihn besuchen kam, wird im Alten Testament erwähnt (1. Könige, Kap. 10). Sie kam mit einem großen Gefolge und mit Kamelen, die Gewürze, Gold und Edelsteine trugen, um Salomon mit schwierigen Fragen, zu testen. Salomon beantwortete alle ihre Fragen, und die Königin war so beeindruckt von seiner Weisheit, daß sie ohnmächtig wurde und Gott pries, der ihn zum König gemacht hatte. Die Königin und Salomon tauschten wertvolle Geschenke aus, und sie kehrte in ihr eigenes Land zurück.

Nach der islamischen Tradition war der Name der Königin Bilqis, und sie herrschte im Jemen, in der

König Salomon galt als Vorbild für einen idealen Muslim-Kaiser. Salomon wird hier inmitten seiner Höflinge, Vögel und gezähmten Tiere dargestellt. Die islamischen Legenden von Salomon entstanden unter persischem Einfluß.

Die Königin von Saba wurde durch einen Djinn zu Salomon gebracht, und dieser stellte sie auf die Probe, ob sie an den wahren Gott glaubte oder ob sie die Sonne verehrte. In einigen arabischen Erzählungen heißt es, sie kehrte aus Jerusalem in ihre Heimat zurück, wo sie ihrerseits von Salomon besucht wurde. Er flog zu ihr auf seinem magischen Teppich, der von den Winden getragen wurde. Dieses Bild von Salomon und der sagenhaften Königin ist eine persische Miniatur in einem Manuskript der Gedichte von Farid ad-Din Attar (1472).

Hauptstadt Marib. Ein Vogel erzählte Salomon, der die Sprache der Vögel verstand, daß die Königin einen prächtigen Thron besäße und über ein Volk herrsche, das die Sonne verehre und nicht Gott. Salomon sandte ihr die Botschaft: »Widersetze dich mir nicht, sondern komm, um dich mir zu unterwerfen!« Einer seiner Geister erbot sich, den Thron der Königin für ihn zu entwenden, doch wurde dieser ihm dann von einem Höfling gebracht, der in den heiligen Schriften sehr bewandert war.

Salomon ließ den Thron neu ausschmücken, und als die Königin von Saba kam, wurde sie gefragt, ob sie ihn erkenne. Sie erkannte ihn nicht wieder, wenn sie auch meinte, er ähnele ihrem eigenen Thron. Als sie in Salomons Palast geführt wurde, da hatte sie den Eindruck, sie müßte ein Wasserbecken durchqueren, und sie betrat das vermeintliche Becken mit bloßen Füßen. Es handelte sich jedoch um einen Fußboden aus Glas. Auf diese Weise wollte der König feststellen, ob sie behaarte Beine hätte, wie seine Geister ihm erzählt hatten. Das erwies sich als richtig, und Salomon befahl den Geistern, ihre Haare von den Beinen zu entfernen. Einige Geschichtenerzähler berichten, er hätte sie dann geheiratet.

Eine Variante dieser Legende findet man auch in der äthiopischen Legendensammlung *Kebra Nagast* (Ruhm der Könige). Es heißt dort, daß der Sohn von Salomon und Makeda (der äthiopische Name der Königin von Saba) Menelik I. war, der erste Herrscher Äthiopiens, von dem alle nachfolgenden äthiopischen Herrscher abzustammen behaupteten.

In der arabischen Mythologie werden Salomon und Bilqis als ein ideales königliches Paar dargestellt, beide als außergewöhnliche Persönlichkeiten, welche den Geistern (Djinn) befehlen können. Salomon ist der Herr der Geister, doch seine Kontrolle über die Djinn hängt von seinem moralischen Verhalten ab. Bilqis ist eine etwas problematische Gestalt. Ihr wahrer Glaube ist zweifelhaft. Sie ist eine Königin in einem normalerweise männlichen Erbfolgesystem. Bedeutsamer noch ist ihre Abstammung: Väterlicherseits stammt sie aus der königlichen Dynastie der Himjariten, die den Jemen regierte. Ihre Mutter war eine Djinnie, die ihr Vater rettete, als sie einmal die Gestalt einer Gazelle angenommen hatte. Die behaarten Beine der Bilqis verraten ihre Abstammung.

Der Koran erwähnt Salomon und die Königin kurz in der Sure 27. Als die Königin gefragt wird, ob sie ihren Thron erkennt, ist dies zugleich ein Test ihres Glaubens. »Aber diejenige (Gottheit), der sie neben Gott diente, verwirrte sie; wahrlich sie gehörte zu den Ungläubigen. Und man sagte zu ihr: ›Betritt den Hof!‹ und als sie diesen sah, da glaubte sie Wasser zu sehen, und sie entblößte ihre Beine. Da sagte er: ›Dies ist ein Hof, der mit Glas gepflastert ist!‹ Darauf sagte sie: ›Mein Gebieter, ich habe mich täuschen lassen, doch ich unterwerfe mich mit Salomon Gott, dem Herrn der Welten!‹«

Die ganze Geschichte, auf die im Koran angespielt wird, hat die Künstler des islamischen Orients sehr beschäftigt. Die Muslims waren sich dessen be-

wußt, daß Bilqis eigentlich nicht zum Islam gehörte, und häufig wird ihre Abstammung in islamischen Schriften negativ vermerkt.

Der Koran nennt Bilqis nicht beim Namen, noch wird erwähnt, daß die Königin Salomon heiratete – eine Ansicht, die bei den Juden schon in ziemlich früher Zeit verbreitet war. Verglichen mit vielen anderen orientalischen Quellen sind die Erwähnungen im Koran sehr kurz. Dieser betont die moralischen Lehren und legt wenig Gewicht auf andere Aspekte, die für die religiöse Lehre irrelevant sind. Verschiedene Themen werden trotz der Kürze des Berichts deutlich erkennbar angesprochen, dazu gehört der Test des Glaubens durch eine Sinnestäuschung (das Glas, das für Wasser gehalten wird).

»Der mit den zwei Hörnern« (d. i. Alexander d. Gr.)

Die meisten legendären Elemente enthält die Sure 18 des Koran, die von Alexander dem Großen berichtet, der hier Dhul-Qarnain (»der mit den zwei Hörnern«) genannt wird. (Weil Alexander auf Münzenbildern mit einem Widdergehörn dargestellt wird; Anmerkung des Übersetzers.) Der legendäre Alexander wird hier als ein kriegerischer König dargestellt, dem von Gott große Macht verliehen wurde. Es wird berichtet von seinen Expeditionen, von seinen Zusammenstößen mit Ungläubigen, »während er die Erde durchmißt«, und von seiner Ankunft im Fernen Westen, wo die Sonne in einer heißen und schlammigen Quelle untergeht. Dann wendet er sich ostwärts, erreicht ein Land primitiver Höhlenbewohner und marschiert nach Norden zu den eurasischen Steppen, wo er zwischen zwei Bergen eine unüberwindliche Mauer aus Eisen und Messing errichten läßt, welche die Menschheit vor den Einfällen von Gog und Magog schützen soll. Doch am Tage des Jüngsten Gerichts, so warnt Dhul-Qarnain, wird Gott diese Mauer dem Erdboden gleichmachen. Die an Herakles erinnernden gewaltigen Anstrengungen Alexanders verschaffen der Menschheit nur eine begrenzte Atempause im Kampf gegen das Böse. Bezeichnend für die Stilisierung Alexanders zu einem mythischen halbgöttlichen Helden ist die Erwähnung von Quellen, Deichen, Dämmen, Sonnensymbolen usw.

Am meisten Ähnlichkeit mit diesem Korantext hat die im 6. Jahrhundert entstandene syrische Version des Pseudo-Kallisthenes. (Aus diesem Buch ging der *Alexander-Roman* hervor.) Da diese Sure unverkennbar auf Legenden-Zyklen anspielt, die im Gebiet des Fruchtbaren Halbmonds und in Persien weit verbreitet waren, darf man vermuten, daß sich Mohammed mit dieser Predigt an die Juden von Mekka wandte oder an jene Heiden, die mit diesen nicht-arabischen Quellen vertraut waren. Vieles bleibt allerdings unklar. Die Kommentatoren sind unterschiedlicher Meinung darüber, worauf sich die Anspielungen dieses Korantextes im einzelnen beziehen – und da auch der Pseudo-Kallisthenes heterogene Elemente in sich vereint, kann man nicht genau sagen, was aus dieser Quelle stammt und was aus anderen orientalischen (arabischen oder persischen) Mythen und Legenden hinzugefügt wurde.

Das Wasser des Lebens

Mit seiner Theorie einer schrittweisen Enthüllung des göttlichen Willens und Heilsplans mußte der Islam davon ausgehen, daß es von Zeit zu Zeit Vermittler gegeben haben mußte, die eingriffen, wenn Gott, Prophet und Menschheit durch mißverständliche Auslegung der göttlichen Botschaft an einer Verständigung gehindert waren.

Wenn Aaron nicht der Bruder von Moses gewesen wäre, dann hätte nach islamischer Auffassung eine andere Person seine Rolle übernehmen müssen. Wenn es al-Khidr (den »Grünen«) nicht schon im babylonischen *Gilgamesch-Epos,* in jüdischen Legenden von Elias, im Pseudo-Kallisthenes oder in südarabischen Entsprechungen dieser mythischen Gestalt gegeben hätte, dann hätte man ihn woanders gefunden. Wie Merlin mit König Artus in den Geschichten der Tafelrunde verbunden ist, so berät und leitet al-Khidr Dhul-Qarnain und seine Schar jemenitischer Ritter. Al-Khidr ist ein Vorbild der islamischen Mystiker und kommt vor allem dort vor, wo ein Dilemma aufgelöst werden muß.

Im *Kitab al-Tijan* wird al-Khidr etwas anders dargestellt. In der jemenitischen Bearbeitung des Pseudo-Kallisthenes ist al-Khidr ein Ratgeber, ein Krieger und eine Art »Gralsritter«, der auf der Suche nach den letzten Geheimnissen des Lebens ist. Die Geschichte von al-Khidr, der das Wasser des Lebens findet, ist ein typisches Beispiel für die vielen Erzählungen, die auf jenen Mythen beruhen, welche ihre Entstehung den Kontakten zwischen den Arabern und nicht-arabischen Völkern verdankten.

Nach dem Vorbild der Legenden, die sich mit Alexander dem Großen beschäftigten, entstanden arabische Berichte über die Heldentaten und Abenteuer kriegerischer Könige in sagenhafter Vorzeit namens Dhul-Qarnain, von denen einer auch im Koran erwähnt wird. Auf diesem Bild aus der Zeit der Ilkhane (der mongolischen mohammedanischen Herrscher im Iran) aus dem 14. Jahrhundert sehen wir, wie Iskandar (Alexander d. Gr.) sein Reich durch Eroberungen im fernen Norden (in den vom Nebel verhüllten Regionen nördlich des Kaukasus) vergrößert. Er befindet sich auf dem Wege zu Gog und Magog.

Oben: In dieser Miniatur, einer Illustration in einer Handschrift des Dichters Nizami (1529/30) wird die Geschichte von Alexander an der Quelle des Lebenswassers dargestellt. Wir sehen al-Khidr an der Quelle stehen.

Gegenüber: Al-Khidr trinkt das Lebenswasser. Dieses Bild stammt aus einem Manuskript des *Schah-Nameh* Firdausis (1438).

Dhul-Qarnain zog dann weiter durch das »Sand-Tal«, bis er die Region der ewigen Dunkelheit erreichte, wo Tag und Nacht eins waren. Die Quelle, in der die Sonne unterging, lag hinter ihm, und er durchquerte ein Tal, wo die Pferde und Kamele sich nicht auf den Beinen halten konnten – und ebenso erging es den Männern, die bei ihm waren. Sie sagten: »Oh, Dhul-Qarnain, was ist das?« Und er antwortete: »Ihr befindet euch an einem Ort, wo derjenige, der etwas nimmt, das bereuen wird – und ebenso derjenige, der nichts nimmt.« Sie zogen mehrere Tage lang durch dieses Tal, das sich nach Osten krümmte und sie von ihrem Kurs abbrachte. Über ihnen war ein weißes Licht, das sie fast blendete. Sie sagten zu ihm: »Oh, Dhul-Qarnain, was ist das für ein Tal, das wir durchquert haben?« Er sagte zu ihnen: »Das Tal, das ihr durchquert habt, ist das Tal der Rubine. Derjenige, der etwas daraus mitnimmt, wird sagen, hätte ich doch mehr genommen, und derjenige, der nichts genommen hat, wird sagen, hätte ich doch wenigstens etwas genommen.«

Dann kamen sie zu einem weißen Felsen, und sie konnten kaum etwas erkennen, so geblendet waren sie von der Helligkeit und den Strahlen. Die Dunkelheit, der sie vorher begegnet waren, war dadurch bedingt, daß sich alles Licht auf diesen Felsen konzentrierte. Dhul-Qarnain schaute auf einen Felsvorsprung des Berges und sah Geier (oder Adler) darauf sitzen. Er staunte, und er wunderte sich, wie sie wohl dahin gelangt sein mochten...

Dann hüllte Dhul-Qarnain diesen Felsen in Dunkelheit, um ihn besteigen zu können. Dieser jedoch wankte, zitterte und rumpelte. Da zog der Held sich zurück, und der Felsen hörte auf, sich zu bewegen. Er versuchte es noch ein zweites und ein drittes Mal. Dann näherte sich al-Khidr dem Felsen, und dieser blieb ruhig. Er bestieg ihn, während Dhul-Qarnain zuschaute. Al-Khidr stieg bis zu den Wolken empor, bis er nichts mehr sehen konnte. Eine Stimme im Himmel rief ihm zu: »Steige noch weiter empor, denn wahrlich, du hast die Quelle des Lebens gefunden. Du wirst davon sauber und rein werden, und dann wirst du leben, bis die Posaunen des Jüngsten Gerichts erschallen und alles im Himmel und auf Erden sterben wird.« Daraufhin stieg er weiter empor, bis er den Gipfel des Felsens erreichte und eine Quelle fand, aus der himmlisches Wasser herabrieselte. Er trank davon und wurde sauber und rein.

Die Messingstadt

Im 9. Jahrhundert gab es arabische Erzählungen über eine Messing- oder Kupferstadt irgendwo in Afrika oder in Spanien. Man lokalisierte sie in der Nähe der Säulen des Herakles (der Straße von Gibraltar) oder in der Nähe von Cadiz oder Algeciras, »der Insel des al-Khidr«. Diese Legende, die aus christlichen und islamischen Erzählungen hervorgegangen ist, wurde als eine typische »Reise-Erzählung« auch in die Sammlung von *Tausendundeine Nacht* aufgenommen. In diesem Erzählungskomplex findet man nicht nur Vorstellungen aus früheren arabischen Sagen, sondern auch jene Gestalten des Koran, die wir schon behandelt haben: Salomon, Bilqis (die als Tadmura in der Zauberstadt begraben liegt und deren Leichnam auf wunderbare Weise erhalten bleibt), Dhul-Qarnain (aus dem jetzt Musa Ibn Nusair, der arabische Eroberer Spaniens, geworden ist), Shaddad Ibn Ad, der Erbauer von Iram, und al-Khidr, der eine rätselhafte und etwas zweideutige Vermittlerrolle spielt. Der späte Bericht von al-Mustawfi aus Qazwin (um 1340) bezeugt die Verschmelzung der Mythen und sagenhaften Berichte, die vom Koran inspiriert wurden, mit Vorstellungen, die aus anderen Quellen gespeist werden. Die Vermischung des Korans mit Traditionen von Salomon und Alexander dem Großen ist ein klassisches Beispiel dafür, wie sich islamische Erzählungen entwickelt haben.

Die Messingstadt war eine der wunderbarsten Konstruktionen der Welt. Die kreisförmigen Wallanlagen waren vier Meilen lang und mehr als fünfzig Ellen hoch, und es gab keine Tore. Einige sagen, daß Alexander der Große sie erbaut hat, aber verbreiteter war die Version, nach der die Dämonen auf Befehl Salomons – Friede sei mit ihm – diese Stadt erbaut hatten – und diese Version wurde auch in den Kommentaren zu den Koranversen (Sure 34) als richtig angesehen: Und wir ließen eine Quelle mit geschmolzenem Messing für Salomon fließen. Und es gab einige Djinn, die unter seinen Augen arbeiteten nach dem Willen ihres Herrn. Das Material für die Stadtmauern stammte aus dieser Quelle von geschmolzenem Messing. Aber wenige Menschenkinder sind je dort gewesen; doch zur Zeit der Kalifen aus der Dynastie der Omajjaden kam ein Mann dorthin, und bei seiner Rückkehr berichtete er dem Kalifen von diesem Ort.

Die Eroberungen der Araber führten zu einem Austausch von literarischen Vorstellungen und von Volkssagen. Dieser Prozeß begann mit den Schriftstellern, welche (angeblich) die Entstehung des Islam vorausgesagt hatten und die man seit der Zeit des Kalifen Muawija kannte. Angefangen bei Wahb Ibn Munabbih und Ibn Ishaq (im 8. Jahrhundert), gefolgt von al-Kalbi und al-Hamdani (im 10. Jahrhundert), benutzten die »literarischen Archäologen« Arabiens und speziell des Jemen die Mythen der Koran-Kommentare als Schlüssel für die Biographie des Propheten und schufen dabei ein immer mehr anwachsendes Korpus von Fabeln, welche Traditionen aus der immer internationaler werdenden islamischen Kulturwelt miteinander verbanden.

Zu Beginn der Mamluken-Zeit (zu Beginn des 13. Jahrhunderts) verband man eine Vielzahl romanhafter Überlieferungen mit dem Koran, die aus allen möglichen orientalischen Legenden stammten und die bestimmte soziale Verhaltensweisen und Ordnungen exemplarisch darstellen sollten. Man verwandte dazu Erzählungen aus Persien und Indien. Geschichten aus dieser Tradition wurden nach Westen wie nach Osten verbreitet und mit dem Erzählgut aus Afrika, Südostasien und dem Fernen Osten vermengt.

Ali und der Oger-Kopf

Ein wichtiger Komplex der spätmittelalterlichen islamischen Legenden war der Zyklus, in dessen Mittelpunkt der Prophet und seine Gefährten, seine treuesten Anhänger, standen. Ali, der Schwiegersohn des Propheten, war sehr populär – besonders in Persien. Zu diesen Legenden gehört die Erzählung von Ali und einem bösen König, der Oger-Kopf genannt wurde (Ras al-Ghul).

Die Zusammenstellung dieser Legenden-Sammlung wird einem gewissen Abul Hasan al-Bakri zugeschrieben, der gegen Ende des 13. Jahrhunderts im Irak lebte. Der Oger-Kopf war ein bösartiger König des Jemen. Sein richtiger Name war Mukhariq, aber er erhielt auch den Spottnamen Abul-Lain (»Vater der Verfluchten«). Der Name, den man im mittelalterlichen Europa dem Gott der Sarazenen beilegte: Apollyon, ist vermutlich daraus entstanden.

Mukhariq erschlug seinen Vater, bestieg den Thron und herrschte despotisch. Seine Waffe war das magische Schwert Al-Samsama, die unschlagbare Waffe, die einst dem jemenitischen Krieger

Die »Kupfer-Stadt« wird vom Heer Alexanders erobert. Die Einwohner dieser sagenhaften Stadt sind Roboter (Automaten). Diese Episode stammt aus dem orientalischen *Alexanderroman.* In späteren arabischen Erzählungen wurde die Stadt von einem arabischen Heerführer namens Musa Ibn Nusair belagert.

Rechts: Es gibt viele Erzählungen über die Heldentaten des Kalifen Ali Ibn Abi Talib, des Schwiegersohns des Propheten. Hier sieht man ihn auf den Schultern des Propheten stehen, während er dabei ist, die Idole der Kaaba in Mekka zu zerschmettern.

Unten: Amr Ibn Madi Karib, der größte Held unter den jemenitischen Rittern, kämpft auf dieser Miniatur gegen Malik. Amr ist einer der berühmtesten Kriegshelden in den Legenden, welche die Zeit der frühen islamischen Eroberungen verherrlichen.

Amr Ibn Madi Karib gehört hatte. Er verehrte den Gott Faresh, der zu ihm durch Feuer und Donner sprach und dessen Bildnis in einem Tempel stand, der aus Smaragden, Marmor und Sandelholz erbaut war. Mukhariq besaß sieben Festungen – und in der siebenten befand sich sein goldener Palast.

Eine jemenitische Frau beklagte sich beim Propheten. Sie hatte sich mit ihrer Familie zum Islam bekehrt; und nun wurden ihre Verwandten ans Kreuz geschlagen. Der Prophet unterstützte das Verlangen der Frau nach Gerechtigkeit. Er rief seine Anhänger zusammen, und seine Gefährten wurden mit der Aufgabe betraut, den Jemen zu erobern. Der Befehlshaber dieser Truppe war Ali, bewaffnet mit seinem Schwert Dhul-Faqar.

In die nun folgende Geschichte sind viele andere Erzählungen eingeschoben. Es wird von vielen Abenteuern berichtet und von den Listen, mit denen man den teuflischen Oger-Kopf besiegte. Als der Kampf immer heftiger wird, schickt Mohammed den Helden Amr Ibn Madi Karib zur Unterstützung. Er ist bewaffnet mit einem ungewöhnlich langen Speer und einem gewaltigen Schwert.

Die Muslime unter seiner Führung erreichen das erste Tal und erobern es. Als sie dann weiter vordringen, stoßen sie auf heftigen Widerstand. Auf der Seite des Mukhariq kämpft ein blinder Bogenschütze namens al-Sakafi, der einen riesigen Bogen aus dem Holz eines Haselstrauchs besitzt, der mit Milch gewässert wurde. Man braucht vier Männer, um diesen Bogen tragen zu können, der auf weite Entfernungen sehr treffsicher ist. Doch al-Sakafi verfehlt Ali, und dieser zerbricht den Bogen in sieben Teile.

Schließlich wird das Heidentum ausgerottet. Unterstützt von den Gebeten des Propheten, mit Hilfe wilder Bienenschwärme und unter Anwendung von Schießpulver und griechischem Feuer erreicht Ali die Kapitulation der siebenten Festung. Mukhariq, der Oger-Kopf, wird in Stücke gehauen und seine Nachkommen werden erschlagen oder zum wahren Glauben bekehrt.

DER WESTEN

ELFTES KAPITEL

GRIECHENLAND

Quellen für das Studium der griechischen Mythologie sind die gesamte griechische Literatur und Kunst. Angesichts so umfangreichen, vielfältigen Materials, der Hinterlassenschaft einer hochentwikkelten Kultur, überrascht es kaum, daß man sich nicht mit einer einzigen Deutung zufriedengibt, die ausschließlich auf völkerkundlichen Befunden beruht. Griechische Mythen haben bei weitem nicht nur *eine* Form und auch nicht nur *eine* Funktion.

Homers und Hesiods Dichtungen, die frühesten Zeugnisse griechischer Literatur, übermitteln Mythen unterschiedlicher Kategorie, die sich nach Zweck, Geisteshaltung und Substanz scharf voneinander abheben. Was sie allerdings miteinander verbindet, ist eine komplexe Systematik. Erklärtes Ziel der *Theogonie* Hesiods ist es, zu berichten, wie Erde, Himmel und Meer ins Dasein gerufen wurden, wie aus ihnen die Götter entstanden, die »Spender des Guten«, wie die Götter ihren Besitz teilten und den Olymp zu ihrer Wohnstätte machten. Am Anfang des Mythos stehen urtümliche Natur-Personifikationen, die auf mesopotamische oder andere vorgriechische Überlieferungen zurückgehen. Der Himmel (Uranos) zeugte mit der Erde (Ge oder Gaia) die ältere Göttergeneration der Titanen, wollte sich aber nicht von der Erde lösen, um ihr die Geburt ihrer Kinder zu ermöglichen. Es war schließlich Kronos, der mit Hilfe seiner Mutter die Trennung von Himmel und Erde bewirkte, indem er Uranos mit einer mächtigen Sichel entmannte. So begann der Generationenkampf unter den Göttern.

Eine Zeitlang hielten sich, beherrscht von Kronos und seiner Gattin Rhea, die Titanen an der Macht. Doch auch Kronos fürchtete, gestürzt zu werden, und verschlang seine Kinder. Aber als Zeus geboren wurde, täuschte Rhea seinen Vater mit einem in Windeln gewickelten Stein. Zeus zwang Kronos, die anderen Götter wieder auszuspeien, die nun als Erwachsene das Licht der Welt erblickten. Mit Hilfe der Kyklopen sowie der Hekatoncheiren (hundertarmigen und fünfzigköpfigen Wesen) überwanden sie die Titanen. Zeus' eigener Versuch, die Geburt von Nachkommen zu verhindern, schlug fehl. Zwar verschlang er seine Gemahlin Metis, doch ging aus dieser Verbindung die schreckliche Kriegsgöttin Athene hervor (die nun dem Haupte des Zeus entsprang). Allerdings entthronte Athene Zeus nicht, der mit zahlreichen anderen Göttinnen (aber auch mit sterblichen Frauen) noch viele Kinder zeugte – göttliche ebenso wie sterbliche Heroen.

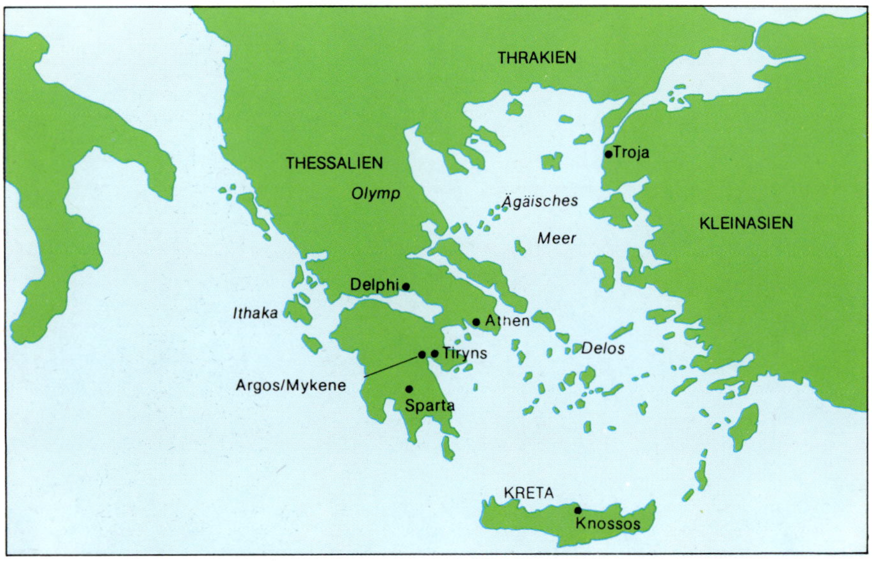

Seit es Erde und Götter gibt, geht es bei Hesiod um die Einrichtung der bestehenden Weltordnung. Kern seiner Darstellung sind die Auseinandersetzung zwischen den Titanen und der jüngeren Göttergeneration sowie die Erzählung, wie Zeus Kronos überwand und an die Macht kam, um schließlich vom Olymp aus die Welt zu beherrschen. Diese Geschichte übernahmen die Griechen, sie erfanden sie nicht. Daß eine jüngere Göttergeneration eine ältere überwand – bis hin zur Entmannung eines Gottes mit einer Sichel und zum Verschlingen eines Steines statt eines Götterkindes –, all dies findet sich bereits in westasiatischen und mesopotamischen Mythen vor 1000 v. Chr. Neu und charakteristisch für die Form, die diese Mythen in den ältesten literarischen Quellen der Griechen erhielten, ist die komplexe Systematik, mit der das an Widersprüchen reiche Material ganz unterschiedlichen Typs zu einer Einheit verbunden wird, die die Weltordnung plausibel macht.

Beispiele dafür sind die unterschiedlichen Nachkommen der Erde, der großen gebärenden Mutter. Sie gebiert den sternenbesäten Himmel, »der herrlichen Götter Feste«, den Ozean und die Berge, »anmutige Stätten der Nymphen«, aber auch die einäugigen Kyklopen, Hekatoncheiren (hundertarmige Ungeheuer) und Giganten sowie das Scheusal Typhoeus (Typhon), ihren jüngsten Sprößling. Selbst aus den Blutstropfen des verstümmelten Uranos bzw. aus dem Schaum, der sich um sein ins Meer gefallenes Geschlechtsteil bildete, ging noch Nachkommenschaft hervor. Ihm entstieg Aphrodite, die »Schaumgeborene«, zu deren Gefolge Eros, der Gott der Liebe, gehört. Auch Kräfte wie Nacht und Tag waren in dieser Periode des Zeugens am Werk. Die Nacht brachte den Tag hervor, den Schlaf und die Träume, doch auch Tod, Schmerz und Streit.

Die *Theogonie* steht nicht am Anfang, sondern am Ende eines Prozesses systematischer Aufarbeitung und rationaler Durchdringung ganz unterschiedlicher Berichte, wobei es galt, anthropomorphe (menschengestaltige) Götterwesen, furchterregende Ungeheuer, Naturkräfte und abstrakte Begriffe auf einen Nenner zu bringen. All diese Wirkkräfte und was man sich von ihnen erzählte – sie waren Teil einer mündlich weitergegebenen dichterischen Überlieferung, deren Erbe Hesiod war. Hesiod war kein Mythendichter, sondern ordnete lediglich überkommenes Material, aus dem er die für seine Zwekke geeigneten Elemente auswählte.

Im Mythos wie im Kult trägt Athene kriegerische Züge. »Furchtbar ist sie«, heißt es im Homerischen Hymnos an die Göttin, »und mit Ares liebt sie die Taten des Krieges, eingenommene Städte, Geschrei und Kampfesgetümmel, und sie schützt das Heer beim Auszug wie bei der Rückkehr.«

Links: Die um 360 v. Chr. im Marmaria-Bezirk zu Delphi errichtete Tholos der Athena Pronoia, deren Platz – wie bei den meisten altgriechischen Heiligtümern – ganz hervorragend gewählt ist.

Unten: Kleines Athene-Figürchen von der Athener Akropolis. Die Gottheit, die die Schutzpatronin der Stadt Athen war, ist mit drohender Gebärde und der Ausrüstung eines Kriegers dargestellt. Ursprünglich schwang sie mit der erhobenen Rechten einen Speer und hielt mit der linken Hand einen Schild. Die Bronzestatuette (um 490 v. Chr.) ist weniger als 30 cm hoch.

VEREINFACHTER STAMMBAUM DER GÖTTER

Uranos = Gaia (Ge)
Himmel | *Erde*

Aphrodite | **Uranos** *Himmel* | **die Berge** | **Pontos** *Meer*

Okeanos *Ozean* | **Iapetos** | **andere Titanen** | **Rhea = Kronos** | **Zyklopen** | **Hekatoncheiren und Giganten**

Metis = Zeus | **Prometheus** | **Zeus = Hera** | **Hades = Persephone** | **Poseidon** | **Hestia** | **Demeter = Zeus**

Deukalion | **Persephone**

Athene | **Apollon** | **Artemis** | **Hermes** | **Dionysos** | **Hebe** | **Ares** | **Hephaistos = Aphrodite**

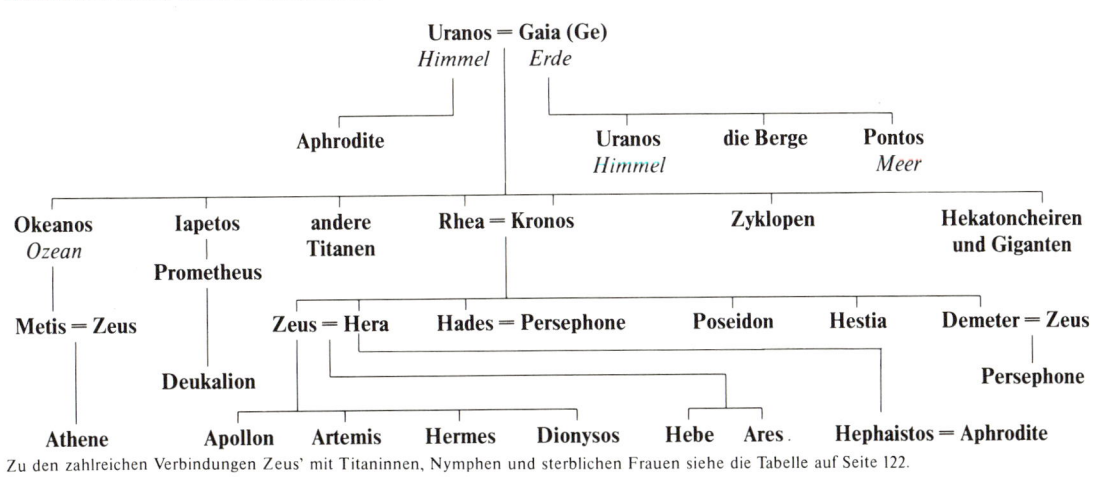

Zu den zahlreichen Verbindungen Zeus' mit Titaninnen, Nymphen und sterblichen Frauen siehe die Tabelle auf Seite 122.

Mythos als Deutung

Wie keine andere Gestalt des griechischen Mythos verkörpert Prometheus in Hesiods *Werken und Tagen* den bei Völkerkundlern und anderen Kulturforschern so beliebten Typus des »Kulturbringers«, eines Heros, dem die Menschheit in der Frühzeit ihrer Geschichte gewisse Errungenschaften zivilisierten Daseins verdankt (vgl. Kap. *Armenien).* Prometheus, ein Titanensohn, brachte Zeus gegen die Menschen auf, indem er ihn anläßlich eines Opfers, mit dem der Opferkult der Menschen begründet werden sollte, um seinen Fleischanteil betrog. Hiermit rechtfertigten die Griechen ihren Brauch, den Göttern nur Knochen und Fett der Opfertiere darzubringen, das beste Opferfleisch aber für sich selbst zurückzubehalten. Zur Strafe entzog Zeus daraufhin den Menschen das Feuer, doch Prometheus stahl es ihm und brachte es wieder zur Erde zurück. Zeus seinerseits rächte sich, indem er Hephaistos, den kunstfertigen Schmied der Olympischen Götter, anwies, aus Ton die Frau zu formen. Athene bedeckte den Körper der Frau mit feinen Gewändern und Blumen, doch die Götter gaben ihr einen unaufrichtigen Charakter. So wurde die Frau, zwar dem Schein nach ein Geschenk der Götter, doch in Wirklichkeit für die Menschen zum Fluch, und das Raffinierte an diesem Fluch ist, daß der Mann weder mit ihr noch ohne sie glücklich zu sein vermag. Der Name des von Hephaistos geschaffenen ersten Weibes lautete Pandora (»die Allgeberin«). Pandora öffnete ein Gefäß, das zehntausendfaches Weh über die Menschheit brachte, nur die Hoffnung wich nicht aus ihm. »Ehe dies alles geschah, ohn' Übel lebten die Menschen, ledig harter Müh und frei von drückender Krankheit.«

Mit außerordentlicher Phantasie und großem Einfühlungsvermögen erklären diese Erzählungen im Rahmen der bekannten, geltenden Weltordnung, wie es zum Gebrauch des Feuers, zu bestimmten Opferbräuchen, zu menschlicher Mühsal und zum Ausbruch von Krankheiten kam. Erklärung bringt die Dinge dem menschlichen Begreifen nahe und nimmt ihnen damit ein wenig von ihrer Härte. Ja die Geschichte von der Frau als Beglückung und Fluch zugleich deutet sogar in gewissem Sinne auf einen Ausgleich der Gegensätze hin - eines der Hauptanliegen der Mythendichtung. Auch diese Erzählungen sind alt, auf jeden Fall viel älter als Hesiod.

Die fünf Weltalter

Ähnlich sucht der Mythos von den fünf Weltaltern in den *Werken und Tagen* menschliche Mühsal verständlich zu machen. Anscheinend lag Hesiod, der Bauer war, dies sehr am Herzen. Seine Auffassung ist, daß es mit der Menschheit seit Beginn der Geschichte bergab geht.

Oben: Zeus, im Begriff, den Donnerkeil zu schleudern. Zeus war der mächtigste der Unsterblichen. Hesiods *Theogonie* zufolge erbebten Himmel und Erde, als er mit dem Ungeheuer Typhoeus kämpfte und dabei »Donner, Blitze und seinen feurigen Donnerkeil einsetzte«. So groß war sein Ansehen, daß ihm die anderen Götter die Herrschaft über sie selbst aufzwangen. Attische Lekythos (Ölgefäß, um 450 v. Chr.).

Rechts: Nur 45 cm hohe Marmorstatuette der badenden Aphrodite, der Göttin der Liebe und Fruchtbarkeit. Im Mythos entfacht sie »süßes Begehren« bei Göttern und Menschen, sogar in Zeus weckt sie Leidenschaft für sterbliche Frauen. Zu den bekanntesten Opfern, die ihrem Zauber erlagen, gehören die in Liebe zu Paris entbrannte Helena, um derentwillen die Griechen Troja belagerten, sowie die in Jason verliebte kolchische Zauberin Medea, die den Argonauten half, ihr Abenteuer glücklich zu beenden, später aber von Jason verstoßen wurde.

ZEUS' KINDER

Mit Göttinnen, Titaninnen, Nymphen und sterblichen Frauen zeugte Zeus zahlreiche Nachkommen. Die wichtigsten davon waren:

Athene: mit Metis (»Klugheit«, »Weisheit«), der Tochter des Titanen Okeanos
die Horen (Göttinnen der Jahreszeiten namens **Eunomia**, »Gesetzlichkeit«, **Dike**, »Recht«, und **Eirene**, »Friede«) und die **Moiren** (Schicksalsgöttinnen): mit der Titanin Themis (»Satzung«, »Recht«, »Gerechtigkeit«)
die Charitinnen (»Grazien«) **Aglaia** (»Glanz«), **Euphrosyne** (»Frohsinn«) und **Thaleia** (»Blüte«): mit Eurynome, einer Tochter des Okeanos
Persephone, *die Herrscherin der Unterwelt,* auch **Kore** (»das Mädchen«) genannt: mit seiner Schwester, der Göttin Demeter
die Musen: mit Mnemosyne (»Erinnerung«, »Gedächtnis«), einer Titanin
Hebe, Ares und **Eileithyia** (Geburtsgöttin): mit seiner Schwestergemahlin Hera
Hermes: mit der Bergnymphe Maia
Dionysos: mit der thebanischen Königstochter Semele
Herakles: mit Alkmene, der Gattin Amphitryons, der Zeus in der Gestalt ihres Gatten erschienen war
Perseus: mit Danae, einer argivischen Prinzessin, mit der Zeus sich in Gestalt eines goldenen Regens vereinigte
Minos, *König von Kreta*: mit der phönikischen Prinzessin Europa, der Zeus als Stier erschienen war
die Dioskuren (**Kastor** und **Polydeukes** [Pollux]) sowie **Helena**: mit Leda, einer Königin von Sparta, der sich Zeus in Gestalt eines Schwans genähert hatte. Nach manchen Versionen des Mythos ist nur Helena göttlicher Abstammung, nach einer anderen Variante waren Helena und Polydeukes Kinder des Zeus, während Kastor von Ledas sterblichem Gemahl, König Tyndareos von Sparta, abstammte. Der Name »Dioskuren« (wörtlich: »Zeusknaben«) deutet aber darauf hin, daß ursprünglich beide Ledasöhne als Zeus-Nachkommen gegolten haben müssen.

Fünf Menschengeschlechter oder Menschenrassen lebten auf Erden. Bei der ersten dieser »Rassen« handelte es sich um die von den Titanen geschaffenen Menschen des Goldenen Zeitalters. Unter Kronos' Herrschaft lebten sie sorglos und in Frieden. Von Mühe, Krankheit und Alter blieben sie verschont, und wenn der Tod sich ihnen nahte, so friedlich, als sei es der Schlaf, wurden sie freundliche *daímones* (»Geister«), die auf Erden weiterlebten, »Wohlgesonnene, Bösem wehrend und Schützer der Menschen, Schenker der Gaben in Fülle«. Die Menschen des zweiten oder Silbernen Weltalters, Geschöpfe der Olympischen Götter, wurden von Zeus vertilgt, denn, verblendet wie sie waren, weigerten sie sich, die Götter zu ehren. Sie wurden Unterweltsgeister, »Verdammte unter der Erde«.

Bei den letzten drei Geschlechtern handelt es sich um Geschöpfe des Zeus. Wild und kriegslüstern, brachte sich das dritte oder Bronzene Geschlecht in brudermörderischen Kämpfen selbst um und ging ruhmlos ins »Haus der Verwesung« ein, in die Unterwelt, das Reich des »unerbittlichen Hades«. Das vierte Geschlecht, dem kein Metall zugeordnet ist, ist das der Heroen jener Sagen, die sich um Troja und Theben ranken. Viele dieser Helden starben nicht, sondern wurden auf die Inseln der Seligen am Rande der Welt entrückt, wo sie frei von Kummer und Sorgen weiterleben. Das gegenwärtige Geschlecht ist das fünfte (das Eiserne Geschlecht). Auch ihm ist Untergang bestimmt. Es ist das Geschlecht der rastlos Arbeitenden, der zur Mühe, Sorge und zum Sterben Geborenen, doch mischt sich in seine schlimmen Eigenschaften auch Gutes.

»Wär' ich doch keiner der Menschen des fünften Geschlechtes«, klagt Hesiod, »wär' ich gestorben zuvor oder wär' ich doch später geboren.« Tatsächlich unterbricht die Einfügung der Helden des trojanischen und thebanischen Sagenkreises die ansonsten beständig abfallende Linie der aufeinanderfolgenden Zeitalter und verrät, daß die fragliche Geschichte, die Hesiod dazu diente, seine Zeitgenossen von der Notwendigkeit eines ehrenhaften Lebens voller Mühsal zu überzeugen, aus recht unterschiedlichen Elementen zusammengesetzt ist.

Im *Frauenkatalog* geht es darum, die Verwandtschaftsbeziehungen zwischen den griechischen Heroen aufzuarbeiten. Ihre Abstammung wird bis zu den Begründern der griechischen Stämme – den eponymen (namengebenden) Ahnen Aiolos, Ion und Doros –, ja bis zu Hellen selbst, dem Stammvater des Volkes der Hellenen (Griechen), zurückverfolgt. Hellen war ein Sohn des seinerseits von Prometheus abstammenden Deukalion. Deukalion und seine Gattin Pyrrha überlebten die Flut, die Zeus sandte, um die Menschheit zu vernichten (eine Geschichte, die aus Mesopotamien stammt).

Achill tötet vor Troja die Amazonenkönigin Penthesilea. Eine Malerei des 5. Jahrhunderts v. Chr. in Olympia zeigt Achill, wie er Penthesilea hält, die gerade ihren Geist aufgibt. Späteren Quellen zufolge wurde Achill von Liebe zu der Sterbenden ergriffen. Nach der *Ilias* waren die Amazonen ein kriegerisches Frauenvolk. Große attische Amphore aus Vulci (Etrurien), um 540 v. Chr.

Götter und Menschen bei Homer

Bei Hesiod treffen wir nur noch selten jenes traumartige Durcheinander an, das für Erzählungen so mancher Stammeskulturen, aber auch für manchen altmesopotamischen Mythos charakteristisch ist und den Eindruck besonders tiefer Symbolik und üppig wuchernder Phantasie erweckt. Und was auf Hesiod zutrifft, gilt in noch stärkerem Maße für die in der Heldensage bzw. in der Volksüberlieferung wurzelnde epische Tradition, insbesondere für die *Ilias* und *Odyssee* Homers. Auch diese Dichtungen sind Endprodukt mehrerer Jahrhunderte mündlicher Weitergabe des Stoffes. Sie haben einen historischen Kern, der teilweise auf die Bronzezeit Griechenlands (das Mykenische Zeitalter, um 1400–1200 v. Chr.), teilweise auf das »Dunkle Zeitalter« (die frühe Eisenzeit, um 1000–850 v. Chr.) zurückgeht.

Doch alles Historische wurde bis zur Unkenntlichkeit idealisiert und umgebogen – durch eine dichterische Tradition, der es um die Verherrlichung der großen Helden vergangener Tage ging. Die *Ilias* ist ein Heldenlied. Im Mittelpunkt steht ein Kriegeradel, der seine kämpferische Lebensweise genießt und dem die Götter des Olymp bei jeder Gelegenheit entweder helfen oder entgegenarbeiten. Den Rahmen bildet ein Zwischenfall im zehnten Jahr der Belagerung Trojas durch die Griechen. Auf menschlicher Ebene ist das Thema der Zorn des Achill, dem Agamemnon, der Oberbefehlshaber der griechischen Streitkräfte, seine Kriegsbeute, die schöne Sklavin Briseis, wegnimmt. Achill, dessen Verärgerung anfangs verständlich ist, ergrimmt immer mehr, bis er schließlich eine großzügige Entschädigung verächtlich von sich weist und den Tod seines Freundes Patroklos durch Trojanerhand heraufbeschwört. Nun rächt sich Achill an den Trojanern: Er tötet ihren Vorkämpfer, den Prinzen Hektor, und gibt dessen Leichnam unbestattet der Verwesung preis. Schließlich aber läßt er sich durch die flehentlichen Bitten von Hektors Vater, König Priamos von Troja, erweichen. Allerdings ist die Erzählung in ihrem Aufbau viel weniger gestrafft, als diese Zusammenfassung es zeigen kann.

Die Schar der Götter in ihren Palästen auf dem Olymp spiegelt die gesellschaftlichen Verhältnisse der Heroenzeit, denn ihrer Erscheinungsform nach waren die Götter Menschen, die stritten, sich liebten und Feste feierten. Für Zeus, der auf dem Olymp herrschte, war es gewiß keine leichte Aufgabe, all die Götter unter Kontrolle zu halten: Hera, Zeus' ränkesüchtige Gattin, Athene, seine mit Weisheit begabte und doch gleichzeitig so kriegerische Tochter, Poseidon, der Herrscher der Meere und Erderschütterer, Aphrodite, deren Zaubergürtel den Menschen die Vernunft raubt und die in Helena leidenschaftliche Liebe zu dem trojanischen Prinzen Paris entfacht, schließlich Hephaistos, der lahme, aber kunstfertige Handwerker der Olympier – eine Gestalt, der es an burlesken Zügen nicht fehlt.

Wie man sich diese Götter vorstellte, sei an der Schilderung von Poseidons Vorbereitungen auf sein Eingreifen in die Schlacht verdeutlicht: »Er erhob sich und stieg mit gewaltigen Schritten Olympos' felsigen Abhang hinab. Die ragenden Berge und Wälder bebten unter dem Tritt der ambrosischen (unsterblichen) Füße des Gottes. Nur drei Schritte tat der Gott, und erreicht' mit dem vierten schon Aigai, sein Ziel, allwo aus schimmerndem Golde stand inmitten der Bucht sein berühmter Palast (und wird stehen hier alle Zeit).«

Odysseus und seine Gefährten blenden den Kyklopen Polyphem. Die *Odyssee* schildert Polyphem als einäugigen Riesen, als einsam lebendes Ungeheuer ohne Bindung an irgendein anderes Wesen. Er fängt die Griechen in seiner riesigen Wohnhöhle und verzehrt täglich zwei von ihnen. Odysseus macht ihn mit Wein trunken und blendet ihn, indem er einen Holzpfahl mit glühender Spitze in sein einziges Auge bohrt. Die homerischen Kyklopen genießen die Früchte des Landes, ohne sich mühen zu müssen, und ihre Wildheit steht in lebhaftem Gegensatz zur »Unschuld« der Natur. Bei Hesiod ist von anderen Kyklopen die Rede, denen Zeus die Waffen (Donner und Blitz) verdankte, mit denen er die Titanen besiegte. Große Amphore, um 520 v. Chr.

DIE ZWÖLF OLYMPISCHEN GÖTTER

Spätestens im 5. Jahrhundert v. Chr. hatte es sich eingebürgert, die Olympischen Götter als geschlossene Zwölfergruppe zu verehren, und in Athen gab es einen Altar, der regelrecht »den Zwölfen« geweiht war.

Zeus: Herrscher der Götter, Herr des Himmels, des Sturmes, des Blitzes und Donners und zahlreicher weiterer Bereiche
Hera: Zeus' Schwestergemahlin, Göttin der Ehe und aller weiblichen Belange
Poseidon: der »Erderschütterer«: Gott der Meere und der Erdbeben
Demeter: Göttin des Wachstums, der Fruchtbarkeit, des Ackerbaus, des Getreides; Erd- und Muttergöttin
Apollon: Gott des Lichtes, der Vernunft, der Inspiration, der Künste, der Weissagung und der Heilkunst
Artemis: Zwillingsschwester Apolls, jungfräuliche Jagdgöttin mit sehr unterschiedlichen Charakterzügen und Kulten
Ares: der »Brecher der Schilde« und »Städteplünderer«: der Kriegsgott
Aphrodite: »die das Lachen liebt«, »die Schaumgeborene«: Göttin der beglückenden Liebe und Schönheit
Hermes: Götterbote, Gott des Handels (und der Diebe)
Athene: kriegerische Weisheitsgöttin. Schutzpatronin der Städte, Handwerker und Philosophen
Hephaistos: hinkender Gott des Feuers, der Schmiede und Handwerker
Hestia: Göttin des Herdes und Herdfeuers

Im 5. Jahrhundert v. Chr. nimmt **Dionysos,** der Gott des Rausches, der Ekstase, des Weines und der Fruchtbarkeit, den Platz der Hestia ein.
Der Totengott **Hades** war zwar ein Bruder des Zeus, wohnte als Unterweltsgott aber nicht auf dem Olymp.
Eine weitere Olympische Gottheit, **Hebe,** Tochter des Zeus und der Hera, versieht zwar an der Olympischen Göttertafel das Mundschenkamt, indem sie den Göttern Nektar kredenzt, sie zählt jedoch nicht zu dem Zwölferkreis.

Links: Parodistische Darstellung Kirkes und Odysseus' auf einer Vase aus Theben, um 430 v. Chr. Die Zauberin Kirke verwandelte Odysseus' Gefährten in Schweine und schlug ihn dann selbst in ihren Zauberbann, so daß er ein Jahr lang bei ihr blieb.

Götter und Heroen zusammen bilden eine reiche Welt von Charakteren mit ausgeprägtem Ehrgefühl und rasch aufflammenden Leidenschaften. In einem Punkte allerdings unterscheiden sich Heroen und Götter: Heroen sind sterblich und können altern, so daß ihre Kraft erlischt. Die Götter dagegen bleiben nicht nur ewig am Leben, sondern werden auch niemals alt. Die *Ilias* spielt auf zahlreiche andere Erzählungen über andere Helden wie Herakles und Theseus an. Eines der von Zeit zu Zeit am Rande gestreiften Motive ist die Erzählung vom Urteil des Paris. Der Überlieferung zufolge ist Aphrodites Parteinahme für den trojanischen Prinzen Paris darauf zurückzuführen, daß dieser einst Aphrodite den Vorzug gab, als er einmal zu entscheiden hatte, welche der drei Göttinnen – Hera, Athene und Aphrodite – die schönste sei. Nicht unmaßgeblich beeinflußte ihn dabei Aphrodites Versprechen, er werde die schönste Frau gewinnen, wenn er ihr, Aphrodite, den Preis (einen goldenen Apfel) zuerkenne. Er gewann die schöne Helena, die Gattin des Spartanerkönigs Menelaos, und entführte sie nach Troja. Helena nach Sparta zurückzuholen, war das Kriegsziel der Griechen, die Troja belagerten.

Wie die *Ilias* kann man auch die *Odyssee* einfach als unterhaltsame Erzählung betrachten. Sie enthält Spuren echter Mythen, die verschiedene Problemlösungen anbieten. All dies aber tritt hinter der Absicht der Gestaltung der Überlieferung zurück, die darin besteht, Odysseus' Taten und Leiden zu feiern. So wird, was vom Mythos in sie eingegangen ist, zum Element volkstümlicher Erzählungen, die sich um die Tötung von Giganten und um Zauberpraktiken drehen. Die Partien, die Odysseus' Heimkehr aus Troja und seinen Sieg über seine Feinde schildern, enthalten noch Elemente heldenliedartiger Form, doch selbst hier hat man es ebenso mit Motiven volkstümlicher Überlieferung zu tun – nicht anders als bei der Gestalt des Odysseus-Sohnes Telemachos, der nach seinem verschollenen Vater sucht, und bei Odysseus' Gattin Penelope, die trotz allen Drängens der Freier dem in der Fremde Weilenden die Treue wahrt. Das Heldenliedhafte hieran hat nichts mit dem Inhalt, sondern mit der Sprache und Dichte der Erzählung zu tun. Von Polyphem, dem menschenfressenden Kyklopen gefangen, überlistet Odysseus das Ungeheuer und blendet es, indem er einen Pfahl in das Auge des Unholds treibt. Die Zauberin Kirke, die Menschen in Tiere verwandelt, entbrennt in Liebe zu Odysseus und hilft ihm. Odysseus entkommt den Sirenen, deren süßer Gesang die Seeleute so irritiert, daß ihre Schiffe an Felsen zerschellen, indem er die Ohren seiner Mannschaft verstopft und sich selbst an den Mastbaum seines Schiffs binden läßt.

Unten: Kirke warnte Odysseus vor den Sirenen, und die abgebildete Vase zeigt seine Begegnung mit diesen Wesen, wie auch die *Odyssee* sie schildert. Odysseus verstopft seinen Gefährten die Ohren mit Wachs und läßt sich selbst am Schiffsmast festbinden, um dem Sirenengesang zu lauschen. »Also«, so heißt es in der *Odyssee* weiter, »sangen jene voll Anmut. Heißes Verlangen fühlt' ich, weiter zu hören, und winkte den Freunden Befehle, meine Bande zu lösen; doch hurtiger ruderten diese.« Aus Theben, um 430 v. Chr.

Ein sitzender Spielmann bringt Apoll, dem Herrn des Saitenspiels, eine Libation (ein Trankopfer) dar. Vor ihm sitzt ein Rabe, Apolls heiliges Tier. Im Mythos ist Apollon der göttliche Bogenschütze, der auf die Griechen vor Troja Pfeile herabregnen ließ, die ihnen die Pest brachten, bis Opfer und Sühnerituale seinen Zorn besänftigt hatten. Ihm verdanken die Menschen aber auch das Saitenspiel und die Sangeskunst. Er selbst spielt auf goldener Leier vor den Göttern auf dem Olymp. Schale, um 470 v. Chr.

»Areté« und Ehre

Barden sangen die Taten ruhmreicher griechischer Helden wie Achill und Odysseus bei großen kultischen Festen, die man zu Ehren Zeus', Poseidons, Apollons und anderer Götter beging. Die Griechen waren alles andere als ein Volk kühl rechnender und jeder Gemütsbewegung abholder Vernunftmenschen. Vielmehr wurden sie von den Beispielen mythischer Taten und Leiden zutiefst aufgewühlt. Lieder, die die Taten der Götter verherrlichten, sang man neben Preisliedern auf die *areté* der Helden. Tatsächlich ist *areté* das Schlüsselwort für eine ganze Reihe altgriechischer Wertbegriffe und Institutionen. Die epische Dichtung »honoriert« *areté* bei Heroen ebenso wie bei Göttern – ja auch im Kult »honorierten« die Griechen die Götter des Olymp (»honorieren«, im ursprünglichen Sinne von »die Ehre geben«, »Ehre erweisen«). So waren die Hymnen, die man bei festlichen Anlässen zu Ehren der Götter anstimmte, für die griechische Gesellschaft von großer Bedeutung.

Dreiunddreißig derartige Hymnen, die man Homer zuschrieb, sind erhalten. Die längeren unter ihnen verherrlichen Apollon, Demeter, Hermes und Aphrodite. Der Pythische Hymnos an Apollon singt von den Musen des Olymp, welche die »unendlichen Gaben preisen, derer die Götter sich erfreun, und die Leiden, die sie den Sterblichen senden, wie Sterbliche rat- und hilflos leben und finden kein Heil für den Tod oder gegen das Alter«. Status und Macht der Götter werden so dem entgegengestellt, was Menschen vermögen und sind. Zu Hermes' Taten gehört der Diebstahl der Rinder seines Bruders Apoll, und daß es ihm geglückt ist, Apollon zu überlisten, trägt ihm den Status eines Schutzherrn der Schaf- und Rinderherden ein. Der Hymnos schließt – ein wenig im Scherz – damit, der Gott sei den Menschen zwar auch dann und wann nützlich, meist jedoch betrüge und täusche er sie. In dieser Erzählung spiegelt sich noch etwas von dem unter den Fürsten des Dunklen Zeitalters üblichen Viehraub.

Einige Elemente dieser Hymnen gehen sicherlich auf altgriechische chthonische Kulte zurück, durch die man Erdgeister und die gefürchteten Mächte der Unterwelt zu bannen suchte. Charakteristisch dafür waren bestimmte Beschwörungsrituale: Dem Pythischen Hymnos zufolge hatte Apollon erst die mächtige Pythonschlange zu überwinden, ehe er in Delphi sein Heiligtum begründen konnte. Daß man sich einen Erdgeist als Schlange oder Drachen vorstellt, ist typisch. Vielleicht macht diese Erzählung plausibel, warum Apoll diese seine Kultstätte mit Dionysos, dem Gott des wilden Taumels, des Rausches und der Schwärmerei, teilte und warum Apolls Seherin in Delphi, die Pythia, in Trance weissagte.

Die Taten des Herakles

Es ist unmöglich, alle griechischen Heldenerzählungen anhand einer einzelnen Quelle – beispielsweise Homers – darzustellen. Tatsächlich verarbeiten verschiedene Dichter, ja nicht selten sogar verschiedene Passagen einer und derselben Dichtung, völlig unterschiedliche Traditionen. Besonders komplex ist dies im Fall des Herakles. Zu den echten Mythos-Elementen, die in die Erzählungen von seinen Taten eingewoben sind, gehören Kämpfe mit Urwelt-Ungeheuern ebenso wie die Zwielichtigkeit der Natur dieses Helden (der zu ungezügelten Ausbrüchen rasenden Jähzorns neigt) und seine Beziehungen zum Tod und zum Totenreich. Hesiod erwähnt mehrere seiner Abenteuer. In der *Ilias* wird berichtet, Herakles sei in die Unterwelt hinabgestiegen und habe Kerberos (lat. Cerberus), den Hund des Hades, entführt. Allerdings heißt es dann: »Aber so mächtig er war – Herakles, er entging nicht dem Tode, mochte ihn Zeus auch lieben...«. Anderen kurzen Bemerkungen bei Homer und Hesiod dagegen ist zu entnehmen, Herakles sei auf den Olymp entrückt worden, »als sein Werk er vollendet«, und sei mit der »schönfüßigen« Hebe vermählt.

Unter den zahlreichen Abenteuern, die man Herakles andichtete, bildete sich schließlich ein Kanon von zwölf »Arbeiten« heraus – jene zwölf Aufgaben, die ihm Mykenes König Eurystheus stellte. Bildnerische Darstellung erfuhren sie u. a. an den Metopen des Zeustempels in Olympia (um 460 v. Chr.). Eurystheus und Herakles waren Vettern, und es wird berichtet, vor ihrer Geburt habe Zeus geschworen, der Erstgeborene von beiden solle über Mykene herrschen. Er glaubte, Herakles, sein eigener Sohn von Alkmene, werde zuerst das Licht der Welt erblicken, doch die auf Alkmene eifersüchtige Hera verlangsamte einerseits die Wehen Alkmenes und beschleunigte andererseits die Geburt des Eurystheus, so daß dieser vor Herakles zur Welt kam und König wurde. Eurystheus, der Herakles fürchtete und beneidete, suchte den Helden aus dem Weg zu räumen, indem er ihm zwölf unlösbar scheinende, gefahrvolle Aufgaben auferlegte. Herakles indessen löste sie alle.

1. Er tötete den unverwundbaren Nemeischen Löwen, indem er ihn unverhofft mit der Keule angriff und erdrosselte. Dann zog er ihm die unversehrbare Löwenhaut ab und legte sie sich selbst an. Eurystheus war darüber so entsetzt, daß er nur noch durch Boten mit Herakles verkehrte.
2. Er erlegte die Hydra, die neunköpfige Schlange, die im Sumpfgebiet von Lerna hauste.
3. Er fing die durch ihre Schnelligkeit und ihr goldenes Geweih berühmte Hirschkuh von Keryneia.
4. Auch den wilden Eber des Erymanthos-Gebirges fing Herakles und brachte ihn zu Eurystheus, der daraufhin vor Angst in ein Faß kroch.
5. Er tötete die menschenfressenden stymphalischen Vögel am Stymphalos-See in Arkadien.
6. Er reinigte die Ställe des Königs Augias an einem einzigen Tag, indem er die Flüsse Alpheios und Peneios durch sie hindurchleitete.
7. Er fing den Stier, der Kreta verwüstete.
8. Er brachte Eurystheus die menschenfressenden Rosse des Thrakerkönigs Diomedes.
9. Er holte das Wehrgehenk der Amazonenkönigin Hippolyte.
10. Er tötete den dreileibigen Riesen Geryoneus im Sonnenuntergangsland und trieb dessen Rinder nach Mykene.
11. Er tötete den Drachen Ladon, der die goldenen Äpfel der Hesperiden bewachte, und holte die goldenen Äpfel.
12. Er stieg hinab in die Unterwelt und holte den dreiköpfigen »Höllenhund« Kerberos herauf.

König Eurystheus von Mykene hoffte, Herakles zu beseitigen, indem er ihm zwölf gefahrvolle »Arbeiten« auferlegte, deren erfolgreiche Durchführung unmöglich schien.

Oben: Herakles, in die Haut des Nemeischen Löwen gekleidet, greift die menschenfressenden Stymphalischen Vögel mit einer Schleuder an. Andere Heldentaten verrichtete er mit einer ähnlich primitiven Waffe: einer Keule. Amphore aus Vulci, um 550 v. Chr.

Links: Herakles hat den riesigen Erymanthischen Eber gefangen und wirft ihn in einen nicht minder riesigen bronzezeitlichen *pithos* (Vorratskrug), in den sich der entsetzte Eurystheus verkrochen hat. Amphore aus Vulci, um 510 v. Chr.

Oben: Früher hielt man das obige Münzbild für eine Darstellung Herakles', es zeigt aber Apolls Sohn Iamos, der als Säugling von Schlangen genährt wurde. Der Typus ist fast identisch mit Münzbildern, auf denen Herakles als Kind zwei Schlangen erwürgt, die Hera kurz nach seiner Geburt gesandt hatte, um ihn zu töten. Goldstater aus Zakynthos, um 510 v. Chr.

Hera war Herakles' unversöhnliche Feindin, was er auch tun mochte, Athene dagegen stets seine Verbündete. Tatsächlich hatte es Herakles ja einer List Heras zu verdanken, daß er Eurystheus dienen mußte, bis er seine Großtaten vollendet hatte. Ja Hera hatte einst, als er noch Kind war, sogar zwei Schlangen gesandt, die ihn töten sollten, doch Herakles, erst wenige Tage alt, hatte die Untiere erwürgt.

Von seinen berühmten zwölf »Arbeiten« abgesehen, tat sich Herakles auch gegen Troja hervor, wodurch er in die *Ilias* einging. Und zwar hatte er einst Hesione, die Tochter des trojanischen Königs Laomedon, vor einem Meeresungeheuer gerettet, später jedoch plünderte er Troja, als die versprochene Belohnung, Laomedons göttliche Rosse, ausblieb. Wiederholt hatte Herakles mit den Kentauren zu tun, wilden Mischwesen mit Pferdeleibern und menschlichen Vorderpartien. In seiner Beziehung zu diesen Geschöpfen, deren ungezügelte Leidenschaft durch den bloßen Geruch des Weines oder den Anblick einer Frau entfesselt werden konnte, erweist sich Herakles abermals als der für die frühe Dichtung der Griechen typische siegreiche Held, der ein Beispiel bedenkenloser Stärke bietet.

Zweifellos gehen die ältesten Quellen für Griechenlands traditionelles Sagengut (um 700 v. Chr.) stellenweise in irgendeiner Form auf die noch rund 600 Jahre früher liegende Mykenische Zeit zurück. Man hat die Vermutung geäußert, Herakles' »politische Aktivitäten« – gemeint sind seine Beziehungen zu verschiedenen peloponnesischen Fürsten der Mykenischen Zeit – deuteten darauf hin, daß einige der mit seiner Person verknüpften Erzählungen sich ursprünglich um einen tatsächlich existierenden Fürsten von Tiryns gerankt hätten. Sechs jener Aufgaben, die er für Eurystheus, den König von Mykene, lösen mußte, hatten mit der Peloponnes zu tun. Sein Auftreten gegenüber Geryoneus, Kerberos und Hades weist freilich in eine ganz andere Richtung – auf das ständige Interesse der Griechen am Problem des Todes. Und in Herakles' Beziehungen zu den Kentauren spiegeln sich Sorgen und Ängste einer weit älteren, nicht schriftlich belegten Kultur, deren Träger sich um Dinge wie das Kochen der Nahrung und den Gebrauch des Feuers den Kopf zerbrachen.

All dies zeigt hinreichend deutlich, was es heißt, wenn im Zusammenhang mit Mythen von »Ursprüngen« und »Schichten« die Rede ist. Dabei sollte man nicht aus dem Auge verlieren, daß Herakles für die Griechen des 6. und 5. Jahrhunderts v. Chr. das bedeutendste Beispiel heroischer Stärke und *areté* war – einer fast göttlichen Machtfülle, die ihn befähigte, die furchterregendsten Hindernisse zu überwinden. Ihm allein gelang es, die anscheinend unüberwindbare Kluft zwischen den vom Schicksal heimgesuchten Menschen und den Göttern in ihrem Glanz zu überbrücken.

Perseus und die Gorgo

Verschiedentlich ließ man Herakles auch von Perseus abstammen und am Zug der Argonauten teilnehmen. Auf diese Weise stellten die griechischen Dichter Verbindungen zwischen ganz unterschiedlichen Überlieferungen her. Perseus war Zeus' Sohn von Danae, die Zeus mittels eines schimmernden goldenen Regens geschwängert hatte, obwohl ihr Vater Akrisios sie in einem Gewölbe gefangenhielt. Man setzte Mutter und Kind in einem hölzernen Kasten auf dem Meer aus, beide gelangten jedoch sicher nach Seriphos, einem felsigen Eiland, wo Perseus zum Manne heranwuchs.

Dann aber packte den König Polydektes die Leidenschaft für Danae. Er sandte Perseus fort, um ihn aus dem Wege zu räumen. Und zwar trug er ihm auf, ihm das Haupt der Gorgo Medusa zu bringen, deren Blick jeden, der sie sah, zu Stein werden ließ. Doch mit Hilfe von Göttern und Märchengestalten erfuhr Perseus, durch welchen Zauber er sich schützen könne: Flügelschuhe, mit deren Hilfe er fliegen konnte, eine Tarnkappe, um sich unsichtbar zu machen, und eine Zaubertasche, um das Haupt der Medusa darin zu verbergen. Athene riet ihm, Medusa nicht direkt anzusehen, sondern nur auf ihr Spiegelbild in seinem ehernen Schild zu achten. So gelang es ihm, ihr den Kopf abzuschlagen.

Nachdem er dieses Abenteuer bestanden hatte, kam Perseus auf dem Rückweg nach Griechenland zu den Aithiopen, wo König Kepheus herrschte. Hier rettete er die Prinzessin Andromeda vor einem Seeungeheuer und gewann so ihre Hand. Andromedas Onkel, der ältere Rechte auf seine Nichte geltend machen wollte, wurde von Perseus durch einen Blick des abgeschlagenen Medusahauptes zu Stein verwandelt. Auf gleiche Weise wurde Polydektes nach Perseus' Rückkehr nach Seriphos bestraft. Perseus und Andromeda wurden die Herrscher über Tiryns. Hier handelt es sich um nicht viel mehr als um eine volkstümliche Erzählung von der Überwindung eines Ungeheuers und der Belohnung heldischer Taten durch den Gewinn einer edlen Frau.

Unten: Perseus hat der Gorgo Medusa das Haupt abgeschlagen und es in seinem Zauberbeutel verborgen. Athene steht daneben. Gewöhnlich wird Medusa als furchterregendes Ungeheuer dargestellt. Wasserkrug um 460 v. Chr., Fundort Capua.

PERSEUS' UND HERAKLES' STAMMBAUM

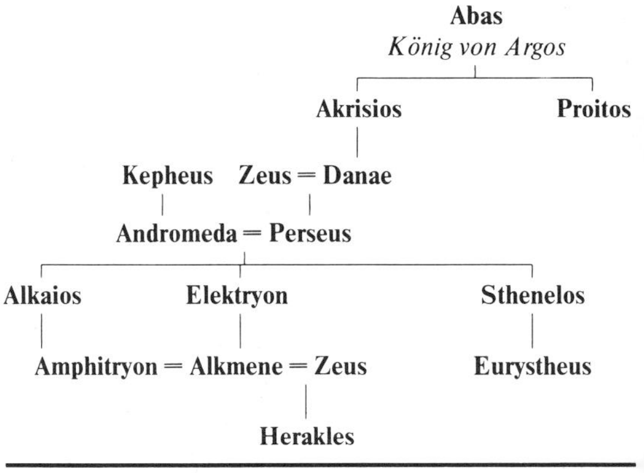

Jason und die Argonauten

Ein beliebtes Motiv dieser Art von Abenteuergeschichten aus dem griechischen Mythenschatz ist die versuchte Beseitigung eines Rivalen oder eines Hindernisses mit Hilfe einer List, ein Versuch, der aber auf den Ränkeschmied zurückschlägt. Diesem Motiv begegnet man auch in der Erzählung von Jason, der Fahrt der Argonauten und dem Goldenen Vlies (vgl. Kap. *Armenien*). Die älteste Darstellung des Argonauten-Stoffes verdanken wir Pindar. Noch ganz im Geist Homers, der die Ruhmestaten vergangener Heroen verherrlicht, preist Pindar Jasons göttergleiche Erscheinung, ja er vergleicht den Helden mit Apoll.

Jason, Sohn des Aison, war ein Prinz aus der erbberechtigten Linie des Königshauses von Iolkos (Thessalien). Doch sein Onkel Pelias (Aisons Stiefbruder) hatte die Macht an sich gerissen. Cheiron, der weise Kentaur, erzog Jason zu Mannhaftigkeit, Stärke und Weisheit. Herangewachsen, tritt Jason vor Pelias, den Usurpator, hin und fordert von ihm, was ihm kraft seiner Geburt zusteht. Aber Pelias schickt ihn, um ihn loszuwerden, ins ferne Kolchis, um das berühmte Goldene Vlies – das zauberkräftige Fell eines goldenen Widders – zu holen. Jason sammelt Griechenlands edelste Helden um sich, darunter Herakles, die Dioskuren (die Zwillingsbrüder Kastor und Polydeukes) sowie Orpheus. In ihrem Schiff, der Argo, überwanden die Helden die Symplegaden – Felsen, die sie zu zermalmen drohten – und erreichten schließlich Kolchis.

Hier befand sich das Goldene Vlies im Besitz des Königs Aietes, doch Aphrodite entfacht in Aietes' Tochter Medea Liebe zu Jason. Medea half Jason, eine weitere Aufgabe zu lösen, die ihm nunmehr Aietes stellte. Und zwar galt es, Aietes' furchtbare, feuerschnaubende Stiere vor den Pflug zu spannen und mit ihnen gerade Furchen zu ziehen. Medea gibt Jason eine Salbe, die ihn gegen den Feueratem der Stiere schützt, und Jason führt seinen Auftrag aus. Das Vlies bewacht ein riesiger Drache, so lang und breit wie ein fünfzigrudriges Schiff. Doch mit Medeas Hilfe wird Jason auch mit diesem Ungeheuer fertig und stiehlt das Widderfell. Beide kehren

Die Zauberin Medea besaß die Gabe, Menschen und Tiere durch Kochen und die Anwendung von Kräutern zu verjüngen. Hier zeigt sie ihre Kunst an einem betagten Widder, doch die Person neben dem Kessel kann schwerlich Jason sein, wie es die Beischrift auf dem Vasenbild behauptet. Vielleicht ist es Aison, Jasons Vater, vielleicht sogar Pelias, Jasons Feind. Jedenfalls sind die Dichter sich durchaus nicht einig. Manche behaupten, Medea habe Aison wieder jung werden lassen, bei anderen wieder heißt es, sie habe unter dem Vorwand, ihren Verjüngungszauber anwenden und ihn mit magischen Kräutern aufkochen zu wollen, Pelias' Töchter überredet, ihren eigenen Vater zu zerstückeln. In Euripides' Tragödie *Medea* ermordet Medea, von Jason verlassen und vor Gram außer sich, die Kinder, die sie von Jason hat. Wasserkrug aus Vulci, um 475 v. Chr.

Bellerophon greift die Chimäre an. Laut *Ilias* war die Chimäre »vorn Löwe, hinten Schlange, in der Mitte eine Ziege«. Anders lautet ihre Beschreibung in Hesiods *Theogonie:* »Die Chimaira war ein großes und furchtbares Wesen. Leichtfüßig war sie und stark und besaß drei Köpfe: den einen des Löwen mit grimmigem Blicke, den Kopf einer Geiß auch und den einer feuerschnaubenden Schlange.« Terrakottarelief aus Melos um 450 v. Chr., zum großen Teil restauriert.

daraufhin nach Iolkos zurück, wo Medea Pelias ermordet und Jason den Thron besteigt.

Vasenmalereien des 6. Jahrhunderts v. Chr. verdanken wir weitere Details. Beispielsweise erfahren wir, daß die Helden von den Harpyien (wörtlich: »Schnapperinnen«) angegriffen wurden: vogelartigen Ungeheuern mit Frauenköpfen, und man sieht Medea einen Widder verjüngen, indem sie ihn in einem Kessel kocht. Daneben steht Pelias, der auf gleiche Weise seine Jugend zurückzugewinnen hofft...

Zahlreiche Mythen, die von Heroen handeln, sind mit der Stadt Argos im mykenischen Griechenland verknüpft. Auf dem Thron von Argos saß beispielsweise jener König Akrisios, der um jeden Preis hintertreiben wollte, daß seine Tochter Danae ein Kind bekäme, und doch Perseus' Geburt nicht verhindern konnte. Die *Ilias* erwähnt Bellerophon, einen weiteren Helden, der auf ein »Himmelfahrtskommando« geschickt wird, und zwar von Akrisios' Bruder Proitos, der in Tiryns herrscht. Bellerophon besiegt die Chimäre, ein aus Löwen-, Ziegen- und Schlangenelementen zusammengesetztes Mischwesen, doch am berühmtesten wurde er dadurch, daß er sich auf dem Flügelroß Pegasos zum Olymp emporschwingen wollte, nachdem er es mit einem Zauberzügel gezähmt hatte, den er Athene verdankte. Sein Reittier warf ihn ab – laut Pindar das wohlverdiente bittere Ende eines jeden, der erstrebt, was ihm nicht zukommt. Die Götter haßten ihn wegen seiner Anmaßung, und er verbrachte den Rest seines Lebens auf den Gefilden der Unrast (*Ilias*).

Argos spielt auch eine Rolle in den Erzählungen von den Ahnen Agamemnons, der die Griechen im Trojanischen Kriege anführte. Einer dieser Geschichten zufolge – die allerdings nicht in Argos, sondern auf dem kleinasiatischen Sipylos-Gebirge spielt – lud Agamemnons Urgroßvater Tantalos einst die Götter zu einem Festmahl ein, bei dem er ihnen das Fleisch seines Sohnes Pelops vorsetzte. Pindar jedoch, dem es nicht gefiel, »der Seligen einen blutrünstig zu heißen«, erklärte diese Version für Schwindel. In Wahrheit, so erklärt er, sei Pelops bei dem Göttermahl verschwunden, weil Poseidon sich in ihn verliebt und ihn entführt habe (hier zeigt sich die für Traditionen der griechischen Aristokratie typische Billigung homosexueller Beziehungen). Töricht sei allerdings gewesen, daß Tantalos später versucht habe, die Götternahrung Nektar und Ambrosia zu stehlen, um sie Sterblichen zu kosten zu geben: »Wenn irgendein Mensch vermeint, vor einem Gotte Verborgenes zu tun, so fehlt er.«

Für seinen vermessenen Versuch, etwas zu stehlen, das allein den Unsterblichen zusteht, erleidet Tantalos ewige Strafe: Die »Tantalosqual«, die er zu erdulden hat, besteht in der Angst vor einem großen Stein, der ständig abzustürzen und auf ihn herabzufallen droht. Pindar »reinigte« die alten Geschichten und änderte volkstümliche Überlieferungen, um »Ehre« zu erweisen und *areté* zu verherrlichen – eingebettet in die aristokratische Tradition Homerischer Dichtung.

Theseus und der Minotauros

Theseus war der attische Nationalheros. Im 5. Jahrhundert v. Chr. waren über ihn verschiedene Erzählungen ganz unterschiedlichen Typs in Umlauf. Beispielsweise hieß es, er habe schon als

Jüngling die gefährliche Reise von seiner Heimat Troizen nach Athen unternommen, wobei er unterwegs unter anderem die wilde Sau von Krommyon, aber auch Skeiron, Kerkyon und Prokrustes überwunden habe, die allesamt Reisende umzubringen pflegten. Prokrustes streckte oder verstümmelte sie, bis sie in sein Bett paßten, Kerkyon zwang sie zum Zweikampf. Das Lied des Bakchylides, das von diesen Taten berichtet, pflegte man bei einem Apollonfest auf der Insel Delos zu singen. Die Erlegung der krommyonischen Sau erinnert an Herakles' Jagd nach dem erymanthischen Eber, und tatsächlich war eine ganze Reihe der Abenteuer des Theseus denen des Herakles nachgebildet.

Sehr alt ist die Minotauros-Sage. Hier hat man es wohl mit der einzigen Tat zu tun, die Theseus ursprünglich zugeschrieben wurde und die diesen als Bezwinger eines gefährlichen Ungeheuers an die Seite von Perseus und Bellerophon stellte. Seit dem 4. Jahrhundert v. Chr. gaben Malereien und Reliefs den Minotauros als Menschen mit Stierkopf wieder. Später charakterisierte Euripides ihn als »halben Menschen und halben Stier«. Wie es heißt, hatten die Athener alljährlich dem König Minos von Kreta, dessen Palast in Knossos der homerischen Überlieferung bekannt war, sieben Jünglinge und Mädchen als Tribut zu senden. Die Jünglinge und Mädchen warf man dem Minotauros vor, der im Labyrinth hauste – einem Irrgarten unter Minos' Palast. Theseus war einer dieser Jünglinge, doch die Priesterin Ariadne verliebte sich in ihn. Sie half ihm, den Minotauros zu töten und zu entkommen, indem sie ihm ein Knäuel Wolle mitgab, das er entrollte, als er ins Labyrinth eindrang. Diese Version der Sage von Ariadne, dem Minotauros und dem Labyrinth – die Namen bedeuten »die Hochheilige«, »Minos-

Oben: Theseus greift den Minotaurus an, der, wie gewöhnlich auf griechischen Vasen, als menschliches Wesen, jedoch mit Stierkopf, Stierhals und Stierschwanz dargestellt ist. Attisches Gefäß, um 550 v. Chr., in Italien gefunden.

Links: Eine viel ältere und ganz andere Darstellung des Minotauros als Stier und mit Hörnern (vielleicht auch nur einem Horn), aber Menschenkopf (allerdings sehr stark beschädigt). Man beachte den Faden zwischen den jungen Athenern, die dem Unhold zum Fraß vorgeworfen werden sollten: War dieser Faden doch das Mittel, das es Theseus ermöglichen sollte, dem Labyrinth zu entkommen. Vorratskrug aus Tenos, um 670 v. Chr.

Ödipus und die Sphinx auf einem hellenistischen Sarkophag. Auf göttlichen Befehl suchte die Sphinx, eine Tochter der Chimäre, Theben heim. Im Aussehen unterscheidet sich die griechische Sphinx, die mit ihren Frauenbrüsten und ihrem Frauenantlitz eindeutig weiblich ist, vom männlichen altägyptischen Vorbild. Außerdem besitzt der Löwenleib griechischer Sphingen Flügel. Man erzählte sich, die Sphinx habe allen, die vorbeigingen, folgendes Rätsel aufgegeben: »Welches Wesen, das allein seine Natur verändert, hat bald vier, bald zwei, bald drei Beine und ist um so schwächer, je mehr Beine es hat?« Ödipus fand die Antwort: »Der Mensch, der als Kind auf allen vieren kriecht, in seiner Vollkraft fest auf zwei Beinen steht und sich im Alter auf einen Stock stützt.« Das auf diese Weise geschlagene Ungeheuer stürzte sich in einen Abgrund.

stier« und »Doppelaxt-Stätte« – ist gewiß nicht die Originalfassung, in der vermutlich von einer Göttin, einem heiligen Stier und einer Kultstätte die Rede war. Doch gleichviel – in archaischer Zeit (7. und 6. Jahrhundert v. Chr.) war daraus eine Erzählung geworden, die Theseus' *areté* sichtbar machte und im übrigen einfach als Abenteuergeschichte fesselte. Schließlich galt Theseus als größter König der Frühzeit Athens und zugleich als Staatsgründer.

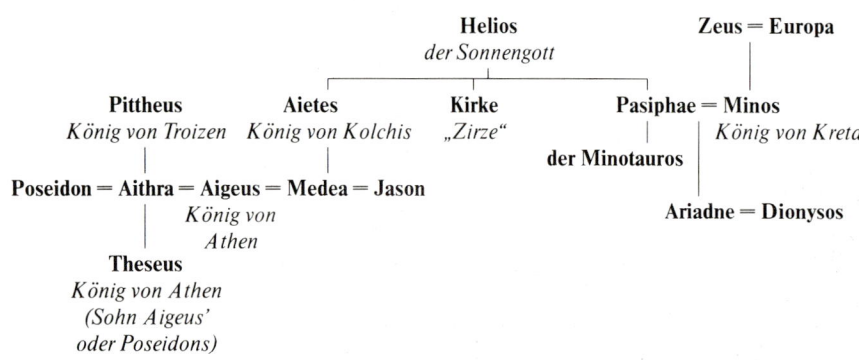

Die griechische Tragödie
Die Ursprünge der griechischen Tragödie liegen im dunkeln. Ihre Themen bezieht sie allerdings größtenteils aus dem überlieferten Schatz der Götter- und Heldensagen. Die szenische Darstellung dessen, was Götter und Heroen in längstvergangener Zeit vollbracht und erduldet hatten, erregte Jahr für Jahr die Gefühle der Athener aufs neue.

Die Tragödie *König Ödipus* von Sophokles beruht auf einem Mythos, der sich um das Königshaus von Theben rankte. Der *Odyssee* zufolge heiratete Ödipus seine eigene Mutter, ohne zu wissen, daß sie seine Mutter war, nachdem er – gleichfalls nichts ahnend – seinen Vater getötet hatte. Iokaste, seine Mutter-Gemahlin, erfuhr jedoch die Wahrheit und erhängte sich. Ödipus indessen herrschte weiterhin über Theben.

In Sophokles' *König Ödipus* erleben wir zunächst Ödipus auf der Höhe seines Glückes. Lange ist es her, daß er Theben von einem Ungeheuer, der Sphinx, befreite und Thebens Königin Iokaste heiratete, deren früherer Gatte, Laios, fern der Heimat den Tod gefunden hatte. Iokaste hatte ihm zwei jetzt erwachsene Söhne und zwei jüngere Töchter geschenkt. Ödipus ist gewöhnt zu herrschen, ohne daß man ihm die Macht streitig macht, er lebt im Reichtum, und man achtet ihn. Doch allmählich wird ihm klar, daß eine alte Weissagung des Delphi-

THESEUS' UND ARIADNES STAMMBAUM

Helios *der Sonnengott*
- Kinder: **Aietes** *König von Kolchis*; **Kirke** *„Zirze"*; **Pasiphae**

Zeus = **Europa**
- Sohn: **Minos** *König von Kreta*

Pasiphae = **Minos**
- **der Minotauros**
- **Ariadne** = **Dionysos**

Pittheus *König von Troizen*
- Tochter: **Aithra**

Aietes → **Medea**

Poseidon = **Aithra** = **Aigeus** *König von Athen* = **Medea** = **Jason**
- **Theseus** *König von Athen (Sohn Aigeus' oder Poseidons)*

schen Orakels, er werde seinen Vater töten und seine Mutter heiraten, sich bereits erfüllt hat. König Polybos von Korinth und dessen Gemahlin, die er für seine Eltern hielt, hatten ihn einst nur als Findling bei sich aufgezogen. Ein Schafhirte hatte ihnen den kleinen Ödipus gebracht. Sein Versuch, der Erfüllung des Orakelspruchs zu entgehen, indem er Korinth und seine vermeintlichen Eltern verließ, war vergeblich, denn sein wirklicher Vater und seine wirkliche Mutter waren Laios und Iokaste. Als Säugling hatten diese ihn im Gebirge ausgesetzt und dem Tode geweiht, weil ein anderer Orakelspruch Laios vor seinem Sohn gewarnt hatte, der ihn töten werde. Das Drama lebt von der allmählichen Enthüllung dieser furchtbaren Tatsachen. Schonungslos bemüht sich Ödipus, die Wahrheit zu ergründen, bis er schließlich erkennt: Er ist zum Mörder seines eigenen Vaters geworden, den er einst, wie er sich nun erinnert, bei einer zufällig entstandenen tätlichen Auseinandersetzung erschlagen hatte, ohne zu wissen, wer es war. Ödipus sticht sich selbst die Augen aus und verläßt Theben. »Drum der Erdenmenschen keinen ... preise ganz beglückt, bevor durch das Lebensziel er durchging, ohne daß ihm Leid geschah«, so spricht der Chor der Alten Thebens. Ödipus, einst von allen beneidet, ist tiefer gesunken als jeder andere Mensch: ein in der griechischen Literatur immer wiederkehrendes Thema. In neuerer Zeit erblickte Sigmund Freud in Ödipus' Vatermord und Mutterheirat das Modell eines menschlichen Entwicklungsphänomens (des sogenannten »Ödipuskomplexes«).

Auch in den wohl erst zwischen 408 und 406 v. Chr. entstandenen und posthum uraufgeführten *Bakchen* des Euripides geht es um Theben, doch die Handlung spielt in ferner Urzeit unmittelbar nach Einsetzung des Dionysos-Kultes. Dionysos (auch Bakchos genannt) ist ein neugeborener Gott, ein Sprößling des Zeus von der thebanischen Prinzessin Semele. Pentheus, Thebens regierender König, besitzt die Vermessenheit, diesen Kult unterbinden zu wollen, und wird vernichtet, wie es Sterblichen zukommt, die sich den Göttern widersetzen. In Euripides' Tragödie kommt Dionysos in Gestalt eines Priesters aus Lydien (Kleinasien), wo sein Kult bereits fest etabliert ist, nach Theben. In seiner Begleitung befinden sich Bakchantinnen – Verehrerinnen, die zur Weise seines heiligen Freudenliedes besessen ihren rituellen Tanz aufführen. Auch Thebens Frauen, die dem neuen Kult anfangs ablehnend gegenüberstehen, zwingt der Gott in seine Gewalt. Er treibt sie in die Berge, wo sie sich wie Rasende gebärden. Schließlich überredet er Pentheus, sich seinerseits als Frau zu verkleiden und heimlich das Treiben der Frauen im Gebirge zu beobachten. Der König folgt ihm (wobei er glaubt, von einem Stier geleitet zu werden), wird prompt entdeckt und von den rasenden Bakchantinnen in Stücke gerissen, wobei sich seine Mutter Agaue besonders hervortut.

Das Drama läßt keinen Zweifel an der Gewalt des Gottes. Der Gott ergreift Besitz, und zwar sowohl von denen, die sich ihm willig fügen, als auch von jenen, die sich ihm widersetzen. Er bestraft Pentheus, er ruft Trugbilder hervor und wirkt Wunder. Gewiß liegen diesem Mythos echte religiöse Erfahrungen zugrunde, und offensichtlich bestehen enge Beziehungen zu kultischen Ritualen. Er ist Ursprungslegende und Rechtfertigung eines ekstatischen Kultes; daß Ekstase, wie Euripides sie schildert, durchaus zur Realität Altgriechenlands gehörte, unterliegt keinem Zweifel. Man faßte sie als Besessenheit von Dionysos oder als eine Art »Rausch« bzw. »Taumel« (*mania*) auf. Platon schrieb einen ähnlichen Zustand auch den Dichtern zu, die ja von den Musen »besessen« seien, desgleichen den Seherinnen Apolls, wenn sie in Trance weissagten.

Im übrigen steht der Pentheus-Mythos keineswegs allein, sondern es gibt Parallelüberlieferungen. Sie sind mit der Gestalt eines Thrakerkönigs namens Lykurgos sowie der des Argiverkönigs Proitos verknüpft. Vielleicht verbirgt sich hinter all dem sogar die Erinnerung an ein historisches Ereignis – möglich, daß einst eine Art »Tanzwut«, eine jener Tanz-Massenpsychosen, wie sie sich später noch im christlichen Mittelalter ausbreiten, von Thrakien her Altgriechenland befiel ...

Opfer vor einem Dionysos-Kultbild. Eine an einem Pfosten oder Baumstumpf aufgehängte bärtige Maske und Kleider stellen den Gott dar. Zwei Priesterinnen bringen das Opfer dar, zwei weitere Teilnehmerinnen der Szene schwingen *thyrsos*-Stäbe (an der Spitze mit Laub verzierte Stecken), das Emblem des Gottes, wobei sie, von bakchantischem Taumel ergriffen, tanzen. Der Überlieferung zufolge schenkte Dionysos den Menschen den Weinstock und dessen Frucht, die Traube, somit offenbarte er sich auch im Rausch. Selbst die mit seinem Kult verbundene Ekstase war ambivalent. In Euripides' *Bakchen,* in denen es um die Einführung des orgiastischen Dionysos-Kultes in Griechenland geht, entartet Ekstase in wilde, zerstörerische Raserei. Attische Vase aus Kampanien, 5. Jahrhundert v. Chr.

Der Tod und die Philosophen

Was die alten Griechen über Tod und Jenseits dachten, schlug sich in ganz unterschiedlichen Traditionen nieder, die sich schwer miteinander in Einklang bringen lassen. Pindar zum Beispiel spricht von den Inseln der Seligen und glaubt ebenso wie Hesiod, daß einige der Vorzeit-Heroen nun dort ihre Wohnstatt gefunden hätten, doch begegnet man bei ihm erstmals einer ganz anderen Vorstellung von den Seligen selbst. Selig ist nach ihm, wer sich in drei Reinkarnationen auf Erden als rechtschaffen bewährt hat. Erst diese Seelen gehen, den Heroen gleich, ins Inselland der Seligen ein, wo Kronos herrscht. Ein weiteres Beispiel einander widersprechender Traditionen bietet, wie schon erwähnt, Herakles. Daß er Kerberos aus der Unterwelt stahl, zeigte, daß er ins Reich der Toten hinabzusteigen und aus ihm zurückzukehren vermochte - eine höchst ungewöhnliche Leistung! Einerseits glaubte man, er sei in den Olymp versetzt worden, wo er sich mit den Unsterblichen ewigen Lebens erfreue, andererseits hauste laut *Odyssee* sein bleicher Schatten in der Unterwelt - eine mit seiner Entrückung auf den Olymp unvereinbare Vorstellung. Normalerweise scheinen die Griechen geglaubt zu haben, daß der Geist eines Toten in die Unterwelt hinabsteige, ins dunkle Reich des Hades. Man zweifelte nicht daran, daß man nach dem Tode weiterleben werde, doch die Aussicht auf dieses Fortleben war nicht allzu verlockend.

Die Geburtsstunde griechischer Philosophie bedeutete das Ende unkritischer Hinnahme überliefer-

FRÜHE QUELLEN GRIECHISCHER MYTHOLOGIE

Homer *(um 750–700 v. Chr.)*
Die »Homer« zugeschriebenen Werke enthalten älteres Überlieferungsgut, das zum Teil schon jahrhundertelang mündlich weitergegeben worden war und um 700 v. Chr. seine schriftliche Fixierung erfuhr.
Ilias: Taten der Götter und Heroen bei der Belagerung Trojas
Odyssee: Odysseus' Abenteuer nach dem Untergang Trojas und seine Heimkehr nach Ithaka
»Homer« zugeschriebene Werke
Die »Homerischen Hymnen« (Götterhymnen des 7. und 6. Jahrhunderts v. Chr.)
Hesiod *(um 700 v. Chr.)*
Theogonie: Ursprünge und frühe Taten der Götter
Frauenkatalog: Eine Aufzählung jener sterblichen Frauen, die durch Götter zu Heroenmüttern wurden (vermutlich unecht, 6. Jahrhundert v. Chr.).
Werke und Tage: Bauern-, Seefahrts- und Heiratsregeln mit eingeflochtenen Mythen
Bakchylides *(um 505–450 v. Chr.)*
Chorlyriker. Zwei Gesänge behandeln die Theseussage
Pindar *(etwa 520–440 v. Chr.)*
Verfasser von Liedern für die Sieger bei den Olympischen und anderen Spielen
Aischylos *(525/24–456 v. Chr.),* **Sophokles** *(497/6–406/5 v. Chr.)* und **Euripides** *(etwa 480–406 v. Chr.)*
Die drei großen griechischen Tragiker verfaßten rund 300 Tragödien, von denen jedoch nur etwa 30 erhalten sind. Darüber hinaus schildern frühe griechische Vasenmalereien häufig Episoden aus der griechischen Mythologie und halten sich dabei bisweilen an von der literarischen Tradition abweichende Quellen.

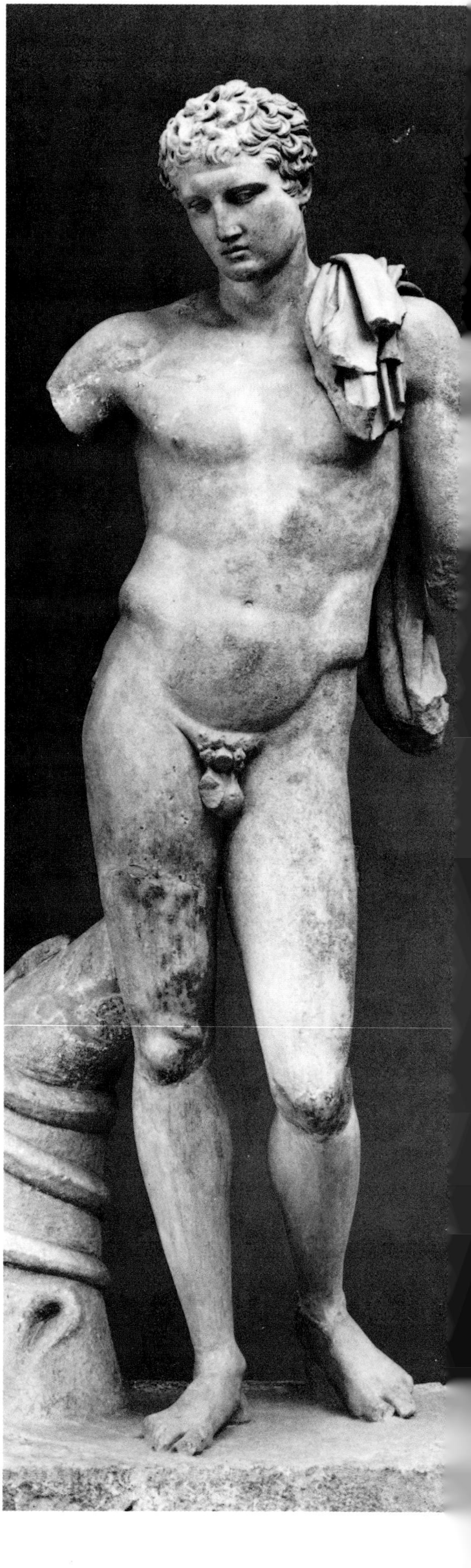

Marmorstatue - vermutlich stellt sie den Gott Hermes dar, der von griechischen Bildhauern in dieser Pose abgebildet zu werden pflegte. Der homerische Hermes-Hymnos ist eine reiche Quelle von Erzählungen, die sich um die Gestalt dieses Gottes ranken. Danach war es Hermes, der schon als Kleinkind zu seinem eigenen Vergnügen die erste Leier anfertigte. Später schenkte er sie Apoll als Gegengabe für die Herrschaft über Rinder- und Schafherden, nachdem er zuvor versucht hatte, das Vieh der Götter zu stehlen. Auch die Hirtenflöte erfand er. Er liebte die Dunkelheit und die List. Zeus machte ihn zum Boten zwischen den lichten Göttern und Hades' dunklem Reich der Unterwelt.

ter Mythen. So leugnete Herakleitos aus Ephesos (um 500 v. Chr.), daß ein Schöpfer die Welt ins Dasein gerufen habe. »Sie war stets«, äußerte er, »ist und wird sein.« Und nicht nur die Philosophen äußerten ihren Unmut über den Mythos. Vielmehr erschien späteren Generationen unmoralisch, was Homer und Hesiod, deren Schilderungen noch die Sitten und Gebräuche der Heroenzeit atmeten, von Göttern und Helden berichteten. Ja man beschuldigte die Dichter geradezu, den Göttern Diebstahl, Ehebruch und Betrug in die Schuhe geschoben zu haben. Andererseits bedient sich Platon (um 427–347 v. Chr.) des Kunstgriffs, Mythen zu erzählen, wenn er Argumente für unzureichend hält. Wenn er beispielsweise versichert, die unsterbliche Seele sei einer Reihe von Gerichten und Wiedergeburten unterworfen, führt er den Mythos des Er an.

Die betreffende Erzählung findet sich in Platons *Staat* (Buch 10). Er, ein Pamphylier, Sohn des Armenios, fiel in der Schlacht, doch nach seinem Eingehen in die Unterwelt kehrte er wieder zu den Lebenden zurück, um zu berichten, was er nach seinem Tode gesehen und erfahren hatte. Seine Seele (*psyché*) war mit vielen anderen Seelen an einen geheimnisvollen Ort gähnender Schluchten entrückt worden, wo über alle gemäß ihrer Lebensführung auf Erden Recht gesprochen wurde. Die Seelen derer, die anderen Wohltaten erwiesen und sich durch Rechtschaffenheit und Frömmigkeit ausgezeichnet hatten, durften in eine Schlucht eintreten, die zu den himmlischen Gefilden führte. Die Seelen der Ungerechten betraten die Schlucht, die zur Unterwelt führte. Dort wurden sie zehnfach für ihre Missetaten bestraft, aber auch sie kehrten geläutert zurück. Einige Seelen freilich erwiesen sich als unverbesserlich, namentlich jene, die Götter und Eltern nicht ehrten, desgleichen auch Mörder, und der Rachen der Unterwelt protestierte mit donnerndem Brüllen, wenn sie versuchten, ihm zu entkommen. Wilde Höllenknechte ergriffen sie, peitschten sie aus und warfen sie hinab in die Tiefe.

Die anderen Seelen zogen indessen zu einer Säule aus Licht, gleich einem Regenbogen. Sie war mit einer auf den Knien der Göttin Ananke (*anánke* = »Notwendigkeit«) ruhenden Spindel verbunden, die die Drehung der acht Himmelssphären bewirkte. Auf jeder Sphäre stand eine Sirene, die stets nur einen einzigen Ton von sich gab. Die acht Töne zusammen ergaben eine vollständige Tonleiter – eine Harmonie. Hier erblickten die Seelen auch die drei Schicksalsgöttinnen (die Moiren bzw. Parzen) Lachesis, Klotho und Atropos, die Töchter der Ananke, die von Vergangenem, Gegenwärtigem und Künftigem sangen. Zu Lachesis' Gaben gehörte es, die Seelen ihre künftige irdische Daseinsform selbst bestimmen zu lassen. Entscheide dich richtig, riet man ihnen, denn du allein bist verantwortlich, nicht Gott (*theós*). Man führte ihnen die unterschiedlichen Erscheinungsformen von Mensch und Tier vor, und sie hatten zu wählen. Er sah viele durch die harte Schule des Lebens gegangene Heroen ein künftiges Leben wählen, das von ihrem vorherigen Erdendasein völlig verschieden war. Agamemnon beispielsweise wünschte sich, ein Adler zu sein. Orpheus entschied sich für ein Weiterleben als Schwan, während Odysseus es vorzog, ein einfacher Durchschnittsmensch zu werden.

Nach der Wahl trat jede Seele abermals vor Lachesis hin, um einen Geist (*daímon*) zugewiesen zu bekommen, der ihr künftiger Schutzgeist sein und die Entscheidung für die neue Daseinsform besiegeln sollte: Dann tranken alle aus dem Fluß des Vergessens und schliefen ein. Um Mitternacht wurden sie unter Donner und Erdbeben in ihr neues Dasein entrückt. Er selbst hatte dies alles beobachtet, doch nicht selbst daran teilgenommen, denn seine Aufgabe sollte es sein, den Menschen zu künden, was mit den Seelen nach dem Tode geschieht.

Nicht viele Philosophen verstanden es, so kraftvolle Mythen zu erzählen. Vielmehr neigten sie eher dazu, das überlieferte Erzählungsgut umzudeuten, um zu retten, was sie für dessen wahren Kern hielten. Xenophon aus Athen (etwa 430–355 v. Chr.) überliefert, wie ein Philosoph (Prodikos aus Keos, 5. Jahrhundert v. Chr.) einen selbstverfaßten Text vortrug, der die beruhmte Erzählung von »Herakles am Scheidewege« enthielt: Herakles, eine noch ungeformte Persönlichkeit, steht hier zwei Frauen gegenüber – der Tugend und dem Laster. Das Laster verspricht ihm leichtes und angenehmes Leben, die Tugend hingegen redet von großen Taten sowie der Gunst der Götter und Menschen. Herakles hört sich eine Reihe langatmiger Erörterungen über das Wesen und die Folgen von Tugend und Laster an – der tatenfreudige Heros der Überlieferung bekommt hier etwas Grüblerisches. Derartige Umdeutungen spielten bei späteren Philosophen eine wichtige Rolle (vgl. die Kap. *Rom* und *Mysterienkulte*).

Herakles legt Kerberos, den dreiköpfigen Hund des Hades, in Ketten. Es gab eine Überlieferung, wonach Kerberos die Schlucht bewachte, die hinab ins Königreich seines Herrn führte. Nach anderen Vorstellungen lief er am jenseitigen Ufer des Unterweltflusses Styx frei umher, an das Charon die Schatten der Toten brachte. Auch bei Euripides hat Kerberos drei Köpfe, Hesiod schreibt ihm jedoch nicht weniger als fünfzig zu. Attische Amphore, spätes 6. oder frühes 5. Jahrhundert v. Chr.

ZWÖLFTES KAPITEL

ROM

Charakteristisch für die älteste Form römischer Religion ist die Verehrung gewisser Natur- und Wirkkräfte mit spezieller, eng umschriebener Funktion. Viele der genannten Wirkkräfte und Mächte, die man gewöhnlich unter dem Sammelbegriff *numina* (Singular: *numen*) zusammenfaßt, hatten mit der Tätigkeit des Bauern zu tun. Roms ältestem Historiker, Fabius Pictor (3. Jh. v. Chr.) zufolge, rief der Priester, wenn er der Erde und Ceres opferte, Vervactor für die erste Furche an, Redarator für die zweite, Insitor für die Aussaat, Oberator für das Eggen des Saatfeldes sowie schließlich für weitere landwirtschaftliche Verrichtungen Occator, Sarritor, Subrincator, Messor, Convector, Conditor und Promitor. Einige dieser Namen sind unklar, doch Redarator bedeutet einfach »Wiederpflüger«, und die letzterwähnten vier Namen lassen sich als »Schnitter«, »Sammler«, »Berger« und »Hervorbringer« übersetzen. Andere Wesen dieser Art waren Spiniensis (»Dornling«), zuständig für das Jäten dornigen Gestrüpps, Puta (»Schneitling«) für das Beschneiden der Bäume und der duftende Sterculius (»Mistner«) für das Düngen. Andere waren mit sogenannten »Übergangsriten« verbunden, die man in den gefahrvollen Augenblicken des Überganges von einer Lebenssituation in eine andere beging. So war bei der Hochzeitsfeier Cinxia (von *cingo* = »ich gürte«) für das Anlegen des Brautgürtels und Unxia (von *ungo* = »ich salbe«) für das Bestreichen der Tür des Bräutigams mit Fett zuständig. Bei Geburt und Kindbett wandte man sich an Cunina (*cunae* = die »Wiege«), an Vagitanus (den »Wimmerich« oder »Schreier«), Rumina (die »Stillerin«) und dergleichen.

Manche der uns vertrauten römischen Götter und Göttinnen waren wohl ähnlichen Ursprungs. So ist Ceres (verwandt mit *creare*, »schaffen«, »erschaffen«, »hervorbringen«) die Wachstumskraft im Korn, Flora die göttliche Kraft in den Blüten, Saturn hängt mit »Saat« zusammen, Neptun vielleicht mit dem Bewässern der Felder, Janus offenkundig mit *janua* (»Tür«). Ursprünglich waren diese Wesen geschlechtslos. Bei einem Hirtennumen namens Pales oder Pares zum Beispiel begegnet man bald einer männlichen, bald einer weiblichen Form. Venus war ein Frühlings- und Gartennumen, bevor sie mit der griechischen Liebesgöttin Aphrodite verschmolz, und von der Wortbildung her ist der Name Venus neutral. Diese immateriellen Wirkkräfte mit ihrem begrenzten Funktionsbereich waren ohne Personifikation, konnten infolgedessen nicht in persönliche Beziehung zueinander treten und waren keine mythologischen Gestalten.

Götter aus Griechenland

Ihre Götter und Göttinnen übernahmen die Römer von den Griechen, die sich – nicht allzu weit von Rom entfernt – rings um die Bucht von Neapel niedergelassen hatten, und sie eigneten sich diese griechischen Götter unter römischen Namen an. Jupiter (eigentlich: Iuppiter, aus Sanskrit *dyáuspitá*, »Himmelsvater«, griechisch: *Zeús patér*), der große indogermanische Himmelsgott, gelangte unabhängig von der übrigen Götterschar nach Italien. Allerdings gibt es auch in seinem Fall keine Spur eines eigenständigen Mythos, sondern alles, was die Dichter an Mythen mit seinem Namen verknüpften, entnahmen sie dem Kreis der griechischen Zeusmythen. Juno, ursprünglich ein dem männlichen *genius* ent-

sprechender Schutzgeist der Frauen, *numen* weiblicher Fruchtbarkeit und Gebärkraft, wird, mit Hera verschmolzen, in der römischen Staatsreligion Jupiters Kultgenossin und in der Dichtung seine Gemahlin. Minerva, einst eine etruskische Handwerker-Schutzgöttin, nimmt Charakterzüge der Pallas Athene an. Mars hatte wohl schon von Anfang an mit dem Krieg zu tun. Andererseits bestanden im alten Italien auch Beziehungen zwischen ihm und der Landwirtschaft. Die Bauern beteten zu ihm um Gedeihen ihrer Saaten und Tierbestände. Vielleicht war er ursprünglich ein Sturmnumen. Seine Gleichsetzung mit dem griechischen Kriegsgott Ares ließ dann allerdings seinen kriegerischen Aspekt stärker hervortreten. Merkur war ein *numen* des Handels, Vulcanus ein solches des Feuers und insbesondere der Vulkane, Diana ein Geist der unberührten Wälder. Apoll kam durch Vermittlung der Etrusker nach Rom, doch bis zur Zeit des Kaisers Augustus (30 bzw. 27 v. Chr. - 14 n. Chr.) spielte er keine zentrale Rolle. Vesta, die Göttin des Staatsherdes, die gewisse Gemeinsamkeiten mit der griechischen Herdgöttin Hestia aufwies (aber im Gegensatz zu dieser kaum als Schützerin des einzelnen Haus- und Familienherdes in Erscheinung trat), scheint ebenso wie der Himmelsgott ein Überbleibsel eines allgemeinen alt-indogermanischen Religionssubstrates zu sein. In Griechenland wurde sie durch Dionysos aus der Schar der Zwölfgötter verdrängt. Dionysos-Bakchos hieß bei den Römern Bacchus, und man setzte ihn mit der altitalienischen Gottheit Liber gleich, die für den Wein »zuständig« war. Zu Janus gab es kein griechisches Gegenstück. Mit ihrer neuen Identität zogen die römischen Götter auch die Mythen der entsprechenden griechischen Gottheiten auf sich. Tatsächlich sind die Mythen, die im Zusammenhang mit römischen Göttern erzählt werden, überwiegend schlicht der griechischen Mythologie entlehnt.

Damit allerdings hat es nicht sein Bewenden, denn die Römer verfügten über einige hervorragende Erzählertalente. Die lesenswerteste Sammlung griechischer Mythen in lateinischer Sprache verdanken wir Ovid (43 v. Chr. - 17 n. Chr.). Seine bedeutendste mythographische Dichtung sind die *Metamorphosen* (»Verwandlungen«), 50 längere und 200 kürzere Erzählungen in lockerer Folge. Für den thematischen Zusammenhalt sorgt das Motiv der durch göttliches Wirken hervorgerufenen Gestaltänderung. Ovid ist ein Meister pointierter Ausdrucksweise. So kommentiert er Jupiters Liebe zu dem schönen Knaben Ganymed (*Metamorphosen* 10, 156 f.):

> »... hier fand sich, was Iuppiter wünschte
> lieber zu sein, als er war...«,

und über Niobe, die im Stolz auf ihre Kinder kein Maß kennt, äußert er (ebenda 6, 155 f.):

> »... allerglücklichste Mutter
> hieße mit Recht Niobe, wenn sie selber zu sein
> es nicht glaubte«.

Doch Ovids besondere Begabung offenbart sich in der Farbigkeit seiner Erzählweise, in der Lebendigkeit der Handlung und seiner detailfreudigen Darstellungskunst. Glänzend beschreibt er, wie Jupiter seine Geliebte Io in eine Kuh verwandelt, um Juno zu täuschen, wie Jupiter in Stiergestalt Europa entführt, wie sich die Nymphe Daphne in einen Lorbeerbaum verwandelt, um Apolls Begierde zu entgehen, und wie Jupiter schließlich Kallisto liebt (*Metamorphosen* 2, 423 f.):

> »›Meine Frau‹, so sprach er, ›wird diesen Betrug nie entdecken,
> täte sie es gleichwohl, so lohnte das Spiel doch die Schelte.‹«

Bei anderen Geschichten geht es um Götterrache. So erblickt Aktaion Diana nackt und wird zur Strafe dafür in einen Hirsch verwandelt und von seinen eigenen Jagdhunden zu Tode gehetzt. Semele wünscht, Jupiter im vollen Glanz seiner göttlichen Majestät zu sehen, verbrennt aber, als ihr göttlicher Liebhaber ihr diesen vermessenen Wunsch erfüllt. Pentheus versucht, sich Bacchus' Gewalt zu widersetzen, wird aber von den rasenden Anhängerinnen des Gottes in Stücke gerissen. Arachne fordert Minerva zu einem Wettspinnen auf, wird aber geschlagen und zur Strafe für ihr Ansinnen in eine Spinne verwandelt. Marsyas, der Apoll zu einem musikalischen Wettstreit herausfordert, verliert gleichfalls und wird bei lebendigem Leibe gehäutet.

Ein besonderes Glanzstück ist die Erzählung von Phaethon, der den Sonnenwagen von seiner Bahn abbringt und von Jupiters Donnerkeil getroffen wird. Weit mehr Episoden freilich haben mit Liebe zu tun. Ovid hatte ein ausgesprochenes Gespür für alles, was auf diesem Gebiete nicht ganz der Norm

Oben: Diana, ursprünglich ein ein Geist der unberührten Waldesnatur, wurde mit Artemis gleichgesetzt, der griechischen Gottheit des Wildes. Man stellte sie als mädchenhafte Jägerin dar. Römische Kopie einer griechischen Statue, um 300 n. Chr.

Gegenüber: Neptun entsprach in der römischen Götterwelt dem griechischen Meeresgott Poseidon. Mit seiner charakteristischen Waffe, dem Dreizack (ein dreizackiger Fischspeer), in der Hand, fährt er in seinem von Rossen gezogenen Wagen über die Wogen. Römisches Mosaik aus Tunesien, 3. Jahrhundert n. Chr.

entsprach – für die Liebe der Schwester zum Bruder oder der Tochter zum Vater, ganz zu schweigen von Narziß, der vor unstillbarem Liebesverlangen verging, weil seine Liebe zu seinem eigenen Spiegelbild im Wasser eines Quellweihers unerwidert bleiben mußte. Iphis, ein Mädchen, das eine andere Frau liebt, wird von den Göttern in einen Mann verwandelt, Pygmalion, der Frauenhasser, liebt eine von ihm selbst geschaffene Frauenstatue, die von der mitleidigen Venus schließlich belebt wird.

In einer der rührendsten Episoden geht es um ein alterndes, wenig begütertes Ehepaar – um Philemon und Baucis, die, ohne es zu wissen, Götter bewirten und ihnen großzügig von ihrem bescheidenen Mahl abgeben. Sie empfangen den wohlverdienten Lohn.

Oben links: Voll Kraft und Glanz ist die Nachdichtung griechischer Mythen durch den römischen Dichter Ovid, so auch die Geschichte des schönen Knaben Ganymed, der Jupiiters Verlangen weckte, so daß Jupiter ihn in Gestalt eines Adlers zum Olymp entführte und zum Mundschenk der Götter machte. Dieses römische Relief aus dem 1. Jahrhundert n. Chr. zeigt Ganymed mit Jupiter, der Adlergestalt angenommen hat.

Oben rechts: Eine andere berühmte Episode Ovids handelt von Echo und Narziß. Die Nymphe Echo verliebte sich in den hübschen Narziß, der aber zu stolz war, um für eine andere Person Liebe zu empfinden. Echo verging vor Gram, bis nur noch ihre Stimme übrigblieb, die man (als »Echo«) in den Bergen hören kann. Narziß aber entbrannte in verzehrender Leidenschaft zu seinem eigenen Spiegelbild, das er in einem Weiher erblickte, und konnte es doch nicht umarmen. So starb auch er aus Liebeskummer und verwandelte sich in die Blume, die seinen Namen trägt. Wandmalerei aus dem sogenannten »Haus des Lorcius Tiburtinus«, Pompeji.

Jupiter und Merkur, so heißt es hier, wanderten einst, als gewöhnliche Reisende verkleidet, durch die Berge Phrygiens (in Kleinasien). Die beiden Götter blickten sich nach einer Ruhestätte um, doch alle Häuser, zu denen sie kamen, waren verschlossen und verriegelt. Niemand wollte sie aufnehmen, niemand besaß die Tugend der Gastfreundschaft. Doch schließlich gelangten beide zu der bescheidenen Hütte der beiden alten Leute, die seit ihrer Jugendzeit miteinander ein kleines, gemeinsames Anwesen bewohnten und zusammen glücklich waren. Philemon und Baucis waren so arm, daß sie nur schmale Kost zu bieten hatten, und dennoch hießen sie die Wanderer freundlich willkommen.

Als alle beim gemeinsamen Mahle saßen, füllte sich die Weinflasche jedesmal nach dem Einschenken von neuem. Die beiden Alten bemerkten es, und ehrfürchtiger Schauer durchfuhr sie. Zu Ehren ihrer Besucher beschlossen sie, ihre einzige Gans zu schlachten. Da gaben sich die Götter zu erkennen und erklärten, es sei ihr ausdrücklicher Wunsch, daß die Gans am Leben bleibe. Dann sandten sie eine Flut, die alle Häuser im dortigen Gebiet vertilgte – bis auf die Hütte von Philemon und Baucis, welche die Götter in einen mit Marmor geschmückten Tempel verwandelten. Dann erkundigte sich Jupiter bei den beiden Alten, was sie denn von ihm wünschten. Nach kurzer Beratung erbaten Philemon und Baucis sich zweierlei: erstens, daß sie als Priesterpaar in jenem Tempel den Göttern dienen dürften, in den ihre Hütte verwandelt worden war, zweitens einen gemeinsamen Tod, wenn für sie das Ende nahe. Jupiter sagte ihnen die Erfüllung beider Wünsche zu. Für den Rest ihrer Tage übten also Philemon und Baucis das Priesteramt in ihrem Tempel aus, und als ihre Todesstunde gekommen war, wurden sie in zwei Bäume verwandelt, die noch immer beieinander stehen.

Charakteristika römischer Mythologie

In gewissem Sinne paßten die Römer griechische Mythen auch ihrer Denkweise an und veränderten sie entsprechend. So schildert der römische Dichter Catull (1. Jahrhundert v. Chr.) in seinem 63. Gedicht den orgiastischen Kult der »Großen Mutter« Kybele, deren Geliebter Attis sich, nachdem er ihr die Treue gebrochen hat, selbst entmannt (vg. das Kap. *Mysterienkulte*). In Catulls Versen klagt Attis über sein verlorenes Geschlecht. Das Gedicht vereint zwei Anschauungen miteinander: die typisch griechische Furcht vor dem Verlust athletischer Kraft, körperlicher Unversehrtheit und jugendlicher Schönheit und die eher charakteristisch römische Furcht, die Manneskraft zu verlieren.

Ein weiteres Beispiel bietet der Götter-»Apparat«, die Götter-»Szene« in Vergils *Aeneis* – einem Werk, das unvollendet blieb, als Vergil im Jahre 19 v. Chr. starb. Im großen ganzen ist Vergils Götter-»Apparat« direkt von Homer entlehnt. Insofern hat man es bei ihm also mit einer echten Übernahme epischen Überlieferungsgutes zu tun, und einige der Episoden, die Vergil schildert, sind mehr oder weniger getreu dem griechischen Vorbild »nachempfunden«, wenn nicht gar bloße Übersetzungen aus dem Griechischen. In anderer Hinsicht allerdings tragen Vergils Götter wiederum typisch römische Züge. Zwar hat auch der römische Jupiter noch so manches Homerische an sich, andererseits ist er aber frei von der Tyrannei und Sinnlichkeit des echten homerischen Zeus. Er ist den Menschen auch näher, als hellenistische Dichtung erlaubt hätte – gewissermaßen vom Ptolemäer zum Augustus geworden. Venus besitzt nicht die Grausamkeit Aphrodites in der *Ilias*, aber auch nicht ihre Sinnlichkeit im Homerischen Hymnos. Sie ist ganz göttliche Mutter voller Liebreiz.

Als drittes Beispiel sei Lukrez' Lehrgedicht *De rerum natura* (»Über die Natur der Dinge«) ange-

führt. Gewiß ist Lukrez Epikureer, und in sein Werk ist so manches Griechische eingeflossen. Außerdem zeigt dieses Werk eine ausgesprochen religionskritische, ja religionsfeindliche Tendenz. Die Mythologie ist für Lukrez geradezu eine Fundgrube abschreckender Beispiele dafür, wie man Menschen einzuschüchtern versucht hat. Gleichwohl hat Lukrez' Auffassung einzelner Gottheiten ganz nebenbei auch etwas typisch Römisches. So verkörpert Mars für ihn Militarismus, Ehrgeiz und destruktives Handeln - Dinge, die den Epikureern verhaßt waren, wogegen Venus für ihn zum Inbegriff friedvoller Gelassenheit und Gemütsruhe wird.

Schließlich kannten die Römer Riten ganz eigener Prägung. So trug einst der Priester der Diana von Aricia im Hain der Göttin am Nemisee in den Albaner Bergen südlich von Rom den Titel *Rex Nemorensis* (»Hainkönig«), bis er jeweils von seinem Nachfolger getötet wurde. Selbstverständlich suchte man nachträglich diese Sitte mythologisch zu begründen.

Der erste »Hainkönig«, so hieß es, sei ein griechischer Heros wie Hippolytos oder Orestes gewesen, der ein gewaltsames Ende gefunden habe. Der Brauch selbst allerdings war einheimischen Ursprungs und an sich älter als Roms Berührung mit dem griechischen Mythos. Ein weiteres Beispiel römischer Rituale bieten die Vestalinnen, Priesterinnen der römischen Staatsherd-Göttin Vesta, die, sechs an der Zahl, im Alter von sechs bis zehn Jahren auserwählt wurden, um ihrer Göttin dreißig Jahre zu dienen. Während dieser ganzen Zeit hatten sie jungfräulich zu bleiben, und jeder Verstoß gegen dieses Keuschheitsgebot wurde damit bestraft, daß man die betreffende Vestalin lebendig in einer unterirdischen Gruft einmauerte. Nach ihrer dreißigjährigen »Pflichtzeit« hatten die Vesta-Priesterinnen das Recht, ins »weltliche Leben« zurückzukehren und durften dann auch heiraten.

Oben: Venus schwimmt in einer Muschel auf dem Meer. Ursprünglich war Venus eine italische Frühlings- und Gartengottheit, doch verschmolz sie gänzlich mit der Liebesgöttin Aphrodite, die die Römer von den Griechen übernahmen und die nach einer weitverbreiteten Vorstellung dem Schaum des Meeres entstiegen war. Wandmalerei aus dem »Haus der Venus«, Pompeji.

Links: Die Gleichsetzung des römischen Mars mit dem griechischen Kriegsgott Ares machte Mars zum Gatten der Liebesgöttin. Gleichzeitig aber trat auch sein kriegerischer Charakter deutlicher hervor als in seiner italischen Urform, die eher Beziehung zum Bauernleben aufwies. Auch in Roms Gründungssage spielt Mars eine bedeutende Rolle.

Die Kapitolinische Wölfin säugt Romulus und Remus. Kennzeichnendes Merkmal römischer Mythen, die nicht dem griechischen Mythenschatz entlehnt sind, ist es, daß sie sich auf Roms Geschichte beziehen. Als Stadtgründer Roms galten Romulus und Remus, Zwillingssöhne des Mars, die – ausgesetzt – von einer Wölfin gesäugt und so am Leben erhalten werden. Romulus, der als Eponym (namensgebender Heros) Roms galt, tötete seinen Bruder Remus und wurde Roms erster Herrscher und Gesetzgeber. Schließlich sei er, so hieß es später, der Erde entrückt und unter dem Namen des alten Kriegsgottes Quirinus unter die Götter versetzt worden. Römisches Relief aus Aventicum (heute Avenches, Kanton Waadt/Westschweiz), 2. Jahrhundert n. Chr.

Auf der Suche nach der Vergangenheit

Typisch römische Mythen hatten also weniger mit Göttern und Göttinnen in grauer Vorzeit, als vielmehr mit historischen Persönlichkeiten und Ereignissen zu tun. Dahinter steht, was Michael Grant als »Suche nach einer römischen Vergangenheit« bezeichnet hat. So ist die Version der römischen Gründungssage, die wir dem im Jahre 17 n. Chr. gestorbenen großen römischen Historiker Livius verdanken (um mit Roms Stadtgründung zu beginnen), ein vielschichtiger patriotischer Mythos.

Diese Sage berichtet von einer Vestalin namens Rhea Silvia, die vergewaltigt wurde und den Gott Mars der Tat bezichtigte. Sie gebar dem Gott Zwillingssöhne: Romulus und Remus. Man setzte die Kinder in einem trogartigen Wiegenkasten auf dem Tiber aus, doch da sich der Wasserstand des Flusses senkte, blieb der Trog schließlich auf trockenem Gelände an einem Feigenbaum stehen – und zwar bei jener Stelle, die man später als Lupercal (»Wolfsplatz«, »Wolfshöhle«) bezeichnete. Hier fand eine Wölfin (die »Kapitolinische Wölfin«) die beiden Kleinen und säugte sie, bis ein Hirt namens Faustulus sich der Kinder annahm und sie der Obhut seiner Frau Acca Larentia anvertraute.

Als die beiden Knaben herangewachsen waren, gründeten sie dort, wo ihnen die Wölfin das Leben gerettet hatte, eine Stadt: das spätere Rom. Allerdings gerieten sie in Streit, und Romulus brachte Remus um. Nach einer Fassung der Sage hatte sich Remus über seinen Bruder Romulus lustig gemacht, indem er über die von ihm errichtete Stadtmauer gesprungen war. Romulus' Antwort auf diesen Übermut bestand darin, daß er Remus tötete und sprach: »So gehe jeder zugrunde, der je meine Mauern überwinden sollte!« Daraufhin befestigte Romulus den Palatin, opferte den Göttern und gab dem Volk Gesetze.

Doch Frauenmangel bedrohte den Bestand des neuen Gemeinwesens. So rief Romulus ein Erntefest aus, und von weither strömten die Menschen herbei. Unter den Festteilnehmern befanden sich auch Sabiner, eine den Römern benachbarte italische Völkerschaft. Als die festliche Stimmung ihren Höhepunkt erreicht hatte, griffen sich die in der Blüte ihrer Manneskraft stehenden jungen Römer die heiratsfähigen jungen Frauen, die zum Fest gekommen waren. Dies war der berühmte »Raub der Sabinerinnen« (eine mit großer Eindringlichkeit von Poussin und Rubens gemalte Szene). Das Resultat des Frauenraubs waren Feindseligkeiten zwischen Sabinern und Römern. Sie endeten damit, daß sie die geraubten Frauen zwischen die streitenden Parteien warfen und die Kämpfer beschworen, ihre Väter und Schwiegerväter sollten nicht im Kampfe miteinander gegenseitig ihr Blut vergießen.

Kinder in einem schwimmenden Kasten oder Wiegentrog und ihre Ernährung durch ein wildes Tier – das sind bekannte Märchenmotive. Die einzelnen Elemente der Erzählung (die Geburt von Zwillingen, die väterlicherseits göttliche und mütterlicherseits menschliche Abkunft der beiden Kinder, die Dualität von Römern und Sabinern) legen die Vermutung sehr nahe, daß hier zwei Überlieferungsströme ineinanderfließen. Wie so oft, haben wir es auch bei diesem Mythos mit einer Reihe von Persönlichkeiten rein göttlicher und Örtlichkeiten rein mythischer Natur zu tun, darunter Faustulus (der in Beziehung zu dem Gott Faunus steht), seine Gattin Acca Larentia (eine Gottheit niederen Ranges), das Lupercal (die »Wolfsstätte« bzw. »Wolfshöhle«) und der ruminalische (»säugende«) Feigenbaum. Tatsächlich wissen wir aufgrund archäologischer Befunde, daß um 2000 v. Chr. die Hügel, auf denen Rom erbaut ist, bereits besiedelt waren. Doch eine Stadtsiedlung läßt sich erst im 6. Jahrhundert v. Chr. nachweisen, nicht schon im 8. Jahrhundert, in das die Legende Roms Stadtgründung verlegt.

Vertriebene aus Troja
Im Laufe der Zeit wurden die Berührungen zwischen Rom und der griechischen Welt immer enger. Griechische Kultur machte auf die Römer einen überraschend tiefen Eindruck, obwohl ihre Haltung gegenüber dem Griechentum durchaus ambivalent war. Man versuchte, den Ursprung Roms mit griechischen Überlieferungen zu verknüpfen. So erzählte man sich um 300 v. Chr., nach Trojas Zerstörung seien Trojaner entkommen und in Latium, der Landschaft südlich von Rom, gelandet. Den Zeitpunkt dieser Landung setzte man vier Jahrhunderte vor Roms Gründung an und brachte das Ereignis mit der Gründung von Alba Longa in Verbindung, als dessen Tochterstadt Rom galt.

Die Suche der heimatlos gewordenen Trojaner nach einer neuen Heimat schildert im erhabenen Stil des Epos Vergil in seiner *Aeneis*. Aeneas ist ein trojanischer Prinz, Sohn des Helden Anchises und der Göttin Venus. Als Troja in die Hand der griechischen Belagerer fällt, entkommt Aeneas aus der brennenden Stadt. Seinen greisen und vom Alter gelähmten Vater trägt er auf den Schultern, und an der Hand führt er seinen kleinen Sohn Ascanius. Zu Schiff gelangen die Flüchtlinge zu den griechischen Inseln, nach Sizilien und nach Karthago, dessen Königin Dido sie freundlich aufnimmt. Dido wird von leidenschaftlicher Liebe zu Aeneas ergriffen, doch Jupiter befiehlt Aeneas, sie zu verlassen und nach Italien weiterzusegeln, denn dort liege sein Ziel. Aeneas gehorcht, und Dido tötet sich, von tiefer Verzweiflung gepackt, selbst (sie symbolisiert die beiden größten Herausforderungen für das alte Rom: Karthago mit Hannibal und die ägyptische Königin Kleopatra).

Schließlich segelt Aeneas zur Tibermündung und dringt bis zum Palatin vor, wo Venus, seine Mutter, ihm die Waffenrüstung überreicht, die Vulcanus, der göttliche Meisterschmied, für ihn schuf. Aeneas bekämpft und überwindet Feinde, Etrusker wie Latiner – Völkerschaften, die bereits in Latium ansässig waren, und Jupiter bestimmt, Trojaner und Latiner sollen miteinander zu *einer* Nation verschmelzen. Aeneas gründet die Stadt Lavinium (heute Pratica di Mare südlich von Rom), sein Sohn Ascanius Alba Longa (heute Castel Gandolfo in den Albaner Bergen südöstlich von Rom), und mehrere Generationen später gründen Romulus und Remus, die von Aeneas abstammen, Rom.

Vergil gab aber nicht allein einem patriotischen Mythos dichterische Form, sondern schuf ein Gedicht über Menschen von Fleisch und Blut, das eine bestimmte Schicksalsauffassung zum Ausdruck brachte und durchaus auch noch Leser späterer Zeiten zu ergreifen vermochte.

Königszeit und Republik
Livius' frühe Bücher sind eine wahre Fundgrube von Mythen, die römischer Phantasie entsprangen.

Der Überlieferung nach gab es sieben römische Könige: Romulus, Numa Pompilius, der – von der Nymphe (oder Göttin) Egeria beraten – Roms religiöse Einrichtungen schuf, Tullius Hostilius, Ancus Martius und die drei Etruskerkönige Tarquinius Priscus (Tarquinius der Alte), Servus Tullius sowie Tarquinius Superbus (Tarquinius der Hochmütige).

Der letztgenannte Herrscher war ein selbstherrlicher Tyrann. Er hatte drei Söhne: Titus, Arruns und Sextus, sowie einen Neffen, Lucius Iunius, der sich, um der Eifersucht seines Onkels zu entgehen, schwachsinnig stellte und daher unter dem Namen Brutus (»der Blöde«) bekannt war. Die beiden älteren Brüder und Brutus wurden nach Delphi geschickt, um das dortige Orakel zu befragen. Bei dieser Gelegenheit erkundigten sie sich auf eigene Faust, wer von ihnen dereinst Rom regieren werde, und erhielten den Bescheid: »Höchster in Rom wird sein, der als erster seine Mutter küßt.« Auf der Rückreise losten die beiden Brüder um dieses Vorrecht,

Oben: Dido und Aeneas. Nach Roms Gründungssage landeten trojanische Flüchtlinge an der Küste südlich von Rom und gründeten Alba Longa, eine Stadt, aus der 400 Jahre später Roms eigentliche Stadtgründer Romulus und Remus hervorgingen. Auf diese Weise waren Roms Gründung und Trojas Fall miteinander verknüpft. Aeneas' Flucht aus Troja und seine Fahrt nach Italien schildert Vergil in seinem Epos *Aeneis.* Bei einem Zwischenaufenthalt des Helden in Karthago verliebte sich Königin Dido in ihn und versuchte, ihn an sich zu binden. Dido versinnbildlicht Roms Herausforderung durch auswärtige Mächte im südlichen Mittelmeerraum. Mosaik aus dem 4. Jahrhundert n. Chr.

Links: Der Raub der Sabinerinnen als römisches Münzbild. Hier handelt es sich um eine weitere berühmte Episode der legendären Frühgeschichte Roms. Die neugegründete Stadt benötigte Nachwuchs, und es fehlten Frauen. Daher lud Romulus die Sabiner, ein benachbartes italisches Volk, zu einem großen Fest, bei dem die heiratsfähigen jungen Männer Roms über die Sabinerinnen herfielen.

Oben: Die gottgezeugten Zwillinge Castor und Pollux, Söhne Jupiters, galten als Schutzpatrone der römischen Reiterei. Wie es hieß, hatten sie im 5. Jahrhundert v. Chr. den Römern in der Schlacht am Regillus-See zum Sieg verholfen. Mosaik aus Zypern, 3. Jahrhundert n. Chr.

Unten: Der doppelgesichtige Janus (Münzbild). Sein Name hängt mit *ianua* (»Tür«) zusammen, und er war der Gott der Tore und Pforten und der Reisen und des Beginnens. Und wie eine Tür Eingang und Ausgang ist, hat er zwei Gesichter.

doch Brutus stellte sich, als ob er gestolpert sei, und preßte seine Lippen auf die Mutter Erde.

Der jüngste Bruder, Sextus, vergewaltigte Lucretia, die liebliche und tugendsame Gattin des Collatinus. Sie vertraute sich ihrem Ehemann, ihrem Vater und Brutus an und erstach sich selbst. Brutus stellte ein Heer auf und vertrieb den König mit seiner gesamten Familie. Er begründete die Republik und bekleidete zusammen mit Collatinus die höchsten Staatsämter (das Doppelamt der Konsuln).

Kaum gewonnen, war die neuerrungene Freiheit allerdings schon wieder in Gefahr. Brutus' eigene Söhne wurden einer Verschwörung überführt, die das Ziel hatte, die Tarquinier wieder an die Macht zu bringen, und ihr unerbittlicher Vater verurteilte sie zum Tode. Dann boten die Etrusker ihre Macht gegen Rom auf.

Einem weiteren Mythos zufolge, der in Roms Überlieferung eine wichtige Rolle spielte, hielt einst Horatius Cocles (»Einaug«) mit zwei Mitstreitern den Zugang zu der sehr wichtigen Tiberbrücke, während diese abgebrochen wurde, um den Angreifern den Zugang zur Stadt zu erschweren. Danach schwamm er in voller Rüstung durch den Fluß, um nach getaner Pflicht das sichere Ufer zu erreichen. Das war nicht das einzige bravouröse Heldenstück, das man sich erzählte. So erbot sich Mucius Scaevola (»der Linkshänder«), sich durch die feindlichen Linien zu schleichen, um Lars Porsenna zu töten. Doch anstelle Porsennas brachte er versehentlich dessen Schreiber um. In Gefangenschaft geraten, hielt er, um zu zeigen, daß ihm seine Ehre über alles gehe, seine rechte Hand ins Feuer. Es spricht für Porsenna, daß er ihn schließlich freiließ.

Römisches Heldentum

Mit Porsenna wurde der Friede vorerst wiederhergestellt, doch noch war kein Ende der Kriege insgesamt abzusehen. Einige Jahre später gab es einen römischen Sieg beim Regillus-See (einem Kratersee im Gebiet von Tusculum/Frascati südöstlich von Rom), wobei einer Legende zufolge, die Livius andeutet, die Römer die Unterstützung zweier geheimnisvoller Reiter genossen. Man betrachtete dies als Eingreifen der gottgezeugten Zwillinge Castor und Pollux:

»So glichen sie sich, kein Sterblicher
Vermocht' sie zu unterscheiden.
Weiß wie Schnee ihre Rüstung war,
Schneeweiß auch die Rosse der beiden.«

Doch damit sind wir noch lange nicht am Ende der Überlieferungen. Die Erzählungen reißen nicht ab. Es geht weiter mit Coriolan, der sich in seiner Vermessenheit weigerte, schlichten Bürgern die ihnen zukommende Ehre zu erweisen, verbannt wurde, eine Armee gegen Rom führte, aber schließlich, von seiner Mutter überredet, von seinem Vorhaben abließ, und mit Cincinnatus, der seinen Bauernhof verließ, um gegenüber dem Vaterland seine Pflicht zu erfüllen. Er ist das Musterbild einer einfachen, bäurischen Kämpfernatur, deren *virtus* (wörtlich: »Mannheit«) in der Eignung sowohl auf dem als auch im Felde bestand – sei es als Bauer auf dem Acker, sei es als Krieger auf dem Schlachtfeld. Weitere Erzählungen drehten sich um die Invasion der Gallier, die gekommen waren, um Rom zu plündern, und die Senatoren in voller Amtstracht – jeden schweigend in seinem Atrium sitzend – vorfanden; oder um das Geschnatter der heiligen Gänse, das die Wächter des Kapitols vor einem nächtlichen Angriff warnte.

Für uns noch unverständlicher ist, was von Marcus Atilius Regulus, einem der römischen Befehlshaber im Kampf gegen Karthago, berichtet wird. In karthagische Gefangenschaft geraten, wurde er, so erzählte man sich, nach Rom zurückgesandt, um mit den Römern über die Entlassung karthagischer Kriegsgefangener zu verhandeln, mußte aber schwören, auch dann nach Karthago zurückzukehren, wenn seine Mission erfolglos bleiben sollte und die karthagischen Kriegsgefangenen nicht freikämen. Er reiste nach Rom, riet dem Senat, die Gefangenen nicht freizulassen, hielt aber seinen Schwur und kehrte freiwillig nach Karthago zurück, wo ihn Folter und Tod erwarteten. Cicero (*De officiis* 3, 27) sieht in diesem Verhalten ein leuchtendes Beispiel der Anwendung eines griechischen Moralprinzips durch einen Römer. Er erwähnt Regulus' Tat an noch mindestens sechs weiteren Stellen, und eine Generation nach ihm wird Regulus für den römischen Dichter Horaz zum Inbegriff der *Romana virtus*, römischen Charakters und römischen Mutes.

Die großen römischen Mythen sind nicht Ausdruck unbewußten Volksempfindens. Zwar enthalten sie folkloristische Elemente, sind aber insgesamt weit davon entfernt, Folklore zu sein. Vielmehr wurzeln sie in Roms Geschichte und wurden ganz bewußt von Roms Aristokratie manipuliert. So erhielt Aeneas' Sohn Ascanius beispielsweise den Beinamen Iulus mit Rücksicht auf die Familie der Julier, deren bekanntestes Mitglied Caesar war.

Religiöse Mythen

Allerdings fehlte es nicht gänzlich an Mythen, die mit religiösen Vorstellungen zu tun hatten. In einem besonders kraftvollen Mythos dieser Art geht es um ein vergangenes Goldenes Zeitalter der Glückseligkeit unter der Herrschaft Saturns und dessen mögliche Wiederkehr. In seiner vierten Ekloge bedient sich Vergil dieses Mythos, um die Geburt eines Kindes von Marcus Antonius und Octavia zu feiern:

»Schon ist die letzte Zeit des cumaeischen Sanges
gekommen,
Und von neuem beginnt der Kreislauf der
Weltenalter,
Schon kehrt die Jungfrau zurück,
Zurück kehrt die Herrschaft Saturns schon,
Schon steigt ein neuer Sproß vom hohen Himmel
hernieder,
Wird ein Knabe geboren, mit dem das Eiserne
endet,
Und ein Goldnes Geschlecht dem ganzen Erdkreis erstehn wird...«

Die Formulierung »cumaeischer Sang« bezieht sich auf die Weissagungen der Sibylle. Die alte Welt kannte eine Reihe von Sibyllen oder ekstatischen Seherinnen. Eine von ihnen weissagte in einem grandiosen Heiligtum bei Cumae in der Nähe von Neapel, dessen Überreste noch heute einen tiefen Eindruck hinterlassen. Einer Legende zufolge erbat sich diese Seherin von Apoll einst ein langes Leben, vergaß aber, den Gott auch um Jugend zu bitten, und siechte so dahin, bis sie schließlich in die Worte ausbrach: »Ich möchte sterben.« Nach einer Überlieferung, die in Rom eine wichtige Rolle spielte, bot eine der Seherinnen aus Cumae neun Bücher mit sibyllinischen Weissagungen zu einem enormen Preis Tarquinius Priscus zum Kauf an. Als dieser sich weigerte, den Preis zu zahlen, verbrannte sie drei der Bücher und offerierte die restlichen sechs zum gleichen Preis. Doch noch immer weigerte sich

Das Heiligtum der Sibylle in Cumae bei Neapel. Die Sibyllen von Cumae waren Seherinnen. Bei den Sibyllinischen Büchern, die eine von ihnen an die Römer verkaufte, handelte es sich um eine Sammlung von Weissagungen und Verhaltensmaßregeln zur Abwendung von Katastrophen. Man bewahrte sie in Rom auf und befragte sie in Notzeiten, so beispielsweise, als im 3. Jahrhundert v. Chr. der karthagische Feldherr Hannibal in Italien einmarschiert war und Rom bedrohte. Als besondere Maßnahmen zur Abwehr des Unheils empfahlen die Sibyllinischen Bücher die Darbringung besonderer Opfer und den Vollzug besonderer Riten, um das gestörte Verhältnis zwischen den Göttern und Rom wieder in Ordnung zu bringen.

der König, so daß sie drei weitere verbrannte. Da geriet Tarquinius Priscus in Panik und erwarb die restlichen drei zum ursprünglichen Preis. Man vertraute die Bücher einem speziellen Priesterkollegium an und befragte sie in Fällen nationalen Notstandes.

Auch um historische Gestalten, die in irgendeiner Form kultischer Ehren teilhaft wurden, begannen sich Mythen zu ranken. Zwei Beispiele hierfür mögen genügen. Das eine sind die übernatürlichen Vorfälle, die im Zusammenhang mit Julius Caesar berichtet werden: Die Erscheinung, die ihn zwang, den Rubikon zu überschreiten und nach Rom zu marschieren, die zwei Götterwesen, die bei seiner Bestattung erschienen, vor allem aber der Komet, den man mit seinem Tode (44 v. Chr.) in Verbindung brachte und als seine gen Himmel emporsteigende Seele ansah. Der zweite »Kaisermythos«, der besonders in Griechenland stark nachwirkte, ist die Sage von der Wiederkehr des Kaisers Nero, der im Jahre 68 n. Chr. durch Selbstmord endete. Nicht vergessen sei schließlich der Mythos vom »Ewigen Rom« selbst: Solange das Kolosseum steht, wird auch Rom Bestand haben. Fällt das Kolosseum, stürzt auch Rom. Stürzt Rom, so bedeutet dies den Untergang der Welt. Gerade dieser Mythos wirkte außerordentlich stark fort. Das römische Weltreich fiel, doch das Kolosseum blieb erhalten, und der Mythos vom »Ewigen Rom« lebte in der christlichen Kirche weiter (vgl. das Kap. *Christentum*).

RÖMISCHE UND GRIECHISCHE GOTTHEITEN

Römisch	*Funktion*	*Griechisch*
Jupiter	Himmelsgott, Vater der Götter und Menschen	Zeus
Juno	Gemahlin Jupiters (Zeus'), Göttin der Frauen und der Mutterschaft	Hera
Mars	Kriegsgott	Ares
Ceres	Erd- und Fruchtbarkeitsgöttin	Demeter
Apollo	Gott des Lichtes, des Intellekts, der Künste, der Medizin, der Weissagung	Apollon
Venus	Göttin der Liebe und Schönheit	Aphrodite
Minerva	Göttin des Handwerks und der Weisheit	Athene
Merkur	Gott des Handels und des Verkehrs, Götterbote	Hermes
Diana	Göttin der unberührten Waldesnatur, Herrin der Tiere, Mondgöttin, Göttin der Jagd	Artemis
Neptun	Meeresgott	Poseidon
Vulcan	der Schmied der Götter	Hephaistos
Vesta	Göttin des Herdfeuers	Hestia
Liber, Bacchus	Gott der ungezügelten Natur, der Fruchtbarkeit, der Ekstase, des Weines	Dionysos, Bakchos
Saturn	Gott des Ackerbaus, Herrscher des Goldenen Weltzeitalters	Kronos
Dis Pater	Gott des Reichtums, aber auch der Unterwelt	Hades, Pluton
Janus	Gott der Türen, des Reisens, des Beginnens	keine Entsprechung
Faunus	Waldgott	Pan
Castor und Pollux	gottgezeugte Zwillinge	Kastor und Polydeukes
Cupido	Gott der Liebe, Sohn der Venus (Aphrodite)	Eros

DREIZEHNTES KAPITEL

MYSTERIENKULTE

»Mysterium« kommt aus dem Griechischen *mýstes* (der »Eingeweihte«), *myéo* (»ich weihe ein«) *mýo* (»ich schließe die Augen bzw. Lippen«). Unter einem Mysterienkult versteht man den Kult einer geschlossenen Gemeinschaft mit bestimmten Einweihungszeremonien (Initiationsriten), geheimen Kulthandlungen und einer persönlichen Offenbarung für jedes einzelne Mitglied der Gemeinde. Man wendet diesen Begriff auf eine ganze Reihe von Kulten und Gemeinschaften der griechisch-römischen Welt an. Insbesondere blühte das Mysterienwesen in der Zeit des Hellenismus (etwa ab 300 v. Chr.), als die einst so stolzen Stadtstaaten in einer völlig veränderten Welt zu bloßen Schachfiguren größerer Machtgebilde herabgesunken waren und Makedonien, Ägypten, Syrien und die Territorialstaaten Kleinasiens den Ton angaben. Einst, während der Blütezeit der Stadtstaaten, waren Religion und Gesellschaft eng miteinander verwoben gewesen. Sie waren Teil des ererbten Kulturmusters, das eine Generation an die andere weitergab, auf diese Weise Kontinuität und Stabilität gewährleistend. Nun aber schien es, als ob man den alten Göttern nicht mehr traue. Im 3. Jahrhundert v. Chr. überließen die Athener dem makedonischen König Demetrios Poliorketes den Parthenon als Palast, denn er, so erklärten sie, sei der einzig wahre Gott, die anderen Götter dagegen schliefen, seien abwesend oder überhaupt nicht vorhanden.

In solcher Stimmung sah man sich allenthalben nach neuen Göttern um. Außerdem rückte immer mehr das eigene Ich in den Mittelpunkt, und man suchte nach einer Religion, die persönliches Heil versprach. Diesem Bedürfnis entsprachen die Mysterienkulte; nicht nur während der Zeit des Hellenismus, sondern bis in die Römerzeit.

Der Mythos von Eleusis

Die Eleusinischen Mysterien – dieser berühmteste aller Mysterienkulte der Antike – bestanden allerdings schon sehr viel früher, doch auch bei ihnen läßt sich eine gewisse Entwicklung von einem mehr öffentlichen, staatsbezogenen Kult hin zur Privatreligion verfolgen. Zugrunde lag dem Kult ein Mythos, der mit dem Jahreszyklus und der »Bestattung« des Samenkorns in der Erde zu tun hatte.

Demeter, die »Erd-« oder »Kornmutter« (die etymologische Ableitung ist nicht ganz sicher), hatte eine Tochter namens Kore (das »Mädchen«), die man (mit einem Namen vorgriechischen Ursprungs) auch Persephone (latinisiert: Proserpina) nannte. Eines Tages pflückte Kore nichtsahnend Blumen, als der Unterweltsgott Pluto (der sowohl Gott des Reichtums als auch des Totenreiches war) aus einem Erdspalt hervorschoß, sie ins Totenreich verschleppte und dort zu seiner Gemahlin machte.

Verzweifelt wanderte Demeter im Lande umher, um ihr verlorenes Kind zu suchen. Als alte Frau verkleidet kam sie nach dem rund 22,50 km von Athen entfernten Eleusis. Dort lebte sie so bescheiden, beinahe wie eine Sklavin – und fast ohne Nahrung zu sich zu nehmen, bis auf einen Brei aus Hafermehl, Pfefferminze und Wasser. Sie zog den jungen Prinzen von Eleusis auf, doch als sie ihm Unsterblichkeit verleihen wollte, indem sie ihn ins Feuer warf, kam seine Mutter dazwischen, und nun mußte sich die Göttin als die zu erkennen geben, die sie war. Daraufhin erbaute man ihr einen Tempel, und in diesem verweilte Demeter ein ganzes weiteres Jahr voller Trauer um ihre verschollene Tochter, während die Ernten verdorrten und Menschen und Tiere starben.

Daraufhin legte sich Zeus ins Mittel und befahl

Pluto, Kore-Persephone freizulassen. Voller Freude sah sich Demeter wieder mit ihrer Tochter vereint, doch in der Unterwelt hatte Kore den heiligen Granatapfel gegessen. So war eine Bindung zum Herrscher des Totenreiches entstanden, die sie zwang, ein Drittel jedes Jahres bei den Unterirdischen zu verbringen. Seitdem lebt sie – genau wie das Samenkorn – einen Teil des Jahres unter, die übrige Zeit jedoch auf der Erde. Soweit der Mythos nach dem homerischen Demeter-Hymnos. Ein Zusatz sei nicht verschwiegen. So heißt es bei einem christlichen Autor, Clemens Alexandrinus (2. Jahrhundert n. Chr.), Demeter sei in bitterer Trauer in Eleusis eingetroffen und habe jegliche Nahrung verweigert. Nur eine Frau namens Baubo habe die Göttin schließlich wieder zum Lachen gebracht, und zwar dadurch, daß sie ihren Rock hob und ihre Scham entblößte. Unklar ist, ob es sich hierbei um einen untergeschobenen Zusatz, eine nachträgliche Ausschmückung oder um ein Stück ursprünglicher Überlieferung handelte.

Man faßte diesen Mythos als Verheißung eines Lebens nach dem Tode in Analogie zum Saatkorn auf, das in der Erde »begraben« wird, um schließlich,

Oben: Isistempel in Pompeji. Der Mysterienkult der Isis verbreitete sich in der gesamten römischen Welt.

Links: Pluto und Persephone, die Herrscher der Unterwelt, auf ihren Thronen. Die Pflanzen in ihren Händen symbolisieren die in der Erde »begrabene« und aus der Erde »neu geborene« Saat. Wie das in die Erde gelegte Samenkorn werde auch der Mensch wieder aus dem Grabe auferstehen.

Gegenüber: Die Demeter von Knidos, Mutter der Kore (Persephone) und Zentralgestalt der Eleusinischen Mysterien, um 330 v. Chr.

Unten: Weihrelief aus Eleusis, 5. Jahrhundert v. Chr. Es zeigt Demeter und ihre Tochter Kore (Persephone), die beiden Gottheiten, denen der Kult von Eleusis galt. Zwischen beiden steht der eleusinische Prinz Triptolemos, der im Auftrag Demeters der Menschheit den Getreideanbau brachte.

Unten rechts: Demeter und Persephone mit Triptolemos, der von Demeter in die Mysterien eingeweiht wird. Attische Vasenmalerei von Makron, frühes 5. Jahrhundert v. Chr.

wenn seine Zeit gekommen ist, wieder als Saat aus der Erde emporzusprießen. Ungewiß ist, ob man als die Zeit der Verlassenheit und des Todes den Winter zu betrachten hat, während dessen die Herbstsaat in der Erde ruht (wie es der homerische Hymnos mit seiner Bezugnahme auf den Frühling nahelegt), oder den glühendheißen Sommer mit seiner Dürre, während dessen man das Saatkorn der Frühjahrsernte in unterirdischen Vorratsgefäßen aufzubewahren pflegte. Zur Herbstaussaat brachte man es wieder ans Tageslicht, und der Herbst war die Jahreszeit der Großen Mysterien.

Die Initiation in Eleusis

Sicherlich geht der eleusinische Kult über das Jahr 1000 v. Chr. in die Vergangenheit zurück. Doch erst nachdem Eleusis unter Athens Oberhoheit gekommen war, begann seine wahre Blütezeit. Das riesige Telesterion, die Halle der Mysterien mit ihren 42 Säulen stammt aus dem 5. Jahrhundert v. Chr. Der Kult lag in den Händen zweier Familien, innerhalb derer sich die Priesterwürde weitervererbte. Sie stellten den Hierophanten (den »Zeiger des Heiligen«, der den höchsten Priesterrang bekleidete), seinen Assistenten (den Fackelträger), den Herold, den Priester, der die Riten am Altar zelebrierte, die Demeter-Priesterin und andere, die mit den kultischen Handlungen in Eleusis zu tun hatten.

Ein kleines sakrales Fest fand im Frühling statt, die Großen Mysterien indessen beging man im Herbst. Zuvor überführte man die Kultobjekte nach Athen. Am ersten Tag des eigentlichen Festes lud der Herold alle ein, die reine Hände hätten, sich verständlich (das heißt: griechisch) ausdrückten und sich gerechter Lebensführung befleißigten, an den Mysterien teilzunehmen. Am zweiten Festtag reinigten sich die Initianden (Einzuweihenden) im Meer und brachten ein Schwein als Opfer dar. Der dritte Tag war öffentlichen Opfern vorbehalten, am vierten fand die Reinigung von Nachkömmlingen statt, am fünften schließlich die große Prozession von Athen nach Eleusis, die unterwegs von Wächtern auf einer Brücke rituell aufgehalten wurde – ein typisches Ritual zur Abwehr unguter Einflüsse. Am sechsten Tag ruhte und fastete man, anschließend fand ein nächtliches Fest statt, auf das ein weiterer Ruhetag folgte. Am achten Tag zelebrierte man Riten für die Toten, und am neunten ging man wieder auseinander.

Als Verbindung öffentlichen und privaten Rituals hat man wohl die im Namen der Stadt Athen vollzogene Einweihung eines Knaben oder Mädchens zu betrachten – jedenfalls eines jungen Menschen, der als *Pais aph'Hestias* (»Kind vom Herde«, »Herdkind«) nicht nur für sich selbst, sondern stellvertretend für die ganze Stadt der Segnungen des eleusinischen Kultes teilhaft werden sollte.

Die Mysterien zu verraten galt als todeswürdiges Verbrechen. Das Geheimnis wurde gut bewahrt,

und wir wissen auch heute noch nicht genau, was sich wirklich abspielte. Allenfalls können wir vermuten, daß man den Mythos als Kultdrama rituell vergegenwärtigte. Sicherlich wurde musiziert und getanzt, man schlug den Gong, sobald Kores Name ertönte, Kultanlagen und Beter waren reichlich mit Fackeln versehen, und man inszenierte eine Theophanie (das heißt: man ließ die Gottheit erscheinen). Außerdem wissen wir von einer Art Wechselgesang an Himmel und Erde, der sich im Griechischen reimte. Und zwar rief man dem Himmel zu: *hye* (»regne«!), der Erde dagegen: *kye* (»empfange«!). Auf dem Höhepunkt der Feierlichkeiten wurde irgend etwas zur Schau gestellt – wahrscheinlich eine goldene Kornähre. Die Eingeweihten durften sakrale Gegenstände berühren und nahmen teil an einer Art Kommunionsmahl (Vereinigungsmahl) aus Getreide und Gerstenwein. Manches spricht

auch dafür, daß ein Eingeweihter als auf mystische Weise mit Kore vereinigt galt. So ließ beispielsweise der römische Kaiser Gallienus (253–268 n. Chr.) nach seiner Einweihung in die Mysterien Münzen mit der weiblichen Form seines Namens *Galliena Augusta* prägen.

Die Verheißung der Eleusinischen Mysterien an ihre Anhänger bestand darin, daß der Eingeweihte – gleich Kore – zwar ins Reich der Toten hinabsteigen, aber zu einem reicheren und besseren Dasein wiedererwachen werde. Voraussetzung dafür waren moralische Integrität und kultische Reinheit. Cicero (106–43 v. Chr.), der zu den Eingeweihten gehörte, äußerte: »Wir haben reicher an Hoffnung zu leben und zu sterben gelernt.« In der Tat ist »Hoffnung« fast ebenso sehr wie »Glaube« feststehender Zentralbegriff der Mysterienkulte.

Dionysos

Wie Demeter war auch Dionysos eine Naturgottheit. Anscheinend kannte man ihn in Griechenland schon recht früh, doch den Olymp erklomm er offensichtlich erst, nachdem sich sein Kult durch thrakischen Einfluß in ganz Griechenland durchgesetzt hatte. Er ist ein Vegetationsgott, insbesondere ein Gott des Weines, im Winter gefangen, im Frühjahr jedoch in die Freiheit zurückkehrend.

Seine Anhängerschaft bestand aus ekstatischen Frauen, die man als Mänaden (»Rasende«) oder als Bacchanten (bzw. Bacchantinnen, nach dem anderen Namen des Gottes: Bakchos) bezeichnete. Sie bekränzten sich mit Laub, kleideten sich in Tierfelle und trugen den Tyrsos, einen mit Weinblättern oder Efeu umwundenen heiligen Stab. Mit wilden Tänzen stürmten sie durch die Berge, und auf dem Hö-

Ganz oben: Darstellung eines bacchantischen Tanzes, Dionysos-Bakchos (Bacchus) war ein Gott der wilden, ungebärdigen Natur, und seine Verehrerinnen, die Mänaden, vereinigten sich mit ihm in der Ekstase. Wandmalerei aus der Villa Pamphili in Rom, 1. Jahrhundert n. Chr.

Darunter: Mänaden mit Dionysos als Stier – eine seiner beliebtesten tierischen Erscheinungsformen.

Vier Szenen eines Rituals der Initiation (Einweihung) in die Dionysos-Mysterien. Auf dem ersten Bild liest ein Knabe den Vorspruch zu der Zeremonie. Die Initiandin, den Kopf mit einem Kopftuch bedeckt und die linke Hand auf die Hüfte gestützt, hört zu. Auf dem nächsten Bild spielt ein Silen Leier und ein Pan Flöte, um zu symbolisieren, daß Musik Roheit verwandelt. Eine Paniske (weibliche Pansgestalt) bietet einem Kind die Brust dar, das wohl die Initiandin selbst versinnbildlicht. In der dritten Szene schaut ein Satyr in ein Gefäß und erblickt darin statt seines eigenen Spiegelbildes eine groteske Maske – Symbol der gröberen Aspekte seines Wesens, die er abzulegen hat. Rechts auf dem gleichen Bild (leider schwer beschädigt): der thronende Dionysos mit seiner Gemahlin Ariadne. Die vierte Szene zeigt uns abermals die Initiandin. Sie setzt ihren entblößten Rücken Peitschenhieben aus, durch die man sie rituell »tötet«, und anschließend erblickt man sie als im Geiste Wiedergeborene. Fresken aus der »Mysterienvilla« in Pompeji, 1. Jahrhundert v. Chr.

hepunkt ihrer Raserei griffen sie irgendein Wild, zerrissen es mit bloßen Händen und aßen es roh – zweifellos eine Art Kommunion (mystische Vereinigung) mit des Gottes eigenem Fleisch und Blut.

In hellenistischer und römischer Zeit finden wir Dionysos' Beliebtheit immer häufiger durch Dokumente belegt. Inschriften nennen einige Kultfunktionäre – so den Anführer der Mysterien, den »Obersten Hirten«, den Phallosträger, den Milchbringer, den Fackelträger und andere. Eines der Hauptsymbole des Gottes war das *liknon*, ein mit Früchten gefüllter Korb, der auch einen in Tuch gewickelten Phallos enthielt – Symbol männlicher Fruchtbarkeit und Zeugungskraft, gleichzeitig aber auch des Lebens, in das man durch den Tod einging.

Von dieser Verheißung, die der Dionysoskult seinen Anhängern gab, zeugt eine Reihe hervorragender römischer Sarkophage aus dem 2. Jahrhundert n. Chr., die Mitgliedern der sehr angesehenen Familie der Pisonen gehörten. Ob sie Dionysos als Kind oder in triumphierender Prozession mit Mänaden, Satyrn und Panthern zeigen – oder ob sie zeigen, wie Dionysos die schlafende Ariadne weckt, um sie als Braut heimzuführen: Immer geht es darum, Sterblichkeit in Unsterblichkeit zu verwandeln.

Ariadne war Tochter des kretischen Königs Minos und damit Halbschwester des Minotauros, jenes Ungeheuers – halb Mensch, halb Stier –, das im Labyrinth zu Kreta gefangengehalten wurde. Als der athenische Prinz Theseus, der sich mit der Absicht trug, das monströse Mischwesen zu töten, nach Kreta kam, verliebte sich Ariadne auf den ersten Blick in ihn. Sie erbot sich, ihm zu helfen, wenn er sie als Gemahlin mit nach Athen nähme. Theseus willigte ein, und Ariadne gab ihm ein Wollknäuel, so daß er nicht nur den Weg ins Zentrum des Labyrinthes fand, um den Minotauros zu töten, sondern anhand des abgerollten Fadens den Irrgarten auch wieder verlassen konnte. Dann flohen Theseus und Ariadne zusammen aus Kreta, doch auf der Insel Naxos ließ Theseus seine junge Frau herzlos im Stich. Er stahl sich davon und ließ sie schlafend am Strande liegen. Doch nun nahm sich der Gott Dionysos ihrer an, der mit seinem Gefolge ekstatischer Frauen, wilder Tiere und trunkener Satyrn des Weges kam. Er weckte die Verlassene mit einem zarten Kuß und machte sie zu seiner Gemahlin.

Die Mysterienvilla

Eines der bemerkenswertesten Zeugnisse der Dionysos-Mysterien enthält die Mysterienvilla bei Pompeji. Die Wände eines Raumes, in dem offensichtlich Mysterien zelebriert wurden, zeigen in strahlenden Farbtönen auf leuchtend rotem Grund eine Initiation. Den Vorsitz führt voller Würde die Dame des Hauses. Eine Initiandin (Einzuführende) steht neben ihr, den Kopf in ein Tuch gehüllt und die rechte Hand auf die Hüfte gestützt. So lauscht sie einem Knaben, der die Einleitung der Feier verliest.

Mit der nächsten Szene beginnen die eigentlichen Mysterien. Ein tolpatschiger Silen (ein trunkener Alter) spielt Lyra zum Zeichen, daß Musik und die Berührung mit dem Göttlichen sogar Plumpheit und Roheit zu veredeln vermögen. Ein junger Pan bläst Flöte. Eine reizende Paniske (das weibliche Gegenstück zu einem Pan) reicht ihre Brust einem Lamm, das vermutlich die Initiandin symbolisiert. Dann erblickt man – unmittelbar vor der Mauerecke – eine Frau mit allen Zeichen des Entsetzens, denn Initiation bedeutete nicht nur Erwählung, sondern auch Bewährungsprobe. Auf dem nächsten Bild blickt ein junger Satyr in ein Gefäß. Ein anderer hinter ihm hält eine groteske Maske empor, so daß der in den Krug Blickende dort das Spiegelbild der Maske erblickt. Er sieht somit die gröbere Seite seines Wesens, die es abzulegen gilt.

Das stark beschädigte folgende Bildfeld zeigte den thronenden Dionysos und seine Gemahlin Ariadne. Auf dieses Paar blickte man zuerst, wenn man den Raum betrat. Eine neben den beiden kniende Frau enthüllt einen riesigen Phallos. Dahinter biegt eine dunkle, geflügelte Gestalt – vielleicht Telete, die Verkörperung der Initiation – eine lange Rute, und in einigem Abstand links von ihr kniet mit aufgelöstem Haar und ihrer feinen Gewänder entkleidet die Initiandin. Ihr Haupt liegt im Schoß einer von zwei Frauen, die ihr offensichtlich Trost spenden, ihr nackter Rücken ist der Rute ausgesetzt, die ihr rituell den Tod bringt. Doch dann erblicken wir die Initiandin abermals. Sie hat ihr Büßergewand ganz abgelegt, schlägt Zymbeln und dreht sich wirbelnd im Auferstehungstanz. Zum Schluß sehen wir Vorbereitungen für die mystische Hochzeit, die der Gottesbraut – wie einst Ariadne – Teilhabe am göttlichen Leben sichern sollte.

Links: Ariadne in Dionysos' Armen (Vasenmalerei). Der Mythos, wonach sich Dionysos der auf der Insel Naxos grausam von Theseus verlassenen Ariadne annahm, wurde so ausgelegt, daß die menschliche Seele ebenso wie die kretische Prinzessin Ariadne in den liebenden Armen der Gottheit Unsterblichkeit und nie endendes Glück empfangen werde.

Die Orphiker

Eine enge Beziehung zum Dionysoskult hatten die Praktiken der Orphiker, über die allerdings nur wenig bekannt ist. Orphiker gab es bereits in der griechischen Welt des 4. und 5. Jahrhunderts v. Chr. Bereits sie hatten mit einem Mysterienkult zu tun, und später bestand in römischer Zeit eine orphische Gemeinschaft, deren Zentrum möglicherweise Pergamon (in Kleinasien) war. Die Hinterlassenschaft dieser »Sekte« besteht aus mehr als achtzig Hymnen; hinzu kommen einige recht bedeutende Darstellungen auf Ritualgefäßen.

Orpheus ist eine seltsame Gestalt des Mythos. In mancher Hinsicht nimmt er sich wie eine Dublette des Gottes Dionysos aus, in anderer Hinsicht dagegen ähnelt er eher Apoll. Der Sage nach war er ein Spielmann, dessen Musik die Kraft innewohnte, Tiere und Bäume zu verzaubern, ja sogar den Herrscher der Unterwelt zu bewegen, ihm seine Frau Eurydike zurückzugeben. Er selbst wurde später von Mänaden in Stücke gerissen, aber auch nach seinem Tode hörte sein Haupt nicht auf zu singen. Dies alles prädestinierte ihn geradezu dazu, Zentralgestalt eines Mysterienkultes zu werden, der Leben nach dem Tode verhieß.

Orphischer Lehre zufolge bestand der Mensch aus zwei Elementen: seinem plumpen, sterblichen, titanischen Leib und seiner geistigen, göttlichen Seele. Und zwar hatte Zeus einst mit seiner eigenen Tochter Persephone einen Sohn namens Zagreus gezeugt. Außer sich vor Eifersucht, stachelte Hera, Zeus' Gattin, die Titanen an, das Kind zu vernichten. Die Titanen waren jene Mächte der Urzeit, die vor Zeus' Erscheinen die Welt beherrscht hatten. Sie schmeichelten sich bei dem Knaben ein, indem sie ihm einen Spiegel und anderes Spielzeug brachten, dann aber rissen sie ihn in Stücke und aßen ihn roh. Nur sein Herz wurde gerettet und zu Zeus gebracht, der es seinerseits verschlang und dann mit seinem Donnerkeil die Titanen vernichtete. Aus der Asche ihrer verbrannten Leiber entstand die Menschheit. Nunmehr zeugte Zeus seinen Sohn ein zweitesmal, diesmal mit einer Sterblichen namens Semele, und Zagreus wurde als Gott Dionysos wiedergeboren.

Infolgedessen sind die Menschen teilweise titanisch-böse, teilweise aber göttlich-gut; entstand die Menschheit doch aus der Asche der Böses sinnenden Titanen, doch enthielt sie auch einen Götterfunken, da die Titanen sich vor ihrer Vernichtung ja den Götterknaben Zagreus einverleibt hatten. Ziel des Menschen ist es nun, das Dionysisch-Göttliche, das er in sich trägt, von all dem Titanischen zu befreien, das diesen seinen edlen Kern verschüttet. Die Orphischen Mysterien bieten dazu einen Weg – den Weg der Reinheit und der Entsagung, den Weg asketischer Übungen und tugendhaften Lebens. Die Orphiker glaubten an Wiedergeburt und Seelenwanderung. Durch Teilhabe am Göttlichen wurden die Eingeweihten auch unsterblich. Beides bedeutete für den Griechen ein und dasselbe.

Vor allem in Süditalien fand man (zum Teil goldene) Täfelchen aus dem 4.–3. Jahrhundert v. Chr., die schriftliche Anweisungen für die Seele und ihr Verhalten im Totenreich enthalten. Die betreffenden, in Versform abgefaßten Texte schreibt man gewöhnlich den Orphikern zu, allerdings wurde in neuerer Zeit die Vermutung laut, daß sie mit Mysterien der Persephone zu tun haben könnten.

»Links vom Hause des Hades«, so heißt es da, »wirst du einen Brunnen finden. Neben ihm steht eine weiße Zypresse. Nähere dich diesem Brunnen nicht. Du wirst einen anderen finden, dessen kalte Flut aus dem See des Erinnerns strömt, und vor ihm eine Wache. Sprich: ›Ich bin ein Kind der Erde und des sternenbesäten Himmels, doch mein Geschlecht ist vom Himmel. Du weißt dies bereits, doch ich bin ausgedörrt und vergehe vor Durst. Rasch, gib mir kaltes Wasser, das aus dem See des Erinnerns fließt!‹ Dann wird man dich aus dem heiligen Quell trinken lassen. Und später wirst du mit anderen Heroen zusammen herrschen.«

Dieser Text stammt aus Petelia. Den folgenden fand man in Thurii:

»Rein komme ich von einem reinen Volke, o Königin der Toten, Eukles, Eubuleus, ihr anderen unsterblichen Götter, auch ich erhebe den Anspruch, von eurer gebenedeiten Art zu sein. Das Schicksal und der sternengleich geschleuderte Donnerkeil überwältigten mich. Ich entkam dem sorgenbeladenen, mühseligen Rad, ich bewege mich innerhalb der Krone, die ich mit eifrigen Schritten erstrebe. Gesunken bin ich in den Schoß unserer Herrin, der Totenherrscherin ... Ein Lamm bin ich, in Milch gefallen.«

Die zuletzt angeführte Wendung kehrt mehrmals wieder, und was immer sie auch bedeuten mag: Es handelt sich offensichtlich um eine rituelle Formel. Im übrigen finden wir hier eine regelrechte Geographie der Unterwelt und ein System von Losungsworten. Schließlich haben wir es mit einer Religion des Heils und der persönlichen Erlösung zu tun.

Auf diesem Relief erblicken wir Hermes, Eurydike und Orpheus. Eine der mythischen Rollen Hermes' war es, die Toten in die Unterwelt zu geleiten. Orpheus, der große Sänger und Spielmann, stieg in die Unterwelt hinab, um seine verstorbene Gattin Eurydike aus ihr zu befreien. Seine Kunst rührte die Unterweltsherrscher, Hades und Persephone, dermaßen, daß sie sich erweichen ließen, ihm Eurydike zurückzugeben – nur sollte er sich, bevor die Oberwelt erreicht war, nicht nach seiner geliebten Frau umsehen. Leider tat er es doch und verlor somit Eurydike für immer. Man konnte diesen Mythos so verstehen, daß es Sterblichen nicht gänzlich unmöglich sei, den Klauen des Todes zu entkommen und in die ewige Seligkeit einzugehen. Römische Kopie, 5. Jahrhundert n. Chr.

Oben: Orpheus und die Tiere. Wie es hieß, zähmte Orpheus' Musik die wilden Tiere, ließ Flüsse in ihrem Lauf innehalten und versetzte sogar Felsen. Seine Gewalt über die wilde, nicht der Wiedergeburt teilhaftige Natur und sein Beinahe-Erfolg bei der Befreiung seiner Gattin Eurydike machten Orpheus zur Zentralgestalt von Mysterienkulten, die ihren Eingeweihten ein glückliches Leben nach dem Tode versprachen. Mosaik aus der Villa Romana del Casale bei Piazza Armerina (Sizilien), 2. oder 3. Jahrhundert n. Chr.

Links: Ruinen aus dem Heiligtum von Samothrake (Halle für die Weihgeschenke, erbaut im 6. Jahrhundert v. Chr.). König Philipp II. von Makedonien und seine Gemahlin Olympias, die Eltern Alexanders des Großen, waren in die Mysterien von Samothrake ebenso eingeweiht wie vermutlich lange vor ihnen schon der griechische Historiker Herodot, der »Vater der Geschichte«. Die Insel war Zufluchtsstätte politisch Verfolgter. Zahlreiche griechische Städte entsandten offizielle »Beobachter« zu den Mysterien – dies vermutlich, um das Gemeinwesen, das sie repräsentierten, an den Segnungen des Kultes teilhaben zu lassen.

Kybele in ihrem von Löwen gezogenen Wagen, der heilige Baum und Attis. Dem Mythos zufolge hatte sich Attis, Kybeles Liebhaber, nach einem Treuebruch selbst entmannt, so daß er verblutete. Bei dem Fest jedoch, das die Römer zu Ehren der beiden Gottheiten unter der Leitung von Eunuchen-Priestern begingen, folgte auf Tage der Trauer schließlich ausgelassene Freude. Man hat Attis bisweilen als Symbol des geernteten Getreides und der abgeschnittenen Kornähren betrachtet, jedenfalls hatten die mit seinem Namen und dem der Kybele verbundenen Mysterien mit dem Wechsel der Jahreszeiten, dem »Stirb und Werde« in der Natur und so auch mit Tod und Auferstehung zu tun. Relief von einem Kybele-Altar aus Kleinasien, spätes 3. Jahrhundert n. Chr.

Die Mysterien von Samothrake

Eigene Mysterien, die Gläubige aus der gesamten griechisch-römischen Welt anlockten, hatte die Insel Samothrake. Der Kult geht in die Zeit um 700 v. Chr. zurück und hielt sich etwa ein Jahrtausend. Welche Götter man dort verehrte, wurde nicht verraten. Man nannte sie ganz einfach »Götter«, später auch »große Götter«. Herodot (5. Jahrhundert v. Chr.) setzte sie mit als »Kabiren« (Kabeiroi) bezeichneten Götterwesen aus der Umgebung seiner eigenen kleinasiatischen Heimatstadt Halikarnassos gleich, doch dieser Bezeichnung begegnen wir auf Samothrake selbst nicht. Dagegen sind drei Kulttitel überliefert: Axieros, Axiokersa und Axiokersos. Ein weiterer Gott hieß wahrscheinlich Kasmilos.

Es gab zwei Einweihungsgrade. Der untere war der des *mýstes,* des nur verbal in die Geheimnisse seines Glaubens Eingeweihten. Höher stand der *epóptes,* der das Vorrecht der Schau (des sakralen Kultschauspiels) genoß. Einzelheiten der Einweihungsriten und des Kultes kennen wir nicht. Allerdings läßt das Vorhandensein ityphallischer Statuen (Statuen mit erigiertem, stark betontem männlichem Glied) und gewisser dreieckiger Tonobjekte, die vermutlich die weibliche Scham symbolisierten, zusammen mit gewissen Anspielungen in der antiken Literatur den Schluß zu, daß die Offenbarungen, derer man auf Samothrake teilhaftig wurde, mit dem Leben, mit Fruchtbarkeit und Wiedergeburt zu einem neuen Dasein zu tun hatten. Die Eingeweihten erhielten eine purpurne Schärpe, die sie als gefeit gegen Seestürme auswies, und einen Ring aus Magneteisen als Zeichen beständigen Kontaktes mit der Wirkkraft der Götter.

Die Eingeweihten rekrutierten sich aus den verschiedensten Schichten. Das erste Paar, das wir namentlich kennen, waren Philipp II. von Makedonien (359–336 v. Chr.) und seine zukünftige Gemahlin Olympias (die Eltern Alexanders des Großen). Wie es heißt, lernten beide sich bei den Einweihungszeremonien auf Samothrake kennen. Außerdem darf man wohl davon ausgehen, daß auch Herodot eingeweiht war. Aus vielen Städten des ostgriechischen Raumes waren auch Angehörige niederer Bevölkerungsklassen eingeweiht, darunter sogar einige Sklaven. Von der ersten Initiation eines Römers hören wir 149 v. Chr., und von da an nimmt die Zahl der namentlich bekannten Eingeweihten ständig zu.

Kybele und Attis

In Westasien verehrte man eine Muttergottheit, die verschiedene Namen und Erscheinungsformen hatte. Es liegt nur allzu nahe, daß auch eine solche Fruchtbarkeit und Leben verkörpernde Göttin ihre eigenen Mysterien hatte. Tatsächlich ging sie unter dem Namen Kybele in die Geschichte antiker Mysterienkulte ein.

Der ihrem Kult zugrundeliegende Mythos hat mit dem Jahreskreis und dem Wechsel der Jahreszeiten, mit Leben und Tod zu tun. Während Kybele schlief, versuchte Zeus, sie zu vergewaltigen. Sie widersetzte sich ihm jedoch, so daß sich sein Samen auf die Erde ergoß. Doch da sie selbst die Erde verkörperte, wurde sie gleichwohl schwanger und gebar das Ungeheuer Agdistis, einen Zwitter. Dionysos überwand dieses Wesen, betäubte es und band sein männliches Glied an einen Baum, so daß sich das Ungeheuer, sobald es erwachte und aufsprang, selbst entmannte. Aus dem Blut, das es dabei verlor, entstand ein Baum. Die Tochter des Flußgottes Sangarios pflückte Früchte von diesem Baum und legte sie in ihren Schoß. So wurde sie schwanger. Ihr darob erzürnter Vater wollte sie mitsamt dem Kinde umbringen, doch Kybele trat dazwischen, um beide zu retten. So wuchs das Kind zu einem stattlichen jungen Mann namens Attis heran. Kybele verliebte sich in ihn und nahm ihn als Liebhaber zu sich. Als sie aber merkte, daß er ihr nicht treu war, umdüsterte sie seinen Geist. In seinem Wahnsinn entmannte Attis sich selbst und verblutete.

Das allerdings war noch nicht alles. Beim römischen Fest der »Großen Mutter« (Magna Mater) folgte auf die Tage der Trauer (*tristia*) eine Zeit der Freude (*hilaria*). Wir haben es hier mit einem Mythos von Tod und Auferstehung, vom Wechsel der Jahreszeiten, vom Sterben des alten Jahres und seiner Wiedergeburt als göttliches Kind zu tun.

Die Priester des entsprechenden Kultes waren Eunuchen, und Selbstentmannung gehörte zu ihrem Initiationsritual. Der Zweck dieser Selbstkastration ist nicht ganz klar. Der Ansicht mancher Gelehrter zufolge brachten die Verstümmelten, indem sie sich ihrer Geschlechtsteile beraubten, der Göttin ihre gesamte Manneskraft zum Opfer dar. Andere meinen, in der Antike hätte man die Hoden als Organ der Ausscheidung, nicht als Samenquelle betrachtet, und indem die Attis-Priester sich ihrer entledigten, hätten sie geglaubt, ihren Samen, das Prinzip des Lebens, in ihrem Körper zu bewahren, der ganz der Großen Mutter geweiht war.

Die Initiation in die Kybele- und Attis-Mysterien erfolgte zur Römerzeit durch eine Taufe in Stierblut, das sogenannte *taurobolium.* Einige der Teilnehmer an dieser Zeremonie betrachteten sich als »wiedergeboren für die Ewigkeit«. Andere wiederholten die Bluttaufe nach 20 Jahren. Außerdem reichte man ihnen Milch als Symbol der Wiedergeburt.

Mithras und die Seele

Frauen hatten zu den Mysterien der »Großen Mutter« (Kybele), nicht jedoch zu denen des Mithras Zutritt. Mithras kam im 1. Jahrhundert n. Chr. aus dem Iran, und sein Kult verbreitete sich vor allem unter Soldaten und Händlern. Hinter den Mithras-Mysterien standen die gewaltigen Mächte des Guten und Bösen: Ahura Mazda und Ahra Mainyu (vgl. das Kap. *Zoroastrismus*). Dem Mythos zufolge war Mithras, dem Bereich des Lichten zugehörig, »aus dem Felsen geboren«. Zuerst wetteiferte er mit der Sonne, gewann sie aber dann als Bundesgenos-

Oben: Mithras tötet den großen Stier. Die Deutung dieser Szene ist umstritten. Sicher ist nur, daß es sich um ein Opfer handelt, das mit Fruchtbarkeit, Segen und Erlösung zu tun hat. Der Gott wendet den Blick ab, da er ja durch die Tötung seiner Göttlichkeit verwandtes Leben vernichtet, war er doch, als Verkörperung der Schöpferkraft des Lichtes, Retter aus Dunkelheit und Tod. In einem Mithras-Hymnos heißt es: »Durch Ausgießung ewigen Blutes hast du uns erlöst.« Römisches Relief, 2. oder 3. Jahrhundert n. Chr.

Unten: Das Innere eines Mithras-Heiligtums in Ostia, der Hafenstadt Roms, mit einer Statue des den Stier tötenden Gottes. Man beging die Mithras-Mysterien in unterirdischen Kapellen, die man als »Höhlen« zu bezeichnen pflegte. Zu den Initiationsriten gehörten wirkliche oder symbolische Mut- und Geduldsproben. Ziel der Eingeweihten war es, durch die Mysterien ins Reich des Lichtes einzugehen.

sin. Seine große Erlösungstat bestand darin, einen wilden Stier zu fangen und zu töten, um so die gesamte Menschheit im Blut des Tieres mit Fruchtbarkeit zu segnen. Anderen Überlieferungen zufolge rettete er die Menschheit vor Überschwemmungen und Dürre. Schließlich fuhr er zum Himmel empor. Er ist Erlöser, Mittler, Heilsbringer.

Im zentralen Mysterium seines Kultes geht es um die Wanderungen der Seele. Bei der Geburt eines Menschen steigt die unsterbliche Seele durch die Planetensphären herab und wird dabei, je tiefer sie sinkt, immer unreiner. Das irdische Leben ist eine Probezeit. Die Seele hat die Chance, ihre Unreinheiten durch moralisches Tun und Weisheit abzulegen. Nach dem Tode kämpfen die Geister des Lichtes und der Finsternis um sie. Für seine Eingeweihten tritt dann Mithras ein. Die Seelen der Gesegneten streben wieder zur Höhe. Die Religion ist voll von Astralsymbolik.

Insgesamt kannten die Mithras-Mysterien sieben Einweihungsgrade. Die drei niederen Ränge (oder »Dienergrade«) umfaßten den Grad des Raben, des Bräutigams und des Soldaten. Die oberen vier Grade (»Teilnehmergrade«) waren: Löwe, Perser, Sonnenbote und Vater. Zur Einweihung in jeden einzelnen Grad gehörten wirkliche oder symbolische Gedulds- und Mutproben. Es gibt gewisse Anhaltspunkte dafür, daß sich die Eingeweihten je nach ihrem Rang unterschiedlich kleideten. Sie trafen sich in unterirdischen Kultstätten (»Höhlen«), in deren Zentrum sich jeweils eine Darstellung des den Stier tötenden Mithras befand.

Isis und Osiris

Man betrachtete Ägypten als »Geschenk des Nils«, und es ist daher verständlich, daß sich dies auch in den altägyptischen Mythen spiegelte (vgl. das Kap. *Ägypten*). So repräsentiert Isis das Land am Nil, das auf die befruchtende Nilflut wartet, deren Personifikation Isis' göttlicher Gemahl Osiris ist. Seth, die Verkörperung der Dürre, ermordete und zerstückelte Osiris. In ihrem Gram fügte Isis den Körper wieder zusammen – bis auf das Geschlechtsteil, das sie durch einen Phallus aus Gold ersetzte. Osiris erhielt neues Leben als Herrscher der Toten und feierte Auferstehung in seinem Sohn Horus. Doch Osiris war auch das Korn. In Philai sehen wir, wie Korn aus dem Leichnam sprießt. Die zugehörige Beischrift lautet: »Dies ist die Gestalt dessen, dessen Name nicht genannt werden darf, des Osiris der Mysterien, der aus den zurückströmenden Wassern entspringt.« Toten gab man Nachbildungen von Ähren mit ins Grab, und der Verstorbene seinerseits konnte als Osiris angeredet und beschworen werden, sich selbst zum Leben zu erwecken. So haben wir es hier mit einem Mythos zu tun, der verheißt, auf den Tod werde ebenso Leben folgen, wie Fruchtbarkeit die Dürre ablöst.

In hellenistischer und römischer Zeit verbreitete sich der Isiskult weit über Ägyptens Grenzen hinaus. Man begegnete der Göttin vom Euphrat bis nach York (in Britannien). Sie war die All-Gottheit, die eine göttliche Substanz in allen Manifestationen des Göttlichen, die Göttin der 10000 Namen, von der alle anderen Götter nur Teilaspekte verkörperten.

Im Gebiet um den Hellespont verehrte man sie als Mystis, als Göttin der Mysterien. Ein Lobeshymnos legt ihr die Worte in den Mund: »Ich habe der Menschheit mystische Zeichen offenbart.« Ihr zu Ehren führte man ein kultisches Spiel von Osiris'

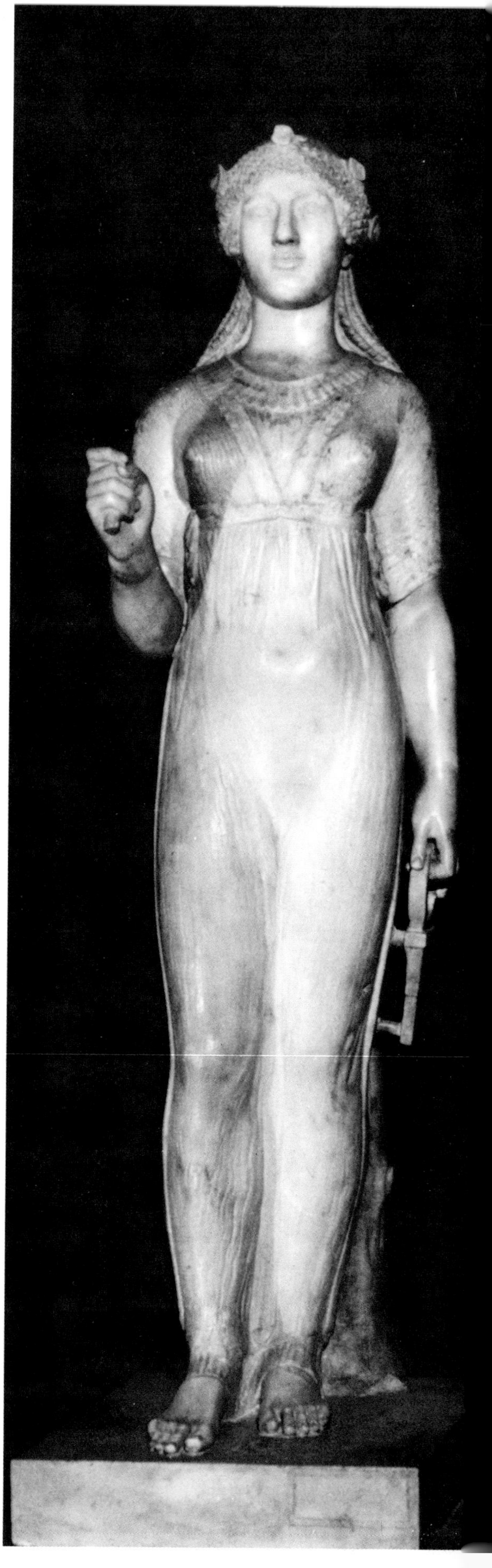

Statue der Isis oder vielleicht auch nur einer ihrer Anbeterinnen aus dem Isis-Tempel in Pompeji. Anhänger der Isis-Mysterien betrachteten die Göttin mit den zehntausend Namen als universelle Verkörperung des Göttlichen. In den Mysterien suchte man, den Mythos vom Sterben ihres Gemahls, Osiris, von ihrem eigenen Leiden und Trauern, von ihrer Wiedererweckung des Gatten und der Geburt ihres Sohnes Horus zu vergegenwärtigen, damit auch die Teilnehmer am Mysterienkult dadurch befähigt würden, eigenes Leid zu überwinden und Unsterblichkeit zu erlangen.

Mit dem Isiskult zusammenhängende Wandmalerei. In der altägyptischen Mythologie verkörpert Isis das durch die Nilflut befruchtete Land Ägypten. Sie hatte damit aufs engste mit Vorstellungen zu tun, wonach das im Winter »tote« Land im Frühling zu neuem Leben erwacht. Mit ihrem Kult waren zugleich auf den Menschen bezogene Auferstehungshoffnungen verknüpft. Auferstehung und ewiges Leben waren die zentralen Versprechen, die die Mysterienkulte ihren Anhängern gaben. Aus Herculaneum, 1. Jahrhundert n. Chr.

Leiden und ihrem eigenen Schmerz und dessen Überwindung auf. Dieses Beispiel sollte die Gemeinde befähigen, ebenfalls Schmerz zu ertragen und Unsterblichkeit zu erlangen. Einen einzigartigen Bericht über die Einweihung in diese Mysterien finden wir im Schlußkapitel des antiken Romans *Der Goldene Esel* des Apuleius aus Madaura (2. Jahrhundert n. Chr.). Dort werden dem Helden Bücher mit geheimen Schriftzeichen gezeigt, er nimmt ein Taufbad und läßt sich reinigen. Selbstverständlich verrät er keine Einzelheiten über die ihm anvertrauten Geheimnisse, aber immerhin läßt er durchblicken, er sei »bis an die Grenze des Todes gekommen..., durch alle Elemente... gefahren« und habe dann, »zurückgekehrt, um Mitternacht... die Sonne in blendend weißem Licht leuchten sehen«.

Aus Ägypten sind achtzehn Traktate erhalten, die man als *Corpus Hermeticum* oder »Hermetische Schriften« zusammenzufassen pflegt. Es handelt sich um die Schriften einer kleinen mystischen Sekte aus den ersten Jahrhunderten n. Chr. Bei diesen Hermetikern begann die Initiation mit einem Ruf zur Buße. Man habe, so hieß es, Unwissenheit, Irrtum, Leidenschaften, Sittenverfall und Zügellosigkeit abzulegen und sich statt dessen Leben, Licht, Selbstbeherrschung und Güte zu eigen zu machen. Hierzu gehörten Askese, moralische Festigkeit, schweigende Meditation – durch all dies hoffte man, göttlicher Offenbarungen und ekstatischer Lichterfahrung teilhaftig zu werden.

Im Christentum erblickten Griechen und Römer nur eine weitere Mysterienreligion aus dem Osten, und der Apostel Paulus zögerte auch nicht, sich der Ausdrucksweise derartiger Strömungen zu bedienen. Schließlich wurde auch zum christlichen Kult nur zugelassen, wer sich zum Glauben bekannte, es gab einen Initiationsritus, einen göttlichen Erlöser, geheime Zusammenkünfte der Gläubigen, ein heiliges Abendmahl, eine »geoffenbarte Glaubenswahrheit« und die Verheißung des Fortlebens nach dem Tode. Andererseits gab es freilich auch so manchen Unterschied: Die Heilandsgestalt des Christentums war kein reiner Kultheros, sondern eine historische Persönlichkeit, der Schwerpunkt der Lehre lag nicht auf der *gnosis* (der »Erkenntnis« geoffenbarten Wissens), sondern auf der *agápe* (der tätigen Liebe), und Mitglied der neuen Kultgemeinschaft konnte jeder werden, gleich welchen Geschlechtes er war, welches Einkommen er hatte und welcher sozialen Schicht er angehörte.

VIERZEHNTES KAPITEL

DAS CHRISTENTUM

Zweck der nachstehenden Ausführungen ist es keineswegs, christliche Glaubenslehre zu widerlegen oder zu begründen. Aber auch das Christentum kennt seine Mythen – kraftvolle und wirkungsreiche Überlieferungen, Erzählungen über die Welt und das menschliche Dasein, Geschichten, die man jahrhundertelang für wortwörtlich wahr hielt, die aber heute selbst von gläubigen Christen in der Regel anders betrachtet werden. Dabei liegt es uns fern, das Christentum und vor allem Millionen gläubiger Christen in der Vergangenheit herabzusetzen. Wie jede große Dichtung enthält auch jeder wahrhaft bedeutende Mythos tiefe Wahrheiten, auch wenn er in einem platt-vordergründigen Sinne nicht mit der Realität übereinstimmt.

Die ersten Christen waren Juden, und selbstverständlich war die neue Religion sehr stark durch ihr jüdisches Erbe geprägt. Die Bücher des Alten Testaments waren für die Christen ebenso »Heilige Schrift« wie für die Juden, obwohl im Lauf der Zeit ein eigenes christliches Schrifttum als Neues Testament hinzukam. Von sämtlichen Büchern der christlichen Bibel erwiesen sich das erste und das letzte – *Genesis* (1. Buch Mose) und *Johannesapokalypse* – als die reichhaltigsten Quellen christlicher Mythologie.

Die ersten elf Kapitel der *Genesis* schildern die Schöpfung des Weltalls und des Menschen; das Eindringen des Bösen in die von Gott geschaffene Welt durch die Schlange, die Adam und Eva im Garten Eden in Versuchung führt; die Vertreibung der ersten Menschen aus dem Paradies sowie den Ursprung von Mühsal und Tod; den ersten Mord, den Kain an seinem Bruder Abel begeht; den Sittenverfall der Menschen, der Gott veranlaßt, die Sintflut zu schicken, um sie zu vertilgen; die Rettung Noahs, seiner Familie und all der Tiere, die in seiner Arche Zuflucht fanden; schließlich die Neubesiedlung der Erde, die Herausbildung einzelner Nationen unter Noahs Nachkommen, die Sprachverwirrung, durch die Gott die Menschen für den Turmbau zu Babel bestrafte, und die Verstreuung der Menschen verschiedener Zunge über die ganze Erde. Bis vor vergleichsweise kurzer Zeit war dieser grandiose Mythos – oder vielmehr diese Mythensammlung – über die Frühgeschichte der Menschheit im Abendland allgemeines Wissensgut.

Schöpfung und Fortschritt

Die Anfangskapitel der *Genesis* enthalten zwei verschiedene Darstellungen der Weltschöpfung durch Gott. Nach der ersten Version, die man etwa in das 5. Jahrhundert v. Chr. datiert, war das Universum am Anfang aller Dinge ein von Flut erfülltes Chaos, »wüst und leer«, in Dunkelheit gehüllt. Gott schuf das Licht und alles andere, zum Schluß auch Mann und Frau. Dafür brauchte er sechs Tage. Am siebenten ruhte er von seiner Mühe.

Generationen von Christen hielten diese Erzählung von den sieben Schöpfungstagen für buchstäblich wahr, und im 17. Jahrhundert setzte ein angloirischer Gelehrter, der anglikanische Erzbischof von Armagh, James Ussher, aufgrund der Berechnung biblischer Datenangaben die Weltschöpfung auf das Jahr 4004 v. Chr. fest. Im 19. Jahrhundert allerdings machten es dann geologische und paläontologische Entdeckungen (das heißt: die Erforschung fossiler Tiere und Pflanzen) immer schwerer, sich vorzustellen, das Weltall sei weniger als 6000 Jahre alt und seine Erschaffung habe lediglich eine Woche in

Anspruch genommen. Im Gegenteil: Das zutage geförderte Beweismaterial legte mehr und mehr die Vermutung nahe, daß sich die Welt in ihrer heutigen Gestalt, in langen Zeiträumen nach und nach herausgebildet habe. Im Jahre 1859 veröffentlichte Charles Darwin sein Werk über den Ursprung der Arten *(On the origin of species by means of natural selection*; dt. *Die Entstehung der Arten durch natürliche Zuchtwahl)*, das mehr als jede andere Publikation bewirkte, daß der Glaube an die buchstäbliche Wahrheit der Bibel allmählich durch die Evolutionstheorie verdrängt wurde.

Entscheidend am Mythos der biblischen *Genesis* ist allerdings nicht, ob er buchstäblich zutrifft oder nicht. Vielmehr will uns dieser Mythos nahebringen, daß das Universum sein Dasein Gott verdankt und infolgedessen einen Sinn hat, daß Leben kein Produkt geistlosen Zufalls ist, keine bei aller Hektik letztlich leerlaufende Betriebsamkeit. Die im Schöpfungsbericht immer wiederkehrende Wendung »und Gott sah, daß es gut war« zeugt von einer optimistischen Daseinsauffassung, und wir sehen den Menschen als höchstes aller Lebewesen, das nach Gottes Bild und Gleichnis geschaffen wurde. Die naturwissenschaftlichen Auffassungen, die diesen Mythos verdrängten, reduzierten den Menschen demgegenüber zum Tier, machten ihn zu einem Produkt blinder Naturkräfte und einem Wesen, das in einer Umwelt voll unerbittlicher Feindseligkeit um sein nacktes Dasein kämpfte – selbst so unerbittlich, grausam und blutdürstig wie jedes Raubtier.

Um es nicht bei diesem pessimistischen, wenig tröstlichen Menschenbild zu belassen, schuf man einen neuen Mythos, den des menschlichen Fortschritts, der auf der Entwicklungslehre und der Idee einer natürlichen Auslese durch Überleben der Fähigsten beruht. Mythen früherer Kulturen sprachen oft von einem »Goldenen Zeitalter« in ferner Vergangenheit, im Vergleich zu dem der weitere Verlauf der Menschheitsgeschichte steten Niedergang bedeutet. Der Fortschrittsmythos stellt diese Ansicht auf den Kopf. Geschichte wird nunmehr als ständiger Aufstieg, nicht mehr als Rückschritt aufgefaßt. Das »goldene« Zeitalter liegt also in der Zukunft, und der Zustand, der ihm am nächsten kommt, ist heute bereits erreicht.

Im Mythos des Fortschritts spiegelt sich nicht nur das starke Selbstvertrauen des 19. Jahrhunderts, son-

Die Schöpfung. Im Zentrum sehen wir Gott, der befiehlt: »Es werde Licht«. Über ihm schwebt der Heilige Geist in Gestalt einer Taube über den Wassern des Chaos. Daneben: Die Erschaffung von Sonne und Mond sowie die Scheidung der Wasser. Im unteren Halbkreis: Die Geschöpfe des Landes, des Himmels und des Meeres, denen Adam (rechts) ihre Namen gibt, sowie (links) die Erschaffung Evas. Der Sonnenwagen (in der Ecke links unten) steht für den siebenten (Schöpfungs- bzw. Wochen-)Tag: den »Tag der Sonne« (Sonntag), an dem Gott ruhte. Wandteppich aus der Kathedrale von Gerona (Spanien), 12. Jahrhundert.

Die Erschaffung der Sonne (in Gottes rechter) und des Mondes (in Gottes linker Hand) in der Kathedrale von Salisbury. Die Erschaffung des Universums bedeutete die Erschaffung der Zeit. Am vierten Schöpfungstage setzte Gott, dem biblischen Buch *Genesis* (1. Buch Mose) zufolge, Lichter an den Himmel, um den Tag von der Nacht zu scheiden und als Zeichen »sowohl für die Festzeiten als auch für die Tage und Jahre«. Diese Erzählung von der Erschaffung der Welt in sieben Tagen nahm man ganz wörtlich, bis wissenschaftliche Entdeckungen im 18., vor allem aber im 19. Jahrhundert derartige Zweifel an ihrer Richtigkeit aufwarfen, daß man sie nicht länger unkritisch übernehmen konnte. Entscheidend an ihr ist, daß sie Gott als Schöpfer des Alls hinstellt und den Dingen dementsprechend ihren Sinn zuweist.

dern er selbst trug seinerseits zu diesem Selbstvertrauen bei. Er schuf ein soziales Klima hochgespannter Erwartungen. Wir sind hier bei den Wurzeln der weitverbreiteten Tendenz, die in Europa entwickelte und von dort in andere Erdteile exportierte Zivilisation des Industriezeitalters als den Gipfel des Erreichbaren anzusehen, andererseits aber Teile der Erdbevölkerung, deren Industrialisierung nicht dem westlichen Standard entspricht, geringschätzig als »rückständig«, ja »primitiv« abzutun.

Fortschritt und Vorsehung

Anhänger linksgerichteter politischer Strömungen ganz allgemein, insbesondere aber Kommunisten, berufen sich auf den Fortschrittsmythos und die mit ihm verbundene Vorstellung, der Mensch sei besserungs-, ja vervollkommnungsfähig. Leid und Mißgeschick sind nicht Folgen der Unzulänglichkeit menschlicher Natur, sondern Ergebnisse einer falschen Gesellschaftsstruktur. Wird das bestehende System zerstört, wie es der Fortschritt zwangsläufig auf die eine oder andere Weise mit sich bringt, steht der vollkommenen Glückseligkeit des künftigen »goldenen Zeitalters« nichts mehr im Wege.

Obwohl die Mythen vom Fortschritt und der Perfektionierung des Menschen häufig ausgesprochen nichtchristlichen, ja sogar antichristlichen Charakter haben, fehlt es doch keineswegs an Entsprechungen innerhalb der christlichen Vorstellungswelt selbst. Beispielsweise bedeutet die Aussage der *Genesis*, der Mensch sei »nach Gottes Ebenbild« erschaffen, für den gläubigen Christen nichts anderes, als daß der Mensch seinem Wesen nach prinzipiell dazu fähig ist, durch Gottes Gnade zur Vollkommenheit geführt zu werden, nur daß er sein Ziel nicht schon im Diesseits erreicht. Vielmehr wird ihm Vollendung erst im Jenseits zuteil – im Himmel, nicht aber im irdischen Paradies politischer Heilsversprechen. Das christliche Gegenstück zum säkularen Fortschrittsmythos ist der Glaube an eine göttliche Vorsehung, der Glaube, daß Gott seine Pläne zur Ausführung bringt, so sicher wie ein Jahr dem anderen folgt.

Eine noch immer spürbare Nachwirkung des biblischen Schöpfungsmythos ist der Sonntag. Daß man den siebenten Wochentag als Sabbath, als »Feiertag« begeht, mag letztlich auf die Beobachtung der Mondphasen zurückzuführen sein. Doch es war die Erzählung im Buch *Genesis*, die den Sabbath im jüdisch-christlichen Brauchtum und Gesetz als göttliche Institution verankerte, und sogar in der modernen Welt nimmt – bei Christen wie Nichtchristen gleichermaßen – der zum christlichen Sonntag gewordene jüdische Sabbath eine Sonderstellung innerhalb der Woche ein. Er hat alle Bemühungen wohlmeinender Kalenderreformer überdauert, einschließlich derer der Französischen Revolution, die eine Zehntagewoche einzuführen gedachte. Der ursprüngliche jüdische Sabbath freilich fällt auf den Samstag, und es ist dem Einfluß der heidnischen Kulturen zuzuschreiben, in deren Mitte das junge Christentum heranwuchs, daß die Christen schließlich ihre Sabbathfeier um einen Tag (vom letzten Tag der Woche auf den ersten Tag der nächsten Woche, den »Tag der Sonne«) verschoben. Konstantin der Große, Roms erster christlicher Kaiser (und ehedem Verehrer des spätrömischen Reichsgottes, der »unbesiegten Sonne«, war es, der 321 n. Chr. anordnete, der »Sonntag« habe in dem Reich, das er regierte, Ruhetag zu sein.

Adam und Eva

Der zweite Schöpfungsmythos im Buch *Genesis* geht auf das 10. Jahrhundert v. Chr. zurück und hat vor allem die Erschaffung des Menschen zum Gegenstand, die hier der Schöpfung der Pflanzen und Tiere vorangeht. Es ist die wohlvertraute Geschichte von Adam und Eva, der Schlange und der verbotenen Frucht – ein Mythos von großer Schönheit und Gedankentiefe, der zu erklären sucht, wie das Böse, der Tod und das Leid in die von Gott geschaffene heile Welt einzudringen vermochten.

Gott der Herr bildete den ersten Menschen, Adam (»Mensch«), aus Erde (*adamah* – so daß der Name »Adam« ein Wortspiel ist) und flößte ihm den Atem des Lebens ein. Dann pflanzte Gott einen Garten im Lande Eden und versetzte den Menschen dorthin, damit er diesen Garten bebaue. Hier wuchsen auch der Baum des Lebens und der Baum der Erkenntnis des Guten und des Bösen. Gott verbot Adam, von den Früchten dieses Baumes zu essen.

Und Gott sprach: »Es ist nicht gut, daß der Mensch allein sei. Ich will ihm eine Gehilfin schaf-

---

DIE SIEBEN SCHÖPFUNGSTAGE

Erster Tag
Scheidung des Lichtes von der Dunkelheit und Erschaffung von Tag und Nacht.

Zweiter Tag
Erschaffung des Himmels (des »Firmaments«).

Dritter Tag
Erschaffung der Erde, der Meere, Pflanzen und Bäume.

Vierter Tag
Erschaffung der Sonne, des Mondes und der Sterne.

Fünfter Tag
Erschaffung der Fische, der Meerestiere und der Vögel.

Sechster Tag
Erschaffung der Landtiere einschließlich wilder und zahmer Tiere sowie der Insekten, Erschaffung von Mann und Frau. »Und Gott sah alles, was er geschaffen hatte, und siehe: Es war sehr gut« *(Genesis* 1, 31).

Siebenter Tag
Ruhetag. »Und Gott segnete den siebenten Tag und heiligte ihn, denn an ihm ruhte er von allem aus, was er wirkend geschaffen hatte« *(Genesis* 2, 3).

fen nach seiner Art.« So schuf Gott die Tiere des Landes und der Luft, und er führte sie Adam zu, der allen ihren Namen gab, doch keines erwies sich als brauchbarer Helfer und Gefährte. Da versetzte Gott Adam in einen tiefen Schlaf und entnahm ihm eine Rippe. Aus dieser formte Gott eine Frau, und Adam nannte sie Eva (abermals ein Wortspiel, diesmal mit dem hebräischen Wort für »Leben«).

Die Schlange indessen, das listigste aller Tiere, versicherte Eva, wenn sie und Adam von den verbotenen Früchten äßen, würden sie keineswegs ster-

Am fünften und sechsten Schöpfungstage schuf Gott das Tierreich in seiner ganzen Fülle und Vielfalt. Die Erkenntnis, daß die lebenden Arten nicht alle auf einmal entstanden sein konnten, sondern Ergebnis einer Jahrmillionen umspannenden Evolution sein mußten, war einer der wesentlichsten Faktoren, die den Glauben an das wörtliche Zutreffen biblischer Berichte immer mehr erschwerten.

Oben: Die Erschaffung der Tiere, von Jacopo Robusti, genannt Tintoretto, 16. Jahrhundert.

Ganz links: Gott gibt den Tieren ihre Namen, von Francesco Ubertini, genannt »Il Bacchiacca«, 16. Jahrhundert.

Links: Gott ruht am siebenten Tage von seiner Mühe (aus der französischen *Bible Moralisée,* um 1250).

Vermählung Adams und Evas. Nach der zweiten Schöpfungserzählung im biblischen Buch *Genesis* eignete sich keines der Tiere, die Gott erschaffen hatte, als Gefährte für Adam, den ersten Menschen. So formte Gott aus Adams Rippe eine Gefährtin für ihn und führte sie ihm zu. Da sprach Adam: »Das ist nun endlich Gebein von meinem Gebein und Fleisch von meinem Fleisch.« Dieser Mythos sanktionierte die Institution der Ehe. Adam und Eva lebten glücklich, frei von Schuld und Gott nahe im herrlichen Garten Eden. Nach christlicher Überlieferung stellte man sich auch alle Tiere (einschließlich des legendären Einhorns auf unserem Bild) so lange friedlich zusammenlebend vor, bis der Tod in die Welt kam. Aus einer Handschrift des frühen 15. Jahrhunderts.

ben, sondern wie Gott sein, da sie ja dann das Gute vom Bösen zu unterscheiden vermöchten. So aß Eva die Frucht und gab auch Adam davon. Da wurden ihre Augen geöffnet, und sie erkannten, daß sie nackt waren. Daher schämten sie sich und bedeckten ihre Blöße mit Feigenblättern.

Dann hörten sie die Stimme des Herrn, der im Garten ging, und versuchten, sich zu verbergen. Als Gott ihnen daraufhin auf den Kopf zusagte, was sie getan hatten, beschuldigte Adam Eva und Eva die Schlange. Gott verfluchte die Schlange und verurteilte sie, auf dem Bauch zu kriechen alle Tage ihres Lebens. Adam und Eva bestrafte er mit der Sterblichkeit. Mit Mühe hatten sie fortan bis zu ihrem Tode dem Acker alles zum Leben Notwendige abzuringen, die Frau sollte unter Schmerzen Kinder gebären und dem Mann untertan sein. Nach diesem Urteilsspruch vertrieb Gott Adam und Eva aus dem herrlichen Garten, um ihnen den Zugang zum Baum des Lebens zu verwehren. Am Osttor des Gartens postierte der Herr Engel mit Flammenschwertern. Danach »erkannte« Adam Eva, und sie gebar ihm einen Sohn, Kain, der den ersten Mord der Menschheitsgeschichte begehen sollte.

Der Sündenfall

Das Böse kam in die Welt, weil der erste Mann und die erste Frau das Gesetz Gottes brachen, um ihm zu gleichen. In unserem heutigen Zeitalter des Totalitarismus, der thermonuklearen Waffen, der Umweltzerstörung und der rücksichtslosen Ausbeutung der Natur leuchtet die Moral dieser Erzählung durchaus ein. Es geht hier um die doppelte Natur des Menschen, der zwischen Tierischem und Göttlichem steht, halb aus Erde und doch halb Gott, gestaltet nach Gottes Bild und Gleichnis, aber doch aus Erde. In seinem unersättlichen Verlangen, alles selbst zu bewältigen, greift er zu hoch und maßt sich an, wie Gott sein zu wollen. Dieser Entschluß, die Hand nach dem auszustrecken, was er nie zu meistern vermag, bringt das Böse in die Welt, und so lernt der Mensch auch, Gutes und Böses zu erkennen, indem er beides erfährt.

Diese Ur-Auflehnung gegen Gott war für die Theologen »Erbsünde« – ein Begriff, der erstmals im ausgehenden 4. Jahrhundert n. Chr. bei dem Kirchenvater Augustinus auftaucht. »Erbsünde« bedeutet, daß jeder einzelne – unabhängig von seinen persönlichen Verfehlungen – mit dem unauslöschlichen Makel des Verderbens befleckt ist, den menschliches Bemühen allein nicht zu tilgen vermag. Der Mensch ist gefallen, böse und schuldbeladen von Geburt an. Gleichzeitig aber ist er aus christlicher Sicht auch erlösbar. Durch Gottes Gnade und Christi Kreuzesopfer kann der Mensch von Schuld und Tod gerettet und – wenn nicht im Diesseits, so doch im Jenseits – zur Vollkommenheit geführt werden. Im Himmel wird er, was er eigentlich sein sollte, und erreicht jenen Zustand glückhafter Unschuld, der – dem Mythos zufolge – Adam und Eva vor dem Sündenfall eigen war.

Auch in anderer Hinsicht hatte die Erzählung vom Garten Eden tiefe und dauernde Auswirkungen. Dem Buch *Genesis* zufolge ist eine der ersten Konsequenzen des menschlichen Ungehorsams, das Erwachen ihres Schamgefühls, unwiderruflich mit dem Bereich des Geschlechtlichen verbunden. Der Mythos liefert hier die Rechtfertigung für einen Grundzug im außerordentlich schillernden Gewebe christlicher Haltungen gegenüber der Sexualität – jene puritanische Auffassung nämlich, für die Sexus und Körper verabscheuenswürdige Dinge sind, derer man sich zu schämen hat. Umgekehrt freilich begründete man gerade mit dem Buch *Genesis* auch den Mythos des Nudismus, Nacktheit sei so »naturgemäß«, rein und gesund wie Adams und Evas Nacktheit im Garten Eden vor dem Sündenfall.

Daß Gott Eva zur Unterwerfung unter Adam verurteilte, genügte jahrhundertelang als »Beweis« dafür, daß man Frauen geringer zu schätzen habe als Männer, und damit als Rechtfertigung männlicher Machtansprüche gegenüber der Frau. Man legte den »Sündenfall« Eva zur Last. Sie hatte Adam verführt, die verbotene Frucht zu essen, und die Rolle, die sie in dieser Erzählung spielte, trug wesentlich zu der tiefverwurzelten Auffassung bei, Frauen seien von Geburt an verderbt.

Paradies und »edle Wilde«

Eden bedeutet im Hebräischen »Lust«. Der Garten Eden als Paradies, als ideale Stätte vollkommenen Glücks, frei von Tod, Mühsal, Konflikten, Schmerzen, Sorgen, Schuld und Scham, übte auf die menschliche Phantasie eine geradezu magnetische Anziehungskraft aus. Auf ihn konzentrierte sich die Sehnsucht, den Mißgeschicken der menschlichen Alltagswelt zu entkommen und sich in ein Utopia zu flüchten. Im Mittelalter glaubte man nicht selten, dieser Garten existiere tatsächlich im Himmel oder in einem rätselhaften »Irgendwo außerhalb dieser Welt«, wo die Seelen der im Herrn Verstorbenen in eitel Wonne auf das Jüngste Gericht warteten. Andererseits aber gab es die Überzeugung, der Paradiesgarten liege durchaus auf Erden, allerdings außerhalb der bekannten Geographie.

Beeinflußt wurden die christlichen Paradiesvorstellungen auch vom griechischen und römischen Mythos der Elysischen Gefilde bzw. der Inseln der Seligen – einer Art Paradies weit jenseits des Meeres –, desgleichen durch keltische Mythen, die von einer »anderen Welt« sprachen. Bisweilen spielten auf dem 2. Kapitel der *Johannesapokalypse* fußende »chiliastische« Ideen mit hinein – Vorstellungen von einem »Tausendjährigen Reich« nach der zweiten Wiederkunft Christi, der dann auf Erden ein Königreich vollkommenen Glücks errichten werde.

Als Kolumbus über den Atlantik segelte, um nach Ostasien zu gelangen, dabei aber Amerika entdeckte, glaubte er sich dem Garten Eden sehr nahe. Sir Walter Raleigh, der 1595 durch außerordentlich reizvolle Landschaften den Orinoco aufwärts reiste, war einen Augenblick lang der Ansicht, das wahre Paradies auf Erden gefunden zu haben. Auch die ersten Berichte über die einheimischen Bewohner der Neuen Welt regten zu Vergleichen mit dem »Goldenen Zeitalter« des antiken Mythos und dem Garten Eden an. Amerikas Ureinwohner, so hieß es, erfreuten sich eines Zustandes paradiesi-

Oben: Der Engel zeigt Johannes, dem Seher von Patmos, den Strom des Paradieses (*Johannesapokalypse* 22, 1). Der Garten Eden, den Adam und Eva verwirkten, wurde zum Paradies, in das man künftig nach dem Tode zurückzukehren hoffte. In der *Apokalypse* befinden sich der Strom und der Baum des Lebens in der himmlischen Stadt, dem neuen Jerusalem. Wandteppich aus Angers (Frankreich) 14. Jahrhundert.

Links: Die Vertreibung aus dem Garten Eden. Der Mythos von Adam und Eva stellt die Frage: Wie kam das Böse in die Welt, die doch Gott, der Inbegriff des Guten, erschaffen hatte? Die Antwort, die der Mythos darauf gibt, lautet: durch den verhängnisvollen Ehrgeiz der ersten Menschen, die wie Gott sein wollten. Verführt wurden sie dazu durch die Schlange, die nach überkommener Auffassung vier Beine hatte und sprechen konnte. Aber nachdem sie die Menschen verführt hatte, verurteilte Gott sie dazu, auf dem Bauch zu kriechen und »Staub zu fressen«. Die Menschen vertrieb Gott aus dem Paradiesgarten und verhängte über sie Tod und alle anderen Plagen. Fresko von Tommaso Masaccio in der Brancacci-Kapelle von Santa Maria del Carmine, Florenz, um 1426.

Viele volkstümliche Himmelsvorstellungen verwarfen christliche Prediger als Aberglauben. Für sie war und ist »Himmel« ein Zustand der Seele, doch für die Volksreligion war der Himmel ein bestimmter Ort, wo Gläubige auch körperlich nach dem Tode weiterlebten. Das Bild *Die Jungfrau der Lilien* von Carlos Schwabe (gest. 1926) zeigt Maria und das Jesuskind zwischen Wolken in einem himmlischen Liliengarten. Weiß ist die Farbe der Reinheit, und die Lilie symbolisiert die Unbefleckte Empfängnis.

scher Einfalt und Unschuld. Sie lebten in Freiheit, arbeiteten nur wenig, benötigten kaum Kleidung, kein Geld, keine Gewichte und Maße und schienen weder Gesetze noch Gerichte oder Rechtsstreitigkeiten zu kennen. Dieser naive Eindruck freilich hielt sich nur so lange, bis man begriff, daß auch Indianer Kriege zu führen verstanden, er legte aber den Grund zu dem Mythos vom »edlen Wilden«, dem Glauben, daß einfache Völkerschaften hochzivilisierten Gesellschaften im Grunde überlegen seien. Dies ist das genaue Gegenteil der heute so oft anzutreffenden anmaßenden Haltung gegenüber sogenannten »Primitiven«.

Die Vorstellung vom »edlen Wilden« begünstigte ein neues, von Sympathie getragenes Interesse an keltischer, germanischer und skandinavischer Mythologie und ebnete auch den Weg zur Demokratie durch den Mythos vom »Gesellschaftsvertrag«, der zu erklären versuchte, wie es in einer Welt, in die der Mensch ursprünglich frei hineingeboren war, zum Entstehen von Regierungsformen kommen konnte. Diesem Mythos zufolge hatten vor langer, langer Zeit menschliche Wesen freiwillig auf einen Teil ihrer Freiheiten verzichtet, um der Segnungen eines geordneten Gemeinwesens teilhaftig zu werden. Daraus ergab sich, daß Herrschaft nicht auf Gewalt, sondern nur auf die Zustimmung der Regierten gegründet sein dürfe.

Himmel und Hölle

Viele heutige Christen betrachten die Hölle als reinen Mythos, und was den Himmel angeht, so verurteilten schon die älteren christlichen Theologen die meisten Vorstellungen, die der Durchschnittsgläubige mit diesem Bild verknüpfte. Nicht selten schalten Prediger ihre Gemeinden, weil deren Mitglieder sich den Himmel allzu konkret als eine Art »verbesserter Auflage« ihres irdischen Daseins ausmalten. Für die Theologie ist der Himmel keine Stätte, sondern eher ein Zustand – der Zustand der Gemeinschaft mit Gott. Der herkömmliche Volksglaube jedoch verlegte ihn an einen Platz hoch über den Wolken und dachte ihn sich voller Licht und edler Klänge. Gläubige Christen, so glaubte man, lebten dort – nicht nur als Seelen, sondern dem Leibe nach, ewig jung. Niemand leide je Hunger oder Durst, Trauer, Kummer oder Langeweile, und niemand brauche »dort oben« je zu arbeiten.

Christliche Kunst stellt den Himmel als heitere Landschaft mit Wiesen und Bäumen dar, mit dem Baum des Lebens und einem gleichfalls lebenspendenden Fluß oder Quell. Auch als überdachten Blumengarten stellte man sich den Himmel vor. Beides geht zurück auf den biblischen Garten Eden. Andere wiederum sahen den Himmel als eine Stadt, eine Betrachtungsweise, die auf die *Johannesapokalypse* und das Alte Testament zurückgeht.

»Nun mußt du dir vorstellen, diese Stadt stand auf einem mächtigen Berge, doch die Pilger erstiegen diesen Berg mit Leichtigkeit ... Mit den Schimmernden (den Engeln) sprachen sie über den Glanz dieser Stätte, und man sagte ihnen, ihre Schönheit und Glorie seien unaussprechlich. Dort, so hieß es, sei der ›Berg Zion, das himmlische Jerusalem, die unzählbare Schar der Engel und Geister jener Gerechten, die Vollendung erlangt hätten‹. Nun gehst du, sagten sie, ins Paradies Gottes ein, wo du den Baum des Lebens sehen und seine nie weniger werdenden Früchte essen wirst, und kommst du dort hin, so wird man dir weiße Gewänder geben, und du wirst täglich mit dem König wandeln und mit ihm sprechen – alle Tage der Ewigkeit.

Nun sah ich in meinem Traum diese beiden Männer ins Tor treten. Und als sie es durchschritten, wurden sie verklärt, und man kleidete sie in Gewänder, die wie Gold schimmerten. Sie begegneten auch anderen mit Harfen und Kronen, die sie an sie weiterreichten – die Harfen, um in den allgemeinen Lobgesang einzustimmen, und die Kronen als Unterpfand der Ehre. Dann hörte ich sämtliche Glocken der Stadt ein Festgeläute anstimmen ...

Doch nun, unmittelbar nachdem die Stadttore geöffnet wurden, um die beiden Männer einzulassen, blickte ich ihnen nach, und siehe: Die Stadt erstrahlte wie die Sonne, die Straßen waren mit Gold gepflastert, und auf ihnen schritten Menschen einher – Menschen mit gekrönten Häuptern, Palmen in den Händen und goldenen Harfen dazu, um in den Lobgesang einzustimmen« (aus: J. Bunyan, *The Pilgrim's Progress from this world to that which is to come*, 1678).

Die himmlische Stadt ist das Neue Jerusalem, das der Verfasser der *Johannesapokalypse* vom Himmel zur Erde »herabsteigen« sah (*Apokalypse,* Kap. 21). Dies alles symbolisiert eine von allem Irdischen, Faßlichen weit entfernte Realität, die sich letztlich jedem Versuch der Beschreibung entzieht. Die Landschaft versinnbildlicht ewiges Leben und Schönheit, der Garten Zuflucht und die Stadt Sicherheit, Geborgenheit, aber auch Glanz.

Was die Hölle angeht, so übernahm das Christentum diese Vorstellung sowohl vom Judentum als auch von der antiken Welt, und es hielt mit bemerkenswerter Zähigkeit an ihr fest – teils in der Überzeugung, die Hölle sei nötig als Abschreckung gegen Verbrechen und Anarchie, teils in dem Glauben an eine ausgleichende Gerechtigkeit, wonach das Böse ganz einfach bestraft zu werden verdiente. Im Volksglauben bildet die Hölle das Gegenstück zum Himmel. Die Verdammten winden sich qualvoll in den Flammen ewigen Feuers, man siedet sie in Kesseln, bearbeitet sie mit Eis, daß sie vor Kälte erstarren, und wirft sie in kotige Pfützen. Glied um Glied werden sie in Stücke gerissen, von Ungeheuern verschlungen und wieder ausgespien, von Schlangen gebissen, Skorpionen gestochen, zerfleischt, ausgepeitscht, bei vollem Bewußtsein gehäutet und aufgehängt. Wie des Himmels höchstes Glück in der Gegenwart Gottes besteht, ist die Gegenwart des Teufels der grauenvollste aller Schrecken der Hölle.

Als Mythos betrachten manche christlichen Denker auch die überkommene Vorstellung vom »Jüngsten Gericht« am »Jüngsten Tage«, bei dem Christus als Weltenrichter erscheinen soll, »um zu richten die Lebendigen und die Toten«. Ja sogar die Lehre von der Fleischwerdung des Wortes Gottes im Gottmenschen Jesus hat für manche Theologen mythologischen Charakter. Sie sehen in ihr eher die poetische Überhöhung einer tiefen Wahrheit als eine buchstäbliche Übereinstimmung mit der Realität.

Krönung der Jungfrau im Paradies, von Jacobello del Fiore, 15. Jahrhundert. Jesus und Maria, umgeben von Heiligen und Märtyrern, von denen man glaubte, sie würden beim Tode wie Maria selbst unmittelbar in den Himmel aufgenommen. Von der überwiegenden Mehrzahl der Christen nahm man an, daß sie erst im Fegefeuer von ihren Sünden geläutert würden, bevor sie in den Himmel eingehen könnten. Nur die unrettbaren Sünder wurden sofort in die Hölle verwiesen.

Rechts: Detail des Hieronymus Bosch zugeschriebenen Gemäldes *Die Hölle* im Dogenpalast zu Venedig. Die mit einem Schwert bewaffnete, geflügelte Gestalt im Vordergrund rechts ist der Erzengel Michael, der die rebellierenden Engel in jenem Krieg schlug, den diese im Himmel angezettelt hatten – ein weiterer Mythos, der das Böse in der Welt zu erklären versuchte. Die Aufständischen und ihr Anführer, der Erzengel Luzifer, der in seiner Hoffart Gott gleich sein wollte, wurden aus dem gleichen Grunde aus dem Himmel vertrieben wie Adam und Eva aus dem Garten Eden. Luzifer, der »Lichtbringer«, hängt mit dem Morgenstern zusammen, und der sich an ihn knüpfende Mythos mag ursprünglich auf die Beobachtung zurückzuführen sein, daß der Morgenstern in seinem Glanz scheinbar der aufgehenden Sonne Trotz zu bieten und mit ihr zu rivalisieren sucht.

Gegenüber oben: Zwei Details aus dem Gemälde *Die sieben Todsünden* von Hieronymus Bosch, 15. Jahrhundert. Auf dem Rundbild oben blasen zwei Engel die letzte Posaune, und Christus erscheint als Herr der Welt, um die Lebenden und die Toten zu richten, die ihren Gräbern entsteigen. Theologen halten die überlieferte Vorstellung vom Jüngsten Gericht eher für Poesie als für eine theologisch vertretbare Aussage.

Darunter: Dämonen quälen die Verdammten in einer Hölle voller Flammen und Rauch. Viele Christen betrachten die überkommene Höllenvorstellung heute als Mythos. Unter »Höllenqualen« verstehen sie das seelische Leid derer, die sich von Gott losgesagt haben.

Luzifers Fall

Der Teufel freilich ist heute selbst in den Augen vieler Durchschnittschristen eine rein mythische Gestalt. Nach der biblischen Erzählung vom Garten Eden bewirkte der erste Ungehorsam des Menschen, daß das Böse in die Welt kam. Doch dürfte klar sein, daß der Mensch nicht für alles Böse und alles Leid auf Erden verantwortlich gemacht werden kann. Infolgedessen sucht eine andere Überlieferung, die auf Isaias (Jesaja) und der *Johannesapokalypse* fußt, die Wurzeln des Übels letztlich im außermenschlichen Bereich. Nach dieser Tradition war der Teufel ursprünglich ein mit großer Macht ausgestatteter, strahlend schöner und stolzer Erzengel. In seinem Stolz wollte er Gott gleich sein. Zur Strafe wurde er vom Himmel herab auf die Erde geschleudert, wo er seitdem Böses verübt.

Satans Anhang – jene Engel, die zusammen mit ihm aus dem Himmel vertrieben wurden – wurde zu Dämonen, die die Menschen zur Sünde verführen, um sie in Satans Krallen zu locken und den Himmel abspenstig zu machen. Der Name de Erzengels lautete, so heißt es, *Luzifer* (»Lichtträger bzw. »Lichtbringer«) im Himmel und *Satan* (»Wi dersacher«) auf Erden nach seinem Sturz. Satan be ging das gleiche Verbrechen wie Adam: Er wollt sein wie Gott. Beide erhoben sich gegen Gott, un beide Mythen verschmolzen auch miteinander - die Schlange im Garten Eden führte entweder Sa tans Weisungen aus oder wurde ihrerseits zur Ve körperung des »Bösen Feindes«, des »Wider sachers« selbst.

Als sich immer mehr Heiden dem Christentur zuwandten, erklärte die frühe Kirche die heidn schen Gottheiten für Masken, die sich Satan un sein Gefolge zugelegt hätten, um die Menschheit z verführen. Andererseits aber wuchs das junge Chr stentum in einer heidnisch geprägten Umwelt he an, und es ließ sich einfach nicht vermeiden, daß b kehrte Heiden auch etwas von ihren frühere

Anschauungen in die neue Religion einbrachten. Beispielsweise fehlte dem Christentum eine Göttin, doch bis zu einem gewissen Grade glich der Volksglaube diesen Mangel dadurch aus, daß er die Jungfrau Maria an die Stelle der großen heidnischen Muttergottheiten treten ließ. Gewisse Berührungen gibt es auch zwischen der Passion Christi und seiner Auferstehung einerseits und dem Leiden, Sterben und Auferstehen so mancher heidnischer Götter und Kultheroen andererseits, obwohl die letztgenannten, wie man glaubte, im Rhythmus der wechselnden Jahreszeiten immer wieder »starben« und »auferstanden«. Eine weitere Überlieferung des klassischen Altertums, die in das Christentum Eingang fand, war der Mythos vom »ewigen Rom«. Er wurde vom Kirchenvater Augustinus überhöht und zum Bild des »Gottesstaates« bzw. der »Stadt Gottes« umgeformt, die in alle Ewigkeit den Gerechten Heimstatt bietet.

Links: Beim Jüngsten Gericht wägt der Erzengel Michael jede menschliche Seele, um ihre Schuld oder Unschuld herauszufinden – eine Vorstellung, die auf den altägyptischen Mythos zurückgeht, daß die Seelen der ins Totenreich Eingehenden gewogen würden. Farbiges Glasfenster aus Eaton Bishop, frühes 14. Jahrhundert.

Auf dem Giotto zugeschriebenen Fresko *Kreuzigung* in der Unterkirche von Assisi (14. Jahrhundert) fangen Engel das Blut des Gekreuzigten in Schalen auf. Nach dem Gralsmythos, der sich während des Mittelalters herausbildete, war der Gral der Kelch des Letzten Abendmahles. Joseph von Arimathia soll in ihm etwas von dem Blut aufgefangen haben, das aus den Wunden des Heilands floß. Durch diese doppelte Verbindung mit dem erlösenden Blut Christi galt der Gral als höchstes Unterpfand ewigen Lebens und mystischer Vereinigung mit Gott. Er war in einem geheimnisvollen Schloß verborgen, und nur dem edelsten Ritter gelang es, ihn zu finden.

Die Suche nach dem heiligen Gral

Im Mittelalter bildete sich der faszinierende, wenn auch nicht unbedingt mit kirchlicher Lehrmeinung übereinstimmende Gralsmythos heraus. Seine älteste greifbare dichterische Fassung fand er durch Chrétien de Troyes in dessen unvollendetem Werk *Perceval le Gallois ou le conte du Graal* (entstanden um 1180). Der Held des Werks ist ein junger Ritter namens Perceval (Parzival bzw. Parsifal). Er kommt auf ein geheimnisvolles Schloß an einem breiten Strom. Den Herrn dieses Schlosses bezeichnet man als »Fischerkönig«, weil er – verkrüppelt und unfähig, zu gehen oder zu reiten – seine Zeit vorwiegend damit verbringt, Fische zu fangen. Vom König ins Schloß gebeten, wird Perceval Zeuge einer seltsamen Prozession. Voran schreitet ein Jüngling mit einer weißen Lanze, von deren weißer Spitze Blut auf seine Hand herabtropft. Ihm folgen zwei weitere Jünglinge mit Leuchtern und ein junges Mädchen von überirdischer Schönheit, das ein kostbares, mit Edelsteinen besetztes Goldgefäß trägt: den Gral. Als sie damit den Raum betritt, erstrahlt ein so helles Licht, daß die Kerzen ihre Leuchtkraft einbüßen wie Sterne, die vor dem Licht des Mondes oder der Sonne erbleichen.

Perceval brennt vor Neugier, zu erfahren, was da vor sich geht. Doch er wagt nicht, sich zu äußern, und ist auch zu wohlerzogen, um Fragen zu stellen. Am Morgen darauf scheint das Schloß vollkommen menschenleer zu sein. Als er ausreitet, geht die Zugbrücke am Schloßtor noch unter den Hufen seines Pferdes ganz von selber hoch. Später erfährt er, er hätte nach dem Sinn des geheimnisvollen Grals fragen sollen. Dann wäre der auf der Burg lastende Bann gebrochen und der König von seinen schweren Wunden geheilt worden.

Späteren Autoren zufolge war der Gral die Abendmahlschüssel, in der Jesus den Jüngern den in sein Blut verwandelten Wein anbot. Das kostbare Gefäß sei in den Besitz des begüterten Jesusjüngers Joseph von Arimathia gelangt, der in ihm einen Teil des Blutes auffing, das aus den Wunden des gekreuzigten Heilandes floß. In der Folge verwahrte man dieses erhabene Symbol und zugleich Unterpfand ewigen Lebens, das Christi kostbares Erlöserblut barg, bewacht von Gralskönigen, deren Reihe angeblich mit Joseph von Arimathia begann, in einem verborgenen Schloß. Den Gralserzählungen zufolge erlangt der wackere Ritter aus König Artus' Tafelrunde, der große Gefahren und schreckliche Hindernisse überwinden muß, um zum Gral zu gelangen, schließlich Unsterblichkeit in Gott.

Die Kirche zeigte der Gralstradition die kalte Schulter, ließ die Gralsüberlieferung doch durchblicken, daß man Erlösung auch auf andere Art erlangen könne als auf dem von der Kirche gewiesenen Wege. Zwar gilt der Gral in der Regel als Jesu Abendmahlsschüssel bzw. Abendmahlskelch und ist insofern eng mit den der Meßliturgie zugrunde liegenden Vorstellungen verbunden. Doch seine fernen Ahnen sind die Unsterblichkeit verleihender Zaubergefäße keltischer Jenseitsvorstellungen. Der Gralskönig ist meist verkrüppelt oder altersschwach, sein Land infolgedessen wüst und öde. Eine der Aufgaben des Helden besteht darin, den König zu heilen und somit dem dürren Land neues Leben zu bringen – abermals ein im keltischen Heidentum wurzelndes Thema.

Die Gralserzählungen sind voller rätselhafter und faszinierender Motive. Man denke nur an den seltsamen Titel »Fischerkönig« oder »Reicher Fischer«, den der Gralsbewahrer führt! Auf seinem Schloß befindet sich auch die noch immer bluttriefende Lanze, die einst die Seite des Gekreuzigten durchbohrt hatte. Um den »Fischerkönig« zu heilen, hat der Held eine Frage zu stellen. In ihrer ältesten Version lautet sie: Wem dient der Gral? Weiterhin handelt es sich bei der wunderschönen Gralsträgerin und einer anderen Figur, einer häßlichen Hexe, die dem Helden Vorhaltungen macht, wohl um zwei unterschiedliche Aspekte einer einzigen Göttin aus heidnischer Vergangenheit. All diesen Gralserzählungen scheint mithin nicht *ein* alter, heidnischer Mythos zugrunde zu liegen, sondern wir haben es wohl mit Bruchstücken zahlreicher, ursprünglich durchaus nicht notwendigerweise zusammenhängender Überlieferungen zu tun.

Die Wiedergeburt der klassischen Antike

Schon im Mittelalter versuchte man, die Mythologie des klassischen Altertums mit christlichem Denken in Einklang zu bringen. Als in der Renaissance die Bewunderung für die kulturellen Leistungen der Griechen und Römer wuchs, verstärkte sich diese Tendenz noch. Die antiken Mythen und Sagen, so glaubten manche Gelehrte, bargen tiefe Weisheiten, die man nur in das Gewand des Mythos, der Sage, der Fabel gekleidet habe, um sie vor dem Unverstand des gemeinen Volkes zu schützen. Und obwohl am heidnischen Ursprung und Inhalt der betreffenden Mythen keinerlei Zweifel bestehen konnte, war man doch der Meinung, in ihnen eine Vorwegnahme christlicher Glaubensinhalte erkennen zu können.

Ein solches Verständnis der antiken Mythologie führte zu recht eigentümlichen Resultaten. So deutete ein um 1300 entstandenes Werk eines anonymen französischen Autors Ovids *Metamorphosen* (vgl. das Kap. *Rom*) als Sammlung von Erzählungen, die bereits auf die christliche Glaubenslehre vorausgreifen. In der Sicht dieses Autors wurde die Göttin Diana (Artemis) zum Sinnbild der göttlichen Dreifaltigkeit, Actaeon (Aktaion) aber symbolisierte Jesus. Phaethon, der den Sonnenwagen stahl, wurde zu Luzifer, dem »Lichtbringer«, und Demeter, die nach der verschollenen Persephone suchte, zur Mutter Kirche auf der Suche nach verirrten Seelen. Der Autor eines 1531 veröffentlichten anderen Werkes erblickte im Raub des schönen Knaben Ganymed durch Jupiter ein Symbol der reinen Seele, die in der Liebe Gottes vollkommenes Glück findet.

Daß nach christlicher Auffassung Gott »dreieinig«, das heißt: eine Einheit in drei Personen ist, ließ die Denker beim Anblick klassischer Dreiergruppen aufmerksam werden, die als Darstellung von Gegensatzpaaren mit einem dritten Faktor galten, der die Gegensätze auszugleichen suchte und zugleich über sie hinauswies.

Häufig erscheint daher in der Renaissancekunst das klassische Motiv der drei Grazien, dem man eben diese Bedeutung beimaß; und auch die drei Göttinnen, die miteinander um den Preis der Schönheit rivalisierten und deren Wettstreit der trojanische Held Paris durch sein »Parisurteil« zu entscheiden hatte, deutete man im gleichen Sinne. Die Beziehung zwischen Venus und Mars faßte man entsprechend als Vereinigung der Gegensätze Krieg und Liebe auf.

Oben: Die drei Grazien, von Raffael, 16. Jahrhundert. Die während der Renaissance neuerwachte Begeisterung für griechische und römische Mythologie weckte auch wieder das Interesse an klassischen Dreiergruppen wie den hier abgebildeten drei Grazien (Charitinnen). Man verstand sie als Ausgleich von Gegensätzen durch einen dritten, einigenden und über die Widersprüche hinausweisenden Faktor.

Links: Der Gral; Miniatur aus einer französischen Handschrift des 13. Jahrhunderts. Die drei Ritter sind Galahad, Parzival (Parsifal) und Bors – die einzigen Ritter der Tafelrunde des Königs Artus, die würdig waren, den Gral zu erlangen.

Oben und gegenüber, oben: Zwei Abbildungen aus einer alchemistischen Bilderhandschrift des 16. Jahrhunderts, dem *Splendor Solis* (»Sonnenglanz«) des Salomon Trismosin. Der enthauptete und zerstückelte Leichnam *(oben)* versinnbildlicht die Vernichtung des »alten Adam«, des alten Ichs. Die über einer schlafenden Stadt und Landschaft aufgehende Sonne *(gegenüber),* deren Licht die Dunkelheit vertreibt, symbolisiert das Leben nach dem Tode sowie innere, geistige Erleuchtung und Wiedergeburt.

Alchemie und Rosenkreuzer

Auch eine andere unorthodoxe Strömung mit christlichem Anspruch war von der Kirche nicht gern gesehen: die Alchemie – teilte diese doch mit den Gralserzählungen den Grundgedanken, daß die Kirche nicht über den einzigen Zugang zum Heil verfüge! In gewisser Hinsicht stellte die Alchemie nichts anderes dar als eine Vorstufe der Chemie – sie war ein Versuch, Gold zu machen. In anderer Hinsicht war sie jedoch mystische Suche nach Gott, nach Unsterblichkeit und nach einem »goldenen« (dem »Goldenen Zeitalter« entsprechenden) Zustand innerer Vollkommenheit.

Im Zentrum aller alchemistischen Lehren stand der Mythos vom Stein der Weisen. Dieser zutiefst rätselhafte Gegenstand, der aber – »Stein und gleichzeitig kein Stein« – zugleich eine seelisch-geistige Verfassung repräsentierte, konnte, so meinte man, alles, was er berührte, in Gold verwandeln. Auch galt er als Lebenselixier – ein Allheilmittel, das zudem ewiges Leben und ewige Jugend verlieh. Sieben Verfahren seien erforderlich, so hieß es, um den Stein herzustellen, vergleichbar den sieben Schöpfungstagen im biblischen Buch *Genesis* und den sieben Planeten; nicht selten zog man sogar Parallelen zwischen dem Stein und Jesus Christus.

So vergleicht ein von Arnaldus von Villanova (um 1235–1311) verfaßter alchemistischer Text über die »Geheimnisse der Natur« die Herstellung des Steines der Weisen mit dem Leben Jesu. Durch eine Frau (Eva) sei Unheil über die Welt gekommen, darum müsse die Welt durch eine Frau wieder gerettet werden. Daher nehme der Alchemist »die reine Mutter und lege sie« gemäß seiner Absicht »mit den Söhnen ins Bett, wo sie strengste Buße zu tun« habe, »bis sie von allen Sünden gereinigt sei«. Die »reine Mutter« werde »einen Sohn gebären«. Er werde allen predigen und sagen: »Es sind Zeichen in Sonne und Mond erschienen.« Diesen Sohn müsse man »ergreifen, gut schlagen und züchtigen, weil er sonst vor Stolz zugrunde geht«. Dann übergebe man ihn den Juden zur Kreuzigung, »und während er gekreuzigt wird, erscheinen Sonne und Mond, der Vorhang im Tempel zerreißt, und es wird ein großes Erdbeben geben.«

Bei all dem handelt es sich lediglich um Anweisungen für die Durchführung chemischer Experimente im Laboratorium des Alchemisten. Die Doppeldeutigkeit der Ausdrucksweise und die Mischung christlicher und erotischer Bilder ist jedoch für die Alchemie außerordentlich typisch.

Im 16. und 17. Jahrhundert öffnete sich eine Kluft zwischen Naturwissenschaft und Religion – nagte doch die Naturwissenschaft ganz erheblich am christlichen Weltbild und damit an der christlichen Lehre selbst. Wegen ihres Doppelaspektes als »Chemie« einerseits und »Geisteswissenschaft« (wenn auch mit Vorbehalt) andererseits schien die Alchemie wie geschaffen, diese Kluft zu überbrücken. Daher maßen ihr drei Schriften, die in den Jahren 1614–1616 in Kassel und Straßburg veröffentlicht wurden, enorme Bedeutung zu – Schriften, die die Existenz eines Geheimbundes von Weisen behaupteten, den es aber, das steht so gut wie fest, in Wahrheit niemals gab. Angeblich forderte diese fiktive Geheimbruderschaft »eine universelle und allgemeine Reformation der gesamten weiten Welt« durch eine Verbindung von Protestantismus, Alchemie, Magie und wissenschaftlichem Fortschritt. Als Gründer der Vereinigung wurde ein gewisser Christian Rosenkreuz bezeichnet. 1378 in Deutschland geboren und in einem Kloster aufgewachsen, soll dieser Syrien, Ägypten sowie Marokko bereist und dort die Unterweisung bedeutender Meister geheimer Wissenschaften genossen haben. Nach Deutschland zurückgekehrt, habe er, so heißt es, mit drei Ordensbrüdern aus seinem ehemaligen Kloster die Bruderschaft der Rosenkreuzer ins Leben gerufen. Später habe man fünf weitere Mitglieder aufgenommen. Wer der Bruderschaft zugehörte, war verpflichtet, keusch zu leben und Kranke zu heilen. Christian Rosenkreuz soll im Alter von 106 Jahren gestorben und in einem geheimen siebeneckigen Gewölbe beigesetzt worden sein. Die Mitglieder seines Geheimbundes, die ihn überlebten, gaben ihr Wissen, das sie von ihm empfangen hatten, an ein paar wenige, sorgfältig ausgewählte neue Bundesbrüder weiter, von denen einige 120 Jahre später das Gewölbe öffneten und Rosenkreuz' Leichnam völlig unversehrt vorfanden. Die Erzählung darf als aufschlußreiches Beispiel eines Mythos gewertet werden, der, so scheint es, mit voller Absicht in die Welt gesetzt wurde, um gewissen Weltverbesserungsideen Durchschlagskraft und Autorität zu verleihen.

Die organisierte Verschwörung

Für die Europäer des späten Mittelalters und der beginnenden Neuzeit waren »Hexen« nicht nur Zeitgenossen, die durch »Schwarze Magie« Tod, Krankheit und Leid heraufzubeschwören vermochten, sondern man hielt Hexer und (weit öfter) Hexen für Beteiligte an einer gigantischen Verschwörung, die vom Teufel angezettelt und dirigiert wurde, um die Christenheit zu vertilgen, alles Erhabene in den Schmutz zu zerren, die bestehende Ordnung zu stürzen und die gesamte Menschheit ins Unglück zu stürzen. Wer im Verdacht der Teilnahme an diesem verbrecherischen Vorhaben stand, wurde gefoltert und der grausamsten Gehirnwäsche unterzogen, bis er alles gestand, was man von ihm wollte, und er schließlich hingerichtet wurde. Man schätzt, daß zwischen 250000 und eine Million Menschen diesem Wahn zum Opfer fielen.

Das ausgehende Mittelalter, in dem die Hexenjagd in größerem Umfange begann, war eine Zeit gesellschaftlicher Veränderungen. Vertraute Institutionen zerfielen, und die Kirche sah sich durch die Reformation bedroht. Angst griff um sich, daß die gesamte Gesellschaftsstruktur in Gefahr sei. Hinter all dem argwöhnte man die Hand des Teufels. In der Tat bestand schon seit langem die Tendenz, alles Schlimme dem Teufel anzulasten, den die Theologen zu einer Gestalt von wahrhaft titanischer Macht aufgebauscht hatten. Später verschärften die Spannungen zwischen Katholiken und Protestanten, die jeweils von ihrer eigenen Wahrheit und vom teuflischen Übelwollen aller Andersdenkenden überzeugt waren, das Klima der Angst und der daraus resultierenden Brutalität noch.

Als die Hexenverfolgung schließlich abebbte, bedeutete dies allerdings noch lange nicht das Ende des Mythos von der organisierten Verschwörung gegen das Wohl der Menschheit. So beschuldigte man im 18. Jahrhundert Geheimbünde, insbesondere die Freimaurer, der Konspiration gegen die menschliche Gesellschaft, und im 19. Jahrhundert wurde derselbe Vorwurf gegen die Juden laut. Noch im 20. Jahrhundert spielte dieser unheilvolle Mythos eine Rolle im Antisemitismus (als »Beweisstück« diente vor allem die 1905 in Deutschland zuerst erschienene antisemitische Hetzschrift der *Protokolle der Weisen von Zion*) und bei den Nazigreueln im Hitlerdeutschland.

Links: Hexen und Dämonen. Die furchtbaren Hexenverfolgungen, die in Europa wüteten, beruhten auf dem Mythos von einer organisierten Verschwörung, wonach die Plagen, unter denen die Menschheit litt, als Folge ganz bewußt angewandter zerstörerischer Kräfte galten. Tatsächlich glaubte man, der Teufel stehe an der Spitze einer solchen Verschwörung und die Hexen seien auf Erden seine »fünfte Kolonne« im Kampf gegen die Christenheit. Wandmalerei aus dem Rilakloster in Bulgarien, 19. Jahrhundert.

FÜNFZEHNTES KAPITEL

DIE KELTEN

Aus archäologischen Funden in jüngster Zeit geht – ebenso wie aus Aufzeichnungen antiker Schriftsteller – hervor, daß in der zweiten Hälfte des ersten Jahrtausends v. Chr. ein großes ›Barbaren-‹Volk weite Teile West- und Zentraleuropas bewohnte. Dieses Volk verfügte über eine eisenzeitliche Kultur sowie über eine für die damalige Zeit hervorragende Technologie. Geschickt in Metallverarbeitung, Straßenbau, der Herstellung von Streitwagen, in Ackerbau und Viehzucht, legten diese Menschen den Grund für Westeuropas spätere Hochkultur. Die Kelten waren Krieger, deren unvergleichliche Tapferkeit und Todesverachtung sogar Roms Legionen Schrecken einflößte. Tatsächlich gelang es ihnen, etwa 387/86 v. Chr. Rom in Brand zu stecken und zu plündern, und auf dem Höhepunkt ihrer militärischen Macht erstreckte sich das von ihnen bewohnte Gebiet von den Britischen Inseln im Westen bis nach Kleinasien (der heutigen Türkei) im Osten. Roms Imperialismus und die Angriffe germanischer Stämme schwächten schließlich – mit Ausnahme Irlands – die Lebenskraft der Kelten, so daß sie ihre Unabhängigkeit einbüßten, wobei auch eine ganze Reihe ihrer kulturellen Errungenschaften verlorenging.

Wie es scheint, waren nicht alle keltischen Völkerschaften, ethnisch gesehen, vom selben Stamm. Auch in politischer Hinsicht boten sie keineswegs ein einheitliches Bild, obwohl sie nur verschiedene Dialekte *einer* Sprache sprachen, die sie verband. Was man von ihrer Religion und Mythologie weiß, kennt man vor allem aus drei Teilbereichen ihres Siedlungsgebietes: Gallien (dem heutigen Frankreich), Britannien (insbesondere Wales) und Irland.

Als Provinz des Römerreiches geriet Gallien schon kurz vor Anbruch der christlichen Ära unter massiven römischen Einfluß. Dieser Einfluß erstreckte sich auch nach Britannien, das seinerseits ein Jahrhundert später dem römischen Weltreich eingegliedert wurde. Das keltische Irland dagegen bewahrte seine kulturelle Eigenständigkeit, bis im 5. Jahrhundert n. Chr. mit dem Christentum auch hier kontinentaler Einfluß Einzug hielt. Demzufolge hat sich in Irland das Quellenmaterial, das über die Mythologie der noch nicht christianisierten Kelten Aufschluß gibt, am reinsten erhalten; um es allerdings deuten zu können, bedarf es des Vergleichsmaterials aus Gallien und Britannien.

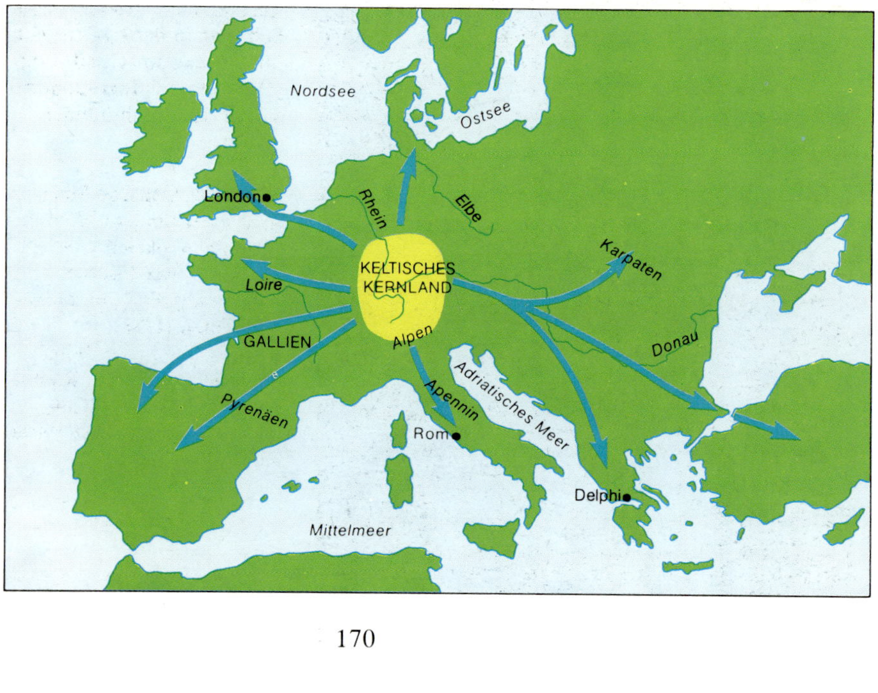

Keltische Religion

Nichts von der Mythologie der Gallier hat die Zeiten überdauert. Ihre Überlieferungen wurden mündlich weitergegeben und nicht schriftlich festgehalten. Julius Caesar (100–44 v. Chr.) berichtet, die Druiden, die keltischen Priester, Wahrsager, Zauberer, Richter und Erzieher, die eine eigene, bevorzugte Klasse bildeten, hätten ihren Stammesgenossen sogar verboten, ihr Wissen schriftlich niederzulegen, obwohl die Kelten mit der griechischen Alphabetschrift vertraut waren und sie auch für andere Zwecke zu benutzen wußten. Ohne Zweifel hatten die Druiden dabei keinen anderen Beweggrund als den, sich abzuschotten – ein beliebtes Mittel elitärer Schichten aller Zeiten, um unter sich zu bleiben und das Weiterbestehen der Wissensprivilegien und Standesvorteile zu sichern, die man genießt.

Gewisse Informationen über die Religion der Kelten besitzen wir allerdings doch. Sie sind zwar bruchstückhaft, und ihr Wert ist begrenzt, aber die Wissenschaft muß auf sie zurückgreifen, um die verwickelten, verfitzten Fäden der irischen und walisischen Mythologie zu entwirren. Die Informationen stammen aus zwei Quellen – in erster Linie aus den Schriften zeitgenössischer griechischer und römischer Autoren. Leider besaßen nur wenige dieser Gewährsleute persönliche Erfahrungen mit Kelten, und noch bescheidener war das Verständnis, das sie für Keltisches aufbrachten. Sie verließen sich aufs Hörensagen. Und die wenigen, die – wie Julius Caesar – tatsächlich mit Kelten in Berührung gekommen waren, hatten allen Grund zu tendenziösen Entstellungen. Daher ist dieser Art von Zeugnissen gegenüber außergewöhnliche Vorsicht geboten.

Eine zweite Quelle sind bildliche Darstellungen gallischer Gottheiten und die Weihinschriften, die diesen Götterbildern bisweilen beigegeben sind. Hier stellt sich das Problem, daß das fragliche Material aus der Zeit nach der Eroberung Galliens durch Rom stammt und zweifellos den Stempel griechisch-römischen Einflusses trägt. Damit erhebt sich die Frage, was die Kelten selbst von diesen anthropomorphen (menschengestaltigen) Wiedergaben ihrer Götter hielten und ob die betreffenden gallo-romanischen Bildwerke nicht eher von klassisch-antikem als spezifisch keltischem Empfinden zeugen. Diese Frage ist noch immer nicht restlos beantwortet, allerdings deutet manches darauf hin,

daß die Religion der frühen Kelten anikonisch (bildlos) war und die Kelten sich ihre Gottheiten weniger als menschengestaltige Wesen, sondern als eher gestaltlose Geisteswesen dachten, die mit Wäldern, Flüssen, Seen und Naturphänomenen der verschiedensten Art in Verbindung standen. Die Vorstellung menschengestaltiger Götter scheint bei den Kelten erst im Gefolge kultureller Berührungen mit der Mittelmeerwelt aufgetaucht zu sein. In dieses Bild fügt es sich, daß von Brennus, dem keltischen Heerführer, der 279 v. Chr. bis nach Delphi in Griechenland vordrang, berichtet wird, er habe sich vor Lachen nicht fassen können, als er hörte, die Griechen verehrten Götter in Menschengestalt.

Trotz all dieser offensichtlichen Mängel erlauben die erwähnten Quellen folgende Feststellungen:

1. Die Kelten waren außerordentlich religiös.
2. Sie glaubten an ein Leben nach dem Tode (nicht an die pythagoreische Seelenwanderung), und dieser Glaube erregte das Erstaunen, ja den Neid der römischen Welt.
3. Die keltische Religion kannte eine bedeutende Zahl weiblicher Gottheiten, die in der keltischen Götterwelt als Mutter-, Kriegs- und Schutzgöttinnen wichtige Rollen spielten. Möglicherweise spiegelt sich darin etwas von der Rolle der Frau in der frühkeltischen Gesellschaft.
4. Eine der Eigentümlichkeiten keltischer Religion war die Vorstellung göttlicher Dreieinig- oder Dreifaltigkeit – einer einzigen göttlichen Wesenheit in drei Manifestationen.

Oben: Der ein Hirschgeweih tragende Gott Kernunnus, umgeben von Stier, Hirsch, Wolf und Hund. Um den Hals trägt er als Sinnbild seiner Göttlichkeit einen Halsring *(torques),* einen anderen hält er in der Rechten, eine widderköpfige Schlange in der Linken. Vom Silberkessel aus Gundestrup (Dänemark), 1. Jahrhundert v. Chr. bis 3. Jahrhundert n. Chr.

Links: Vorrömische Steinfigur einer unidentifizierten, vermutlich lokalen Gottheit aus Euffigneix (Marne, Frankreich). Die Götterfigur trägt einen Halsring *(torques),* und eine Reliefdarstellung an ihrem Rumpf zeigt einen Keiler (Wildeber), das charakteristischste Kulttier der Kelten.

Der Menschenfresser von Noves, Bouches-du-Rhône, Frankreich. Der Arm eines Menschen, den das Ungeheuer gerade verschlingt, schaut noch aus seinem Maul heraus (man erkennt sogar noch das Armband), und seine Vorderklauen halten Menschenköpfe. Diese aus dem 3. Jahrhundert v. Chr. stammende Steinplastik ist verhältnismäßig klein, sie mißt nur wenig mehr als einen Meter.

DIE GÖTTER GALLIENS

Belenus, derjenige unter den keltischen Göttern, dessen Kult die weiteste Verbreitung fand. Autoren des klassischen Altertums setzten ihn mit Apollon gleich, doch gibt es keinen Beweis für Sonnenkult. Vielmehr hatte Belenus mit dem Leben und der Welt der Hirten zu tun, und es könnte eine Beziehung mit dem irischen Beltine-Fest (*bel* = »hell«, *tine* = »Feuer«) bestehen, dem reinigenden Feuerfest des 1. Mai. Auch die walisische Ahnengottheit Beli Mawr (Beli, der Große) setzte man mit ihm gleich.

Epona, »große Stute« (walisisch: *eb-ol* = »Fohlen«), in der gesamten keltischen Welt bekannt: Schutzpatronin der Reiter, auch von der römischen Reiterei als Schutzgottheit verehrt. Dargestellt wird sie meist seitlich auf einer Stute sitzend oder von Pferden und Maultieren umgeben.

Kernunnus, »der Gehörnte«; schon früh war auch sein Kult verhältnismäßig weit verbreitet. Tiergestaltig oder mit Hirschgeweih dargestellt, auf dem Kessel von Gundestrup (etwa 1. Jahrhundert v. Chr. bis vielleicht 3. Jahrhundert n. Chr.) von Tieren umgeben. Herr aller lebenden Geschöpfe, möglicherweise Vorbild des gehörnten Teufels.

Lugus, »der Leuchtende«, weithin verehrt als Erfinder aller Künste und Fertigkeiten, einschließlich der Kriegs- und Heilkunst, gleichgesetzt mit dem irischen Lug Samildanach (»erfahren in mancherlei Künsten«) und walisisch Lleu Llaw Gyffes (»der von der rechten Hand«). Caesar setzte ihn mit Merkur gleich, die ersten Christen verabscheuten ihn und zerstörten viele seiner Tempel. Ortsnamen wie Lyon, Loudon, Laon (in Frankreich), Leiden (in Holland) und Liegnitz (Schlesien) gehen auf das gallische *Lug(u)-dunon* (»Lugus-Festung«) zurück.

Nantosuelta, möglicherweise eine Flußgottheit (walisisch: *nant* = »Strom«). Ihr ikonographisches Symboltier, der Rabe, deutet auf Verbindung mit der irischen Kriegsgottheit Morrigan hin, die gleichfalls mit Flüssen zu tun hat.

Ogmios, Vorkämpfer der Götter und Führer der Toten. Er trug eine Keule und wurde mit Herkules (Herakles) gleichgesetzt, aber auch als alter Mann mit fröhlichen Gefolgsleuten dargestellt, die eine Kette mit seiner Zunge verband. Von dem griechischen Autor Lukian von Samosata als Gott der Beredsamkeit gedeutet (die Kelten schätzten Beredsamkeit höher ein als körperliche Stärke).

Sucellus, »der gute Schläger«. Sein ikonographisches Symbol ist eine Art Hammer oder Schlegel. Er trug auch eine Schale, die, wie es hieß, Überfluß symbolisierte. Caesar setzte ihn als keltischen Unterwelts- und Ahnengott dem römischen Dis Pater gleich. Entspricht der irischen Gottheit In Dagda.

Taranis, »Donnerer« (irisch *torann,* walisisch *taran*: »Donner«). Seine Embleme sind Rad und Blitzstrahl. Genoß bei den Galliern große Verehrung.

Die irischen Sagen

Im Gegensatz zu den Kelten auf dem Kontinent bewahrten die keltisch sprechenden Bewohner von Irland und Wales eine umfangreiche keltische Literatur von beträchtlichem Alter. Den Iren sagte man nach, sie besäßen die älteste muttersprachliche literarische Tradition ganz Nordeuropas und ihr Land berge »einen reicheren Schatz mythologischer Überlieferungen als irgendein anderes Land nördlich der Alpen« (Dillon und Chadwick, S. 134). Die meisten älteren irischen Sagen enthalten mythologische Anspielungen, schildern mythische Ereignisse, und bei gründlicher Analyse erweist sich ein großer Teil der Personen, von deren Leben und Taten sie sprechen, als Wesen ursprünglich göttlicher Natur oder dem Totenreich zugehörig und lediglich auf die eine oder andere Weise vermenschlicht. So sind die betreffenden Personen nicht mehr Götter im geläufigen Wortsinn – Götter, zu denen man betet und denen man Opfer darbringt –, sondern werden als Menschen mit übernatürlichen Attributen und Eigenschaften geschildert.

Dies ergab sich möglicherweise gleichsam zwangsläufig, weil man die Erzählungen, um die es hier geht, Jahrhunderte hindurch nur mündlich weitergab. Ihre endgültige Form erhielten diese zweifellos auf vorchristliche Zeit zurückgehenden Sagen aber erst durch christliche Mönche, welche die Erzählungen aufzeichneten und möglicherweise ihren mythologischen Charakter gar nicht mehr verstanden. Andererseits ist aber auch die Möglichkeit nicht auszuschließen, daß die christlichen Schreiber-Mönche die mythologischen, heidnischen Aspekte dieser Geschichten absichtlich herunterspielten und die Erzählungen auf diese Weise ›entschärften‹, um ihr christliches Gewissen zu beruhigen oder daß sie einfach die keltische Überlieferung in eine klassische Form zu gießen suchten.

Heute unterscheidet man vier Hauptzyklen dieser altirischen Sagen:

1. Den *Mythologischen Zyklus.* Darin geht es, wie schon der Name besagt, um das Wirken altkeltischer Heidengötter und anderer übernatürlicher Wesen.
2. Den *Ulster-Zyklus.* Er schildert Taten von Angehörigen der Kriegerkaste im vorchristlichen Irland und zeichnet das Bild einer heroischen Gesellschaft, die in vielem der Gesellschaft im vorrömischen Gallien ähnelt.
3. Die *Historischen Zyklen.* Sie handeln von Taten angeblich historischer Persönlichkeiten im Irland der ersten Jahrhunderte nach Beginn der christlichen Ära.
4. Den sogenannten *Fenian Cycle.* Er schildert die Abenteuer des Finn Mac Cumaill und seiner Kriegerschar, der Fianna.

Wie zu erwarten, hat – trotz des Alters seines Materials – der Mythologische Zyklus den geringsten Umfang, und man kann nur vermuten, daß zahlreiche Erzählungen des durch ihn präsentierten Genres verlorengingen oder umgestaltet wurden, bevor schreibende Mönche sich ihrer annahmen. Außerdem könnte auch eine beträchtliche Anzahl alter Handschriften mit Texten mythologischen Inhaltes den unruhigen Zeiten zum Opfer gefallen sein, die Irland immer wieder durchleben mußte.

Insgesamt sind acht Erzählungen erhalten, die sich als vorwiegend mythologisch charakterisieren lassen. Davon sind wiederum nur vier in der überlieferten Form frühen Datums: *Aislinge Oenguso* (»Oengus' Traum«), *Tochmarc Etaine* (»Etains Werbung«), *De Babail int Sida* (»Die Ergreifung des Elfenmondes«) und *Cath Maige Tuired* (»Die Schlacht von Moytura«).

Die Schlacht von Moytura ist die wichtigste und zentralste all dieser Erzählungen. Sie schildert, wie die Tuatha De Danann, die Leute der Göttin Danu, dank ihrer überlegenen Zauberkunst, ihre Feinde, die Fomoiri, besiegten. In dem kunstvollen Schlachtgemälde, das sie entwirft – einer Schlacht, bei der die Anführer der sich gegenüberstehenden Heere die Etikette alter Heldentradition wahren, indem sie einander Auge in Auge zum Zweikampf gegenübertreten –, begegnet man allen herausragenden Gestalten der altirischen Götterwelt. So wie jeder einzelne nacheinander seinen Beitrag zu der im Gange befindlichen Schlacht leistet oder zu leisten gelobt, läßt er erkennen, was einst seine Funktion als Gott gewesen sein muß.

Am mythologischen Charakter der Erzählung besteht kein Zweifel, obwohl die Interpretation noch manche Frage offen läßt. Manche Forscher fassen die Schlacht als Darstellung des Urkonfliktes zwischen den Mächten des Lichtes (den Tuatha De Danann) und der Finsternis (den Fomoiri) auf. Von den Tuatha De Danann heißt es, sie seien von großer Schönheit und verfügten über alles Wissen, wogegen die Fomoiri als nur halbmenschliche Ungeheuer geschildert werden, die sich zum Ziel gesetzt hätten, die bestehende Ordnung zu stürzen. Eine andere Deutung reduziert die Erzählung auf das simple Motiv der Rivalität zwischen einem etablierten Gott (vertreten durch Balar) und einer jüngeren, »begabteren« Gottheit (Lug Samildanach), wobei schließlich das Neue über das Alte triumphiert. Ein jüngerer Interpretationsversuch betrachtet die Geschichte vor dem Hintergrund der gesamtindogermanischen Mythologie und arbeitet mit dem Begriff der »drei Funktionen«. Dabei geht man davon aus, daß sich in der altindogermanischen Mythologie die Dreiklassenstruktur der frühen indogermanischen Gesellschaft spiegelt, wobei die Priesterkaste für den Bereich der Magie und Religion steht, der Krieger physische Macht und Stärke verkörpert und der Bauer das Prinzip der Fruchtbarkeit und des Wohlstands vertritt. So gesehen, wird die Schlacht von Moytura zum Machtkampf zwischen den miteinander verbündeten Kasten der Priester und Krieger (Tuatha De Danann) einerseits und den Bauern (Fomoiri), den Ernährern der Menschheit, andererseits.

Oben: Statue der Pferde-Göttin Epona, die seitlich (im »Damensitz«) auf einem Pferd sitzend dargestellt ist. Der Gegenstand in ihrer Rechten könnte ein Halsring *(torques)* sein. Wahrscheinlich versinnbildlicht Epona die Bedeutung des Pferdes für die frühe keltische Gesellschaft. Aus Alise Sainte-Reine, Côte d'Or, Frankreich.

Links: Ursprung und Bedeutung dieser obszönen mittelalterlichen Gestalt, die unter dem Namen Sheela na Gig (irisch: Sile na gCioch) bekannt ist, sind unbekannt. Manche betrachten sie als die keltische Göttin der Schöpfung und Zerstörung mit ihrer unersättlichen Gier (von der Kirche St. Mary und St. David, Kilpeck, Herefordshire, England).

Oben: Römische Darstellung der keltischen Göttin Brigantia, der Schutzgottheit der Briganten in Nordbritannien (3. Jahrhundert n. Chr.). Gleich der römischen Göttin Minerva trägt sie Mauerkrone und Speer. Ihre Linke hält eine Art »Reichsapfel« als Herrschaftssymbol, und an der Schulter der Gottheit befinden sich die Flügel der Siegesgöttin.

DIE GÖTTER IRLANDS

Brigit, »die Erhabene«: Drei Schwestern dieses Namens waren Töchter von In Dagda und Schutzpatroninnen des Wissens (einschließlich der Dichtkunst und der mit ihr verwandten Wahrsagerei und Seherkunst), der Heilkunst und des Schmiedehandwerks – Disziplinen von besonderer Bedeutung für die keltische Gesellschaft. Noch heute erfreut sich die heilige Brigitte überall im keltischen Sprachraum großer Beliebtheit. Als Schutzpatronin der Tierzucht, als Heilige mit besonderen Heilkräften stellt sie möglicherweise einen christlichen Reflex auf die heidnische Göttin dar. Eine Form dieser Göttin war Brigantia, die Schutzgottheit des nordbritischen Volkes der Briganten.

Goibniu, »der große Schmied«. Ein Anführer der Tuatha De Danann und neben Luchta, dem Erbauer, und Creidne, dem Gelbgießer, zu einer Dreiergruppe göttlicher Handwerker gehörend. Hierin mag sich die Bedeutung der betreffenden Handwerker für die keltische Gesellschaft spiegeln, bei der Metallgewinnung und -verarbeitung eine wichtige Rolle spielten. Mit dem römischen Götterschmied bzw. Schmiedgott Vulcanus (griech. Hephaistos) gleichgesetzt. In der walisischen Literatur erscheint dieser Gott als Gofannon, in der modernen Folklore tritt er unter den Namen Gobban oder Gobban Saer auf.

In Dagda, »der gute Gott« (eine Bezeichnung, die mehr als Titel denn als Name aufzufassen ist), auch als Eochaidh Oll-athair (»Allvater«) bekannt, was den Gedanken an eine Ahnengottheit nahelegt; wird aber nicht als Göttervater dargestellt. Als Schutzgott führt er eine Keule, als göttlicher »Nährvater« einen Zauberkessel. Außergewöhnlich groß waren sein Appetit und seine Geschlechtslust.

Lug, die irische Form des gallischen Lugus. Galt als »erfahren in vielerlei Künsten«. Befehlshaber der Tuatha De Danann in der Schlacht von Mag Tuired (Moytura), verbunden mit Krieg, Zauber und Handel.

Morrigan, »Gespensterkönigin« oder »große Königin«. Bei einer Dreiergruppe von Kriegsgottheiten namens Morrigan, Badb (»Aaskrähe«) und Nemain (»Raserei«, »Wut«) handelte es sich wahrscheinlich um Manifestationen derselben Gottheit. Vor und im Verlauf von Schlachten zeigten sie sich in Gestalt von Raben – Vögeln, die nach keltischer Überlieferung Schlechtes bedeuten. Als »Wäscherin an der Furt« kündete die Morrigan den Ausgang der Schlacht voraus, indem sie die Rüstung derer wusch, denen es bestimmt war, in der Schlacht zu fallen.

Ogma, Vorkämpfer der Götter, auch als »sonnengesichtig« geschildert, möglicherweise mit Anspielung auf den *furor Celticus:* die rasende Kampfbegier keltischer Krieger, die die Römer so sehr fürchteten. In der Schlacht von Mag Tuired war Ogma für die Kriegstüchtigkeit verantwortlich. Man schrieb ihm die Erfindung der Ogham-Schrift zu – eines seit dem 4. Jahrhundert n. Chr. benutzten Systems von Strichen und Punkten, dessen Ursprung unklar ist.

Tuatha De Danann, »die Leute der Gottheit Danu«: die altirischen Götter, von denen es hieß, sie seien über die See gekommen. Ihre Feinde waren die Fomoiri (vielleicht: »Untersee-Gespenster«), dem Aussehen nach halb Mensch, halb Ungeheuer, die aus der Ferne kamen. Man hat die Tuatha De und die Fomoiri als Mächte des Lichtes und der Finsternis zu erklären versucht. In der irischen Literatur erscheinen die Tuatha De eindeutig als Götter, obwohl man ihre Entsprechung in der walisischen Tradition, die Kinder Dons, ganz im euhemeristischen Sinne als Menschen interpretiert hat.

Das irische Danu und das walisische Don hängen vermutlich mit demselben keltischen Namen zusammen, der möglicherweise auch in europäischen Flußnamen wie Don und Donau noch erhalten ist.

Die Tuatha De Danann

Die Tuatha De Dannan (fortan mit dem Kürzel T. D. D. bezeichnet) wohnten auf der nördlichsten Insel der Welt und verfügten über alle Kenntnisse ihrer Zeit. Sie verbündeten sich mit den Fomoiri, und Balar, der Herrscher der Fomoiri, gab seine Tochter Ethne Cian, dem Sohn des Dian Cecht zur Frau (dieser war oberster Wundarzt der T. D. D.).

Dann landeten die T. D. D. auf Irland, und hier trafen sie ein ackerbautreibendes Volk, die Fir Bolg, die sie in der ersten Schlacht von Mag Tuired schlugen. In der Schlacht indessen verlor ihr König Nuada einen Arm und büßte wegen dieser Verstümmelung auch sein Königtum ein. Man trug es Bres, dem Herrscher der Fomoiri an, dessen Mutter von den T. D. D. abstammte. Daraufhin verhängten die Fomoiri so schwere Tribute, daß Irland völlig verarmte und seine großen Vorkämpfer Ogma und In Dagda Brennholz schleppen sowie Gräben ausheben mußten. Bald begannen sich auch die Häuptlinge der T. D. D. über Bres zu beklagen, denn er ließ es an der Gastfreundschaft fehlen, die man von einem König erwartete. Eines Tages besuchte Coirpre, der oberste Dichter der T. D. D., Bres' Festung und wurde dort sehr unfreundlich empfangen. Zur Strafe dafür verfaßte er ein Spottgedicht auf den König. Dadurch geriet Bres so sehr in Verruf, daß die T. D. D. verlangten, er solle abdanken. Doch Bres wandte sich hilfesuchend an die Fomoiri. Diese riefen ihre Bundesgenossen herbei und überfielen Irland.

Rechts: Doppelgesichtige Figuren mit verstümmelten Körpern auf der Insel Boa im Lough Erne, Irland. Sie sind unbekannten Datums, reflektieren aber möglicherweise den keltischen Glauben an die übernatürliche Macht von Zwillingen.

Lugs Ankunft

Inzwischen hatte Dian Cecht, der Wundarzt, für Nuada einen Arm aus Silber angefertigt, der sich wie ein normaler Arm gebrauchen ließ und Nuada den Beinamen Airget-lam (»Silberarm«) einbrachte. So war Nuada wieder uneingeschränkt zur Herrschaft tauglich. Er veranstaltete daraufhin in Tara ein großes Fest, bei dem ein seltsamer Krieger erschien. Es war Lug Samildanach (»von zahlreichen Fertigkeiten«), Sohn des Cian und der Ethne (und damit Enkel Balars von den Fomoiri): »Da war ein gewisser Krieger nach Tara unterwegs. Sein Name lautete: Lug Samildanach. Damals waren in Tara zwei Torhüter. Einer von ihnen sah eine seltsame Schar auf sich zukommen, und der Anführer der Schar war ein stattlicher, junger Krieger, gekleidet wie ein König. Die Ankömmlinge forderten den Torhüter auf, ihr Eintreffen in Tara zu melden. ›Wer seid ihr?‹, fragte er. ›Lug Samildanach ist hier, der Sohn Cians vom Dian Cecht und der Ethne Balarstochter!‹

Dann fragte der Torhüter Samildanach: ›Welche Kunst beherrschst du? Denn niemand ohne Kunstfertigkeit darf Tara betreten!‹

›Frage mich‹, sprach Lug, ›ich verstehe mich aufs Zusammenbauen von Dingen!‹ ›Wir brauchen dich nicht‹, erwiderte der Torhüter, ›einen der sich auf das Zusammenbauen von Dingen versteht, haben wir bereits: Es ist Luchta mac Luachada‹.

›Frage mich Torhüter!‹, sprach jener darauf. ›Ich bin ein Schmied.‹ Der Torhüter antwortete: ›Wir haben bereits einen Schmied, nämlich Colum Cualleinech, der drei Methoden beherrscht.‹

›Frage mich‹, sprach Lug, ›ich bin ein Vorkämpfer.‹ ›Wir brauchen dich nicht, denn einen Vorkämpfer haben wir schon. Es ist Ogma mac Elathan‹, gab der Torhüter zurück.

Dann sprach er: ›Frage mich: Ich bin ein Harfner.‹ ›Wir brauchen dich nicht, denn einen Harfner haben wir schon. Es ist Abcan mac Bicelmois.‹

Und wieder sprach er: ›Frage mich: Ich bin ein Held!‹ Der Torhüter darauf: ›Wir brauchen dich nicht. Wir haben einen Helden in Bresal Echarlam mac Echach Baethlaim.‹

Und er fuhr fort: ›Befrage mich, Torhüter: Ich bin ein Dichter und Senchaid (Historiker, Genealoge und Volkskundler).‹ ›Wir brauchen dich nicht. Wir haben schon einen Dichter und Senchaid. Es ist En mac Ethomain.‹

›Frage mich‹, sprach jener nun, ›ich bin ein Zauberer!‹ ›Wir brauchen dich nicht. Wir haben selbst Zauberer. Wir haben viele Druiden und Hexenmeister.‹

›Frage mich‹, versetzte Lug nun, ›ich lasse die Leute zur Ader!‹ ›Uns läßt schon Dian Cecht zur Ader. Wir brauchen dich nicht ...‹

›Frag' mich nur‹, so abermals Lug: ›Ich bin ein guter Gelbgießer.‹ ›Wir brauchen dich nicht. Wir haben als Gelbgießer schon Creidne Cerd.‹

Darauf entgegnete Lug: ›Geh und frage den König, ob er jemanden hat, der sich auf alle Fertigkeiten gleichermaßen versteht. Wenn ja, werde ich Tara nicht betreten.‹ Der Torhüter ging hinein und meldete dies alles Nuada ... Dann befahl der König, die in Tara vorhandenen Schachbretter zu Lug zu bringen, doch der Samildanach gewann sämtliche Partien. Dies wurde dem König berichtet. ›Laßt ihn eintreten‹, sprach Nuada nun, ›denn noch niemand wie er ist bisher zu dieser Festung gekommen.‹

Da ließ der Torhüter Lug ein. Lug betrat den Hof und setzte sich auf den für den Weisen bestimmten Platz, denn er war erfahren in allen Künsten.«

Dreigesichtige Gottheit an einer Urne bzw. einem Kultgefäß. In der keltischen Mythologie spielte die Dreizahl eine wichtige Rolle, und manche keltischen Gottheiten, wie z. B. die Morrigan, offenbarten sich in drei Manifestationen. Fundort des Gefäßes: Bavay, Nordfrankreich.

Die Schlacht

Die T. D. D. hielten daraufhin eine Beratung ab und beschlossen, Lug, der doch so vielseitig begabt sei, solle in der bevorstehenden Schlacht mit den Fomoiri ihr Befehlshaber sein. Kurz vor Schlachtbeginn traf In Dagda die Morrigan, die schreckliche Kriegsgöttin, bei einer Festung in Connacht, wo sie in einem Fluß badete. Er hatte mit ihr Geschlechtsverkehr, und zum Dank für die ihr erwiesene Gunst händigte sie ihm einen Plan aus, der ihm zum Sieg in der Schlacht verhelfen sollte. Dann setzte er, durch eine Fichte getarnt, seinen Weg fort, um das Lager der Feinde auszuspionieren. Die Fomoiri hoben eine riesige Grube aus, die sie mit Porridge füllten, der Lieblingsspeise In Dagdas, dazu taten sie Schafe, Ziegen, Schweine und befahlen In Dagda, dies alles aufzuessen, sonst habe er sein Leben verwirkt. Er solle sich nicht beklagen können, daß sie nicht gastfreundlich seien. Als In Dagda das Lager wieder verließ, war sein Bauch so riesig aufgebläht, daß er kaum noch laufen konnte, und die Fomoiri verspotteten ihn wegen seiner Freßgier.

Als die beiden Heere Stellung bezogen, eröffnete jeder der Vorkämpfer Lugs seinem Heerführer, was er zur Schlacht beitragen wolle. Goibniu, der Schmied, wollte die Speerspitzen und Schwerter schmieden, Creidne, der Gelbgießer, die Nieten anfertigen, Coirpre, der Dichter, ein Spottgedicht auf die Feinde verfassen, Ogma die Schlagkraft der Streitkräfte fördern. In Dagda hatte vor, die Gegner zu Hunderten mit seiner schweren Keule zu erschlagen, während Dian Cecht die gefallenen Krieger der eigenen Partei wiederzubeleben gedachte, indem er sie in einen Zauberbrunnen tauchte.

Lug selbst hatte sich wegen seiner Bedeutung als Heerführer dem Kampfgetümmel fernzuhalten. Doch als die Gegner erst einmal handgemein geworden waren, vergaß er seine Rolle ganz und sah sich plötzlich Auge in Auge seinem Großvater Balar »mit dem Bösen Auge« im Zweikampf gegenüber.

Balars »Böses Auge« öffnete sich nur in der Schlacht, denn es brachte Vernichtung über alle, die es anblickte. Als vier Fomoiri Balars Augenlid gewaltsam zu öffnen versuchten, trieb Lug mit einem Stein seiner Schleuder das Auge durch Balars Kopf, so daß es nun auf die Streiter hinter ihm blickte. Daraufhin hatten die T. D. D. mit den Fomoiri leichtes Spiel. Sie trieben sie ins Meer zurück und errangen den Sieg.

Die Erzählungen aus Wales

In mancher Hinsicht bieten die Erzählungen aus Wales ein ganz anderes Bild als das Material aus Irland. Hauptquellen für die Mythologie der Waliser sind fünf Erzählungen aus dem *Mabinogion*, einer mittelalterlichen Geschichtensammlung, die insgesamt elf Erzählungen aus Wales umfaßt. Es handelt sich um die sogenannten »Vier Zweige«: *Pwyll pendefig Dyfed* (»Pwyll, Prinz von Dyfed«), *Branwen ferch Llyr* (»Branwen Llyrstochter«), *Manawydan fab Llyr* (»Manawydan Llyrssohn«) sowie *Math fab Mathonwy* (»Math, der Sohn Mathonwys«) und – als fünfte Erzählung – die Geschichte von »Culhwch und Olwen«. An sich stehen die Zeugnisse aus Wales an Alter denen aus Irland nicht nach, doch ist der Umfang des wirklich alten Materials, das erhalten blieb, sehr viel geringer, und was davon auf uns gekommen ist, trägt sehr deutlich den Stempel christlicher Schreiber, die das alte Überlieferungsgut zwar aufzeichneten, aber dabei auch veränderten.

Dennoch besteht zwischen beiden Überlieferungen – der irischen und der walisischen – manche Gemeinsamkeit. Freilich – obwohl manche der betreffenden Parallelen zweifellos alt und auf eine gemeinsame frühe Quelle zurückzuführen sind, bleibt insgesamt doch unklar, inwieweit gemeinsame Themen und Gestalten späteren irischen Einflüssen zuzuschreiben sind. So entsprechen die »Kinder des Don«, eine zauberkundige Familie in »Math, der Sohn Mathonwys«, den Tuatha De Danann, die gleichfalls in der Zauberkunst bewandert sind. Lleu, um ein anderes Beispiel zu nennen, läßt sich unschwer als Lug (Samildanach), Gofannon als Goibniu identifizieren. Von den Kindern Llyrs, die in »Branwen Llyrstochter« erwähnt werden, hat immerhin Manawydan eine irische Entsprechung, nämlich den Meeresgott Manann mac Lir. In der Erzählung »Culhwch und Olwen« bot Lludd Llaw Ereint (ursprünglich wohl Nudd Llaw Ereint) Anlaß zu Vergleichen mit der irischen Sagengestalt des Königs Nuada und dem britischen Gott Nodens (oder Nodons), dem zu Ehren einst Weihinschriften errichtet wurden, die man in der Neuzeit wiederfand. Andererseits begegnet uns in einer Reihe walisischer Erzählungen sowie in einem Teil der frühen Dichtung bereits die Gestalt von King Arthur (König Artus). Möglicherweise ranken sich die betreffenden Sagen und Legenden um eine historische Persönlichkeit aus dem unmittelbar nachrömischen Britannien, die in der walisischen Überlieferung allerdings teilweise mit dem irischen Sagenhelden Finn mac Cumaill verschmolz (oder von diesem eine ganze Reihe von Charakterzügen übernahm). Wie es scheint, bezog die mittelalterliche Artusdichtung ihren Stoff zum großen Teil von hier.

Zu den gemeinsamen Themen gehört der »Kessel der Wiedergeburt« (in »Branwen« bezeichnenderweise im Besitz des Herrschers über das Jenseits), der Beziehung zu In Dagdas »Kessel der Fülle« aufzuweisen scheint, schenkt doch der »Kessel der Wiedergeburt« gefallenen Kriegern das Leben wieder, während der »Kessel der Fülle« unerschöpfliche Mengen von Speise produziert, die ihrerseits unsterblich macht, wenn man von ihr ißt. Beide rufen eine Darstellung auf dem silbernen Kessel von Gundestrup (1. Jh. v. Chr. bis 3. Jh. n. Chr.) ins Gedächtnis. Dort ist eine große Gestalt wiedergegeben, die Krieger in ein einem Faß oder Bottich ähnliches Gefäß wirft.

Das Jenseits der keltischen Mythologie ist eine geheimnisvolle Welt ohne Tod, Arbeit und Winter. Seine Bewohner sind Götter, Geister oder Feen mit ewiger Jugend. In Wales hielt man das Jenseits – es heißt dort Annwn (»Nichtwelt«) – für nicht weniger real als die Welt der Menschen. Man glaubte, es sei an der Tagesordnung, daß man den einen Bereich mit dem anderen vertauscht, obwohl es dazu bisweilen der Anwendung von Zauberkräften bedürfe. Man nahm auch an, daß Wesen aus dem Jenseits nicht selten Menschen zu Hilfe riefen. So heißt es von Pwyll, er habe seinen Platz mit Arawn, dem König von Annwn, getauscht, um seinen Gegner Hafgan zu töten. Auch der irischen Sage zufolge hilft der Held Cu Chulainn dem Lambraid »von der raschen Schwerthand« einen Tag lang gegen seine Gegner im Jenseits. Im Zusammenhang damit heißt es immer wieder, daß man die Jenseitigen mit Eisen bannen könne, und auch die Götter haben über das Eisen keine Macht. Man könnte sich vorstellen, daß diese Volksüberlieferung die kollektive Erinnerung an den Zusammenprall unterschiedlicher Kulturen mit unterschiedlichem Stand der technologischen Entwicklung spiegelt: das Zusammentreffen der in Britannien eindringenden Kelten, ihrer eisenzeitlichen Technologie und Kultur mit den kulturell und technologisch noch nicht so weit fortgeschrittenen Bewohnern, die sie im Lande vorfanden.

Branwen Llyrstochter

Zusammen mit seinen Brüdern Manawydan, Nisien und Efnisien hielt Benedigeidfran Hof zu Harlech in Wales. Da segelten eines Tages 13 Schiffe herbei. Sie gehörten Matholwch, dem König von Irland. Er war gekommen, um Branwen, die Schwester Benedigeidfrans, zu freien. Benedigeidfran hielt Rat und stimmte der Verbindung zu, doch der Unruhestifter Efnisien fand Matholwchs Pferde und verstümmelte sie, denn er war mit der Heirat nicht einverstanden und zürnte nun, weil man nicht auf ihn hörte. Durch diese Beleidigung erbittert, wollte Matholwch abreisen, doch Benedigeidfran stimmte ihn um, indem er ihm die Pferde ersetzte und ihm Gold und Silber sowie einen Zauberkessel gab, der tote Krieger wieder lebendig machte, wenn man sie hineintauchte (allerdings blieben sie fortan stumm).

Matholwch nahm also Branwen zu sich nach Irland, und sie gebar ihm einen Sohn namens Gwern. Aus Rache für die Matholwch in Irland angetane Schmach aber verbannten die Iren Branwen in die Küche und unterbanden jeglichen Verkehr zwischen Irland und Wales, so daß auch keinerlei Nachricht über das Meer von einem Land ins andere gelangen konnte. Branwen fand jedoch einen Ausweg und band einen Brief, in dem sie ihre Brüder bat, ihr zu helfen, an das Bein eines Vogels. Daraufhin boten die Waliser ihr Heer auf und segelten gen Irland. Benedigeidfran freilich war so riesig, daß er neben seinen Schiffen durch die See waten mußte. Die Iren zogen sich hinter den Shannon zurück und zerstörten die Brücke über den Fluß, doch der riesige Benedigeidfran legte sich quer über das Wasser und diente so den Walisern als Notsteg. So sahen sich die Verteidiger zu Friedensverhandlungen gezwungen.

Die Iren errichteten ein Haus zu Ehren Benedigeidfrans, der seiner gewaltigen Größe wegen noch nie ein Dach über dem Kopf gehabt hatte, und versteckten Männer in Säcken, die von jeder der 100 Säulen des Neubaus herabhingen. Doch Efnisien witterte Verrat. Er lief umher und zerschmetterte die Schädel all der Männer, die in den Säcken verborgen waren. Schließlich ließen sich beide Armeen gemeinsam nieder, und man übertrug Gwern die Herrschaft. Da aber warf Efnisien Gwern ins Feuer, und zwischen beiden Parteien kam es zum offenen Kampf.

Die Iren entzündeten ein Feuer unter dem zauberkräftigen Kessel der Wiedergeburt und warfen ihre Toten dort hinein, um sie ins Leben zurückzurufen. Als Efnisien das sah, versteckte er sich unter den Leichen, und nachdem man auch ihn in den Kessel geworfen hatte, streckte er sich aus, so daß der Kessel barst. So gewannen die Waliser an diesem Tage den Kampf, wenn auch um einen furchtbaren Blutzoll: Nur sieben Mann und Branwen überlebten.

Benedigeidfran selbst war tödlich verwundet und befahl, man solle ihm den Kopf vom Rumpfe trennen, sein Haupt zum weißen Berge in London tragen und dort mit dem Gesicht nach Frankreich gewandt begraben. Bei der Rückkehr nach Wales blickte sich Branwen nach Irland um und starb an gebrochenem Herzen.

Die überlebenden sieben Mann verbrachten sieben Jahre, Feste feiernd, in Harlech und hielten sich dann achtzig Jahre lang in seligem Vergessen in Pembroke auf. Doch als Heilyn, der Sohn Gwyns, das nach Cornwall führende Tor öffnete, erinnerten sie sich ihrer Verwandten und ihres Unglücks. Unfähig, auch nur einen Tag weiter zu rasten, zogen sie nach London und begruben Benedigeidfrans Kopf.

In Irland überlebten in einer Höhle fünf schwangere Frauen. Sie gebaren fünf Söhne, die, sobald sie herangewachsen waren, jeweils mit den Müttern der anderen neue Nachkommen zeugten. Dann teilten sie das Land unter sich auf. Dies ist, so will es die Sage, der Ursprung der fünf Provinzen Irlands.

DIE WALISISCHEN GÖTTER

Dons Kinder, eine der rivalisierenden Dynastien der keltischen Mythologie, mit den Mächten des Lichts gleichgesetzt und den Kindern Llyrs gegenübergestellt. Zu ihr gehören Gwydion, ein Krieger mit Zauberkraft, und Aranrhod, die zugleich Fruchtbarkeit symbolisierende Himmelsgöttin. Ihre Söhne waren Dylan, dessen Domäne das Meer ist, und Lleu Llaw Gyffes. Man setzt diese Familie den irischen Tuatha De Danann gleich.

Llyrs Kinder, durch drei mythische Persönlichkeiten repräsentiert: Benedigeidfran, Branwen und Manawydan, die in der Erzählung von *Branwen Llyrstochter* auftreten. Benedigeidfran (»Bran, der Gesegnete«) wird als Riese geschildert, der durch die Irische See watet, weil kein Schiff groß genug ist, um ihn aufzunehmen. Schließlich bezwingt ihn ein vergifteter Speer. Branwen spielt eine weniger wichtige Rolle. Sie tritt mehr als Opfer in Erscheinung, dem übel mitgespielt wird. Manawydan setzt man mit dem irischen Meeresgott Manann mac Lir (»Sohn der See«) gleich. Beide Namen bringt man mit dem Namen der Insel Man in Verbindung.

Pwyll, Prinz von Dyfed (Südwestwales). Besucht Annwn, die Unterwelt, nimmt eine Weile den Platz Arawns, des Königs, ein, herrscht ein Jahr und einen Tag und tötet Arawns Feind Hafgan, erringt den Beinamen Pen Annwn (»Haupt Annwns«), heiratet die Göttin Rhiannon und hat einen Sohn namens Pryderi. Gleichgesetzt mit dem Pelles der Artussage, wo der Kessel der Wiedergeburt zum heiligen Gral wird.

Rhiannon, »große Königin«, als walisische Nebenform der gallischen Pferdegöttin Epona angesehen – dies wegen ihrer Verbindung mit Pferden im *Mabinogion.* Sie taucht dort auf einem geheimnisvollen Reittier auf, das kein anderes Pferd überwinden kann. Später beschuldigt man sie fälschlich, ihren Sohn getötet zu haben, und zur Strafe für den vermeintlichen Mord muß sie wie ein Pferd Besucher auf ihrem Rücken zum Hof reiten lassen, ja schließlich muß sie sogar das Kummet eines Esels tragen. Ihr Sohn Pryderi war seines Vaters Nachfolger als Herrscher von Dyfed und der Unterwelt.

Oben links: Der gallische »Herkules« mit seinem Attribut, der Keule. Man setzte ihn mit dem keltischen Gott Ogmios gleich, dem Vorkämpfer der Götter und Schutzpatron der Beredsamkeit.

Oben rechts: Eine große Gestalt, möglicherweise ein Gott, steckt eine kleinere Gestalt mit dem Kopf nach unten in einen Kübel. Unten marschiert Fußvolk auf ihn zu, und es sieht aus, als ob die Krieger einen Baumstamm auf ihren Speerspitzen trügen. In der oberen Reihe dagegen reitet Kavallerie gerade davon. Als mögliche Interpretationen bieten sich an: ein dem Kriegsgott dargebrachtes Menschenopfer, bei dem der zu Opfernde ertränkt wird, Auferstehung durch Eintauchen in den Kessel der Wiedergeburt oder ein Initiationsritual für Krieger. Vom Kessel aus Gundestrup.

SECHZEHNTES KAPITEL

SKANDINAVIEN

In den Mythen Nordeuropas spiegelt sich nicht nur eine ungeheure Fabulierlust, sondern auch eine besondere Weltsicht: die Menschen sind in die Auseinandersetzungen feindlicher Kräfte einbezogen. Einige dieser Kräfte sind den Menschen hilfreich, andere aber sind extrem feindselig. Diese Ansicht gründete sich – wie bei Bauernvölkern üblich – auf das Erleben des Vegetationszyklus und der Naturkräfte: den Wechsel von Tag und Nacht, Licht und Dunkelheit, Kälte und Wärme, Sommer und Winter, Leben und Tod. Kühn und entschlossen konnten die Menschen ihr Leben in gewissem Umfang meistern, doch es stand außer Frage, daß das menschliche Schicksal von höheren Mächten bestimmt wurde.

Die Skandinavier fanden wenig Sicherheit in einer Welt, die von diesen Mächten beherrscht wurde. Leben und Glück wurden von Kräften bedroht, welche die Menschen weder verstehen noch beherrschen konnten. Zwischen Leben und Tod, Licht und Dunkelheit gab es nur eine zerbrechliche Schranke; diesseits von ihr war das Leben möglich und erträglich, wenn auch selten angenehm; jenseits davon war es fast unmöglich.

Wie bei vielen anderen Völkern war die germanische Götterwelt funktional gegliedert. Der mittelalterliche Chronist Adam von Bremen berichtet, daß man noch im 13. Jahrhundert zu Uppsala (Schweden) in einem großen Tempel »die Statuen von drei Göttern anbetete: der mächtigste von ihnen, Thor, hatte seinen Thron in der Mitte, Wodan (in Skandinavien Odin) und Fricko (Freyr) hatten ihren Platz zu beiden Seiten. Sie haben folgende Aufgaben: Thor, so sagt man, herrscht im Himmel und schickt Donner und Blitz, die Winde, Regen und gutes Wetter und sorgt für das Wachstum der Felder. Der zweite ist Wodan ... er bestimmt über Krieg und Frieden und schenkt den Menschen Mut, ihren Feinden entgegenzutreten. Der dritte ist Fricko, er verleiht den Menschen Frieden und Glück; sein Idol ist durch einen gigantischen Phallus charakterisiert.«

Da die Götter unterschiedliche Funktionen besaßen und sich ihre Einflußbereiche teilweise überschnitten, war es nicht ungewöhnlich, mehr als einen Gott zu verehren. Im Gegenteil: ein Mensch konnte durchaus die Hilfe mehrerer Götter und Göttinnen brauchen. Diese Einstellung konnte später auch vom Christentum nicht verdrängt werden.

Die gefürchteten Nordmänner

Die skandinavische Mythologie ist der bekannteste Zweig der vorchristlichen Mythologie der germanischen Völker. Wir verdanken unsere Kenntnisse fast ausschließlich der isländischen Überlieferung. Island wurde, hauptsächlich von Norwegen aus, im 9. und 10. Jahrhundert besiedelt; es gab dort eine reiche Literatur in Prosa und in Versen. Allerdings können wir nicht sicher sein, inwieweit diese Überlieferungen für die Glaubensvorstellungen der germanischen Völker repräsentativ waren.

Die Quellen stammen aus der Wikingerzeit (etwa 800–1100 n. Chr.) und späteren Jahrhunderten – und die gängige Vorstellung von den Wikingern als blutdürstige Wilde erschwert es uns, die Skandinavier so zu sehen, wie sie sich selbst sahen. Der üble Leumund der Wikinger ist schon sehr alt; bereits im 8. Jahrhundert schrieb der englische Mönch Alkuin, nachdem die Wikinger im Jahre 793 das Kloster Lindisfarne auf einer Insel vor der Küste von Northumbria geplündert hatten: »Niemals zuvor haben Schrecken und Plagen wie diese, welche wir jetzt von den Heiden zu erleiden hatten, Britannien heimgesucht.« Um zu zeigen, wie lange sich ein schlechter Ruf hält, sei noch G. K. Chesterton zitiert (1911):

> »Ihre Seelen schweiften über das Meer
> Und all die guten Städte und manches gute
> Land
> Die sahen sie an mit grausamem Blick
> Und zerbrachen sie mit harter Hand.
>
> Ihre Götter unersättlicher noch als das Meer
> Schrien nach Blut wie nächtlich' Getier.
> Sie trieben sie vorwärts und wieder zurück
> Mit nie enden wollender Gier.«

Das ist jedoch eine irreführende Beschreibung. Weil die Wikinger wenig Respekt vor der Religion und der Kultur zeigten, die sie in Britannien vorfanden, könnte man meinen, sie hätten selbst keine nennenswerte Kultur und Religion besessen.

Landschaft in Grönland. Die Menschen in den felsigen von den Wogen des Meeres gepeitschten Ländern des Nordens litten unter extremer Kälte, Eis und Schnee – und diese Erlebnisse fanden ihren Niederschlag in den Mythen. Es hieß, daß das erste Leben dort entstand, wo die Hitze des Südens auf die Kälte des Nordens traf. Die Eisregion war die Heimat der Jöten, zauberkundiger Riesen, die in den Felsschluchten von Jötunheim lebten und die Feinde der Asen waren. Die Göttin Hel beherrschte ein finsteres Totenreich (Helheim) im eisigen Norden. Die Kälte war stets eine Bedrohung des Lebens.

Vor dem 9. Jahrhundert gab es nur gelegentlich Kontakte zwischen Skandinavien und dem christlichen Europa. Die Skandinavier waren vor allem Bauern (und Fischer), die in Stammesgemeinschaften lebten. Nur wenige von ihnen konnten schreiben, aber Religion und Mythologie wurden in mündlicher Tradition bewahrt und verbreitet – nicht in heiligen Schriften. Es gab bei den Germanen keine heiligen Schriften, aber viele geheiligte Überlieferungen.

Fast alles, was wir über die germanischen Mythen wissen, verdanken wir zwei isländischen Textsammlungen. Beide werden *Edda* genannt: die ältere *Vers-Edda* und die *Snorra-Edda* in Prosa. Die ältere Edda entstand größtenteils in der Wikingerzeit (etwa 850–1200), und diese Sammlung umfaßt etwa 30 Lieder anonymer Dichter (darunter die berühmte *Völuspa*).

Die *Prosa-Edda* wurde im frühen 13. Jahrhundert von einem isländischen Historiker namens Snorri Sturluson zusammengestellt. Dieser interessierte sich sehr für die Vergangenheit und die Überlieferungen seines Volkes, und er schrieb ein Handbuch der Mythologie für den Gebrauch der Skalden, um ihnen die Zusammenhänge der alten Geschichten zu erläutern. Man darf nicht vergessen, daß dieses Buch geschrieben wurde, als Island bereits zwei Jahrhunderte lang ein christliches Land war. Snorri hat vermutlich niemals einen Heiden kennengelernt, und bringt die Mythen nicht mit Kulten in Zusammenhang.

Für Snorri sind die Götter und Göttinnen große Männer und Frauen der Vergangenheit, denen er keinerlei Verehrung entgegenbringt. Es gab zwei Götterfamilien: die Asen (zu ihnen gehörten u. a. Thor und Odin – vermutlich die Götter der »Streitaxtleute«) und die Wanen (zu ihnen gehörten u. a. Freyr und Freya – vermutlich die Götter der »Großsteingräber-Leute«). Snorri erklärte, daß die Asen (er übersetzte dieses Wort fälschlich mit Asiaten) nach dem Trojanischen Krieg aus Asien kamen. In Wahrheit kamen die »Streitaxtleute« schon viele Jahrhunderte früher nach Norddeutschland – vermutlich vom Schwarzen Meer. Diese »Trojaner« wurden nach Snorris Meinung von Odin angeführt, der sein Eroberer-Heer durch Deutschland und Dänemark nach Norden führte, wo er von einem König namens Gylfi willkommen geheißen wurde.

Mit dieser Geschichte beginnt die *Prosa-Edda*. Gylfi erkundigt sich, worauf die Fähigkeiten und Erfolge der Asen beruhen. Er gelangt dann in eine große Halle, in der drei Götterfiguren thronen. Er bittet sie um Auskunft, und ihre Antworten sind jene mythologischen Erzählungen, welche unsere Hauptquelle der skandinavischen Mythologie darstellen.

Kosmos und Chaos

Am Anfang gab es nichts als einen unendlichen Abgrund (Ginnungagap), südlich davon befand sich Muspelheim mit Vulkanen, aus denen sich ein Feuerregen über den leeren Raum hinweg bis in das

Oben: Prähistorische Felsritzungen stellen Rinder und das Pflügen dar. Die starke Betonung des jahreszeitlichen Zyklus in der skandinavischen Mythologie – der Wechsel von Licht und Finsternis, Sommer und Winter, Leben und Tod – entspricht den Erlebnissen und Denkweisen der skandinavischen Bauern, die vermutlich seit der Bronzezeit Pflüge im Moor versenkten und auf Felsbildern darstellten. Auf dieser Steinzeichnung an einer von Gletschern glattgeschliffenen Felswand in Tegneby an der schwedischen Westküste lenkt ein Bauer einen von zwei Ochsen gezogenen Pflug (5. – 3. Jahrhundert v. Chr.).

Oben rechts: Gylfi, ein sagenhafter schwedischer König, kommt in die große Halle, wo er über die Götter belehrt wird. Aus einem Manuskript des 14. Jahrhunderts von Snorri Sturlusons *Prosa-Edda.* Wir verdanken diesem Buch einen großen Teil unseres Wissens über die skandinavische Götterwelt. Der Verfasser war Christ und ein bedeutender Gelehrter, der in dieser Sammlung aufzeichnete, was junge Skalden zum Verständnis der Sagas wissen mußten. Der erste Teil dieses mythologischen Handbuchs heißt *Gylfaginning* (»König Gylfis Täuschung«).

eisige und neblige Tal Niflheim im Norden des Abgrunds ergoß. Wo die Hitze des Südens auf die Kälte des Nordens traf, da entstand das Leben: ein Riese Ymir und eine Kuh Audumla (»die Saftreiche«), die aus ihrem Euter fließenden Saftströme ernährten Ymir und seine Nachkommen; Ymir war zweigeschlechtlich. Die Kuh leckte an salzigen Eisblöcken – und aus einem von ihnen kam ein Mann zum Vorschein, das war Buri – und einer seiner Enkel war der große Gott Odin.

Odin hatte zwei Brüder, und schließlich töteten sie Ymir und schleuderten seinen Leichnam in Stükken in den leeren Raum, aus ihnen entstand die Welt. Aus Ymirs Blut wurde das Meer, Flüsse und Seen, aus seinem Fleisch der fruchtbare Erdboden, aus seinem Schädel das Himmelsgewölbe, das an den vier Enden von je einem Zwerg getragen wird. Aus dem Feuerregen und der Asche von Muspelheim entstanden jetzt in der Ginnungagap die Sterne und die Planeten. Ymirs Gehirn verteilte sich in der Luft und bildete die Wolken. Schließlich wurden Ymirs Augenbrauen dazu verwandt, Midgard zu schaffen, wo die Menschen leben konnten.

Eines Tages wanderten Odin und seine Brüder am Strand entlang. Sie kamen an zwei Bäumen vorüber, einer Esche und einer Ulme. Daraus schufen sie Mann und Frau und hauchten ihnen Leben und Seele ein, gaben ihnen Verstand und Beweglichkeit, Sprache, Hör- und Sehvermögen. Die Götter ließen sie dann in Midgard leben. Dann schufen sie für sich selbst einen Wohnsitz, den sie Asgard nannten. An Midgard und Asgard grenzte das kalte Land der Riesen, Jötunheim; diese bedrohten unablässig die von den Göttern geschaffene Welt.

Vor der Schöpfung existierte, wie die skandinavische Mythologie (in Übereinstimmung mit vielen anderen Mythologien) berichtet, schon Materie, doch konnte sich kein Leben entfalten. Vor dem Kosmos war das Chaos: extreme Hitze im Süden neben extremer Kälte im Norden. Vermutlich existierten die Götter bereits, obgleich wir darüber nichts wissen. Im allgemeinen heißt es, daß die Götter – insbesondere Odin – die Welt organisiert (also nicht eigentlich erschaffen) haben. Die Welt konnte aus dem Zusammenwirken von Hitze und Kälte spontan entstanden sein oder aus den zerstückelten Körperteilen eines Riesen. Es gibt keinen Versuch, diese Aussagen zu vereinheitlichen.

Die Götter formten die Welt; sie schufen für sich selbst eine Heimstatt (Asgard) und für die Menschen einen Lebensraum (Midgard). Im Zentrum der Welt stand ein mächtiger Baum, die Esche Yggdrasil, deren Zweige sich über die ganze Welt erstrecken. Ihre Wurzeln reichen bis in die Welten der Menschen, der Toten und der Frostriesen, die in Schnee und Eis leben – jenseits der Grenzen menschlicher Besiedlung. Am Fuße des Baumes entspringt der Quell der Weisheit und des Verstandes.

Der Kosmos ist ständig bedroht. Die Hauptgefahr kommt aus dem Riesenland, und es ist die wichtigste Aufgabe Thors, die Riesen in Schach zu halten. In den Mythen ist Thor häufig »abwesend und kämpft mit den Riesen« – oder es bricht Panik aus, wenn die Riesen seine Waffen stehlen (insbesondere seinen Hammer). Die Welt der Götter wie der Menschen ist unsicher und von finsteren Mächten bedroht.

Thor, ein Gott selbstbewußter Krieger

Thor schützt die heiligen Ordnungen des Universums mit seiner ungeheuren Kraft, verkörpert in seinem »Kraftgürtel«, seinen eisernen Handschuhen und einem Hammer, genannt Mjölnir, dem Symbol von Blitz und Donner. Der Name Thor (Donar) bedeutet Donner, und der Gott ist eine Personifikation des Gewitters. Als Wettergott beherrschte er die Winde, und er war auch, indem er Regen spendete, ein Fruchtbarkeitsgott.

In der Wikingerzeit war Thor der populärste Gott. Menschen und Orte wurden häufig nach ihm benannt (vermutlich, um sie unter seinen Schutz zu stellen). Wild und unberechenbar, hatte er Anfälle von Jähzorn, doch richtete sich sein Grimm gewöhnlich gegen die Riesen. Seinen eigenen Leuten war er ein guter und zuverlässiger Freund, der an ihrer Seite für ihre Interessen kämpfte. Er besaß derart viele jener Eigenschaften, welche die Wikinger an ihren Anführern schätzten, daß er uns als ein überlebensgroßer Wikingerhäuptling erscheint: großgewachsen mit rotem Bart, ein gewaltiger Esser und Trinker, stark und beherzt – aber mitunter auch voreilig im Urteil. Er wurde vor allem von jenen Männern verehrt, die auf ihre eigene Kraft und Stärke vertrauten.

Thors Symbol, der Hammer, zeigt, wie Mythen

und Brauchtum sich wechselseitig beeinflussen. Es handelte sich um eine Waffe mit kurzem Schaft, die geworfen wurde. Kleine Thorshämmer wurden als Amulette an einer Schnur um den Hals getragen – und in der späten Wikingerzeit war das »Zeichen des Hammers« eine Segensgeste (vermutlich eine Nachahmung des christlichen Kreuzzeichens). Der Hammer weihte Ehen und bekräftigte Verträge, und er wurde mit ins Grab gegeben, um dem Toten Schutz zu gewähren.

Thor war sich mitunter seiner gewaltigen Kräfte gar nicht bewußt. Eine Geschichte handelt davon, daß Thor als junger Bursche verkleidet Asgard verließ und zu einem Eisriesen namens Hymir kam, der gerade mit seinem Boot zum Fischfang fahren wollte. Thor bat den Riesen, ihn mitfahren zu lassen, doch Hymir lachte nur, weil er meinte, Thor sei zu klein und nütze beim Rudern wenig. Das ärgerte Thor. Er brachte den Riesen dazu, seine Meinung über ihn zu ändern – und er nahm den Kopf von Hymirs größtem Ochsen als Köder. Damit angelte er ein großes Meeresungeheuer, die Midgardschlange. Der Kampf war so heftig, daß Thor mit einem Fuß die Planken des Bootes zertrümmerte, als er versuchte, das Ungeheuer an Bord zu hieven. Hymir bekam einen Schreck und kappte die Angelleine. Daraufhin versank das Ungeheuer im Meer. Wenn er das nicht getan hätte, hätte dieser Kampf den Weltuntergang auslösen können.

Bei einer anderen Gelegenheit wurde Thors Hammer von dem Bergriesen Thyrm gestohlen, der ihn nur unter der Bedingung herausgeben wollte, daß er die schöne Freya zur Frau erhielte. Thor wurde von den anderen Göttern dazu überredet, Frauenkleider anzuziehen und vorzugeben, er sei Freya. Er kam als Braut zu Thyrm, der von der Aussicht auf die bevorstehende Hochzeit so begeistert und außer sich war, daß er den Betrug nicht bemerkte. Als er sich den Hammer für die Hochzeitszeremonie bringen ließ, da ergriff Thor die Gelegenheit und erschlug den Riesen und seine ganze Hochzeitsgesellschaft mit dem Hammer Mjölnir.

Odin und die Runen

Während Thor ein ins Übermenschliche gesteigerter Wikinger war, gehört Odin einem geheimnisvollen und gefährlichen Bereich zwischen Leben und Tod an. Er war eine schwierigere und gefährlichere Gestalt. Sein Name mag etwas mit »Wind« (bzw. »Hauch«) zu tun haben, und er wurde später zum »Wilden Jäger«, der zwischen Weihnachten und Neujahr umherreitet. In Deutschland hieß der Gott Wodan – und Adam von Bremen übersetzt das mit »Wut« oder »Verrücktheit«. Die Verrücktheit des Gottes übertrug sich auf seine Anhänger, die Berserker, das waren Krieger, die Bärenhäute trugen und im Kampf außer sich gerieten. Berserker bedeutet »Bärenhäuter« (von *beri* = Bär und *serkr* = Gewand), nahm aber die Bedeutung »blindwütig« an, weil die Berserker im Kampf wie Verrückte wüteten. Odin machte seine Anhänger zu wilden Kämpfern und versetzte ihre Feinde in Furcht und Schrecken.

Oben links: Statuette des Gottes Thor aus Island (Bronze, 10. Jahrhundert). Er hält seinen Hammer Mjölnir in den Händen, das Zeichen seiner Stärke (vermutlich ein Blitz-Symbol). In der Wikingerzeit war er der am meisten verehrte Gott. Er erhielt die Ordnung im Universum aufrecht und kämpfte gegen die Riesen, welche diese bedrohten.

Links: Reich verzierter Thorshammer des 10. Jahrhunderts aus Schonen (Schweden). Noch im 11. Jahrhundert entstanden in Schweden heidnische Amulette. Der Thorshammer sollte Segen und Schutz des Gottes Thor beschwören und war zugleich ein Fruchtbarkeitssymbol. In der Wikingerzeit näherten sich die Thorshämmer dem christlichen Kreuzsymbol an und wurden (als »Antonius-Signum«) von der Kirche toleriert.

Odin (Wodan) war in der Römerzeit der wichtigste Gott der Germanen, er ist ein Gott der Krieger - aber auch ein großer Zauberer, der ein Auge opferte, um Schamanenwissen zu erlangen. Man berichtete, daß er gelegentlich als ein einäugiger Mann unter den Menschen erschien. Ihn verehrten die Berserker (Krieger, die sich nach Art der Schamanen in einen Trancezustand versetzten, um unempfindlich gegen Verletzungen zu werden). Tapfere Krieger, die in der Schlacht getötet wurden, sollten als seine Leibwache nach Walhall gelangen, seiner großen Halle in Asgard, wo sie fröhlich feierten und tranken. Diese Bronzefigur aus Linby, Schonen (Schweden), stellt einen einäugigen Mann dar - vielleicht Odin.

DIE HAUPTGÖTTER SKANDINAVIENS

Odin: Gott des Todes, der Weisheit und der Magie
Frigg: Gattin des Odin, Muttergöttin
Thor: Donnergott, Feind der Riesen
Njörd: Meeresgott, Gott der Schiffahrt und des Reichtums (seine Kinder sind Freyr und Freya)
Freyr (Fro): Sonnen- und Lichtgott, der die Wintersonnenwende bewirkte (sein Symbol: das Sonnenrad)
Freya: Göttin der Liebe, Ehe und Schönheit
Baldur (Baldr): Sohn des Odin und der Frigg, ein jung sterbender und wiederbelebter Gott
Loki: eine rätselhafte Gestalt, ein göttlicher Erfinder
Tyr (Tiu, Ziu): Sohn des Odin. Ihm war das Schwert geweiht, er entschied über das Schlachtenglück und war der Schützer des Things
Bragi: Sohn Odins, Gott der Dichter, Gatte Iduns
Idun: Hüterin der goldenen Äpfel der Unsterblichkeit
Heimdall: Beschützer Asgards
Hödr (Hödur): blinder Bruder des Baldr (Baldur)
Ullr: Bogenschütze und Wintergott, der schifährt

Sehr wenige Skandinavier gaben ihren Kindern Namen, die von Odin abgeleitet waren, denn er war zu eng mit dem Tod – vor allem mit dem Schlachtentod – verbunden. (Im Märchen von Gevatter Tod leben einige dieser Vorstellungen nach. Anmerkung des Übersetzers.) Auf den Schlachtfeldern konnte man ihm gelegentlich begegnen – in Gestalt eines alten Mannes in einem weiten Mantel. Er wurde von Raben, Wölfen und den Walküren begleitet, die auf der Walstatt die Seelen der gefallenen Helden suchten (»kürten«) und nach Walhall geleiteten. In Odins Halle in Asgard bildeten sie seine Leibgarde. Vielleicht weil der Sieg im Schwertkampf von so vielen zufälligen Faktoren abhing und unvorhersehbar war, hat man Odin auch als verräterisch und wortbrüchig dargestellt. Eine Geschichte berichtet z.B., daß der Gott König Harald »Kriegszahn« von Dänemark die schiefe Schlachtordnung lehrte, doch später wandte er sich gegen Harald und verriet dieses Geheimnis auch seinen Feinden – und als es zur Schlacht kam, da warf er den König von seinem Wagen und erschlug ihn.

Odin war berühmt wegen seines Wissens; zu dessen geheimnisvollen magischen Quellen gehörte das abgeschlagene Haupt des Riesen Mimir, der einst jeden Morgen aus der Quelle am Brunnen der Esche Yggdrasil getrunken hatte. Mit ihm beriet sich Odin. Der Gott war auch ein Meister der Runen, des auch (ursprünglich vor allem) für Orakelzwecke genutzten germanischen Alphabets. Der mythischen Überlieferung zufolge wurde Mimir im Krieg der Asen gegen die Wanen bei diesen als Geisel gehalten und erschlagen. Sein Haupt schickten die Wanen zu den Asen zurück. Odin präparierte den Kopf und behielt ihn als magischen Ratgeber. Er sprach zu ihm und konnte mit seiner Hilfe die Geisterwelt befragen. Eine weitere Quelle seines magischen Wissens war, daß Odin ein Auge in Mimirs Quelle deponiert hatte. Deshalb wird der Gott oft als einäugig beschrieben.

Das Runenalphabet, das als Odins Errungenschaft galt, wurde in Skandinavien häufig für magische Zwecke benutzt. Es gibt einen Bericht in der *Edda,* daß Odin ans Stammholz der Weltesche Yggdrasil geschlagen wurde und dort neun Tage und Nächte lang hing. Er war mit einem Speer verwundet worden – auf die gleiche Art und Weise wurden die Menschen, die man ihm opferte, zu Tode gebracht und an Bäumen aufgehängt. Doch dann kam er herab und fand die Runen. Er drang in die Welt der Toten ein und lernte das Geheimnis der Runen kennen, und er gewann Macht über den Tod. In der gleichen Geschichte gibt es einen Hinweis darauf, daß Odin einen Leichnam wiederbeleben konnte, indem er Runen schnitt und sie »bemalte«, d. h. vermutlich, sie mit Blut bestrich. Er hat auch etwas mit der Alraune zu tun, von der man annahm, daß sie unter dem Galgen wuchs, schrie, wenn man sie aus der Erde zog, und magische Kräfte besaß.

Freyr und Freya

Der dritte große Gott im Tempel von Uppsala war Freyr, der Fruchtbarkeitsgott (kenntlich an seinem Phallus). Er wurde besonders in Schweden verehrt. Nach Snorri waren er und seine Schwester Freya mächtige Gottheiten. »Freyr ist ein außerordentlich wichtiger Gott, er entscheidet, wann die Sonne scheinen soll oder wann es regnet, und damit über die Fruchtbarkeit der Erde. Man fleht ihn an um Frieden und Wohlergehen. Er schenkt den Menschen auch Reichtümer. Freya aber ist die bekannte-

Links außen: Das Portal der Stabkirche zu Urnes (Westnorwegen) aus dem 11. Jahrhundert ist mit Schnitzereien geschmückt: Zwischen dem rebenähnlichen Flechtwerk (einer Darstellung der riesigen immergrünen Weltesche Yggdrasil, die mit ihrem Gezweig die Reiche der Götter, Menschen, Riesen und Zwerge verbindet ?) erkennt man die Körper von Tieren, die miteinander kämpfen.

Oben: Figuren, die vermutlich einen Krieger und eine Walküre darstellen. (Walküren waren göttliche Jungfrauen, welche die toten Krieger von der Walstatt nach Walhall geleiteten und in Odins Palast bedienten.) Ein kleines vergoldetes Amulett aus Silber und ein Anhänger aus einem Grab in Birka (Schweden), 6. Jahrhundert.

Links: Gedenkstein aus Gotland: Am oberen Rande schweben Adler und Walküren über der Schlacht. In der Reihe darunter begegnen die toten Krieger, die nach Walhall ziehen, Sleipnir, dem achtbeinigen Pferd des Odin. Unten sehen wir ein Wikingerschiff.

ste Göttin ... Sie erfreut sich an Liebesliedern, und man kann sie in Liebesdingen um Hilfe bitten.«

Pferde waren die heiligen Tiere des Freyr. In einem Heiligtum bei Thrandheim in Norwegen hielt man heilige Pferde. Als sich der christliche König Olav Tryggvason dorthin begab, um das Heiligtum zu zerstören, fand er ein Pferd vor, das gerade geschlachtet werden sollte »als Speise für Freyr«. Auf Island gab es Pferdekämpfe und Pferderennen; man kennt Hinweise darauf, daß in der Nähe von Freyrs Tempeln Pferde gehalten wurden. Die Pferdeopfer begründen wohl die Abneigung der christlichen Germanen gegen Pferdefleisch.

Der Mord an Baldur

Der nach Thor und Odin wohl bekannteste skandinavische Gott ist Baldur, der Lichtgott, der Schöne und der Gute. Er war ein Sohn Odins und der gnädigste und sanfteste der Götter. Der *Prosa-Edda* zufolge wurde er durch eine üble Machenschaft getötet – und »das war das größte Unglück für die Götter und die Menschen«.

Oben: Die Bronzefigur aus Rällinge in Schweden (11. Jahrhundert) stellt den Fruchtbarkeitsgott Freyr dar (der Phallus weist auf seine Funktion hin). Ihm ist ein heiliger Schimmelhengst geweiht.

Oben rechts: Freyrs Schwester Freya, die schöne Göttin der Liebe. Sie trägt um ihre Schultern ein großes Halsband (»Brisingamen«). Es heißt, dieses wurde von vier Zwergen hergestellt, die es ihr unter der Bedingung gaben, daß sie mit jedem von ihnen eine Nacht verbrachte. Gehänge aus der Wikingerzeit, Schweden.

Baldur hatte in einem prophetischen Traum seinen eigenen Tod geträumt. Die Götter waren darüber beunruhigt, und Baldurs Mutter, die Göttin Frigg, nahm allen Wesen und Dingen einen Eid ab, Baldur nicht zu schaden: der Erde, dem Eisen und allen anderen Metallen, den Steinen und Bäumen, den Krankheiten, den Tieren, auch den Vögeln und Schlangen, sogar den Giften. Sobald dies getan war, versammelten sich die Götter um Baldur und bewarfen ihn zur Probe mit allen möglichen Dingen – und als er nicht verletzt wurde, da waren sie froh. Nur einer freute sich nicht mit ihnen. Loki verkleidete sich als eine Frau, ging zu Frigg und fragte sie, ob sie nicht irgendeine Kreatur vergessen habe, und Frigg antwortete, daß nur die Mistel, weil sie zu jung gewesen sei, keinen Eid geschworen habe.

Loki fand die Mistel, ging zurück nach Asgard und gab sie dem blinden Bruder Baldurs, Hödur (Hödr), in die Hand und forderte ihn auf, diese nach Baldur zu werfen. Hödur warf den aus einem Mistelzweig geschnitzten Pfeil, der Baldur durchbohrte. Er fiel tot zu Boden.

Die Götter waren wie erstarrt vor Schrecken, und Baldurs Frau Nanna (»die Knospe«) starb vor Kummer. Sie wurden auf Baldurs Schiff aufgebahrt und auf einem Scheiterhaufen verbrannt. Der Gott Hermut (Hermodr), der Götterbote und Bruder Baldurs, ritt nach Norden zu Hel – in das Land der Toten, wo Baldur jetzt ein großer Herr war. Man sagte Hermut, daß Baldur Helheim verlassen könne, wenn alle Lebewesen und Dinge in der Welt um ihn weinen.

Die Götter entsandten Boten in alle Himmelsrichtungen, und alles weinte um Baldur (so wie es im Frühjahr geschieht, wenn die warme Luft allen Schnee schmelzen läßt und alle Quellen auftaut). Aber es gab ein Wesen, das nicht weinen konnte, eine Riesin, die in einer Höhle wohnte. Baldur sei ihr in keiner Weise von Nutzen – weder lebendig noch tot, so sagte sie, darum solle Hel behalten, was sie besitzt. Ihretwegen konnte Baldur nicht in die Welt der Lebenden zurückkehren. Vermutlich war das Loki in einer Verkleidung.

Dieser Mythos scheint eine Variante des weitverbreiteten Themas vom sterbenden Vegetationsgott zu sein, allerdings fehlt in der *Edda* die jedes Jahr erneut erfolgende Auferstehung. Es handelt sich bei diesem Mythos um ein Drama von Leben und Tod, in dem Loki die Rolle des Bösewichts zugeschrieben ist.

Loki der Listenreiche

Es gibt kaum eine seltsamere Gestalt in der Mythologie als Loki: Er ist teils göttlich und teils dämonisch, er ist Odins Blutsbruder und verbreitet Furcht und Schrecken unter den Göttern. Er wurde mit dem griechischen Prometheus verglichen und als Feind der etablierten Autoritäten bezeichnet. Mitunter tritt er auch als Frau auf.

Loki war der Sohn eines Riesen und einer Riesin; als seine Kinder gelten die Midgardschlange, der Fenriswolf und Hel, die Göttin des Totenreiches im äußersten Norden. Loki schmiedete Schwerter und hütete das Feuer. Die Götter verdankten Loki u. a. den Hammer des Thor und das Schiff Freyrs.

Als die Götter Asgard zu ihrer Heimstatt machten, da kam ein Riese und bot ihnen an, einen großen Wall um ihre Festung zu errichten zum Schutz gegen ihre Feinde. Man kam überein, daß er als Bezahlung die Göttin Freya, Sonne und Mond erhalten sollte, wenn es ihm gelänge, das Werk vor dem Ende des Winters fertigzustellen. Als die Götter diesen Handel abschlossen, da glaubten sie, daß es unmöglich sei, diesen gewaltigen Wall in so kurzer Zeit fertigzustellen. Sie machten zur Bedingung, daß der Riese sich nur von seinem Pferd helfen lassen dürfe – und auf Lokis Empfehlung schlossen sie dann diesen Vertrag ab. Zu ihrem Entsetzen war das Pferd ein Zauberhengst, der die riesigen Steine so rasch herbeitrug, daß die Festungsmauer drei Tage vor Wintersende fast fertig war.

Jetzt war das Entsetzen groß, und die Götter mußten fürchten, Freya, die Sonne und den Mond zu verlieren. So umringten sie Loki und bedrohten ihn mit dem Tode, wenn er nicht einen Ausweg fände. Da verwandelte sich Loki in eine Stute und lockte den Hengst fort, so daß der Riese sein Werk nicht rechtzeitig fertigstellen konnte. Thor schlug dem Riesen mit seinem Hammer den Schädel ein. Loki gebar später ein graues Fohlen mit acht Beinen, das war Sleipnir, Wodans Roß.

Den anderen Göttern war Loki ein nützlicher, aber gefährlicher Verbündeter. In einem Gedicht der *Vers-Edda* (in der *Lokasenna* = »Schmähreden Lokis«) kommt er zu einem Fest der Götter und verspottet diese. Die Göttin Idun versucht ihn zurückzuhalten, darauf fährt Loki sie an: »Schweige, Idun, du bist die größte Schlampe und legst deinen Arm um den Mörder deines Bruders.« Frigg nennt er eine Hure, Njörd wirft er seinen Inzest vor, Heimdall, den Wächter, nennt er einen Faulpelz. Er rühmt sich all des Ärgers, den er den Göttern bereitet hat. (Beispielsweise hat er Thors Frau verführt.) Er weicht erst, als Thor droht, ihn zu erschlagen. Dieses Gedicht zeigt Loki als einen mephistophelischen Spötter, bei anderen Gelegenheiten (wie bei Baldurs Tod) ist er ein Schurke.

Bei Loki sind die normalen Werte z. T. in ihr Gegenteil verkehrt, und er verkörpert ein Paradoxon: Er ist ein Gott, der die Götter haßt und von ihnen gehaßt wird. Loki war kein Zauberer, aber er kannte sich in der Zauberei aus; er konnte sich verwandeln und fliegen. Magische Kräfte können krank machen oder heilen, wie das Feuer verbrennen oder wärmen kann. Es ist bezeichnend, daß Loki der Herr des Feuers ist (germ. *logi* = Lohe), auch das erinnert an Prometheus, der den Göttern das Feuer gestohlen und den Menschen gebracht hat.

Schließlich wird Loki von den Göttern ergriffen, die ihm seinen Anteil an Baldurs Tod nicht vergeben können. Sie schmieden ihn mit Eisen (wie Prometheus) an die Felswand einer Höhle. Eine Schlange tropft unaufhörlich Gift auf seinen Kopf. Sygin, Lokis Frau, hält eine Schale, um die Tropfen aufzufangen, doch wenn sie diese entleert, dann tropft das Gift Loki ins Gesicht. Am Weltende wird er befreit werden und gegen die Götter antreten. Er wird mit Heimdall, dem Wächter von Asgard, kämpfen und sie werden einander töten.

Sigurd und der Drache

Mit Sigurd kommen wir von einem Paradoxon zu einem populären Helden. Nach Snorri lebte einst ein Zauberer, der Hreidmar hieß, dieser hatte drei Söhne: Fafnir, Regin und Otr. Otr wurde (als er in der Gestalt eines Otters mit einem Lachs im Maul auf einem Stein saß) von Loki getötet, und sein Vater verlangte ein Wergeld. Die Götter füllten den Balg des Otters mit Gold, und Loki legte einen goldenen Zauberring dazu, der einst dem Zwerg Andwari gehört hatte. Loki warnte, daß über dem Schatz ein Fluch liege, der den Besitzer vernichten werde. Das erwies sich bald als wahr, denn Fafnir erschlug seinen Vater und verweigerte seinem Bruder das Erbe. Dann verwandelte er sich in einen Drachen, der den Schatz hütete. Regin wurde Schmied und adoptierte den jungen Sigurd (Siegfried), für den er das Schwert Gram schmiedete, das so scharf war, daß es ein Büschel Wolle, das in einem Bach trieb, mit einem Hieb zerteilen konnte.

Regin sandte Sigurd aus, um Fafnir zu töten. Sigurd versteckte sich in einer Grube neben dem Pfad, den Fafnir benutzte, um zum Wasser zu gelangen. Und als der Drache wieder einmal zur Tränke kroch, da wurde er von Sigurd getötet. Ein Tropfen Blut gelangte auf Sigurds Zunge, und er konnte sofort die Sprache der Vögel verstehen. Er hörte mit an, wie zwei Kleiber im Geäst eines Baumes sich unterhielten und sagten, daß Regin vorhabe, ihn zu ermorden und das Gold an sich zu bringen. Als sich Sigurd dieser Gefahr bewußt wurde, tötete er Regin und behielt selbst das Gold.

Die *Sigurd-Sage* – oder zumindest Teile von ihr – ähnelt vielen anderen Erzählungen. Obgleich sie kein Mythos ist – in Deutschland kennt man den Stoff aus dem *Nibelungenlied* –, hat die Erzählung eine Vielzahl von Mythen- und Märchen-Motiven in sich aufgenommen. Sie weist auf die Gefahren hin, die mit dem Besitz des Goldes verbunden sind, und sie enthält darüber hinaus eine nordeuropäische Variante des Ödipus-Themas, die Tötung des Vaters durch einen neidischen Sohn.

Oben: Der »gefesselte Teufel«. Die skandinavische Mythologie beeinflußte auch noch in christlicher Zeit die Vorstellungen der Nordleute, und die gefesselte Figur könnte auch Loki darstellen, der von den anderen Göttern für seinen Anteil am Tode Baldurs bestraft wird. Loki wurde mit eisernen Ketten gefesselt, und eine Schlange tropfte unaufhörlich Gift auf sein Gesicht. Am Weltende soll er befreit werden und gegen die Götter im Endkampf antreten. Detail von einem Kreuz in Kirkby Stephen (Cumbria).

Unten: Sigurd tötet den Drachen Fafnir, der einen Goldschatz bewachte. Felsritzung in Ramsund, Södermannland (Schweden), 11. Jahrhundert. Auf dem Drachenkörper befindet sich eine Runeninschrift. Wir sehen eingerahmt vom Drachenleib den toten Regin (der Sigurd zu diesem Kampf aufforderte) liegen, daneben röstet Sigurd das Drachenherz am Feuer. Als er es gegessen hat, versteht er die Sprache der Vögel im Baum, neben dem sein Pferd Grani steht.

Das Weltende

Die Skandinavier vertrauten nicht auf die Dauerhaftigkeit der Dinge. Sie sahen im kosmischen Entwicklungsprozeß keinen glatten und sicheren Fortschritt, sondern einen andauernden Kampf zwischen den Kräften der Schöpfung und der Zerstörung, der Ordnung und dem Chaos. Die Welt war nur zum Teil für die Menschen bewohnbar, und jenseits der Grenzen des guten und fruchtbaren Landes gab es schreckliche Kräfte; man mußte stets gewärtigen, daß sie losbrechen und das Werk und die Hoffnungen der Menschen vernichten.

Die Schöpfung war ein Prozeß, mit dem die göttlichen Kräfte Ordnung in das Chaos brachten. Das Ende der Welt würde kommen, wenn die Kräfte der Ordnung dem Chaos nicht länger widerstehen könnten. Naturkatastrophen (Eis und Schnee, Vulkanausbrüche, Überschwemmungen und Erdbeben) gaben den Menschen eine Vorstellung davon, wie der endgültige Zerfall aussehen würde, bei dem auch die Götter selbst ihren Untergang fänden.

Das Ende der Welt soll sich ankündigen durch drei aufeinanderfolgende Kriegswinter und einen weiteren Winter mit schrecklicher, unerträglicher Kälte. Ein Wolf wird dann die Sonne verschlingen und ein anderer den Mond. Die Sterne werden verschwinden, und es wird starke Erdbeben geben. Dann kommt der angekettete Fenriswolf frei und öffnet sein Maul, um die Welt zu verschlingen. Die Midgardschlange speit Gift über Himmel und Meer, und alle Monster des Chaos sammeln sich zum Angriff.

Heimdall, der Wächter von Asgard, stößt in sein Horn und die Götter reiten zur Schlacht aus. Thor ist bald in einen Kampf mit der Midgard-Schlange verwickelt, Freyr kämpft mit Surt (Surtur), einem Riesen mit einem Flammenschwert, Tyr mit dem riesigen Hund Garm und Heimdall mit Loki. Alle Götter kämpfen tapfer, doch vergebens, und der Weltbaum erzittert. Surt setzt die Erde in Brand, und diese versinkt im Meer.

Nichts bleibt als ein Chaos von Feuer und Rauch, der zum Himmel aufsteigt – und am Ende werden die Hitze und das Feuer vom Ozean verschlungen. Die Welt hat jetzt aufgehört zu existieren, sie ist zum Anfangsstadium zurückgekehrt.

Aber vielleicht ist dann doch noch nicht alles zu Ende. Der Himmel existiert noch immer, und eines Tages wird sich eine neue Erde aus dem Meer erheben, grün und schön und reich an Kornfeldern. Die Söhne von Odin und Thor werden die Katastrophe überlebt haben, und zu ihnen wird sich Baldur, der Schöne, gesellen, der von den Toten wiederkehrt. Sie werden sich an das Ragnarök (die »Götterdämmerung«) nur noch wie an einen bösen Traum erinnern. Zwei neue Menschen, Lif und Lifthrasir, werden die Welt wieder bevölkern. So mag die Katastrophe gar nicht das Ende, sondern das Vorspiel zu einem neuen und großartigen Leben sein.

Was für die Welt gilt, das gilt auch für jeden Mann und jede Frau. Jedes Individuum wird von unbegreiflichen Kräften beeinflußt, denen es nicht entkommen kann. Alle germanischen Stämme besaßen einen ausgeprägten Schicksalsglauben, dessen Verkörperung die Nornen waren, drei göttliche Schwestern, die unter der Weltesche Yggdrasil sitzen und die Schicksalsfäden spinnen. Ihre Namen sind Urd (Vergangenheit), Werdandi (Gegenwart) und Skuld (Zukunft). Später treten sie als die Hexen in Shakespeares *Macbeth* auf. Sie wuchsen bei den Riesen auf, und seit dem Moment ihres Auftretens war das Schicksal der Götter besiegelt, das Ende war vorherbestimmt. Niemand konnte den Einfluß des Schicksals auf sein Leben aufheben, aber man konnte durch Orakel (und durch den magischen Gebrauch der Runen) erfahren, was einem bevorstand.

Die Vision des Weltendes und der Götterdämmerung sollte vermutlich betonen, daß die Schöpfung Grenzen hat, welche die Sterblichen nicht verstehen können, und daß sie von Kräften beherrscht wird, gegen die selbst die Götter vergebens kämpfen.

Das Wirbelmuster auf diesem Gedenkstein aus Gotland (5. Jahrhundert n. Chr.) ist ein Sonnensymbol. Die nordische Sonnenwendfeier im Winter beeinflußte auch die Ausgestaltung der Weihnachts- und der Neujahrsfeier.

Das Ende der Mythen

Trotz all der Forschungen, die sich seit mehr als zweihundert Jahren mit den Mythen und der Religion der Nordgermanen befaßten, wissen wir kaum etwas über ihre Kulte. Die Vorstellung, daß sich die Nordmänner Vorträge (oder gar Lesungen) aus der *Edda* oder den Sagas (Heldenliedern) anhörten und daß dies ihre Form des Gottesdienstes war, ist völlig abwegig. Diese Texte hatten wohl kaum etwas mit den Kulten zu tun, von denen wir wenig wissen und die sicherlich auf den Rhythmus der Jahreszeiten ausgerichtet waren, wie es bei Bauernkulturen üblich ist – sie dienten vor allem der Verehrung jener Götter und Göttinnen, die für die Fruchtbarkeit der Erde sorgen sollten. Es gab besonders wichtige Feste zur Zeit der Wintersonnenwende, die im modernen

Weihnachtsfest und Neujahrsfest Spuren hinterlassen haben. Die Menschen suchten sich zur Bewältigung ihrer Lebensprobleme der Hilfe übermenschlicher Kräfte zu versichern. Mit Frömmigkeit, wie wir sie aus unserer christlichen Tradition verstehen, hatte das wohl wenig zu tun.

Die Bekehrung der Germanen zum Christentum war ein langsamer Prozeß. In Deutschland und in Britannien kam er ungefähr im 8. Jahrhundert zum Abschluß. Island wurde offiziell im Jahre 1000 ein christlicher Staat, Norwegen wesentlich eher, Schweden erst zweihundert Jahre später. Wenn die Bauern ihre Götter aufgaben, so gaben sie nicht notwendigerweise auch ihre Weltanschauung auf. Ihre Einstellung zur Welt des Transzendenten konnte unverändert bleiben. Viele jahreszeitliche Riten wurden weiterhin beachtet, die Runen behielten ihre Zaubermacht und ihr Geheimnis, heilige Orte blieben geheiligt. Aber die großen Götter waren entthront, und die Mythen gerieten in Vergessenheit. Wenn Snorri Sturluson sie nicht gesammelt und aufgeschrieben hätte, dann wären sie bald spurlos verschwunden gewesen.

Der Grund, warum die Nordgermanen zu Christen wurden, ist ziemlich klar. Einerseits wurde Skandinavien dadurch ein Teil des katholischen Europa. Andererseits bot ihnen der christliche Glaube eine Sicherheit für ihr Geschick jenseits des Grabes, welche ihnen die alte Religion nicht bieten konnte. Im Wettbewerb mit Thor und Odin siegte Jesus Christus.

Letztlich fehlte den alten Mythen ein einheitliches Konzept und eine Moral. Odin war wortbrüchig und Christus nicht. Thor konnte betrogen werden – nicht aber Christus. Freyr und Freya waren zu eng verbunden mit dieser Welt und hatten einen zu schwachen Einfluß auf die transzendente Welt. Die alte Religion hatte kein Zentrum, weder im Ritual noch in einer organisierten Priesterschaft. Sie war ein Konglomerat unterschiedlicher Elemente und Funktionen, was uns mitunter verwirrt. Aber wir modernen Menschen haben häufig ein nostalgisches Interesse an den Männern und Frauen der Vergangenheit, die wenigstens zeitweise die Last des Schicksals abwarfen und Thor verehrten, weil sie auf ihre eigene Kraft vertrauten.

Oben: Odin im Kampf mit dem Fenriswolf, der am Ende aller Zeiten seine Fesseln zerreißen und zum Kampf gegen die Götter antreten soll. Detail von einem Stein (dem sogenannten »Thorwald-Kreuz«) auf der Insel Man. 10. Jahrhundert.

Links: Nordische Götter auf einem Wandteppich: Der einäugige Odin hält eine Axt in der Hand. Thor schwingt seinen Hammer, und Freya hält eine Kornähre in den Händen. Aus der Kirche von Skog, Schweden. 12. Jahrhundert.

SIEBZEHNTES KAPITEL

DEUTSCHLAND

Die germanische Mythologie ist der »Baum«, von dem die skandinavische ein »Zweig« ist. Aber über die Mythologie der germanischen Stämme in Deutschland ist wenig bekannt. Bildzeugnisse deuten darauf hin, daß die Germanen der römischen Kaiserzeit eine Erdmutter und einen Himmelsvater verehrten. Auch gibt es Hinweise auf Zwillingsgötter und auf das Opfer von gehörnten Tieren.

Nach der Erdmutter Freya ist der Freitag benannt. Der Himmelsvater Tiu (Ziu) wird in Skandinavien Tyr genannt und im angelsächsischen England Tiw. Dieser Name ist mit Zeus und Jupiter verwandt. Nach ihm ist der Dienstag benannt, deshalb haben ihn antike Autoren z. T. mit Mars identifiziert, dem in Rom der dritte Wochentag heilig war. Wahrscheinlich hatte auch eine Zeremonie, die Tacitus beschreibt, etwas mit Tiu zu tun: Mehrere Stämme entsandten zu bestimmten Zeiten Abordnungen zu einer Zusammenkunft in einen Wald, der einem Gott, genannt »Herrscher des Alls«, geweiht war, um ein Menschenopfer darzubringen. Jeder Teilnehmer wurde gefesselt – und wenn er hinfiel, dann durfte er nicht aufstehen, sondern mußte sich am Boden wälzen. Vielleicht dienten die Fesselung und das Hinfallen dazu, das Menschenopfer auszuwählen – oder es handelte sich um ein Orakel-Ritual.

Tacitus sagt, daß die Germanen dem Mars und dem Merkur opferten – damit waren Tiu und Wodan gemeint; den letzteren nannte man später in Skandinavien Odin. Derartige Opfer wurden vor allem nach Siegen dargebracht, dann wurden Feinde getötet und eroberte Waffen rituell zerbrochen. In der Antike begann Wodan Tiu langsam aus seiner Vorrangstellung zu verdrängen. Er wurde als Herrscher des Totenreichs und als Gott der magischen Künste angesehen, der viele Opfer verlangte. Menschenopfer, die man ihm darbrachte, wurden an Bäumen aufgehängt. Dem Wodan waren der Adler, der Rabe, der Wolf und – unter den Waffen – der Speer heilig. Sein Wochentag war der Mittwoch (vgl. das engl. Wort *Wednesday*).

Ein dritter großer germanischer Gott war Donar, der Donnergott (in Skandinavien Thor). Sein Tag war der Donnerstag, deshalb identifizierten ihn einige antike Autoren mit Jupiter. Er hatte jedoch viel mehr von einem Wettergott als Jupiter. Seine Blitze wurden als Axt (später als Hammer) symbolisiert. Er hatte auch etwas mit der Fruchtbarkeit zu tun, denn noch in der Neuzeit meinten Bauern im nördlichen Deutschland, wenn sie beim Pflügen einen »Donnerkeil« (eine prähistorische Steinaxt) fanden, daß ihnen dies eine reiche Ernte sichere.

Die moderne Wiederbelebung

Die moderne Wiederbelebung altgermanischer Vorstellungen entsprang der deutschen Romantik, und der deutsche Nationalismus des 19. Jahrhunderts war mit einer Rückbesinnung auf germanische Traditionen verbunden. Später beriefen sich dann extrem nationalistische und antisemitische »Weltanschauungs«-Programme auf eine (mehr rekonstruierte als historisch belegte) »germanische Mythologie«, um die behauptete Überlegenheit der »arischen Herrenrasse« zu belegen.

Die meisten deutschen Romantiker des Jahrhunderts zwischen 1750 und 1850 brachten kein großes Interesse für die Glaubensvorstellungen ihrer heidnischen Ahnen mit. Sie beschäftigten sich vorwiegend mit der Kulturwelt des Mittelalters. Die erste kulturhistorisch bedeutsame Persönlichkeit, die sich der germanischen Mythologie bewußt zuwandte, war der Komponist Richard Wagner (1813–1883). Er meinte, die heidnischen Mythen hätten die deutsche Geistesgeschichte positiv beeinflußt: »In finsteren Wäldern erinnert sich der Deutsche im langen Winter am warmen Kamin der Kemenate seiner hochaufragenden Burg seiner Ahnen und verwandelt die Götter-Mythen in viele unvergängliche Legenden. Er sperrt sich nicht gegen Einflüsse, die aus der Fremde auf ihn eindringen … aber er begnügt sich auch nicht damit, Fremdes als etwas Ausländisches hinzunehmen, sondern er wird es ins Deutsche umsetzen.«

Wagner behandelte in seinem großen Opernzyklus *Der Ring des Nibelungen* germanische Mythen-Themen, die er der *Vers-Edda* entnahm. Zwar ist das deutsche *Nibelungenlied* in seinem Kern älter, aber Wagner hielt sich mehr an die isländische als an die deutsche Quelle (eine Ausnahme bildet der letzte Teil, *Götterdämmerung*).

Die Weltsicht des *Rings* ist die der germanischen Götterwelt – nicht die der christlichen Lehre: ein zum Untergang verurteiltes Universum bewegt sich unausweichlich auf das vorherbestimmte Chaos und den Tod der Götter zu. Wagners Neigung für die heidnische Mythologie ging nicht so weit, daß er den christlichen Glauben für eine wiederbelebte Verehrung von Wodan und anderen germanischen Göttern aufgegeben hätte. Statt dessen propagierte er ein reformiertes Christentum, das die heroische Haltung der alten Mythen mit den besten (den »germanischsten«) Elementen der christlichen Religion verbinden sollte.

Eine ähnliche Haltung findet sich bei Wagners Schwiegersohn, dem englischen Schriftsteller Houston Stewart Chamberlain (1855–1926), der die deutsche Staatsangehörigkeit annahm. Er hielt Jesus für den Sohn eines germanischen Söldners in römischen Diensten und meinte, daß Deutschland ein neues Heidentum brauche, um geistig überleben zu können. »In dem Fehlen einer wahren Religion«, so schrieb er, »die unserer Eigenart entspringt und ihr entspricht, sehe ich die größte Gefahr für die Deutschen... Die Deutschen stehen abseits und warten auf einen Gott, der vom Himmel herabsteigen soll.«

Die Hakenkreuzsymbolik

Ein Wiener Journalist namens Guido von List (1848 bis 1919) machte einen weit ernsthafteren und gründlicheren Versuch, das germanische Heidentum wiederzubeleben. Im Alter von 14 Jahren schwor er sich vor dem Altar des Stephansdomes zu Wien, eines Tages einen Wodan-Tempel zu erbauen. Er wandte sich vom katholischen Glauben ab und bekehrte einige Freunde zu einem Glauben an die alten germanischen Mythen. Die Gruppe entwickelte einen neu-heidnischen Kult mit Sonnenwendfeiern. Im Jahre 1875 feierten von List und seine Anhänger zum Beispiel die Sommersonnenwende auf einem Hügel bei Wien mit einem »Bruderschafts-Fest«, bei dem sie die Sonne als den sichtbaren Leib des wiedergeborenen Baldur anbeteten und acht Weinflaschen sorgfältig vergruben, die sie in der Form eines Hakenkreuzes ausgelegt hatten. Das scheint die erste Gelegenheit gewesen zu sein, bei der das Hakenkreuz-Zeichen als Emblem einer wiederbelebten Germanen-Mythologie verwendet wurde.

Das Sanskrit-Wort *swastika* bedeutet soviel wie »großes Glück«; man kennt dieses Zeichen in Skandinavien auch als Thors Hammer und in Deutschland als »Hakenkreuz«. Es wurde seit vorgeschichtlichen Zeiten in Asien, Europa, Nord- und Südamerika häufig gebraucht als ein Symbol für Feuer, Lebenskraft und Energie. Die Nazi-Partei wählte es 1920 als Emblem in der Überzeugung, es handle sich dabei um ein »rein nordisches« Symbol, und verband damit Vorstellungen von einem heroischen germanischen Heidentum, germanischer Mannhaftigkeit und arischer Überlegenheit.

Guido von List entdeckte (oder richtiger: er glaubte zu entdecken), daß das Hakenkreuz auch in abgewandelter Form im Runen-Alphabet vorkam – als jene Rune, die dem Buchstaben G entsprach. Vielleicht, weil das Swastika-Zeichen als Thors Hammer bekannt war, benutzte er es als Emblem seiner wiederbelebten Germanen-Religion. Im frühen 20. Jahrhundert war das Zeichen (ebenso wie die Runen und andere einprägsame Zeichen, die aus alten Zeiten überliefert waren) auch bei vielen Jugendgruppen – darunter dem Wandervogel – im Gebrauch, um deren Interesse an der deutschen Vergangenheit zu bekunden.

Hitler und die Mythologie

Nach dem Tod seines Vaters im Jahre 1877 verdiente von List, der zuvor von Zuwendungen seiner Familie gelebt hatte, seinen Lebensunterhalt als Journalist. Sein Interesse galt jedoch weiterhin der altgermanischen Religion und der Wiederbelebung der alten Mythologie. Zu diesem Zweck veröffentlichte er mehrere Bücher – u. a. über das *Geheimnis der Runen* und die *Riten der Arier*. Diese Bücher fanden viele Bewunderer, einige davon waren wohlhabend und gründeten die Guido-von-List-Gesellschaft, welche die Verbreitung seiner Schriften und seiner neu-heidnischen Lehren fördern sollte.

Von List nannte seine Lehre Arminianismus (abgeleitet von den bei Tacitus erwähnten Herminonen, einer Kultgemeinschaft). Nach von List soll aus den Herminonen ein Geheimbund hervorgegangen sein: diese weisen heidnischen »Priester« sollen die alte germanische Religion während der langandauernden Herrschaft des Christentums bewahrt haben – und er, so behauptete von List, sei das letzte lebende Mitglied. Weiterhin behauptete er, daß die Tempel und Heiligtümer dieses Geheimbundes ihre Spuren in den Namen von Hügeln, Flüssen und Tälern hinterlassen hätten. Seine Etymologien sind, das versteht sich von selbst, ebenso absonderlich wie seine übrigen Ideen. Zum Beispiel leitete er das griechische Wort Hieroglyphen von einem erfundenen Runen-Begriff »ir-og-liff« ab.

Ein Wagen mit »germanischem Sinnbild« beim Umzug zum »Tag der deutschen Kunst«, München 1936, der 2000 Jahre »germanischer Kultur« zum Thema hatte. Das Swastika-(Hakenkreuz-)Symbol war einst in weiten Teilen Europas, Asiens, Nordafrikas und Amerikas verbreitet. (Der Sanskrit-Name bedeutet »großes Glück«.) Es wurde bei den Germanen mit der Sonne identifiziert und, wie die Runen, im 19. und 20. Jahrhundert von einigen Gruppen als Emblem verwendet, die für das nordische Altertum schwärmten. Schließlich wurde es von den Nationalsozialisten zum Symbol des »nordischen Gedankens« stilisiert und unter Hitler zum Hoheitszeichen gemacht. Ursprünglich war es von Friedrich Krohn, einem Schüler Guido von Lists, linksdrehend entworfen worden, doch Hitler bestand darauf, daß das Parteiemblem ein rechts drehendes Hakenkreuz sein sollte. Das hat ihm dann, wie man häufig sagte, kein Glück gebracht.

Die Herminonen sollten ihre Spuren nicht nur in Ortsnamen, sondern auch in alchemistischen und theologischen Schriften hinterlassen haben. So rechnete er z.B. Paracelsus und Jakob Böhme zu den imaginären geheimen Heiden und behauptete, daß sie ihre Bücher so abgefaßt hätten, daß nur Mitglieder der angeblichen Herminonen-Gesellschaft sie richtig verstehen könnten.

Von List starb 1919, aber seine Vorstellungen von der germanischen Mythologie wurden von seinem Schüler Alfred Schuler weiterverbreitet, der 1922 im Hause einer gewissen Frau Bruckmann in München Vorträge hielt. Zu dieser Zeit war auch ein aufstrebender Politiker namens Adolf Hitler häufig zu Gast im Hause Bruckmann, und es ist möglich, daß er sich diese Vorträge mitanhörte. Mit Sicherheit hat er solche Versuche, die alte Germanen-Mythologie wiederzubeleben kennengelernt, und er äußerte sich dazu im Laufe seines Lebens zweimal in unterschiedlicher Weise. Bei der zweiten Gelegenheit sagte er um 1930 zu Hermann Rauschning, dem damaligen Senatspräsidenten von Danzig: »Unsere Bauern haben die wahre Religion nicht vergessen. Sie lebt... Der alte Glaube wird zu neuen Ehren kommen... Der Bauer wird erfahren, was die Kirche ihm vorenthalten hat: das ganze geheime Wissen um die Natur, das Göttliche, das Unfaßbare, das Dämonische... Wir werden die christliche Tünche abwaschen und darunter eine Religion freilegen, die unserer Rasse gemäß ist... Unsere Bauernschaft lebt noch mit heidnischen Glaubensvorstellungen und Werten... Durch die Bauern wird es uns wirklich gelingen, die christliche Religion zu vernichten, denn in ihnen ist eine wahre Religion durch Natur und Blut verwurzelt.«

Hitlers andere Erwähnung des Neu-Heidentums in seinem Buch *Mein Kampf* war kritischer. Er schrieb, er habe das Gefühl, daß die religiösen Reformer, welche sich auf die alten Germanen berufen, nur schaden, da sie mit ihren Aktivitäten das Volk nur vom Kampf gegen die gemeinsamen Feinde, die Juden abhalten – und daß Religionsstreit nur eine Energieverschwendung sei.

Ein Zeitgenosse des Guido von List, der sich gleichfalls um eine Wiederbelebung des germanischen Glaubens bemühte, war Lanz von Liebenfels (1874–1954). Der Lehrersohn Adolf Joseph Lanz nannte sich später Jörg Lanz von Liebenfels (gelegentlich auch Lancz de Liebenfels). Mit 19 Jahren trat er 1893 ins Stift Heiligenkreuz der Zisterzienser ein, aus dem er 1899 wieder austrat und sich der Germanenschwärmerei zuwandte. Er nannte seine Lehre ariosophisch und gründete die »Neuen Templer« und den »Lumen-Club«. Seine Gesellschaften zählten niemals viele Mitglieder, aber es waren einige reiche Leute darunter – und es wurden einige »Germanen-Tempel« gegründet, über denen die Hakenkreuzfahne wehte; der erste 1907 und noch drei weitere vor dem Ausbruch des Ersten Weltkriegs. In diesen »Germanen-Heiligtümern« vollzogen die weißgewandeten Anhänger des Lanz heidnische Riten, die sich ihr Gründer ausgedacht hatte, und sie studierten die Schriften deutscher Mystiker und natürlich jene des Lanz, der u. a. die Zeitschrift »Ostara« herausgab. Sein Werk ist sehr umfangreich und umfaßt sogenannte *Deutsche Psalmen,* ein *Brevier der Neuen Templer* und das *Bibliomystikon,* eine »rassengläubige« Auslegung der *Bibel* (in 10 Bänden), die von der Überzeugung ausging, daß die Bibeltexte Geheimschriften gewesen seien, die etwas ganz anderes bedeuteten. Er nannte z. B. Christus Frauja und behauptete, dieser habe die Rassereinheit verkündet, dies sei der Ursinn des Evangeliums.

Viele der Ideen des Lanz »von Liebenfels« wurden von den Nationalsozialisten übernommen, und deshalb meinte er, man werde ihn als Propheten feiern, wenn Hitler an die Macht käme. Doch 1938 ließ Hitler dem Mann Schreibverbot erteilen, der dann nach dem Ende des Zweiten Weltkriegs seine wirre Lehre weiterverkündete.

Zur heidnischen Religion der in Norddeutschland ansässigen Germanen gehörten auch Menschenopfer, die ebenso wie verurteilte Rechtsbrecher im Moor versenkt wurden. Insgesamt hat man etwa 500 Moorleichen in Dänemark, Holland und Nordwestdeutschland entdeckt. Im Domlandsmoor bei Windeby, Kr. Eckernförde, fand man die Leiche eines etwa fünfzehnjährigen Mädchens. Die Augenbinde und die über der Leiche zerbrochenen Stäbe deuten allerdings darauf hin, daß es sich um eine hingerichtete Ehebrecherin handelte (Schleswig-Holsteinisches Landesmuseum, Schleswig).

Pseudo-germanische Sekten

Neben Wagner, Chamberlain, von List und »von Liebenfels« setzten sich noch weitere deutsche Autoren in der Zeit zwischen 1870 und 1914 für eine Wiederbelebung heidnischer Traditionen ein. Um 1870 wurde auch der Verfasser historischer Romane Felix Dahn (z. B. *Ein Kampf um Rom,* 1876) von der katholischen Kirche beschuldigt, eine Wiederbelebung der Wodan-Verehrung zu fördern. Im Jahre 1880 veröffentlichte der Soziologe Eugen Dühring das Buch *Die Judenfrage,* in dem er behauptete, die germanischen Götter seien im Volk noch lebendig.

Diese und ähnliche Einflüsse bewegten Ludwig Fahrenkrog (1867–1952) dazu, eine Gemeinschaft zu gründen, die sich mit germanischen Glaubensvorstellungen beschäftigte und die dann mit anderen Sekten verschmolz – dazu gehörten die »Wodan-Gesellschaft«, die von Ernst Wachler geleitet wurde, und die »Germanen-Loge« von O. S. Reuter, der eine neue Interpretation der germanischen Mythologie unter dem Titel *Das Geheimnis der Edda* veröffentlicht hatte.

Wie in allen Sekten gab es auch in dieser »Germanischen Glaubensgemeinschaft« Spaltungstendenzen, die vor allem auf persönlichen Differenzen beruhten. Reuter trat bald wieder aus und gründete den »Deutschen Orden«, zu dem auch eine 1914 gegründete Jugendgruppe gehörte. Fahrenkrog hatte große Pläne, er beabsichtigte, eine Kathedrale für Wodan, Donar und andere germanische Götter zu erbauen – mit drei Kirchenschiffen, die an einem großen Steinaltar zusammentreffen sollten, hinter dem auf einem kleineren Altar ein Exemplar der *Edda* und ein heiliger »Eid-Ring« zu liegen hätten. Auf dem Hauptaltar sollte als Höhepunkt jeder Feier, bei der über einen Text aus der *Edda* gepredigt werden sollte, feierlich ein Scheiterhaufen in Brand gesetzt werden.

Fahrenkrogs Kathedrale wurde niemals erbaut,

aber seine Anhänger und andere »Nordischgesinnte« zelebrierten ihre Riten in Privathäusern und unter freiem Himmel. Die wichtigsten Feiern der »Neu-Heiden« waren das Osterfest (der germanischen Erd- und Frühjahrsgöttin Ostara geweiht), eine Maifeier und eine Julfeier (als Entsprechung zu Weihnachten). Heidnische Riten wurden auch für den Himmelfahrtstag und den Karfreitag erfunden: den einen Tag weihte man Thors Hammer, den anderen dem Gedenken der unter Karl d. Gr. massakrierten Sachsen.

Wer der »Glaubensgemeinschaft« Ludwig Fahrenkrogs beitreten wollte, der mußte feierlich schwören, von rein arischer Abstammung zu sein, das Blut bei der Heirat rein zu erhalten und seine Kinder so zu erziehen, daß sie diesem Beispiel folgten. Es gab keine Priester, sondern jeder Familienvater übernahm priesterliche Funktionen und führte die Heiratszeremonie, die Namensgebung der Kinder sowie Begräbnisriten durch. Ein solches Ritual, das im Forstenrieder Park bei München veranstaltet wurde, wurde in der Zeitschrift »Rig« beschrieben: Inmitten von fünf alten Eichen wurde ein Tisch aufgestellt und ein Bronzehammer und eine Schale mit Wasser aus einer benachbarten Quelle wurden daraufgestellt... Die Mutter legte das Kind dem Vater zu Füßen. Dieser bückte sich, nahm das Kind auf den Arm und sagte: »Ich erkenne dich als mein eigen an, nehme dich in die Sippe auf und gebe dir deinen Namen. Ich besprenge dich mit dem reinen Wasser dieser germanischen Quelle, möge dir alles ungermanische fremdbleiben!...«

Eine andere neu-heidnische Gruppe war der »Germanen-Orden«, ein Geheimbund, der zwischen 1913 und 1922 blühte. Er hatte ein eindrucksvolles Initiations-Ritual, das vom Logenmeister und zwei Gehilfen zelebriert wurde. Alle drei waren in weiße Gewänder gekleidet. Der Meister trug eine Zeremonial-Lanze, den »Wodansspeer«, während seine beiden Helfer Schwerter trugen. Die Mitglieder der Loge traten dann (ebenfalls in Zeremonialgewänder gekleidet) ein und sangen den Pilgerchor aus Wagners *Tannhäuser.* Der Kandidat wurde mit verbundenen Augen in Pilgerkleidung hereingeführt und vom Meister belehrt. Dieser erklärte ihm, daß sie sich von den minderwertigen Rassen durch ihre germanische Weltanschauung unterschieden. Dann folgte allerlei religiöses Brimborium, dessen Höhepunkt das Anzünden einer »Heiligen Fackel« und die Weihung des Kandidaten durch »Wodans Speer« war.

Nach 1919 scheinen die meisten Gruppen, welche die germanische Religion wiederbeleben wollten, unter Mitgliederschwund gelitten zu haben. Das brachte verschiedene Sekten dazu, ihre Differenzen beizulegen und sich 1931/32 in der »Nordischen Glaubensgemeinschaft« zusammenzuschließen, die von den Nazis geduldet, wenn auch nicht gefördert wurde.

Wie Hitler war auch die Hierarchie der Nazi-Partei geteilter Meinung in dieser Angelegenheit. Einige Parteigrößen wünschten eine Wiederbelebung der heidnischen Mythologie, andere hielten das für eine romantische Spielerei. So hielt z. B. Alfred Rosenberg, der Chef-Ideologe der Partei und Verfasser des *Mythus des XX. Jahrhunderts* (1930), wenig von den »Wodan-Verehrern«, während Heinrich Himmler eine Wiedergeburt der heidnischen Religion erhoffte und seltsame »nordische Initiations-Rituale« für seine SS-Männer erfand und sie sogar die mystische Bedeutung der alten Runen lernen ließ.

In seinem Entwurf einer nationalsozialistischen Weltanschauungslehre (Untertitel: »Eine Wertung der seelisch-geistigen Gestaltenkämpfe unserer Zeit«) unternahm der Parteiphilosoph Rosenberg den Versuch, den Machtkampf der NSDAP als welthistorische Entscheidungsschlacht der europäischen Menschheit darzustellen. Seine These ist, daß die gesamte Kulturentwicklung des Abendlandes von germanischen Stämmen ausgegangen sei, daß andererseits die mit dem Christentum zu Einfluß gelangte römische »Priesterkaste« gemeinsam mit Jesuiten, Freimaurern und den »Verschwörern des internationalen Judentums« den Niedergang der germanischen Kultur verursacht hätten und daß nun die Zeit nahe, da sich aus dem »Mythos des Blutes« ein rassereines germanisches Imperium verwirklichen werde. Der germanische Mensch werde »einen Typus schaffen«, um »aus diesem Typus heraus Staat und Leben zu bauen«.

Obgleich Rosenbergs abstruse Mythologie selbst bei den fanatischen Gralshütern der Nazi-Ideologie auf nur geringes oder eher spöttisches Interesse stieß (Goebbels z. B. nannte das Buch einen »weltanschaulichen Rülpser«), steht doch zweifelsfrei fest, daß sich der Nationalsozialismus selbst als eine »politische Religion« (E. Voegelin) verstand und daß im Dritten Reich der Versuch unternommen wurde, aus der rassistisch und antisemitisch verstandenen völkischen Tradition des Germanentums die Formen eines »braunen Kults« (H. J. Gamm) zu entwickeln.

So manifestierte sich in den Ritualen, Feierspielen und liturgischen Kulten der sakrale Anspruch des totalitären Führerstaates. Der »arische Mythos« fand in diesen propagandistisch überhöhten Kultformen einen kaum weniger unmenschlichen Ausdruck als in den barbarischen Grausamkeiten der nationalsozialistischen Vernichtungslager.

Die Hitlerjugend marschiert 1935 unter der Hakenkreuzfahne. Runen und andere frühgeschichtliche Symbole waren bereits vor 1914 Embleme von Jugendbünden. Eine der bekanntesten Vereinigungen und die Keimzelle der Jugendbünde war der »Wandervogel«. Man suchte eine neue Naturverbundenheit und bemühte sich um die Wiederbelebung alten Volksguts. 1933 wurden die alten Jugendverbände aufgelöst. Hitler nahm zur Wiederbelebung der germanischen Mythologie eine ambivalente Haltung ein, und auch andere Parteigrößen waren geteilter Meinung.

ACHTZEHNTES KAPITEL

DIE SLAWEN

Die Mythologie der slawischen Völker ist außergewöhnlich reichhaltig und zeugt von den weit ausgedehnten Wanderungen der Slawen, ihrer kulturellen Vielfalt, ihrer angeborenen Neigung, Geschichten zu erzählen, sowie ihrem zähen Festhalten an alten Glaubensvorstellungen, Bräuchen und Ritualen, die sich bis heute erhalten haben. Zwar gab es vor der Missionstätigkeit der christlichen Missionare, der Heiligen Kyrillos und Methodios im 9. Jahrhundert, keine slawische Schriftsprache, aber durch archäologische Funde wurde Material zutage gefördert, aus dem der Ursprung des slawischen Pantheons zum Teil rekonstruiert werden kann.

Die Slawen gehören der weit ausgedehnten Völkerfamilie der Indoeuropäer an, die heute riesige Gebiete der Welt bevölkern, von San Francisco über den Atlantik nach Osten bis Kalkutta und Wladiwostok. Es gibt gegenwärtig fast 250 Millionen slawisch sprechende Menschen auf der Erde. Bis ungefähr ins 8. Jahrhundert n. Chr. hatten die Slawen eine gemeinsame Sprache, allerdings unterteilt in Regionaldialekte. Heute gibt es 13 verschiedene slawische Sprachen, die in west-, ost- und südslawische Sprachfamilien eingeteilt werden: Russisch, Weißrussisch, Ukrainisch, Polnisch, Sorbisch oder Lausitzisch, Kaschubisch, Tschechisch, Slowakisch, Slowenisch, Kroatisch, Serbisch, Bulgarisch und Mazedonisch. Die voneinander stark abweichenden Eigenarten der einzelnen Völker und ihre verschiedenen Nationalsprachen entwickelten sich zum größten Teil in den letzten zwölf Jahrhunderten aus dem gemeinsamen Erbe.

Die Urslawen sind dank archäologischer Funde bereits in der Periode 2000 – 1000 v. Chr. nachweisbar. Sie treten mit den Aufzeichnungen des griechischen Autors Herodot (5. Jahrhundert v. Chr.) zum ersten Mal in die geschriebene Geschichte ein und werden dort unter dem Namen Neuren, ansässig am Oberlauf des Dnjestr, erwähnt. Es war lange umstritten, wo sich die Wiege der Slawen befunden hat. Die sichersten Zeugnisse weisen auf eine Urheimat unmittelbar nordöstlich der Karpaten, in die Ebenen von Weichsel, Pripjet und zum Oberlauf des Dnjestr. Diese Proto-Slawen hatten im Norden Kontakt mit den Vorfahren der heutigen Balten, im Osten Beziehungen zu den Finnen und im Nordwesten zu den Germanen. Jenseits der Karpaten lebten thrakische Stämme.

Iranische Einflüsse

Von besonderer Bedeutung waren frühe Kontakte zwischen Slawen und verschiedenen iranischen Stämmen, die Südrußland (die heutige Ukraine) überrannten, insbesondere Skythen und Sarmaten. Im 1. Jahrhundert v. Chr. drangen die Sarmaten vom Osten kommend tief in das slawische Gebiet westlich des Dnjepr ein. In dieser Zeit entlehnten die Slawen aus dem Iranischen die Worte *bogu* (slawisch: *bog,* d. h. »Gott«), *raji* (slawisch: *rai,* d. h. »Paradies«) und *swjatu* oder *swentu* (slawisch: *swjat* oder *swent,* d. h. »heilig«).

Die Vergötterung der Sonne, ein iranisches Charakteristikum, gab es auch bei den Slawen. Sie betrachteten Sonne und Feuer als Kinder des Gottes Swarogu, von dem man glaubte, daß er die Hitze und das Sonnenlicht bringe.

Zu den anderen aus dem iranischen Pantheon stammenden slawischen Gottheiten gehört Stribog, der Windgott, seine Kinder sind die Himmelswinde. Simargl ist der iranische Simurgh, ein geflügeltes Ungeheuer, das in der sarmatischen Mythologie den legendären Baum bewacht, der den Samen für jede Pflanzenart hervorbringt. Von großer Bedeutung war auch die weibliche Gottheit Mokosch, die der iranischen Anahita (der armenischen Anahit) entspricht. Der Name Mokosch deutet auf »feucht« (*mokry* in russisch) und zeigt damit eine Beziehung zum Kult des Wassers und des Regens und damit zur Fruchtbarkeit und des Überflusses.

Weniger klar ist die Etymologie des Namens einer anderen Hauptgottheit im altertümlichen slawischen Pantheon – Weles oder Wolos, der Gott der gehörnten Tiere. Weles wird in russischen Staatsverträgen des 10. Jahrhunderts erwähnt, sein Name ist in Städtenamen so weit voneinander entfernt liegender Gebiete wie dem Distrikt Skopje in Südjugoslawien und den Gegenden um Nowgorod und Rostow in Rußland erhalten geblieben. Als die Slawen christianisiert waren, verschmolz dieser gütige Gott mit dem byzantinischen Heiligen Blasius, der im Slawischen Wlas oder Wlaho heißt; man glaubt bis heute, daß er über das Vieh wacht.

Während des 6. Jahrhunderts n. Chr. überschrit-

ten die Slawen die Donau, drangen nach Süden über die Balkan-Halbinsel vor, überschwemmten Thrakien und Nordgriechenland und gelangten bis vor die Mauern Konstantinopels. An diese Streifzüge erinnern Berichte über die Slawen aus der Feder byzantinischer Chronisten.

Prokopios (6. Jahrhundert n. Chr.) berichtet, daß die Slawen ihrer Hauptgottheit, dem »Herrn des Blitzes«, gleichzusetzen mit dem mächtigen Gott Perun, Tiere opferten. Das übliche Opfertier war der Hahn, aber auch Ziegen, Bären und sogar Stiere wurden geschlachtet und an bedeutenden Festtagen als Opfer dargebracht. Nachdem das Tier zum Opfer geweiht worden war, mußte es von der strenggläubigen Gemeinde verspeist werden, denn es war durchdrungen vom heiligen Mana, der Kraft des Gottes, und auf diese Weise erfuhr die gesamte Gruppe eine rituelle Stärkung. Der Glaube an diese Art der Übertragung kann mit der Idee verglichen werden, die hinter der christlichen Feier der Heiligen Kommunion steht.

In einer Schlüsselpassage stellt Prokopios fest, daß die Slawen »Flüsse, Nymphen und verschiedene andere Dämonen verehren und allen Opfer darbringen, mit Hilfe dieser Opfer sagen sie die Zukunft voraus und machen andere Weissagungen«. In der slawischen Folklore werden viele Episoden über Flüsse erzählt, die von respektlosen Fremden in Zorn versetzt worden sein sollen und die deshalb auf der Lauer liegen, um auf die Zurückkehrenden zu warten und sie zu ertränken. Es wird berichtet, daß noch im 17. Jahrhundert der Kosakenführer Stenka Rasin der Wolga Menschenopfer darbrachte. Als der Geächtete eine schöne, von ihm gefangengenommene persische Prinzessin ins Wasser warf, soll er ausgerufen haben: »Oh, Mutter Wolga, majestätischer Strom Rußlands! Viel Gold und Silber und andere wertvolle Dinge habt Ihr mir geschenkt. Ihr habt mich behütet und genährt, habt mich mit Ruhm bedacht. Aber ich habe es versäumt, Euch meine Dankbarkeit zu erweisen. Hier, nehmt diese Gabe, empfangt sie von Eurem Diener, dem Donkosaken.« Trotz dieser Opfergabe nahm Stenka Rasin bald ein schlimmes Ende, er wurde gefangengenommen und von den Truppen des Zaren hingerichtet.

Animismus und Totemismus

In der altslawischen Mythologie verstand man Leben als eine universale Einheit, die alle Naturerscheinungen umfaßt. Diese Betrachtungsweise wird als Animismus bezeichnet. Wenn immer der prähistorische Mensch ein bewegtes Objekt sah, glaubte er, daß eine bewirkende, für ihn unsichtbare Kraft zugegen sei. In seiner Vorstellung waren viele unbe-

Kleiner Wagen aus Ton aus dem prähistorischen Jugoslawien. Er dient einer Göttin mit Vogelkopf als Beförderungsmittel, die von drei Wasservögeln begleitet wird. Fundort Dupljaja, in der Nähe von Vrsac, um 1500–1200 v. Chr.

wegliche Dinge auch vernunftbegabt; Bäume und Tiere konnten unter Umständen als Vorfahren der Menschen verehrt werden, und man hielt sie für älter und weiser als den Menschen. Häufig glaubte man von Tieren, daß sie übermenschliche Kräfte besäßen. Es gab eine Kategorie von Tieren, die Totemtiere, die als geheimnisvolle Wesen mit übernatürlichen Eigenschaften galten, die im Dienste ihrer eigenen unergründlichen Zielsetzungen Tiergestalt angenommen hatten. Jeder slawische Clan hatte seinen eigenen totemistischen Ahnherrn. Diese Tiere wurden verehrt und durften niemals getötet, geschweige denn durfte ihr Fleisch verzehrt werden.

Auch der Lebensbaum hatte einen bedeutenden Platz in der volkstümlichen slawischen Kosmologie: Der Umkreis bestimmter Bäume galt als heilige Zone. Früher betrachteten es die Russen als Vergehen, einen alten Baum zu fällen. Im Volksglauben galt, daß der, der einen Baum fällte, verrückt würde, sich Arme oder Beine bräche oder sogar stürbe. Bäume wurden als Aufenthaltsorte der Seelen Verstorbener betrachtet, die im Augenblick der Gefahr von einem Baum zum anderen huschen konnten. Diese Vorstellung nährte den Glauben an Waldgeister, russisch *lesnje.*

Hölzernes Idol, das in einem Torfmoor aufgefunden wurde. Die meisten slawischen Idole wurden zerstört, als die Völker dieses Raums zum Christentum übertraten. Weißrußland, ca. 1750 v. Chr.

Im slawischen Glauben hatten jahreszeitliche Feste einen festen Platz. Im Winter feierte man das Fest des Wintergottes, Kolyada, der heute noch in der Ukraine und in Weißrußland gegenwärtig ist. Dem Frühling war jene Reihe von Festen gewidmet, die die Erleichterung bezeugen, die man nach dem langen Winter in Erwartung der Sommerwärme empfand. Im slawischen Götterhimmel wurde die Sonne als Chors verehrt. Ein allgemein bekanntes Sonnensymbol war das brennende Rad, das zuerst geteert, dann angezündet wurde und das man dann an der Spitze einer Stange herumwirbelte. Der Sommer war dem Kult des Perun, dem Gott des Donners und des Blitzes, geweiht; er ist mit dem griechischen Zeus und dem skandinavischen Thor verwandt. Perun wurde in das orthodoxe Christentum in Gestalt des heiligen Elias bzw. des Propheten Elijja übernommen.

Die altslawische Mythologie ist eng verwoben mit Begräbnisbräuchen und -riten sowie dem Kult der Ahnen eines Stammes oder Clans. Es gab verschiedene Vorstellungen über das Leben nach dem Tode. Nur wenige Slawen glaubten, daß er das Ende allen Seins sei; die überwiegende Zahl war der Meinung, daß die Toten in ein fernes Land eingingen, und deshalb begruben sie ihre Toten feierlich und statteten deren Gräber mit Gegenständen für die Reise aus. In einigen adligen Familien war es Sitte, die Witwe lebend ins Grab ihres Mannes einzugraben.

Da man glaubte, daß der Wohnort der Ahnen eines bestimmten Clans oder einer bestimmten Gemeinschaft unter der Erde liege, hielt man in der alten und mittelalterlichen slawischen Gesellschaft Spalten und Löcher in der Erdoberfläche für Tore zur Unterwelt. In relativ jungen Märchen wird der geöffnete Mund der riesigen Hexe Baba-Jaga so dargestellt, daß er von der Erde bis unmittelbar in die Unterwelt reicht.

Schon in frühester Zeit war den Seelen der Ahnen eine bestimmte Ecke in der Wohnhütte der Familie geweiht, und zur Erntezeit pflegte man die kleinen Hausschreine eigens mit frisch bestickten Leinentüchern zu schmücken. Der Ahnenkult vermischt sich mit dem Kult der Hausgötter, die in Rußland Domowoi und in der Ukraine Domowik heißen. Diese Beschützer von Haus und Herd mußten in einem eigenen Kult günstig gestimmt werden. Der Glaube an das Wirken dieser Wesen wiederum ist eng mit dem Ikonenkult verwoben, der in der orthodoxen slawischen Gesellschaft leidenschaftlicher verfochten wird als zu irgendeiner Zeit im byzantinischen Ursprungsland.

Die Zerstörung der Götzenbilder

Um 862 n. Chr. errichteten der Waräger Rjurik und seine Mannen ihre Herrschaft über die wichtigsten Städte Rußlands. Diese skandinavische Herrenschicht brachte viele ihrer warägischen Glaubensvorstellungen mit, und diese verschmolzen in der Folgezeit mit denen ihrer slawischen Untertanen. Zur Zeit des Prinzen Wladimir jedoch, des ersten russischen Herrschers christlichen Glaubens, hatten die slawischen Gottheiten wiederum die Oberhand gewonnen.

Die Chroniken beschreiben Wladimir als einen ungeschliffenen und brutalen Helden, als er im Jahre 980 den Thron bestieg. Anläßlich seiner Thronbesteigung ließ er Statuen der slawischen Gottheiten vor seinem Palast in Kiew aufreihen. An prominenter Stelle stand eine Holzfigur Peruns mit versilbertem Kopf und vergoldetem Mund, es folgten Chors und Daschbog (Sonnengötter), Stribog, Simargl und Mokosch. Ein Idol Peruns wurde auch in der Nähe Nowgorods errichtet. Eine Tempelruine, möglicherweise die eines Perun-Tempels, wurde tatsächlich 1951 in der Nähe des Ortes ausgegraben, der den (hypothetischen) Namen Peryn trägt und vier Kilometer südlich von Nowgorod liegt. Um einen runden Hügel, auf dem der Fuß der Statue stand, zog sich ein Graben angefüllt mit Holzkohle, den Überresten einer Feuerzeremonie.

Zu Beginn seiner Herrschaft hatte Wladimir seinen Götzenbildern noch an die tausend Menschen geopfert, dann aber trat er unter byzantinischem Einfluß im Jahr 989 zum Christentum über und zwang seine Untertanen, es ihm gleichzutun. Deren Bekehrung konnte er aber nur nach erbittertem Widerstand durchsetzen. Der neu bekehrte Prinz machte sich daran, seine Idole zu zertrümmern, einige verbrannte er, andere zerhackte er, und der mächtige Perun erlitt ein besonders aufsehenerregendes Schicksal: Er wurde an einen Pferdeschwanz gebunden ans Ufer des Dnjepr geschleift und hineingeschleudert. Das Volk soll bitterlich geweint haben, als Wladimir seiner Eskorte befahl, mit langen Stangen am Ufer stehen zu bleiben und aufzupassen, daß Perun nicht ans Ufer geschwemmt und aus dem Wasser gefischt würde. Schließlich wurde Perun durch die Dnjepr-Stromschnellen gespült und vom Sturm auf eine Sandbank geschwemmt. Die russische Ur-Chronik kommentiert lakonisch: »Daher heißt die Sandbank Perun-Bank, und sie wird auch heute noch so genannt.«

Da sich eine derart gründliche Zerstörung der alten Götter jedesmal wiederholte, wenn ein slawisches Volk zum Christentum übertrat, gibt es wenig erhaltengebliebene Bildwerke der altslawischen Gottheiten. (Die weiblichen Steinfiguren, die *kamennye baby,* sind prähistorische Fruchtbarkeitsgöttinnen, sie werden heute der der slawischen Zeit vorangehenden Periode zugerechnet.) Das vielleicht schönste authentische slawische Götzenstandbild stammt aus Galizien im Südosten Polens, aus Zbruch. Drei vertikale Bänder mit Flachreliefs laufen über jede Fläche der viereckigen Zbruch-Statue, und diese Reliefs stellen den Himmel als die Welt der Götter, die Erde als den Wohnort der Menschen sowie die Unterwelt dar, deren Gottheit die Last der Erde und des Himmels auf dem Rücken

schleppt. Die Figuren der obersten Reihe tragen zusammen einen einzigen abgeflachten, konischen Hut, der den Hüten gleicht, mit denen adlige Heilige auf mittelalterlichen Ikonen abgebildet sind; der Gott der Unterwelt wird mit einem langen Bart abgebildet.

Kultrituale waren auch bei den Westslawen bis ins 12. Jahrhundert verbreitet. Der dänische Chronist Saxo Grammaticus (1150–1206) berichtet über König Waldemars Zerstörung des slawischen heidnischen Tempels für Swantewil oder Swjatewil auf der Ostsee-Insel Rügen. Das riesige Standbild erhob sich auf einem tief eingelassenen Sockel in einem Altarraum und war mit Purpurteppichen behängt. In der rechten Hand trug die Statue ein Trinkhorn, in das beim Erntefest Wein gegossen wurde, um zu erfahren, wie die Ernte des nächsten Jahres ausfallen werde. Die anderen zertrümmerten Standbilder hießen Rujewit, Porewit und Porenut.

Mochten eifrige Heidenchristen vom Schlage Wladimirs und König Waldemars auch noch so gegen die slawischen Idole wettern und sie zerstören, das Volk weigerte sich hartnackig, sie aufzugeben. Perun ist, wie erwähnt, als Elijja oder der heilige Elias in Rußland auferstanden. Im Baltikum hat Perun als volkstümliche litauische Gottheit Perkunas, die in der Volksmythologie als starker Mann mit einer Axt oder einem Hammer dargestellt wird, Gestalt angenommen. Perkunas gilt als reinigende und Fruchtbarkeit spendende Gottheit und lebt in einem Schloß auf einem Felsenhügel. Es heißt, wenn Perkunas einen Baum, einen Felsen oder einen Menschen mit seinem Blitzstrahl trifft, werde der betreffende Gegenstand bzw. die Person geheiligt, denn das himmlische Feuer bleibt angeblich in ihm erhalten. In einer Geschichte aus dem Jahre 1652 ist noch nachzulesen, daß ein alter Mann, der in Westlitauen während eines Gewitters unterwegs war, die Asche seines vom Blitz getroffenen und verbrannten Sattels gegessen haben soll. Er soll der Meinung gewesen sein, die Asche mache ihn immun gegen Krankheiten, verleihe ihm prophetische Kräfte und die Fähigkeit, das Feuer zu bannen.

Häretische Mythologie

Nachdem die Russen, Bulgaren und andere slawische Völker zum Christentum übergetreten waren, entwickelten sie auch ihre Schriftsprache. Die meisten der frühen literarischen Werke beschäftigen sich überwiegend mit christlich orthodoxer Thematik. Jedoch machten auch häretische Sekten von der neuerworbenen Kunst des Schreibens Gebrauch, um die christliche Kirche zu unterwandern. Einige Sekten entwickelten sogar so etwas wie apokryphe häretische Mythologien.

Die möglicherweise bedeutendste dieser religiösen Mythologien brachten die Anhänger Bogomils hervor. Der Priester Bogomil lebte im 10. Jahrhundert in Bulgarien und lehrte eine Art Dualismus, abgeleitet aus den althergebrachten persischen Lehren Manis, die besagten, daß alle tastbaren Objekte und das menschliche Leben selbst böse seien und daß nur die unsichtbare Welt des Geistes gut sei. Satan oder auch Satanail soll angeblich der Schöpfer der ganzen orthodoxen Glaubensgemeinschaft mit ihren Kirchen, Talaren, Zeremonien, Mönchen und Priestern gewesen sein.

Unter den mythologischen Motiven des Bogomilismus findet sich die phantastische Darstellung von der Schöpfung, in der Satanail das Prinzip des Bösen, den gefallenen Gottessohn, darstellt und in der er für die Erschaffung der Welt verantwortlich gemacht wird wie auch später für die Kreuzigung Jesu Christi, seines jüngeren Bruders. Die Mythologie der Bogomilen wurde in Rußland und auf dem Balkan weit verbreitet, sie beeinflußte aber auch die Ideologie der Katharer und der Albigenser in Westeuropa. Die Bogomilen schufen eine ganze Bibliothek von Geheimbüchern, die voller mythologischer Elemente stecken.

Prinz Igor und Krak

Auf sehr viel höherem Niveau steht das Epos über die Heerfahrt Igors (das *Igorlied*), ein anonymes rhapsodisches Prosagedicht, das 1187 entstanden sein soll. Es hat den Feldzug des Prinzen Igor Swjatoslawitsch von Nowgorod-Sewersk gen Osten gegen die Polowzer und seine Gefangennahme zum Inhalt. Das *Igorlied* ist aus zwei Gründen für die Erforschung der slawischen Mythologie wichtig: einmal wegen der Anspielung auf antike slawische Gottheiten, zum anderen haben der erhabene Stil und die Atmosphäre des Werkes zu einer halbmythologischen Vorstellungswelt von einem Goldenen Zeitalter des Rittertums in Rußland, noch vor der Mongoleninvasion im 13. Jahrhundert, beigetragen. Im *Igorlied* werden die Russen als Enkel Daschbogs und die Winde als Enkel Stribogs bezeichnet, es gibt darin außerdem Anspielungen auf Trojan, eine legendäre Figur, die als Vergöttlichung des römischen Kaisers Trajan gilt.

Eine besondere Gattung der Mythologie befaßt sich mit der Gründung großer und kleiner Städte in der Vergangenheit durch legendäre Gründergestalten. Im Westen erweckt das sofort Assoziationen an Romulus und Remus, die Gründer Roms. Aber den Slawen war Stadtleben fremd, und deswegen hatten Städte bei ihnen etwas Geheimnisumwittertes.

Oben links: Eine kleine Bronzestatue, Fundort Kostroma-Distrikt, nordöstlich von Moskau.

Oben: Viereckiges Idol aus Zbruch. Die Gestalt mit vier Gesichtern an der Spitze der Stele stellt möglicherweise die Göttin Swantewit dar.

Eine dekorative Schmuckplatte, skythische Handarbeit. Sie ist charakteristisch für die Kunst der nomadischen Reiterkrieger, die die Steppen Südrußlands vor Ankunft der Slawen durchstreiften. Hier scheint der Reiter einen Feind mit einer Art Lasso einzufangen.

Die Polen besitzen die wunderschöne Erzählung über den legendären Helden Krak, den Gründer Krakaus. Als Krak die Siedlungen des einfachen Volkes in der Nähe der Weichsel, im Gebiet der heutigen Altstadt Krakaus, von einem bösen Drachen bedroht sah, stopfte er ein Schaf, oder wahrscheinlich nur dessen Fell, mit Salpeter aus, und als der Drache gierig alles verschlungen hatte, kam er vor Durst fast um, trank die halbe Weichsel leer und platzte. Dann begann Krak, die alte Zitadelle und die Stadt Krakau auf den Weichselhügeln zu errichten. Dies soll um 700 v. Chr. geschehen sein, als die Polen noch Heiden waren.

Baba-Jaga

In den Jahrhunderten der Mongolenherrschaft, abgelöst durch die Periode der Sklaverei und einer von Pfaffen beherrschten Bürokratie, verblaßte die Erinnerung an die alten Gottheiten bald. Das russische Volk jedoch verspürte nach wie vor Verlangen nach einem Corpus volkstümlicher Mythologien, das den strengen Dogmatismus der orthodoxen Kirche erträglicher machen und seine Hoffnungen und Ängste befriedigen würde: die Menschen wohnten oftmals weitab und waren den Schreckgespenstern dunkler und kalter Nächte sowie endloser Wälder besonders ausgesetzt. Viele Geschichten aus dem reichen russischen Märchenschatz ranken sich um eine wohlbekannte Schar phantastischer Wesen; einige galten als wohlwollend, die meisten jedoch als Verkörperungen der Kräfte des Bösen.

Im mythologischen Gruselkabinett Altrußlands rangiert die böse Hexe Baba-Jaga an erster Stelle. Man kennt sie als hageres altes Riesenweib mit zerzaustem Haar, sie wohnt in einer Hütte, die von einem Zaun aus menschlichen Gebeinen umgeben ist. Auf den Zaunspitzen stecken menschliche Schädel mit noch lebendigen Augen; Menschenbeine dienen als Torpfosten, während Menschenarme als Türriegel verwandt werden, und ein Menschenmund voller scharfer Zähne fungiert als Schloß. Während der Nacht oder in Augenblicken der Gefahr beginnen die Augen in den Schädeln zu leuchten und erhellen die Waldlichtung. Nach einem wohlschmeckenden Mahl aus Menschenfleisch pflegt sich Baba-Jaga schlafen zu legen, ausgestreckt reicht sie von einer Ecke ihrer Hütte bis in die andere, und ihre lange Eisennase ragt dann wie ein Schnabel durch die Decke.

Als finstere Gefährtin Baba-Jagas gilt die Schlange, manchmal Zmei Gornych, Gebirgsschlange, genannt. Zmei ist schwer faßbar und aalglatt, zuweilen halb Reptil, halb Mensch; sie tritt dann mit einem Schlangenkopf auf einem menschlichen Rumpf auf. Teils wohnt sie in Felsenhöhlen oder im Innern der Erde, teils in einem luxuriösen Palast oder in einer Hütte wie Baba-Jaga. Zmei entführt mit Vorliebe schöne Prinzessinnen, die dann von einem Helden, der für sie kämpft, gerettet zu werden pflegen. In anderen Darstellungen wird symbolisch dargestellt, daß Zmei das Tageslicht stiehlt, daß nach ihrem Tod aus ihrem Leib der leuchtende Mond und zahlreiche Sterne hervorgehen.

Koschchei, der Unsterbliche

Eine andere bekannte Inkarnation des Bösen heißt Koschchei, der Unsterbliche, er erscheint zuweilen als Reptil. In Menschengestalt ist er narbenübersät und von knochigem Körperbau. Man kennt Koschchei als großen Reiter und als Entführer schöner Prinzessinnen, die er in sein Lager verschleppt. Er wird «unsterblich« genannt oder »der, der keinen Tod erleidet«, da die normalen Naturerscheinungen ihm nichts anhaben können und er niemals alt wird.

Als andere gefährliche mythologische Gestalt gilt der Wasserkönig, ein betagter Monarch, der in den

Unterwasserregionen des Lichts und des Glanzes wohnt, von wo er gelegentlich heraufsteigt, um ein Menschenopfer zu holen. Seine Töchter sollen schön und begabt sein, wie in der eindrucksvollen Erzählung über *Wasilissa die Weise* berichtet wird. Bringt der Wasserkönig ein männliches Opfer in seine Gefilde, dann pflegt sich Wasilissa in ihn zu verlieben und ihm zu helfen, ihren übelgelaunten Vater zu überlisten; manchmal entkommen sie dann auch zu zweit auf das Festland der Oberwelt.

Eine bösartige Gestalt anderer Art heißt »Mutter Freitag«, sie verkörpert das Unglück und verfolgt angeblich jede Verrichtung, die man an einem Freitag in Angriff nimmt. (Dies ist ein weitverbreiteter Glaube, der auf die Kreuzigung Jesu am Karfreitag zurückgeht.) Die orthodoxe Heilige, die mit dem Freitag - russisch *pjatniza* - assoziiert wird, ist die heilige Praskowja, deswegen heißt Mutter Freitag oft auch Mutter Pjatniza-Praskowja. Es heißt, daß sie an ihrem geheiligten Tag durch die Bauernhäuser schleicht und wütend wird, wenn bestimmte Arbeiten verrichtet werden. Spinnen und Weben sind Mutter Freitag besonders verhaßt, da der Staub ihren Augen schadet. Wenn sie jemanden beim Spinnen und Weben erwischt, dann bestraft sie die Mitglieder des betreffenden Hausstands mit Augenentzündungen und Fingernagelgeschwüren.

Volkshelden

Bedroht von äußeren Feinden, den asiatischen Horden, und umringt von heimischen mythischen Schreckgespenstern schufen sich die Russen des Mittelalters in ihrer lebhaften Phantasie eine ganze Klasse von Übermenschen, die *bogatyri*. Der berühmteste unter ihnen heißt Ilja Muromez. Diese Volkshelden hatten sich aufs Panier geschrieben, die russischen Menschen zu beschützen. Ihr Heldenmut wird stets der Schwäche der dickbäuchigen Aristokraten gegenübergestellt.

Selbst heute noch ist das Leben in der slawischen Gesellschaft durchdrungen vom Glauben an mythische Gestalten und übernatürliche Wesen. In Rußland und Polen kommt es häufiger vor, daß Menschen Zuflucht zu Wodka nehmen, um ihre triste Lebenslage zu vergessen; und nicht wenige Menschen glauben, daß jeder, der sich zu Tode trinkt, dazu verdammt sei, als Holz- und Wasserträger in der Unterwelt zu dienen.

In Bulgarien, wo das milde Klima den Weinbau begünstigt, gilt als Schutzheiliger der Weinberge Trifon Zarezan, die christliche Verkörperung des griechischen Gottes Dionysos. Am 14. Februar jedes Jahres feiern die Bulgaren das Fest des Ausdünnens der Rebenschößlinge, und dann wird zu Ehren des Schutzheiligen Wein auf dem Boden versprengt.

Viele heute im Westen lebende Emigranten erinnern sich noch an viele Einzelheiten aus der Volksmythologie, die in ihrer Jugend vor 40 Jahren populär waren - z.B. an die Verehrung des Windgottes Stribosch, oder an den Flußgott Chopun, der auf der Lauer liegt, um den Fluß durchwatende böse Menschen zu ertränken.

In den heutigen sozialistischen Staaten führt das allgemeine Interesse an Folklore gelegentlich zum Wiederaufleben alter mythologischer Glaubensvorstellungen und Bräuche. Als Beispiel mag die Prozession beim Kukeri-Mummenschanz in Bulgarien genannt sein. Die Prozessionsteilnehmer tragen Phantasiemasken und -kostüme und führen Pantomimen auf, die die mythischen Gestalten ferner thrakischer Zeiten heraufbeschwören.

Oben: Ornament in Gestalt eines Hirsches. Die Skythen waren berühmt wegen ihrer Metallarbeiten und stilisierten Darstellungen aus der Tierwelt. Frühe Kontakte zwischen Slawen und Skythen bzw. Sarmaten beeinflußten die slawische Religion und Mythologie, Bronze, um 500 v. Chr.

Links: Das Fest des Ausdünnens der Rebenschößlinge wird in Bulgarien am 14. Februar, dem St.-Valentins-Tag, zu Ehren des Trifon Zarezan gefeiert. Trifon Zarezan ist die christliche Verkörperung des griechischen Gottes Dionysos; ihm werden magische Kräfte zugeschrieben, die eine gute Weinlese gewährleisten sollen.

NEUNZEHNTES KAPITEL

ARMENIEN, GEORGIEN UND DER KAUKASUS

Das gewaltige Gebirgsmassiv des Kaukasus, das vom Schwarzen Meer bis zum Kaspischen Meer reicht, bildet einen natürlichen Grenzwall, der Osteuropa und die südrussischen Steppen vom Nahen Osten trennt. Das Massiv kann an nur etwa fünf Stellen überquert oder umgangen werden, und es war deshalb lange eine Bastion, die die alten Zivilisationen Babylons, Assyriens und des Iran gegen Barbaren-Invasionen aus dem Norden schützte.

Nicht weit südlich des Kaukasus, im türkischen Teil Armeniens, liegt der Hauptgipfel des mehr als 5000 Meter hohen Ararat mit dem unmittelbar benachbarten Kleinen Ararat. Der Ararat ist mit der biblischen Erzählung über die Arche Noah verknüpft. Noah soll während der Sintflut von Babylon im Süden Hunderte von Kilometern in der Arche zurückgelegt haben und schließlich auf dem Gipfel des Großen Ararat gelandet sein.

Nach dem *1. Buch Mose* (Kap. 6–9) sah Gott, daß die Menschen böse und gewalttätig waren, und beschloß, das Leben auf der Erde durch eine große Sintflut auszulöschen. Noah jedoch war ein rechtschaffener Mann, und deshalb trug Gott ihm auf, eine Arche zu bauen, um sich vor der Flut zu retten. Noah gehorchte, und als es 40 Tage und Nächte ununterbrochen regnete, die Flutwelle anschwoll und das Land verschlang, da entkamen Noah und seine Familie in der Arche dem Tod. Noah wurde begleitet von seiner Frau, seinen drei Söhnen Sem, Ham und Japeth und deren drei Frauen. Außerdem nahm er von jeder Tierart je ein männliches und ein weibliches Tier mit in die Arche.

150 Tage lang bedeckten die Fluten die Erde, und als das Wasser abzulaufen begann, da ließ sich die Arche nieder »auf das Gebirge Ararat«. Noah baute dem Herrn einen Altar und opferte ihm, Gott aber setzte seinen Bogen als Regenbogen in die Wolken, ein Zeichen dafür, daß er niemals wieder eine Sintflut schicken würde, um das Leben zu vernichten. Noah bestellte den Boden und pflanzte einen Weinberg; und als er den angebauten Wein trank, da wurde er betrunken und legte sich nackt in sein Zelt. Als Ham das Zelt betrat, sah er seinen Vater nackt, dafür schalt Noah ihn und verfluchte ihn und seine Nachkommen, als Sklaven für Sem und Japeth zu dienen.

Noch heute bringen Bergbewohner, die von den oberen Abhängen des Ararat herabsteigen, Stücke alten Holzes mit und behaupten, Teile der Arche gefunden zu haben. Die Erzählung im *1. Buch Mose* deutet an, daß sich nach der Sintflut menschliches und tierisches Leben im Gebiet des Ararat zu regen begann, und interessanterweise hat die moderne archäologische Forschung bewiesen, daß dieses Gebiet für mehr als eine halbe Million Jahre ständig von den Vorfahren des heutigen Menschen bewohnt gewesen ist und viele Tier- und Pflanzenarten, die wir heute in Europa finden, in Armenien und der Region Transkaukasien ihren Ursprung haben.

Ein interessantes Detail der biblischen Erzählung ist Noahs Pioniertat, einen Weinberg an den unteren Abhängen des Berges anzupflanzen. Man pflegte diesen Weinberg bis zu seiner Zerstörung durch ein verheerendes Erdbeben im Jahre 1840 Fremden zu zeigen. Die moderne Wissenschaft der Weinbaukultur hat gezeigt, daß Armenien tatsächlich eines der Länder war, in denen der wilde Wein zuerst mit Erfolg angebaut und kultiviert worden ist. Deswegen steht mehr hinter diesem Mythos über den Weinbau Vater Noahs, als angenommen wird.

Die Erzählung, wie Noah seinen Sohn Ham und dessen Nachkommen verflucht und sie dazu verurteilt hat, seinen anderen beiden Söhnen Sem und Japeth als Sklaven zu dienen, bildet eine der Hauptstützen südafrikanischer Geistlicher und Politiker, die diesen Mythos zu einem Rassenmythos zurechtgebogen haben, in dem Ham als Vorfahr der schwarzen Menschen dargestellt wird. Man leitet daraus die Schlußfolgerung ab, der schwarze Mann sei durch göttlichen Spruch dazu verurteilt, dem weißen Mann auf ewig zu dienen. Hier wird auf merkwürdige Weise ein sinnentlehrter Mythos blind und skrupellos mißbraucht.

Urartu und Armenien

Die frühe Phase armenischer Mythologie fällt mit dem Aufstieg und Verfall des bedeutenden Königreichs Urartu zusammen, dessen Zentrum im Gebiet um den Van-See (heute in der Türkei) lag. Die geographische Bezeichnung Urartu ist assyrischen Ursprungs und stellt eine andere Namensform von

Ararat dar. (Der armenische Name für Ararat lautet Massis.) Zuerst im 13. Jahrhundert v. Chr. erwähnt, wurden die urartäischen Gebiete unter König Arame (880–844 v. Chr.) geeint. Das Königreich bestand bis zu seiner Annektierung durch die Perser um 590 v. Chr.

Die Urartäer übernahmen von den Assyrern ein Keilschriftsystem und entwickelten ein kompliziertes Pantheon von Gottheiten und mythologischen Wesen. Der wichtigste Gott war Chaldi, seine Frau die Göttin Arubani; als nächster in der Rangfolge kamen Teisheba, der Kriegs- Donner- und Sturmgott und dessen Frau Chuba. Dritter in der Hierarchie war Shivini, der Sonnengott, während der Mond als Gott Shelartish verehrt wurde. Wie bei den Armeniern und Georgiern in späterer Zeit gab es bei den Urartäern einen besonderen Kult heiliger Berge und Pflanzen. Sie verehrten Fische und Meeresungeheuer und übernahmen zu rituellen Zwecken eine große Anzahl bronzezeitlicher Megalithen, die mit geschnitzten Fisch- und Meerdrachen-Köpfen versehen waren und Vishap hießen. Diese freistehenden Grabmäler galten ursprünglich als Schutzgeister, die über antike Wasserbauten und Bewässerungssysteme wachen sollten.

Oben: Das Zentrum des antiken Königreichs Urartu lag im Gebiet um den Van-See. In Armenien wurde das Christentum im Jahre 301 n. Chr. Staatsreligion. Diese armenische Kirche auf der Insel Achtamar im Van-See wurde für König Gagik von Armenien im 10. Jahrhundert n. Chr. erbaut. Alle Außenflächen sind mit kostbar geschnitzten Steinreliefs versehen, die biblische Szenen darstellen, darunter die Erzählung von Jonas und dem Wal.

Links: Gußbronzene Statue eines geflügelten Stiers mit Menschenkopf und Menschenrumpf. Um 750 v. Chr.

Oben: Die Gipfel des Großen und Kleinen Ararat von Norden aus gesehen. Der Ararat ist berühmt, weil hier die Arche Noahs nach der Sintflut gelandet sein soll. Bis heute bringen Menschen Holzstücke vom Berg herab und behaupten, Teile der Arche gefunden zu haben.

Rechts: Noah belädt die Arche mit Tieren. Glasfenster der Kirche in Wragby, Yorkshire, 1682.

Die armenische Nation entstand auf den Trümmern des urartäischen Königreichs und bildete zunächst einen Teil des Persischen Reiches der Achämeniden. Nach den Eroberungszügen Alexanders des Großen im 4. Jahrhundert v. Chr. begannen die Armenier ein unabhängiges Königreich unter der Dynastie des Artaxias aufzubauen. Diese erreichte den Höhepunkt ihrer Macht unter Tigran dem Großen (95–56 v. Chr.), der sich jedoch schließlich den eindringenden römischen Legionen unterwerfen mußte. Bischof Gregor dem Erleuchteten war im Jahre 301 n. Chr. die staatlich anerkannte Übernahme des Christentums gelungen, ein Jahrhundert später folgte die Einführung eines eigenen Alphabets, und damit war das schnelle Anwachsen einer bedeutenden Nationalliteratur gewährleistet, die aus geschichtlichen und religiösen Werken bestand und Elemente der Mythologie und altertümlicher Folklore enthielt.

Ein äußerst interessanter Historiker ist Moses von Chorene, der im 8. Jahrhundert gelebt haben soll. Gleichwohl enthält seine *Geschichte Armeniens* viele Elemente aus heidnischer Zeit. Moses von Chorene trug zur Kodifizierung armenischer Mythologie und nationaler Überlieferungen bei und erzählte die alte Legende über Bel und Hayk. Hayk gilt als der legendäre Vorfahr der Armenier, die sich selbst Hayk und

ihr Land Hayastan nennen. Hayk soll ein Nachfahre von Noahs Sohn Japeth gewesen sein und gegen Bel (ursprünglich ein babylonischer Ausdruck für »Gott«) nach der Zerstörung des Turms zu Babel rebelliert haben. Es wird berichtet, daß er sich mit 300 Mitgliedern seines Clans und anderen Gefolgsleuten nach Norden in das Gebiet des Ararat aufmachte, wo er ein Königreich gründete.

Eine andere Erzählung handelt von dem legendären armenischen König »Ara dem Unbescholtenen«, in den die assyrische Königin Semiramis – armenisch Shamiram – verliebt gewesen sein soll. Es heißt, daß das Liebeswerben dieser Königin erfolglos war und sie in Armenien einfiel, um ihren Wünschen Nachdruck zu verleihen. Nachdem Ara im Kampf gefallen war, stieß Shamiram bis nach Van vor, wo sie eine Zitadelle erbauen ließ, deren Ruinen noch heute zu besichtigen sind. Diese tragische Geschichte beflügelt noch immer die Phantasie der Armenier: Als eindrucksvolles Drama steht diese Geschichte heute noch auf dem Spielplan des Nationaltheaters in Eriwan, der Hauptstadt der Sowjetrepublik Armenien. Ara pflegt darin in einer schreiend roten Perücke umherzuwandeln, während die liebesdurstige und machtgierige Königin Shamiram leidenschaftlich und wollüstig wie Kleopatra dargestellt wird.

Die Götter Armeniens

Das Pantheon des vorchristlichen Armenien war zum größten Teil iranischen Ursprungs, obwohl die zoroastrischen Gottheiten in Armenien charakteristische nationale Züge annahmen. Später identifizierte man die armenischen Gottheiten auch mit prominenten Gestalten der griechischen Mythologie. Der armenische höchste Gott Aramazd, entlehnt vom zoroastrischen Ahura Mazda und später verschmolzen mit dem mächtigen Zeus, ist ein Beispiel hierfür. Die höchste weibliche Gottheit Anahit, Göttin der Fruchtbarkeit und Mutter aller Weisheit, wurde später als Aphrodite abgebildet. Der Kriegsgott Vahagn leitet sich aus dem iranischen Kriegsgott Verethraghna ab und gilt als Äquivalent zu Mars.

Auch der kosmopolitische Gott Mithra, armenisch Mihr oder Meher, trat häufig in Erscheinung. Erinnerungen an den Mithra-Kult hielten sich jahrhundertelang in Armenien. Im armenischen Nationalepos, *Sasunc'i Davit' (David von Sassun),* figuriert Mithra als der Große Meher, der Löwe von Sassun. Meher selbst ist der Vater Davids, des legendären Helden des Sassun-Gebietes, des Zentrums armenischen Widerstandes gegen Fremdherrschaft.

Neben dem offiziellen Pantheon im heidnischen Armenien gab es eine volkstümliche Subkultur,

Oben links: Urartäische Zitadelle in Van, im türkischen Teil Armeniens, die angeblich von der assyrischen Königin Semiramis um 800 v. Chr. errichtet worden sein soll. Es heißt, das Semiramis die Zitadelle nach dem Tode des legendären armenischen Königs Ara, den sie liebte, errichten ließ.

Oben: Urartäische Bronzefigur des Sturm- und Kriegsgottes Teisheba.

Oben: Bronzekopf der armenischen göttlichen Mutter Anahit, porträtiert als die griechische Göttin Aphrodite. Fundort in der Nähe von Erzinjan, im türkischen Teil Armeniens.

Rechts: Etruskisches Trinkgefäß mit einer Szene aus der Argonauten-Sage: Jason wird von einem Drachen ausgespien; das Goldene Vlies hängt auf dem dahinterstehenden Baum.

reich an mythologischen Elementen. In der armenischen Literatur werden die bereits erwähnten Vishap, Gehilfen drachenartiger oder fischähnlicher steinerner Ungeheuer, häufig genannt. Diese Vishap konnten entweder als Menschen oder als Schlangen auftreten, sie pflegten Milch aus Kühen zu saugen oder Getreide von der Tenne zu stehlen. Im Fluß Aras gab es Wasserdämonen, die die Gestalt von Meerjungfrauen annahmen, sexuell mit ihren Opfern verkehrten und ihnen anschließend das Blut aus den Adern saugten, bis sie starben.

Berühmt ist der Mythos über König Artavazd, der während der Jagd in der Nähe des Ararat einen hohen Bergabhang hinunterstürzte und von über ihn herfallenden Dämonen in einer Höhle im Innern des Berges in Ketten gelegt wurde. Man glaubte, daß seine zwei Hunde ständig an seinen Ketten nagten, um ihn zu befreien, und daß er die Absicht hätte, die Welt zu vernichten. Um die Zeit des alten armenischen Neujahrsfestes, Navassart, sagt man, lockern sich die Ketten, deswegen pflegen die Schmiede zu dieser Zeit einige symbolische Schläge auf ihren Amboß auszuführen, um die Ketten zu befestigen und so die Welt zu retten.

Georgien und das Goldene Vlies

Georgien, das an Armenien unmittelbar im Norden angrenzt, besitzt einen ebenso reichen Mythen- und Legendenschatz wie Armenien. Eine große Attraktion übte die Erzählung von Jason und den Argonauten aus, die auf der Suche nach dem Goldenen Vlies in das westlich von Georgien gelegene Kolchis segelten. Der Argonauten-Mythos muß sehr alt sein, da er schon Homer bekannt war, der ihn in seiner *Odyssee* erwähnt.

Das Goldene Vlies selbst gilt als Symbol des sagenumwobenen Reichtums der kaukasischen Region, den die Griechen durch Gründung von Kolonien im 7. Jahrhundert v. Chr. auszubeuten begannen. Strabon, ein scharfsinniger griechischer Geograph, schrieb vor fast 2000 Jahren, daß die Zauberin Medea eine historische Gestalt war und daß das reiche Gebiet um Kolchis mit seinen Gold-, Silber-, Eisen- und Kupferminen ein durchaus lohnendes Objekt für die Argonauten gewesen sein müsse, besonders in Anbetracht der Tatsache, daß das Gold durch reißende Bergströme zu Tal befördert wurde und zeitweilig nur mit durchlöcherten Sieben und weichen Häuten aufgefangen zu werden brauchte.

Die wichtigsten Episoden der Argonauten-Sage sind das Säen der Drachenzähne, die sündige Leidenschaft der Zauberin Medea für Jason, der Diebstahl des Vlieses, die Ermordung des kolchischen Prinzen Absyrtos und die fürchterliche Rache der Götter. Unter den Kunstwerken, die den Argonauten-Mythos zum Vorbild haben, verdienen erwähnt zu werden die *Medea* des Euripides (ca. 485–406 v.Chr.), die großartige Bearbeitung des Stoffes durch den österreichischen Dramatiker Franz Grillparzer (1791–1872) und die wunderbare Oper *Medea* von Luigi Cherubini (1760–1842). Den archäologischen Beweis der Existenz des kolchischen Schatzes haben die Ausgrabungen der Georgischen Akademie der Wissenschaften bei Van und an anderen Fundstellen in der Umgebung von Kutaissi erbracht, das in dem Gebiet liegt, das normalerweise mit Aea, der Hauptstadt des antiken Kolchis, identifiziert wird.

Aller Nationalstolz im Zusammenhang mit der einheimischen georgischen Mythologie geht von der Erzählung über Amiran aus. Amiran, Sohn

eines kaukasischen Zauberers, tritt als vorlauter Prahlhans auf, der Christen mordet und Jesus Christus in einen Steinwurf-Wettkampf verwickelt, in dem beide riesige Felsblöcke hochschleudern. Als Christus' Felsblock sich tief in der Erde eingerammt hatte, forderte er Amiran auf, diesen aufzuheben. Amiran aber versagte und wurde deshalb von Christus an besagten Felsblock geschmiedet. Wie der armenische König Artavazd hat auch Amiran einen Hund, der an den Amiran fesselnden Ketten nagt. Und wie die armenischen Schmiede schlagen auch die georgischen Berufsgenossen auf ihren Amboß (hier am Donnerstag vor Ostern), um anzudeuten, daß sie die Ketten wieder befestigen.

Während des Mittelalters schufen die Georgier eine vielseitige und schöne romantische Literatur, in die viele mythologische Elemente verwoben sind. Der National-Barde, Shota Rustaveli (12./13. Jahrhundert), angeblich ein Höfling der Königin Tamar, die von 1184 bis 1213 regierte, schrieb ein romantisches Epos, *Der Ritter im Fell des Panthers.* Die mythologischen Hauptgestalten in diesem Heldenlied, die Kajis oder Dämonen (die Kajis gehören zur Welt von *Tausendundeine Nacht)*, setzen die Heldin in einem abgelegenen Schloß gefangen und behandeln sie ziemlich würdevoll und ehrbar. Es scheint, daß sie ein stehendes Heer befehligten, das aber bald von den Heroinen in diesem Heldengedicht in die Flucht geschlagen wird.

Prometheus im Kaukasus

In früheren Jahrhunderten war der Kaukasus als das »Gebirge der Sprachen« bekannt, und heute noch werden in dieser Region etwa 50 verschiedene Sprachen und Dialekte neben den Literatursprachen Armenisch und Georgisch gesprochen. Viele der kleineren Völker und Stämme besitzen einen reichhaltigen und vielseitigen Schatz an Mythen und Legenden, der jedoch weitgehend der mündlichen Überlieferung vorbehalten bleibt.

Die Georgier sind stolz auf den Mythos über Prometheus, der, wie die Erzählung von den Argonauten, sowohl der Mythologie der Griechen als auch der des Kaukasus angehört. In der griechischen Mythologie gilt Prometheus als einer der Titanen, der Urgötter, die die Welt vor Erscheinen Zeus' regierten. Nachdem Zeus die Titanen unterworfen hatte, schuf Prometheus Menschengestalten aus Ton, de-

Grabmal König Antiochus' I. von Komagene (34 v. Chr.).- Nimrud-Dagh, Türkei.

Oben: Köpfe des Zeus und Apoll an der Ostseite des Grabmals. Die meisten Kolossalstatuen haben durch Erdbeben ihre Köpfe eingebüßt.

Oben: Köpfe Apolls und des Adlers an der Westseite des Grabmals. Die armenischen Gottheiten wurden mit Göttern und Göttinnen aus der griechischen Mythologie identifiziert.

Eine Gruppe chewsurischer Krieger im Stammeskostüm und mit traditionellen Waffen. Wiedergabe einer alten, ungefähr vor hundert Jahren aufgenommenen Photographie. Bis vor kurzem trugen die Chewsuren Kettenhemden und hatten Kreuze auf ihren Tuniken, was zu der Annahme verleitete, sie seien die Nachfahren eines versprengten Kreuzfahrerregiments.

nen die Göttin Athene Leben einhauchte. Zeus jedoch mochte dieses Menschengeschlecht nicht, er unterdrückte es und stahl ihm das Feuer. Der verschlagene Prometheus entwendete das Feuer aus dem Himmel, brachte es im hohlen Stiel einer Fenchelpflanze auf die Erde und gab es den Menschen; er lehrte die Menschheit auch die Künste und die Wissenschaften. Aber dann nahm Zeus schreckliche Rache an Prometheus. Er ließ ihn an eine Bergspitze ketten, und täglich schickte er einen Adler (oder einen Geier), der an der Leber des gefesselten Prometheus zerrte und pickte, und jede Nacht wuchs die Leber wieder nach, so daß es kein Ende dieser Qualen gab. Prometheus blieb Tausende von Jahren an die Bergspitze angekettet, bis er endlich, so die übliche Version, von Herakles befreit wurde. Es gibt eine klassische Überlieferung, wonach jener Berg, an den Prometheus gekettet war, der Elbrus im Kaukasus ist.

Die Frage, ob eine Beziehung zwischen Prometheus und dem zuvor erwähnten Amiran besteht, war lange umstritten. Einige georgische Gelehrte behaupten, daß die Griechen den Prometheus-Mythos von den Georgiern entlehnten, nachdem sie ihre Siedlungen am Schwarzen Meer gegründet hatten. Da aber die Amiran-Erzählung erst im 19. Jahrhundert niedergeschrieben worden ist, dürfte es sehr schwer sein, diese Frage endgültig zu klären. Der gesamte Überlieferungsschatz mit den Motiven »Feuer«, das vom Himmel herabgeholt wird, und »Künste und Wissenschaften«, die den Menschen gelehrt werden, unterstreicht jedenfalls die historische Bedeutung des Kaukasus als eines der ältesten Zentren der Metallurgie und der Metallverhüttung.

Die Albanier des Kaukasus (sie sind nicht mit den Albaniern auf dem Balkan verwandt) bewohnten einst viele Gebiete, die heute zum sowjetischen Aserbeidschan gehören. Die Griechen kannten sie als Verehrer von Sonne und Mond, die Helios, Selene und Zeus verherrlichten. Sie brachten Menschenopfer dar, indem sie das Opfer mit einer heiligen Lanze durch die Seite ins Herz stachen und aus dem Fallwinkel des Opfers Prophezeiungen und Weissagungen über die Zukunft machten.

Ein seltsamer mittelalterlicher Mythos beschäftigt sich mit den Chewsuren, einem Bergvolk, das hoch oben in den Bergen des Kaukasus lebt. Bis vor kurzer Zeit trugen die Chewsuren mittelalterliche, mit Kreuzen bemalte Kettenpanzer und Tuniken. Das führte traditionellerweise dazu, sie als ein versprengtes Regiment von Kreuzfahrern zu betrachten, die sich vor rund 800 Jahren in den Bergen des Kaukasus verirrt haben sollten. Es scheint jedoch keine tatsächlich belegbare Grundlage für diesen Mythos zu geben, denn die ethnische Verwandtschaft der Chewsuren mit anderen georgischen Bergstämmen ist erwiesen. Sie sprechen einen gut belegten georgischen Dialekt.

Einen umfangreichen und äußerst eigenständigen Mythenschatz haben sich die Osseten erhalten, die an Nord- und Südflanke des Daryal-Passes im Zentralkaukasus leben. Diese Mythen beschäftigen sich mit den Herkulestaten eines Übermenschen- oder Halbgöttergeschlechts, Nart. Es gibt sowohl männliche als auch weibliche Prototypen, und die Haupthelden werden Sosruko und Batradz genannt; auch eine Muttergestalt mit Namen Satana tritt darin auf. Diese Erzählungen strahlen eine vollblutige, wagnerianische Atmosphäre aus, nicht erstaunlich, wenn man bedenkt, daß die Osseten Nachfahren der mittelalterlichen Alanen sind, eines Volkes indogermanischer Abstammung.

AFRIKA

ZWANZIGSTES KAPITEL

ZENTRAL- UND SÜDAFRIKA

Früher einmal sprachen Christen gewöhnlich von afrikanischen Religionen als »Stammesaberglauben«, und Mohammedaner taten sie als »Unwissenheit« ab. Heute wird die Schönheit und Weisheit dieser »naturvölkischen« Religionen längst allgemein anerkannt. Mythen gehören zu einer religiösen Gemeinschaft, sie sind in der Tat allgemeine Glaubensvorstellungen, die zum Zusammenhalt der Gemeinschaft beitragen. Vor dem Aufstieg der internationalen Bekehrungs-Religionen wie Buddhismus, Christentum und Islam wurden die Menschen in der Regel in eine religiöse Gemeinschaft hineingeboren. Daher die römische Gleichsetzung von *natio* (»Geburt«) mit »Nation« im ursprünglichen Sinn einer religiösen Gemeinschaft (die Juden im Römischen Reich wurden als *natio* bezeichnet). Diese Situation existiert noch heute in jenen Gebieten Afrikas, in denen Islam oder Christentum (noch) nicht vorherrschen. Ein Mensch wird als Mitglied eines Stammes geboren und bleibt dies für immer, wobei diese Zugehörigkeit manchmal auf Gesicht oder Körper durch Hautritzungen (»Schmucknarben«) oder andere Verstümmelungen, einschließlich der Beschneidung, gekennzeichnet wird.

Jede ethnische (Stammes-)Gruppe hat ihre eigene Religion, die sich von der ihrer Nachbarn unterscheidet, obwohl es auch Ähnlichkeiten gibt, vor allem wenn die Nachbarn verwandte Sprachen sprechen. In Afrika ist sprachliche Verwandtschaft der einzige Maßstab für das historische Verwandtschaftsverhältnis zwischen verschiedenen Völkern. Historisch verwandte Völker müssen wahrscheinlich auch gemeinsame Elemente in ihren Mythen aufweisen. Verschiedene Volksgruppen in Zentral- und Südafrika sprechen verwandte Sprachen. Die größte von ihnen, die Bantu-Sprachfamilie, umfaßt über 200 Sprachen, darunter Zulu, Tswana (in Botswana), Swasi (in Swasiland), R'wanda, Rundi (in Burundi), Suaheli, Kikuyu, Ganda (in Buganda), Lingala und Kongo im westlichen Äquatorialafrika. Alle diese Sprachen lassen sich auf ein einziges Ur-Bantu sprechendes Volk zurückführen, das seinen Ursprung vielleicht in Kamerun oder weiter östlich hatte.

Eine zweite zusammenhängende Familie bilden die nilotischen Sprachen, zu denen Alur in Nordost-Zaïre, Luo in Kenia, Acholi und Lango in Uganda und Nuer, Dinka und Shilluk im Sudan gehören. Entlang der nördlichen Grenze zwischen Zaïre und dem Sudan gehören die Zande-, Pambia- und Barambo-Sprachen zur Zande-Familie. Weiter westlich gehören die Banda-Gbaya-Ngbandi-Sprachen zu-

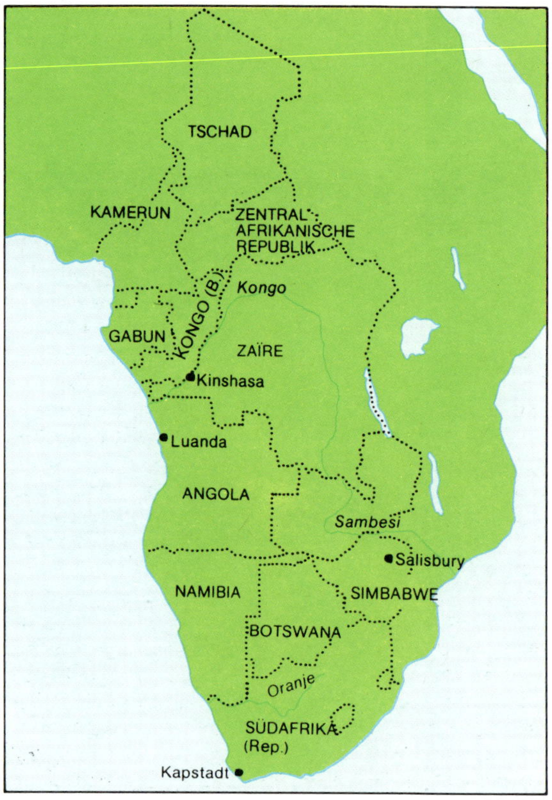

sammen in eine Familie, die im nördlichen Zaïre und in der Zentralafrikanischen Republik gesprochen wird. Weiter nördlich schließt die Bongo-Bagirmi-Familie Sara ein, eine bedeutendere Sprache in der Zentralafrikanischen Republik.

Die Hottentotten in Südwestafrika (Namibia) und die Buschmänner in der Kalahari-Wüste haben jeweils eine eigene Sprachfamilie, gehören indessen zu einer Sprachgruppe. Die Pygmäen in den Urwäldern von Zaïre und Kamerun sprechen verschiedene Sprachen, jede Gruppe ihre eigene.

Im allgemeinen jedoch muß man über afrikanische Religionen in der Vergangenheitsform sprechen. Die meisten Afrikaner haben bereitwillig oder unter Zwang den Islam (z. B. in Nord- und Westafrika, im Sudan und in Somalia) oder das Christentum (im größten Teil Zentral- und Südafrikas) angenommen. Nur sehr wenigen Stämmen wie den ihrer kulturellen Tradition besonders bewußten Yoruba in Nigeria ist es gelungen, ihre ursprüngliche Religion mit einem vollständigen Pantheon zu bewahren. Bei den meisten afrikanischen Völkern muß aus alten Aufzeichnungen und mündlichen Überlieferungen ein zusammenhängendes Bild der »eingeborenen« Religionen rekonstruiert werden.

Eine Vielzahl von Gottheiten

Die meisten Völker des tropischen Afrika glaubten anscheinend an zahlreiche unterschiedliche Gottheiten. Jede Religion hatte ihr eigenes Pantheon, und diese Stammesgottheiten gehörten oft zu bestimmten Familien, wie die antiken griechischen Götter. Im tropischen Afrika gibt es viele interessante Anklänge an die Religion Altägyptens. So erinnert das Flußpferd, das einst als weibliche Gottheit von den Baronga im südlichen Moçambique verehrt wurde, stark an die ägyptische Göttin Toëris, die in Gestalt eines Flußpferdes angebetet wurde. Im alten Ägypten war die Schlange ein Symbol des Königtums, ebenso bei den Zulu und verschiedenen anderen afrikanischen Völkern. Die Vorstellung eines Flußgeistes in vielen afrikanischen Religionen findet eine Parallele im ägyptischen Nil-Gott Osiris, und die Alur in Zaïre verehrten den Nil als Gottheit.

Viele westliche Missionare, die über die Eingeborenen-Religionen schrieben, taten dies im Hinblick auf ihre eigenen Interessen. Unter dem Aspekt ihres eigenen Glaubens neigten sie dazu, die weitverbreitete Vorstellung des »Hochgottes«, eines allmächtigen und allwissenden höchsten Wesens, das im Himmel wohnte oder mit dem Himmel gleichgesetzt wurde, überzubetonen und den Glauben an andere Gottheiten als lokale und unwichtige primitive Phantasievorstellungen abzutun. Vergleichbar damit wäre es, die griechische Religion als »Glauben an Zeus und einige lokale Geister« zu beschreiben. Die meisten Völker im tropischen und südlichen Afrika hatten die Vorstellung eines »Hochgottes« –

Oben: Friedlich und still fließt der Nil an einem Dinka-Dorf im Sudan vorbei. Die Dinka sprechen eine nilotische Sprache. Wie die anderen nilotischen Völker haben sie allen Bekehrungsversuchen zum Islam oder Christentum erfolgreich widerstanden, aber sie glauben an die Existenz eines höchsten Wesens.

Gegenüber: Maske der Baluba in Südzaïre, die bei Tänzen anläßlich der Begräbniszeremonie für einen Häuptling verwendet wurde. Die Linien im Gesicht stellen wohl die Schmucknarben dar, die in den alten Tagen die Stammeszugehörigkeit anzeigten.

Oben: Die meisten Dörfer bilden eine fest zusammenhängende Gemeinschaft, die zugleich eine religiöse »Gemeinde« ist. Holzschnitzerei, Zaïre.

Unten: Nägel und Pfeilspitzen sollen die magischen Kräfte dieser männlichen Plastik steigern. Auch das Horn auf dem Kopf ist mit magischen Substanzen gefüllt. Holzskulptur aus der oberen Lomani-Region, Zaïre.

oder eher eines Himmelsgottes, oft verbunden mit Donner und Blitz –, aber dies schloß den Glauben an andere Gottheiten nicht aus. Beim Volk von Buganda wurden mehr als 20 Götter festgestellt, aber die meisten afrikanischen Stämme verehrten eine geringere Anzahl von Göttern. Sonne und Mond galten oft als göttlich, und vor allem in Südwestafrika bewahrt der Mond noch Spuren einer weiblichen Identität. Bei den Bantu war die Erde die Hauptgöttin.

Die prominentesten Gottheiten in Zentral- und Südafrika sind Erde, Sonne, Mond, der Atlantik und, in Zaïre, der Urwald. Dies sind gute Götter, obwohl die Sonne manchmal eine Doppelrolle hat: sie spendet Leben, bringt aber auch Dürre und Tod. Die Erde ist immer eine weibliche Gottheit, die jene begünstigt, die sie verehren und ihr gehorchen, aber die Ungehorsamen und Nachlässigen unerbittlich bestraft. Sie erinnert an die ägyptische Isis. Der Urwald ist eine geheimnisvolle und schwer faßbare Gottheit. Die Wälder enthalten beinahe alles, was die Bewohner benötigen: Nahrung und Trank, Holz, Kleidung, Lianen für Seile und Fallen, Wurzeln und Säfte für Medizin. Mehrere zentralafrikanische Stämme betrachten den Wald als Wohnort der Götter, als »Jenseits«, wo die Geister leben, so daß jeder, der den Wald betreten will, besondere Vorsichtsmaßregeln treffen und gewisse Rituale ausführen muß. Der Wald ist auch der Ort böser Zwergdämonen, die Menschenfleisch fressen, bevorzugt lebendiges, und Meister der Zauberei sind.

Die Grenze zwischen Göttern und Geistern läßt sich schwer ziehen, aber im allgemeinen sind Götter menschlicher als Geister, haben mehr Persönlichkeit und offenbaren sich eindrucksvoller. Zahlreiche lokale Geister leben noch in Wäldern und Quellen und werden nur von der dort lebenden Bevölkerung verehrt. Auch im alten Griechenland wohnten lokale Götter und Geister in Wäldern und Quellen, aber mit dem Wachsen und der Ausbreitung des griechischen Nationalbewußtseins gingen sie in der allgemeinen griechischen Religion auf. In Afrika konnte sich dieser Prozeß nicht entfalten, da er durch die Einführung von Islam und Christentum und das Eindringen der Kolonialmächte gewaltsam abgeschnitten wurde. Die Kolonisierung schuf neue Grenzen quer durch die Stammesgebiete, so daß viele afrikanische Stämme geteilt wurden. (Das Königreich Kongo z. B. wurde in vier Stücke geteilt: zwei protugiesische, ein belgisches und ein französisches.) Jede natürliche Entwicklung der Stammesreligion wurde demzufolge unterdrückt.

Götter und Tiere

Eine Eigentümlichkeit, welche die Götter Zentral- und Südafrikas anscheinend mit denen Ägyptens und Indiens gemeinsam haben, ist, daß sie ursprünglich in Tiergestalt erscheinen, aber allmählich, im Laufe der Jahrhunderte, immer mehr menschliche Züge annehmen. In den ältesten Fassungen der zentralafrikanischen Mythen treten als handelnde Personen Tiere mit ehrfurchtgebietenden magischen Kräften auf. Die Spinne kann zum Himmel emporsteigen, der Frosch vermag ganze Wälder zu überspringen, der Löwe verschlingt ein ganzes Dorf mitsamt den Bewohnern, und die riesige Pythonschlange erstreckt sich von einem Horizont zum anderen.

Wesen mit halb menschlichen und halb tierischen Eigenschaften stellen anscheinend die nächste Stufe in der Entwicklungsgeschichte der Götter dar. Diese »Mischwesen« sind in Afrika im allgemeinen böse. Der Leopardenmann und der Krokodilmann nehmen Tiergestalt an, um Verbrechen zu begehen. Löwe und Schlange in halbmenschlicher Gestalt sind jedoch oft gute Geister, die den Menschen helfen.

Allmählich werden mehrere der handelnden Personen in den Mythen fast ganz menschlich, und es entwickelt sich ein Pantheon von Göttern und Dämonen, die zusätzlich dazu neigen, Tiergestalt anzunehmen. Wie die griechischen Götter verbinden sie sich mit Sterblichen und haben menschliche Kinder. Ein König der Tauben hat mit seiner Zulufrau drei Kinder, ein junger Ronga heiratet ein Mädchen, das in Wirklichkeit eine Gemsantilope ist, ein anderer Jüngling heiratet eine Buschkatze, und ein Zulu-Märchen erzählt von einer Python, die einen Prinzen zur Welt bringt. Die Ngbandi im nördlichen Zaïre glauben, daß Zwillinge Kinder der Schlange sind. Viele Clans behaupten, von Tieren abzustammen: z. B. dem Krokodil (die Kwena in Botswana) oder dem Nashorn (ein anderer Tswana-Clan). Tier-Götter beschützen den Clan, auch wenn sie nicht ausdrücklich als Vorfahren erwähnt werden. Als Beispiele seien der Frosch bei den Nkundo, der Löwe bei den Tsonga, das Flußpferd bei den Ronga, die Taube bei den Sotho und die Schlange bei den Zulu erwähnt.

Schöpfungsmythen
Nach dem Schöpfungsmythos der Bakuba (in Zaïre) herrschte Mbombo, der weiße Gott, als die Erde nur Wasser war, von Finsternis eingehüllt. Eines Tages spürte er einen fürchterlichen Schmerz im Bauch und spie Sonne, Mond und die Sterne aus. Die Sonne brannte so stark, daß das Wasser in Wolken verdampfte und allmählich trockene Hügel erschienen. Mbombo erbrach sich erneut, und da kamen aus seinem Bauch Tiere, Menschen und viele andere Dinge hervor: die erste Frau, der Leopard, der Adler, die Sternschnuppe, der Amboß, der Affe Fumu, der erste Mann, das Rasiermesser, Heilkunst und Blitz.

Nchienge, die Herrin der Gewässer, lebte im Osten. Sie hatte einen Sohn und eine Tochter, Woto und Labama. Woto war der erste König der Bakuba. Er zog mit seinen Kindern nach Westen und färbte ihre Haut schwarz. Er änderte auch ihre Sprache, indem er ihre Zungen verzauberte. Später tadelte ihn sein Volk, weil er seine Schwester heiratete, und er zog mit seinen Anhängern fort und gründete den Stamm der Baluba. Durch einen Einschnitt in der Zunge änderte er deren Sprache. Sie ließen sich in der Wüste nieder. Woto blies in sein Horn, und aus dem unfruchtbaren Sand wuchsen viele Bäume, ein ganzer Wald, der noch heute bei Salamudimu steht.

Ein Mann fand den Affen Fumu beim Lecken von Palmwein. Er tötete Fumu, und der Leopard tötete ihn. So entstand der Krieg zwischen Menschen und Tieren. Nur die Ziegen blieben bei den Menschen, und daher töten Leoparden Ziegen.

Als Mbongo die Herrschaft beanspruchte, entstand ein Streit, der von Toche, Wotos Bruder, beigelegt wurde, der Mbongo ein Zauberpulver gab. Mbongo verstreute das Pulver an den Grenzen seines Gebietes, und sogleich öffneten sich in der Erde tiefe Spalten und zeigten ihm die Grenzen. Als nächstes Zeichen seiner königlichen Abkunft warf er einen Amboß in den See, aber der Amboß versank nicht. Er färbte das Wasser rot, weiß und gelb und ließ den Bambus sprechen. Schließlich rief er ein neues Tier, und das Krokodil kroch aus dem Wasser. Das Volk jubelte Beifall, und Toche erklärte: »Dieser Mbongo ist der Urenkel Wotos und seiner Schwester.« Noch heute heiraten bei den Basonge Geschwister, und der König der Bakuba hat bei der Schwester das *ius primae noctis,* das »Recht der ersten Nacht«. (Nach Knappert, 1977.)

Der Ursprung der Welt und der Menschheit ist ein weitverbreitetes Thema der Mythen. Der Schöpfungsmythos der Bakuba wurde vor einem halben Jahrhundert niedergeschrieben. Die Bakuba lebten im damaligen Belgisch Kongo, im feuchten Regenwald, den viele Flüsse durchzogen. Dies mag die Vorstellung vom Wasser als dem Urelement erklären. Die Farbe Weiß wird mit dem Tod und der Welt der Geister in Zusammenhang gebracht. In dieser Geschichte ereignet sich die Schöpfung aus dem Rachen des Todes heraus, und die Gedankenverbindung des Bauchs mit dem Wohnsitz des Todes ist nicht auf Bantu-Gruppen beschränkt. Die Bakuba und Baluba sind Rivalen. Mythen, wonach das »erste« Menschenpaar Bruder und Schwester war, sind im Bantu-Gebiet nicht ungewöhnlich, und über Geschwisterehen, obschon äußerst selten, wurde in den Oberschichten der Bantu berichtet. Die Basonge gelten als der »königliche« Clan. Das Recht der ersten Nacht mit einer Schwester hat anscheinend den Zweck, das »Glück« innerhalb der Familie zu behalten. Die Vorfahren der großen Könige mußten notgedrungen Kulturheroen sein, Erfinder von Künsten und magischen Fertigkeiten.

Einige Einzelheiten der biblischen Geschichte von Adam und Eva haben unerwartete Parallelen in afrikanischen Mythen. Die Schilluk am Nil im Sudan sagen, daß Juok (Gott) Menschen aus Ton geschaffen habe. Er reiste nach Norden und fand weißen Ton, aus dem er die Europäer formte. Die Araber wurden aus rötlichbraunem Ton gemacht und die Afrikaner aus schwarzer Erde. Dann sprach Juok zu sich selbst: »Ich will den Menschen lange Beine geben, daß sie beim Fischen im seichten Wasser waten können wie die rosa Flamingos. Ich will ihnen lange Arme geben, damit sie eine Hacke schwingen können, so wie die Affen Stöcke schwingen. Ich will ihnen Münder geben, um Hirse zu essen, und Zungen zum Singen, und ich will ihnen Augen geben, damit sie ihre Nahrung sehen, und Ohren, um ihre Lieder zu hören.« Die Pangwe Kameruns sagen, daß Gott erst eine Eidechse aus Ton geschaffen habe, die er in einen Teich setzte, um sie naß werden zu lassen. Er ließ sie dort sieben Tage und rief dann: »Mensch, komm heraus«, und ein Mann kam anstelle der Eidechse zum Vorschein.

Im 19. Jahrhundert interessierten sich bestimmte

Der Adler-Mann mit Vogelfedern und Maske wird den Schöpfungstanz tanzen, in dem der Himmelsgott in Gestalt eines Adlers dargestellt wird. Aus dem westlichen Simbabwe/Rhodesien.

Rechts: Holzskulptur des Königs Shamba Bolongongo, des Beherrschers der Bakuba-Bushongo. Er lebte um 1600 n. Chr., und man erinnert sich an ihn wegen seiner vielen Erfindungen, zu denen die Gewinnung von Palmöl, die Kunst, Raffiabast zu flechten, der Genuß des Pfeifenrauchens gehört und das Mankala-Spiel, bei dem er hier mit einer Art Damebrett dargestellt wird. Vor der Ankunft des Christentums und noch lange danach wurden derartige Skulpturen der göttlichen Könige von den Bakuba verehrt.

Unten: Masken aus dem Sudan aus verschiedenartigem Ton. In Mythen wurden auf diese Weise Menschen verschiedener Hautfarbe geschaffen.

Forscher für die Mythologie der Zulu in Natal, so daß Teile davon aufgezeichnet wurden, bevor sie vergessen oder durch christianisierte Mythen überdeckt waren. Der Schöpfungsmythos der Zulu ähnelt auffallend dem griechischen Mythos von der Vereinigung von Uranos und Gaia, Himmel und Erde, aus der alle Götter hervorgehen. Am Anfang gab es im Norden einen großen Sumpf namens Uhlanga. Darin wuchsen viele Formen von Schilf und Binsen, von denen jede anders gefärbt war. Eines Morgens stieg der Himmelsgott Umvelinqangi vom Himmel herab und heiratete Uhlanga. Aus diesem weiten Tal brach er viele Schilfpflanzen unterschiedlicher Farbe ab und machte aus ihnen Menschen. Er schuf sie paarweise, einen Mann und eine Frau, aus jeder Schilfart. Alle diese ersten Menschen wurden Unkulunkulu (»Vorfahr, Ahn«) genannt. Jedes Paar wurde zum Elternpaar eines Stammes, jeder Stamm hatte seine eigene Farbe, so wie man Stengel und Stiele in verschiedenen Brauntönen findet. So wurden die Menschen aus Wasserpflanzen geschaffen, aus dem Tal, mit dem Umvelinqangi in schöpferischer Vereinigung lebte. Jedes Volk wurde aus der feuchten Erde geboren, und jeder Unkulunkulu brachte seinen eigenen geheimen Lebenszauber mit. (Nach Knappert, 1977.)

Das Wort *uhlanga* bedeutet einfach Schilf. Die Zulu nennen sich selbst Abantsundu, »das Braune Volk«, und ihre Hautfarbe kann man mit der einiger Schilfformen vergleichen, die in den schilfbedeckten Tümpeln der Täler des Zululandes wachsen.

Mensch und Unsterblichkeit

Der erste Wunsch des Menschen nach seiner Erschaffung ist es, unsterblich zu sein. Adam und Eva werden von der Schlange betrogen. Als Folge des Sündenfalls verlieren sie ihre Unsterblichkeit, doch wird dieses Los durch ihre Kinder ausgeglichen, die den Fortbestand der menschlichen Rasse auf Erden sichern. Itonde, der Ahnengott der Nkundo in Zaïre, mußte sterben, da er den mächtigen Geistern des Waldes zum Opfer fiel. Er ist der erste Mensch, dessen Tod erwähnt wird. Er stirbt in der Wildnis, während seine Frau daheim arbeitet. Zum ersten Mal werden auf der Erde Fliegen gesehen, als sie aus seinem verwesenden Leichnam herauskriechen. Sein Jagdhorn, das in der Hütte seiner Frau hängt, fängt als Zeichen seines Todes zu bluten an. In diesem Augenblick wird sein Sohn Lianja, der Strahlende, aus der Wade seiner Mutter geboren. Der Vater ist auferstanden. Die Vorstellung des Vaters, der als eigener Sohn, oder des Großvaters, der als Enkel wiederkehrt, ist in Afrika weit verbreitet, und viele nennen einen kleinen Jungen nach seinem Vater, wenn er kürzlich gestorben ist, oder nach seinem Großvater oder einem Onkel, wenn das Kind ihnen ähnlich ist.

Die Wafipa in Zaïre erzählen, daß eines Tages Gott auf die Erde herniederkam und nur von der Schlange gegrüßt wurde, weil alle anderen Kreaturen schliefen. Gott belohnte die Schlange mit dem Geheimnis der Unsterblichkeit. Seit jenem Tag streift die Schlange alljährlich die Haut ab und erneuert sich so, ohne je zu sterben. Die Baluba in Zaïre berichten, daß die erste Frau nach einem langen, kinderreichen Leben im Begriff war, die Haut abzustreifen. Sie sagte ihrer jüngsten Enkelin, sie dürfe nicht gestört werden, aber das Mädchen verstand nicht und kam in die Hütte, um ihr zu sagen, daß es zu regnen angefangen hätte. Die alte Frau hatte gerade mit dem Abstreifen ihrer Haut begonnen, aber sie mußte aufhören, und so ging das Geheimnis der Unsterblichkeit verloren.

Ein anderer Mythos, der den Ursprung des Todes auf einen Fehler zurückführt, ist die Hottentotten-Erzählung, in der die Mondgöttin ihren Boten, die Gottesanbeterin, mit folgender Botschaft zur Erde schickte: »Wie ich ins Leben zurückkehre nach dem Tod, so sollt auch ihr, die Menschen dieser Welt, sterben und wiedererstehen.« Die Gottesanbeterin war zu langsam und bat daher den Hasen, zu der Stadt der Menschen zu laufen und die Botschaft zu überbringen. Unglücklicherweise war der Hase nicht sehr gescheit. Er entstellte die Botschaft und sagte den Menschen, sie müßten sterben, so wie der Mond stirbt, und vergaß das Versprechen der Wiederkehr. Zur Rechenschaft gezogen, mußte der Hase zugeben, daß er der Aufgabe nicht würdig gewesen war, aber das Versprechen der Unsterblichkeit konnte nun nicht mehr gegeben werden, denn eine Botschaft der Götter darf nicht verändert oder zweimal überbracht werden. Die Moral der Geschichte als Fabel ist, daß jeder selbst die ihm gestellte Aufgabe erfüllen muß. Es gibt keinen anderen, den er damit betrauen kann. Als Mythos ist diese Geschichte, zumindest teilweise, sehr alt. Die Gottesanbeterin ist noch heute in Südafrika als der Gott der Hottentotten bekannt.

Der Tod und die Schlange

Nach einem Mythos der Wutu (in Kamerun) rief eines Tages Gott der Herr seinen besonderen Boten, das Chamäleon, und sprach zu ihm: »Geh zu den Menschen auf der Erde und überbringe ihnen diese gute Nachricht: sie werden sterben müssen wie alle Lebewesen, aber später werden sie aus ihren Gräbern auferstehen. Nun geh schnell!« Das Chamäleon machte sich auf den Weg zur Erde, aber Chamäleons klettern immer sehr sorgfältig an den Zweigen entlang und haben die Gewohnheit, häufig anzuhalten, um sich auszuruhen, zu überlegen und umherzuschauen. So benötigte das Chamäleon 14 Tage für seine Reise zu den Menschen. Inzwischen hatte die Schlange von der Gunst gehört, die Gott den Menschen erweisen wollte, und beschloß, sie zu betrügen. Sie ging zu den Menschen und verkündete: »Gott hat mich zu euch mit folgender Botschaft gesandt: Alle Menschen, die gestorben sind, werden für immer in ihren Gräbern bleiben. Sie werden nie zurückkommen. Der Tod wird sie für immer behalten.« Der Tod hörte die Schlange dies sagen und freute sich, denn der Tod ist ein habsüchtiges Wesen und verlangt immer mehr Menschen als Beute.

Als das Chamäleon endlich ankam, rief es die Menschen zusammen und verkündete feierlich die ihm von Gott aufgetragene Botschaft: »Die Menschen werden nach dem Tode auferstehen.« Die Leute aber nannten das Chamäleon einen Lügner. »Wir glauben, was die Schlange uns gesagt hat, denn sie war zuerst hier.« Das Chamäleon antwortete: »Unmöglich, ich bin Gottes wahrer Bote.« Die Leute riefen dann die Schlange aus ihrem Erdloch und fragten sie, wer ihr gesagt hätte, daß die Menschen für immer sterben würden. »Gott sagte mir das«, log die Schlange skrupellos. Das Chamäleon forderte sie heraus und sagte: »Laß uns zusammen zu Gott gehen und ihn entscheiden, wer recht hat.« So gingen sie und erschienen gemeinsam vor Gott. Gott hörte beide und sprach: »Die Schlange hat gelogen. Nie gab ich ihr eine Botschaft. Aber die Botschaft, die der Menschheit zuerst überbracht wurde, wird bestehen bleiben müssen. Man kann sie nicht ungeschehen machen. Der Tod hat schon begonnen, viele Menschen zu töten, seit er die Botschaft hörte. Zur Strafe, Schlange, werden dich die Menschen für immer hassen und dich töten, sobald sie dich sehen.« So kommt es, daß Menschen sterben und nie auferstehen.

Im Wutu-Mythos, wie in der Geschichte von Adam und Eva, betrügt die Schlange die Menschen, so daß sie sterblich werden. Das Chamäleon gilt in vielen Teilen Mittel- und Südafrikas als so vorsichtiges Tier, daß es nie Fehler macht. Darin sieht man ein Zeichen großer Weisheit, daher Gottes Vertrauen in das Chamäleon. Die Schlange aber behielt die Gottesgabe der Unsterblichkeit für sich selbst, und daher erwecken sich Schlangen wieder zum Leben, indem sie ihre Haut abstreifen.

Die Toten

Die Kräfte des Guten und Bösen sind ständig am Werk, um den Menschen zu helfen oder zu schaden. Ist jemand außergewöhnlich freundlich, hilfreich und großzügig, nennen die Swahili ihn oder sie *malaika,* »einen Engel«. Eltern und Kinder sollen immer einander helfen und wenn Eltern und Großeltern sterben, hören sie nicht auf zu existieren. Im Gegenteil, ihre Seelen bleiben lebendig und in der Nähe ihrer Lieben, besorgt, ihnen in ihren Nöten und Sorgen zu helfen. Einige Seelen sind stärker als andere, aber alle sind der Magie mächtig. Die Zulu sagen, daß ein Mann mit starkem Charakter, ein bedeutender Häuptling, »einen großen Schatten hat«, d. h. er besitzt große Macht, und nach seinem Tod vollziehen sie eine besondere Zeremonie, *ukubuyisa,* um seine Seele zurück in den Kraal oder in die Umzäunung zu bringen, so daß er weiterhin seiner Familie helfen kann. Wenn die Nachkommen nicht die richtige Zeremonie zur rechten Zeit vollziehen, können die Ahnenseelen über diesen Mangel an Ehrfurcht enttäuscht sein. Sie können ihren Schutz entziehen, so daß eines der Kinder oder Enkel krank wird. Die Eltern befragen dann einen Wahrsager, der die Krankheit etwa wie folgt diagnostiziert: »Dein Großvater väterlicherseits ist verärgert, weil Du nicht für ihn das jährliche Hahnenopfer vollzogen hast.« Wird das Ritual vorschrifts-

Maske des Bapuna-Stammes in Zaïre. Sie stellt eine weiße Göttin dar, die nachts verehrt wurde. Über die geheimen Zeremonien bei diesen Ritualen ist sehr wenig bekannt. Weiß ist die Farbe der Geister, der Wesen, die dem »Jenseits« angehören, woher die Magie kommt. In diese Welt gehen die Toten, und daher glaubt man, daß die Totengeister mit Magie vertraut sind. In Zaïre glauben viele, daß der Wald der Wohnsitz der Geister ist.

Die Zeremonie des »Hexereiriechens« bei den Zulu von Natal. Der Mann in vollem Ornat ist der *isanukha* oder Hexenriecher. Er wurde herbeigerufen, um den Mann zu entdecken, der schuld an der Behexung seiner Gefährten ist. Der Schuldige wurde gefunden und liegt entmutigt in der Mitte des Kreises. Man glaubt, Hexer riechen wie das Fleisch ihrer Opfer, das sie magisch verspeisen. Diesen Geruch kann der *isanukha* entdecken.

mäßig nachgeholt, glaubt man, der gekränkte Totengeist werde sich erbarmen und das Kind heilen. Dies ist nur ein Beispiel für die Komplikationen, die durch die Anwesenheit von Totengeistern um Haus und Kraal verursacht werden.

Im allgemeinen glaubt man, die Totengeister leben unter der Erde, in einer Welt, die unserer ähnlich ist, aber vom Gott des Todes beherrscht wird. Man kann sie durch eine Höhle oder einen Tümpel betreten, wenn Vorsichtsmaßregeln beachtet und gewisse Rituale ausgeführt werden. Viele Seelen jedoch wandeln auf der Erde als Geister, entweder weil sie eine Aufgabe haben oder eine Botschaft für die Lebenden oder weil sie sich an Übeltätern rächen wollen. Einige können als Tiere oder andere Lebewesen wiederkehren.

Der Geist im Baum

Nach einer anderen Geschichte lebte einst ein Mädchen, dessen Mutter gestorben und dessen Stiefmutter sehr grausam zu ihm war. Eines Tages, als es am Grab seiner Mutter weinte, sah es, wie sich die Erde des Grabes teilte und ein Stengel herauskam, der zu einem Schößling und bald zu einem Baum heranwuchs. Der Wind raschelte in den Blättern, und der Baum flüsterte mit dem Mädchen und erzählte ihm, daß die Mutter in der Nähe sei und es die Früchte des Baumes essen solle. Das Mädchen aß, und die Früchte schmeckten sehr gut, so daß es sich viel wohler fühlte. Seither geschah dies jeden Tag, aber als die grausame Stiefmutter entdeckte, was vor sich ging, da bestand sie darauf, daß ihr Mann, der Vater des Mädchens, den Baum fällte.

Der Baum lag verdorrend am Boden und das Mädchen weinte lange an dem verstümmelten Stamm, bis es ein leises Geräusch hörte und sah, wie ein Höcker aus dem Grab wuchs. Er wuchs und wuchs, bis er ein Kürbis war, mit einem Loch, aus dem Saft tröpfelte. Das Mädchen leckte einige Tropfen auf und fand sie sehr wohltuend, aber wieder bemerkte dies seine Stiefmutter bald, schnitt in einer dunklen Nacht den Kürbis ab und warf ihn auf den Misthaufen. Am nächsten Tag weinte das Mädchen unaufhörlich, bis es Tropfgeräusche hörte und ein kleines Bächlein sah, das flüsterte, »trink mich, trink mich!« Es trank und fühlte sich sehr erfrischt, aber nun hieß die Stiefmutter den Vater des Mädchens, Sand in das Rinnsal werfen und es zudecken. Das Mädchen ging zum Grab zurück, wo es unaufhörlich weinte. Es saß dort lange Zeit, als ein Mann aus dem Busch trat. Er sah den toten Baum und fand, daß er geeignet war, um Bogen und Pfeile herzustellen; er war Jäger. Er sprach mit dem Mädchen, das ihm erzählte, daß der Baum einst auf dem Grab der Mutter gewachsen sei. Der Jäger hatte das Mädchen gern und beschloß, zu seinem Vater zu gehen und um seine Hand anzuhalten.

Der Vater stimmte unter der Bedingung zu, daß der Jäger für das Hochzeitsfest ein Dutzend Büffel erlegen müßte. Der Jäger hatte zuvor nie mehr als einen Büffel auf einer Jagd erlegt, dies war schwierig genug. Aber diesmal, mit dem neuen Bogen und den neuen Pfeilen, war er noch nicht lange im Busch, als er eine Herde mit einem Dutzend Büffeln erblickte, die im Schatten ruhten. Er legte einen der neuen Pfeile auf die Sehne und ließ ihn fliegen. Der erste Büffel sank tot um, dann der zweite und der dritte. Nach einer Stunde kehrte der Jäger zurück, um dem Vater zu sagen, er solle Männer schicken, die das Fleisch ins Dorf brächten. Es gab ein großes Fest, als der Jäger das arme Mädchen heiratete.

Diese Geschichte illustriert den Begriff der Zähigkeit des Lebens. Die gequälte Seele der Mutter steigt schrittweise auf der Stufenleiter des Lebens abwärts, von einem menschlichen Wesen wird sie zu einem Baum, einem Kürbis und schließlich einem Rinnsal, das zugeschüttet wird. Allerdings bleibt nach alledem noch eine übernatürliche Kraft zurück: Das Holz des Baumes läßt sich verwenden, und die Pfeile, die der Jäger daraus schnitzt, treffen immer. Der Geist des Jägers ist stärker als der böse Geist der Stiefmutter, die daher in der Geschichte auch nicht mehr erwähnt wird. Der Geist des Vaters aber ist überaus schwach, sonst hätte ihn seine Frau nicht so leicht beeinflussen können. Der Geist der Mutter ist von allen der stärkste und kann daher für das Kind sorgen, bis es verheiratet ist.

Magie und Hexerei

Alle Menschen besitzen derartige, starke oder schwache, Geister. Auch Tiere haben »Geister« und ebenso Pflanzen und die Elemente Wasser, Wind und Feuer. Sonne und Erde haben Geister, denn sie besitzen schöpferische Kräfte, die das menschliche Leben beeinflussen. Geister werden jedoch nicht nur verehrt, sondern Magie wird angewendet um sie zu beherrschen. Dies ist notwendig, denn es gibt nicht nur gute Geister, sondern auch böse, wie die Stiefmutter, die vielleicht eine Hexe war. Wie hätte sie sonst jedesmal ahnen können, was ihre Stieftochter gerade tat? Eine Hexe ist eine Person mit einem bösen Geist. Manchmal kann sich jemand nicht vorstellen, wieviel Schaden er oder sie anderen zufügt. Die Swahili haben dafür ein besonderes Wort: *kisirani,* eine Person, die allein durch ihr Dasein Unglück bringt.

Die ursprüngliche afrikanische Vorstellung von Gut und Böse unterscheidet sich sehr von jener, die durch das Christentum eingeführt wurde. Was gut und was böse ist, hängt vom Lebenssinn des einzelnen ab. Für die meisten Afrikaner ist es der Lebenszweck des Individuums, das Wohlergehen der Familie, des Clans oder des Stammes zu verbessern. Der Zweck der Familie, der Sippe oder des Stammes ist, sich zu vermehren. Je mehr Kinder ein Mann hat, um so mehr Hände hat er, die ihm bei der Feldarbeit oder beim Hüten des Viehs helfen. Eine große Familie ist in Afrika eine Quelle des Stolzes und Ansehens. Der »Vater von vielen« wird offensichtlich von den Göttern begünstigt, und weniger glückliche Leute spüren ihm nach, in der Hoffnung, an seinem Glück teilzuhaben.

Alles, was den Interessen der Familie dient, ist gut, alles, was Krankheit oder Tod verursacht, böse. Zum Beispiel wird eine Frau, deren Kinder nacheinander sterben, oft verdächtigt, sie zu »essen«, d. h. ihre Lebenskraft für schwarze Magie zu benutzen. Jede Krankheit gilt als Ergebnis spiritueller Vorgänge. Wenn man nicht die Vorfahren oder andere Geisterwesen dafür verantwortlich machen kann, muß Krankheit das Werk einer Hexe oder eines Zauberers sein. Diese beiden Gruppen menschlicher Wesen sind Inkarnationen des Bösen. »Menschlich« ist hier ein zweideutiges Wort und wird im Gegensatz zu körperlosen Wesen wie Geistern oder Tieren mit bösen Fähigkeiten gebraucht.

Eine Hexe bzw. ein Hexer ist im allgemeinen eine Person, deren böser Geist mit der Lebenskraft anderer Menschen genährt werden muß. Der Ausdruck Lebenskraft wird hier verwendet, um verschiedene Begriffe in afrikanischen Sprachen mit der Bedeutung »das, was eine Person lebendig macht« auszudrücken. Gewöhnlich »nehmen« Hexen schwache, ungeschützte Leben wie die von Kindern. Bei einer Kindersterblichkeit von ungefähr 50 Prozent in vielen Teilen Afrikas überrascht nicht, daß Anschuldigungen wegen Anwendung von Zauberkraft zahlreich vorkommen. Das Wort Zauberkraft ist irreführend: hier liegt keine erlernte Fertigkeit vor, sondern eine angeborene Eigenschaft.

Ein Zauberer wiederum ist mächtiger als eine Hexe bzw. ein Hexer. Er gebraucht die Magie nicht gezwungenermaßen, sondern aus Liebe zum Bösen. Einige glauben, der Zauberer sei ein böser Geist, der jedoch so mächtig ist, daß er andere Geister beherrschen könne und für sich arbeiten läßt. Er kann einen Fetisch herstellen, eine Holzfigur oder einen anderen Gegenstand, und einen Geist durch Beschwörungen zwingen, darin zu wohnen. Der Fetisch fliegt dann wie ein Vogel zu dem von seinem Meister ausgewählten Opfer und quält es. So können Zauberer ganze Gemeinschaften durch bloßen Terror kontrollieren.

In vielen Teilen Afrikas kommt derartiger Terror häufig vor, wie zahlreiche Berichte von Missionaren und Ärzten belegen, die dies beobachtet haben. Ein Lehrer in Sambia schrieb: »Ein junger Mann, ein sitzengelassener Liebhaber, schrie in der Nacht so laut, daß die Mädchen in einem der Schulschlafsäle die Schreie hören konnten. Von plötzlicher Panik gepackt, hüpften alle Mädchen aus den Betten, sprangen aus den Fenstern und rannten fort in die Nacht. Einige kamen nie zurück. Der Grund für diese Panik wurde nie herausgefunden. Keiner wagte, darüber zu sprechen.« In Malawi verlor ein Mann ein Kind nach dem anderen und kam zu dem Schluß, daß seine Mutter eine Hexe sei. Nach dem Verlust von fünf Kindern ging er zu einem Zauberer und bezahlte ihn, damit er seine Mutter töte. Der Zauberer wandte Magie an, und die alte Frau starb tatsächlich. Derartige Fälle machen deutlich, daß in Afrika das mythische Denken noch lebendig ist und das Verhalten der Menschen beeinflußt.

Diese Figuren sind Fetische, hölzerne Abbilder, in denen auf Veranlassung des Zauberers ein Geist lebt. Der Geist dient dem Zauberer und tötet für ihn seine Feinde. Auf diese Weise kann der Zauberer durch bloßen Terror ganze Dörfer beherrschen. Nägel werden in das Holz getrieben, um den Geist zorniger und so wirksamer zu machen.

EINUNDZWANZIGSTES KAPITEL

OSTAFRIKA

In Ostafrika verschiebt sich die Grenzzone zwischen den beiden wichtigsten Kulturregionen der afrikanischen Landmasse nach Süden. Die Somali und Wüsten-Oromo (Galla) im Nordosten Kenias z. B. gehören kulturell zur nordafrikanischen nahöstlichen Hauptregion, während die Mehrzahl der ostafrikanischen Stämme Teil der subsaharischen Hauptregion sind. Diese beiden Hauptregionen kann man in kleinere Regionen unterteilen, und diese wiederum setzen sich aus einer Anzahl ethnischer Gruppen zusammen. Die Gesamtzahl ethnischer Gruppen in ganz Ostafrika beträgt ungefähr 220, von denen jede einen eigenen Namen hat. Diese Gruppen sprechen größtenteils eigene, unterschiedliche Sprachen, aber eine Anzahl läßt sich am besten so beschreiben, daß ein Dialekt gesprochen wird, der außerdem noch von einem oder mehreren anderen Stämmen gesprochen wird.

Die verschiedenen ethnischen Gruppen variieren in der Größe von den Ruanda, mit annähernd 3 Millionen Menschen die zahlenmäßig größte, bis zu sehr kleinen Gruppen, wie den nur einige hundert zählenden Upale. Es gibt eine Vielfalt von Lebensräumen, mit allen Abstufungen zwischen den Extremen sehr feucht und sehr trocken. Am Anfang dieses Jahrhunderts waren einige Gruppen Jäger und Sammler. Einige sind noch Hirten, z. B. die Massai, aber die Mehrzahl der ostafrikanischen Stämme bebaut Land und hält etwas Vieh. Bis in den Zeitraum zwischen 1960 und 1970 wurden die Stämme des Westens und Südens von Königen regiert, einige Staaten waren allerdings sehr klein. Im Gegensatz dazu gab es im Osten und Norden (abgesehen von einer kleinen Anzahl von Stadtstaaten an der Küste) keine Könige oder Staaten, und die Gemeinschaften waren klein und umfaßten höchstens etwa 300 Personen.

Das Verschwinden der Könige ist ein Aspekt der auffallenden kulturellen Veränderungen in Ostafrika während des 20. Jahrhunderts. Zu den Verlusten, die diese Veränderungen mit sich brachten, gehören Musik, Tanz und Mythen. Heute überleben die Mythen vieler ostafrikanischer Stämme, die um 1900 allgemein bekannt waren, nur noch in Büchern und Aufsätzen, die von Europäern schon im vergangenen Jahrhundert geschrieben wurden. Bei anderen Gruppen ist der Verlust der älteren Mythen in unserer Zeit gerade im Gange. Diese älteren Formen überleben stellenweise, vor allem in den trockneren Gebieten, wo der Kulturwandel langsamer vor sich geht, während anderswo neue Mythen entstehen, aber die Verhältnisse, wie sie um 1900 herrschten, sind vorbei. Darüber hinaus sind viele Ostafrikaner heute mit dem Christentum und dem Islam vertraut, und ihr neues Wissen färbt ihre Interpretation von Ereignissen und ihre Erzählung von Mythen. In Anbetracht dieses schwindenden Umfelds eines traditionellen Kulturhintergrunds läßt sich die Struktur der Mythen Ostafrikas in ihrer charakteristischsten Ausprägung am besten zeigen, wenn man die Situation in den drei Jahrzehnten zwischen 1890 und 1920 untersucht.

Die Struktur der Mythen

Die ostafrikanischen Stämme sind keine kulturell isolierten Gebilde, und ihre Mythen ähneln auffallend denen anderer Stämme im subsaharischen Afrika. In der Tat sind Mythen in verschiedenen Teilen der Welt einander so ähnlich, daß diese afrikanischen Stämme sich darin von ethnischen Gruppen in anderen Hauptregionen nicht so sehr in den Grundthemen ihrer Mythen als in ihren lokalen Einzelheiten unterscheiden. Die Tiere, die in manchen Mythen vorkommen, liefern ein wichtiges Beispiel. Hyäne und Chamäleon sind für afrikanische Erzählungen besonders typisch und auffällig, nicht jedoch außerhalb Afrikas (mit Ausnahme des Chamäleons auf Madagaskar). Andererseits kommen die Rollen, die Hyäne und Chamäleon in den Geschichten spielen, in Mythen weltweit vor. In Teilen Neuguineas spielt die Schlange die Rolle des Chamäleons, und in Teilen Nordamerikas übernimmt der Grizzlybär die Funktion der afrikanischen Hyäne.

Wegen der Ähnlichkeit der mythischen Themen sind die Unterschiede zwischen den Regionen Afrikas, die z. B. in den gesellschaftlichen Organisationsformen so bedeutend sind, für die Verbreitung der Mythen von geringer Bedeutung oder gänzlich bedeutungslos.

In Ostafrika sind Mythen wie überall nach einem Grundmuster aufgebaut, das im Detail sehr komplex ist, sich aber in vier Hauptthemen auflösen läßt. Diese Themen zerfallen wiederum in zwei Gegensatzpaare:

Der Kilimandscharo, der höchste Berg Afrikas, ist Schauplatz einer der hier erzählten Mythen. An den wasserreichen Süd- und Osthängen leben die Chagga, während die Massai die trokkene Ebene im Vordergrund bewohnen.

A) 1. eine vollkommene Schöpfung
   2. eine unvollkommene gegenwärtige Welt
B) 1. Erfolg
   2. Mißerfolg

Bei den Stämmen Ostafrikas beginnt alles mit der Erschaffung der Welt und ihrer Bewohner, einschließlich der Menschen, durch Gott. Aber dieser mehr oder weniger deutlich als paradiesisch beschriebene Anfangszustand weicht den vertrauten modernen Verhältnissen, die vom Paradies weit entfernt und durch Mangel und Krankheit gekennzeichnet sind - einer Welt, in der Menschen sterben und sogar Brüder einander hassen. Die Beziehungen zwischen Brüdern sind beispielsweise in einigen Versionen des zweiten Themenpaars (B 1 und B 2), wie in der hier wiedergegebenen Dschagga-Erzählung, in der Tat bedenklich.

Eine Geschichte von zwei Brüdern

Ein Mann hatte zwei Söhne, der ältere hieß Mkunare, der jüngere Kanyanga. Sie waren so arm, daß sie nicht eine einzige Kuh besaßen. Schließlich entschloß sich Mkunare, auf den Kibo (einen der beiden Gipfel des Kilimandscharo) zu steigen, weil man sich erzählte, dort herrsche ein König, der großzügig zu den Armen sei. Er packte einige Vorräte ein und begann den Aufstieg. Nach einer Weile traf er eine alte Frau, die am Weg saß. Ihre Augen waren so entzündet, daß sie nicht sehen konnte. Mkunare grüßte sie; sie antwortete und fragte, warum er heraufgekommen sei. Er erzählte ihr, er suche nach dem König, der am Gipfel des Berges lebe. Die alte Frau sagte: »Leck meine Augen sauber, und ich will dir sagen wie du dorthin gelangst.« Aber Mkunare empfand zu viel Abscheu vor der Berührung ihrer entzündeten Augen, und er wanderte weiter.

Später erreichte er das noch weiter oben gelegene Land der Konyingo (des »Kleinen Volkes«, d. h. der Zwerge) und erblickte eine Gruppe von Männern, die im Viehkraal ihres Königs saßen. Sie waren so groß wie Jungen, die die Ziegen hüteten, weil sie noch nicht alt genug waren, um mit den Rindern hinauszugehen. So hielt sie Mkunare für Kinder. »Hallo Kinder«, sagte er, »wo kann ich eure Väter und großen Brüder finden?« Die Konyingo erwiderten: »Warte hier nur, bis sie kommen.« Er wartete bis zum Abend, aber niemand kam. Vor Einbruch der Nacht trieben die Konyingo das Vieh in den Kraal und schlachteten ein Tier zum Abendessen, aber Mkunare erhielt kein Fleisch. Sie sagten, er müsse bis zur Ankunft ihrer Väter und großen Brüder warten. Müde und hungrig stieg er den Berg hinunter und kam wieder an der alten Frau vorbei, die am Weg saß. Obwohl er versuchte, sie zu überreden, sagte sie ihm nichts darüber, was mit ihm

Webmatte von der ostafrikanischen Küste. Die ornamentalen Muster zeigen u.a. Eidechsen, die in einigen lokalen Versionen vom Ursprung des Todes als Rivalen des Chamäleons auftreten.

geschehen war. Auf dem Rückweg zu den besiedelten Gebieten am Fuß der Berghänge verirrte er sich in dem unbewohnten Land und kam erst nach einem Monat heim. Er erzählte seinen Verwandten von vielen Leuten mit großen Rinderherden auf dem Kibo-Gipfel, aber sie seien sehr geizig und Fremde erhielten gar nichts.

Nach einiger Zeit jedoch entschloß sich der jüngere Bruder, Kanyanga, zu einem zweiten Versuch, den Berg zu besteigen, um die Armut seiner Familie zu lindern. Nach einer Weile traf auch er die alte Frau am Wegesrand. Sie grüßten einander, und auf ihre Frage, warum er heraufgekommen sei, erzählte er ihr, er suche nach dem König auf dem Gipfel des Berges. Die alte Frau sagte zu ihm: »Lecke meine Augen sauber, und ich werde dir sagen, wie du dorthin kommst.« Kanyanga leckte gründlich ihre Augen, und sie sagte ihm: »Wandere weiter, und du kommst zum Dorf des Königs. Die Männer, die du dort sehen wirst, sind nicht größer als die Jungen, die die Ziegen hüten, aber laß dich dadurch nicht zu dem Schluß verleiten, sie seien Kinder. Rede sie als Mitglieder des königlichen Rates an und begrüße sie respektvoll.«

Weiter oben erreichte er tatsächlich den Kraal des Konyingo-Königs, und er begrüßte die Männer ehrerbietig. Sie brachten ihn zum König, der seine Bitte um Hilfe anhörte und befahl, ihm eine Mahlzeit zu reichen und ein Nachtlager zu bereiten. Um ihre Gastfreundschaft zu erwidern, lehrte Kanyanga sie die Beschwörung und Zauberformeln zum Schutze der wachsenden Feldfrüchte vor Insekten und anderen Schädlingen, und er zeigte ihnen, wie man vor eindringenden Feinden die Wege unsichtbar macht. Darüber war das Kleine Volk so erfreut, daß Kanyanga als Geschenk von jedem ein Tier aus seiner Herde erhielt. Sein Vieh vor sich hertreibend stieg er den Berg hinab und sang das Lied der Hirten. (Hier konnte der Erzähler der Geschichte unterbrechen und den ganzen Gesang vortragen.) So kamen Kanyanga und seine Verwandten zu Wohlstand. Die Leute aber machten ein Lied über seinen älteren Bruder, das noch heute gesungen wird:

»O Mkunare, warte bis die Väter kommen.
Mit welchem Recht verschmähst du das Volk der
Zwerge?«

Thematische Variationen

In solchen Erzählungen ist der jüngere Bruder erfolgreicher als der ältere; oder, in einigen nordamerikanischen Versionen, hat eine Waise Erfolg trotz sozialer Nachteile. Generell handeln diese Mythen von Personen, die anscheinend zu Mißerfolg und niedriger sozialer Stellung verurteilt sind, aber trotz offensichtlicher Handicaps Erfolg haben. Eng verwandt mit diesen Geschichten von zwei ungleichen Brüdern sind jene Mythen, die vom Gauner handeln, einer Rolle, die in Ostafrika von Hasen, Schakalen und kleinen, Dik-Dik genannten Antilopen übernommen wird, je nach dem Gebiet, in dem die Geschichte erzählt wird.

Innerhalb der Hauptthemen werden bestimmte Nebenthemen gruppiert. Manchmal sendet Gott die Menschen vom Himmel hernieder wie in einer Oromo-Version, manchmal steigen sie aus der Erde herauf wie bei den Nyanja. Das Ende des ursprünglichen, unverdorbenen und paradiesischen Zustands wird in mehr als einer Form beschrieben. Ein wichtiges Thema ist die Trennung und Entfremdung, die physische und moralische Entfremdung zwischen Gott und den Menschen. Ein anderes in Ostafrika sehr häufiges Thema ist der Ursprung des Todes, der gewöhnlich in irgendeinem Zusammenhang mit dem Chamäleon steht. Die abnehmende Harmonie in der Beziehung von Mann und Frau und zwischen Brüdern ist ein weiteres Kriterium für den Verlust der vollkommenen Schöpfungsordnung.

Tatsächlich ist, oder besser war, die Struktur von Mythen sehr kompliziert. Bei einigen ethnischen Gruppen fehlten Elemente des erwähnten vierfachen Komplexes, obwohl man bei benachbarten Stämmen mit ähnlicher Kulturtradition diese Elemente kennt. Nicht jeder Stamm besaß eine spezifische Schöpfungsgeschichte, selbst wenn ein reicher Erzählungsschatz über den Ursprung des Sterbens und andere Züge einer verdorbenen Welt vorhanden war. Da ferner die Hauptthemen unterschiedliche Sonderthemen enthalten, hatten benachbarte Stämme zuweilen nicht das gleiche Sonderthema gemeinsam, sondern die eine Gruppe hatte dieses, die nächste ein anderes.

Bei einigen ethnischen Gruppen findet man unterschiedliche, ja sogar offensichtlich gegensätzliche Versionen desselben Themas, was weitere Komplikationen mit sich bringt. Derart widersprüchliche Versionen befinden sich jedoch noch im Einklang mit dem generellen vierfachen Schema. Eine Eigenheit von Mythen, die manche verwirrend finden, ist die Tatsache, daß die mythologischen Elemente unterschiedlich kombiniert werden können. Dies führt dazu, daß spezifische Themen ineinander übergehen und es unmöglich ist, ganze Geschichten systematisch zu klassifizieren, weil sie sich mit Geschichten anderer Kategorien überschneiden, wie auch immer diese bestimmt sein mögen. Gerade diese Möglichkeiten, das Thema zu variieren, führen dazu, daß Angehörige derselben ethnischen Gruppe unterschiedliche Versionen einer Geschichte erzählen, die in der Betonung von Details variieren oder sogar einander widersprechen. Die folgende Erzählung von Kintu behandelt ihn als den ersten Menschen, aber mehrere andere Ganda-Versionen nehmen an, er sei der erste König und Menschen existierten schon bei seiner Ankunft. In einigen Erzählungen kommt er vom Himmel, in anderen von irgendwoher auf der Erde.

Kintu, der erste Mensch

Als Kintu mit seiner Kuh in das Land kam, fand er, daß dort niemand lebte und daß keine Nahrung vorhanden war. So erhielt er sich am Leben, indem er die Milch seiner Kuh trank und die Butter und den Quarkkäse aß, den er aus der Milch gewann. Eines Tages sah er einige Leute vom Himmel herunterkommen. Es waren die Söhne des Gottes Gulu mit ihrer Schwester Nambi. Sie sagte zu ihren Brüdern: »Seht, ein Mann. Woher kommt er?« Sie fragten Kintu, aber er wußte es nicht. Nachdem sie eine Weile mit ihm geredet hatten, sagte Nambi zu ihren Brüdern: »Kintu ist ein lieber Mann, ich mag ihn. Laßt mich ihn heiraten.« Die Brüder jedoch waren vorsichtig und fragten sie, ob er wirklich ein Mensch sei. Sie entgegnete, sie wüßte, daß dies so sei, denn Tiere würden keine Häuser bauen. Und sie wandte sich an Kintu und sagte: »Kintu, ich liebe dich. Ich will heimgehen und meinem Vater sagen, daß ich im Wald einen Menschen getroffen habe, den ich heiraten will.«

Die Söhne Gulus waren jedoch noch immer mißtrauisch und erzählten ihrem Vater, als sie mit ihm allein waren, daß Kintu sehr seltsam sei und keine normale Nahrung esse. Gulu antwortete seinen Söhnen, sie sollten Kintu die Kuh wegnehmen, um zu sehen, ob er ohne sie leben könne. So nahmen sie ihm die Kuh, und nun mußte Kintu Baumrinde essen, um zu überleben. Nambi geriet in Sorge um ihn, kam wieder vom Himmel herunter, um ihn zu suchen, und nahm ihn mit in den Himmel. Hier sah er viele Leute, Vieh, Bananen, Hühner, Schafe und Ziegen und große Mengen anderer Nahrungsmittel.

Nun beschloß Gulu, Kintu eine Reihe schwieriger Aufgaben zu stellen; er ließ seine Diener ein Haus ohne Eingang bauen. Darin schloß man Kintu ein mit 10000 Packungen Bananenbrei (Kochbananen), 1000 geschlachteten Rindern und 1000 Flaschenkürbissen mit Bananenbier. Gulu bemerkte zu seinen Söhnen, daß Kintu in Wirklichkeit nicht Kintu, son-

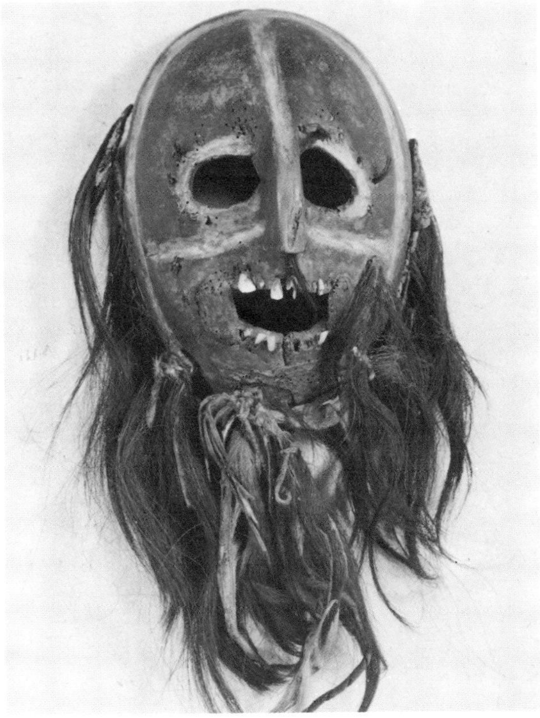

Links: Mit Fell und Menschenzähnen verzierte Holzmaske. Obwohl die Maske im Land der Zila, westlich des Victoriasees, gesammelt wurde, waren derartige Masken in Ostafrika selten. Sie sind typisch für Gebiete weiter im Westen, z. B. das Kongobecken, wo sie Ahnen und Geister der Wildnis verkörperten.

Unten: Hölzerne Kopfstütze mit der stilisierten Darstellung einer Antilope, wahrscheinlich von den Makonde oder einem Nachbarstamm. Außerhalb dieses Gebietes gab es in Ostafrika wenig Holzschnitzerei.

dern ein Lügner sei, wenn er es nicht schaffe, alles dies zu essen und all das Bier zu trinken, und man ihn dann töten würde. Aber Kintu ließ er durch einen Diener ausrichten, daß er in Wirklichkeit nicht Kintu wäre, wenn er die Nahrung nicht aufessen würde, und dann würde er weder seine Kuh zurückerhalten noch Gulus Tochter heiraten können.

Kintu ließ Gulu durch den Diener danken, aber sobald er allein war, fühlte er sich besiegt. Er betete jedoch um Hilfe, und plötzlich sah er, wie sich der Fußboden des Hauses öffnete und sich ein riesiges Loch auftat. Er warf alle Nahrung und das Bier, das er nicht essen noch trinken konnte, hinein, und das Loch schloß sich wieder. Als ihm eine zweite Aufgabe gestellt wurde, betete er wieder, und erneut wurden seine Schwierigkeiten behoben. Das gleiche geschah bei der dritten Aufgabe. Nun sagte man ihm, er könnte seine Kuh zurückerhalten, wenn er sie aus den Herden herausfinden würde, die man an ihm vorbeitreiben würde. Weil diese 20000 Tiere zählten, fühlte sich Kintu wieder am Rand der Niederlage. Da hörte er eine Wespe in seinem Ohr summen, die sagte: »Beobachte mich, wenn ich fliege, und die Kuh, auf deren Horn ich mich setze, ist deine.« Weil sich die Wespe nicht rührte, ließ Kintu die erste und auch die zweite Herde vorbeiziehen, aber als die dritte herangetrieben wurde, flog die Wespe los und setzte sich auf das Horn einer Kuh. Kintu ging auf das Tier zu, berührte es mit dem Stock und sagte: »Dies ist meine Kuh.« Die Wespe flog weiter auf das Horn einer Färse. »Und dies ist ein Kalb meiner Kuh«, sagte Kintu, »und das auch«, sagte er, als sich die Wespe auf ein anderes Tier setzte.

Gulu lachte und sprach: »Kintu ist erstaunlich! Niemand kann ihn besiegen, und seine Ansprüche sind wahr.« So ließ er Nambi holen, und Kintu heiratete sie. Gulu schickte sie hinunter auf die Erde, um dort zu leben, und versah sie mit einem Huhn, einer Bananenpflanze und den Samen und Knollen, die dann von den Ganda am häufigsten angebaut wurden. Er warnte sie auch, sie dürften auf dem Weg nicht umkehren, selbst wenn sie bemerkten, daß sie etwas vergessen hätten.

Als sie jedoch die Hälfte des Weges zurückgelegt hatten, bemerkten sie, daß sie das Korn für das Huhn zurückgelassen hatten. Kintu wollte zurückgehen, aber Nambi drängte ihn, dies zu unterlassen, denn ihr Bruder Walumbe, der Tod, würde jetzt daheim sein und sie sicherlich begleiten wollen. Dennoch bestand Kintu auf seiner Absicht, sammelte das Korn und kehrte zu Nambi zurück – mit Walumbe. Bei Magonga kamen die drei Reisenden auf die Erde herunter. Kintu und Nambi bauten ein Haus, begannen mit dem Anbau der mitgebrachten Früchte und hatten im Laufe der Zeit drei Kinder.

Als Walumbe verlangte, eines der Mädchen solle für ihn kochen, lehnte Kintu dies ab. Walumbe drohte, die Kinder zu töten, aber Kintu widersprach Walumbes wiederholten Bitten immer noch. Dann wurden die Kinder todkrank, und Kintu wandte sich an Gulu um Hilfe. Gulu betonte, daß Kintu daran schuld sei, entsandte jedoch seinen Sohn Kaikuzi, um Walumbe zu fangen und in den Himmel zurückzubringen. Kaikuzis Versuche schlugen jedoch immer wieder fehl, und er kehrte zum Himmel zurück. Kintu aber sagte, er würde weiterhin Kinder zeugen, so daß es dem Tod nie gelänge, die Menschen auszutilgen.

(Nach einer Originalfassung, die von J. Roscoe bei den Ganda gesammelt wurde.)

Geschnitzter Holzpfahl zum Gedächtnis an einen verstorbenen Ahnen aus dem Land der Garo im Südwesten des äthiopischen Hochlandes, im Norden Ostafrikas.

Die Ankunft des Todes
Ein anderes Beispiel für die unterschiedliche Behandlung eines Hauptthemas, dieses Mal im Hinblick auf dessen Gewichtung, ist der Hase, der manchmal den Betrüger als amüsanten Schelm, als »Brer Rabbit« spielt, wie in einer Anzahl von Kamba-Geschichten; in anderen Erzählungen kommt ihm dagegen eine bedeutende Rolle als handelnde Person im Schöpfungsprozeß zu, oder zumindest als dessen Verderber. In einer Giryama-Geschichte, die für weitverbreitete ostafrikanische Mythen typisch ist, ist der Hase schneller als das Chamäleon und erzählt den Menschen, daß sie sterben werden. Wäre das Chamäleon zuerst angekommen, hätten die Menschen gehört, daß sie unsterblich seien.

Nach einer Geschichte, die Alice Werner bei den Bararetta Oromo gesammelt hat, sandte Gott am Anfang, als er die Menschen schuf, ihnen durch einen Vogel, der von nun an *holowaka,* »das Schaf Gottes« genannt wurde (die europäischen Naturforscher nennen diesen Vogel Weißbauchlärmvogel, *Corythaixoides leucogaster),* eine Botschaft. Gott stattete den Vogel mit einem Schopf aus, wie eine Fahne, um ihn als Boten zu kennzeichnen, und trug ihm auf, den Menschen zu sagen, sie müßten ihre Haut abstreifen, wenn sie sich alt und schwach fühlten, dann würden sie wieder jung werden. Der Vogel machte sich auf die Reise, aber unterwegs sah er, wie eine Schlange gerade ein vor kurzem verendetes Tier fraß. Begierig, an ihrem Mahl teilzuhaben, versprach er der Schlange, ihr als Gegengabe für etwas Fleisch und Blut, seine Botschaft zu verraten. Die Schlange wies das Angebot zurück, aber der Vogel drängte sie wieder und wieder, und endlich stimmte die Schlange zu. So erzählte ihr der Vogel: »Die Menschen werden alt und sterben, aber wenn du alt wirst, kannst du aus deiner Haut schlüpfen und wirst dann wieder jung sein.« So kommt es, daß die Menschen sterben, aber die Schlangen die Haut abstreifen und sich verjüngen. Gott war über den Vogel

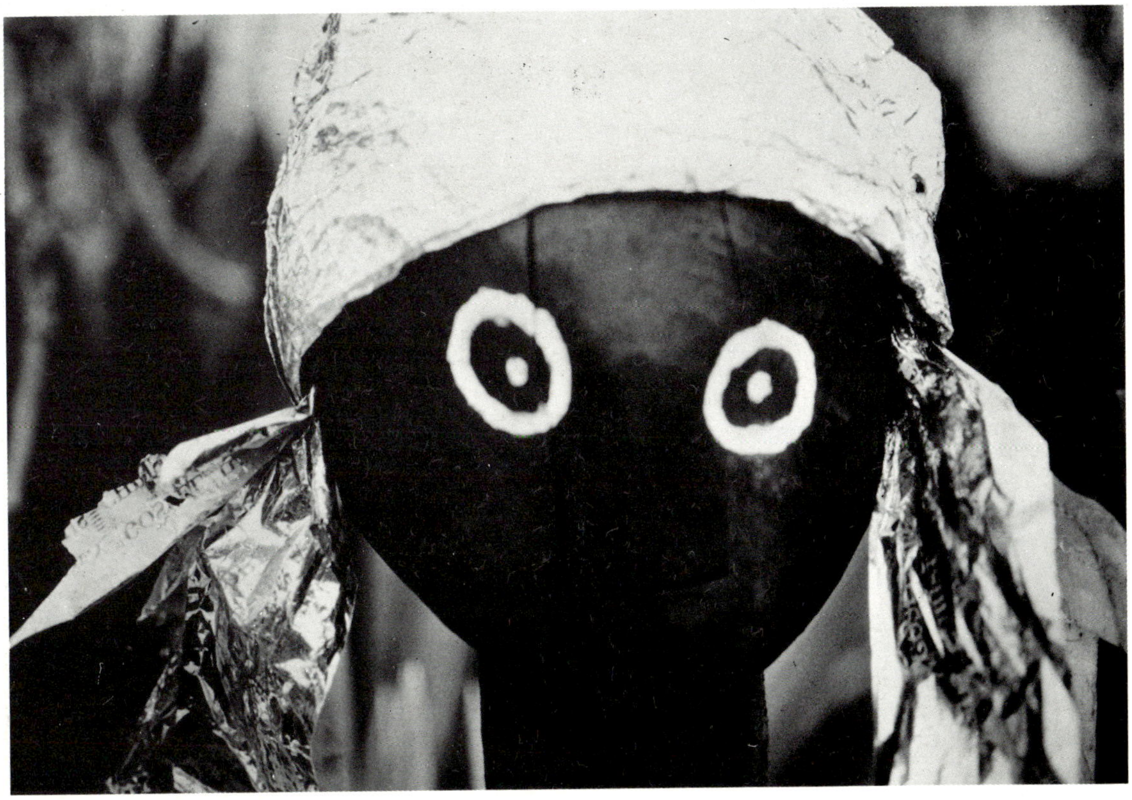

Oben: Malereien in einem Felsschutzdach im Kondoa-Distrikt (Tansania). Die Menschen in diesem Gebiet wissen heutzutage nichts mehr über den Ursprung dieser Bilder, und sie malen auch keine Felsbilder, aber diese Darstellungen sind wohl kaum älter als einige Jahrhunderte.

Links: Kopf einer Puppe, die von einem Wahrsager in Entebbe, Uganda, verwendet wurde. Derartige Puppen sind nicht alt, und diese hier dient vermutlich dem Versuch des Wahrsagers, selbst ein »Zauberdoktor« der Art zu sein, wie sie von Touristen erwartet wird.

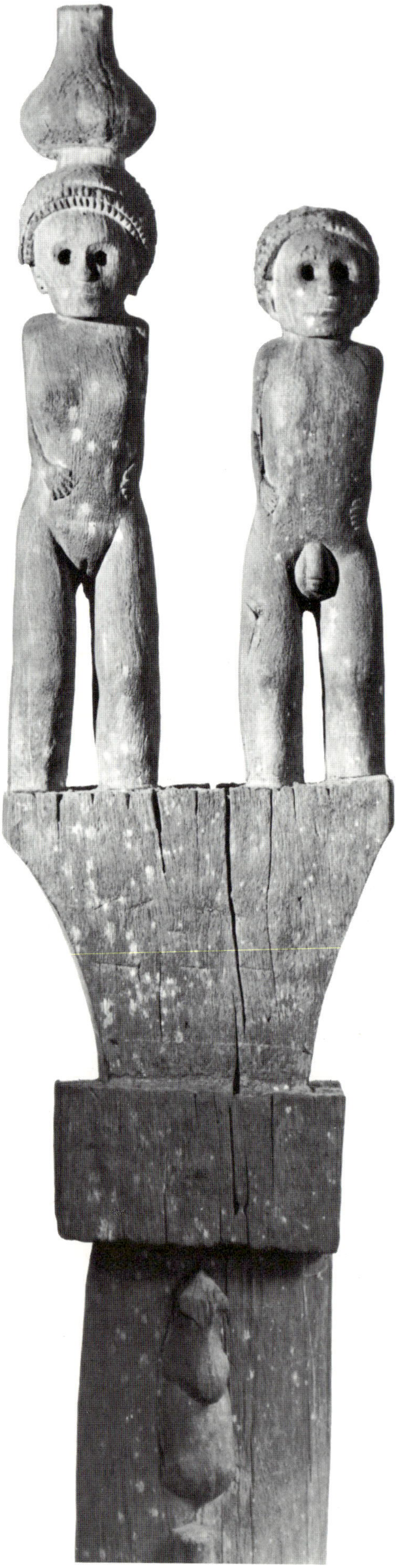

Ahnenskulpturen auf einem Grabpfosten aus dem Südwesten Madagaskars. Die Insel unterscheidet sich kulturell deutlich vom Festland und stellt einen fest umrissenen Kulturkreis dar. Der nächstgelegene Teil Afrikas gehört zur subsaharischen afrikanischen Hauptkulturregion, die im Westen und im Zentrum reich, aber im Osten und Süden arm an geschnitzten Masken und Skulpturen ist. Im Osten, bei den Matambwe, Makonde und Mawia, liegt jedoch ein bedeutendes Zentrum der Holzschnitzerei. Die nordafrikanisch-nahöstliche Hauptregion ist arm an Schnitzereien, abgesehen von den äthiopischen Hochländern. Diese kulturellen Unterschiede haben jedoch kaum Einfluß auf die Themen der Mythologie, die auffallende Ähnlichkeiten zwischen den Großräumen zeigen.

sehr erzürnt und verwünschte ihn mit endlosen Bauchschmerzen. So fliegt bis in unsere Zeit *holowaka* von Baum zu Baum und plärrt *wakataia-a-a-a,* d. h. »Gott steh mir bei«.

Geht aus diesen Mythen irgendein Sinn hervor, wenn die oben erwähnte vierfach gegliederte Struktur konstant bleibt, aber die Einzelheiten ständig so verwirrend wechseln? Anscheinend besteht ein zusammenhängendes System von Voraussetzungen, die in den Mythen erzählende Form annehmen. Die Menschen existieren nicht aus sich selbst, sie sind erschaffen. Sie sind schwach, in moralischer Hinsicht erbärmlich und nicht Herren ihres Schicksals. Das Leben auf Erden ist gefahrenreich, und oft ist Betrug am Werk, aber nichtsdestoweniger herrscht Gerechtigkeit in der Welt, und das Leben ist lebenswert. Die erzählende Form nimmt diesen schlichten Wahrheiten viel von ihrer Brisanz. In den Mythen ist auch die Tatsache mit inbegriffen, und oft ganz deutlich, daß die Menschen unter der Gewalt Gottes, der Geister und der Ahnen leben. Die einfachste Mythenform ist das Zusammentreffen von Mensch und Geist im Wald oder an irgendeinem anderen unbewohnten Platz. In Ostafrika erzählt man sich von zahlreichen derartigen Begegnungen, über die oft Personen berichten, die tatsächlich den Geist sahen.

Mythen und Gesellschaftsordnung

Innerhalb des vierfach gegliederten thematischen Grundschemas berichten einige Geschichten eingehend über den Ursprung detaillierter Formen des sozialen Lebens. In diesem Zusammenhang sind Mythen über den Ursprung der Königsherrschaft

oder der jüngsten regierenden königlichen Linie sehr wichtig. In allen derartigen Geschichten ist die königliche Autorität mit göttlicher Bestätigung verknüpft: die Könige herrschen von Gottes Gnaden, und einige sind sogar vom Himmel herabgekommen. Andere, wie Kintu in einer Variation seiner Geschichte, kamen von weither; der fremde König, oft ein wandernder Jäger, ist in afrikanischen Geschichten eine vertraute Gestalt. Zahlreiche moderne Dynastien führen ihre Abkunft auf eine derartige Persönlichkeit zurück. Ein Beispiel ist Mbega, der angeblich das Herrscherhaus der Shambala begründet hat und Jäger war. In diesem Fall besteht die zusätzliche Komplikation darin, daß es einen Mann namens Mbega aus dem Zigula-Land gegeben haben mag, der das derzeitige Königshaus vielleicht im 18. Jahrhundert begründet hat. Fremdkönige dürften jedoch nicht in allen Fällen die wahren Begründer von Dynastien sein. Man hält einen Fremden für unparteiisch bei der Rechtsprechung, und seine Herkunft von weither verleiht ihm, wie die Abkunft vom Himmel, eine gewisse übermenschliche Autorität.

In einer Version einer Ruanda-Geschichte kommt Kigwa mit seinen beiden Söhnen Katuutsi und Kahutu vom Himmel herunter nach Ruanda. Das Land war damals von Angehörigen der Hutu-Kaste bewohnt, und es gab weder Tussi noch Könige. Katuutsi wurde der erste König und Begründer der Tussi-Kaste, während beide Brüder gemeinsam Ruanda als Königreich aufbauten und den Leuten die Eisenverarbeitung beibrachten. Bezeichnenderweise heißt Katuutsis Bruder Kahutu, und es scheint fast sicher, daß er in einer früheren älteren Version, aus der diese hervorging, deutlich als Vorfahr der Hutu-Kaste genannt wird, die in dieser Version bei der Ankunft der Brüder bereits in Ruanda bestand.

Bemerkenswert ist, daß viele Stämme im nordöstlichen Viertel Ostafrikas, die traditionell keine Königsherrschaft kennen, Mythen über Könige besitzen, z. B. die Kikuyu und Kamba. Indessen überrascht es andererseits nicht, daß diese Stämme von der Existenz von Königen wußten, da benachbarte Stämme von Königen regiert wurden; und die Bedeutung dieser Herrscher war wohl groß genug, um sie zu wichtigen Gestalten in Mythen zu machen, sogar bei Stämmen, die selbst die Königsherrschaft nicht kannten. Die Stämme in diesem Gebiet erzählen jedoch auch Geschichten über den Ursprung der ethnischen Gruppen der Neuzeit und wie diese dazu kamen, ihre heutigen Wohngebiete zu besiedeln. Bei den Massai, Kamba, Kikuyu und ihren Nachbarn gibt es eine Reihe von Geschichten um dieses Thema. Derartige Geschichten, welche die Priorität der Massai betonen, sind jedoch keine sichere Stütze für den Einfluß der Massai, ebensowenig wie Geschichten über die göttliche Bestätigung des ersten Königs einen einzelnen König vor der Absetzung oder die Monarchie vor der Abschaffung bewahren. Mythen können von Revolutionären ebenso wie von Traditionalisten interpretiert werden. Alle diese Mythen über gesellschaftliche Ordnungsreformen sind eng mit dem vierfachen Grundmuster mythischer Erzählformen verbunden.

Tänzer der Tussi-Kaste in Rwanda (Ruanda). Diese Leute rühmen sich ihrer Geschicklichkeit als Tänzer, worin sich ihr Überlegenheitsbewußtsein als Ruanda im allgemeinen und als Angehörige der Tussi-Kaste im besonderen manifestiert.

ZWEIUNDZWANZIGSTES KAPITEL

WESTAFRIKA

Als die Europäer zum ersten Mal die Religionen der großen Kulturen Westafrikas wie die der Yoruba in Nigeria, der Ashanti in Ghana oder der Bevölkerung von Dahomey, des heutigen Benin, kennenlernten, entdeckten sie mit Erstaunen Götterwelten, Mythen und Kulte, die ebenso kompliziert und reich wie jene der alten Griechen waren. Man schätzte, daß die Yoruba die Wahl haben, nicht weniger als 600 Gottheiten zu verehren.

Bis in das späte 19. Jahrhundert hielt der König von Dahomey glänzend Hof. Durch Adel und Priesterschaft regierte er eine Bevölkerung, die in Gemeine und Sklaven gegliedert war und eine Vielfalt von Gewerben ausübte. In größerem oder geringerem Umfang baute jedermann eine oder mehrere Nutzpflanzen an, Yamswurzeln, Hirse, Mais, Erdnüsse, Bohnen, Maniok und andere Gemüsefrüchte, ebenso wie Baumwolle und verschiedene Palmenarten. Es gab viele Spezialisten für die grundlegenden Gewerbe einer bäuerlichen Gesellschaft: Eisenbearbeitung, Töpferei, Korbflechterei, Bronzeverarbeitung, Weberei, Schneiderei oder Holzschnitzerei, Goldschmiedekunst, Totengräber usw. Der König und sein Hof sind vergangen, aber die Kultur von Dahomey blüht noch.

Eine Version des Dahomey-Wortes für einen Gott, *vodu,* ist als Name des karibischen Voodoo-Kultes bekannt, der von Sklaven entwickelt wurde, die man vor Jahrhunderten dorthin transportierte (vgl. das Kap. *Voodoo*). In Dahomey sind die meisten *vodu* in drei Pantheone, des Himmels, der Erde und des Donners, aufgeteilt. Ein schöpferischer Geist, Nana-Buluku, dem kein Kult gewidmet ist, schuf eine erste Gottheit namens Mawu-Lisa, die manchmal als androgynes Wesen, dann wieder als männlich/weibliches Zwillingspaar beschrieben wird. Mawu, das weibliche Prinzip, wird mit Nacht, Mond, Ruhe, Fruchtbarkeit, Güte, Freude und Mutterschaft in Verbindung gebracht, Lisa, das männliche Prinzip, mit Tag, Sonne, Hitze, Stärke, Arbeit, also mit der härteren Seite des Daseins. Von dieser Doppel-Gottheit stammen alle anderen Götter ab, und sie herrscht noch immer an der Spitze des wichtigsten Pantheons, des Himmels. Die meisten Götter sind für irgendeinen Bereich der Natur oder Kultur zuständig. So ist Age für den unbewohnten Busch und seine Tiere verantwortlich und daher ein Jäger, der von Jägern verehrt wird. Loko kümmert sich um die Bäume, und weil die meisten Arzneien der Dahomey-Leute aus Wurzeln, Rinde oder Blättern gemacht werden, ist er der Gott der Heilkunde. Seine Schwester Ayaba ist die Göttin des Herdes. Einige haben jedoch keine eigene »Zuständigkeit« wie z. B. Legba, der mit dem Schicksal (Fa) verbündet ist. Er ist der jüngste Sohn von Mawu-Lisa und wie alle jüngsten Söhne in der Vorstellung der Dahomey-Leute sehr geschickt und klug. Die drei Pantheone haben verschiedene Sprachen, aber Legba kennt alle Sprachen, die der Menschen und die der Götter. Daher wirkt er als Bote zwischen den Göttern.

Der erste Nachkomme von Mawu-Lisa war ein androgynes Wesen oder ein Zwillingspaar, das auf die Erde herunterkam und sich miteinander verheiratete. Ihre Kinder sind der Rest des Erde-Pantheons, dessen allgemeiner Name Sagbata ist, ein Name, der auch für das männliche Oberhaupt des Pantheon verwendet wird. Ein jüngerer Bruder erwies sich als androgyn wie sein Elterngott. So brachten sie ihn in den Himmel, wo er das Donner-Pantheon gründete. Er und das Pantheon werden Sogbo genannt. In den meisten westafrikanischen Gesellschaften genießen ältere Brüder vor den jüngeren den Vorrang, vor allem in Nachfolge- und Erbangelegenheiten. Dies gibt oft Anlaß zu Streitigkeiten zwischen den Brüdern. Hier erzählen wir eine Mythe über den Streit zwischen Erde und Donner.

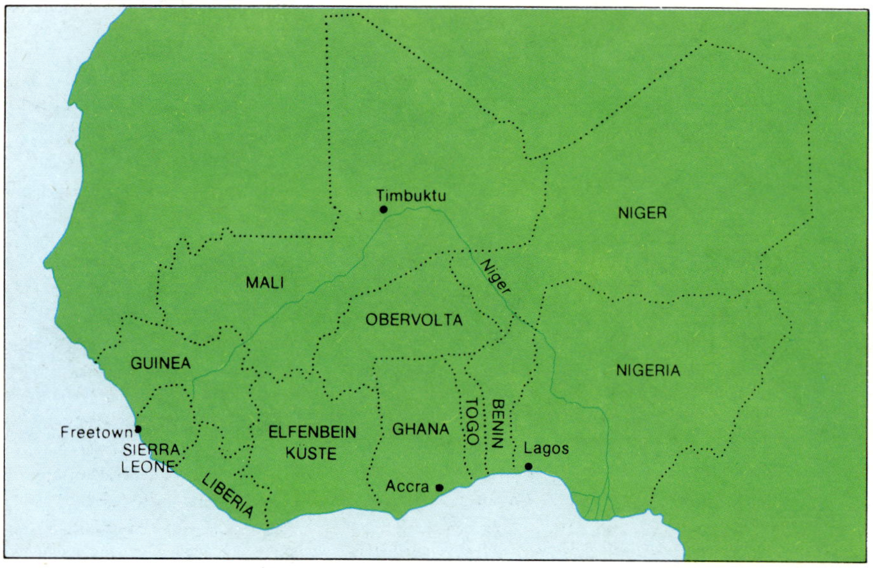

DAHOMEY-PANTHEONE

Mawu-Lisa
(androgynes Wesen oder Zwillinge)
Himmel-Pantheon

Androgynes Wesen oder Zwillinge | **Andere Gottheiten des Himmels-Pantheon** | **Legba**

Sagbata *Erde-Pantheon* | **Sogbo** *Donner-Pantheon*

Ähnliche Gottheiten kommen bei den Yoruba in Nigeria vor, einschließlich Odudua-Orishala (Mawu-Lisa), Soponna (Sagbata) und Shango (Sogbo).

Der Streit

Als Mawu-Lisa das Kind auswählen wollte, das über die Erde herrschen sollte, war Sogbo sehr begierig darauf, entsandt zu werden, doch Mawu entschied, daß es wegen der großen Entfernung zwischen Himmel und Erde besser wäre, wenn das älteste Kind dorthin ging. Sagbata verlangte dem Vater sein Erbteil ab und ging fort. Jedoch konnte er weder Feuer noch Wasser in seine Tasche stecken, und aus Neid und Wut ließ Sogbo die Regenfälle aufhören. Dann wartete er auf die flehentlichen Bitten der Menschheit an seine Eltern, ihn statt Sagbata auf die Erde zu schicken. Bald begannen auf der Erde die Menschen zu jammern, denn seit Sagbatas Ankunft konnten sie weder Nahrung noch Trank bekommen und litten bittere Not.

Eines Tages schickte Mawu den Boten Legba auf die Erde, um über die Lage dort zu berichten. Er besuchte Sagbata, der von den Problemen erzählte, die ihm Sogbo bereitete. Legba erwiderte: »Das ist gar nichts«, und versprach, Sagbata einen Vogel mit

Links: Trotz des Einflusses der europäischen Erziehung und Technologie sind Mythen in Westafrika nicht tot. Tempel und Heiligtümer der Götter blühen noch immer und enthalten Masken, Statuetten und andere Zeremonialgegenstände. Bronzeschmuck in Form eines Widderkopfes mit einem Saum von Schlammfischen, der bei feierlichen Anlässen am Gürtel eines Häuptlings getragen wurde. Aus Benin, etwa 17. Jahrhundert.

Gegenüber: Reiterfigur aus Holz. In vielen Gebieten Afrikas bedeuten Reiterfiguren Wohlstand und hohe soziale Stellung. Bei den Senufo der Elfenbeinküste stellen Figuren dieser Art Geister dar, die als Ratgeber und Boten zwischen der Geisterwelt und den Wahrsagern dienen.

Rechts: Stab mit der Darstellung von Oshe, dem Gott des Donners und Blitzes der Yoruba in Nigeria. Der Stab wurde von einem Priester geschnitzt, um Regenstürme zu verhüten.

Unten: Skulptur von Legba, dem Boten und Dolmetscher unter den Göttern von Dahomey. Ausgestattet mit der Intelligenz und Schlauheit, die man in Dahomey den jüngsten Söhnen zuschreibt, versteht Legba alle Sprachen, die der Menschen und die der Götter.

einer Nachricht von Mawu zu senden, wie seine Schwierigkeiten sich beheben ließen. Dann kehrte er in den Himmel zurück und sandte einen Vogel namens Otutu mit der Botschaft zu Sagbata, er müßte sogleich ein so großes Feuer anzünden, daß der Rauch in die Höhe steige.

Nun war es aber Legba, der Gauner, selbst gewesen, der Sogbo vorgeschlagen hatte, den Regen aufhören zu lassen; um dies zu erreichen war er zu Mawu gegangen und hatte ihn belogen, es gäbe im Himmel kein Wasser, und jeder dort würde verdursten. Mawu hatte daraufhin angeordnet, kein Regen dürfe vom Himmel fallen.

Aber nun, nach dem Besuch bei Sagbata auf der Erde, hatte Legba auch dem Vogel Otutu gesagt, er solle anfangen zu singen, wenn Sagbata das große Feuer angezündet habe und der Rauch emporzusteigen beginne. Als Sagbata die Botschaft empfangen hatte und das Feuer anzündete, begann der Vogel zu singen. Dann eilte Legba zu Mawu und sagte, er hätte nicht selbst auf die Erde gehen können, aber statt dessen seinen »kleinen Helfer« Otutu geschickt, und daß, weil so lange kein Regen auf die Erde gefallen wäre, alles ausgetrocknet sei, ein großes Feuer wüte und Otutu in Gefahr sei, von diesem Feuer verschlungen zu werden. Er fügte hinzu, daß der Himmel in den Flammen untergehen könne, wenn kein Regen falle, um das Feuer zu löschen. Da befahl Mawu sogleich, Legba solle Sogbo anweisen, Regen fallen zu lassen, so daß Otutu nicht im Feuer umkomme. Endlich fiel der Regen, und die Erde war gerettet. Die ganze Zeit über wurde Mawu über die Fehde zwischen den Brüdern nicht informiert und hatte keine Kenntnis von diesem Streit. Infolge der Geschehnisse entschied Mawu jedoch, daß der Regenfall von der Erde aus geregelt werden müßte, weil dort eine weltbedrohende Feuersbrunst ausbrechen könne. Daher wurde Otutu ausgesandt, um auf der Erde zu leben; und wenn diesem Vogel der Boden zu heiß wird, schreit er, und es fällt Regen. Später konnte Legba die beiden Brüder miteinander versöhnen, und daher lebt der Mensch nun ohne Furcht vor einer weiteren schweren Trockenheit.

So zumindest wird die Geschichte von den Priestern der Erde berichtet. Zu jedem Pantheon gehört jedoch eine spezifische Priesterschaft, und die ein wenig abweichende Version dieser Geschichte bei den Priestern des Donners, die Sogbo den Sieg zuerkennen, vermittelt eine gewisse Vorstellung von der Kompliziertheit der Dahomey-Mythen. Sie erzählen vom Streit der Brüder und von der Feuersbrunst wie in der Sagbata-Version, aber hier greift Mawu nicht ein. Statt dessen muß Sagbata durch Mitwirkung Otutus viel von seinem Besitz an Sogbo abtreten. Sogbo akzeptiert dies und sendet an Sagbata die Botschaft, daß er als der ältere die meisten Besitztümer seines Vaters geerbt habe, aber töricht genug gewesen sei, zwei Dinge zurückzulassen, Feuer und Wasser, die die Macht der Welt sind. Und mit diesen beiden Dingen habe er, der jüngere, die Herrschaft über Sagbatas Reich erlangt. Dann schickte er Regen, und die Brüder waren versöhnt.

Die ersten Menschenkinder

In diesen Gesellschaften spiegeln die Mythen nicht nur notwendige Bedingungen des Überlebens wie das richtige Verhältnis von Feuer und Wasser in der Natur (d. h. Sonne und Regen) und Grundzüge des sozialen Lebens wie Streitigkeiten zwischen dem älteren und jüngeren Bruder, sie bestätigen auch allgemein herrschende Meinungen über viele Themen, wie ein Mythos der Ashanti zeigt.

Die Gesellschaft der Ashanti ist matrilinear organisiert. Kinder gehören nicht zur Familie des Vaters sondern zur Familie der Mutter, so daß die Erbfolge durch die mütterliche Linie verläuft. Die Ashanti glauben, daß eine Person aus dem Blut der mütterlichen Linie und dem Geist *(ntoro)* der väterlichen Linie geformt wird und darüber hinaus durch die von einem höchsten Gott verliehene Seele. Es gibt zwölf *ntoro*-Linien, jede mit einem eigenen Bestand an Familiennamen und Grußformeln, einem eigenen heiligen Tag und eigenen Tabus, bestimmte Tiere zu töten und zu essen. Man glaubt, der *ntoro* des Vaters trage zur Empfängnis des Embryos im Mutterleib bei, und *ntoro* wurde angeblich den Menschen von Göttern auf Anweisung des höchsten Himmelsgottes verliehen. Vor langer Zeit kamen ein Mann und eine Frau vom Himmel auf die Erde herunter, und ein anderes Paar kam von der Erde hinauf. Vom Himmelsgott wurde eine Pythonschlange entsandt, die ihre Wohnung in einem Fluß nahm, der seither Bosomuru hieß (*bosom* bedeutet ein Gott, ein Kind des Himmelsgottes). Zuerst bekamen die Männer und Frauen keine Kinder, sie hatten auch kein Verlangen danach, und Empfängnis und Geburt waren zu jener Zeit noch unbekannt. Eines Tages fragte sie die Schlange, ob sie keine

Nachkommen hätten, und als man diese Frage verneinte, sagte sie, sie würde dafür sorgen, daß die Frauen empfangen. Sie bat die Paare, sich mit den Gesichtern zueinander aufzustellen, dann tauchte sie in den Fluß, und spritzte beim Auftauchen mit den Worten *kus kus* Wasser auf die Bäuche der Menschen. Dann befahl sie ihnen, heimzugehen und beieinander zu liegen. So wurden die Frauen schwanger und brachten die ersten Kinder zur Welt, die den Fluß Bosomuru als *ntoro* nahmen, und jeder Mann gibt diesen Geist an seine Kinder weiter.

Ein Bosomuru *ntoro*-Mann oder -Frau wird nie eine Pythonschlange töten. Wenn sie eine tote Python sehen, bestreuen sie das Tier mit weißem Ton und begraben es.

Wie in diesem Fall spielt die Schlange in vielen westafrikanischen Mythen eine bedeutende Rolle, die sich grundlegend von ihrer Rolle im *Alten Testament* unterscheidet. So benutzte z.B. Mawu-Lisa vom Dahomey-Himmelspantheon beim Erschaffen der Welt eine schöpferische Kraft namens *da,* die alles Leben und Handeln kontrolliert. *Da* bedeutet einfach »Schlange« und wird auch immer als Schlange aufgefaßt, das Symbol für wellenförmige fließende Bewegung.

Zwillinge und Paare

Zwillinge und das Thema der Einheit in der Zweiheit, der vollkommenen Existenz, wie sie die Verbindung von Mann und Frau symbolisiert, spielen in westafrikanischen Mythen eine große Rolle. In den Mythen der Dogon beginnt die Welt vor dem Auftreten personifizierter Wesen mit einer Bewegung von Materie innerhalb des »Welteis«. An einem bestimmten Punkt des Prozesses werden sich Wesen ihrer selbst bewußt, und der Lauf der Schöpfung wird komplizierter. Das erste personifizierte Wesen war Amma, seine Söhne, Nommo genannt, waren Urbilder des Menschen. Das Ei, in dem die Urereignisse stattfanden, wurde in zwei Doppelplazenten geteilt, von denen jede ein Paar von Zwillings-Nommo enthielt. Jeder Zwilling war als geistiges Wesen aus beiden, männlichem und weiblichem,

Oben: In westafrikanischen Mythen werden mächtige Gottheiten häufig als Zweigeschlechterwesen oder als Paare männlicher und weiblicher Zwillinge beschrieben, welche die Vorstellung von der Einheit in der Dualität, von der vollkommenen Existenz, wie sie in der Vereinigung von Mann und Frau gesehen wird, darstellen. Holzskulpturen des ersten Paares, Senufo, Elfenbeinküste.

Links: Der Schlange kommt in westafrikanischen Mythen eine wichtige schöpferische Rolle zu. Relief vom Palast Obas, Benin, 17. Jahrhundert.

Rechts: Nicht nur Zwillingsgottheiten sind in Westafrika alltäglich, auch Zwillingsgeburten gelten als unheimlich und sind Gegenstand von Kulten. Türöffnung der Yoruba mit einem Zwillingspaar.

Unten: Die Nommo sind in der Mythologie der Dogon Zwillinge und Urbilder menschlicher Wesen, die im Weltei Gestalt annahmen. Dogon-Figur eines Nommo, aus Mali.

Prinzipien zusammengesetzt, obwohl er körperlich eindeutig männlich oder weiblich war.

In der Erzählung der Dogon hatte die Erde einen schlechten Anfang. In einer Plazenta war der männliche Nommo, Yurugu genannt, begierig auf seine Geburt. Er konnte den von Amma vorgesehenen Schwangerschaftszeitraum nicht abwarten und erzwang sich seinen Weg nach außen: Er riß ein Stück seiner Plazenta ab und stürzte damit durch den Raum außerhalb des Eis in die Tiefe. Das Plazentafragment wurde zur Erde, aber Yurugus Ungeduld hatte Ammas Schöpfungspläne ernstlich durcheinandergebracht, denn die Erde war nun mit nur einer überwiegend männlichen Seele ausgestattet und daher unvollständig und unvollkommen. Aus dieser Situation entstand die Vorstellung der Unreinheit; die Erde und Yurugu waren einsam und unrein. Yurugu wollte einen eigenen Herrschaftsbereich errichten, aber er sah schließlich ein, daß ihm dies ohne seine Zwillingsseele nicht gelingen würde. So kehrte er in den Himmel zurück, um zu versuchen, den Rest seiner Plazenta mit seinem zu ihm gehörenden Zwilling zu finden, aber er kam zu spät. In seiner Empörung hatte Amma diese Zwillingsseele Yurugus der anderen Hälfte der Plazenta übergeben, und Yurugu konnte sie nicht finden. Seitdem suchte er sie vergebens. Er kehrte zur Erde zurück und begann in seiner eigenen Plazenta, d. h. mit seiner Mutter, zu zeugen, und aus diesem schrecklichen Akt entstanden einzelne, unvollkommene Wesen.

Amma jedoch rettete die Situation. Er schickte die Nommo der anderen Hälfte des Eis auf die Erde, die den Himmel und die Sterne erschufen. Sie kamen auf einem riesigen Regenbogen zur Erde, in dessen Mitte zwei Nommo des Himmels in Gestalt von Schmieden standen. Vier Nommo-Paare, Inkarnationen des ersten, stellten sich in den vier Himmelsrichtungen auf und wurden die ersten Vorfahren des Menschen. Die Dogon betrachten sich selbst als aus vier »Stämmen« gebildetes Volk. Der Regenbogen war die neue, unbefleckte Erde, und mit ihm kamen Licht und Regen. Die Ahnen brachten die »Samen« von Lebewesen – Menschen, Tieren und Pflanzen – auf die Erde. Yurugu und seine Missetaten ließen sich jedoch nie gänzlich aus der Welt schaffen. Eine Folge seiner Taten war der Tod, der zum Bestandteil des Lebens auf der Erde wurde. Er ist ein Wesen der Nacht und Finsternis, das über das trockene, unbebaute Ödland herrscht.

Leere Spekulationen? Durchaus nicht, denn viele Züge der Lebensweise und der Kultur der Dogon stimmen mit Angaben in den Mythen überein. Die Dogon gliedern sich in patrilineare Familien ebenso wie in Dorfbezirke, Dörfer und Distrikte. Jede Familie hat ihr eigenes »großes Haus«, das Bildern in den Mythen nachgebildet ist. Seine ovale Form gibt, wie die Dogon betonen, die Form der großen Plazenta wieder, aus der alles Leben hervorging. Das Bauwerk selbst, so sagen sie, stellt einen Nommo in Menschengestalt dar. Es weist z. B. vier Türme auf, die seine Gliedmaßen sind. In ähnlicher Weise werden Dörfer als »Zwillinge« aufgefaßt und immer in Paaren gebaut, von denen das eine als das obere und das andere als das untere eingeordnet wird. Der Distrikt ist in ähnlicher Weise als Einheit aus zwei Hälften organisiert. Schmiede genießen bei den Dogon besonderes Ansehen, entsprechend ihrer berühmten Abstammung, und sie heiraten nur wieder Schwestern und Töchter von Schmieden. In jedem Dorf findet man Heiligtümer für die verschiedenen Nommo.

Lebende Mythen

Einige Millionen Westafrikaner haben eine Erziehung nach englischem oder französischem Muster erhalten oder sind in modernen technischen Berufen oder in der Verwaltung beschäftigt. Es wäre ein Fehler, deswegen zu glauben, daß das mythische Denken in Westafrika tot sei. Im Gegenteil: Die Menschen kennen und erzählen noch immer mythische Geschichten, die mit den alten Göttern zu tun haben. In zahlreichen noch existierenden Tempeln und Heiligtümern blühen noch immer die traditionellen Kulte. In den Tempeln findet man Statuetten, Masken und Kultgegenstände, die erst dann wirklich tot sind, wenn man sie unter dem Begriff »Kunst« in europäischen Museen und Kunstgalerien ausstellt. Ein Beispiel ist ein Mythos, den ich 1977 von mehreren Temne hörte. Die Temne sind Reisanbauer im Norden von Sierra Leone. Die Bevölkerung ist auf etwa zwei Dutzend kleine Herrschaften verteilt. In jeder Herrschaft ist das Recht auf die Herrscherwürde Eigentum einer oder zweier »königlicher« Familien. Auf diesen Mythos gründet sich der Herrschaftsanspruch der Kabia-Familie über Marampa. Ein Herrscher namens Bai Rampa kämpfte verzweifelt gegen Eindringlinge eines anderen Stammes und drohte zu unterliegen. Eines Tages traf seine Frau einen Dämon, der in einem tiefen Tümpel wohnte. Der Dämon, Koblo mit Namen, bot an, ihrem Mann zu helfen, wenn man ihm ein Schaf opfern würde. Die Fürstin stimmte zu, und der Dämon half ihrem Mann, der den Krieg gewann. Als er aus dem Kampf zurückkam, erzählte ihm seine Frau von dem Dämon und bat ihn, ein Schaf zu opfern. Er weigerte sich, ihr zu glauben, und berief sich darauf, den Krieg dank seiner eigenen Tapferkeit gewonnen zu haben. Sie brachte dem Dämon die Antwort ihres Mannes. Der Dämon sagte: »Wenn ich kein Schaf bekomme, will ich statt dessen dich.« Sie kehrte zurück und flehte ihren Mann

an, Koblo ein Schaf zu opfern, aber vergebens. So stieg sie, angetan mit ihren schönsten Kleidern und Goldschmuck, in den Tümpel, wo sie noch heute lebt. Bai Rampa erkannte seinen Fehler und änderte seinen Namen in Bai Koblo. Seither führten die Herrscher von Marampa diesen Namen und opferten alljährlich Rampas Königin.

Westafrikanische Kulturen sind für ihren Reichtum an Volkserzählungen bekannt. Geschichten, die zum Vergnügen erzählt werden und sich deutlich von Mythen wie den oben wiedergegebenen unterscheiden. Einige Erzählungen jedoch enthalten eine Mischung historischer und mythischer Elemente. Hier ist eine solche Geschichte, wieder von den Temne, die ich aus zwei Gründen erzählen möchte. Der erste ist, daß Flußgötter, -göttinnen und -dämonen in Religion und Mythos überall in Westafrika eine auffallende Rolle spielen. Die Erzählung handelt vom Dämon des Temne-Flusses, Anyaroli, einem androgynen Wesen wie alle Dämonen bei den Temne. Obwohl dieser Dämon keinen »offiziellen« Kult besitzt, wird ihm oft geopfert, denn als Gegenleistung verhilft er den Menschen zu Wohlstand.

Als vor langer Zeit die Menschen erschaffen worden waren, baten sie Gott, auch Tiere zu erschaffen. So schuf Gott Tiere, die lange Zeit ohne einen richtigen König lebten, denn Gott hatte nur einen provisorischen König, den Löwen, geschaffen. Nach einiger Zeit jedoch gerieten die Tiere in Zorn, weil der Löwe andere Tiere fraß. In jenen Tagen gab es auf der Erde nur ein Tier von jeder Art, sozusagen ein Musterexemplar. So gingen die übrigen Tiere zum Löwen und sagten, sie wünschten einen richtigen König auf Dauer, und der Löwe hielt eine Versammlung ab. Aber die Frage war schwierig zu lösen. Da war z.B. der Elefant, der wollte König sein, weil er der größte war, und da gab es den Wal. Aber auch viele kleinere Tiere wollten König sein. So ließ der Löwe einen großen Eisentopf holen und ein Feuer anzünden. Der Topf wurde mit Wasser gefüllt und auf das Feuer gestellt. Alle Tiere wunderten sich. Als das Wasser kochte, sagte der Löwe: »Jenes Tier, das den Topf in die Hand nehmen und die Hälfte des Wassers austrinken kann, soll König sein.« Damals besaßen alle Tiere normale Gliedmaßen.

Der Elefant versuchte es, aber der Topf und das Wasser waren zu heiß, und er sagte, er wolle gar nicht Herrscher sein. Auch andere versuchten es vergeblich. Dann stand die Waraneidechse auf. Sie sagte, sie würde es versuchen, aber zuerst müßten alle ein Lied singen. Sie hatte nämlich im Sinn, beim Singen von einem zum anderen zu gehen, während das Wasser abkühlte. Keiner durchschaute diesen Plan, und so begannen sie zu singen. Da ging sie zum ersten und sagte: »Sieh, ich bin unterwegs zum Trinken«, dann ging sie zum nächsten usw. Als sie die Runde gemacht hatte, war das Wasser viel kühler, und sie trank die Hälfte.

Dann rief der Löwe die Waraneidechse in die Mitte des Kreises, und sie begannen, die Trommel zu schlagen, und der Löwe sprach: »Die Waraneidechse soll König sein.« So schlugen sie heftig die Trommeln. Aber die Waraneidechse hatte sich beim Halten des Topfes die Arme verbrannt, weil er noch heiß war, und da die übrigen dies nicht sehen sollten, zog sie die Arme in das Gewand zurück. Damals gab es viele kleinere Tiere auf der Welt, und alle hatten Gliedmaßen. Der Löwe hob die Hand, und es wurde still. Er sagte: »Hiermit erkläre ich die Waraneidechse zu eurem Herrscher.« Da sprangen viele kleinere Tiere auf, um die Waraneidechse zu sehen, und sobald sie das taten, gehörten sie zur selben Familie; sie wurden Schlangen ohne Gliedmaßen oder Eidechsen oder Krokodile mit kleinen, verkümmerten Gliedern. So entstand die Familie der Waraneidechse.

Vor diesen Ereignissen war die Waraneidechse zu Anlubu (dem Soldatenvogel, der als eine Art Wahrsager galt) gegangen, und in der Tat hatte Anlubu sie auf die Idee gebracht, wie sie das Wasser trinken könnte. Jetzt sagte Anlubu: »Was kannst du mir zahlen für alles, was ich für dich getan habe?« Die Waraneidechse antwortete: »Was du willst, ich bin ja

Oben: Die ersten Nommo kamen auf einem riesigen Regenbogen zur Erde, in dessen Mitte zwei Himmels-Nommo in der Gestalt von Schmieden standen. Jedes Dogon-Dorf besitzt ein »großes Haus«, das einen Nommo in menschlicher Gestalt darstellt, und Schmiede sind bei den Dogon hoch angesehen, entsprechend ihrer Abkunft. Der Holzgegenstand vor dem Heiligtum der Schmiede in Irelli stellt eine Schlange und den Aufgang zum Himmel dar.

Unten: Eiserne Altarfigur eines Tänzers, Mali.

Ein Fetisch ist eine Figur oder ein anderer Gegenstand, dem man übermenschliche Kräfte zuschreibt und der deshalb Ehrfurcht einflößt, jedoch nicht das Symbol eines Gottes. Fetisch aus Gabun.

der König.« Anlubu sagte: »Ich hatte einen Freund, den du zu einer Schlange werden ließest. Ich möchte, daß er wieder seine frühere Gestalt annimmt.« Die Waraneidechse war so beglückt, daß sie ausrief: »Ich möchte, daß Anlubus Freund schön ist, so schön wie ein Mensch!« Sobald sie gesprochen hatte, entsandte Gott einen Boten, um ihr zu sagen, es sei nicht ihre Aufgabe, Menschen zu erschaffen. Aber die Schlange hatte bereits ein menschliches Gesicht; so befahl Gott, in diesem Tun nicht weiter fortzufahren.

Daher hat Anyaroli ein menschliches Gesicht und den Körper einer Schlange. Dann wurde die Waraneidechse gefragt, ob sie auf dem Land oder im Wasser leben wolle. Sie wollte beides, und daher kann ihre Familie wie sie entweder auf dem Land oder im Wasser leben.

Mythos und Erfahrung

Der Mythos ist nicht nur sehr lebendig, sondern formt mit Glaubensvorstellungen Erlebnisse in einem solchen Ausmaß, daß man manchmal den persönlichen Bericht eines besonders dramatischen Ereignisses nicht von einer mythischen Erzählung unterscheiden kann. Überall in Westafrika spielen in den Pantheonen Zwillinge eine wichtige Rolle, und Zwillinge, die Sterblichen geboren werden, sind Gegenstand von Kulten verschiedener Art. Temne-Zwillinge z.B. werden bald nach der Geburt mit Tanz und Gesang auf einer Kornschwinge im Ort herumgetragen, wobei die Leute Silbermünzen in die Schwinge werfen. Man errichtet ihnen ein Heiligtum, wo Eltern von Zwillingen Opfer darbringen. Nun glaubt man aber, daß Zwillinge Dämonen sind und zur Familie der Waraneidechse gehören. Sie sind Flußdämonen, die es fertiggebracht haben, in den Leib ihrer Mutter zu gelangen, als sie im Fluß badete, und die dann in sterblicher Gestalt geboren wurden.

Jedes mißgestaltet geborene Temne-Baby gilt als Dämon und wird »dem Busch zurückgegeben«, d. h. ausgesetzt. Ein mißgestalteter Zwilling wird ebenso behandelt, aber mit einem besonderen Ritual. Eine Temne-Frau erzählte mir von einem derartigen Ritual, an dem sie erst vor einigen Jahren teilgenommen hatte. »Ich habe Zwillinge geboren, und einer wurde zurückgebracht. Er hatte einen riesigen Kopf, der in einer ungewöhnlichen Form wuchs. Er lernte nie zu stehen und wurde beim Stillen nie satt. Er saugte so fest an meiner Brust, daß ich erschrocken war. Eine Frau kam und machte mich darauf aufmerksam, daß es ein Dämon sei. Sie war Mutter von Zwillingen und riet mir, ihn in den Busch zurückzubringen. So baten wir diesen Mann, und er kam und vollzog das Ritual. Er war ein erfahrener Medizinmann. Er, ich und eine Freundin gingen zu einem großen Baumwollbaum im Busch. Wir hatten ein Stück weißen Stoff und breiteten es unter dem Baum aus, wir hatten eine Flasche Wein, etwas Reismehl und einige Hühnereier dabei. Dann legte der Medizinmann besondere rote Gewänder an. Wir legten das Baby mit dem Wein, Mehl, Eiern und einem besonderen Ring auf das Tuch. Dann begann der Medizinmann mit seinen Gesängen, und wir (die beiden Frauen) antworteten. Das Baby begann, seine Gestalt von einem Menschen in einen Dämon zu verändern. Sein Kopf verwandelte sich in einen Schlangenkopf, und es fing an, von dem Reismehl zu essen, dann veränderte sich sein ganzer Körper in den einer Schlange, und es aß das Reismehl auf. Vor dem Baum befand sich ein Loch, auf das die Schlange zukroch. Der Medizinmann sagte, wir sollten weglaufen, der Ort würde bald zu schrecklich sein. So rannten wir zurück in die Stadt. Als wir zurückkehrten, waren der Medizinmann und ich krank. Meine Freundin wurde später krank und starb. Während dieser Zeit baten wir einige Leute um Blätter und reinigten uns damit, denn gewöhnlich kommt der Dämon, um nach seiner Mutter zu verlangen. Dieses Ritual war die letzte Arbeit des Medizinmannes, er starb bald darauf. Ich überlebte nur, weil man mir Blätter gegeben hatte.«

Was geschah wirklich? Ich weiß es nicht, aber die Frau sprach ganz aufrichtig, und mehrere Temne, die ihr mit mir gemeinsam zuhörten, nickten oder brummten zustimmend. Als sie uns verließ, erklärten sie, es sei der Fehler des Medizinmannes gewesen, daß er sterben mußte. »Er hätte sie wegbringen müssen, bevor das Baby zu einer Schlange wurde. Man soll nicht Zeuge solcher Dinge sein.«

NORD- UND SÜDAMERIKA

DREIUNDZWANZIGSTES KAPITEL

DIE NORDAMERIKANISCHEN INDIANER

Die heimischen nordamerikanischen Mythen entstammen einem Gebiet, das nicht nur von unermeßlicher Weite, wechselhaften klimatischen Verhältnissen und buntgemischten topographischen Gegebenheiten bestimmt ist, sondern in dem außerdem nicht weniger als 236 bekannte ethnische Gruppierungen leben, die mindestens 134 verschiedene Sprachen oder Dialekte sprechen. Im allgemeinen besitzt – oder vielmehr besaß – jede ethnische Gruppe ihre charakteristische Mythologie und Religion, die eng verwoben war mit den regionalen topographischen Verhältnissen und auch die örtliche Fauna und Flora widerspiegelte. Zwar gibt es unter den verschiedenen Gruppen oft starke Kulturähnlichkeiten, die von einem gemeinsamen kulturellen und sprachlichen Erbe herrühren oder auf Entlehnungen fußen, doch als Regel hat die kulturelle Verschiedenheit der einzelnen Stämme, nicht deren Einheit zu gelten.

Alle hier dargestellten Mythen sind unter den traditionsgebundenen amerikanischen Eingeborenen noch heute lebendig, obwohl es bei den meisten Stämmen nur noch wenige Personen gibt, die sie vollständig und richtig erzählen können.

Die Waldregionen des Ostens

Dieser von den Europäern zuerst eroberte und kolonisierte Teil Nordamerikas war einst ein fast geschlossener Waldgürtel, der sich von der Baumgrenze Labradors und der Hudson-Bai bis zum Golf von Mexiko und nach Westen bis in den Bereich des Mississippi-Stromsystems erstreckte. Der Stammesverband bildete die vorherrschende politische Organisation dieser Region, seine Größe schwankte zwischen einigen hundert und ein- oder zweitausend Mitgliedern. Die Stammesangehörigen sprachen eine gemeinsame Sprache und wurden von einer gemeinsamen Regierung geführt. In verschiedenen Teilen dieser östlichen Region hatten sich einige der dort ansässigen Stämme zu losen Bündnissen zusammengeschlossen, etwa zum Irokesen-Bund im Norden und zum Creek-Bund im Süden. Daneben gab es auch noch das einigende Band der Sprache, durch das sich einige größere Gruppen von anderen abgrenzten. Es bestehen starke Ähnlichkeiten in Mythen und Legenden der Algonkin sprechenden Indianer der nördlichen Waldregionen und bei den Stämmen, die im Irokesen-Bund vereinigt waren. Beträchtliche Gemeinsamkeiten in den Vorstellungen und Mythen findet man auch unter den Muskhogee sprechenden Stämmen im Südosten, obwohl gerade hier die irokesisch sprechenden Cherokee und andere Stämme, die keine Muskhogee sind, viele dieser Vorstellungen teilen.

Alle Stämme der östlichen Waldregionen glaubten an eine höchste Gottheit, die im angelsächsischen Sprachraum manchmal als der »Große Geist« bezeichnet wird. Der »Große Geist« erschuf die Welt und gilt als Schöpfer des Lebens. Unsichtbar und gestaltlos, wird er ehrfurchtsvoll geachtet, obwohl man in ihm keine bestimmte Persönlichkeit sieht, die im Mittelpunkt mythischer Erzählungen steht. Durchweg fern der Sinneswelt gedacht, bezeichnet man ihn am zutreffendsten als das »Große Geheimnis«. Die meisten Stämme der östlichen Waldregion glauben an eine vielschichtige Himmelssphäre, die vier bis zwölf Ebenen aufweist; auf der obersten soll der »Große Geist« wohnen.

Dem Menschen näher stehen die Gottheiten »Sonne«, die »Vier Winde« und die »Mutter Erde«. Diese sechs pflegt man während des Rauchens der heiligen Pfeife, der Friedenspfeife *(alumet)*, anzurufen. Die Gesamtzahl dieser bedeutenden Gottheiten, addiert mit dem Ego des Bittstellers, ergibt sieben: *Vier* und *sieben* gelten als die wichtigsten Ritualzahlen unter den Eingeborenen Nordamerikas.

Die Stämme des östlichen Waldgebiets pflegten die Welt als »diese Insel« zu bezeichnen, und sowohl die Algonkin-Gruppen als auch die irokesischen Stämme glaubten, sie sei flach und ruhe auf dem

Rücken einer Riesenschildkröte. Das Himmelszelt gilt als das Dach der Menschenwelt, soll aber die unterste Ebene der gesamten Himmelssphäre sein. Und diese unmittelbar über der Erde gelegene Ebene hält man für den Wohnort der »Donnervögel«. Die Indianer stellen sie sich im allgemeinen als Riesenvögel mit menschlichem Antlitz vor, das Zusammenschlagen ihrer Schwingen erzeugt den bei den Menschen so genannten Donner, und aus ihren feurigen Augen sprühen die Blitze. Sie besitzen gewaltige zerstörerische Kräfte, und von Zeit zu Zeit töten sie aus Versehen Menschen und vernichten deren Ernte. Im allgemeinen jedoch gelten sie als wohlwollend, denn sie bringen den Regen – bedeutsam sowohl für den Feldbau als auch für die jungen Triebe, die Nahrung der von den Menschen gejagten Wildtiere. Dem »Feuervogel« sind zahlreiche Kulthandlungen gewidmet, das bekannteste Ritual ist der Kriegstanz, der noch heute als Wetterzauber-Zeremonie bei den Irokesen-Stämmen, den Shawnee und anderen Gruppen der Waldregion gepflegt wird. Da die Vögel über der Erde fliegen, also in der Nähe der »Donnervögel« wohnen, gelten sie als Botschafter und Gehilfen der »Donnervögel«, aber auch als Vermittler zwischen den Menschen und den »Mächten der Höhe«. Aus diesem Grunde schätzen die Indianer Vogelfedern, insbesondere die Federn des Adlers, als zeremoniellen Schmuck.

Oben: Tanz maskierter Medizinmänner bei den Indianern in Esquimault, Insel Vancouver, Britisch-Kolumbien. Im Nordwesten Nordamerikas pflegten Schamanen Medizingeister anzurufen, um Krankheiten zu heilen.

Links: Abbildung eines »Unter-Wasser-Panthers« auf einem aus Hirschhaut gefertigten Beutel. Die gesteppte Zickzacklinie über dem Panther versinnbildlicht das Wasser. Die »Unter-Wasser-Panther« gelten im allgemeinen als bösartige Wesen, die man für den Ertrinkungstod verantwortlich macht; im Gegensatz dazu gelten sie aber zugleich auch als möglicher Quell der Weisheit und heilender Kräfte.

Oben: Tanzmaske der Cherokee-Indianer aus bemaltem Holz. Derartige Masken wurden früher von Schlangentanz-Anführern getragen. Der Schlangen-Geist galt in der Region des östlichen Waldgürtels als niedrige Gottheit, genauso waren die übernatürlichen Geistwesen anderer Tier- und Pflanzenarten unbedeutende Gottheiten.

Die Unter-Wasser-Panther

Mächtige Gottheiten leben auch unter der Erde und unterhalb der Gewässer der Seen und Flüsse. Einige dieser Wesen stellt man sich als »unter Wasser lebende« Spiegelbilder von Lebewesen auf der Erdoberfläche vor, beispielsweise den unter Wasser lebenden Wolf und den unter Wasser lebenden Bär. Die jenseits des Wassers gelegene unterirdische Region ist ebenso wie die Himmelssphäre vielschichtig. Die tiefste der unteren Sphären gilt als Heimstatt der Häuptlinge aller unter Wasser lebenden, unterirdischen Lebewesen, der mächtigen Götter, zuweilen »Gehörnte Riesenschlangen« genannt. Nach Mythendarstellungen der gesamten östlichen Waldregion zu urteilen, hat man sich offensichtlich diese Lebewesen sehr ähnlich wie die Drachen des mittelalterlichen Europa oder des Fernen Ostens vorgestellt. In einem Mythos der Shawnee wird ein Exemplar beschrieben: Es hat den Kopf eines geweihtragenden Hirsches und den Rumpf einer Schlange. Die Ojibwa, Menomini, Potawatomi und der östliche Zweig der Dakota stellen sie dar als Riesenpanther mit Bison-Hörnern und Körpern, die entweder mit kurzem gelbem Haarkleid oder mit kupfernen Schuppen bedeckt sind. Schlangen, Fische und alle anderen unter Wasser und unter der Erde existierenden Lebewesen gelten als ihre Untertanen und Boten. Die »Unter-Wasser-Panther« oder »Gehörnten Riesenschlangen« werden im allgemeinen als böse betrachtet, der Tod durch Ertrinken etwa wird ihrer unersättlichen Freßlust zugeschrieben. Dennoch gelten sie als denkbarer Quell großer Weisheit und krankenheilender Kräfte, vor allem der Heilkunst mit pflanzlichen Wirkstoffen.

Die »Donnervögel« befinden sich ständig mit den »Unter-Wasser-Panthern« und den »Gehörnten Riesenschlangen« im Kriegszustand. Orkane, Erdbeben, Überschwemmungen und andere Naturkatastrophen seien, so glaubt man, auf die Kämpfe zwischen diesen beiden polaren, aber komplementären kosmischen Mächten zurückzuführen.

Die niedrigeren Gottheiten in den Waldgebieten des Ostens werden durch übernatürliche Geistwesen der verschiedensten Tier- und Pflanzenarten verkörpert. Krankheiten werden häufig auf die Ungunst des Geistes der einen oder anderen Tierart zurückgeführt. Für besonders bedeutend hielt man die Geister von Bär, Hirsch, Bison, Biber, Unter-Wasser-Wolf, Schlange, Schildkröte und Fisch. Albinos unter den Tieren galten als »Häuptlinge« ihrer jeweiligen Art und als möglicher Quell großer Kräfte für den Indianer, der von ihnen »gesegnet« worden war. Bedeutung als wichtige Gottheiten haben bei den Pflanzen nur Mais und Tabak.

Mänäbusch und der Medizintanz

Die Zentralfigur im wichtigsten Mythenzyklus der Algonkin ist Mänäbusch, der »Große Hase« (auch unter zahlreichen anderen Namen, etwa Manaboso, Wizaaka und Gluskap bekannt). Mänäbusch gilt als Inkarnation der vitalen Energie und als Erfinder und Entdecker vieler für die Menschen nützlichen Dinge. Obwohl gelegentlich mit erhabenen Worten dargestellt, tritt er doch meist als der unaufrichtige und tölpelhafte negative Held auf. Mänäbusch pflegt enge Beziehungen zu seiner Großmutter Nokomis, der »Erde«, und zu seinem jüngeren Bruder Chibiabos, dem »Wolf«, die beide auch im Zentralmythos des Zyklus auftreten.

Einst kehrte Mänäbusch von der Jagd zurück und stellte fest, daß Chibiabos, der Wolf, nicht mehr da war. Da er ein Verbrechen vermutet, sucht er landauf, landab nach seinem verschwundenen Bruder; unterwegs befragt er verschiedene Tiere und Vögel,

Rechts: Dorf des Mandan-Stammes. Das Rundhaus der Indianer der großen Ebenen war eine Miniatur-Nachbildung des indianischen »Welthauses«: Es ruhte auf einem ebenen und kreisrunden Fundament, über das sich das Himmelszelt spannte. Der Zugang lag im Osten, der Himmelsrichtung der aufgehenden Sonne. Tipi-Zelte hatten ebenfalls runde Grundrisse, und Kreise oder die »Kreise des Universums« tauchen häufig in zeremoniellen Handlungen und Mythen auf. Ölbild von George Catlin, 1832.

die ihm aber alle ausweichende Antworten geben. Schließlich hält er den (ursprünglich weißen) Raben in die Rauchwolken eines Feuers, und der Vogel gesteht unter Folterqualen, daß die »unter Wasser lebenden Panther« Chibiabos getötet haben. Mänäbusch nimmt die Gestalt eines Baumstumpfes an, nähert sich den Felsen, auf denen sich die Wasserungeheuer sonnen, und tötet eine Reihe von ihnen, bevor sie Hilfe herbeirufen können. Die »Unter-Wasser-Panther« rächen sich nun und schicken eine große Sintflut, die die ganze Erde überschwemmt. Es gelingt Mänäbusch nur mit Mühe, die Nase über Wasser zu halten, indem er auf eine riesige, von ihm auf magische Weise um das Vierfache erhöhte Kiefer klettert. Von hier sieht er verschiedene Wassertiere in seiner unmittelbaren Nähe vorbeischwimmen und bittet diese, nach einem Stückchen Erde hinabzutauchen. Zunächst tauchen Fischotter und Biber in die Tiefe, aber sie ertrinken. Dann versucht die Moschusratte ihr Glück; auch sie ertrinkt, aber zwischen ihren Krallen findet Mänäbusch ein Klümpchen Schlamm. Er bläst viermal darauf, wie es dem Ritus entspricht, und bei jeder Atembewegung dehnt sich der Schlamm derartig aus, daß schließlich genügend trockenes Land zum Leben für Mensch und Tier daraus entsteht. Die »Unter-Wasser-Panther« bitten nun, nachdem sie in diesem Machtkampf unterlegen waren, Mänäbusch um Frieden. Als Wiedergutmachung lehren sie ihn und seine Großmutter, die »Erde«, den Gebrauch der Kräuterarzneien und die Ausführung des lebensverlängernden Midewiwin- oder Medizintanzes. Auch Chibiabos wird wieder zum Leben erweckt, aber ihm wird jetzt die Obhut über das im Westen gelegene Land der Toten anvertraut.

Die Einführung der Maispflanze

Zweifellos war der Mais die wichtigste Nahrungspflanze der Eingeborenen Nordamerikas, und viele der Bodenkultur betreibenden Stämme kennen Erzählungen über seine Einführung. Die Creek-Stämme und ihre Nachbarn im Südosten der Waldregion halten den Mais für den Körper der »Maisfrau«. Von der »Maisfrau« wird berichtet, sie lebe inkognito mit einer Menschenfamilie zusammen, die ihre Identität nicht kennt. Sie bereitet ihren Familienangehörigen Maisgerichte, und diese wissen nicht, woher die Nahrung kommt. Deshalb belauschen sie eines Tages die Maisfrau und entdecken, daß der Mais aus ihrem Körper keimt: Nach einer Version soll er der Schorf sein, den sich die Maisfrau von ihren Schenkeln kratzt – eine augenfällige Analogie zum Schälen der Maiskolben; in einer anderen Version heißt es, der Mais sei das schmutzige Wasser, mit dem die Maisfrau ihre Füße gewaschen hatte. Beide Versionen sind gleich abstoßend. Als die von der Maisfrau beköstigten Personen mit einem Mal den Appetit auf ihre Speisen verlieren, merkt sie, daß sie belauscht worden sein muß. Auch über ihre Reaktion auf diese Tatsache gibt es stark voneinander abweichende Versionen: Einmal soll sie darum gebeten haben, ihr eine Maishütte zu errichten und sie darin vier Tage lang einzusperren. Man befolgt ihren Wunsch; aus dem Inneren der Hütte dringt ein wie fernes Donnergrollen klingendes Geräusch; nach Ablauf des vierten Tages öffnet man die Tür, um die Maisfrau herauszulassen: Die Hütte ist bis oben mit Mais angefüllt.

Die großen Ebenen – Prärien und Plains

Die Region der großen Ebenen Nordamerikas erstreckt sich westlich der Waldregion des nordamerikanischen Ostens bis zu den Rocky Mountains und von den kanadischen Prärien bis zur texanischen Küste. Vor der Besiedlung durch die Weißen bildete dieses riesige Grasland den Lebensraum für zahllose Bisonherden, aber auch andere Tiere – Gabelantilopen, zwei Rotwildarten, Kaninchen und Vögel. Entlang der Flüsse konnte man Maisanbau betreiben und Bohnen und Kürbis anpflanzen; der Gartenfeldbau wurde in der Region um 500 n. Chr. heimisch. Die Einführung des Pferdes im 18. Jahrhundert durch die Europäer verursachte eine revolutionäre Umgestaltung der Kultur der großen Ebenen, der sogenannten »Prärie-Kultur«, und begünstigte die Büffeljagd durch berittene, äußerst mobile Jägertrupps. Diese mobile Lebensweise übte eine zunehmende Anziehungskraft aus, so daß viele Stämme aus den angrenzenden Präriegebieten begannen, in die Plains einzudringen.

Viele Gottheiten der Indianerstämme der großen Ebenen und zahlreiche Mythen, in denen diese Götter auftreten, zeigen enge Verwandtschaft zu denen der östlichen Waldregionen, denn sie wurden erwiesenermaßen aus diesem Gebiet übernommen. Auch im Gebiet der großen Ebenen herrscht die Zweiteilung der Götterwelt in »Mächte der Höhe« und »Mächte der Tiefe«, repräsentiert durch die »Donnervögel« und die »Unter-Wasser-Panther«, die ihre ewigen kosmischen Kämpfe ausfechten. Vieles jedoch ist autochthon und spiegelt die ebene, relativ baumlose Topographie der Region wider. Die Umwelt des Indianers der großen Ebenen zeichnet sich dadurch aus, daß man von fast jedem Standort eine Aussicht von majestätischer Vollkommenheit auf Himmel und Erde genießt. Das Rund des Horizonts ist in sich geschlossen, kein Taleinschnitt und

Büffeljagd. Darstellung auf einem bemalten Gewand aus Elchhaut; Montana. Das Leben der Indianer der großen Ebenen wurde im 18. Jahrhundert durch die Einführung des Pferdes radikal verändert, denn mit Hilfe des Pferdes wurde die Büffeljagd wesentlich erleichtert. Die Bedeutung des Büffels (Bison) für die indianische Wirtschaft spiegelt sich in zahlreichen Mythen.

Oben: Die neue Geistertanz-Bewegung, die in den siebziger Jahren des 19. Jahrhunderts unter den Paiute in Nevada begann, breitete sich bis zu den Sioux und anderen Stämmen aus; sie war eine Reaktion gegen die drohende Zerstörung der amerikanischen Indianer-Kulturen durch das Vordringen der Weißen. Die Sioux hofften auf einen großen Führer, der den Zustand vor Ankunft der Weißen wieder herstellen sollte. Dieses Foto von Geistertanz-Anhängern beim Gebet wurde um 1893 unter den Arapaho-Indianern aufgenommen.

Oben rechts: Szene einer Sonnentanz-Zeremonie bei den Sioux. Der Tanz war den »Donnervögeln« geweiht und sollte Regen herbeizaubern, lebensnotwendig für die Pflanzen- und Tierwelt der großen Ebenen. Die Tänzer imitierten die Nestlinge der »Donnervögel«.

keine Waldfläche behindern die Sicht; und über allem spannt sich in überwältigendem Blau die Himmelskuppel, über die täglich die Sonne wandert. Dem Indianer der großen Ebenen erschien seine Welt gigantisch, aber zugleich vollkommen unfaßbar. Die Anlage des Welthauses stellte er sich – genauso wie sein Rundhaus – auf einem ebenen, kreisrunden Fundament vor, über das sich das Zelt des Himmelsgewölbes spannte. Die Eingangspforte lag gen Osten, in der Himmelsrichtung der aufgehenden Sonne. Auch die Grundrisse der kegelförmigen Stangenzelte der Indianer waren rund; außerdem kehren Kreise, die »Kreise des Universums«, ständig als Motiv in Mythologie und Ritual wieder.

Die für die »Präriekultur« kennzeichnendste religiöse Kulthandlung war der Sonnentanz, der den »Donnervögeln« gewidmet war. Dieser Tanz fand in einem runden Kulthaus statt, in dessen Mitte der heilige Sonnenpfahl aus dem Holz des Baumwollbaums aufragte. In einer Gabelung unmittelbar unter der Spitze des Pfahls pflegten die Indianer ein Bündel Weidenzweige zu befestigen, das als Nest des »Donnervogels« galt. Die Tänzer, kostümiert als eben geschlüpfte »Donnervögel« und durch ständiges Blasen auf Pfeifen aus Adlerknochen die Stimmen der Nestlinge imitierend, tanzten vier Tage und drei Nächte, ohne Wasser oder Nahrung zu sich zu nehmen, indem sie unablässig auf das »Nest des Donnervogels« über sich starrten. Am letzten Tag band man einige der Tänzer mit Riemen, die in durch Brust- und Rückenfleisch getriebene Pflöcke gefädelt waren, an den Pfahl. Beim Tanze machten die Angebundenen so lange ruckartige Bewegungen rückwärts, bis das Fleisch durchtrennt war und sie auf diese Weise befreit wurden. Ein einfacher Grundgedanke steht hinter diesem Ritual: Durch ihre Kostümierung, ihre ruckartigen Tanzbewegungen, ihr Vogelstimmen imitierendes Blasen auf Pfeifen und durch ihren Verzicht auf Speisen und Getränke sowie die anderen von ihnen erbrachten Opfer hofften die Sonnentänzer den »Donnervogel« dazu zu bewegen, in ihrem Dorf Halt zu machen und den lebenspendenden Regen für das Gras und die Pflanzungen der Ebenen zu bringen; denn Gras ist für die Bewohner lebenswichtig, damit sich Bison und andere Beutetiere des Menschen einfinden.

Bison und Mais

Mais und Bison besaßen für die Indianer der großen Ebenen eine so herausragende Bedeutung, daß es nicht verwunderlich ist, sie in vielen, von den hier ansässigen Indianern erzählten Mythen miteinander verknüpft anzutreffen.

Ein Mythos der Dakota berichtet von zwei Männern auf der Jagd, die einst von Ferne etwas Außergewöhnliches auf sich zukommen sahen. Nachdem die Erscheinung sich genähert hatte, erkannten sie eine schöne, in weiße Hirschhaut gehüllte Frau, die ein Bündel auf dem Rücken trug. Sie war so anziehend, daß einer der Männer sie sogleich vergewaltigen wollte, aber als er einen Schritt auf sie zu tat, verschwand er in einer dichten Nebelwolke. Als der Nebel sich wieder hob, war von ihm nur noch das Skelett übrig, denn er war von Schlangen zerfressen worden. Daraufhin befahl die Frau dem zweiten Mann, zum Lager zurückzukehren und ein großes Zelt für ihren Empfang vorbereiten zu lassen.

Der Jäger kehrte heim, und sofort ordnete der Häuptling des Stammes an, ein großes Zelt herrichten zu lassen, in dem sich alle in ihrer Festtagskleidung versammelten. Dann trat die Frau ein und sprach: »Ich bin vom Himmel herabgestiegen, um die Dakota zu lehren, wie sie ihren Lebensunterhalt verdienen sollen, und ihnen ihre Zukunft zu prophezeien… Nehmt diese Pfeife und bewahrt sie für alle Zeiten.« Sie händigte ihnen außerdem ein Päckchen mit vier Arten von Maiskörnern aus und erklärte: »Ich bin ein Büffel, die Weiße Büffelkuh, und ich werde meine Milch (den Mais) über die ganze Erde sprengen, damit die Menschen davon leben können.« Sie lehrte die Stammesangehörigen den Gebrauch der Pfeife und ordnete den vier Winden oder Himmelsrichtungen ihre jeweiligen Symbolfarben zu, die Farbe Rot dem Norden, Gelb dem Osten, Weiß dem Süden und Schwarz dem Westen. Sie unterrichtete sie auch in der Ausführung der sieben heiligen Kulthandlungen zur Lebensverlängerung. Danach entfernte sie sich, und während sie verschwand, verwandelte sie sich in ein rotbraunes Bisonkalb. Die Pfeife der »Weißen Büffelkuh« wird heute noch als Stammesheiligtum der Dakota verehrt, und ihr Aufbewahrungsort ist das Ziel vieler Pilger aus dem Stamm der Dakota.

Der Sohn der Sonne
Eine andere bekannte Erzählung bei den Stämmen der großen Ebenen hat die Heirat einer Sterblichen mit einer Gottheit, der Sonne, zum Inhalt.

Die Arapaho-Version der Erzählung beginnt mit einer Götterfamilie aus den himmlischen Sphären, einem Mann, einer Frau und deren zwei Söhnen, Sonne und Mond. Sonne und Mond begeben sich auf der Suche nach Ehefrauen in verschiedene Himmelsrichtungen. Der Mond wählt ein Wassertier, die Schildkröte, zur Frau, während die Sonne sich entschließt, eine menschliche Frau zu heiraten. Als der Sonnengott, von der Höhe herabschauend, zwei Indianerfrauen Brennholz sammeln sieht, steigt er ins Tal, verwandelt sich in ein Stachelschwein und klettert auf einen Baum. Eines der beiden Mädchen steigt dem Tier auf der Jagd nach Stachelschweinborsten für seine Stickerei in den Baum nach; aber das Stachelschwein klimmt immer höher an dem unentwegt in den Himmel wachsenden Baum hinauf, bis der Baum schließlich das Himmelszelt durchstößt. Hier verwandelt sich das Stachelschwein in die Gestalt des jungen Sonnengottes zurück und heiratet in seinem himmlischen Haus das Mädchen. Bald schenkt die Frau einem Knaben das Leben. Ihr Mann verbietet ihr, mit einem Grabstock, den ihr ihre Schwiegereltern geschenkt haben, eine bestimmte Pflanze auszugraben. Von Neugier geplagt, mißachtet sie jedoch das Verbot und legt ein Loch frei, durch das sie auf der Erde das Zeltrund ihres Stammes sehen kann.

Heimweh überfällt sie, und sie beschließt, an einem aus Sehnen gefertigten Seil auf die Erde hinunterzusteigen. Noch bevor sie zusammen mit ihrem Sohn die Erde erreicht hat, wirft ihr Mann einen Stein nach ihr und trifft sie tödlich. Das Kind aber überlebt und wird von einer alten Frau, der »Nacht«, aufgezogen. Sie tauft den Jungen »Kleiner Stern« und fertigt Pfeil und Bogen für ihn, womit er einen »Unter-Wasser-Panther«, den Mann der »Nacht«, tötet. Daraufhin verwandelt die alte Frau »Nacht« den Bogen in einen Speer, und »Kleiner Stern« tötet von nun an die Schlangen, die die Erde bevölkern. Einmal jedoch schläft er unvorsichtigerweise im Gras ein, und schon schleicht sich eine Schlange in seinen Körper und windet sich bis in seinen Schädel hoch. Bald fällt das Fleisch von seinem Körper ab, aber sein Knochengerüst bleibt bestehen, und er behält sein volles Bewußtsein. Er fleht um zweitägigen Regen und anschließend um zwei Tage sengende Hitze und zwingt die Schlange auf diese Weise, nach Luft zu schnappen und ihren Kopf aus seinem Mund heraushängen zu lassen. Schnell ergreift »Kleiner Stern« den Schlangenkopf und zieht die ganze Schlange aus seinem Körper heraus, wodurch er wieder lebendig wird. Später verwandelt er sich in den Morgenstern.

Der Südwesten
Eine der großartigsten archäologischen Stätten und die am besten erhalten gebliebenen Eingeborenenkulturen der Vereinigten Staaten findet man in der dürren, aber überaus malerischen Region, die die Ethnologen als den Südwesten bezeichnen. Früher zählte man nur Arizona und New-Mexico zur Kulturprovinz des Südwestens, aber heute gibt man ihr eine größere Ausdehnung und rechnet auch die angrenzenden Gebiete dazu, den südlichen Teil Utahs, den Südwesten Colorados und Nord-Mexiko. Der Südwesten besaß – darin nur vom Südosten übertroffen – die am höchsten entwickelte Kultur nördlich von Mexiko. Dieser hohe Entwicklungsstand auf der Grundlage des Ackerbaus ist um so bemerkenswerter angesichts der Tatsache, daß der größte Teil der Region Wüstencharakter besitzt.

Als das vielleicht am besten erforschte kulturelle Areal des Südwestens gilt die Region der sogenannten »Pueblo«-Stämme. Diese Indianer leben in *pueblos,* Dörfern, entlang des oberen Rio Grande in New-Mexico, in den Hopi-Dörfern im Nordwesten Arizonas und in Zuñi, im westlichen Teil New-Mexicos. Sie halten unverrückbar an ihrer traditionellen

Prähistorische Felsenbehausungen in Mesa Verde, Colorado. Die Pueblo-Indianer lebten in festen Behausungen und bewohnten manchmal die Gemeinschaftshäuser, die ihre Vorfahren, die Korbflechter (prähistorische Kultur um Christi Geburt bis zum 7. Jahrhundert n. Chr.) in Höhlen der Steilwände der Canyons angelegt hatten. Trotz der Kargheit des Landes hatte sich im Südwesten eine hohe Kulturstufe herausgebildet, deren Grundlage der Ackerbau war und die eine farbige und vielschichtige Religion auszeichnete.

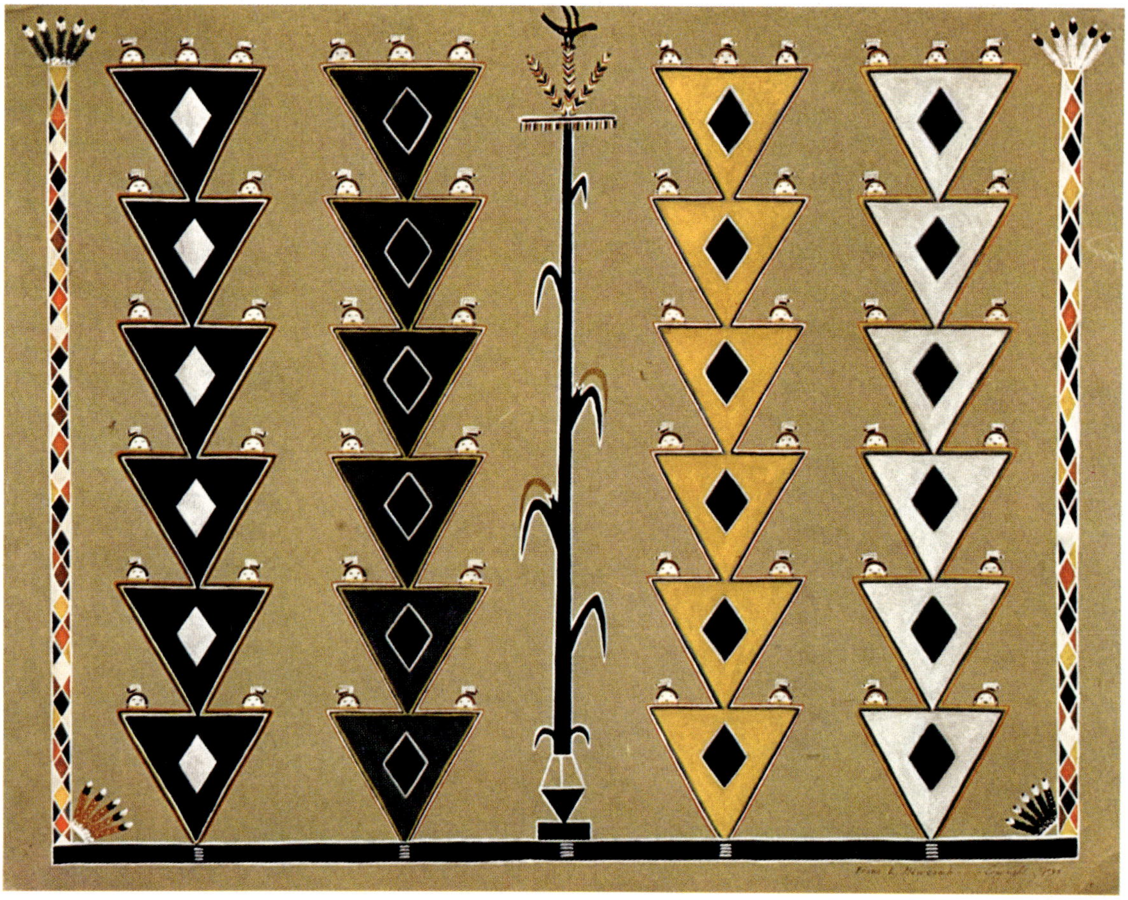

Rechts: Regen und Regenwolken nehmen selbstverständlich einen wichtigen Platz in der Mythologie der kargen Landstriche des Südwestens ein. In diesem Sandbild der Navaho aus New-Mexico erkennt man, daß der schwarze Mais in der Mitte drei weiße Schößlinge aufweist, die dem Symbol für Erde entkeimen. An jeder Seite sieht man außerdem zwei Reihen Wolken mit dem Symbol für Hagelkörner in der Mitte einer jeden Wolke, und an jeder Kante schauen verstohlen die Köpfe der Wolken-Menschen hervor. Am Fuß des Gemäldes befindet sich ein Streifen schwarzen Wassers, angefüllt mit Samenkörnern, an beiden Seiten schließlich laufen Abschnitte eines Seils in Regenbogenfarben.

Unten: Bei den Pueblos figurieren die wichtigsten Naturgewalten als Gottheiten. Die abgebildete Sandmalerei der Navaho aus Arizona zeigt zwei große Gottheiten, »Mutter Erde« und »Vater Himmel«. Die blaue »Mutter Erde« trägt auf ihrem Körper einen Wasserbrunnen und vier Pflanzen, der schwarze »Vater Himmel« die Milchstraße, darunter Sonne, Mond und Sterne. Eine Linie aus Blütenstaub verbindet das Paar; dies deutet auf wechselseitige Verantwortung für die Fruchtbarkeit.

Lebensweise fest, so daß zahlreiche Kulturelemente sich fast unverändert erhalten haben, seit sie von den Spaniern schon vor 400 Jahren beschrieben worden sind. Die Regierungsform der Pueblos ist eine echte Theokratie, und sie leben nach einem Zeremonial-Kalender, der in der Mythologie wurzelt.

Die Pueblo unterteilen ihre Götter in zwei große Kategorien: Die Götter selbst werden als Verkörperungen einzelner Mächte und Kategorien der Natur angesehen, während die *kachinas* in erster Linie als Ahnengeister gelten, aber in zweiter Linie auch als Geist-Mächte anderer Wesen, selbst der Götter, fungieren können. »Vater Sonne« und »Mutter Erde« sind die bedeutenderen Gottheiten des Pantheons, jede von beiden besitzt zahlreiche Namen und kann eine Reihe von Existenzen annehmen. Die Hopi etwa nennen die Sonne »Herz des Himmelszeltes«, und die Erde wird als die »Mutter der Erzeugung«, »Mutter der Samenkörner«, »Alte Frau«, »Spinnenfrau«, »Maisjungfrau« und »Göttin des Wachstums« bezeichnet. Neben der Sonne gibt es noch andere himmlische Gottheiten, außerdem das »Feder-Messer-Ungeheuer«. Die vorgenannten und die Wettergottheiten, die »Wolkenschleier-Regenbringer«, repräsentieren »die in der Höhe«. Die Gottheiten, die den Gegenpart spielen und im Inneren von »Mutter Erde« wohnen, heißen »die in der Tiefe«. Zu ihnen zählen die Zwillingsgötter des Krieges, die die Menschen einst von den Ungeheuern erlösten, der »Maisvater« und die »Maismutter«, die »Mineralmänner« und »Mineralfrauen«, die das Salz, die rote und die weiße Muschel sowie den Türkis verkörpern. Zu ihnen gehören auch die Tiergottheiten oder die »Großväter«, die als Vermittler zwischen den Menschen und den höheren Gottheiten auftreten, und die Schutzheiligen religiöser Bünde. Eine andere Gottheit, die sowohl mit den unterirdischen als auch den himmlischen Mächten assoziiert wird, ist die »Federschlange«, eine Gottheit, die Beziehung hat zu Blitz, zum Regen und zur Fruchtbarkeit. Die »Federschlange« steht eindeutig in Zusammenhang mit Kukulcan bei den Maya und mit Quetzalcoatl bei den Nahua (vgl. das Kap. *Mittelamerika*), ebenso auch mit den »Gehörnten Riesenschlangen« und den »Unter-Wasser-Panthern« im Osten.

Zur zweiten Gruppe der höheren Mächte gehören die Ahnen- und Totem-Kachinas. Die Bezeichnung *kachina* war ursprünglich den Geistern oder Personifizierungen krankenheilender Fähigkeiten der Ahnen vorbehalten, später aber erhielten auch Personifizierungen ähnlicher Kräfte bei anderen Gegenständen diesen Namen. Im allgemeinen werden die *kachinas* anthropomorph gedacht. In rituellen und bildlichen Darstellungen tauchen sie maskiert auf, und in vielen Tänzen der Pueblo-Indianer treten maskierte Tänzer auf, wenn *kachinas* dargestellt werden sollen.

Die Maisjungfrauen

Zwei charakteristische Pueblo-Mythen sollen hier vorgestellt werden; beide rücken das Wasser und das Wachstum der Pflanzen in den Mittelpunkt.

In einem Hopi-Mythos wird berichtet, daß die Menschen einst in einem unterirdischen Paradies lebten, wo sie so lange ein gesegnetes Auskommen hatten und glücklich waren, bis sie sich der Genußsucht hingaben. Als Vergeltung für dieses Vergehen überschwemmte eine Sintflut die Unterwelt: Die Menschen mußten fliehen und folgten der »Spinnenfrau«, die über die aus den Fluten ragenden Pflanzen, das Schilfrohr, die zwei Arten Kiefern und die Riesensonnenblume, nach oben stieg. Auf dem Weg in die Freiheit wurden die Menschen einzeln von der Spottdrossel einem Stamm zugeordnet. Aber noch bevor alle Menschen verteilt waren, ermüdete die Spottdrossel und hörte auf zu singen, und so stolperten die Nachzügler in die Unterwelt zurück, das Reich, in das alle toten Körper einkehren. Die anderen machten sich auf die Suche nach dem Sonnenaufgang; die Weißen brachen gen Süden auf, die Pueblos blieben in der Mitte und die restlichen Indianer gingen in Richtung Norden. Die Weißen, die als Hilfe die Pferde erschaffen hatten, erreichten als erste ihr Ziel, und sobald sie angekommen waren, erschienen als Zeichen für die anderen Scharen von Sternen am Himmel. So kam es, daß die Pueblos und die anderen Indianerstämme dort siedelten, wo sie heute noch wohnen.

In einem Zuñi-Mythos wird berichtet, daß die Vorfahren der Zuñi von zehn reizenden Maisjungfrauen begleitet wurden, als sie aus der Unterwelt kamen, doch waren sie für menschliche Augen unsichtbar. Die Jungfrauen begleiteten den Stamm vier Jahre lang, ohne daß sie gesehen wurden und jemand etwas von ihrer Existenz ahnte. In Shipololo, der »Stätte des Nebels«, wurden sie schließlich von zwei Zauberinnen entdeckt, die ihnen den Samen der verschiedenen Mais- und Kürbisarten übergaben und sie in menschliche Wesen verzauberten.

Als Hochwildjäger die Maisjungfrauen entdeckten, brachten sie sie zu den Zuñi, wo sie tanzen sollten. Aber während ihres Tanzes überwältigte der Schlaf alle Zuschauer. Unterdessen war Payatamu, der winzige Gott, der mit seinem Flötenspiel die Blumen zum Blühen bringt, als Zuschauer erschienen und ließ sich von den tanzenden Mädchen bezaubern. Besonderes Verlangen verspürte er nach der »Gelben Maisjungfrau«, der reizendsten der zehn Tänzerinnen. Doch die Maisjungfrauen errieten seine Gedanken, und aus Angst tanzten sie so lange, bis auch Payatamu in Schlaf gesunken war. Aber nun wurden die Zuñi von einer Hungersnot heimgesucht und flehten deshalb, die Maisjungfrauen möchten zurückkommen; schließlich ließen diese sich bewegen, zurückzukehren und zu tanzen. Daraufhin nahm die Hungersnot ein Ende, und seit dieser Zeit wird die Schönheit der Maisjungfrauen in Zuñi-Kulthandlungen beschworen.

Kachinas sind Personifizierungen von übernatürlichen Mächten. Die Bemalung dieser Hopi-Puppen ist dem Aussehen maskierter Tänzer bei rituellen Tänzen nachempfunden; die Figuren repräsentieren die Kachinas des Blitzes (links) und der Maispflanze (rechts). Man gibt diese Puppen Kindern, um sie zu lehren, die charakteristischen Masken und Kostüme dieser Geister zu erkennen.

Der Westen Nordamerikas

Westlich der großen Ebenen ragt das sich fast über die ganze Länge des Kontinents ziehende Gebirge der Rocky Mountains in die Höhe, die große Scheidelinie Nordamerikas. Westlich davon liegen drei Kulturregionen, das Plateau, das Becken und Kalifornien. Das Plateau liegt zwischen den Rocky Mountains und dem sich westlich davon hinziehenden Kaskaden-Gebirge Oregons. Als Becken bezeichnet man die öde, nach Süden reichende Fortsetzung des Plateaus, die im Westen an die Sierra-Nevada-Gebirgskette Kaliforniens und an das Kaskaden-Gebirge angrenzt. Die Region Kalifornien umfaßt den heutigen US-Staat Kalifornien. Das Besondere der Eingeborenen-Kulturen dieser drei Regionen äußert sich weniger in den dort vorhandenen, sondern vielmehr in den – im Vergleich zu den Ostregionen Nordamerikas – fehlenden Kulturerscheinungen. In allen drei Regionen hatten sich keine Ackerbau-Kulturen ausgebildet, sondern die Eingeborenen bestritten ihren Lebensunterhalt, indem sie als Wildbeuter die in dieser Region lebenden Tiere jagten und wildwachsende Pflanzen sammelten. Auch die sozialen Organisationsstrukturen waren nur rudimentär ausgebildet; die vorherrschende charakteristische Sozialstruktur bestand in lokalen Zusammenschlüssen der Eingeborenen.

Tiergottheiten nehmen in den Mythen dieser Stämme des Westens einen prominenten Platz ein. Die Indianer westlich der Rocky Mountains glaubten im allgemeinen, wie die Eingeborenen Australiens, daß es ein Zeitalter der Tiere noch vor der Existenz des Menschen gegeben habe. Damals sollen die Tiere selbst menschliche Gestalt besessen haben, aber trotzdem waren sie aufgrund ihrer Charaktereigenschaften und ihrer Fähigkeiten echte Tiere.

Ganz oben: Kriegsgewand eines Apachen. Die Darstellung zeigt einen Gott und verschiedene Geister.

Oben: Fliegender Frosch der Tsimshian-Indianer von der Nordküste. Einst trieb eine Frau auf einem See. Ihre Augenbrauen, Brüste, Hände und Knie waren mit Fröschen übersät, und sie wurde die Ahnfrau des Clans, der den Frosch zu seinem Schutztier erwählte.

Der Präriewolf (Kojote) hatte den Rang des Häuptlings aller Tiere inne. Kojote, der negative Held und Schelm (Trickster), muß als die Entsprechung zum »Großen Hasen« oder »Mänäbusch« bei den Algonkin im Nordosten Nordamerikas verstanden werden. In vielen Geschichten taucht er als verabscheuungswürdige Gestalt auf, falsch, gierig, bestialisch und von sexueller Triebhaftigkeit erfüllt, die ihn sogar zum Inzest treibt. Häufig wird er gerade von jenen Tieren ausgetrickst, die er zu übertölpeln trachtete; außerdem zeigt er nicht die Spur Dankbarkeit denen gegenüber, die ihm geholfen haben. Und doch gilt er als mächtiger Magier, der Ordnung auf der Welt schafft und sich gegenüber den Menschen mit zahllosen Wohltaten erkenntlich zeigt.

Der Kojote und die Toten

In einem Mythos der Wishram, die in der Plateau-Region leben, wird berichtet, daß der Kojote einst, während des Zeitalters der Tiere, traurig darüber gewesen sein soll, daß die Lebewesen dahinstarben und in das Reich der Toten eingingen. Seine Schwester war gestorben, und auch einige seiner Freunde waren in das Totenreich hinabgestiegen. Auch die Frau des Adlers hatte das Zeitliche gesegnet, und ihr Mann trauerte nun um sie. Deswegen machten sich Kojote und Adler gemeinsam auf den Weg ins Reich der Toten. Als sie an ein großes Gewässer kamen, warteten sie dort bis zum Einbruch der Dunkelheit, dann begann der Kojote zu singen, und nach kurzer Zeit erschienen vier Geistmenschen, die sie in das Reich der Toten übersetzten.

Sie betraten ein aus Binsenmatten gebautes Gemeinschaftshaus, in dem die Toten, prachtvoll gekleidet und geschminkt, zu Trommelschlägen tanzten und sangen. Der von oben herabhängende Mond erfüllte das Gemeinschaftshaus mit Licht. In der Nähe des Mondes stand der Frosch, Häuptling des Totenhauses. Am frühen Morgen verließen die Totengeister das Haus, um den Tag mit Schlafen zu verbringen. Als sie fort waren, tötete der Kojote den Frosch und zog sich dessen Haut über. In der Abenddämmerung kamen die Totengeister zum nächtlichen Gesang und Tanz zurück, und der Kojote stand, als Frosch getarnt, neben dem Mond.

Als Tanz und Gesang ihren Höhepunkt erreicht hatten, verschluckte der Kojote den Mond, und in der Dunkelheit fing der Adler die Geistmenschen ein, sperrte sie in des Kojoten Korb und schloß sorgsam den Deckel. Alsbald machten die beiden sich auf den Rückweg in das Reich der Lebenden. Der Kojote trug den Korb, während der Adler über ihm herflog. Unterwegs hörten sie Geräusche im Korb. Es waren die Geister, die sich beklagten. Dann riefen einige im Chor: »Öffnet den Deckel und laßt uns raus!« Inzwischen war der Kojote erschöpft, da der Korb schwerer und schwerer geworden war. »Lassen wir sie raus«, sagte der Kojote. »Nein, nein«, protestierte der Adler. Einen Augenblick später setzte der Kojote den Korb ab, da er ihn nicht mehr tragen konnte. Wieder sagte er: »Lassen wir sie raus. Wir sind jetzt schon so weit vom Totenreich entfernt, daß die Geister dorthin nicht zurückkehren werden.« Und so öffnete er den Korbdeckel. Die Toten aber nahmen ihre Geistergestalt an und kehrten zu ihrer Insel der Toten zurück.

So stellte der Kojote das Gesetz auf, daß die Menschen nach dem Tode niemals mehr zu den Lebenden zurückkehren sollen. Hätte er nicht den Korb geöffnet und die Geister herausgelassen, dann würden die Toten alljährlich im Frühjahr aufs neue geboren werden, genauso wie Blumen und Bäume.

In einer anderen Erzählung über den Kojoten, einem Mythos der Paiute, die das Becken bewohnen, heißt es, daß im Zeitalter der Tiere viele Vögel, Säugetiere und Echsen in dem Gebiet lebten, das heute als Bryce Canyon in Utah bekannt ist. Damals unterschieden sich die Tiere kaum von den Menschen, und, wie die Menschen, begannen sie einander zu bestehlen und zu bekämpfen. Der Kojote, der die Aufsicht über die Welt führte, beobachtete, wie sie sich benahmen und geriet darüber in großen Zorn. Er beschloß, die Lebewesen des Flußgebietes zu bestrafen und verwandelte sie zu Stein. Fremde, die heute den Bryce Canyon besichtigen, können die prachtvoll bemalten Gesichter und Leiber der steinernen Tiere sehen.

Die Nordwestküste

Die Kulturprovinz der Nordwestküste erstreckt sich entlang des Pazifik von der Nordgrenze Kaliforniens bis zur Yakutat-Bucht im Süden Alaskas. Es ist eine Region von außergewöhnlicher Schönheit; die schneebedeckten Berggipfel ragen hier in unmittelbarer Nähe der Meeresküsten steil empor. Dieser Landstrich zeichnet sich außerdem durch eine der ungewöhnlichsten Eingeborenen-Kulturen ganz Nordamerikas aus. Obwohl die Bewohner dieses Gebietes keine Ackerbauern waren und auch keine handwerklichen Fertigkeiten wie Weben und Töpfern betrieben, hatten sie doch wegen des Reichtums an Fischen, Meeressäugetieren und Wildpflanzen eine ausreichende Lebensgrundlage, so daß sie sogar in der Lage waren, große Überschüsse an Nahrung und anderen Wertgegenständen anzusammeln. Diese Vorräte pflegten sie anschließend in aufwendigen und prunkvollen »Potlatch«-Zeremonien (eine Art Geschenkverteilungsfeste, die zur Demonstration des Wohlstandes veranstaltet wurden) anderen Stämmen zu schenken. Der hochentwikkelte Kunststil dieser Region gilt heute als eine der bedeutendsten naturvölkischen Kunsttraditionen der Erde. Die Wesensmerkmale dieser Kunst unterscheiden sich fundamental von abendländischen Formbegriffen, sie zeigt Anklänge an die Kunst der Ainu in Japan und der Shang-Dynastie in China.

Die Bewohner der Nordwestküste verehren einen über allem thronenden Himmelsgott, die »Macht

Klappmaske der Kwakiutl von der Nordwestküste, die Sonne darstellend. In der Mitte der Maske ist zusätzlich ein Adlerkopf angebracht. Die Maske fand Verwendung bei den Tänzen der Dluwulaxa-Tanzgesellschaft, die mit den Geistern des Himmelszeltes assoziiert wurde.

Oben: Sisiutl, die doppelköpfige Schlange mit je einem Schlangenkopf zu beiden Seiten und einem Menschenkopf in der Mitte, galt als übernatürlicher Gehilfe der Krieger. Schnitzerei von Dick Price, wohnhaft in der Kwakiutl-Region der Insel Vancouver, Britisch-Kolumbien, aus dem Jahr 1920.

Unten: Fassade eines Kwakiutl-Hauses mit dem Gemälde eines »Donnervogels«, der einen Wal aus dem Wasser hebt. Der »Donnervogel« galt als riesiges mythologisches Wesen, das durch seine Schwingenbewegungen den Donner verursachte. Photographie aus der Albert-Bucht, Britisch-Kolumbien, aufgenommen vor 1889.

der glänzenden Himmelssphäre«. Unter ihm stehen zahllose kleinere Geister, und fast alle aus der Mythologie bekannten Wesen figurieren hier als Geister. Da gibt es die einäugigen Zyklopen, die kopflosen Riesen mit Augen in der Brust, die körperlosen, aber lebendigen Köpfe und die sprechenden Schädel, die Seeschlangen, Wassermänner, Zauberinnen und die kannibalischen Geister vielerlei Ausprägung. Es gibt außerdem zahlreiche Tiergeister, die häufig als Totem- oder Familien-Schutzgeister in der eigenartigen totemistischen Kunst dieser Region auftreten. Auch viele mythische Wesen können Clan-Schutzgeister sein; die doppelköpfige Schlange (dargestellt mit je einem Kopf an beiden Körperenden und einem Menschenkopf in der Körpermitte), bei den Kwakiutl als Sisiutl bekannt, gilt als das wichtigste dieser Wesen.

Das für die Mythologie der Nordwestküste kennzeichnendste Element ist der Legendenzyklus mit dem Raben als Hauptfigur. Im Raben, dem negativen Helden und Schelm (Trickster), begegnet uns der bereits bekannte Kojote oder Mänäbusch in seiner Erscheinungsform bei den Küsten- und Inselbewohnern. Wie die anderen Schelme wird auch er von unersättlichem Hunger getrieben, reist umher und trifft auf Tiere jeglicher Art. Und doch, trotz seines gierigen Wesens, wird dem Raben die Schöpfung der Erde und die Erschaffung der für das Leben maßgebenden Gesetze zugeschrieben. Die folgende Geschichte ist der typische Mythos über den Raben in der Version der Tsimshian-Indianer.

Der Rabe stiehlt das Tageslicht

Von Geburt an war der Rabe von seinem Vater auf

jede erdenkliche Weise unterrichtet und erzogen worden; und nachdem er herangewachsen war, versprach sein Vater ihm die Kräfte zu verleihen, die ihn befähigen sollten, eine Welt zu erschaffen. Zu jener Zeit gab es in unserer Welt kein Licht, aber der Rabe erfuhr, daß weit weg am Oberlauf des Nass ein großes Haus stünde, in dem ein selbstsüchtiger Häuptling das Licht nur für seinen persönlichen Gebrauch gefangenhielt.

Der Rabe ersann alle möglichen Pläne, wie er das Licht in die Welt holen könnte. Schließlich verwandelte er sich in ein Zedernblatt und ließ sich in das Wasser fallen, das die Tochter des Häuptlings gerade trinken wollte. Das Mädchen verschluckte das Blatt und wurde davon schwanger. Als die Stunde der Geburt gekommen war, grub man eine Höhle, in der sie ihr Kind zur Welt bringen sollte. Man kleidete die Höhle mit reichem Fellwerk aus, aber das Kind wollte augenscheinlich nicht auf dieser vornehmen Unterlage zur Welt kommen. Schließlich legte man Moos in die Höhle, und das Baby erblickte darauf das Licht der Welt. Es hatte stark glänzende Augen, die unablässig in raschen Bewegungen in den Augenhöhlen kreisten.

An den Wänden des Wohnhauses hingen runde Päckchen unterschiedlichster Form und Größe, und das Baby schrie unablässig, während es auf diese Päckchen deutete. Nachdem das Geschrei mehrere Tage gedauert hatte, sagte der Großvater schließlich: »Gib meinem Enkelkind, wonach es schreit. Gib ihm das Päckchen, das ganz hinten hängt, das ist das Säckchen mit den Sternen.« Das Kind spielte damit und ließ es auf dem Fußboden hinter dem Rükken der anderen rollen. Plötzlich aber schleuderte es durch das Rauchabzugsloch das Säckchen nach oben, und dieses bewegte sich geradewegs auf das Himmelszelt zu, wo die Sterne herausfielen und sich so am Himmel gruppierten, wie wir sie heute sehen.

Kurz darauf begann das Baby wieder zu schreien. Daraufhin sagte sein Großvater: »Nimm das nächste Päckchen herunter und gib es ihm.« Das Kind spielte unablässig damit hinter seiner Mutter, nach einer Weile warf es auch dieses Päckchen durch das Rauchabzugsloch nach oben; und so erschien am Himmel, für alle sichtbar, der große Mond.

Schließlich war nur noch ein Päckchen übrig geblieben, in dem sich das Tageslicht befand, und das Baby begann, auch danach zu schreien. Seine Augen bewegten sich im Kreis, wobei sie in verschiedenen Farben glänzten, so daß die Menschen zu argwöhnen begannen, dies sei kein normales Baby. Aber schließlich sagte der Großvater doch: »Nun, sei's drum, knote auch das letzte Päckchen los und gib es ihm.« Sobald das Baby den Karton in seiner Hand hielt, gab es den Raben-Laut »Ka,ka« von sich und flog mit dem Karton zum Rauchabzugsloch hinaus. Daraufhin sagte der Häuptling, der bestohlen worden war: »Dieser alte Dreckskerl von Rabe hat alle meine Dinge gestohlen.«

Rassel in Gestalt eines Raben. Auf seiner Brust ist ein Falkenkopf zu sehen, auf seinem Rücken eine Menschengestalt. Der Rabe, der Schelm, ist der Hauptheld eines Mythenzyklus von der Nordwestküste. Verschlagen, gierig und falsch, war es doch der Rabe, der als Schöpfer der Erde und Erbauer der naturgegebenen Ordnung galt.

VIERUNDZWANZIGSTES KAPITEL

MITTELAMERIKA

Mittelamerika ist nicht so sehr eine physikalisch-geographische als vielmehr eine kulturhistorische Einheit. Es verbindet Mexiko (das in Nordamerika liegt) mit Guatemala und den benachbarten mittelamerikanischen Republiken und entspricht in etwa dem Gebiet, das Hernán Cortés und seine Begleiter »Neu-Spanien« tauften, als sie im frühen 16. Jahrhundert von Kuba aus hier anlangten. Dieser Teil der Neuen Welt hat mit seinen Stadtstaaten und Reichen eine komplexe Geschichte durchlebt und sich schon in ganz früher, präkolumbianischer Zeit auf bestimmte Ritualformen und kalendarische Konventionen geeinigt. Diese haben bis zu einem gewissen Grad den Einbruch des Christentums überlebt und die aus Europa importierten Glaubenslehren abgewandelt, ja sie waren so stark, daß die Unterschiede zwischen den einheimischen Sprachen und Kulturen – zwischen den Nahua, zu denen die Azteken und Tolteken der mexikanischen Hochebene gehören, den Maya in Yucatán und Guatemala und den otomangischen Stämmen dazwischen, den Mixteken, Zapoteken und Otomí – überwunden werden konnten.

Darüber hinaus kann Mittelamerika auch als das Zentrum einer Schriftkultur im alten Amerika definiert werden. Lange bevor die Europäer das Alphabet herüberbrachten, besaß Mittelamerika schon Bibliotheken mit Papier- und Pergamentbüchern, die wie Leporello-Alben harmonikaartig gefaltet waren und etwa rituelle Daten und die Genealogien mächtiger Familien enthielten. Die Spanier verbrannten diese Bücher prinzipiell, da sie darin eine Gefahr für die christliche Lehre sahen, doch einige wurden nach Europa gesandt und sind dadurch erhalten geblieben. Heute sind diese Codices unter den Namen der Bibliotheken und Familien bekannt, in deren Besitz sie kamen (Borgia, Wien, Dresden, Paris, Bodley). Andere überdauerten in Mexiko – zusammen mit haltbareren, nämlich in Stein oder Holz geschnittenen Texten.

Die meisten zentralamerikanischen Texte sind in toltekischer oder Maya-Schrift verfaßt. Beide Schrifttypen verwenden bestimmte, den mittelamerikanischen Kultritualen eigentümliche Ensembles von Figuren, Zahlen und Zeichen, und beide sind eng auf komplizierte Kalender bezogen. Obwohl in Mittelamerika Bücher in einheimischer Schrift noch mindestens bis zum 19. Jahrhundert in Gebrauch waren, wechselten viele Autoren nach dem Eindringen der Spanier auf das Alphabet über, um ihre Sprachen, hauptsächlich Nahua und Maya, niederzuschreiben. Mittelamerikanische Literatur in einheimischer und alphabetischer Schrift gibt verläßlichen Aufschluß über Denk- und Lebensweisen, die von der Alten Welt lange unberührt blieben. Der Mythos ist in dieser Kulturregion nicht so sehr der phantasievolle Ausdruck des »Unbewußten« als vielmehr überkommener Glaube, er erzählt nicht lediglich eine erfundene Geschichte, sondern bildet den Hintergrund einer bestimmten Gesellschaftsphilosophie.

Die Weltzeitalter

Überall in der Neuen Welt gibt es den Glauben an mehrfache Schöpfungen, und die gegenwärtige Welt ist nur eine davon. In Mittelamerika gibt es normalerweise vier solcher Schöpfungen oder »Weltzeitalter« (eine auch bei den Navaho und Pueblo-Indianern in Nordamerika und den Quechua in Peru anerkannte Einheit). Die Bewegungsrichtung dieser Zeitalter ist im allgemeinen progressiv, und das gegenwärtige Zeitalter kann als fünftes Zeitalter und zugleich Summe der anderen einen besonderen Status erlangen.

Diese Vorstellung des »fünf in vier« ist im Relief des aztekischen Sonnensteins dargestellt, auf dem das Zeichen für das gegenwärtige Zeitalter, Bewegung (Nummer XVII bei den »Zwanzig Tageszeichen«), aus den Zeichen für die vier vorangehenden Zeitalter gebildet wird: Wasser (IX), Jaguar (XIV), Regen (XIX) und Wind (II). Diese Zeichen sind vom unendlichen, entgegen dem Uhrzeigersinn laufenden »Ring der Zwanzig Zeichen« umgeben, und dieser selbst ist von zwei Jahresschlangen eingeschlossen. In dem System als ganzem ist jede der genannten »Positionen« in der Zeit von den anderen impliziert und schließt sie wiederum selbst ein.

Die unter der Bezeichnung *Sonnenlegende* be-

Sonnentempel, Palenque, aus Kalkstein erbaut und typisch für die elegante Architektur dieser alten Maya-Stadt. Man beachte den »Kamm« auf dem Dach mit dem zarten Maßwerk. Er gehört zu einer Gruppe von drei Sakrarien, in denen sich kunstvolle Flachrelieftafeln mit Hieroglyphen befinden.

kannte Nahua-Handschrift aus dem 16. Jahrhundert geht genauer auf diese Weltzeitalter (»Sonnen«) und ihre jeweilige Beendigung durch eine Katastrophe ein. Im ersten Weltzeitalter des Wassers wurden die Menschen von dem großen toltekischen und aztekischen Gott Quetzalcoatl erfunden und aus Asche geformt. Dann wurde alles von Wasser überschwemmt, und die Menschen verwandelten sich in Fische. Im Weltzeitalter des Jaguars verfinsterte sich die Sonne, und in der Dunkelheit verschlangen Jaguare die Menschen. Darauf folgten das Weltzeitalter des Regens, das in vulkanischen Feuer- und Ascheströmen unterging, das Weltzeitalter des Windes mit seinen Wirbelstürmen, in dem sich die Menschen in Affen verwandelten, und das gegenwärtige Zeitalter der »Bewegung«, das in Erdbeben und Hungersnot untergehen soll.

Die gleiche Katastrophenfolge – Sintflut, Finsternis, Vulkanausbruch und Wirbelsturm – kommt auch in Texten aus anderen Teilen Mittelamerikas vor. Im *Popol Vuh* (Buch des Rates) der Quiché-Maya des Hochlandes von Guatemala entkamen die aus Erde und Schlamm geformten Menschen des ersten Weltzeitalters nie ganz dem Element Wasser; durchweicht und Wasser absorbierend, »lösten sie sich im Wasser auf«. Die aus Holz gemachten Menschen des zweiten Zeitalters waren dagegen zu steif und »herzlos«; danach »verdunkelten die Götter das Gesicht der Erde«, sie wurden von Jaguaren und anderen wilden Bestien aufgefressen und vernichtet.

DIE ZWANZIG TAGESZEICHEN

Mittelamerikanische Rituale und Mantik sind ursprünglich mit Symbolgruppen verbunden, die schon in vorkolumbischer Zeit für verschiedene Sprachen und Kulturen galten. Zu den wichtigsten Symbolgruppen, die jeweils der Venus, dem Mond und der Sonne zugeordnet sind, gehören die »Neun Figuren«, Ausgangspunkte für die Kosmogonie; die »Dreizehn Zahlen«, Vorboten und Vogelprophezeiungen, und die hier abgebildeten »Zwanzig Zeichen«, die die beiden anderen Gruppen in sich einschließen und die in zwei Dezimal-Hälften zerfallen (IX und XIX werden zum Beispiel manchmal ausgetauscht).

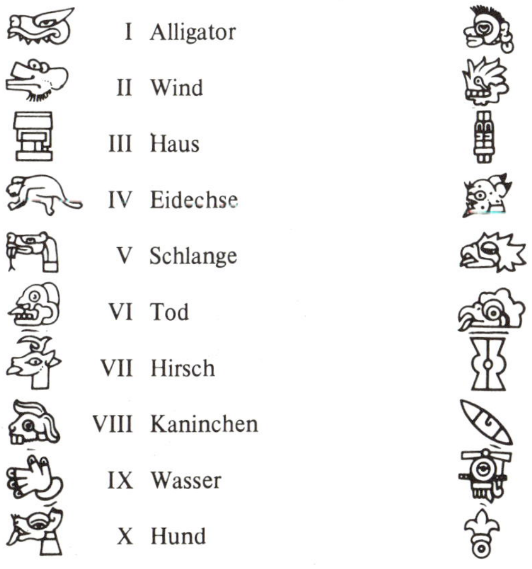

I	Alligator	XI	Affe
II	Wind	XII	Gras
III	Haus	XIII	Rohr
IV	Eidechse	XIV	Jaguar
V	Schlange	XV	Adler
VI	Tod	XVI	Königsgeier
VII	Hirsch	XVII	Bewegung
VIII	Kaninchen	XVIII	Flintmesser
IX	Wasser	XIX	Regen
X	Hund	XX	Blume

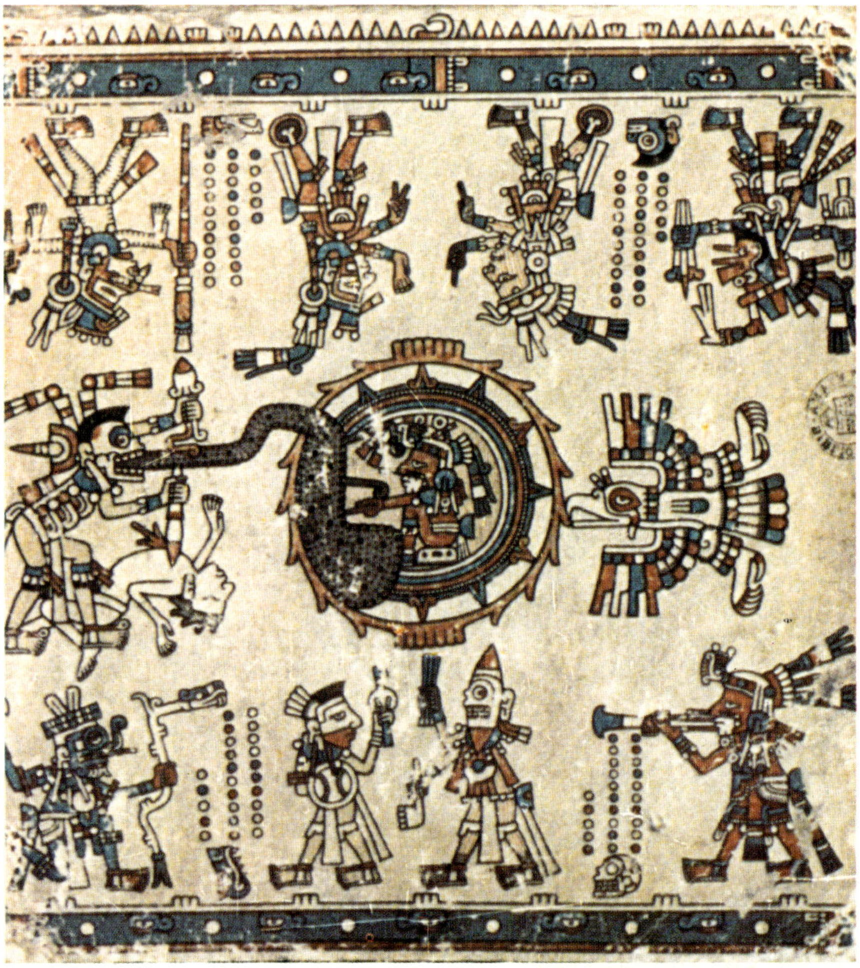

Zu den Angreifern der Menschen gehören in diesem Bericht die archetypischen Haustiere Mittelamerikas: Hund und Truthahn. Sie beklagen sich, nur als Nahrungsmittel zu dienen, wenden sich gegen ihre Herren, und es gesellen sich ihnen sogar Haushaltsgegenstände wie Schleifsteine und Kochtöpfe zu, deren Klagen besonders eindrucksvoll sind. Der Schleifstein sagt: »Ihr habt uns geschunden, jeden Tag, jeden Tag, Tag und Nacht, knirsch, knirsch, kratz, kratz habt ihr unser Gesicht geschunden.« Die Kochtöpfe sagen: »Schmerz habt ihr uns zugefügt. Rußig unsere Münder, rußig unsere Gesichter. Immer habt ihr uns auf das Feuer gestellt. Verbrannt habt ihr uns. Wir haben keinen Schmerz gespürt, versucht es nur. Wir werden euch verbrennen.«

Über den lautmalerischen Reiz hinaus bergen diese Reden eine wichtige moralische Aussage über die Haltung, die wir unseren Gebrauchsgegenständen gegenüber einnehmen. Eine Figur in Alejo Carpentiers Roman *Los pasos perdidos,* 1953 (dt. *Die Flucht nach Manoa*) weist darauf hin, daß dieser Text den Robotermythos und die Bedrohung durch die Maschine vorwegnimmt. Am Ende des zweiten Weltzeitalters erfolgt in einem Quechua-Mythos aus Peru ein ähnlicher, gemeinsamer Angriff von Haustieren und Haushaltsutensilien, nur sind hier Hund und Truthahn durch Lamas ersetzt.

Die Endphasen der ersten beiden Weltzeitalter – Sintflut und Finsternis – und die der späteren sind kontrapunktisch aufeinander bezogen. Denn während die Endphasen der späteren Zeitalter hauptsächlich durch Kräfte der Erde wie Vulkanausbrüche und Wirbelstürme verursacht werden, hängt das Schicksal der ersten beiden mehr vom Himmel ab, vom richtigen Gleichgewicht und Lauf kosmischer Mächte.

Oben: Die erste oder Titelseite des *Codex Laud* (Oxford), eines der wichtigsten Zeremonial-Dokumente des alten Mexiko. Er wurde vermutlich im 14. Jahrhundert verfaßt und diente den Priestern des toltekischen Glaubens als Nachschlagewerk. An der hier abgebildeten Zeremonie sind acht als Götter verkleidete, paarweise angeordnete Priester beteiligt. Sie stützen einen der ihren, der im Kostüm des Mictlantecuhtli die Sonne von einer Finsternis heilt, indem er wie ein Schamane die Dunkelheit absaugt.

Rechts: Der riesige »Sonnenstein« der Azteken, der im Herzen ihrer Hauptstadt Tenochtitlan (Mexico City) ausgegraben wurde. Auf ihm sind die vergangenen und das gegenwärtige Weltzeitalter zu sehen. Das Zeichen der gegenwärtigen Epoche »Bewegung« (XVII) begreift geschickt die der vier vergangenen Zeitalter mit ein, die in Kästchen an den Seiten dargestellt sind.

In der das erste Zeitalter beendenden Sintflut vereinigen sich die Wasser von oben mit denen von unten, der Horizont versinkt, alles wird zu einem geschichtslosen kosmischen Ozean. Im universellen Geschehen kommt also der Aufgabe, die Wasser zu trennen und getrennt zu halten, oberste Bedeutung zu. Der *Wiener Codex* zeigt, wie Quetzalcoatl als der Planet Venus diese Aufgabe erfüllt. Die Kreisbewegung dieses Sterns zwischen dem westlichen und östlichen Horizont als Abend- und Morgenstern gilt als Garantie für das zeitliche Fortbestehen der Welt. In parallelen Nahua-Texten bedeutet das Aufgehen der Venus im Osten als Herold der Sonne, daß sie mit ihren Lichtpfeilen »die Quellen des Wassers verwundet«, als siegreicher Gegner der Regengötter aufsteigt, die eine neue Sintflut planen.

Noch eindeutiger auf den Himmel bezogen ist die Flutkatastrophe, wenn die Sonne auf ihrem täglichen Weg von Ost nach West ins Stocken gerät und von den neidischen und feindlichen Mächten der Hölle verschlungen wird. Wie Ungeheuer tauchen dann sogar die Sterne am dunklen Tageshimmel auf und bereiten sich darauf vor, herabzusteigen und mit ihren Jaguarklauen und -fängen alles zu zerreißen. Wie die Verehrung des Planeten Venus vor Überschwemmungen schützte, so bilden im toltekischen Ritual das der Sonne dargebotene Herz und Blut des Menschen Rettung vor der Finsternis. Dadurch soll Tonatiuh, »Unser Herr Sonnengesicht« und »Königlicher Herr«, gestärkt werden.

Die Wirklichkeit in Zahlen

Die Beschäftigung mit Flutkatastrophen und Eklipsen machte die Maya zu den fähigsten Astronomen und Mathematikern der Neuen Welt. Der gleichen Maya-Tradition verdanken wir die einleuchtendste philosophische Behandlung des Glaubens an aufeinanderfolgende Weltzeitalter. Das *Chilam Balam de Chumayel* (eine der Chroniken aus der Sammlung *El libro de los libros de Chilam Balam*) enthält ein »Lied« über die Erschaffung der gegenwärtigen Welt und findet den Ansatz für ein Berechnen unserer Wirklichkeit. Die Summe dieser Wirklichkeit bilden die »Zwanzig Zeichen«, die zusammen die Einheit des *uinal* darstellen, die Zwanzig-Tage-Woche des Maya-Kalenders (vergleiche *uinic,* d.h. »Mensch«, mit den zehn Fingern und zehn Zehen). Wenn der *uinal* im Osten erscheint, treten diese Zeichen in Korrelation zu den »Dreizehn Ziffern« (die Zahl der Mondumläufe von Neumond zu Neumond beläuft sich im Jahr auf zwölf oder dreizehn).

»Er ging aus von der ihm eigenen Bewegung allein.
Die Mutter seiner Mutter und ihre Mutter, die Schwester seiner Mutter und seine Schwägerin, sie alle sagten:
Wie sollen wir sagen, wie sollen wir sehen, daß der Mensch auf dem Weg ist?
Dies sind die Worte, die sie sprachen, als sie weitergingen, dorthin, wo kein Mensch war.
Als sie im Osten anlangten, begannen sie zu sagen:

Die Titelseite des *Codex Fejérváry,* möglicherweise das komplexeste symbolische Diagramm Amerikas. In der Mitte steht Xiuhtecutli, der Feuer-und Jahr-Gott und erste der Neun Figuren der Kosmogonie. Die übrigen sind paarweise um ihn herum gruppiert: Itzli (die Zweite) und die Sonne als Piltzintecutli (die Dritte) im Osten (oben); Cinteotl (die Vierte) und Mictlanteucuhtli (die Fünfte) in der Unterwelt (rechts); die beiden Frauen Calchihuitlicue (die Sechste) und Tlazolteotl (die Siebente) im Westen (unten); und Tepeyollotl (»Hügel-Herz«, die Achte) und Tlaloc (die Neunte) im Zenit oder Herzen des Himmels (links). Die Diagonalen koordinieren Embleme der vergangenen vier Weltzeitalter mit den vier Jahres-Zeichen des toltekischen Kalenders (XIII, XVIII, III und VIII).

Wer ist hier gewesen? Das sind Fußspuren.
Ermeßt den Rhythmus seines Schrittes.
So sagte die Herrin der Welt.
Und unser Vater, Dios, maß seinen Schritt.
Deshalb wurde der Zählwert nach dem Schritt der ganzen Welt 12 *Oc* genannt.
Dies war die Ordnung, die aus 13 *Oc* entstand,
Als der eine Fuß sein Gegenstück erreichte, um den Moment des östlichen Horizonts zu schaffen.
Da sprach er seinen Namen, als der Tag noch keinen Namen hatte . . .«

In diesem sehr diffizilen Passus löst das Schrift-Motiv des »Menschen auf dem Weg« das Paradox eines »Anfangs« innerhalb des Kontinuums Zeit auf. *Oc* bedeutet Fuß oder Fußabdruck, und von 12 *Oc* geht man sofort weiter zu 13 *Oc,* wenn der andere Fuß nach vorn schreitet, entsprechend dem undefinierbaren Augenblick statischen Gleichgewichts, wenn der andere Fuß auf der gleichen Höhe ist wie der andere, an ihm vorbeischreitende Fuß. Dies ist der »Moment des östlichen Horizonts«, der Rand der Tag-Einheit, wenn der Tag seinen Namen bekommt oder erschaffen wird. Es ist die Ausgangsstellung »Links« für das folgende »Rechts«, von »Gerade« für das folgende »Ungerade« (12 für die folgende Zahl 13), nicht ein Anfang aus dem Nichts (von 0 auf 1). Diese seit dem Ursprung existierende Gleichheit ist charakteristisch für die mittelamerikanische Kosmogonie und ebenso für die Elternfiguren der Herrin und des Vaters (in dem erwähnten Lied), die die Existenz der Welt während ihrer verschiedenen Anfänge und in ihren jeweiligen Endstadien überblicken und hüten.

Die Erschaffung des Menschen
Auf einer der kleinen Pyramiden in Palenque steht ein Sakrarium, das dem Mais geweiht ist, jenem Stoff, aus dem die Menschen dieses Weltzeitalters nach der Glaubenslehre der Maya erschaffen sind. Eine Tafel zeigt Zeremonien in Verbindung mit der Pflanze, die – anthromorph – mit ausgestreckten Armen dasteht und von zwei Priestern angebetet wird. In der Geschichte der amerikanischen Landwirtschaft nimmt der Mais einen besonderen Platz ein. Man verehrte die Pflanze (und verehrt sie noch heute) wegen ihres Wachstums in Stufen, die in vielen amerikanischen Sprachen mit eigenen Begriffen definiert wurden und sich in Mittelamerika auf dreizehn beliefen, wegen des blonden Haarschopfes, der den Kolben schmückte, wegen der Ebenmäßigkeit der Körner und deren Vorkommen in vier Farben – weiß, gelb, rotblau und schwarz. Während Rot und Schwarz den östlichen und westlichen Horizont und die Himmelsbewegung symbolisieren, werden Weiß und Gelb als die Farben jener Körner gewürdigt, die zu Beginn dieses Weltzeitalters für das Fleisch des Menschen gewählt wurden.

In mittelamerikanischen Schöpfungsmythen wird die Entdeckung des richtigen Materials für das

Oben: Eine richtig gesetzte Maispflanze im landwirtschaftlichen Kapitel des *Codex Fejérváry.* Das Kapitel ist in vier Abschnitte unterteilt, in denen die anthropomorphe Pflanze jeweils von einer der Neun Figuren geschützt wird. Hier bewacht Tlaloc Calchihuitlicue. Die Erde ist krümelig, und als Räucheropfer dienen eine Kautschukkugel und ein hölzerner Handpflug, dessen phallischer Charakter durch den Lendenschurz an seinem oberen Ende betont wird.

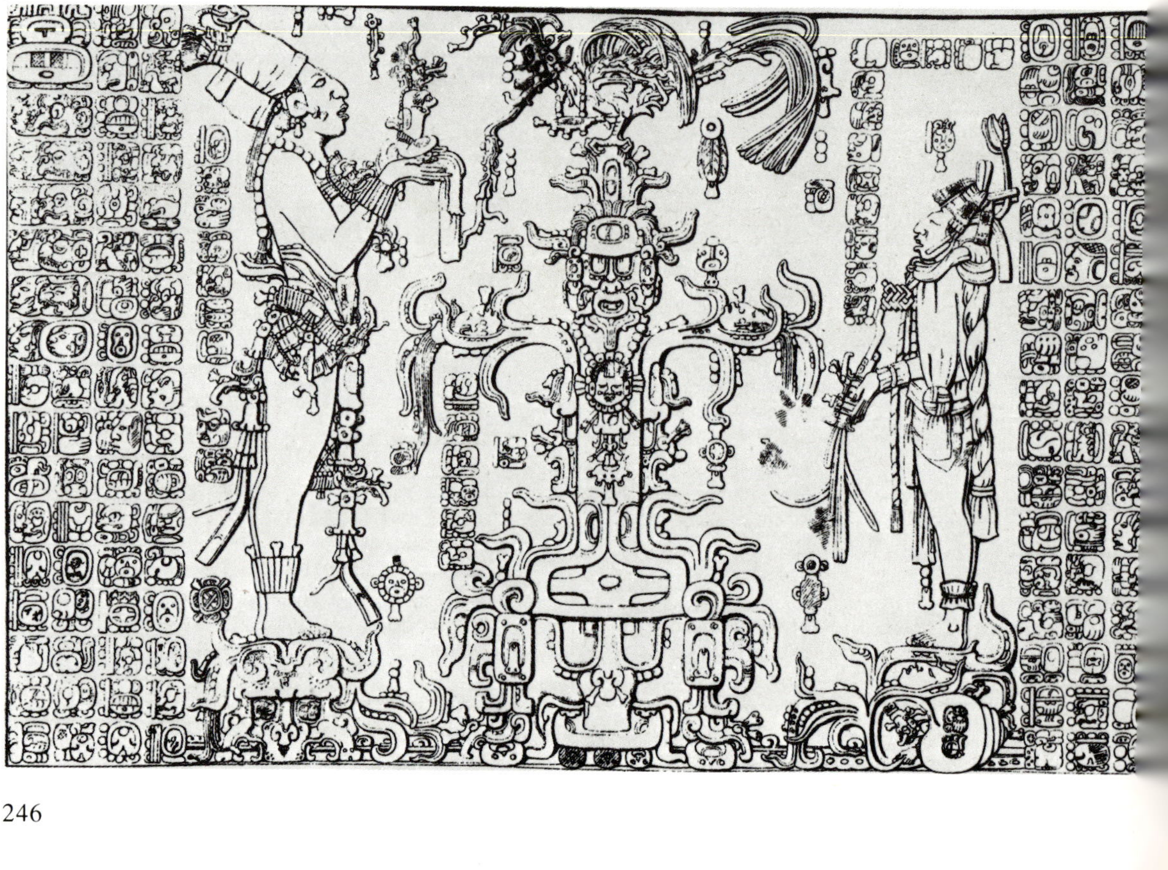

Rechts: Maisverehrung auf der Haupttafel des »Tempels des Blattkreuzes« in Palenque. Zu beiden Seiten erklären Maya-Hieroglyphen die Zeremonie in der Mitte. Der linke Text beginnt mit dem Datum einer Maya-Epoche und schildert Ereignisse des 3. Jahrtausends v. Chr.; auf der rechten Seite wird Bezug genommen auf die Gegenwart und Geschehnisse im 7. Jahrhundert v. Chr. in Palenque. Mais ist der Stoff, aus dem die Menschen des gegenwärtigen Weltzeitalters nach der Lehre der Maya erschaffen worden sind.

Der Mais nimmt in der amerikanischen Landwirtschaft einen besonderen Platz ein und wird symbolisch mit dem menschlichen Körper, dem Himmel und dem Kalender in Verbindung gebracht. Hier eine nach einheimischem Brauch sitzende Göttin des jungen Maises. Ihr Kopfputz aus geflochtenem Papier ist wie bei Cinteotl mit einem Maiskolben geschmückt. Ihren Gesichtszügen nach stammt sie von der Golfküste, aus dem Cuextlan genannten Gebiet in Nahua, nach den hier lebenden huaxtekischen Maya. Spätklassische Periode.

Fleisch des Menschen – vor allem nach den Mißerfolgen der Vergangenheit – als schwierige Aufgabe dargestellt. Im *Popol Vuh* wird erzählt, wie Gucumatz (»Gefiederte Schlange« oder Quetzalcoatl) und seine Gefährten lange das Problem berieten, wer die jetzige Welt bewohnen sollte und wie der für das Fleisch der Menschen bestimmte, gemahlene weiße und gelbe Mais nur durch eine List im Innern des »Lebensmittelberges« entdeckt wurde. Nachdem diese Maismenschen geformt waren, ergab sich ein weiteres Problem: sie waren zu gut gelungen. Sie hatten Visionen und Einsichten wie die Götter, konnten die Geheimnisse der vier Weltzeitalter ergründen und wußten immer sofort, was irgendwo im Universum geschah. Um die eigene Überlegenheit zu wahren und sicherzustellen, daß die Menschen den schöpferischen Impuls sowohl im Bauch wie im Kopf fühlten und sich so fortpflanzten, beschlossen die Götter, »ihnen Schuppen auf die Augen zu legen«. Im Buch des *Chilam Balam* wird dieser Akt »Verlust des Sehens« genannt, und eine der Aufgaben des Künstlers und Schriftstellers ist es, dies auszugleichen.

Die »Mais-Doktrin«, wie man sie nennen könnte, hat das Leben der Maya auf vielfältige Weise geprägt, nicht zuletzt, was den Maisanbau betrifft. Die Bilderhandschriften behandeln das Gelingen der Maisernten und die in jedem Wachstumsstadium erforderlichen Opfergaben – eine Tradition aus dem Mythos, die noch heute lebendig ist.

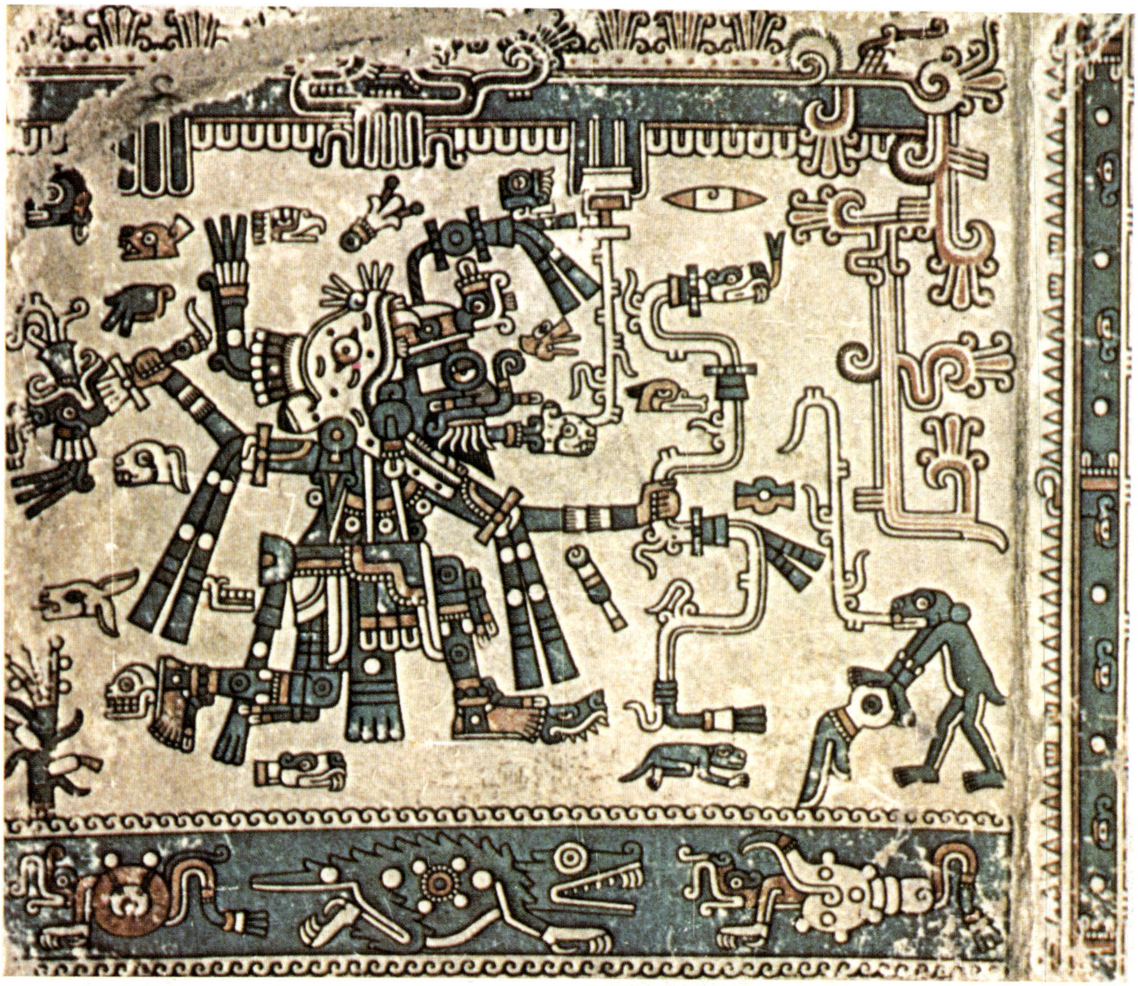

Rechts: Bild des in Nahua als Tlaloc bekannten Regengottes, der wegen seiner Fähigkeit, die Wasser von oben mit den Wassern von unten zu vereinen, verehrt wird. Sein Gehilfe ist »Eidechse-Frosch« (IV); er steht einer Maispflanze gegenüber und begießt sie aus einem Krug mit Wasser. Schalentiere, Reptilien und Fische im Wasser unten helfen auch mit, indem sie es zum Schäumen bringen. Aus dem *Codex Laud.*

Unten: Ein Bild von Tlaloc aus dem 14. Jahrhundert aus dem mixtekischen Gebiet um Oaxaca. Man kann ihn sofort an seiner Maske mit den langen, bartenartigen Zähnen und den vorstehenden Froschaugen erkennen.

Die Edelsteinknochen

Wie in der Tradition der Maya erscheint die Maispflanze auch in toltekischen Handschriften als menschenähnliches Geschöpf, und der Mais-Gott Cinteotl wird sowohl als Pflanze wie auch als Mensch dargestellt. Allerdings schreibt ihm der wichtigste überlieferte Nahua-Mythos über die Erschaffung des Menschen (in einem anderen Teil jener Handschrift, die die *Sonnenlegende* enthält) noch eine andere Ursubstanz zu, das Knochenmehl. Während der Gott Quetzalcoatl als Planet Venus von Westen nach Osten zog, traf er Mictlantecuhtli, den Herrn des Totenreichs, der Unterwelt, und erbat sich von ihm die »Edelsteinknochen« oder den Maniok, aus denen der Mensch erschaffen werden sollte. Er wurde gefragt: »Was willst du mit ihnen machen, Quetzalcoatl?« Er antwortete: »Die Götter denken darüber nach, wer auf der Erde leben soll.« Der Herr des Totenreichs gab ihm eine Seemuschel, auf der er blasen sollte, und sagte ihm, er solle die Knochen viermal um einen Jadekreis tragen. Doch die Muschel war verstopft. Quetzalcoatl rief die Würmer herbei, damit sie sie aushöhlten, und die Bienen, die sich hindurchzwängten. Er blies auf der Muschel, und der Gott der Unterwelt sagte ihm, er könne die Knochen nehmen. Seine Vasallen jedoch wies er an, Quetzalcoatl zu befehlen, sie im Totenreich zu lassen. Auf den Rat seines *nahual* (seines tierischen Schutzgeistes und *alter ego*) tat Quetzalcoatl so, als ließe er die Knochen zurück.

»Doch dann kehrte er wirklich zurück, ergriff die
Edelsteinknochen, die männlichen Knochen
hielt er auf der einen Seite,
die weiblichen auf der anderen.
Er nahm sie und wickelte sie ein
und nahm sie mit sich.
Und wieder sprach der Herr des Totenreichs zu seinen Vasallen:
›Oh Ihr Götter, nimmt Quetzalcoatls wirklich die Knochen? Grabt ihm einen Graben.‹
Sie gruben einen für ihn, er stolperte und fiel hinein.
Und Wachteln bedrohten ihn, und er wurde ohnmächtig.
Er ließ die Edelsteinknochen fallen, und die Wachteln zerhackten und zerrissen sie.
Und dann kam Quetzalcoatl wieder zu sich und weint und sagt zu seinem *nahual:*
›Oh mein *nahual,* was nun?‹
Und die Antwort war:
›Was jetzt? Es ist schlecht ausgegangen; laß es sein.‹

Quetzalcoatl sammelte die Stücke auf, wickelte sie in ein Bündel ein und nahm sie mit sich. Die Stücke wurden von der Göttin Cihuacoatl (»Frau Schlange«) zerrieben. Dann schüttete sie das Mehl in eine Jadeschüssel, und Quetzalcoatl ließ Blut darauf tropfen, indem er seinen Penis durchstach. Die Menschheit wurde aus dem geriebenen Knochenmehl erschaffen.

Trotz der bösen Streiche, die man Quetzalcoatl gespielt hatte, gelingt es ihm, die »Edelsteinknochen« seines begrabenen Vaters aus der Unterwelt zu holen, ein Dienst an der Menschheit, den sie ihm durch Verehrung und Buße vergilt. Das Blut aus

Links: Eine unter dem Namen »Chac Mool« bekannte Steinfigur vor den Säulen des Krieger-Tempels in Chichén Itzá, Yucatán. Sowohl der Chac Mool wie die beiden nähesten Säulen gehören der toltekischen Architektur an, die hier, weit im Innern des Maya-Gebietes, nach Invasionen um 1000 v. Chr., gefunden wurden. Die beiden Säulen, *coatlaquetzalli,* die auch in Tula, Mexiko, zu finden sind, bestehen aus Schlangen, deren Köpfe mit aufgerissenem Rachen auf dem Boden liegen, während die Schwanzenden als Balkenträger nach vorn gebogen sind.

Unten links: Ein lächelndes Skelett aus gebranntem Ton, das von den Totonaken, Nachbarn der Huaxteken an der Golfküste, stammt. In seiner Form ist es charakteristisch für den Gott der mittelamerikanischen Unterwelt, Mictlantecuhtli in der Nahua-Sprache.

dem Penis, eine in der toltekischen Religion vorgeschriebene Buße, ist aufs engste verbunden mit den Blutritualen, die die Azteken den Spaniern so verhaßt machten. Die Geschichte hat jedoch noch eine zweite Bedeutungsebene: die »Knochen« können auch als Maniok verstanden werden, als eine Pflanze wie der Mais des Maya-Mythos. Quetzalcoatls Blut ist dann auch die Hitze, mit der die Pflanze von ihrem sich verflüchtenden Gift befreit wird.

Andere mittelamerikanischen Berichte über die Erschaffung des Menschen befassen sich weniger mit dem Stoff, aus dem er gemacht wird, als vielmehr mit dem Ort, an dem er zuerst erschien, und seiner Ankunft auf der Erde. Unter diesem Aspekt nennt der *Wiener Codex (Codex Vindobonensis)* aus der mixtekischen Stadt Tilantongo das von diesem Volk bewohnte Gebiet. Die Vorfahren der Mixteken - oder besser ihrer herrschenden Klasse - werden dargestellt, wie sie aus einem zugleich pflanzlichen und menschlichen Körper hervorkommen, dem Ortszeichen für Apoala im Zentrum des mixtekischen Gebiets. Nackt wie Adam und Eva, beanspruchen die mixtekischen Vorfahren ihr Territorium anhand dieses Ortszeichens und aufgrund der Tatsache, daß Quetzalcoatl Zeuge dieses Ereignisses ist.

Regengötter

In der toltekischen Tradition ist Tlaloc der Herr des Regens und des Wassers. Er hat hervorstehende Augen und fletscht die Zähne (wie die Regengott-Figur der Hopi weiter im Norden). Die Gunst der Regengötter zu erringen, ist eine so alte Aufgabe wie die Landwirtschaft selbst, und in ganz Mittelamerika finden sich Tlaloc-ähnliche Figuren auf Steinreliefs und anderen sehr alten Texten. Tlalocs große Macht besteht darin, daß er die Wasser oben herunterbringen kann wie bei der großen Flut, mit der das erste Weltzeitalter endete. Der *Codex Laud* (Oxford) stellt ihn auf einer Seite, auf der alle »Zwanzig Tageszeichen« abgebildet sind, als denjenigen dar, der über diese Macht verfügt. In seinen Händen hält er die

Unten: Eine aztekische Figur von Xipe-Totec, der die Haut eines Opfers trägt, so wie er beim Erntefest für Tlacaxipeualitzli erschien. Die beiden Hautschichten stellen das neue Wachstum der Pflanzen dar.

Die »Gefiederte Schlange« oder Quetzalcoatl, ein Gott der mittelamerikanischen Religion, hier als Basalt-Monolith. Aztekisch.

Schlange (V) des Blitzes, aus seinem Mund kommt Jaguargebrüll (XIV) – Donner, der sein Haus (III) im Himmel hat und den Wind (II) einfängt, der eigentlich ein Attribut seines Rivalen Quetzalcoatls ist, um jenes atmosphärische Gleichgewicht herzustellen, bei dem Regen (XIX) fällt (das Zeichen »Regen« ist Tlalocs Maske und symbolisiert seine Funktion).

In der Religion der Tolteken und noch mehr in der der Azteken war der Regen keine Gratisgabe. Man mußte darum feilschen – mit dem Blut der Opfer, deren Tränen die Tropfen des Regens imitieren und so gleichzeitig stimulieren. Vor seinem Tod stellte sich das Opfer seine Reise hinauf nach Tlalocan vor, in das »Haus der Quetzalfedern«, Tlalocs Sitz im Herzen des Himmels, vorbei am »Ort der Fleischlosen«, dem Sitz des »Schreckensprinzen« oder Herrn der Unterwelt. Diese Unterwelt ist vier Tage oder vier Jahre in der Geisterzeit vom westlichen Horizont entfernt. In einer der *Zwanzig heiligen Hymnen der Azteken* heißt es etwa:

»Mein Bruder, Tozcuecuexi,
ich gehe für immer, es ist die Zeit des Weinens,
schicke mich, wohin es dir beliebt.
Unter seinem Befehl habe ich schon gesagt
dem Schreckensprinzen, ich gehe für immer;
es ist die Zeit des Weinens.
Vier Jahre lang werden wir auf dem Wind getragen,
von anderen unerkannt, wie du es befahlst,
zum Ort der Fleischlosen.
Im Haus der Quetzalfedern
findet die Verwandlung statt;
das ist der Lohn dessen, der Menschen Leben
schenkt.«

Bei den Tiefland-Maya von Yucatán und Petén (im nördlichen Guatemala) sind die Regengötter weniger blutrünstig. Die als *chacs* bekannten Geschöpfe mit rüsselförmigen Nasen tragen die Äxte des Donners und des Blitzes wie Tlaloc, werden jedoch weniger mit den Wolken und dem Herzen des Himmels assoziiert als mit den feuchten Küstenwinden Yucatáns. Im *Dresdener Codex* sind sie als »Wanderer in den Maisfeldern« dargestellt, die dem Bauern beim Pflügen und Säen helfen. Man hielt sie für Experten auf dem Gebiet des Fischdungs, und auf geschnitzten Knochen, die in einer Grabstätte des 7. Jahrhunderts in Tikal gefunden wurden, sind die Chacs tatsächlich als Fischer abgebildet – mit Vogel-Kopfschmuck und entsprechenden Geräten.

Quetzalcoatl von Tula

Das Motiv der Schlange und des Vogels ist eines der ältesten in Mittelamerika, Ausdruck des Niederen und des Hohen, des Sexuellen und des Geistigen in einem. Der Name Quetzal-coatl, »gefiederte Schlange«, nimmt unmittelbar Bezug auf diesen Begriff, denn der Quetzal ist ein Vogel, den man einzig seiner Federn wegen schätzt. In der Nahua-Sprache bedeutet der Name auch »edler Zwilling«, eine Anspielung auf Quetzalcoatls Rolle als Planet Venus, der sowohl am östlichen wie am westlichen Horizont erscheint. Quetzalcoatl spielt nicht nur eine Hauptrolle in den mittelamerikanischen Kosmogonien, sondern ist außerdem eng verbunden mit Tula, der Hauptstadt der Tolteken. Als der Sohn Itzlis – die Vaterschaft ist nicht geklärt – kommt Quetzalcoatl als geheimnisvoller Fremder mit einem »zerfurchten Gesicht« dorthin. Er ist sehr gottesfürchtig und verdient sich großen Ruhm, weil er sich gegen Menschenopfer wandte. Er ist außerdem der große »Kulturbringer« und Erfinder, der Begründer des künstlerischen Reichtums der Stadt – mit den Webstoffen, den Federarbeiten, der Jade, dem Gold, den höheren Pflanzenarten wie Baumwolle und den Künsten des Tanzens, Malens und Schreibens.

Quetzalcoatls Stellung in Tula war jedoch nicht unumstritten. Widersacher in der Stadt selbst, die kriegerische Ziele verfolgten, quälen ihn, bringen Schande über ihn und vertreiben ihn. Die Geschichte seines Mißgeschicks wird im *Florentiner Codex* ausführlich wiedergegeben. Sein Feind, der Krieger-

Oben: Die Masken des Regengottes Tlaloc und seines Widersachers auf der mexikanischen Hochebene, des Windgottes Quetzalcoatl. Die Masken II und XIX der »Zwanzig Zeichen« schmükken die Außenwände der »Quetzalcoatl-Pyramide«. Am südlichen Ende der großen Straße in Teotihuacan, 6. Jahrhundert.

Unten: Tonpfeife, die ein gefesseltes, sein eigenes Herz darbietendes Opfer darstellt. Aus Teotihuacan.

Zauberer Tezcatlipoca, macht ihn betrunken, Quetzalcoatl begeht Inzest mit seiner Schwester und ekelt sich vor sich selbst. Er verläßt Tula, wandert durch die schneebedeckten Berge nach Südosten und verschwindet am Ende auf einem Floß aus miteinander verflochtenen Schlangen. Andere Nahua-Berichte von seinem Weggehen aus Tula handeln weniger von dem menschlichen Drama als vielmehr von seiner geographischen und astronomischen Bedeutung. Sein Reiseweg führt nach Osten, vorbei an Cholula zu den Außenposten Xicalanco und Acalán an der Grenze des Maya-Gebiets. In den *Annalen von Cuauhtitlan* wird beschrieben, wie er sich im »Land des Schwarzen und des Roten« verbrannt hat. In einem schönen Text wird sein verglühendes Herz in der wie Quetzalfedern funkelnden Glut zum Planeten Venus, und der irdische Heros gewinnt so seine kosmische Macht zurück.

»Als sie an dem Platz ankamen, nach dem sie suchten, begann er wieder zu weinen und zu leiden. In diesem Jahr Eins Rohr (so wird erzählt, so wird gesagt), als er an der Ozeanküste, am Rande des Himmelswassers, ankam, stand er auf, weinte, nahm sein Gewand und legte seine Federn, seine kostbare Maske an. Als er angekleidet war, verbrannte er sich aus eigenen Stücken, gab er sich selbst dem Feuer. So daß der Ort, an dem sich Quetzalcoatl verbrannte, ›Platz der Verbrennung‹ genannt wurde.

Und es heißt, als er brannte, stieg seine Asche empor, und es erschienen alle Arten von edlen Vögeln, und man konnte sehen, wie sie in den Himmel stiegen: der rosafarbene Löffelreiher, die Kotinga, der Trogon, der blaue Reiher, der gelbe Papagei, der rote Ara, der weißbrüstige Papagei und alle anderen edlen Vögel. Und nachdem er zu Asche geworden war, stieg das Herz des Quetzals empor; man konnte es sehen und wußte, daß es in den Himmel hineinflog. Die Alten sagten, er habe sich in Venus verwandelt; und es wird erzählt, daß Quetzalcoatl starb, als der Stern erschien. Seither wurde er Herr der Morgendämmerung genannt.«

Im Zusammenhang mit diesen Berichten stellt sich natürlich die Frage, inwieweit sich hier historische Ereignisse niederschlagen. Es besteht kein Zweifel, daß Aufstände in Tula gegen Ende des 1. Jahrtausends v. Chr. zu einer Flucht aus der Stadt führten, in genau der Richtung, die auch Quetzalcoatl eingeschlagen haben soll; dazu kam der Einfall der Tolteken in Yucatán. Maya-Texte beschreiben diese Invasion und assoziieren sie mit einer Kukulcan genannten Figur (Quetzalcoatls yucatekischer Name).

ein Maskottchen und in einer bescheidenen Kolibri-Verkleidung (*huitzilin*). Als sie jedoch in Tenochtitlan die Macht ergriffen, präsentierten die Azteken der Welt ein viel größeres Bild des Schutzherrn, der sie auf den Weg des Ruhms geführt hatte. Er wurde zu einem Sonnengott und bekam ein Heiligtum neben Tlaloc auf der Großen Pyramide von Tenochtitlan. Nach der Legende war er auf wundersame Weise von Coatlicue (»die mit dem Schlangenrock gegürtete«), der Erdmutter, empfangen worden: beim Kehren hatte sie ein Flaum- oder Daunenknäuel geschwängert. Ihre Familie fühlte sich wegen ihres nicht zu erklärenden dicken Bauches entehrt und schwor, sie zu töten. Sie umringten sie, da sprang Huitzilopochtli voll bewaffnet wie Tezcatlipoca aus Cuatlicues Schoß und erschlug sie alle. Diese Tat findet ihre solare Analogie im Sonnenaufgang, bei dem die Sterne »getötet« werden, und verweist auf die Fähigkeit, sofort und endgültig zuschlagen zu können.

Der Nahua-Autor Chimalpahin, der um 1600 schrieb, erörterte in seinen *Annalen von Tenochtitlan* und dem mexikanischen Hochland diese Verwandlung Huitzilopochtlis vom Stammes-Maskottchen zum Sonnenkönig. Er stellte dar, wie die Azteken (analog den Imperialisten unseres eigenen Jahrhunderts) Mythen ganz bewußt zu politischen Zwecken schufen und abwandelten. In dieser Beziehung ist der auf wundersame Weise gezeugte Huitzilopochtli besonders bemerkenswert.

Oben: Räuchergefäß von der Golfküste – auf den Schultern des Feuergottes, der als Xiuhtecutli sowohl der jüngste Gott als auch, wie hier, der älteste ist, nämlich Huehueteotl, der »Alte Feuergott«. Man beachte die wohlgeformten Finger, mit denen die Tat vollbracht wurde, durch die sich zuerst der Mensch vom Tier unterschied: das Feueranmachen mit Hilfe eines Feuerdrills.

Rechts: Eine mächtige aztekische Plastik der gefürchteten Erdgöttin Coatlicue, der Mutter des jungfräulich empfangenen Huitzilopochtli. Sie wurde wie der Sonnenstein im Zentrum von Tenochtitlan gefunden. Außer dem »Schlangenrock«, nach dem sie benannt ist, trägt Coatlicue ein Halsband aus Herzen und Händen. Aufgrund eines für die einheimische amerikanische Kunst typischen optischen Tricks kann man ihren Kopf einfach oder doppelt sehen.

Kriegsgötter

Quetzalcoatls Hauptrivale in Tula, Tezcatlipoca, ist ebenfalls eine der wichtigen Gottheiten des toltekischen Pantheons. Sein Name bedeutet »Spiegel« oder »Glänzen« *(tezcatli)* und »Rauch« *(poca)*, eine Eigenschaft, die ihm als dem Schamanen, der »alles sieht« und daher auch zu Streit anstiften kann, zukommt. Er hat einen abgerissenen Fuß, denn in seiner Verkörperung als das Sternbild des Bären, taucht sein »Fuß« in der Sicht der südlich in die Tropen abwandernden Nahua unter den Horizont. Nach der Darstellung im *Borgia-Codex* wird seine Mißbildung vom Spiegel-Rauch seines Namens verdeckt, und seine lose Nabelschnur erinnert uns daran, daß er so geboren wurde, wie man ihn hier sieht: voll bewaffnet, das Modell eines toltekischen Kriegers. Wie bei Tlaloc sind auch seine besonderen Kräfte in den Handschriften durch die »Zwanzig Zeichen« im einzelnen geschildert. Sie zeigen die Schärfe seines todbringenden Speers, seine Schnelligkeit und seine scharfen Augen. Die Schlange der Potenz (V) ragt aus seinen Lenden. Der Adler (XV) an seinem Kopf und der Jaguar (XIV) zu seinen Füßen sind die Embleme der beiden toltekischen Militärorden. Auf der Brust hat er das Flintmesser (XVIII) des Opferpriesters und sein Banner schmückt das Kaninchen (VIII), das Zeichen des gefangenen Opfers. Seinen Schild beschützt der Königsgeier (XVI), das Wappen der Kaufleute und des Handels, und hinter ihm wird das Haus (III) oder Sakrarium der niedergelassenen Gemeinschaft bewacht.

Tezcatlipoca war ein Modell für andere Kriegsgötter des alten Mexiko, vor allem für den aztekischen Helden Huitzilopochtli. In den Berichten der Azteken über ihre Wanderungen von Aztlan (irgendwo im nördlichen Mexiko oder im Süden der Vereinigten Staaten), als sie arm und verachtet waren, ist Huitzilopochtli eine wenig beeindruckende Figur, die sie mit sich führten. So jedenfalls erscheint er im *Codex Boturini*: in einem Bündel wie

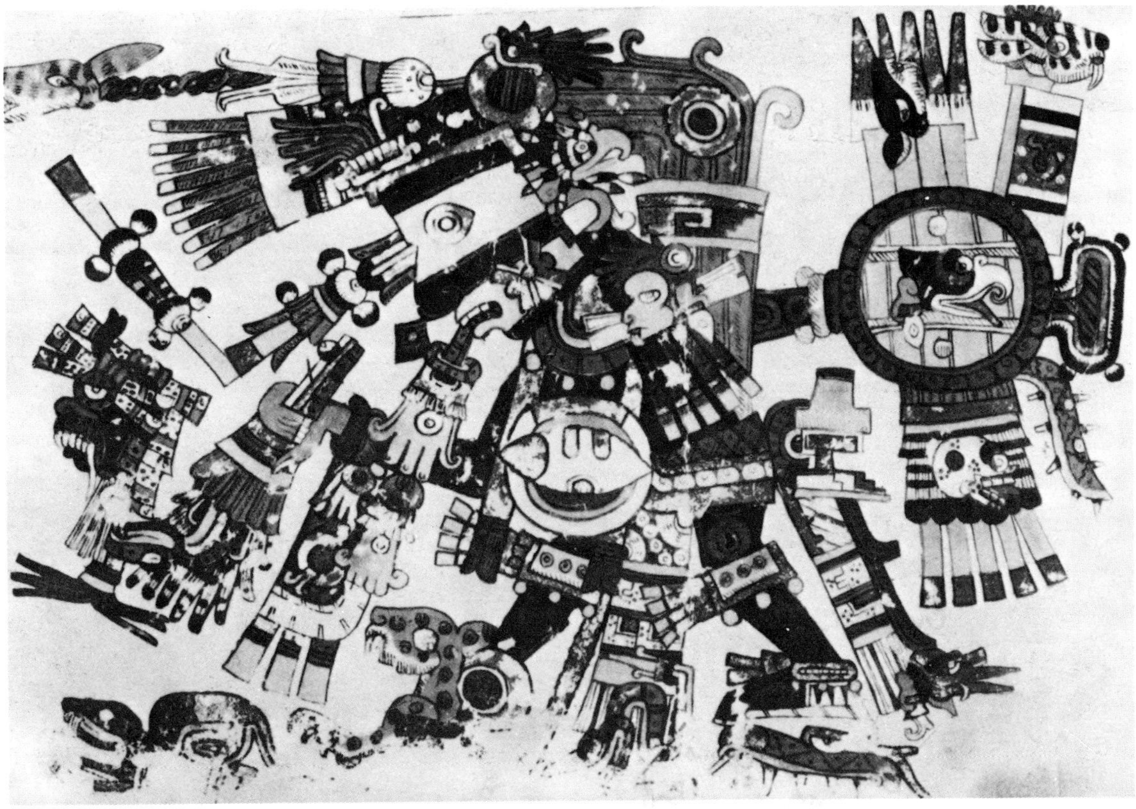

Links: Der toltekische Krieger Tezcatlipoca, »Rauchender Spiegel«. Tezcatlipocas Macht wird wie die Tlalocs durch die Zwanzig Zeichen symbolisiert, deren Gruppierung auf seine besonderen Kräfte verweist. Aus dem *Codex Borgia.*

Oben: Tonfigur, Frau mit Kind. Man beachte den fein gewebten Rock der Frau und ihre Ohrringe, ein Zeichen ihres Adels. Bestimmte Autoren sehen in ihr Chalchihuitlicue, eine Wassergöttin und Gefährtin Tlalocs.

DIE WICHTIGSTEN GÖTTER

Tabellen mit einigen der wichtigsten Figuren der zahlreichen Gottheiten bei den Maya von Yucatán und Guatemala; den Toteken, einem Nahua-Volk aus dem Norden, das sich in Zentral-Mexiko niederließ und die Stadt Tollán (das moderne Tula) gründete; und bei den Azteken, einem weiteren Nahua-Volk, das im 12. Jahrhundert nach Zentral-Mexiko einwanderte, die Hauptstadt Tenochtitlan (Mexico City) gründete, ein großes Reich errichtete und dabei viele der Götter und Mythen der unterworfenen Völker übernahm. Mit Ausnahme von Huitzilopochtli stimmen die hier aufgeführten Nahua-Gottheiten bei den Tolteken und Azteken überein.

Calchihuitlicue, »die mit dem Edelsteinrock« (Nahua): Göttin des frischen Wassers, der Flüsse und Seen, Gemahlin Tlalocs
Chac (Maya): Regengötter mit rüsselförmigen Nasen in Yucatán; der Name bedeutet auch »rot« oder »groß«
Cihuacoatl, »Frau Schlange« (Nahua): Göttin der Geburt
Cinteotl, »Maisgott« (Nahua): die vollkommene Maisinkarnation
Coatlicue, »die mit dem Schlangenrock gegürtete« (Nahua): eine der vielen Erdgottheiten, die Mutter Huitzilopochtlis; als Muttergöttin mit einem Kind auf den Armen dargestellt
Gucumatz, »Feder-Schlange« (Quiché-Maya): ein größerer Schöpfungsgott, bei den Nahua Quetzalcoatl
Huitzilopochtli, »Kolibri zur Linken« (Nahua): finstere aztekische Kriegsgottheit, Sonnengott als Schutzherr des aztekischen Reiches
Hunab Ku, »Eins Gott« (Maya): Schöpfungsgottheit in Yucatán
Itzamna, »Leguan-Haus« (Maya): Himmelsgott und Kulturheros, der Sohn Hunab Kus
Itzli, »Obsidian« (Nahua): das Opfermesser (Flint, Nr. XVIII der Zwanzig Zeichen), wird mit der Geburt des irdischen Quetzalcoatl in Verbindung gebracht
Kukulcan, »Gefiederte Schlange« (Maya): Doppelgänger des historischen Quetzalcoatl
Mictlantecuhtli, »Gott des Totenreichs« (Nahua): Gott der Unterwelt durch die die Seele nach dem Tod hindurch muß
Quetzalcoatl, »Gefiederte Schlange« oder »Edler Zwilling« (Nahua): ein Schöpfungsgott, wird mit dem Planeten Venus identifiziert; außerdem der Priesterherr und Kulturheros von Tula, um 900 v. Chr.; Gott des Windes (seine Maske ist Wind, II bei den »Zwanzig Zeichen«)
Tezcatlipoca, »Rauchender Spiegel« (Nahua): Krieger und Magier; der historische Widersacher Quetzalcoatls in Tula
Tlaloc, »Er, der sprießen macht« (Nahua): Gott des Donners und des Regens (seine Maske ist der Regen, die XIX bei den »Zwanzig Zeichen«)
Tlazolteotl, »Göttin des Unrats« (Nahua): eine Erdgöttin und Göttin der Liebe, auch bekannt als »Mutter der Götter«
Tohil, (Quiché-Maya): Entsprechung für Tlaloc
Tonatiuh (Nahua): die Sonne, auch als Piltzintecutli bekannt
Xipe, »der Geschundene« (Nahua): Vegetationsgott, seine Priester zogen sich die Haut der geopferten Gefangenen über, um die Erde zu neuem Wachstum anzuregen
Xiuhtecutli, »Jahr-Gott« oder »Herr des Feuers« (Nahua): Feuergott und wichtigster Ritual- und Kalendergott, den Azteken auch als Huehueteotl, »Alter Feuergott« bekannt
Xochi Pilli, »Blumenprinz« (Nahua): Gott der Blumen, der Feste und der Freude
Xochiquetzal, »Blumen Quetzalfeder« (Nahua): Göttin der Blumen und des Handwerks
Yum Kaax, »Herr des Waldes« (Maya): Maisgott, entspricht Cinteotl bei den Maya

FÜNFUNDZWANZIGSTES KAPITEL

DIE INKA

In den letzten drei Jahrtausenden waren die Anden Südamerikas Zeuge des Aufstiegs und Untergangs vieler Kulturen. Die Kultur der Inka hat sich allerdings erst in verhältnismäßig später Zeit entwickelt; die Ausbreitung ihres Reiches von den ursprünglichen Ansiedlungen im Tal von Cuzco aus begann erst weniger als 100 Jahre vor der Ermordung des letzten Inka-Herrschers durch die spanischen Konquistadoren im Jahre 1533. Keine der südamerikanischen Kulturen beherrschte die Kunst des Schreibens, und so beruhen unsere Kenntnisse der präinkaischen Kultur hauptsächlich auf archäologischen Zeugnissen. Die Kultur der Inka zur Zeit der spanischen Eroberung wurde jedoch ausführlich von den spanischen Chronisten dokumentiert, die in ihrem Bemühen um Christianisierung insbesondere am »Götzen«-Glauben und den Ritualen der Menschen, die sie antrafen, interessiert waren. Ein großer Teil der von ihnen erzählten Mythen aus dem Gebiet von Cuzco ist anscheinend durch Überlieferung der Inka ungefähr in der Mitte des 15. Jahrhunderts, als sich das Reich ausbreitete, zusammengetragen worden.

Der Schöpfungsmythos

Der Ursprungsort der Schöpfung ist der Inka-Legende nach das Gebiet um den Titicacasee, 150 Kilometer östlich von Cuzco. Es ist durchaus möglich, daß der älteste Inka-Stamm im 12. Jahrhundert von hier aus ins Tal von Cuzco zog. Der architektonische Stil der Inka glich dem der berühmten Kultstätte von Tiahuanaco in der Nähe des Titicacasees, die auf die Zeit um 500 v. Chr. zurückgeht und zu Zeiten der Inka bereits in Trümmern lag. Sämtliche Versionen der Schöpfungsgeschichte vereinigen die verschiedenen Sagen über Herkunft, Sprachen und Kulturen der unterschiedlichen Völker, die der Herrschaft der Inka unterworfen wurden, zu einem einheitlichen Grundmuster.

Eine Version berichtet, daß der Gott Viracocha die Erde und den Himmel erschuf und die Erde mit Menschen bevölkerte. Es gab keine Sonne, und die Menschen gingen in der Finsternis umher. Jedoch gehorchten sie ihrem Schöpfer nicht, und daher beschloß er, sie zu vernichten, indem er einige in Steine verwandelte und die übrigen in einer Flut ertränkte, die höher als die höchsten Berge der Welt anstieg. Die einzigen Überlebenden waren ein Mann und eine Frau, die sich in einer Kiste aufhielten und beim Sinken des Hochwassers vom Wind nach Tiahuanaco, dem Hauptsitz des Schöpfers, getrieben wurden. Dort schuf er alle Völker und Nationen; er formte Gestalten aus Lehm und malte ihnen die Kleider auf den Leib, die jedes Volk tragen sollte. Jedem Volk verlieh er eine Sprache, und er gab ihm Lieder und die Samenkörner, die es aussäen sollte.

Dann hauchte er den Geschöpfen aus Lehm Leben und eine Seele ein und befahl jedem Volk, unter der Erde dahinzuwandern und an jenem Ort, den er ihm nannte, zum Vorschein zu kommen. Einige kamen aus Höhlen hervor, andere aus Hügeln, wieder andere aus Quellen oder aus Baumstümpfen. Jedes Volk machte den Ort, an dem es auf der Erdoberfläche erschienen war, zu einem Heiligtum.

Da es dunkel war, bildete der Schöpfergott die Sonne, den Mond und die Sterne und befahl ihnen, zur Insel Titicaca im gleichnamigen See zu gehen und dann zum Himmel aufzusteigen. Als die Sonne in Gestalt eines Mannes zum Himmel hinaufstieg, rief sie die Inka und ihren Häuptling Manco Capac an und sprach: »Ihr und Eure Nachkommen sollt Herren sein und viele Völker unterwerfen. Betrachtet mich als Euren Vater, und Ihr sollt meine Kinder sein, und Ihr sollt mich als Euren Vater verehren.« Mit diesen Worten schenkte die Sonnengottheit dem Häuptling Manco Capac als Insignien seiner Macht einen Kopfschmuck und eine Streitaxt. In diesem Augenblick wurde der Sonne, dem Mond und den Sternen befohlen, zum Himmel emporzusteigen und ihre Plätze einzunehmen, und so geschah es. Gleichzeitig stiegen Manco Capac und seine Brüder und Schwestern auf Geheiß des Schöpfergottes unter die Erde und kamen in der Höhle von Pacaritampo dort wieder hervor, wo die Sonne am ersten Tag aufging, nachdem der Schöpfer Nacht und Tag getrennt hatte. (Nach Molina, 1573.)

Diese Mythe zeigt deutliche Parallelen zur biblischen Geschichte von der Arche Noah, und tatsächlich ist die Möglichkeit christlichen Einflusses nicht auszuschließen. Allerdings ist die Vorstellung einer urzeitlichen Sintflut zweifellos dieser Region eigentümlich. Sie kehrt auch in unterschiedlichen Varianten in der gegenwärtigen Andenmythologie wieder; in der später erwähnten Q'ero-Sage wird sie der Kraft der Sonne zugeschrieben, die hier bezeichnenderweise nicht mehr als Begründer des Inka-Geschlechtes angesehen wird.

Die Reisen des Viracocha

Nachdem die Sonne von der Insel Titicaca emporgestiegen war, kam von Süden ein weißer, hochgewachsener Mann, der große Achtung und Ehrfurcht erweckte. Er verfügte über große Kräfte, formte Ebenen aus den Hugeln und aus den Ebenen hohe Berge und brachte aus dem lebenden Gestein Quellen hervor. Er unterwies die Menschen, wie sie leben sollten, wobei er sie ermahnte, gut zu sein und einander kein Leid zuzufügen. Dann wanderte er weiter nach Norden in das Hochland und ward nicht mehr gesehen. Dies war Viracocha.

Einige Zeit später sah man einen ähnlichen Mann, der überall dort, wohin er kam, allein durch die Worte, die er sprach, Kranke heilte und den Blinden das Augenlicht wiedergab. Als er sich jedoch einem Dorf namens Cacha näherte, erhoben sich die Menschen dort und schickten sich an, ihn zu

Oben: Machu Picchu, die Inka-Stadt, die die Spanier niemals gefunden haben und die erst 1911 in einem fast vollständig erhaltenen Zustand entdeckt worden ist. Sie liegt auf einem Bergsattel, der nach beiden Seiten steil abfällt und vom Gipfel des Huayna Picchu überragt wird. Die Häuser und Tempel der Stadt waren inmitten kunstvoll angelegter, landwirtschaftlich genutzter Terrassen erbaut. Machu Picchu ist ein Glied in der Kette der Inka-Siedlungen im Urubambatal, einer Gegend gemäßigten Klimas, die dem Herrscher wahrscheinlich als luxuriöser Freizeit- und Erholungsort diente.

Gegenüber: Dieser Kero oder Holzbecher wurde wahrscheinlich für rituelle Trankopfer benutzt. Die Verzierungen deuten auf Verbindungen mit dem Vogelkult hin. Spätinkaische Periode.

Oben: Monolithische Figur in Tihuanaco, Bolivien, dem mythischen Ursprungsort der Inka.

steinigen. Als sie sich näherten, kniete er nieder und erhob die Augen zum Himmel, als ob er um göttliche Hilfe flehen würde. In diesem Augenblick erschien am Himmel ein riesiges Feuer. Voller Furcht und zitternd scharten sich die Leute um ihn und baten ihn, gnädig zu sein und sie zu retten. Der Mann befahl dem Feuer, zu erlöschen, doch hatten die Flammen die Steine so sehr verbrannt, daß sogar heute noch die größten so leicht wie Kork sind.

Der Mann zog von Cacha aus weiter an die Küste, wo er seinen Mantel ausbreitete und darauf über die Wogen schritt; er wurde nie wieder gesehen. (Nach Cieza de León, 1553.)

Wie beim Ursprungsmythos enthalten die Mythen, die von Viracochas Reisen auf der Erde berichten, Hinweise auf konkrete Besonderheiten der Landschaft wie Ruinen und ungewöhnliche Gesteinsbildungen. Die Steine von Cacha sind in Wirklichkeit Asche und Lava aus dem Vulkan bei Tinta. Andere Geschichten aus diesem Kreis erzählen, wie man Viracocha bei einer Hochzeitsfeier Essen und Trinken verweigerte und er als Vergeltung die Feiernden in Steine verwandelte. Bestimmte Gesteinsformen werden von den Bewohnern der Hochebene noch heute erklärt.

Die Indianer der Anden sind dunkelhäutig und bartlos. Theorien über die europäische oder asiatische Herkunft des hellhäutigen, bärtigen Viracocha gehen viel weiter zurück als neuzeitliche Hypothesen; einige Spanier glaubten, der heilige Apostel Thomas habe die Anden aufgesucht, eine Vermutung, die der Chronist Cieza de León verächtlich zurückgewiesen hat. Sicher ist allerdings, daß die bärtigen Konquistadoren, die Atahualpa gefangennahmen, von den Parteigängern seines Rivalen Huáscar zunächst als Götter, *viracochas,* bejubelt wurden und daß diese für die Befreiung ihres Anführers aus den Händen des Feldherrn Atahualpas Opfer darbrachten. Die Habgier und Brutalität der Spanier führte dann allerdings dazu, daß man sie bald als »Teufel« kennzeichnete. Das Wort »Viracocha« ist noch heute in der Quechua-Sprache eine höfliche Anredeform, die gegenüber Menschen von höherem sozialem Rang benutzt wird.

ZEITTAFEL

um 1200	Eine Gruppe von Inka-Stämmen läßt sich im Tal von Cuzco in den Anden nieder; Beginn der Inka-Dynastie mit dem Häuptling Manco Capac.
um 1200–1400	Herrschaft halblegendärer Inka-Herrscher; häufige Überfälle und Kriege zwischen Inka und Nachbarstämmen.
um 1400–1438	Herrschaft des Inka Viracocha; die Inka verbünden sich mit den Lupaca aus dem Gebiet des Titicaca-Sees; der Stamm der Quechua, Nachbarn und Verbündete der Inka, wird von den Chanca besiegt; Pachacuti, der Sohn des Inka Viracocha, schlägt die Chanca zurück und besiegt sie.
1438–1471	Herrschaft des Inka Pachacuti; die Stadt Cuzco wird wiederaufgebaut; die gemeinsame militärische Expansion beginnt; das Reich dehnt sich nach Südosten bis zum Titicaca-See, nach Norden bis Quito und nach Westen bis zur Küste aus; Quechua wird zur gemeinsamen Sprache erhoben.
1471–1527	Die militärische Expansion hält an; die südliche Grenze des Reiches wird bei ungefähr 35° S festgelegt; das ecuadorianische Hochland im Norden von Quito wird erobert.
1528–1532	Bürgerkrieg zwischen den Inka-Halbbrüdern Huáscar und Atahualpa; Gefangennahme Huáscars durch Atahualpas Feldherrn.
1532	Atahualpa wird bei Cajamarca von Pizarro und den spanischen Konquistadoren gefangengenommen.
1533	Huáscar wird auf Befehl Atahualpas ermordet; Atahualpa wird von Pizarro umgebracht.
1533–1572	Spanische Eroberung des Reiches.

Rechts: Das Sonnentor von Tihuanaco, das aus einem Lavablock gehauen ist. Die in der Mitte eingemeißelte Figur wird allgemein für die Darstellung des Schöpfergottes Viracocha gehalten.

Die Gründung von Cuzco

Aus der Höhle von Pacaritampo kamen drei Brüder und drei Schwestern hervor. Sie waren mit langen Decken und Hemden aus feinstem Wollstoff bekleidet und besaßen viele goldene Gefäße. Einer der Brüder, Ayar Cachi, war so stark und tapfer, daß er mit seiner Wurfschleuder die Hügel einebnete und Steine zu den Wolken schoß. Seine Brüder waren neidisch auf ihn und wollten ihn irreführen. Sie sagten ihm, er solle in die Höhle zurückgehen, um einen Goldpokal herauszuholen. Sobald er in der Höhle war, versperrten sie den Eingang mit Steinen und schlossen ihn im Innern des Berges ein. Sodann gründeten sie die Siedlung Tampo Kiru.

Beide Brüder, die schließlich bereuten, was sie Ayar Cachi angetan hatten, sahen ihn plötzlich auf weiten buntgefiederten Flügeln durch die Luft fliegen. Sie wollten fortlaufen, doch er sprach: »Habt keine Angst; ich komme nur, damit sich die Kunde vom Reich der Inka von nun an verbreitet. Verlaßt daher diese Siedlung und geht weiter hinunter, bis ihr zu einem Tal kommt, in dem ihr Cuzco gründen sollt. Ich werde zu Gott beten, damit ihr schnell große Macht erlangt, und in der Gestalt, die ihr nun erblickt, werde ich in einem nahegelegenen Hügel bleiben, der von euch und euren Nachkommen immer geheiligt und verehrt werden soll, und der Name, den ihr ihm geben sollt, ist Huanacauri. Von nun an sollt ihr als Zeichen dafür, daß ihr geachtet, geehrt und gefürchtet werdet, eure Ohren so, wie ihr es bei mir seht, durchstechen.« Als er dies sagte, bemerkten sie, daß er goldene Ohrringe trug.

Die Brüder gingen zu dem Hügel, der Huanacauri hieß, und auf dessen Gipfel erblickten sie Ayar Cachi noch einmal, der ihnen sagte, daß diejenigen, die zu Kriegern gemacht werden und als Adlige gelten sollten, die Krone des Reiches tragen würden. Nach diesen Worten wurden Ayar Cachi und einer seiner Brüder in zwei Figuren aus Stein verwandelt. Der dritte nahm seine Schwestern und gelangte an den Ort, an dem heute Cuzco steht, und er nannte sich von da an Manco Capac, was soviel bedeutet wie »König und reicher Herr«. Dort gründete er die neue Stadt, deren Ursprung ein kleines Steinhaus mit einem Strohdach war, das er Coricancha, »Mauer aus Gold«, nannte. Viele andere Stämme lebten in der Gegend von Cuzco, doch Manco Capac fügte ihnen kein Leid zu. Auch sie belästigten ihn nicht, sondern waren ihm freundlich gesinnt.

Viele Menschen fühlten sich durch Manco Capacs Herzlichkeit und sein freundliches Wesen zu ihm hingezogen. Nach seinem Tod wurde eine Sta-

Die Mauern des Tempels von Coricancha, »Mauer aus Gold«, in Cuzco, auf denen heute die Dominikanerkirche steht. Coricancha war die kostbarste Beute der spanischen Eroberer. Die Wände waren mit Goldplatten verziert, und in den Tempelgärten waren die Pflanzen, Tiere, Menschen und sogar die Erdklumpen in Gold und Silber gearbeitet. In seinem Innern wurde eine gewaltige Goldscheibe aufbewahrt, die die Sonne, Inti, darstellte. Die Mauern sind ein Triumph inkaischer Maurerarbeit: Im Jahre 1950 machte ein Erdbeben die Dominikanerkirche zu Schutt (sie wurde später wieder aufgebaut), die Mauern von Coricancha aber blieben stehen.

Der Schrein von Intihuatana, »dem Befestigungsort der Sonne«, in Machu Picchu. Viele Inka-Städte hatten Heiligtümer dieser Art, die als Sonnenwarten und als Opferaltäre dienten.

DIE WICHTIGSTEN INKA-GOTTHEITEN

Viracocha, der Schöpfer, ohne Anfang und Ende, der »unfaßbare Gott«, der das Universum, alle anderen übernatürlichen Wesen, sowie Tiere und Pflanzen, Männer und Frauen erschuf; er ist auch ein Kulturheros; im Mythos erscheint er gewöhnlich als bärtiger, hellhäutiger Mann, der mit einer langen Tunika bekleidet ist; die Goldstatue von ihm in Cuzco hatte die Größe eines zehnjährigen Jungen »in Form eines stehenden Mannes, der den rechten Arm erhoben und die Hand fast geschlossen hat und die Finger und den Daumen wie jemand hochhält, der einen Befehl erteilt«.

Inti, der Sonnengott, göttlicher Vorfahr der Inka-Dynastie; die Sonne gilt gewöhnlich als männlich, wird dargestellt durch große Strahlenkränze mit einem menschlichen Gesicht; Mittelpunkt des formellen Inka-Ritus.

Ilyap'a, der Wettergott, männliche Gottheit, meist mit dem Donner verbunden und mit einem Sternbild verglichen; dargestellt als ein Mann am Himmel mit einer Wurfschleuder, der es regnen ließ, indem er mit seiner Schleuder einen Krug mit Wasser, der von seiner Schwester gehalten wurde, zerschmetterte; der Knall seiner Schleuder war der Donner, das Werfen der Schleuder zeigt sich als Blitz.

Kilya, der Mond, weibliche Gottheit, Frau der Sonne; ursprünglich leuchtender als der Sonnengott, der Asche in ihr Gesicht streute, um sie in den Schatten zu stellen.

Huacas (Schreine), allgemeine Bezeichnung für alle anderen übernatürlichen Wesen oder Kräfte, die mit materiellen Gegenständen verbunden waren und einen lokalen Wirkungskreis hatten; Berge, Bäume, Seen, Flüsse und ungewöhnliche Gesteinsbildungen könnten genauso als *huacas* bezeichnet werden wie Orte, die mit Mythen und Legenden in Verbindung stehen.

tue von ihm errichtet, und man verehrte ihn als Sohn der Sonne. (Nach Cieza de León, 1533.)

Der Mythenkreis, der von den Taten Manco Capacs und seiner Brüder und Schwestern nach ihrem Erscheinen aus der Höhle von Pacaritampo (»Ursprungsort«) berichtet, legt die Privilegien der Herrscherkaste der Inka fest wie die Vermählung des Herrschers selbst mit seiner Schwester und die verschiedenen Schmuckstücke und Insignien seiner adligen Krieger. Zu den Investiturriten der letzteren gehörte auch eine Pilgerfahrt zum Hügel Huanacauri. In einigen Darstellungen wählt Manco Capac mit Hilfe eines goldenen Stabes, den er benutzt, um die Fruchtbarkeit des Bodens zu untersuchen, den Ort Cuzco aus. Es ist interessant, daß die oben erwähnte Fassung trotz der kriegerischen Absichten Ayar Cachis den friedlichen Charakter der ursprünglichen Besiedlung hervorhebt; tatsächlich genossen die Inka im 15. Jahrhundert so hohes Ansehen, daß sich viele Stämme ihnen kampflos ergaben.

Viracocha und Inti

Die Gelehrten, die sich mit der Geschichte der Andenregion beschäftigen, sind sich darin einig, daß eine grundlegende Revision der Inka-Mythologie ungefähr zur Zeit der Machtübernahme des Herrschers Pachacuti im Jahre 1438 erfolgte, doch sind die Auffassungen über die Art dieser »Reformation« kontrovers. Pachacutis Sieg über die Chanca, der den Inka eine Ausbreitung ihres Reiches ermöglichte, soll das visionäre Erscheinen einer Gestalt vorausgegangen sein, die wie die Inka gekleidet war, mit Schlangen, die um ihre Arme gewunden waren, und mit Pumas zwischen ihren Beinen und um ihre Schultern. Die Gestalt verkündete Pachacuti, daß er viele Völker erobern werde. Folgt man der von John

Rowe entwickelten Theorie, so habe es sich bei dieser Vision um Viracocha gehandelt, da die Einführung dieses Kults gewöhnlich Pachacuti zugeschrieben wird. Die Einführung eines Schöpfergottes in das Pantheon, der höher als die alten Inka-Götter der Sonne und der Schrein von Huanacauri stand, war ein raffinierter Versuch, eine pluralistische Theologie, die für ein expandierendes Reich besser geeignet war, zu formulieren. Rowe glaubt beweisen zu können, daß Viracocha ursprünglich der lokale Schöpfergott oder *huaca* der Menschen in der Gegend von Urcos, 20 Kilometer von Cuzco entfernt, war, dessen Name der achte Herrscher annahm, nachdem er ihm als Vision erschienen war, und der von den herrschenden Inka in eine Universalgottheit verwandelt wurde.

Franklin Pease führt dagegen an, daß die Vorstellung eines derartigen Schöpfergottes der prä-inkaischen Periode angehört und insbesondere mit dem bedeutenden Heiligtum von Pachacámac an der Küste, südlich von Lima, in Verbindung stand. Er behauptet, daß Pachacutis Vision der Sonnengott Inti war, der als Auftakt zu den militärischen Eroberungen der Inka die Vorrangstellung von Viracocha in der göttlichen Hierarchie usurpierte. Pease hält daran fest, daß diese Machtergreifung dadurch im Mythos symbolisiert wird, daß Pachacuti die Macht seinem unfähigen Vater, dem Namensvetter des Schöpfergottes, entreißt. Daß der Sonnenkult mit dem Machtverfall der herrschenden Inka-Kaste in der Zeit der spanischen Eroberung verschwand, gilt als Beweis dafür, daß dieser Kult erst vor noch nicht langer Zeit den Untertanen durch eine herrschende Elite aufgezwungen worden war.

Zeitgenössische Mythen der Andenregion

Über die gesamte Epoche wechselnder politischer und religiöser Herrschaftsformen, denen die Andenvölker, zunächst unter den Inka, später unter den Spaniern ausgesetzt waren, erwiesen sich die lokalen Kulte der Huacas und nicht so sehr die des Schöpfers oder der Sonne am beständigsten. Allerdings wurde die Inka-Vergangenheit niemals vergessen, und die Gestalt des Inkarí (eine Zusammensetzung aus *Inka* und *rey,* span. »König«) bildet einen bedeutenden Faktor in der heutigen Mythologie der Andenregion.

Nach einer Erzählung aus Q'ero in der Nähe von Cuzco gab es eine Zeit, in der die Sonne nicht existierte und die Erde von starken Urmenschen besiedelt war. Roal, der Schöpfergeist und Höchste der Berggeister (Apus), bot diesen Urmenschen an, sie mit seiner Kraft auszustatten. Sie erwiderten ihm, daß sie ihre eigene Kraft besäßen und keine andere brauchten. Aus Ärger darüber schuf Roal die Sonne und befahl ihr emporzusteigen; ihr Licht blendete die Menschen, und ihre Hitze trocknete die Körper aus. Aber sie starben nicht, und heute kommen sie manchmal bei Sonnenuntergang oder bei Neumond aus ihren Zufluchtsorten hervor.

Die Apus schufen dann einen Mann und eine Frau, Inkarí und Collari. Ihm gaben sie einen goldenen Stab und ihr eine Spindel als Zeichen für Macht und Fleiß. Inkarí hatte den Befehl erhalten, dort eine große Stadt zu gründen, wo der Stab, nachdem er ihn geworfen hatte, aufrecht stehenblieb. Er versuchte es ein erstes Mal, doch der Stab fiel schlecht. Beim zweiten Mal fiel er schräg zu Boden, doch beschloß Inkarí trotzdem, dort eine Stadt zu errichten; dies war Q'ero. Doch waren die Bedingungen nicht günstig, und er baute in derselben Gegend eine Hauptstadt, Tampo.

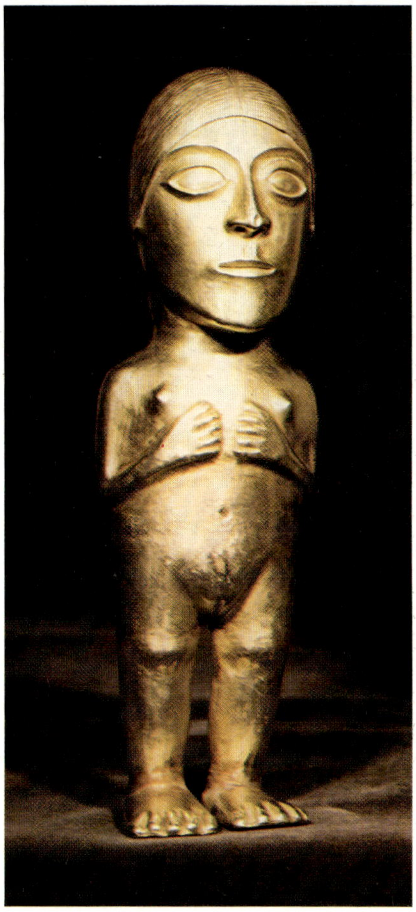

Zwei weibliche Figürchen, das linke aus Gold und das rechte aus Silber. Derartige Metallgegenstände wurden wahrscheinlich für religiöse Kulthandlungen der Inka von Kunsthandwerkern der Chimú-Kultur hergestellt, die Mitte des 15. Jahrhunderts in das Inka-Reich eingegliedert wurde. Viele Aspekte der Inka-Kultur, sowohl ihre handwerklichen Fähigkeiten als auch ihre Religion und Mythologie, wurden von eroberten Völkern übernommen.

Die Apus waren über Inkarís Ungehorsam verärgert und ließen die Urmenschen wieder lebendig werden. Von Neid auf Inkarí erfüllt, wälzten sie Steinblöcke auf ihn zu, um ihn zu töten. Inkarí floh in die Gegend von Titicaca, um eine Zeitlang nachzudenken. Dann kehrte er zurück und warf den Stab zum dritten Mal. Er fiel senkrecht in die Mitte eines fruchtbaren Tales, und dort gründete er Cuzco.

Inkarís ältester Sohn wurde ausgesandt, um Q'ero zu besiedeln, und die übrigen seiner Nachkommen brachten das Geschlecht der Inka hervor. Nach Beendigung seiner Arbeit zog Inkarí zusammen mit Collari durch das Land und schenkte den Menschen sein Wissen. Schließlich verschwand er im Urwald. (Nach Nuñez del Prado, 1974.)

Die urzeitlichen Wesen in dieser Mythe werden als identisch mit den prähispanischen Mumien betrachtet, die immer noch von Zeit zu Zeit in flachen Höhlen in den Bergwänden gefunden werden können. Inkarí aus Q'ero entspricht genau der Figur des Manco Capac in den Erzählungen über die Inka-Dynastie. In anderen Gegenden wird er mit dem letzten Herrscher, Atahualpa, verglichen und nimmt tausendjährige Bedeutung an. In einer Mythe wird berichtet, wie Atahualpas Kopf, von Pizarro abgeschlagen, nach Cuzco gebracht und begraben wurde. Doch lebt der Kopf unter der Erde weiter, und ein Körper wächst darauf. Nach seiner vollständigen Wiederherstellung wird der Inka aus der Erde emporsteigen, die Spanier werden aus dem Land vertrieben, und das ehemalige Reich wird neu erstehen.

SECHSUNDZWANZIGSTES KAPITEL

TROPISCHES SÜDAMERIKA

Die Indianer im tropischen Urwald Südamerikas sind Stammesvölker, deren Lebensunterhalt in Jagen, Sammeln, Fischen und Gartenbau besteht. Sie leben in kleinen Gemeinschaften, von denen jede ihre individuellen und unverwechselbaren Mythen besitzt. Es gibt keine Götter und Kulturherren, die allen amerikanischen Indianern in diesem riesigen Gebiet gemeinsam sind. Darüber hinaus haben wir es mit mythischen Welten zu tun, in denen Menschen als Tiere und Tiere als Menschen auftreten; bei einer derartig eklatanten Vermischung der menschlichen und tierischen Lebenssphäre ist es vielleicht von größerer Bedeutung, zunächst die symbolische Bedeutung der Anaconda oder des Jaguars zu betrachten als die Abenteuer ihrer menschlichen Entsprechungen. Die Anaconda zum Beispiel wird häufig als Herr der Kulturpflanzen und der Jaguar als Herr des Feuers dargestellt. Obwohl die Götter, Kulturheroen und die übrigen mythischen Wesen bei den verschiedenen Stammesgemeinschaften unterschiedlich sind, kann man doch *grosso modo* von einer »südamerikanischen Mythologie« sprechen. Claude Lévi-Strauss, der bekannte französische Anthropologe, hat nachgewiesen, daß die Mythen einer Gemeinschaft nur die Transformation derjenigen einer anderen darstellen, wobei sie in regelhaft verlaufenden Prozessen durch Varianten des Weltverständnisses und Unterschiede in der Gesellschaftsstruktur modifiziert werden. Wenn wir von einer indianischen Kultur Südamerikas zur nächsten übergehen, so sind die Mythen der einen insofern auch vom Standpunkt der anderen aus verständlich, als sie beide einen Grundbestand allgemeiner Daseinsprobleme formulieren und einer gemeinsamen Logik folgen.

Ganz allgemein sind Mythen aus Stammesgesellschaften im südamerikanischen Urwald komplexe Bestandsaufnahme alles dessen, was diese spezifische Umwelt ausmacht; sie berichten davon, welche Elemente im Universum existieren, wie sie entstanden und von welcher Art sie sind. Ihr Hauptanliegen besteht darin, die idealen oder harmonischen Beziehungen zu umreißen, die zwischen allen existierenden Kräften eingehalten werden müssen, damit die Gemeinschaft überleben kann. Um die Gemeinschaft lebensfähig zu machen und zu erhalten, müssen sich die als gefährlich gegeneinander eingestuften Elemente miteinander vereinigen – Männer mit Frauen, Menschen mit Tieren, Blutsverwandte mit angeheirateten Verwandten –, und diese Vereinigung muß nach der rechten Norm geschehen, die gewöhnlich von einem Kulturheros aus mythischer Urzeit aufgestellt worden ist. Ein Beispiel hierfür ist die Piaroa-Mythe über den Ursprung der Menstruation (die später erwähnt wird), die von der Gefahr menstruierender Frauen für Männer berichtet und infolgedessen die Notwendigkeit von Nahrungstabus betont. Eine mythische Erzählung über die Entstehung der Gemeinschaft, auf die man oft bei südamerikanischen Indianervölkern stößt, erzählt von der getrennten Erschaffung einzelner Menschengruppen, gewöhnlich aus Fischen. In ihrer Abgeschiedenheit lebten diese Gruppen in einem isolierten und unfruchtbaren Zustand. Gemeinschaftsleben und somit Fruchtbarkeit konnten nur durch die Vereinigung dieser Gruppen entstehen; sie wurden ein Volk, wenn auch auf bedenkliche Art, nämlich durch Heirat zwischen nahen Blutsverwandten. Bei den Shavante in Zentralbrasilien wird die Verbindung zwischen Blutsverwandten und angeheirateten Verwandten nach dem Tod wieder gelöst; denn jeder kehrt dann wieder zu seiner ursprünglichen Gruppe zurück, die frei ist von angeheirateten Verwandten. So werden gefährliche Konstellationen im Totenreich nochmals voneinander getrennt, und in dieser Trennung manifestiert sich zugleich das »Nicht-Leben«: ein ausdrucksvolles Bild vom Wesen des Lebens an sich.

Weiterhin befassen sich die Mythen mit der Frage, was es bedeutet, Mensch zu sein und in der menschlichen Gemeinschaft zu leben, und in diesem Zusammenhang sind es die der Gemeinschaft innewohnenden Gefahren, die durchgehend hervorgehoben werden. Gemeinschafliches Leben ist durch die Einführung des Ackerbaus, durch das Einrichten von Feuerstellen, durch die Erfindung technischer Geräte, durch Jagd und Fortpflanzung möglich geworden; doch diese kreativen Kräfte brachten nicht nur zunehmende Kenntnisse und Regeln des Zusammenlebens mit sich, sondern auch Tod, Krankheit, Kannibalismus, Unglück und Leid.

Der Ursprung des Gartenbaus
Diese Sage stammt von den Trio in Surinam und Brasilien. Der Kulturheros Paraparawa ging am Ufer eines Flusses fischen. Anfangs fing er nichts, doch schließlich gelang es ihm, einen kleinen Fisch namens *waraku* zu fangen. Sowie er den Fisch an der Angel hatte, schlug er hinter ihm auf den Boden und fiel irgendwo hin. Paraparawa suchte nach ihm, aber er war verschwunden. Da hörte er hinter sich eine Stimme sagen: »Ich bin es,« und er war erschrocken, da aus seinem Fisch eine Frau geworden war. Die Frau, Waraku, sprach: »Ich möchte dein Dorf sehen.« Also brachen sie auf, und zu jener Zeit lag Paraparawas Dorf im *waruma*-Schilf.

Waraku war beim Anblick des Dorfes überrascht und fragte: »Wo hast du etwas zu essen? Wo hast du etwas zu trinken? Wo steht dein Haus?« »Ich habe kein Haus«, antwortete Paraparawa, »und mein Brot ist das weiche Mark im Innern des Waruma-Schilfes.« Waraku meinte, sie hätte genug gesehen, und sie kehrten zum Wasser zurück. Sie sagte: »Warte einen Augenblick. Mein Vater kommt, und er bringt Nahrung, Bananen, Yamswurzeln, Süßkartoffeln und Yucca.« (Yucca ist die wichtigste Wurzelpflanze vieler indianischer Gemeinschaften in den südamerikanischen Tropen, aus der Brot und Getränke gemacht werden.)

Als Warakus Vater kam, erblickte Paraparawa zuerst die Yucca-Pflanze. Ihr Vater kam immer weiter aus dem Wasser heraus, und sie konnten sehen, wie die Blätter der Yucca-Pflanze aus dem Wasser auftauchten. Warakus Vater kam als riesiger Alligator (oder manchmal als große Wasserschlange, möglicherweise eine Anaconda). Als er näherkam, sah Paraparawa seine roten Augen und war darüber so erschrocken, daß er fortlief. Doch die Frau blieb und nahm die Nahrungspflanzen von ihrem Vater entgegen. Anschließend gab sie alle Paraparawa.

»Wie soll ich sie befestigen«, fragte Paraparawa. »Schneide für sie einen Platz. Rode für sie ein Feld«, antwortete Waraku. »In Ordnung«, erwiderte er, und daraufhin pflanzte er sie ein. Er pflanzte auf seinem Feld Yucca, Bananen und all die anderen Dinge. Sie wuchsen. Sie wuchsen alle so lange, bis sie ausgewachsen waren. Da erklärte Waraku Paraparawa, wie er all die Geräte herstellen sollte, die er benötigte, um Brot aus den Yuccawurzeln zu machen, denn er verstand und wußte nichts von solchen Dingen, und wie er Speisen zubereiten sollte. Waraku machte für Paraparawa Brot, doch als er etwas davon kostete, übergab er sich. Er war nicht daran gewöhnt, doch probierte er alles. Schließlich gewöhnte er sich daran, diese Dinge zu essen, und aß nun nicht mehr das Mark des Waruma-Schilfes. So geschah es.

Abdeckungsplatte auf dem Mittelpfosten in einem Tanzhaus der Wayana-Indianer, die an der Grenze von Surinam und Französisch-Guayana leben. Südamerikanische Indianer betrachten ihr Haus oft als Mikrokosmos des Universums. Auf der Platte sind mythologische Wesen aus den drei Elementen des Universums – Erde, Himmel und Wasser – abgebildet. Dargestellt sind der buschschwänzige Ameisenbär, die Schildkröte, der Fisch, »Morocoto« – ein Fischreiher – und zwei doppelköpfige Raupen, die Menschenköpfe abschlagen und verschlingen sollen.

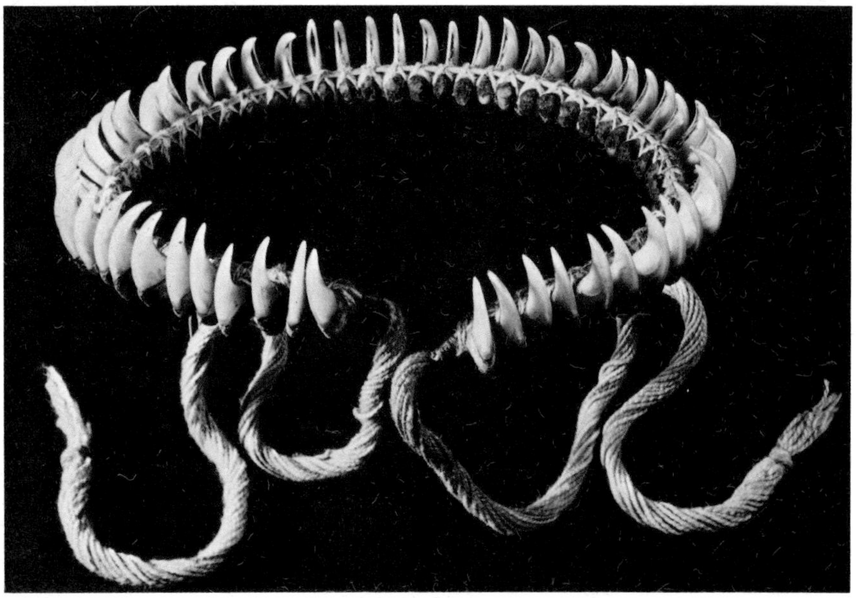

Halskette aus Jaguarzähnen aus dem Gebiet von Mato Grosso in Brasilien. Halsketten wie diese sind gewöhnlich Symbole der Macht für Krieger und Schamanen. In den Mythen der meisten südamerikanischen Indianer hat der Jaguar Bedeutung als Spender der Jagd und des Feuers und damit als Schöpfer der ersten Sozialbeziehungen bei den Menschen. Demzufolge soll sich der Krieger oder Schamane selbst in einen Jaguar verwandeln können.

Als der Mensch das Feuer bekam

Diese Mythe stammt von den Kayapo-Gorotire in Zentralbrasilien. Ein Indianer, der bemerkte, daß ein Ara-Pärchen oben auf einem steilen Felsen sein Nest gebaut hatte, nahm seinen jungen Schwager, Botoque, mit sich, um die Nestlinge zu fangen. Botoque kletterte eine behelfsmäßige Leiter hinauf, doch konnte er im Nest nur zwei Eier finden. Sein Schwager beharrte darauf, daß er sie herausnehmen solle, aber als die Eier hinunterfielen, verwandelten sie sich in Steine, die die Hand des älteren Mannes verletzten. Das machte ihn wütend. Er schlug die Leiter kaputt und ging fort.

Botoque war mehrere Tage lang oben auf dem Felsen gefangen. Er wurde mager; Hunger und Durst zwangen ihn, seinen eigenen Kot zu essen. Schließlich bemerkte er einen gefleckten Jaguar, der Pfeil und Bogen und alle möglichen Arten von Wild bei sich trug. Der Jaguar sah den Schatten des Mannes, und nachdem er vergeblich versucht hatte, diesen zu fangen, blickte er nach oben, fragte, was geschehen sei, reparierte die Leiter und forderte Botoque auf herunterzukommen. Botoque fürchtete sich aber und zögerte, doch schließlich stieg er hinab, und der Jaguar schlug ihm freundlich vor, ihn, wenn er sich mit gespreizten Beinen auf seinen Rükken setzte, mit zu sich nach Hause zu nehmen, um eine Mahlzeit aus gebratenem Fleisch einzunehmen. Zu jener Zeit kannten die Indianer kein Feuer und aßen ihr Fleisch roh. Im Haus des Jaguars nahm Botoque also seine erste Mahlzeit aus gebratenem Fleisch zu sich.

Die Frau des Jaguars, eine Indianerin, mochte den jungen Mann nicht, doch der Jaguar, der kinderlos war, beschloß, ihn zu adoptieren. Die Frau gab ihm alte, schrumplige Fleischstücke zu essen und zerkratzte ihm das Gesicht, wenn er sich beklagte. Der Jaguar schalt seine Frau, doch es nützte nichts. Eines Tages schenkte er Botoque einen nagelneuen Bogen und einige Pfeile, zeigte ihm, wie er damit umgehen mußte, und riet ihm, sie gegen die Frau zu gebrauchen. Botoque tötete sie, indem er einen Pfeil in ihre Brust schoß. Voller Schrecken floh er und nahm die Waffen und ein Stück gebratenes Fleisch mit sich.

Er erreichte sein Dorf, wo er seine Geschichte erzählte und das Fleisch verteilte. Die Indianer beschlossen, das Feuer in ihren Besitz zu bringen. Als sie beim Jaguar ankamen, war niemand zuhause, und das Wild, das am Tag zuvor gefangen worden war, war noch nicht zubereitet. Sie brieten es und nahmen das Feuer mit sich. Zum ersten Mal konnten sie gebratenes Fleisch essen.

Der Jaguar jedoch, der über die Undankbarkeit seines Adoptivsohnes, der »das Feuer und das Geheimnis von Pfeil und Bogen« gestohlen hatte, erzürnt war, sollte haßerfüllt gegenüber allen Lebewesen, besonders den Menschen, bleiben. Nun konnte man in seinen Augen nur noch den Widerschein des Feuers sehen. Er benutzte zur Jagd seine Klauen und fraß das Fleisch roh, nachdem er feierlich auf gebratenes Fleisch verzichtet hatte. (Nach Lévi-Strauss, 1969.)

Der Ursprung der Menstruation

Diese Mythe stammt von den Piaroa aus dem Orinoco-Becken in Venezuela. Die Frauen des Wahari, der Hauptperson dieser Sage, spielten auf einer Schaukel im Urwald. Sie schaukelten über eine Schlucht und wechselten sich dabei ab. Buoka, Waharis älterer Bruder, kam herbei und spielte mit ihnen. Er hatte keine Frau, doch vergnügte er sich mit denen seines Bruders. Die Frauen kamen eine nach der anderen bis zum Boden der Schlucht hinunter und forderten Buoka auf, sie zu lieben. Jedesmal, wenn Buoka hinüberschwang, liebte er eine Frau. Er hatte einen sehr langen Penis, den er sich um die Schultern wickelte, und er war in der Lage, sie aus einiger Distanz und sehr häufig zu lieben.

Wahari, der über das Verhalten seines Bruders verärgert war, verwandelte sich in eine schöne Frau und gesellte sich zu seinen spielenden Frauen. Er kam auf der Schaukel an die Reihe, und Buoka, der auf einer Bank saß, streckte seinen Penis nach Wahari auf der Schaukel aus und versuchte, in ihn zu dringen, doch gab es keine Öffnung. Auf der Suche nach einem Loch traf der Penis Wahari am Oberschenkel und am Unterleib. Als er Waharis Oberschenkel noch einmal traf, schnitt Wahari ihn in fünf Teile, bis er die normale Größe hatte. Aus Buokas Penis floß Blut, und er war so traurig, daß er sich in ein kleines Haus allein zurückzog. Er lag in einer Hängematte und grübelte, genauso wie es heute eine Frau bei ihrer ersten Menstruation macht.

Wahari ging in den Bergen auf die Jagd, und auf dem Heimweg besuchte er seinen Bruder, wobei er nicht wußte, daß Buoka menstruierte. Als er das kleine Haus erblickte, aus dem Rauch herauskam, rief Wahari: »Wer ist dort?« »Ich bin es«, antwortete Buoka. »Ich menstruiere.« Wahari jammerte: »Was wird mit uns geschehen? Es ist nicht in Ordnung, wenn Männer eine Periode haben.«

In der Zwischenzeit gingen Waharis Frauen wieder auf ihre Schaukel, um zu spielen, doch Buoka war nicht dort, und sie kehrten in ihre Hängematten zurück und waren traurig, weil sie ihn nicht finden konnten. Wahari kehrte zurück und erzählte ihnen, daß Buoka menstruierte. Die Frauen sprangen aus ihren Hängematten und fragten: »Wo ist er? Und woraus menstruiert er? Aus dem Kopf, den Ohren, dem Mund, aus seinen Fingerkuppen, aus den Knien, den Füßen, dem Gesäß oder dem Penis?« Sie wußten nichts von der Menstruation.

Die Frauen eilten zu Buokas Haus, wo jede ihn schnell liebte. Und so bekamen sie die Menstruation. Wahari sprach: »Von nun an haben Frauen die Menstruation.«

Die Frauen kehrten zu Waharis Haus zurück. Sie begannen, das Wild, das Wahari für die Mahlzeit mitgebracht hatte, zuzubereiten, doch nach und nach verkündete jede von ihnen, daß sie menstruierte, und zog sich in ihre Hängematte zurück. Eine menstruierende Frau darf die Speisen, die von einem Mann gegessen werden sollen, nicht anrühren, sonst wird er krank und stirbt. Wahari sagte: »Männer sollten nicht menstruieren, Frauen sollten es.« Seither menstruieren nur die Frauen.

Zeit und Mythos
Für die Indianer Südamerikas sind Geschichte und Mythos eins. Häufig stellt der Mythos einen prä-mythischen Daseinszustand vor, berichtet dann von einer Transformation und gelangt so allmählich in die post-mythische Zeit. Diese Transformation von der prä-mythischen bis in die post-mythische Zeit stellt für den Indianer die historische Zeit dar, während der post-mythische Daseinszustand, der im Mythos beschrieben wird, als eigentlicher und unentrinnbarer Zustand des gegenwärtigen Lebens empfunden wird: Der Mensch ißt das Fleisch gebraten, nicht roh; der Jaguar frißt das Fleisch roh, nicht gebraten.

Der folgende Mythenkreis der Piaroa aus dem Orinoco-Becken macht deutlich, wie die mythische Erzählung zwischen der prä-mythischen und der post-mythischen Zeit vermittelt. Die Geschichte, die davon handelt, wie die Piaroa ihre harten, leuchtenden, blauen Gesäße verloren haben, ist die allererste, und die übrigen erklären ihre Bedeutung.

A (Dies ist eine Version der Sage über den Kulturheros Wahari, der mit seiner Schwester Cheheru Inzest beging.) Paruna konnte in der Nähe seines Hauses kein Yaupon (eine verbreitete halluzinogene Droge in Südamerika) finden, und deshalb machte er sich auf die Suche danach. Während Paruna unterwegs war, besuchte Wahari seine Schwester Cheheru, Parunas Frau, um die Yaupon-Palme zu bekommen. Er schlief mit seiner Schwester, und anschließend nahm Cheheru die Yaupon-Palme aus ihrer Scheide. Paruna hatte eine Vision, in der er sah, wie Wahari die Yaupon-Droge zerrieb und seine Frau daneben nackt in ihrer Hängematte lag. Er kehrte schnell nach Hause zurück und fragte Wahari, wo er diese Yaupon-Palme gefunden hätte. Wahari antwortete ihm, daß sie überall ums Haus herum wachse. Paruna wußte, daß dies eine Lüge war. Seither stritten sich die beiden Schwäger über dieses blutschänderische Verhältnis. Als der Streit begann, verloren die Piaroa ihre harten, leuchtenden, blauen Gesäße.

B (Dies ist ein Teil einer längeren Sage über den Ursprung des Schlafes und, genau genommen, über die Erschaffung, des Faultiers.) Wahari schuf das Faultier. Er verwandelte sich selbst in das große Faultier und seinen Bruder Buoka in das kleine, so daß sie das Haus bewachen konnten, in dem sich ihre geweihten Musikinstrumente befanden, die Frauen nicht sehen durften. Nachdem Wahari das große Faultier geschaffen hatte, überlegte er noch einmal; wegen seines großen Kopfes war es ein zu gefährliches Tier. Um es harmlos zu machen, vertauschte er die Lage von Kopf und Hinterteil. Nachdem Wahari sich zuerst in ein Faultier verwandelt hatte, war der Kopf dort, wo das Hinterteil ist, und das Hinterteil dort, wo der Kopf ist. Somit hat das Faultier heute einen kleinen Kopf und frißt keine Menschen.

C Bei den Piaroa werden blaue Augen mit dem Rothirsch, einer Verkörperung Buokas, des älteren Bruders des Kulturheros, und mit Dummheit assoziiert. Buoka schuf Wahari und Cheheru, indem er seinen Bruder aus seinem rechten Auge und seine Schwester aus seinem linken Auge herauszog. Auf diese Weise zog er seine eigenen Gedanken heraus, und seine Augen blieben blau und leer und er selbst ohne Wissen zurück.

D Schließlich sind in ganz Mittel- und Südamerika Spiegel häufig ein Symbol für Augen. Die Piaroa kennen eine Erzählung über den großen Ameisenfresser, der sich selbst erschafft und zum Herstellen seiner Augen Spiegel benutzt (Glimmer?). Spiegel glänzen, sind hart und reflektieren.

Aus diesem Mythenkreis ergeben sich folgende Entsprechungen:

Blaue Augen	= Unwissenheit
Spiegel (hart, reflektierend)	= Auge
Auge	= Gesäß
Hinterteil	= Kopf
Inzesttabu	= Gesellschaft/Wissen

Männer des Kamiura-Stammes aus dem Gebiet des Xingu-Flusses in Brasilien, die rituellen Kopfschmuck tragen und auf Holzflöten spielen. Der gelbe Kopfschmuck ist Symbol der Sonne, von der oft behauptet wird, daß Männer ihre Fruchtbarkeit von ihr erhalten. Die Flötentöne sind die Stimmen legendärer Wesen.

Dieses einzigartige Stück ist der Aufsatz (oder Verschluß) einer rituellen Flöte. Er zeigt eine anthropomorphe Darstellung des mythologischen Wesens, dessen Stimme der Klang der Flöte entspricht.

Bei der ersten Mythe (A) besteht die bedeutende Frage nicht so sehr darin, warum die Piaroa ihre harten, leuchtenden, blauen Gesäße verloren haben, sondern vielmehr, warum ihnen diese überhaupt eigentümlich waren. Wir haben es hier mit einer Reihe von Symbolen zu tun, die einen ursprünglichen Zustand einem gesellschaftlichen Zustand gegenüberstellen. In der »verkehrten« Welt der prä-mythischen Gesellschaft lebten die Menschen in Unwissenheit, was durch einen Mann mit blauen Augen, der auf seinem Hinterteil sitzt (B und C) symbolisiert wird. Sobald er aufsteht, würde der Mensch auf die »Welt der Tiere«, die unter der Erde leben, hinabblicken und nicht hinauf zur »Welt der Götter«, der Quelle des Wissens.

Bei der ersten Mythe (A) erfolgt die Umwandlung von der ursprünglichen, kontaktfeindlichen Welt in die gesellschaftliche durch die Erkenntnis sexueller Beziehungen. Inzest wird nicht als ein Verhältnis der Wechselbeziehung angesehen. Die Gesellschaft kann nicht existieren, wenn die Männer ihre Töchter und Schwestern für sich behalten. Mit dieser Erkenntnis kam es sowohl zum Verlust der Unschuld (Verlust der leuchtenden, blauen Gesäße) als auch zum Erwerb von Wissen (Inzesttabu).

Die Herrschaft der Frauen

Die »verkehrte« Welt der prä-mythischen Gesellschaft wird auch in der Kayapo-Mythe über den Ursprung des Feuers dargestellt, wo es der Jaguar war, der gebratenes Fleisch, und der Mensch, der rohes Fleisch verzehrte, und in der Piaroa-Sage über den Ursprung der Menstruation, wo der Mann menstruierte und nicht die Frau. Eine Mythe, die bei den Stammesgemeinschaften des tropischen Urwaldes weit verbreitet ist, berichtet von einer Welt, die einst von Frauen und nicht von Männern regiert wurde.

Ein Beispiel stammt von den Tupi aus Amazonien, Brasilien. Vor sehr langer Zeit, als die Welt von Frauen regiert wurde, beschloß der Sonnengott, der über diesen Zustand empört war, dies zu ändern, indem er die Menschen verbesserte und sie seinem Gesetz unterordnete und dann eine fehlerlose Frau auswählte, die er sich zu seiner Gefährtin nehmen konnte. Er benötigte einen Abgesandten. Deshalb sorgte er dafür, daß eine Jungfrau mit Namen Ceucy vom Saft des Cucura- oder Puruman-Baumes, der über ihre Brüste floß, befruchtet wurde. Ihr Kind Jurupari nahm den Frauen die Macht und gab sie den Männern zurück. Um die Unabhängigkeit der Männer hervorzuheben, trug er ihnen auf, Feste zu feiern, von denen die Frauen ausgeschlossen waren, und er verriet ihnen Geheimnisse, die von Generation zu Generation weitergegeben werden sollten. Jede Frau, die diese Geheimnisse erfuhr, sollten sie umbringen. Ceucy selbst war das erste Opfer dieses Gesetzes, das von ihrem Sohn erlassen worden war, der noch heute auf der Suche nach einer Frau ist, die vollkommen genug ist, um die Frau der Sonne zu werden. (Nach Lévi-Strauss, 1973.)

Nach diesem Bericht vom »verkehrten Zustand« erzählt die Mythe davon, wie die Dinge in der Welt in Ordnung gebracht wurden: Wie der Mensch die Feuerstelle bekam und der Jaguar sie verlor; warum die Frauen menstruieren und die Männer nicht; wie die Männer das rituelle und heilige Wissen erlangten, das zur Aufrechterhaltung von Gesetz und Ordnung in der Gesellschaft notwendig ist, und wie die Frauen solche Fähigkeiten verloren. In der Sage sind das Wesen von Mensch und Tier oder von Mann und Frau festgelegt und ihre Unterschiede abgegrenzt. Frauen sind von Natur aus fruchtbar, wohingegen Männer ihre Fruchtbarkeit im kulturellen Sinne über den Erwerb religiösen Wissens erhalten.

Die symbolische Gleichwertigkeit der menstruierenden Frau und dem kenntnisreichen, dem »wissenden« Mann wird offen von den Tukano im nordwestlichen Amazonasgebiet angesprochen, die junge männliche Initianden »menstruierende Menschen« nennen. Religiöse Kultpersonen in Südamerika, die Schamanen, sind verantwortlich für die Fruchtbarkeit und das allgemeine Wohlbefinden ihres Landes und Volkes. Wissen und Fruchtbarkeit sind miteinander verbundene Auffassungen. In den Mythen wird das Wesen der Fruchtbarkeit des Mannes der Fruchtbarkeit der Frau gegenübergestellt. Jeder ist für bestimmte Bereiche verantwortlich; beide sind für die Existenz der Gesellschaft nötig.

Frauen, Natur und Kultur

Obwohl Frauen mit der natürlichen Fruchtbarkeit und Männer mit deren kulturellem Äquivalent assoziiert werden, macht die Gesamtheit der metaphorischen Sprache in den Mythen deutlich, daß Frauen nicht unbedingt mit der Natur in eins gesetzt werden können. Eine in den Guayanas weitverbreitete Mythe berichtet, wie ein Mann, der noch im Urzustand lebte, von einer Frau gezüchtete Nahrungspflanzen erhielt, wobei ihre Fähigkeit zu pflanzen ein charakteristisches Merkmal ihres Geschlechts war. Die Hauptperson der Sage ist immer ein Fischer, der einen Fisch/eine Frau fängt, die ihm ihrerseits die Kunst des Ackerbaus schenkt, wie in der Trio-Sage, wo sie ihm auch Feuer und technische Geräte gibt. Daraus folgt, daß der Mensch, der das Feuer nicht kennt, seine Nahrung roh ißt, ob es nun die Fische sind, die er fängt, oder die wilden Pflanzen, die er sammelt.

Die Bedeutung der Symbole in den Mythen des tropischen Südamerika ist nicht starr festgelegt, sondern sehr veränderlich. Je nach der gerade aktuellen Gegenüberstellung kann die »Frau« entweder auf der Seite der Natur oder im Gegensatz dazu auf der Seite der Kultur eingeordnet werden. Die beiden folgenden Gruppen von Gegenüberstellungen können sich aus einer Reihe von Mythen jeder beliebigen Gesellschaft ergeben (vgl. Rivière, 1969).

Natur	*Kultur*
FRAU	MANN
von Natur aus fruchtbar	durch Kultur fruchtbar
sexuelle Promiskuität	sexuelle Beherrschung
Chaos	Ordnung
Unwissenheit	geheiligtes Wissen

Natur	*Kultur*
MANN	FRAU
nackt	bekleidet
Jagd	Ackerbau
Wald	Dorf
Sonne	Feuerstelle
Inzest	Heiratsvorschrift

Die Erzählungen über den Ursprung der Landwirtschaft werfen ein weiteres Licht auf den weitverbreiteten südamerikanischen Mythos aus der Zeit, als noch die Frauen die Gesellschaft beherrschten. In der Trio-Mythe schilt der Fisch/die Frau den Kulturheros, weil er nicht in einem Dorf lebt, weil er kein Brot ißt und weil er sich nicht ausreichend »zivilisiert« verhält. Der Kulturheros erwarb von der Frau

Eine von den Karaja aus dem Gebiet des Río Araguia, Brasilien, hergestellte Keramik, die eine Szene aus ihrer Aruana-Zeremonie darstellt, bei der maskierte Tänzer die Frauen des Stammes auffordern, mit ihnen zu tanzen. Zeremonien wie diese dienen gewöhnlich mehreren Zwecken gleichzeitig: Sie sichern die Fruchtbarkeit der Natur und des Mannes, sie rekonstruieren die mythische Vergangenheit und erneuern dadurch den Zusammenhalt des Stammes, und sie führen die Jugendlichen in die Gesellschaft ein.

nicht nur die Kenntnis des Ackerbaus, sondern die Fähigkeit zur kulturellen Weiterentwicklung überhaupt – technisches Werkzeug und soziale Beziehungen.

Mit der Entwicklung von Feuerstellen, Ackerbau und technischem Werkzeug entstehen auch Sozialbeziehungen, wobei diese sich nur durch die Hinzugewinnung neuer Verwandter realisieren. Der Fisch/die Frau wird Frau des Kulturheros, und auf diese Weise tritt er in eine wechselseitige Beziehung mit anderen Menschen. Der Fisch/die Frau hat einen Vater, die Anaconda, den Alligator oder den Jaguar, der zum Schwiegervater der Hauptperson wird. Hierdurch wird eine Wechselbeziehung etabliert, die ihren prekären Charakter stets behält; denn ein Thema, das vielen Mythen gemeinsam ist, besteht darin, daß das Verhältnis zum Bruder der Frau, zur Schwester des Mannes und zum Schwiegervater – das Verhältnis zu angeheirateten Verwandten – von Natur aus eine gefährliche Sache ist.

Gesellschaft und Gefahr

Die Mythen über den Ursprung der Landwirtschaft und der Gesellschaft handeln folglich auch von den Gefahren, die mit der Entstehung sozialer Beziehungen verbunden sind. In der Piaroa-Mythe verwandelt sich der Schwiegervater je nach Wunsch in einen Jaguar oder in eine Anaconda. Wenn allerdings das Verhältnis zwischen dem Kulturheros und seinem Schwiegervater im Zentrum der Geschichte steht und nicht jenes zwischen der Hauptperson und seiner Frau, wird der Schwiegervater im allgemeinen als Jaguar und nicht als Anaconda dargestellt. So heiratet der Kulturheros, ein Fischer, die Frau, die die Tochter des Hüters des Feuers, des Jägers, eines Fleischfressers ist (in der Kayapo-Mythe ist dies der Jaguar). Der Kulturheros ist Opfer des letzteren, doch wird er durch seine soziale Beziehung zu dem Jaguar zu einem Geschöpf seinesgleichen. Als Raubfeind eines Wesens seiner eigenen Art steht der Jaguar in einer Art kannibalischer Beziehung zu seinem Schwiegersohn, dem Kulturheros. Der Kannibalismus wird dadurch mit dem Ursprung des Verhältnisses zu angeheirateten Verwandten und in diesem Zusammenhang auch mit dem Ursprung der Gesellschaft gleichgesetzt.

Normalerweise würden wir erwarten, den Kannibalismus als den äußersten Gegensatz zur sozialen Ordnung zu sehen, doch sind sie in diesem Fall miteinander verbunden. Wenn wir jedoch die Mythe genau lesen, stellen wir fest, daß der Kannibalismus nicht direkt mit dem Beginn einer Beziehung zu angeheirateten Verwandten zusammenhängt, sondern damit, daß dieses Verhältnis keine wechselseitige Qualität besitzt. In der Kayapo-Sage über den Ursprung des Feuers erhält der Kulturheros vom Jaguar, seinem Schwiegervater, Feuer, Ackerbau und technisches Werkzeug. Er aber vergilt diese Gaben kaum. Deshalb versucht sein Schwiegervater, ihn zu fressen. Die intakte soziale Beziehung ist wechselseitig: man gibt und man empfängt. Andernfalls ist eine Katastrophe die Folge.

Ein wichtiger Aspekt der Mythen liegt darin, daß jede von einer Vielfalt von Themen handelt und nicht bloß von einem einzigen Thema. Mythen, die von Ursprung und Entwicklung des Ackerbaus handeln, berichten auch von Ursprung und Wesen des Verhältnisses der Menschen zu angeheirateten Verwandten. Die Themen sind miteinander verflochten, wobei jedes Thema zur Erhaltung des nächsten herangezogen wird. Das Verhältnis zu Blutsverwandten und angeheirateten Verwandten kann als Gegenüberstellung von Wissen und Unwissenheit dargestellt werden. Und dieses Gegensatzpaar wiederum kann im Antagonismus des rational-kontrollierten und instinktiv-chaotischen Verhaltens aufscheinen, der zuletzt in den Gegensätzen von »kultivierter« und kannibalischer Eßweise, von Gekochtem und Rohem kulminiert – eine wahrhaft zutreffende Symbolkette für die Erörterung der Beziehungen zwischen Blutsverwandten und angeheirateten Verwandten. Der Mythenerzähler benutzt Wendepunkte des mythischen Geschehens in kreativer Souveränität.

SIEBENUNDZWANZIGSTES KAPITEL

VOODOO

Voodoo ist die Religion der Bauern auf Haiti, deren Zahl ungefähr 97 Prozent der Gesamtbevölkerung ausmacht. Die Mehrheit der Einwohner Haitis stammt von Sklaven ab, die aus Afrika verschleppt wurden, um in den Plantagen der Insel zu arbeiten, wo sie später unter den Einfluß des Christentums gerieten. In der Religion lassen sich sowohl afrikanische als auch christliche Einflüsse erkennen, und das Wort *Voodoo* selbst kommt von einem westafrikanischen Wort für einen Gott oder Geist her (vgl. das Kap. *Westafrika*).

Das Hauptcharakteristikum des Voodoo-Kults ist die zentrale Bedeutung, die darin der »Besessenheit« der Gläubigen von den Kultgöttern zukommt. Am Höhepunkt fast aller Voodoo-Zeremonien gelangen einer oder mehrere Gläubige zu einer Art Bewußtseinsspaltung, sie fallen in Trance und glauben, von einem Gott »geritten« oder geleitet zu werden. Im Trancezustand folgt der Gläubige dem traditionellen Verhaltensmuster, das gewöhnlich dem Gott zugeschrieben wird. Diese Art der Erfahrung, bei der das Gefühl entsteht, daß eine übermenschliche Kraft in den Körper und die Seele eines Menschen eindringt und die menschliche Persönlichkeit durch ihre eigene ersetzt, hat außerhalb Haitis in vielen anderen Teilen der Welt eine lange Tradition.

Es gibt Tausende von Voodoo-*loas* (Götter und Geister). Dazu gehören nicht nur Götter afrikanischen Ursprungs, sondern auch personifizierte Naturgewalten und Gegenstände – zum Beispiel die »Heilige« Sonne und der »Heilige« Wind – sowie christliche Heilige. Der Gott Legba ist immer der erste *loa,* der bei einer Feier angerufen wird. Ursprünglich kam er aus Dahomey in Westafrika, und seine Aufgabe bestand darin, als Sprecher und Dolmetscher der Götter aufzutreten, denn ohne seine Hilfe konnten sie sich nicht mit anderen Menschen oder untereinander in Verbindung setzen. Spuren dieser Vermittlungsfunktion sind heute noch beim Legba des Voodoo-Kultes festzustellen. Kein *loa* kann ohne Legbas Erlaubnis in die Gläubigen eindringen, denn Legba ist der Hüter des Tores, das die Welt der Menschen und die Welt der *loas* verbindet. Er hat den Schlüssel zu diesem Tor und wird daher oft mit dem heiligen Petrus gleichgesetzt. Mit der Anrufung, mit der alle Feiern eingeleitet werden, wird Legba als Bewacher der Schranke zwischen der physischen Welt und der Welt des Geistes begrüßt.

Atibon Legba, öffne die Schranke für mich . . .
Papa Legba, öffne die Schranke,
Auf daß ich eintreten kann.
Wenn ich zurückkehre, werde ich die *loas* grüßen.
Voodoo Legba, öffne die Schranke für mich,
Auf daß ich zurückkehren kann.
Wenn ich zurückkehre, werde ich den *loas* danken.

Durch Ausdehnung seiner Befehlsgewalt über das Tor zur geistigen Welt hinaus wird Legba zum Hüter-*loa* aller Tore und Grenzen. Als solcher übt er eine wohlwollende Schutzfunktion über das Haus aus. Außerdem ist er der Gott der Wege und Straßen und »Herr der Wegkreuzungen«. In dieser Rolle überwacht er die rituellen Handlungen der Magier, die sowohl auf Haiti als auch im mittelalterlichen Europa eine Wegkreuzung als einen geeigneten Ort ihrer magischen Aktivitäten betrachtet haben.

Legba erscheint als ein gebrechlicher, ärmlich gekleideter alter Mann, der eine Pfeife vor sich hinraucht und sich auf eine Krücke stützt. Als Symbol für Legba wird in vielen Voodoo-Tempeln eine Krücke aufbewahrt. Trotz seines körperlich schwachen Äußeren ist Legba aber ungeheuer kräftig, und die Besessenheit eines Gläubigen durch ihn äußert sich mit außergewöhnlicher Heftigkeit, wobei der in Trance gefallene Anhänger oft wie von einem Axthieb getroffen zu Boden fällt.

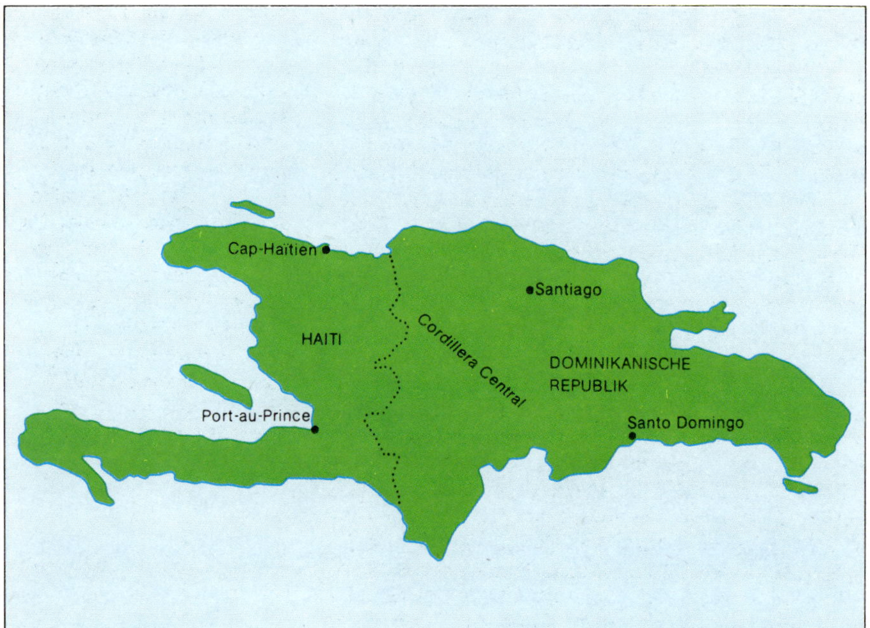

Todes- und Kriegsgötter

Der Gott der Pflanzenwelt ist Loco, der oft in Gestalt eines Baumes angebetet wird. Er ist es, der Wissen über die geheimnisvollen Eigenschaften der Kräuter verleiht, und folglich ist er auch der Gott der Heilkunde. In seinem Äußeren gleicht er in etwa einem wohlhabenden Bauern, der eine Pfeife raucht und in der rechten Hand einen Stock hält.

Loco ist die Existenz von Nibo, einem der Guede, der Todesgötter, zuzuschreiben. Der Sage nach befand sich Loco eines Tages auf einem Spaziergang, als er zufällig ein Päckchen fand. Als er es auswickelte, entdeckte er einen Stein, der sich, nachdem er

ihn mit nach Hause genommen hatte, in ein Kind verwandelte. Der erstaunte Loco fragte seinen Nachbarn Ogun, den Gott des Krieges und der Schmiede, was er tun solle. Ogun ließ das Kind taufen, und als Taufpate des Jungen gab er ihm den Namen Nibo. Anschließend adoptierte er den Jungen. Nibo beansprucht häufig, der Bruder von Oguns Sohn, Ogun-badagri, zu sein. Dieser konnte ihn jedoch überhaupt nicht leiden, und sollten die beiden *loas* jemals gleichzeitig Besitz von zwei Gläubigen ergreifen, bricht häufig ein heftiger Streit aus.

Die Anzahl der Guede, der Familie der Todesgeister, zu denen Nibo gehört, beträgt ungefähr dreißig. Abgesehen von Nibo selbst sind andere berühmte Mitglieder der Familie Baron Samedi, (»Sonnabend«), Baron Cimetière (»Friedhof«), Baron la Croix (»Kreuz«) und Maman Brigitte. In ihrem Äußeren gleichen die Guede häufig Leichenbestattern in tiefer Trauer, die schwarze Zylinder, Gehröcke und eine dunkle Brille tragen. In anderen Fällen verkleiden sie sich wie Leichen, indem sie ihren Mund mit Baumwolle ausstopfen, ihr Kinn mit weißen Leinenbinden hochbinden und ein Todesröcheln ertönen lassen.

Die Guede verbinden ihre Funktion als Götter des Todes mit der von Göttern der Obszönität und der Unzucht. Diejenigen, die von ihnen besessen sind – dies geschieht sehr häufig zur Zeit von Allerseelen, dem Fest der Toten –, verkleiden sich nicht nur als Leichen, sondern kleben sich bei Gelegenheit Penisnachbildungen an ihre Lenden, und damit tun sie so, als ob sie weibliche Gläubige vergewaltigen wollten, oder sie tanzen die *banda,* den wohl flagrantesten Sexualtanz der Welt. Die Unterhaltung derjenigen, die von den Guede besessen sind, ist von fast gleichbleibender Obszönität. Sie erzählen schmutzige Witze, singen ebenso schmutzige Lieder und betonen gewisse Wörter falsch, um ihnen eine sexuelle Nebenbedeutung zu geben. Die Guede – oder vielmehr die Gläubigen, die von ihnen besessen sind – verhalten sich immer in einer seltsamen Weise. Sie gießen sich Rum in die Ohren, trinken ein schauderhaft scharfes Getränk, das aus 21 verschiedenen Pfeffersorten hergestellt ist, und bestehlen die Gläubigen.

Ogun, der *loa,* der Nibo adoptierte, war der göttliche Schmied von Dahomey. In der haitischen Wirtschaft ist die Bearbeitung von Eisen jedoch nie von großer Bedeutung gewesen, und so sind im Voodoo-Kult nur noch Überbleibsel dieses Handwerks zu finden. Ein Eisenstab, der in eine Kohlenpfanne gesteckt wird, heißt zum Beispiel »Oguns Schmiede«, und sein Interesse am Feuer wird durch die Tatsache deutlich, daß diejenigen, die von ihm besessen sind, häufig ihre Hände in brennendem Clairin (weißem Zuckerrohrschnaps) »waschen«. In erster Linie ist der haitische Ogun aber ein Kriegsgott. Sein häufigstes Attribut ist eine Machete oder ein Säbel, der aufrecht in den Boden gesteckt ist, und er wird als Veteran der zahlreichen Bürgerkriege in der Geschichte Haitis angesehen. Diejenigen, die von ihm besessen sind, ziehen sich alte Militäruniformen an oder binden sich rote Tücher um Kopf und Leib, wenn es im Heiligtum keine Uniformen gibt. Wenn Ogun sich selbst offenbart, spricht er wie ein Soldat, wobei er den Militärjargon benutzt und seine Ausdrucksweise mit zahlreichen Flüchen bereichert. Er verlangt in Soldatenart nach Rum – er schreit: »Meine Eier sind kalt!« – und er ist äußerst vernarrt in Frauen. Ein Lied, das man ihm zu Ehren singt, veranschaulicht diese Eigenschaft.

Ogun arbeitet, er ißt nicht.
Er legt Geld auf die Seite,

Die meisten Haitianer stammen von Sklaven ab, die aus Afrika verschleppt wurden, um in den Plantagen der Insel zu arbeiten, wo sie später dem Einfluß des Christentums ausgesetzt waren. In der Voodoo-Religion verschmelzen afrikanische und christliche Elemente miteinander; zu ihren Gottheiten gehören Götter afrikanischen Ursprungs und christliche Heilige. Der Gott der Pflanzenwelt, Loco, wird oft in Gestalt eines Baumes angebetet. Kultische Treffen im Freien waren zu einer Zeit üblich, als die haitische Regierung, darum bemüht, sich als »fortschrittlich« zu erweisen, versuchte, den Voodoo-Glauben zu unterdrücken. *Voodoo-Feier unter dem Heiligen Baum,* Gemälde von Gerard Valcin, 1963.

Die Zombies, Gemälde eines anderen haitischen Künstlers, Hector Hyppolite. Auf Haiti und anderen Westindischen Inseln ist der Glaube weit verbreitet, daß eine Leiche vom bösen Willen eines schwarzen Magiers beseelt werden kann. Dieser ist als Zombie bekannt, ein Wort afrikanischen Ursprungs. In einem anscheinend tranceähnlichen oder berauschten Zustand kann der Zombie dazu gezwungen werden, einfache, niedrige Arbeiten für seinen Besitzer zu verrichten.

um mit einem hübschen Mädchen zu schlafen.
Gestern abend ging Feraille ohne Essen zu Bett.
Ogun arbeitet.
Ogun ißt nicht.
Er hat ein Kleid gekauft, das er seinem Mädchen schenken will.
Gestern ging Ogun ohne Essen zu Bett.

Zaka, der Bauer

In deutlichem Gegensatz zum kriegerischen Ogun steht Zaka, der friedliche Bauerngott der Landwirtschaft. Er kleidet sich wie ein typischer haitischer Bauer, mit grobem Baumwolldrillich und einem Strohhut, raucht eine Pfeife und hält eine Machete in der Hand. Diejenigen, die von ihm besessen sind, reden mit einem übertrieben ländlichen Akzent und verhalten sich den anderen Gläubigen im Tempel gegenüber sehr freundlich, von denen sie vertraulich mit »Vetter Zaka« begrüßt werden. Wie bei allen Bauern, besonders denjenigen, die in einer so stark gegliederten Gesellschaft wie Haiti leben, in der das Leben eines Bauern ein ständiger Kampf ums Dasein ist, zerbricht manchmal Zakas äußere Ruhe, und er enthüllt die Heftigkeit, die darunter schlummert. Diese Heftigkeit ist Thema eines Voodoo-Gesanges:

Vetter Zaka, du bist wütend,
Oh, Teufel.
Du bist wütend,
Oh, Teufel.
Du willst eine gute Frau verlassen
und mit Vagabunden leben.
Vetter Zaka, du bist wütend,
Oh, Teufel.

Der Wutausbruch Johannes des Täufers

Viele *loas* sind Personifizierungen von Naturgewalten, und es gibt zum Beispiel nicht weniger als sechs Sturmgötter. Im Süden Haitis ist der angesehenste von ihnen Schango, ein Gott afrikanischer Herkunft, doch im Norden wurde sein Platz vom heiligen Johannes dem Täufer eingenommen. Das liegt wahrscheinlich daran, daß auf Haiti vor allem in der Zeit des Namenstags des heiligen Johannes häufig Stürme auftreten. Eine Voodoo-Mythe, die von einem Anthropologen aus den dreißiger Jahren auf Haiti erzählt wird, versucht dies zu erklären: »An einem bestimmten Tag im Jahr erlaubt es Gott jedem Heiligen, das Universum zu beherrschen. Der heilige Johannes der Täufer ist jedoch so leichtsinnig und seine Wut so heftig, daß Gott die Folgen fürchtet, wenn er an seinem Tag seine Macht ausüben dürfte. Indem er am Tag zuvor unablässig nötigt zu trinken, wird er so betrunken gemacht, daß er nach dem Einschlafen fünf Tage lang nicht aufwacht. Wenn er dann erfährt, daß sein Tag schon vorbei ist, ist seine Wut so fürchterlich groß, daß gewaltige Stürme über die Erde rasen, und es ist tatsächlich üblich... daß an diesem Tag Gewitterstürme mit beinahe orkanartiger Stärke herrschen...«

Das Verhältnis zwischen den christlichen Heiligen und den Voodoo-»Heiligen«, oder *loas,* wird in einer Geschichte erklärt, die der französische Anthropologe Alfred Métraux in Port-au-Prince, der Hauptstadt Haitis, gehört hat:

»Nachdem er die Erde und die darauf lebenden Tiere erschaffen hatte, sandte Gott zwölf Apostel hinab. Unglücklicherweise verhielten sie sich zu hart und mächtig. In ihrem Stolz lehnten sie sich schließlich gegen Gott auf. Zur Strafe sandte er sie nach Afrika, wo sie sich vermehrten. Sie und ihre Nachkommen sind es, die als *loas* ihren Dienern helfen und sie trösten, wenn sie unglücklich sind. Einer der Apostel, der sich weigerte, nach Afrika zu gehen, ergab sich der Hexerei und nahm den Namen Luzifer an. Später sandte Gott zwölf weitere Apostel, die sich diesmal wie gehorsame Söhne verhielten und das Evangelium predigten. Sie und ihre Nachkommen sind für uns die Heiligen der Kirche.«

Links: Die Guede sind die Todesgötter des Voodoo-Kultes. Sie gleichen Leichenbestattern mit Gehröcken und Zylindern und schwarzen Brillen. *Die Guede,* Gemälde von Andre Pierre.

Unten: Ein Plakat vor einem Voodoo-Tempel bietet »Kontakt mit der Welt des Unsichtbaren« an. Dieser Kontakt wird bei Feierlichkeiten erreicht, bei denen die Gläubigen in Trance fallen und von den Göttern »geritten« oder besessen werden. Dieses Kulterlebnis, bei dem man fühlt, wie eine übermenschliche Kraft in die Seele und den Körper eines Gläubigen eindringt, ist das zentrale Merkmal des Voodoo-Glaubens. Die afrikanischen Symbole, die französische Sprache und die Werbung für alkoholfreie Getränke machen die Vermischung von Kulturen, wie sie im Voodoo-Kult zu erkennen ist, deutlich.

Die Liebesgöttin

Eine der merkwürdigsten Beziehungen zwischen den Gestalten des Christentums und den *loas* ist der Vergleich der Jungfrau Maria mit Erzulie, der Voodoo-Liebesgöttin. Erzulie soll ein Mischling von den Antillen sein. Ursprünglich war sie tatsächlich Mitglied einer Familie von Meergöttern (und es ist interessant, daß Aphrodite, die griechische Liebesgöttin, im Meer geboren wurde), doch ist ihre Verbindung mit dem Meer fast vollständig in Vergessenheit geraten, und sie kümmert sich nun fast ausschließlich um romantische Liebe. Wenn sie in einem Voodoo-Tempel erscheint – also Besitz von einem Gläubigen ergreift –, wird ihr zu Ehren ein Lied gesungen.

Ah, die schöne Frau,
Welche Erzulie ist!
Welche Erzulie ist!
Oh, ich will dir ein Geschenk machen,
Bevor du fortgehst. Abobo!

Unter ständiger Wiederholung des Liedes wird Erzulie in eine ihr und ihrem Kult geweihte Ecke des Tempels geführt, wo zauberhafte Gewänder ausgebreitet sind, mit Toilettenartikeln, einer Zahnbürste und einem Kamm. Sie kämmt ihr Haar aus, so daß es locker fällt, sie zieht ein Gewand an und legt – sofern vorhanden – Schmuck an, schminkt sich und schreitet in den Tempel zurück. Hier kokettiert sie mit ihren Anhängern, verlangt süße Erfrischungen – kleine Zuckerkuchen und süßen Champagner mag sie besonders gern –, riecht an Parfum und redet mit einer übertrieben schrillen »fraulichen« Stimme.

Erzulie ist fähig, sich in übertriebener Weise »typisch weiblich« zu verhalten. Wenn ihr zum Beispiel ein Geschenk, um das sie einen Anhänger gebeten hat, verweigert wird, neigt sie dazu, in Tränen und Schmerz auszubrechen, die erst aufhören, wenn Erzulie den Geist der Gläubigen wieder verläßt, von der sie Besitz ergriffen hatte. Sie hat viele Liebschaften mit anderen Göttern, einschließlich des Kriegs-

Rechts: Erzulie, die Gestalt im Mittelpunkt des Gemäldes von Andre Pierre, ist die Voodoo-Liebesgöttin. Damballah, der Schlangengott, und Jean Dantor, ein unbedeutender *loa,* begleiten sie. Ein Mensch, der von Erzulie besessen ist, spricht mit übertrieben schriller Stimme, flirtet mit anderen Gläubigen und verlangt Zukkerkuchen und süßen Champagner.

Unten: Gemälde aus dem Innern eines Voodoo-Tempels in Port-au-Prince. Damballah lebt auf Bäumen, und die von ihm besessenen Gläubigen klettern hinauf und ahmen das Verhalten einer Schlange nach. Der geweihte Baum ist ein häufig vorkommendes Voodoo-Symbol.

gottes Ogun, gehabt. Nibo, der Guede-*loa,* der von Ogun adoptiert wurde, ist in Erzulie sehr verliebt, doch da sie ein Mischling ist und helle Haut hat, weist sie seine Annäherungen immer wieder zurück, denn Nibo ist tiefschwarz. Manchmal hat Nibo von einem Gläubigen zur gleichen Zeit Besitz ergriffen wie Erzulie von einer anderen. Wenn dies geschieht, folgt Nibo Erzulie und jammert: »Du weißt genau, daß ich diese Frau liebe, doch sie will nichts mit mir zu tun haben, weil ich schwarz bin.«

Die zischende Schlange

Ein anderer Liebhaber Erzulies ist Damballah, ein Schlangen-*loa,* der auf Bäumen lebt, besonders auf solchen in der Nähe von Quellen. Wie viele *loas* hat Damballah seinen Ursprung in Dahomey, doch galt er dort eher als eine Urkraft denn als ein personifizierter Gott. Der Vorgänger Damballahs in Dahomey war Da, die Lebenskraft, ein Gott, der viele Gestalten annimmt, hauptsächlich jedoch die, in der er um die Erde kreist und Sterne und Planeten in Bewegung setzt. Im Voodoo-Kult stellt sich diese Kraft der Erdumkreisung als ein reiner Schlangengott dar (eine Reduktionsform) und als solcher wird er in den Heiligtümern aufgenommen.

Gläubige, die von Damballah besessen sind, sprechen niemals, sondern zischen und pfeifen nur. Sie schlängeln sich wie Schlangen auf der Erde dahin oder klettern auf Bäume. Man bietet ihnen weiße Dinge zum Essen und Trinken an, denn Weiß ist Damballahs Farbe. Ihm ist das Silber geweiht, und diejenigen, die sein Wohlwollen finden, entdecken

verborgene Schätze oder gelangen auf andere Weise zu großem Reichtum.

Damballah ist ein Freund von Agwe, dem Meergott, dem nicht nur die Meere geweiht sind, sondern alles, was in oder auf ihnen lebt und existiert – Fische, Meerespflanzen, Boote und Schiffe. Die Attribute Agwes, die man in den meisten Voodoo-Tempeln findet, sind grün oder blau angemalte Modelle von Booten, Muscheln und Ruderstangen. Auf den Mauern, die man in den Tempeln entdeckt hat, wird er mit Bildern von Frachtschiffen und schwerbewaffneten Kriegsschiffen dargestellt. Agwe ist ein grünäugiger Mischling, der sich wie ein Marineoffizier kleidet. Er ist der Schutz-*loa* der Fischer und aller, die ihren Lebensunterhalt aus dem Meer verdienen, und wird als solcher in einem Gesang angerufen:

Meister Agwe, wo bist du?
Siehst du nicht, daß ich auf dem Riff bin?
Meister Agwe, wo bist du?
Siehst du nicht, daß ich auf dem Riff bin?
Siehst du nicht, daß ich auf dem Meer bin?
Ich habe eine Ruderstange in meiner Hand,
Ich kann nicht zurück.
Ich fahre schon vorwärts,
Ich kann nicht umkehren.
Agwe, wo bist du?
Kannst du nicht sehen, daß ich auf dem Riff bin?

Es ist eine Binsenwahrheit, daß sich die Menschen ihre Götter nach ihrer eigenen Vorstellung machen und daß eine Mythologie die sozialen Zusammenhänge der Kultur, die sie hervorbrachte, widerspiegelt. Der Voodoo-Kult bildet da keine Ausnahme. Obwohl die meisten *loas* aus Afrika stammen, sind sie stark vom römischen Katholizismus der haitischen Mittelklassen und durch die Auswirkungen dessen, was trotz all seiner Unzulänglichkeiten im Grunde ein westliches politisches System mit freier Wirtschaft ist, beeinflußt worden.

DER PAZIFISCHE RAUM

ACHTUNDZWANZIGSTES KAPITEL

POLYNESIEN UND MIKRONESIEN

Die Inselwelt Polynesiens und Mikronesiens umfaßt etwa 50 Millionen Quadratkilometer im Stillen Ozean. Obwohl sich, bedingt durch die gemeinsame Abstammung und Herkunft ihrer Bewohner, eine ganze Anzahl mehr oder minder starker Übereinstimmungen feststellen lassen, haben doch die einzelnen Inseln und Inselgruppen, nicht zuletzt dank relativer Abgeschlossenheit, jeweils sehr eigenständige Kulturformen entwickelt. Trotz seiner größeren Ausdehnung zeigt dabei Polynesien eine stärkere Geschlossenheit des Kulturbildes als Mikronesien. Zu dieser Situation haben zweifellos die verhältnismäßig spät erfolgte Besiedlung vieler Teile Polynesiens sowie die größere Isoliertheit seiner durch unermeßliche Wasserflächen gekennzeichneten Kernregion ganz wesentlich beigetragen. Dennoch gibt es auch in Polynesien nicht unbeträchtliche lokale Varianten eines gemeinsamen Grundthemas – in der Sozialstruktur ebenso wie in der Gesamtkultur im allgemeinen und in der Mythenwelt. So kann innerhalb einer bestimmten Inselgruppe, ja sogar auf einer einzigen Insel, ein und dieselbe Mythe in mehreren unterschiedlichen Versionen vorkommen. Daher kann keine der hier wiedergegebenen Mythen als Gemeingut Gesamt-Mikronesiens oder Gesamt-Polynesiens gelten.

Die Erschaffung von Himmel und Erde

Die von der südostmikronesischen Insel Nauru stammende Mythe von Areop-enap und der Erschaffung des Himmels und der Erde aus einer Mördermuschel *(Tridacna gigas)* ist ein gutes Beispiel für das »Himmelshebungs«-Motiv, das in Polynesien und Ostmikronesien gleichermaßen verbreitet ist. Zu Anbeginn gab es nur die Luft und das Weltmeer und ein einziges Lebewesen, Areop-enap, den »Alten Spinnenmann«, der allein im grenzenlosen Raum umherschweifte. Eines Tages fand er einen gigantischen gewölbten Gegenstand, eine Mördermuschel. Er nahm sie in seine Hände und untersuchte jede Seite genau, ob er vielleicht eine Öffnung fände, durch die er ins Innere gelangen könnte. Aber er fand keine. Nun schlug Areop-enap auf die Muschel. Es klang hohl, und da wußte er, daß sie leer war. Er versuchte, sie mit Gewalt zu öffnen, aber auch dies mißlang ihm. Darauf sprach er eine Zauberformel, und als er es abermals versuchte, gelang es ihm, die Muschel so weit zu öffnen, um hineingehen zu können. Drinnen aber konnte er wegen der herrschenden Finsternis nichts sehen, denn es gab damals weder Sonne noch Mond. Auch gab es nicht genügend Platz, um aufrecht zu stehen, so daß er sich kriechend fortbewegen mußte.

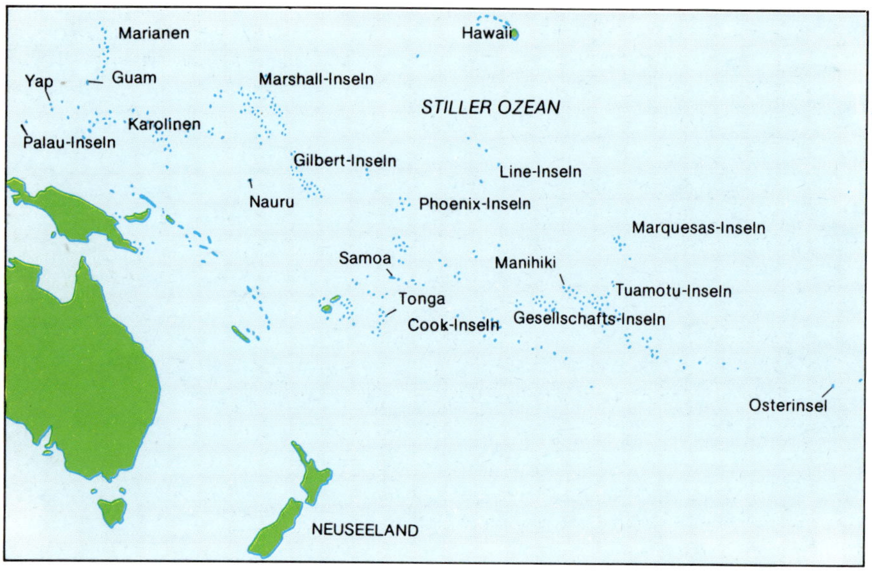

Areop-enap stöberte herum, in der Hoffnung, irgend etwas zu finden. Schließlich fand er eine Tritonshorn-Muschel. Er hob sie auf, legte sie unter seinen Arm und schlief so drei Tage, um sie während dieser Zeit mit Zauberkräften zu erfüllen. Danach legte er die Muschel beiseite, um nach weiteren Dingen zu suchen. Dabei fand er ein noch größeres Tritonshorn, mit dem er in gleicher Weise verfuhr. Nun hob er die erste Muschel wieder auf und fragte sie: »Könntest du die Decke über uns so weit anheben, daß ich mich aufrichten kann?« Das Tritonshorn sagte »Ja« und hob die obere Hälfte der Mördermuschel ein wenig an. Areop nahm nun das Muscheltier aus dem Tritonshorn-Gehäuse heraus und versetzte es in die westliche Hälfte der Muschel, wo es zum Mond wurde, den er *maramen* nannte.

Nun herrschte ein wenig Licht in der Muschel, so daß Areop-enap eine riesenhafte Raupe, Rigi, erblickte. Er fragte sie: »Könntest du die Decke über uns noch ein wenig höher heben?« Die Raupe, die erst durch diese Anrede erweckt wurde, sagte »Ja«. Und sie spannte alle ihre Kräfte an, um die Muschel noch weiter zu öffnen, wobei salziger Schweiß an ihrem Körper herunterlief und sich in der unteren Hälfte der Muschel sammelte; dort wurde er zum Meer. Als die Raupe aber die obere Muschelhälfte, die zum Himmelsgewölbe wurde, emporgehoben hatte, stürzte sie nieder und starb.

Nun nahm Areop das Muscheltier aus dem größeren Tritonshorn und heftete es an den östlichen Teil des Himmels, wo es zur Sonne *(ekuan)* wurde. Die untere Muschelhälfte aber ward zur Erde. So entstanden Himmel und Erde.

Dieser charakteristischen Fassung der Mythe steht eine Erzählung von den Gilbert-Inseln am nächsten, in der das erste Lebewesen, Nareau, die Trennung von Himmel und Erde vollbringt. Der genau über der Erde liegende Himmel wird hier durch Riiki, einen riesenhaften Aal, in die Höhe gehoben.

Rangi und Papa

In Polynesien dagegen werden Himmel und Erde meist als menschenähnliche Wesen aufgefaßt, die oft die Namen Rangi (Raki, Langi) und Papa tragen. In den neuseeländischen Schöpfungsmythen sind sie die Eltern der anderen Hauptgottheiten. In der mythischen Urzeit waren Rangi und Papa derart eng umschlungen, daß ihre in dem finsteren und engen Hohlraum zwischen ihnen lebenden Kinder weder etwas sehen noch sich bewegen konnten. Schließlich beschlossen all diese Kinder, mit Ausnahme des Wind- und Sturmgotts Tawhiri-matea, die Eltern voneinander zu trennen. Diese Trennung brachte endlich Tane zustande, der dazu die Gestalt eines Baumes annahm, um so den Himmel gewaltsam nach oben zu heben. Der Gram Rangis und Papas über die erzwungene Trennung findet seinen natursymbolischen Ausdruck in den von der Erde emporsteigenden Nebeln und dem vom Himmel herabströmenden Regen. Die Erbitterung von Tawhirimatea über diesen Kummer seiner Eltern hat dagegen einen Krieg der Götter untereinander zur Folge, der zur Erklärung bestimmter Naturereignisse wie der verheerenden Meeresorkane oder der stürmischen Meeresbrandung herangezogen wird.

Rangi und Papa sind auch der Ausgangspunkt eines Stammbaums, der fast alle Geschöpfe umfaßt und von allen Kindern des Urgötterpaares über die Tiere und Pflanzen sowie die unbelebte Natur bis zu den Menschen reicht. Die Bedeutung, die in Polynesien den Genealogien überhaupt beigemessen wurde, spiegeln auch die Mythen wider. Die Position eines Menschen innerhalb seiner Genealogie bestimmte maßgeblich seine verwandtschaftlichen und gesellschaftlichen Beziehungen, insbesondere seinen Rang gegenüber anderen Abkömmlingen desselben Vorfahrs. Oft nahmen jene den höchsten sozialen Rang ein, die sich jeweils von den männli-

HERKUNFT UND BESIEDLUNG

Das genaue Verwandtschaftsverhältnis zwischen den Völkern Mikronesiens und Polynesiens ist auch heute noch weitgehend ungeklärt. Die hier gesprochenen Sprachen lassen sich jedoch aus einer gemeinsamen »austronesischen« Stammwurzel herleiten, und auch einige Besonderheiten des physischen Erscheinungsbildes der Menschen deuten auf eine gemeinsame Abstammung hin.

Phasen der Besiedlungsgeschichte:

1. Einwanderung von Völkern der austronesischen Sprachfamilie aus dem südchinesischen Raum nach Westmikronesien (etwa 3500–2500 v. Chr.).
2. Bootsfahrten aus dem Westen nach Zentral- und Ostmikronesien (etwa seit 2000 v. Chr.).
3. Errichtung »protopolynesischer« Niederlassungen in Tonga (um 1200 v. Chr.) und Samoa (spätestens um 800 v. Chr.).
4. Entwicklung der eigentlichen polynesischen Kultur im Westen; in östlicher Richtung Entstehung eines weiteren Verbreitungszentrums auf den Marquesas-Inseln (um 150 v. Chr.).
5. Volle Ausbreitung der polynesischen Kultur im Ostpazifik, z. B. nach Hawaii (um 100 n. Chr.), der Osterinsel (um 450 n. Chr.) und Neuseeland (um 800 n. Chr.).

Im Jahre 1521 wurde die Insel Guam in Westmikronesien von Fernando de Magellan entdeckt. Die älteste Kolonialmacht in Mikronesien war Spanien, später folgten ihm Deutschland, Japan, die USA und Großbritannien.
In Polynesien setzte erst seit dem 18. Jahrhundert eine stärkere europäische Einflußnahme ein. Im 19. Jahrhundert waren es dann vor allem Walfänger, Händler und Missionare, deren Tätigkeit zugleich auch einer Verbreitung europäischer Güter und Lebensform den Weg bahnte. Großbritannien und Frankreich verfügten in Polynesien über den größten Kolonialbesitz.

Hale o Keawe, der Verwahrungsort von Häuptlingsgebeinen und anderen kostbaren Gegenständen, ist in Honaunau (Hawaii) Teil eines rekonstruierten Heiligtums, der sogenannten »Stadt der Zuflucht«. Innerhalb des umgrenzten Bereichs dieser »Stadt« genossen Missetäter und andere Verfolgte priesterlichen Schutz und waren vor Strafe sicher. Diese Einrichtung stellt eine eigenständige hawaiische Entwicklungsform der in ganz Polynesien unter dem Namen *marae* verbreiteten Kultplätze und Tempelanlagen dar.

chen Erstgeborenen eines frühen Urahns in direkter Linie herleiteten. (Das Problem des Status eines Erstgeborenen steht auch im Zentrum der Mangaia-Mythe von Tangaroa und Rongo, die später erzählt wird.) Es gibt den Stammbaum einer Häuptlingsfamilie von den Cook-Inseln, der über 65 Generationen bis zu Atea (der hier an die Stelle von Rangi getreten ist) und Papa reicht.

Mana und Tapu

Ein anderer Aspekt der polynesischen Kultur, nämlich das Begriffspaar *mana* und *tapu,* läßt sich durch die Maori-Erzählung von der Erschaffung der ersten Frau veranschaulichen. Der Gott Tane bildete, dem Rat seiner Mutter Papa folgend, aus Erde ein weibliches Wesen, Hine-ahu-one, und nahm es zur Frau. Ihr erstes Kind war das Ei Tiki-tohua, von dem alle Vögel abstammen. Das nächste Kind war eine Frau, Tiki-kapakapa. Sie wurde sorgsam aufgezogen und erhielt, als sie herangewachsen war, den Namen Hine-a-tauira. Tane heiratete sie, und sie hatten miteinander eine Tochter, Hine-titamauri.

Eines Tages fragte Hine-a-tauira den Tane, wer eigentlich ihr Vater wäre. Er lachte. Sie fragte abermals, worauf Tane auf seine Geschlechtsteile deutete. Sie verstand nun, daß ihr Mann zugleich auch ihr Vater war. Überwältigt von Scham und Verzweiflung über diese inzestuöse Beziehung, floh sie in die Finsternis der Unterwelt, wo sie als Hine-nui-te-po, »Große Frau der Nacht«, Berühmtheit erlangte. Als sie fortzog rief sie: »Bleibe zurück, Tane, um unsere Nachkommen in die Welt des Lichtes emporzuziehen, ich dagegen werde mich in die Unterwelt begeben, um sie dort an mich zu nehmen.« Beider Götter Nachkommen sind die Menschen, und Hine-nui-tepo ist die Göttin des Todes.

Das *mana* war als die »Wirk- und Lebenskraft« eines Menschen zugleich mit dessen gesellschaftlichem Rang verknüpft. Das höchste *mana* war jenes der Götter. Obwohl bestimmte Leistungen und Verdienste für das *mana* eines Menschen Voraussetzung waren, wurde es häufig auch als abstrakte Qualität zum Zwecke persönlichen Schutzes gesehen. Das *tapu* (Tabu) dagegen umschloß eine Reihe von Vorschriften, die den Kontakt zwischen den relativ reinen und machtbegabten Menschen einerseits und den als unrein und »kraftlos« geltenden Perso-

Oben: Moai paapaa, eine weibliche Holzfigur von der Osterinsel. Einigen Überlieferungen zufolge sollen Figuren dieser Art, deren erste vom Heldenvorfahr Tu'u-ko-ihu nach einem Zusammentreffen mit Geistern geschnitzt worden sei, die Ahnengeister (*akuaku*) verkörpern.

Oben rechts: Holzfigur eines Gottes mit Augen aus Muschelschale und mit Menschenhaar, Kealakekua-Bay, Hawaii.

EINIGE HAUPTGOTTHEITEN DER POLYNESISCH-MIKRONESISCHEN MYTHOLOGIE

Polynesien

Die Hauptgottheiten der Maori auf Neuseeland sind die Kinder von Rangi und Papa.

Rangi = Papa
Himmel | *Erde*

Tangaroa	**Rongo-ma-tane**	**Haumia-tiketike**	**Tane-mahuta**	**Tawhiri-matea**	**Tu-matauenga**
Herr über Meer/ Fische	*Herr über die Kulturpflanzen*	*Herr über die Wildpflanzen*	*Herr über die Wälder, Bäume, Vögel und Insekten*	*Herr über die Winde und Naturgewalten*	*Herr über den Krieg und die Mannighaftigkei*

Mikronesien

Olofat und **Luk** sind die beiden herausragenden Gestalten eines vor allem auf den Karolinen verbreiteten Mythenzyklus. Meist treten sie als (gegensätzlich geartete) Zwillingsbrüder auf. Luk ist schön und anziehend, gütig und schöpferisch; Olofat dagegen ist häßlich und abstoßend, heimtückisch und ein »Trickster«, der die Welt durch seine Streiche und Ränke zu verändern trachtet. Auf einigen Inseln gilt er zugleich auch als Gott des Feuers und tritt ebenso unter den Namen Yalafath, Iolofath und Yelafaz auf, wie umgekehrt Luk auch als Kukunor, Lugeiläng oder Kukeläng bekannt ist.

Nareau der Ältere und **Nareau der Jüngere** sind dagegen die Hauptfiguren bestimmter Mythen der Gilbert-Inseln. Der ältere Nareau spielt in den Anfangsstadien der Schöpfungsgeschichte die dominierende Rolle, der jüngere Nareau in deren späteren Phasen. Letzterer wird schließlich auch zu einer Trickstergestalt wie Olofat oder der polynesische Maui.

nen oder Gegenständen andererseits einschränkten. Obwohl auch Frauen unter bestimmten Umständen – z. B. im Falle einer Geburt – *tapu* werden konnten, wurde das *tapu* in erster Linie mit den reinen, als »männlich« aufgefaßten Kräften des Universums in Verbindung gebracht. Die Frauen stellten auch einen der Hauptgründe dar, die zur zeitweiligen Aufhebung eines *tapu* führen konnten. Dieser Vorgang konnte sowohl eine Gefahr für die männlichen Kräfte darstellen als auch ein Vorteil in ritueller Hinsicht sein. Der Tod verkörpert die endgültige Aufhebung männlicher Kraft, und in dem erwähnten Mythos sehen wir, wie die »Große Frau der Nacht« ihrer Rolle gemäß die Männer in den Tod zieht. Rang, gesellschaftliche Stellung und positive Daseinsmächte wurden als wesensmäßig »männlich« erachtet. Frauen dagegen werden als eher »unrein« und als Quelle negativer Einflüsse auf diese Kräfte aufgefaßt.

In einigen polynesischen Mythen sollte der Mensch ursprünglich wiedergeboren werden, genauso wie der Mond in seinem Phasenwechsel, aber einer der Götter entschied anders.

In ganz ähnlicher Weise verwirft Olofat in den Mythen der Karolinen (Mikronesien) den Vorschlag des Luk, die Wiedergeburt des Menschen zuzulassen. In anderen Gebieten Mikronesiens wird die Unsterblichkeit entweder durch ein Mißgeschick oder durch Leichtsinn vertan. Auf den Palau-Inseln bewirkt ein übelwollender Vogel, daß das Wasser des Lebens verschüttet wird.

Der Ursprung des Feuers

In der von der mikronesischen Insel Yap stammenden Erzählung vom Ursprung des Feuers ist Yalafath dessen eigentlicher Urheber, obwohl der unglückselige Donnergott als direkter Spender fungiert. Die Knollenfrüchte Taro und Yams wurden auf Yap zwar bereits gegessen, doch war das Feuer, um sie zu kochen, noch unbekannt. So mußten sie also in der Sonne gebacken werden. Daher litten die Menschen sehr unter Bauchschmerzen und baten Yalafath um Abhilfe. Auf einmal fiel ein rotglühender Donnerkeil vom Himmel herab und in einen Pandanusbaum, und aus den Rändern und der Mitte seiner Blätter trieben Dornen. Der Donnergott Dessra sah sich urplötzlich im Baum gefangen und rief laut, daß jemand käme und ihn befreie. Eine Frau namens Guaretin, die in der Nähe Taro in der Sonne buk, kam und half ihm. Er fragte sie, was sie da tue. Als sie es ihm erzählt hatte, schickte er sie nach ein wenig feuchtem Lehm, aus dem er sodann einen Kochtopf formte. Darauf befahl er ihr, Holz vom *arr*-Baum zu holen, das er in den Hohlraum seiner Achseln schob, um ihm die Saat des Feuers einzupflanzen. So kam die Töpferkunst nach Yap, und so ist es auch gelungen, zum ersten Mal Feuer durch das Reiben von Hölzern zu erzeugen.

Maui fischt Land aus dem Meer

Nach einer Mythe aus Hawaii (Polynesien) pflegte Maui immer gemeinsam mit seinen Brüdern auf dem Meer zu fischen. Er war zwar kein guter Fischer, jedoch ein um so geschickterer Trickster. So leistete er sich häufig den Spaß, den Fisch, den einer seiner Brüder gerade an der Angel hatte, mit seinem eigenen Haken zu schnappen und für sich zu beanspruchen. Aus Ärger über derartige Streiche weigerten sich seine Brüder schließlich, ihn noch jemals zum Fischen mitzunehmen. Daraufhin schalt ihn seine Mutter, weil er ihr keine Fische mehr brachte.

Oben: Der polynesische Trickster-Gott Maui angelt die Nordinsel von Neuseeland aus dem Meer empor. Wandverkleidung eines Maori-Versammlungshauses aus Whakarewarewa. Bemalte Holzschnitzerei, die Augen aus eingelegten Muscheln.

Links: Maui wird beim Versuch, in den Körper der Todesgöttin Hine-nui-te-po einzudringen und auf diese Weise für alle Lebewesen die Unsterblichkeit zu erringen, zwischen deren Oberschenkeln zermalmt. Holzschnitzerei von einem Türsturz der Maori, Neuseeland.

Die in den Mythen überaus reichlich erscheinenden Tiermotive kommen weniger häufig auch in der bildenden Kunst zum Ausdruck.

Oben: Hölzerne Speisenschüssel in Vogelgestalt mit Muschel-Einlegearbeiten von den Palau-Inseln (Mikronesien).

Rechts: Geschnitzte Darstellung eines *marakihau* genannten Fisch-Mensch-Meeresungeheuers, das unter Benutzung seiner röhrenförmigen Zunge Menschen und Boote in sich hineinzusaugen vermag. Wandverkleidung eines Maori-Versammlungshauses (Ngati Porou-Stamm, Neuseeland).

Unten: Moai moko, Holzfigur eines Eidechsenmenschen von der Osterinsel. Derartige Figuren wurden paarweise an den Türen der Häuser aufgehängt. Sie dürften Darstellungen eidechsengestaltiger Schutzgeister gewesen sein, von denen man eine Abwehr unerwünschter Eindringlinge erhoffte. Auch in vielen anderen Gebieten Polynesiens galten bestimmte Eidechsenarten als Verkörperungen von Geistern.

Zuguterletzt befahl sie ihm, zu seinem Vater zu gehen, um von diesem einen Angelhaken von großer Zauberkraft, den Manai-ka-lani, zu holen, der sie künftig mit allen gewünschten Fischen versorgen würde. Das tat er und versuchte dann am nächsten Fischzug seiner Brüder teilzunehmen, wobei er auf das Heck ihres Bootes sprang. Mit dem Ruf, das Boot sei doch zu klein, warfen sie ihn aber über Bord, so daß er an Land zurückschwimmen mußte. Bei dieser Fahrt fingen die Brüder indessen lediglich einen Haifisch. Maui sagte ihnen daraufhin, daß sie, wäre er dabei gewesen, ungleich bessere Fische gefangen hätten.

Schließlich erlaubten sie ihm, mitzukommen, diesmal weit hinaus ins Meer bis auf die Höhe der Insel Maui. Aber noch immer fingen sie nur Haifische, so daß Maui von seinen Brüdern höhnisch gefragt wurde, wo denn seine schönen Fische wären. Nun warf er den Manai-ka-lani mit einem Köder des rotschnäbeligen Wasserhuhns *alae (Gallinula sandwicensis),* jenem Vogel, der seiner Mutter Hina besonders heilig war, ins Meer. Dabei sprach er eine Zauberformel, die besagte, daß die Macht des Angelhakens ihn befähigen würde, den großen *ulua* zu fangen (eine große Stachelmakrele). Da begann sich der Boden des Meeres zu bewegen, und die Wasseroberfläche ward heftig aufgewühlt. Zwei Tage lang zog der Fisch das Boot durch die riesigen Wogen. Dann ermüdete er, worauf sich die Angelschnur lockerte und Maui seine Brüder anwies, kräftig dagegenzurudern. Als sie dies taten, begann Land aus dem Wasser aufzutauchen. Maui gebot den Brüdern, sich auf keinen Fall umzudrehen, wenn sie den Fisch behalten wollten. Aber einer von ihnen übertrat das Geheiß, worauf die Angelschnur riß und das Land als eine Inselkette hinter ihnen liegenblieb.

Die Maui-Erzählungen sind überaus weit verbreitet. Der Kern dieser Geschichte von der Entstehung der Inseln dürfte dem Begriff einer »panozeanischen« Mythe mit am nächsten kommen. Sogar auf den Westkarolinen (Mikronesien) gibt es eine Inselfischer-Gestalt namens Motiktik, die eindeutig mit dem polynesischen Namen Maui-tikitiki verwandt ist. Die übrigen Heldentaten Mauis umfassen, je nach lokalen Überlieferungen voneinander abweichend, das Hochheben des Himmels, das Einfangen der Sonne mit Hilfe einer Schlinge, um ihre Himmelswanderung zu verlangsamen, die Erschaffung des ersten Hundes (häufig durch Verzauberung seines Schwagers) und einen Versuch, die Göttin des Todes zu töten, der jedoch fehlschlägt und Mauis eigenen Untergang zur Folge hat. Maui ist seinem Wesen nach eine Lieblingsfigur des Volksglaubens, ohne Betonung seiner Häuptlingsmacht.

Der Mythos vom Inselfischen unterstreicht aber auch die Tatsache, daß die Kulturen Polynesiens und Mikronesiens ihrem Wesen nach insulare Kulturen sind, wobei Neuseeland die größte Landmasse aufweist. Das Meer und seine Lebenswelt sind daher von größter Bedeutung. Bootsfahrten und Fischfang sind ständig wiederkehrende Themen in den Mythen und Sagen.

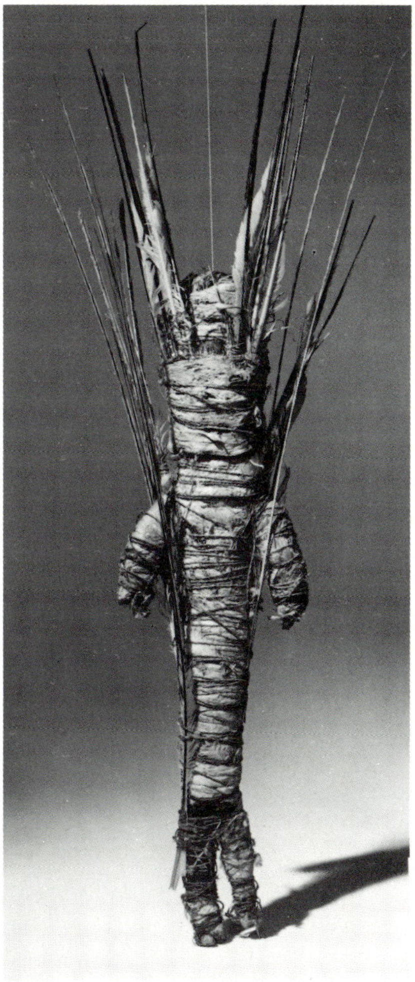

Darstellungen dreier Söhne des polynesischen Urgötterpaares.

Oben links: Holzfigur von Rurutu (Austral-Inseln), die den Gott Tangaroa Upao Vahu, Schöpfer weiterer Wesen, vielleicht aber auch den Vorfahr A'a zeigt. Ein Hohlraum in der Rückseite der Skulptur enthielt kleinere Kultfigürchen.

Oben Mitte: Stabförmiges Götterbild aus Holz von Rarotonga, das entweder Rongo oder Tangaroa, die ältesten Söhne Vateas, wiedergibt, der wiederum auf den Cook-Inseln dem Urvater Rangi entspricht.

Oben rechts: Kultfigur von Tangi'ia, dem vierten Sohn von Vatea und Papa, von Mangaia (Südliche Cook-Inseln). Sie besteht aus geflochtenen Kokosfasern und Rinden-Baststoff *(tapa)* und ist mit den roten Schwanzfedern des Tropikvogels verziert. Als jüngerer und weniger angesehener Bruder von Tangaroa und Rongo spielte Tangi'ia lediglich die Rolle einer unbedeutenden Stammesgottheit.

Ein Streit um das Recht des Erstgeborenen

Konflikte zwischen Brüdern bilden in den Mythen des Maui-Zyklus ebenso ein häufig vorkommendes Handlungselement wie im Antagonismus zwischen Olofat und seinem älteren Bruder Luk in Mikronesien. Mehrere Brüder traten oft als geschlossene Gruppe von Landbesitzern auf, aber die aus den persönlichen Rechtsverhältnissen und dem jeweiligen Verwandtschaftsgrad resultierenden Fragen waren doch häufig strittig. Die aus Mangaia stammende Erzählung von Rongo und Tangaroa schildert einen derartigen Konflikt um das Ältesten- oder Erstgeburtsrecht.

Tangaroa und Rongo waren Zwillingssöhne von Vatea (»Himmel«) und Papa (»Erde«). Ursprünglich hätte Tangaroa der Erstgeborene sein sollen, doch überließ er seinem Bruder den »Vortritt«, um erst einige Tage nach Rongos Geburt aus einer Blase am Arm seiner Mutter geboren zu werden. Der talentvolle Tangaroa lehrte seinen Bruder alle Fertigkeiten des Bodenbaus, und sein Vater Vatea erwog, ihn zum alleinigen Erben aller elterlichen Besitztümer zu machen. Papa widersetzte sich diesem Vorhaben jedoch: wenn nämlich die »Kraft« *(mana)* des rechtmäßig Erstgeborenen, also Tangaroas, auf all ihrem Eigentum läge, würden sie niemals wagen, es zu berühren und daher auch keine Nahrung mehr essen können. Daher fiel, als sie ihre Habe aufteilten, der größere Anteil an Rongo, während alle Dinge, die von rötlicher Farbe waren, an Tangaroa kamen. Alle roten Fische gehörten Tangaroa, alle übrigen dagegen seinem Bruder. Eine rotblättrige Kastanienart und die rötlichen Yams- und Kokosnußsorten wurden Tangaroas Eigentum, aber ungleich mehr Arten fielen an Rongo. So gehörten ihm sämtliche Bananensorten, während der rötliche Pisang seinem Bruder zustand.

Tangaroa und Rongo gaben ein Fest, zu dem sie Vatea und Papa einluden. Jeder der beiden errichtete einen Stapel aus den ihm zugehörigen Nahrungsmitteln. Dabei erwies sich Rongos Stapel als der weitaus größere. Und als die Eltern die beiden Essensberge miteinander verglichen, entschieden sie, daß Rongo zwar den Preis für Überfluß verdiene, Tangaroa aber mit seinem Berg roter Nahrungsmittel den Preis für Schönheit gewinne.

Tangaroa war bitter enttäuscht über die Bevorzugung seines Bruders; ein Groll, der noch anwuchs, als er feststellen mußte, daß Rongo seine Rechte mißachtete und die Zuneigung seiner, Tangaroas, Frau gewonnen hatte. Tangaroa beschloß daher, A'ua'u (Mangaia) für immer zu verlassen. So fuhr er mit einem Kanu davon, das er mit seinen rotfarbigen Nahrungsmitteln vollgeladen hatte. Er besuchte viele Inseln, bis er sich schließlich auf Rarotonga und Aitutaki niederließ.

Der Besitz an höherwertigem *mana* wurde häufig dem erstgeborenen Sohn beigemessen. Dies ist nun bei Tangaroa in derart starkem Maße der Fall, daß seine Eltern jene Güter, die in seinen Besitz übergegangen waren, nicht einmal mehr berühren konnten. Der Akzent liegt hier also eindeutig auf der Anerkennung des Ranges kraft des höheren Alters innerhalb einer Gruppe von Brüdern und des höheren genealogischen Alters der jeweiligen Abstammungslinie.

NEUNUNDZWANZIGSTES KAPITEL

MELANESIEN

Das unter dem Namen Melanesien bekannte Gebiet erstreckt sich von der »Vogelkopf« genannten Westspitze von Irian Jaya, das zu Indonesien gehört, im Westen, bis zu den Neuen Hebriden und Neukaledonien im Osten. Außerdem umfaßt es Papua-Neuguinea, also die zu Australien gehörende Osthälfte der Insel samt Neubritannien und Neuirland, sowie die Inselkette der Salomonen. Innerhalb seiner zahllosen lokalen Stammeskulturen und Sprachgruppen besteht naturgemäß eine starke Mannigfaltigkeit, die auch zum Entstehen vieler Sonderbildungen im Mythen- und Erzählgut beigetragen hat.

Vor dem Hintergrund der klassischen Mythologie neigt man wohl dazu, Mythen überhaupt als Erzählungen von den Heldentaten heidnischer Götter und Heroen aufzufassen. Und in der Tat finden wir auch in den Mythen Melanesiens ähnliche Geschichten von männlichen oder weiblichen Kulturheroen, deren einstige Taten heutige Gepflogenheiten begründet haben und diese weiterhin legitimieren. Gleichsam als »Beglaubigungen« derartiger Sitten und Gebräuche spiegeln die Mythen die in ursächlichem Zusammenhang mit Magie, Verwandtschaftssystemen, Kriegführung und dem zeremoniellen Austausch von Wertgegenständen stehende Weltanschauung und Wertvorstellung dieser Völker. Darüber hinaus erklären sie die Ursprünge von Leben und Tod, der Kultur schlechthin sowie der natürlichen Umwelt. Manchmal setzen sie aber auch ein Verständnis des heutigen Zuhörers für Vorgänge voraus, die das gerade Gegenteil der in unserer Zeit geltenden Normen darstellen: beispielsweise, wenn sie die zwischen Eltern und Kindern oder anderen Blutsverwandten immer wieder vorkommenden inzestuösen Beziehungen oder Mordfälle als eine Art Urzustand beschreiben, aus dem sich später geregeltere Bindungen entwickelt hätten.

Mythen können mit dem Ritual verbunden sein, sie können aber ebensogut auch noch weiter ausgreifen, beispielsweise als Medium zur Erklärung des Universums. In den meisten Kulturen Melanesiens sind die Mythen von großer Bedeutung, auch wenn es immer wieder graduelle Schwankungen hinsichtlich eben dieser Bedeutung wie auch der Verbreitung mythologischen Wissens geben mag. Wichtige Mythen sind häufig nur den alten Männern bekannt und zugleich an die Zurschaustellung oder Beaufsichtigung von Ritualobjekten oder kunstvollen Schnitzarbeiten gebunden. Heutzutage zeigen sich mythische Denkweisen auch in den sogenannten »Cargo-Kulten«, deren Bestreben dahin zielt, den Wohlstand und die soziale Stellung der ins Land gekommenen Weißen für sich selbst zugänglich zu machen.

Mythen bilden eine überaus bedeutsame Quelle spiritueller Kräfte, deren Studium vor allem für die Ritenforscher von Interesse ist. So schaffen Ursprungs- und Herkunftsgeschichten bestimmter Gruppen eine Verbindung zwischen diesen Gruppen und eben jenen Mächten, wobei sie nicht nur die Anfänge der ersteren erklären, sondern auch die Gründe dafür darlegen, warum letztere zur Aufrechterhaltung und Fortexistenz der Gruppe von ausschlaggebender Bedeutung sind. Religiöse Mythen leiten ihrerseits über zu Epen, Heldenliedern und Volkserzählungen, die unbeschadet ihrer gleichfalls explanatorischen Absichten oft auch als rein erzählerische Werke von großer Kunstfertigkeit zeugen. So besitzen beispielsweise die Baining auf Neubritannien eine Reihe von Sagen über zwei Familien, von denen die eine gut, die andere aber böse ist. Der Mann der guten Familie heißt Sirini, seine Frau Sichi. Die Frau der bösen Familie, Sinapki, tötet alle Menschen mit Ausnahme eines einzigen Mannes, der sich in einen »Lebensbaum« (Cordyline) verwandelt. Aus der Frucht dieses Baumes tritt jedoch erneut Sirini hervor, der an Sinapki und deren Mann Rache nimmt, was in einer Reihe von abenteuerlichen Episoden geschildert wird.

Das Kind als Ogerntöter

Ein auf sämtlichen Inseln Melanesiens akzeptiertes Pantheon gibt es nicht. Allein in Papua-Neuguinea (1975 etwa 2,8 Mill. Einwohner) kennt man mehr als 700 eigenständige Sprachen – und die Namen der Mythengestalten sind daher gleichfalls Legion. Ungeachtet dessen sind jedoch bestimmte Motivkomplexe, wie etwa die Mythe vom »Kind als Ogerntöter« sehr weit verbreitet. Bei den Orokaiva (Nordprovinz, Papua-Neuguinea) gibt es die Erzählung von einem urzeitlichen Ungeheuer Totoima, das, halb Mensch und halb Wildschwein, seine Kinder so lange tötete und auffraß, bis seine Frau Zwillinge zur Welt brachte und diese vor ihm in einer Taropflanzung versteckte. Totoima, mißtrauisch geworden, durchsuchte die Pflanzung und tötete den dabei gefundenen Sohn, während der Tochter die Flucht gelang. Sie kehrte mit einem mächtigen Zauberer zurück, der ihren Bruder wieder zum Leben erweckte und ihn befähigte, seinen Vater zu töten, während er selbst die Tochter heiratete. Totoimas Körper wurde wie der eines Schweines zerstückelt

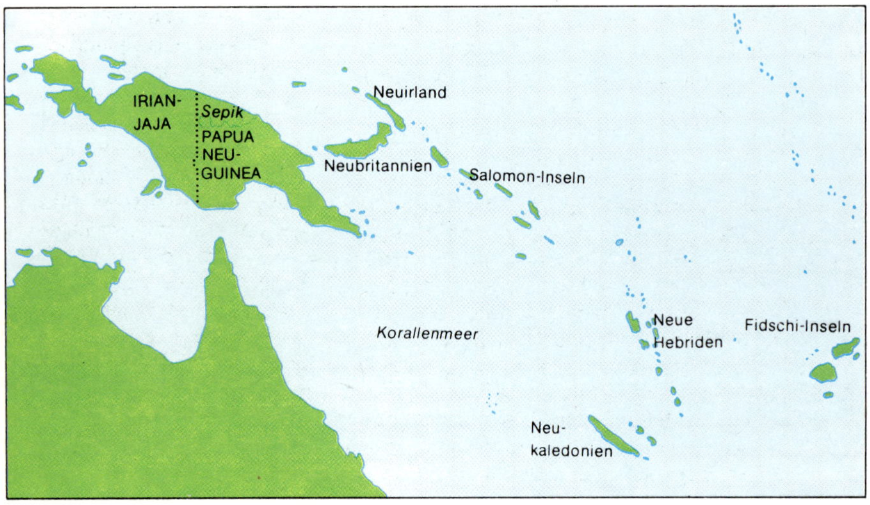

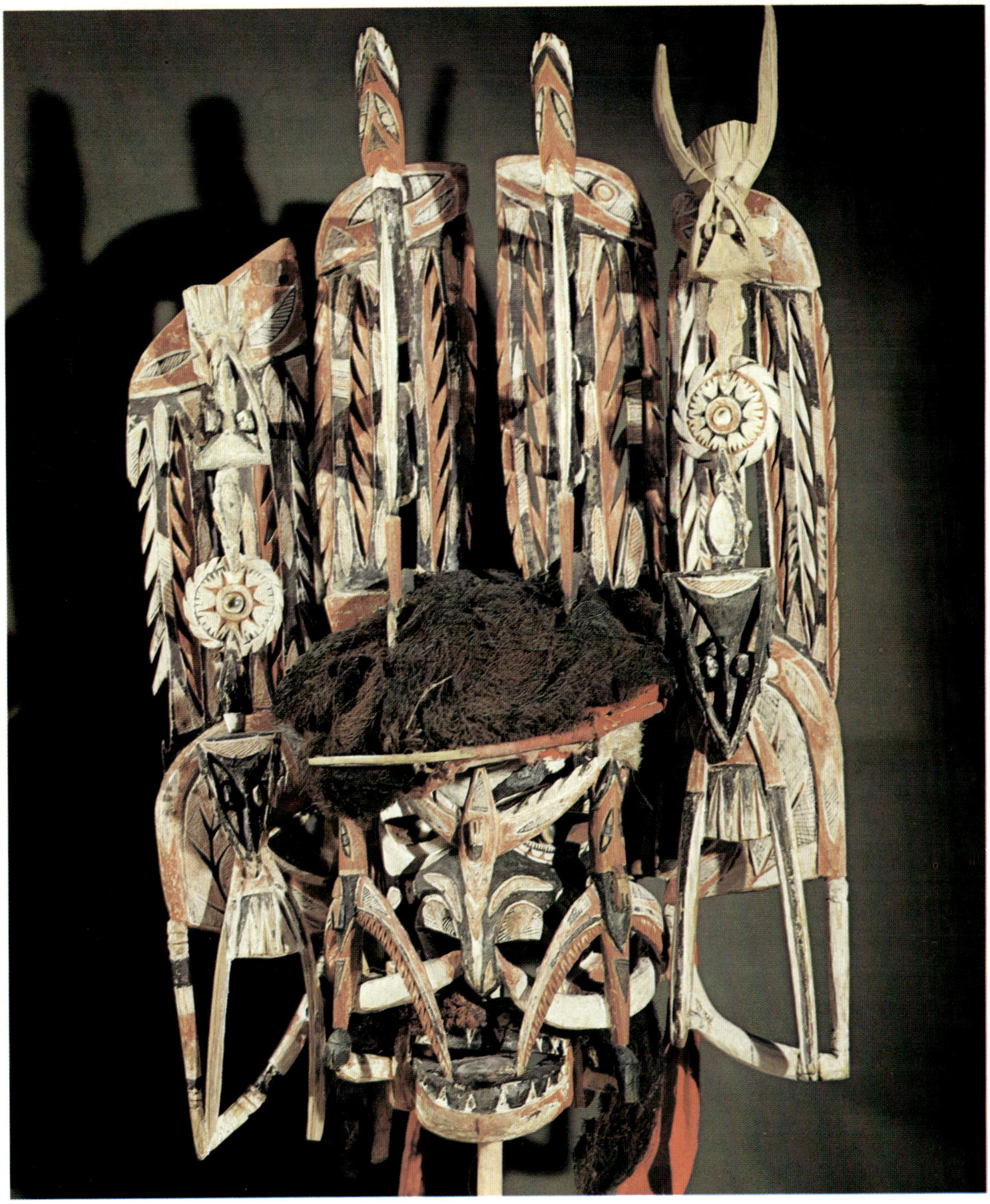

und an alle Stammesgruppen der Orokaiva verteilt. So zogen sie Nutzen aus seiner Stärke – und außerdem waren sie fortan durch ein gemeinsames Kultmahl auf mystische Weise verbunden, sosehr sie auch durch denselben Ungeist tödlichen Streitens, den Totoima verursacht hatte, entzweit blieben.

Sexualität und Tod

Totoima weist Ähnlichkeiten mit Gestalten wie Sosom, Tiro, Sido, Iko oder Hido auf, über die entsprechende Erzählungen unter den Kiwai, Orokolo, Toaripi und Marind-Anim an der Südküste von Papua-Neuguinea und Irian-Jaya weit verbreitet sind. Sosom wird als Riese geschildert, der jedes Jahr aufs neue das Gebiet der Marind-Anim durchwandert, wobei er die Erde und ihre Bewohner mit Fruchtbarkeit erfüllt. Er ist der Schutzgeist eines Initiationskultes für Knaben, und sein Penis wird mit dem Schwirrholz assoziiert, das man als Warnsignal ertönen läßt, um die Frauen von den Initianden fernzuhalten. Er wird auch als Bruder der Sonne angesehen.

Die Geschichten von Sido erklären die Fruchtbarkeit ebenso wie den Tod. In den Kiwai- und Toaripi-Versionen wandert er ebenfalls weit umher, stirbt und wird wiedergeboren. Er besitzt zwei Mütter, die wie siamesische Zwillinge miteinander verbunden sind, bis er sie schließlich gewaltsam voneinander trennt. Beim Versuch, dem Tod zu entgehen, häutet er sich wie eine Schlange in einer Grube, aber einige Kinder, die ihm dabei nachspüren, kommen hinter sein Geheimnis, und so muß er sterben. Die beiden Mütter graben traurig seinen Schädel aus der Erde und säubern ihn, um ihn fortan als Halsschmuck zu tragen. Sie folgen auch seinem Geist auf seinen Wanderungen, begehen aber den Fehler, ihm aus

Buntbemalte hölzerne Ahnenmaske aus Neuirland. Die *matua* genannten Masken dieses Typus spielen bei den Trauerzeremonien zu Ehren verstorbener Angehöriger sowie längst dahingegangener Vorfahren (Malanggan-Feste) eine wichtige Rolle. Nach der Auffassung mancher melanesischer Mythen gelangen alle Verstorbenen in ein großes Haus, das zugleich der Körper eines toten Riesenwesens ist.

Oben: Weißgesichtige und rotgekleidete Schreinfigur des »John Frum«; daneben die Nachbildung eines Flugzeugs. Auf der Insel Tanna (Neue Hebriden) waren viele Geschichten über eine mysteriöse messiasartige Gestalt namens John Frum im Umlauf. Seitdem er einer Versammlung von Stammesältesten im Jahre 1940 erstmals erschienen sein soll, ist seine Wiederkehr in einem mit Gütern aller Art angefüllten Flugzeug immer wieder erwartet worden. Die »Cargo-Kulte« genannten religiösen Vorstellungen und Bewegungen dieser Art, die auf eine Teilhabe am Wohlstand und an den Kulturgütern der Weißen abzielen, stellen ein sehr junges Phänomen der melanesischen Kulturentwicklung dar.

Rechts: Gesichtsmaske, die bei den Tanzfesten anläßlich der Wildpflaumen-Ernte auf den Inseln der Torres-Straße getragen wurde. Ebenso wie in vielen melanesischen Mythen wird auch in diesen Riten eine Parallele zwischen der Fruchtbarkeit der Natur und der Sexualität der Menschen hergestellt. Geschnitztes und bemaltes Pflaumenbaumholz mit »Haaren« aus Kokosfasern von der Insel Saibai (Torres-Straße), spätes 19. Jahrhundert.

diesem Schädel Wasser zu trinken zu geben, worauf er nie mehr als Mensch wiedergeboren werden kann. Als Geist heiratet er nun ein Mädchen; das Vergießen seines Samens ist die Ursache dafür, daß bestimmte Kulturpflanzen ungewöhnlich rasch gedeihen. Außerdem verleiht er seiner Frau auch die Gabe des Feuers, das er durch das Reiben seiner Zähne an Holz erzeugt. Schließlich verwandelt er sich in ein riesenhaftes Schwein – und dieses wiederum in ein Haus, das fortan alle Verstorbenen aufnimmt.

In weiteren Versionen dieser Mythengattung – wie etwa bei den Daribi (Osten der Hochlandprovinz von Papua-Neuguinea) – schreit ein junges Mädchen laut auf, als es den riesenhaften Penis des Kulturheros erblickt. Beschämt geht er fort und bewirkt dadurch, daß die Menschen die ihnen zugedachte Unsterblichkeit wieder verlieren. Der Penis wird als Schlange aufgefaßt, ein Aspekt, der Sido mit der Vorstellung von der Schlange als weiblichem oder männlichem Ahnentier in Zusammenhang bringt. In einem Zyklus derartiger Geschichten, der teils aus dem Sepikgebiet (Wogeo und Murik-Seen, Papua-Neuguinea), teils von Malaita (Salomonen) bzw. den Neuen Hebriden stammt, wird die Ahnenschlange übereinstimmend als weiblich beschrieben. Sie gebiert eine Tochter, deren Schönheit einen Mann fesselt; er heiratet sie, ohne zu wissen, wer sie ist, und sie haben einen Sohn. Für die Dauer der Zeit, in der sie ihre Arbeiten verrichtet, gibt sie das Kind in die Obhut ihrer Mutter, der Schlange. Ihr Mann jedoch, der einmal überraschend auf die Schlange stößt, tötet unwissentlich in seinem Abscheu mit dieser zugleich auch seine Schwiegermutter. Wenn er sie geachtet hätte, wäre er zu Ruhm und Wohlstand gelangt. So aber verläßt ihn seine Frau in tiefem Gram und kehrt in die Erde zurück.

In der Mythe aus der Murik-Seen-Region heißt die Tochter Jari, ihre Mutter dagegen Gogo. Der Mann Jaris tötet und kocht Gogo, worauf Jari aus Rache ihren eigenen Sohn für ihn als Speise zubereitet und ihn danach verläßt. Sie zieht nun durch alle Dörfer, wobei sie die Kenntnis des Gebärzaubers verbreitet, aber auch den Gezeitengang der Ströme begründet. Sie heiratet einen Mann aus dem Busch, den sie die Hausbaukunst, das Betelnußkauen und den Tabakanbau lehrt. Aus ihrem Schoß entnimmt sie das Feuer, und dem Mann bringt sie das Kochen bei. Schließlich formt sie aus Betelnüssen und Brotfrucht seine Genitalien, so daß sie von nun an geschlechtlich verkehren können.

Der Gedanke, daß die Genitalien des Mannes diesem erst durch eine Frau geschaffen wurden, erscheint in genau entgegengesetzter Form bei den Hochlandkulturen von Papua-Neuguinea, wo die Männer besondere Herrschaftsrechte über die Frauen beanspruchen. Im Mount-Hagen-Gebiet berichtet eine Mythe, die zugleich auch die Grundlage für den gegenwärtigen weiblichen Geisterkult bildet, wie ein Mann einen scharfen Stein und Bruchstücke von einer Perlmuschel in den Stamm eines Bananenbaums einsetzt. Einige junge Mädchen reiben sich an dem Stamm und bringen sich dadurch eine Schnittwunde bei; der Mann und seine Brüder nehmen sie daraufhin zu Frauen. Das jüngste Mädchen jedoch meidet dies alles und bleibt ein Geistwesen. In einem Sturm zurückkehrend, übergibt sie dem Mann ein Päckchen mit Schmuckstücken und magischen Substanzen, die bei der Einsetzung ihres Kultes Verwendung finden sollen. Interessanterweise ist eine der Aufgaben dieses Kultes der Schutz der Männer vor den magischen Gefahren des Menstrualblutes jener unter ihren Frauen, die von den dereinst zuerst »verwundeten« Schwestern abstammen. Nur die unversehrt und Jungfrau (»Geist«) gebliebene Schwester vermag diesen besonderen Schutz zu gewähren.

Inzest und Fruchtbarkeit

Die Huli (Süden der Hochlandprovinz von Papua-Neuguinea) verknüpfen dasselbe Motiv vom Einschneiden der weiblichen Genitalien mit dem Inzestthema sowie mit dem Motiv von der Entstehung der Sonne und des Mondes. In dieser Mythe beobachtet Ni heimlich, wie sich seine Schwester Hana an einem Baumstamm reibt. Daraufhin setzt er dort einen scharfen Stein ein, und sie bringt sich

Oben: Holzfigur eines Meeresgeistes mit haifischförmigem Kopf von San Cristóbal (Salomon-Inseln). Dort herrschte der Glaube, daß die menschlichen Seelen in Gestalt von Haifischen wiedergeboren werden.

Links: Malanggan-Schnitzerei eines Fisches mit einem Fliegenden Fisch und einer Schlange als Begleitern, der Gottheit Solang, in ihrer männlich-weiblichen Doppelgestalt als zwei Sitzfiguren dargestellt, sowie dem Gott Lemesisi an der Spitze. Neuirland.

Oben: Teilansicht vom Innern eines Tambaran-Kulthauses in Kalabu (Maprik-Gebiet, Papua-Neuguinea) mit Sanduhrtrommeln und bemalten Kultfiguren.

Unten: Nashornvogel-Schnitzerei aus einem »Geisterhaus« des Maprik-Gebiets (Papua-Neuguinea). Der Schnabel des Vogels dürfte seine phallische Bedeutung haben, während das Mondornament auf seinem Körper als ein weibliches Symbol anzusehen ist. Die gesamte Figur stellt daher eine Versinnbildlichung männlicher wie weiblicher Wesenszüge dar.

beim nächstenmal eine Wunde bei. Sie vereinigen sich miteinander, wagen in ihrem Schuldgefühl über das Geschehene ihrer Mutter Honabe jedoch nicht vor die Augen zu treten. Daher steigen sie in den Himmel empor, wo der Bruder zur Sonne, seine Schwester dagegen zum Mond wird.

Dieses Thema kann auch mit einer Mythe vom Inzest zwischen Bruder und Schwester von den Trobriand-Inseln (Milne-Bay-Provinz, Papua-Neuguinea) verglichen werden. Darin kommt ein junges Mädchen zufällig mit einer Schale voll verzaubertem Kokosnußöl und duftenden Blättern in Berührung, die ihr Bruder als Liebeszauber vorbereitet hat. In ihrem Liebesrausch verfolgt sie den Bruder, der schließlich am Meeresufer mit ihr geschlechtlich verkehrt. Dort sterben sie auch später an Hunger und Scham, während aus ihrer beider Brust die Blüte einer Minzpflanze sprießt. An einem anderen Ort erscheinen diese Ereignisse einem Mann im Traum, worauf er sofort aufbricht, um in den Besitz dieses machtvollen Liebeszaubers sowie eines Sprosses der Minze zu gelangen. Seither benutzen junge Männer denselben Zauber, um sich junge Mädchen, die sie zur Frau begehren, gewogen zu machen.

Aus dem verbotenen Verkehr der Geschwister miteinander – oder, genauer, aus dem ihn bewirkenden Zauber – erwächst alles, was sowohl der Stammesordnung wie der Fortpflanzung dient. Obwohl in der Trobriand-Kultur ein Bruder-Schwester-Inzest untersagt ist, sorgt die jeweilige Schwester in gewissem Sinne dennoch für die Fortpflanzung der Nachkommenschaft, da infolge der matrilinearen Erbregel ihre Kinder dem Subclan ihres Bruders, nicht jedoch dem ihres Mannes angehören.

Schöpfung und Brauchtum

Die innerhalb des gesamten Universums existierenden Beziehungen werden häufig nach demselben binären Grundmuster dargestellt, das auch für Ehe- und Verwandtschaftsverhältnisse gilt. Kosmologische Wesenheiten wie etwa die Sonne werden gleichermaßen in menschenähnlicher Personifizierung zu veranschaulichen versucht, beispielsweise wenn man die Sonnenhitze als heißen Wind aus dem After eines alten, im Himmel wohnenden Mannes hervorkommen läßt (Imbongu-Stamm, Süden der Hochlandprovinz, Papua-Neuguinea) oder von seiner Stirn, die er, um sie zum Leuchten zu bringen, mit einem rauhen Blatt abreibt (Mount Hagen).

Derartigen Geschichten kann auch eine tiefere Bedeutung innewohnen. So kann etwa die als Urahn aufgefaßte Sonne zugleich auch als der oberste Hüter der Sittlichkeit gelten. In den Mythen der Tolai (Neubritannien, Papua-Neuguinea) ist die Sonne, To Kabinana, der Ursprung jeder positiven Sittenordnung, wohingegen ihr Bruder, der Mond, ständig gegen die Ehebestimmungen verstößt. Bei den Fore (Osten der Hochlandprovinz, Papua-Neuguinea) wird die Erde als fruchtbare Muttergestalt Jugumishanta angesehen, deren Mann Morufonu heißt. Gleich Jari formt sie seine Genitalien, worauf sie in einem Garten den Beischlaf vollziehen können. Danach ziehen sie miteinander fort und erschaffen überall die natürliche Umwelt, die Menschen und deren Sitten und Gebräuche. Jugumishanta besitzt eine heilige Flöte, in der sie eines von ihren Schamhaaren verbirgt. Morufonu entwendet ihr die Flöte, um darauf zu spielen, als er aber mit dem Haar in Berührung kommt, beginnt sein eigenes Gesichts- und Körperhaar zu wachsen. Diese Mythe spiegelt die übliche Beaufsichtigung solcher Flöten durch die Männer sowie deren Verwendung in den Initiationsriten der Knaben, von denen die Frauen fernbleiben müssen. Ebenso bringt sie zum Ausdruck, daß das Gedeihen der Männer letzten Endes doch von der befruchtenden und schöpferischen Kraft der weiblichen Sexualität abhängig ist.

In anderen Hochlandkulturen wird bestimmten Himmelswesen, die im Gebiet des Mount Hagen *tei-wamb* heißen, eine Schöpferrolle zugeschrieben. Diese Wesen offenbaren sich meist in Gestalt plötzlich aufziehender Nebelschwaden oder niedergehender Blitze. Nach den Ursprungsmythen bestimmter Stämme vermitteln sie einem besonders auserwählten Ahnherrn das Stammestotem, *mi,* auf das auch bestimmte Eide geschworen werden. In einem Stamm ist das *mi* die Cordyline, die in den Mythen der Baining als »Lebensbaum« erscheint.

Die Mythen der »Cargo-Kulte« zeigen die gleiche Auseinandersetzung mit den fundamentalen Kraftquellen des Daseins. Eine Erzählung der Biak (Irian Jaya) berichtet vom Manarmakeri, der nach Koreri, der Welt der Geister, gelangte und dort eine Vision von der Unsterblichkeit erlebte. Er zog weiter und erwies dabei Segen und Wohltaten all jenen, die ihm ungeachtet seines Auftretens in der Gestalt eines ungepflegten alten Mannes freundlich begegneten.

Zeremonialschild aus dem Sepik-Gebiet (Papua-Neuguinea) in Gestalt eines Wildschweins.

(Die Symbolik seiner Reisen bringt ihn darüberhinaus auch mit dem Mond in Verbindung, der wegen seiner periodischen Wiederkehr vielfach als Sinnbild der Unsterblichkeit gilt.) Der fehlende Glaube anderer Menschen an ihn verhindert dagegen deren Aufnahme in das Reich Koreri sowie ihre Begegnung mit Manseren Manggundi, der höchsten Gottheit. Diese Mythe wurde auch zum Ausgangspunkt für immer wieder auftretende religiöse Bewegungen in Erwartung der Wiederkunft Manserens.

Die »Cargo-Mythen« in der Madang-Provinz von Papua-Neuguinea sind dagegen stärker vom christlichen Schulwesen der hier seit 1885 errichteten katholischen und lutherischen Missionen beeinflußt. Einheimischen Anschauungen folgend, wird in ihnen das Geheimnis des Wohlstands der Weißen als abhängig von den verborgenen Namen des Schöpfergottes (in Wirklichkeit niemand anderer als der einheimische Dodo oder Anutu) sowie jenem Jesu Christi aufgefaßt (der identisch mit Kilibob bzw. Manup ist, den beiden Söhnen Anutus in der traditionellen Mythologie). Beide Söhne gelten als Kulturheroen, wobei Kilibob der Erfinder wichtiger Fertigkeiten wie der Bootsbaukunst und der Holzschnitzerei ist, Manup dagegen Liebesmagie, Hexerei und Kriegskunst erfand. Christus wird als europäisches Gegenstück zu ihnen angesehen.

DREISSIGSTES KAPITEL

AUSTRALIEN

Die Landung Kapitän Cooks in der Bucht von Sydney im Jahre 1770 ist zum Ausgangspunkt eines neuen Mythos geworden. Die offiziellen Feiern zum 200. Jahrestag dieses Ereignisses im Jahre 1970 stellten ihn als den großen Entdecker und »Kulturheros« der australischen Nation heraus. Umgekehrt bezeichneten ihn die diesen »Riten« demonstrativ fernbleibenden australischen Ureinwohner als skrupellosen Eroberer und Symbol der gewaltsamen Enteignung.

Die frühen europäischen Siedler standen den Eingeborenen und ihrer Kultur überwiegend feindlich oder gleichgültig gegenüber und rechneten mit ihrem baldigen Aussterben. Dies trat auch tatsächlich im Bereich der Süd- und Ostküste ein, wo die überlebenden Ureinwohner sich teilweise mit den Europäern vermischten und nach und nach deren Lebensstil übernahmen. Die alte Kultur der Eingeborenen war im wesentlichen schriftlos und somit auf mündliche Überlieferung angewiesen, die durch malerische, symbolische, tänzerische und kultdramatische Darstellungsformen ergänzt wurde. Im Südosten des Kontinents zeichneten einige wenige Europäer alles auf, was sie beobachten konnten. Überall dort, wo die europäische Besiedlung weniger dicht und drückend war, wie im Inneren und im Norden des Landes und vor allem in Arnhem-Land und den Wüstenregionen im Westen, blieb den Eingeborenen ein gewisser Lebensraum erhalten. Der sich stetig ausbreitende Bergbau und andere zivilisatorische Belastungen bringen jedoch tiefgreifende Veränderungen mit sich.

Offiziell gilt die Bezeichnung »Aborigine(s)« für alle, die sich als solche betrachten – sei es ganz oder nur zum Teil. Eine 1977 vorgenommene Schätzung der dunkelhäutigen Bevölkerung ergab eine Zahl von rund 136000, einschließlich der 14000 Bewohner der Torres-Straße-Inseln. Für die Zeit der ersten europäischen Siedler beträgt die gemeinhin angenommene Zahl etwa 300000 Ureinwohner, verteilt auf 300 bis 500 Stämme, deren Zahl von der jeweils wechselnden Gliederung in bestimmte Sprachen und Dialekte abhängig ist. Die Ureinwohner waren Halbnomaden, wobei sich jede Gruppe innerhalb eines abgrenzbaren Gebietes bewegte. Die Fernrouten, die den Kontinent durchzogen, dienten vor allem dem Warentransport.

Viele Geschichten der Altaustralier schildern die Wanderzüge mythischer Gestalten und Vorfahren, die eine Schöpferrolle spielen, indem sie bestimmte Orte mit Namen versehen, die Landschaft umgestalten, das Auftreten von Tieren und Menschen bewirken und schließlich auch Sitten und Gebräuche einführen. Wollte man den Verlauf ihrer Wanderwege auf eine Landkarte Australiens übertragen, so würde dies ein engmaschiges, kreuz und quer über den gesamten Kontinent verlaufendes Netz ergeben. Diese Mythen boten, ergänzend zur bereits bestehenden Hervorhebung lokaler Besonderheiten, eine starke Orientierung an der Umwelt. Die regional bedingten Abweichungen innerhalb der Mythen betreffen sowohl Namensgebungen als auch die Abfolge der Wanderzüge, deren Verlauf und sogar ihre Bedeutung. Die wichtigsten Mythen waren eng an be-

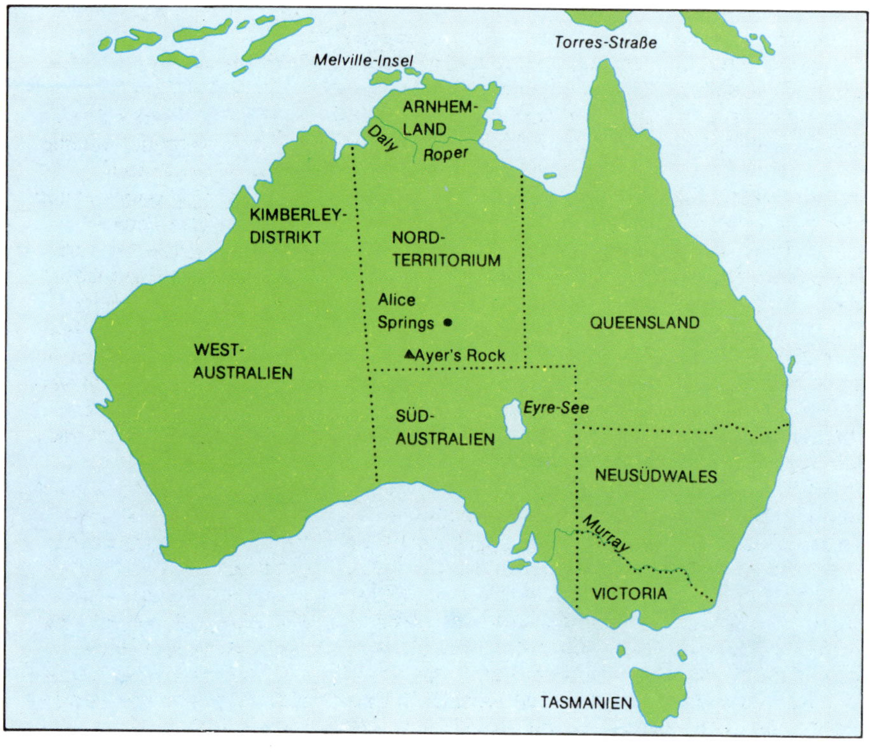

Oben: In Wasserläufen und Tümpeln lebende riesige Schlangen, die auch in der Erdentiefe hausen und mitunter als eine Verkörperung des Regenbogens angesehen werden, sind mächtige und gefürchtete Wesen der Eingeborenen-Mythologie. So gibt es viele Erzählungen, in denen davon berichtet wird, wie Menschen und Tiere von ihnen verschlungen werden. Malerische Darstellung der Mythe von der Regenbogenschlange aus Port Keats, Nord-Territorium.

Gegenüber: Mitwirkende an der Irrikara-Totemzeremonie der Aranda in Zentralaustralien. Die Aranda sind in eine Reihe von Totemgruppen aufgegliedert, von denen jede mit einem bestimmten Tier oder einer bestimmten Pflanze auf besondere Weise verbunden ist. Frauen und Kindern war eine Teilnahme an diesen ausschließlich Männern vorbehaltenen Feiern strengstens untersagt. Eine in Australien – wie übrigens auch in Südamerika – weit verbreitete mythische Anschauung behauptet demgegenüber, daß die sakralen Riten bis zu ihrer Übernahme durch die Männer ursprünglich unter weiblicher Herrschaft standen.

stimmte Stätten geknüpft und unterstanden der Aufsicht eigener Hüter und Vorschriften, die für den Fall von Abweichungen Strafen vorsahen. Die entscheidenden Kontroll- und Exekutivämter in sakralen Angelegenheiten waren Männern vorbehalten, obwohl auch den Frauen dabei gewisse Rollen und Aufgaben zukamen.

Erzählungen, deren Handlung ohne Umschweife auf einen Höhepunkt zusteuert, sind in Australien ungleich seltener als etwa bei den Papua in Neuguinea. Die meisten Mythen, egal ob in Gesangs- oder Erzählfassung, bilden lange Abfolgen von Episoden, die mit bestimmten Gegenden verknüpft sind und erst dann zu einem Schluß gelangen, wenn eine der tragenden Figuren eine neue Gestalt annimmt oder sich in die Erde bzw. den Himmel begibt oder auch bloß das entsprechende Gebiet verläßt. Den Schluß einer Erzählung nicht zu kennen bedeutete, daß der Betreffende keine engeren Beziehungen zu den Leuten besaß, zu deren Traditionen diese Kenntnis gehörte.

Vater, Mutter und Schlange

Alles, was die Menschen für wichtig erachteten, kam auch in ihren Mythen vor. Insgesamt gab es Tausende von mythischen Gestalten. Einige von ihnen spielten in allen Gebieten eine hervorragende Rolle. Eine wichtige Figur in ganz Südostaustralien war der Allvater oder Himmelsheros, der je nach Stamm unter dem Namen Baiame, Daramulun, Koin oder einfach Papang (»Vater«) bekannt war. Eine ähnliche Funktion hatte auch Ngurunderi, der am unteren Murray (Südaustralien) verehrt wurde. Charakteristisch für die verschiedenen Mura-mura-Wesen aus dem Gebiet des Eyrebeckens war deren Fähigkeit, verschiedene Gestalten anzunehmen – eine Feststellung, die auch für die meisten mythischen Wandergestalten der westaustralischen Wüstengebiete gilt. Ein Hervortreten von dominierenden männlichen Helden ist besonders bei den nördlichen Arandastämmen Zentralaustraliens zu beobachten, obwohl dort die Erde als eine nahrungs- und lebenspendende Mutter angesehen wird. Noch weiter nördlich wird weiblichen Mythengestalten und ihrer Bedeutung für Schöpfung und Fruchtbarkeit eine größere Aufmerksamkeit zuteil: so etwa den beiden Djanggau- (oder auch Djanggawul-)Schwestern, die während ihrer Wanderungen die Küste von Arnhem-Land mit ihren Kindern besiedelten; desgleichen Waramurunggundji, eine Muttergestalt, die aus dem Nordwesten über die Melville-Insel nach dem westlichen Arnhem-Land zog; und schließlich der blinden alten Mudungkala, die auf der Melville-Insel zusammen mit drei kleinen Kin-

Oben: Baumrinden-Malerei einer Wandjina-Gestalt aus dem Kimberley-Distrikt, West-Australien. Die Wandjina sind Geistwesen, die mit dem Regen und der Fruchtbarkeit in Verbindung gebracht werden.

Rechts: Baumrinden-Malerei aus Ost-Arnhem-Land, Nord-Territorium. Im untersten Feld und im zweiten von oben ist zu sehen, wie die beiden Djanggau-Schwestern die ersten Menschenwesen zur Welt bringen. Das dritte Feld zeigt heilige Stangen und Bäume, Schattenspender für die Kinder. Zuoberst sind schließlich abermals die beiden Schwestern, an der heiligen Quelle stehend, dargestellt sowie rechts davon, Mawalan, der Künstler selbst, von dem dieses Bild stammt.

Rechte Seite oben: Viele Eingeborenen-Mythen wissen von umherziehenden und dabei die Landschaft umgestaltenden sowie den Ursprung von Tieren und Menschen bewirkenden Geistwesen zu berichten. Aber auch in religiösen Zeremonien und Malereien werden diese Vorgänge nachvollzogen – wie hier beispielsweise die Wanderung der Großen Schlange durch die Warramunga. Das Felsbild befindet sich genau an jener Stelle, wo die Große Schlange ihre Reise beendete.

dern, den ersten menschlichen Wesen, aus der Erde hervorkam. Die häufig mit der Blitzschlange verbundene Alte Frau oder Fruchtbarkeitsmutter Kunapipi (Gunabibi), Gadjari oder Karwadi steht im Zentrum einer Glaubensströmung, die sich vom äußersten Norden aus bis nach Westaustralien ausbreitete.

An der Nordwestküste sind die durch ihre Darstellungen in den Felsmalereien berühmt gewordenen Wandjina die machtvollsten Mythengestalten. Mit den Regenfällen und der je nach Jahreszeit wechselnden Fruchtbarkeit sowie mit der Regenbogenschlange Ungud verknüpft, ähneln sie bestimmten anderen mythischen Wesen Nordaustraliens. Ein geradezu ständig wiederkehrendes Merkmal der Mythen und Überlieferungsbruchstücke des gesamten Kontinents (mit Ausnahme von Tasmanien, wo derartige Zeugnisse fehlen) sind die riesigen Schlangen, die in den *billabong* genannten Wasserläufen oder unter der Erde leben, wie etwa Kaleru, die Große Regenbogenschlange des Kimberley-Distrikts. Auch Wanambi in seinen Tümpeln im Bereich der großen Sandwüste ist noch heute mächtig und gefürchtet. Der Schlangenmann Jarapiri und seine Gefährten, die eine Schöpfungsreise von Winbaraku (im Nordwesten von Alice Springs) aus unternahmen, sind in die dortige Landschaft eingegangen. Und auch die riesenhafte Emianga-Schlange von den nördlichen Aranda hat jetzt – drohend zusammengerollt – tief unter den Wassern ihre vorerst letzte Ruhestätte gefunden, nachdem sie zuvor zahlreiche Menschen verschlungen hatte, darunter auch einige Nahrungssamen-Ahnfrauen, die aus demselben Tümpel emporgetaucht waren.

Mythos und Territorium

Die Mythen der Ureinwohner weisen verschiedene allgemein anerkannte Wesenszüge auf. Viele – wenn auch nicht alle – stehen in irgendeiner Verbindung mit kultischen Handlungen. Sie liefern eine Art Kanon für rituelle Ereignisse oder Ereignisfolgen wie Initiationsriten (u. a. der Beschneidung) oder Fruchtbarkeits- und Bestattungsriten. Alle Handlungen dieser Art vollziehen in dramatisierter Form bestimmte Episoden der »Traumzeit« nach, jener mythischen Vorzeit, die auch heute noch als gleichsam immerwährende »Vergangenheit in der Gegenwart« andauert und bei deren Nachvollzug sich die Darsteller des Kultdramas vorübergehend in die von ihnen verkörperten Mythengestalten selbst verwandeln können.

Die Mythen verzeichnen mit den Mitteln der Sprache die geographischen Gegebenheiten bestimmter Territorien, indem sie vermerken, wo bestimmte mythische Gestalten sich aufhalten, wo sie erstmals aufgetaucht und wohin sie schließlich fortgezogen sind. Sie betonen die Bindungen, die zwischen bestimmten Landstrichen und Personengruppen bestehen. Sie enthalten außerdem – gleichsam an Stelle verbriefter Rechtstitel – Aussagen über bestimmte Besitz- und Schutzverhältnisse. Und schließlich betonen sie die »Idee« der Identifizierung des Menschen mit dem von ihm bewohnten Territorium als eine »Daseinsgegebenheit«.

Die Wapiya-Mädchen

Mythen enthalten aber auch Feststellungen über die Beziehungen zwischen Individuen oder Gruppen; über Ähnlichkeiten und Unterschiede, wie dies etwa in den Sprach- und Heiratsregeln der Fall ist; und schließlich über richtige und falsche Verhaltensweisen. Die Geschichte von den Wapiya-Mädchen

Unten: In Nordost-Arnhem-Land glaubt man, daß die Toten auf eine Insel im Gebiet der Torres-Straße gehen und dort von Kultana in Empfang genommen würden, einem Geist, der mit dem Nordwind und dem Regen in Verbindung gebracht wird. Auch das Körpermuster der hier abgebildeten Kultana-Figur soll fallenden Regen symbolisch zum Ausdruck bringen.

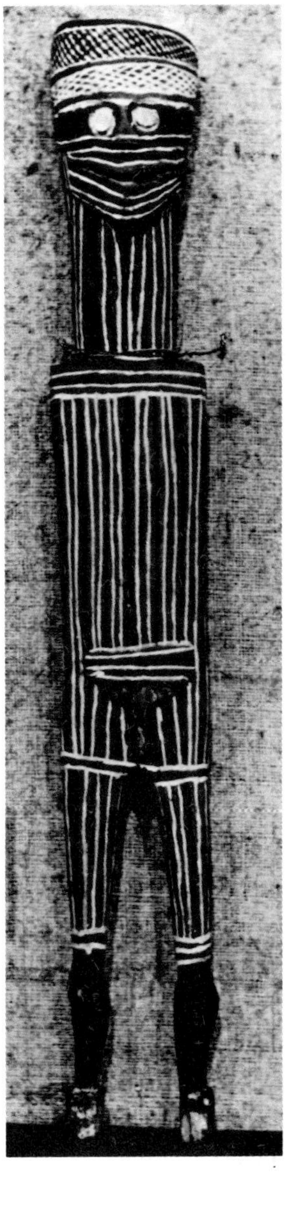

enthält mehrere dieser Merkmale: die Mädchengruppen, die Gesangsdarbietungen, den Sprachentausch, , das Sammeln von Nahrung, die Beschneidung eines Knaben durch die Mädchen sowie die Tötung der Mädchen wegen Verletzung eines religiösen Tabus.

Die im folgenden wiedergegebene Mythe stammt von den Wonkamala aus dem südaustralischen Eyre-See-Distrikt: Nachdem der alte Mura-mura-Mann Madaputa-tupuru gestorben war, wurde er von seinen trauernden Töchtern bestattet. Dann zogen diese nordwärts an den Ukaralya-(»Mädchen«-) Creek, an dessen gegenüberliegendem Ufer sie die Wapiya-(»Bumerang«-)Mädchen erblickten. Sie tauschten Grüße aus, und jede der beiden Gruppen gab eine Darbietung ihrer *mura,* das heißt ihrer heiligen Lieder. Dann tanzte die neu angekommene Gruppe über den Creek und gesellte sich zu der anderen, wobei sie auch deren Sprache, das Wonkamala, annahm. Dann zogen alle tanzend und lachend weiter nordwärts.

Einige Zeit später, nachdem sie Eukalyptus-»manna« gesammelt und ein wenig davon mit Wasser vermischt getrunken hatten, gelangten sie an ein gewaltiges Wasser mit starkem Wellengang. Sie eilten vorwärts, um fröhlich ein Bad zu nehmen. Dann gingen sie am Ufer entlang, bis sie von einem jäh vor ihnen aufragenden steilen Berg aufgehalten wurden. Einige von ihnen kehrten um. Unterwegs begegneten sie einem Knaben, an dem sie eine Beschneidung vornahmen. Sie schickten ihn in ein nahegelegenes Lager, um Brennholz zu besorgen. Obwohl seine Wunde noch nicht verheilt war, versuchte er dort, sich den Frauen zu nähern, die ihn jedoch, empört über sein unschickliches Verhalten, schlugen. Die Mädchen, die ihn ausgeschickt hatten, warteten so lange auf ihn, bis sie schließlich überzeugt waren, daß er tot sein müsse. Im weiteren Verlauf ihrer Wanderung gelangten sie an einen Platz, wo sich einige Männer versammelt hatten, um den heiligen Wodampa-Tanz zu tanzen. Die Männer waren erzürnt darüber, daß die Mädchen Dinge gesehen hatten, deren Anblick ihnen untersagt war, und erwürgten sie deshalb.

Jene Mädchen indessen, die keine Angst vor dem steilen Berg gehabt hatten, tanzten in einer Reihe auf ihn zu. Die älteste von ihnen schlug mit einem Grabstock auf den Fels, worauf sich dieser öffnete und alle hineintanzen konnten. Arawotya, der im Himmel wohnt, ließ nun von oben ein Seil aus Haaren herab und zog sie daran hoch. Eines der Mädchen aber verletzte sich beim Emporklettern die Hand an ihrem Grabstock und ließ ihren Napf fallen. Da kletterte sie wieder hinunter, um ihn aufzuheben. Arawotya aber hatte inzwischen das Seil so weit hochgezogen, daß sie es nicht mehr erreichen konnte und auf der Erde zurückbleiben mußte. Sie begegnete nun zwei jungen Männern, die ihre Wurfhölzer nach ihr schleuderten. Da sie aber mit einem glänzenden Schuppenpanzer bedeckt war, prallten die Waffen ab und flogen zu ihren Besitzern zurück. Schließlich aber brach einer der Männer ihre Schuppenhülle mit einem Baumstamm auf, so daß sie nun schutzlos dastand, sich ihm ergab und seine Frau wurde.

Ein anderes Mal wanderte Arawotya über die Erde und schuf dabei die tiefen Quellen, die in den sonst trockenen Landstrichen im Westen von Queensland zu finden sind. Danach kehrte er in den Himmel zurück (nach Howitt 1904).

Mythos und Wirklichkeit

Mythen beschäftigen sich zum großen Teil mit den elementaren Erfordernissen des Alltagslebens – wie Nahrungsmitteln, Wasser, Brennholz und anderen Rohstoffen, aber auch Wohngebieten und tabuierten Orten. Unter diesem Gesichtspunkt sind sie wirkungsvolle Hilfsmittel für das Überleben. Die in ihnen enthaltenen Lehren werden gewissermaßen »im Vorübergehen« entschlüsselt und erfaßt. So kann man aus den Mythen über den Ursprung des Feuers beispielsweise ganz praktisch lernen, wie man Feuer macht.

Es gibt auch Mythen, die sich unmittelbar mit transzendenten Sinnfragen befassen: Was ist das Leben, was sein Sinn und Zweck? Was ist der Tod, und wohin kommen die Verstorbenen? Wie hat alles angefangen? Wer ist verantwortlich für die Welt? Le-

bewesen gibt es in mannigfaltiger Gestalt – was aber steht hinter all diesen physischen Erscheinungsformen? Sind sie ihrem Wesen oder ihrer Wirkung nach ein und dasselbe, etwa verschiedene Manifestationen der gleichen Lebenskraft? Mythen geben endgültige Antworten auf solche Fragen, sei es in Form von kurzen Feststellungen, sei es in weit ausholenden Erzählungen mit Verästelungen symbolischer und bisweilen kultischer Natur. Ein Beispiel für solche Erklärungen aus dem Mythos sind jene Geschichten, die den Mond mit dem Tod in Verbindung bringen (was nicht heißt, daß alle Deutungen des Todes unbedingt auch den Mond einbeziehen müssen):

Eine Mythe der Wotjo aus Victoria erzählt, daß zu der Zeit, als die Tiere noch Menschenmänner und -frauen waren, einige von ihnen starben und daß der Mond in solchen Fällen zu sagen pflegte: »Steh wieder auf!« – worauf alle wieder zum Leben erwachten. Zur gleichen Zeit gab es aber auch einen alten Mann, der sagte: »Sollen sie doch tot bleiben!« Da erwachte keiner mehr zum Leben – mit Ausnahme des Mondes, bei dem sich der Wechsel von Tod und »Wiedergeburt« weiterhin regelmäßig vollzog (nach Howitt 1904).

Nach einer Mythe der Lungga/Gidja aus dem Osten des Kimberley-Distrikts versuchte der Mond die Schlange zu verführen, die jedoch jener Gruppe von Frauen angehörte, die als sogenannte »Schwiegermütter« für ihn tabu waren. Voller Wut ging diese nun mit den anderen Frauen auf ihn los und schnitt ihm die Geschlechtsteile ab, die sogleich zu Stein wurden. Daraufhin verkündete er zornig: »Wenn ich sterbe, so werde ich nach fünf Tagen wiederkehren; wenn ihr aber sterbt, so sollt ihr nie mehr zurückkommen, sondern tot bleiben« (nach Koberry 1939).

In einer Erzählung der Gunwinggu aus dem Westen von Arnhem-Land lag Yagul, ein rotäugiger Taubenmann, im Sterben. Der Mond wollte ihm helfen und sagte: »Mach's doch so wie ich! Ich sterbe

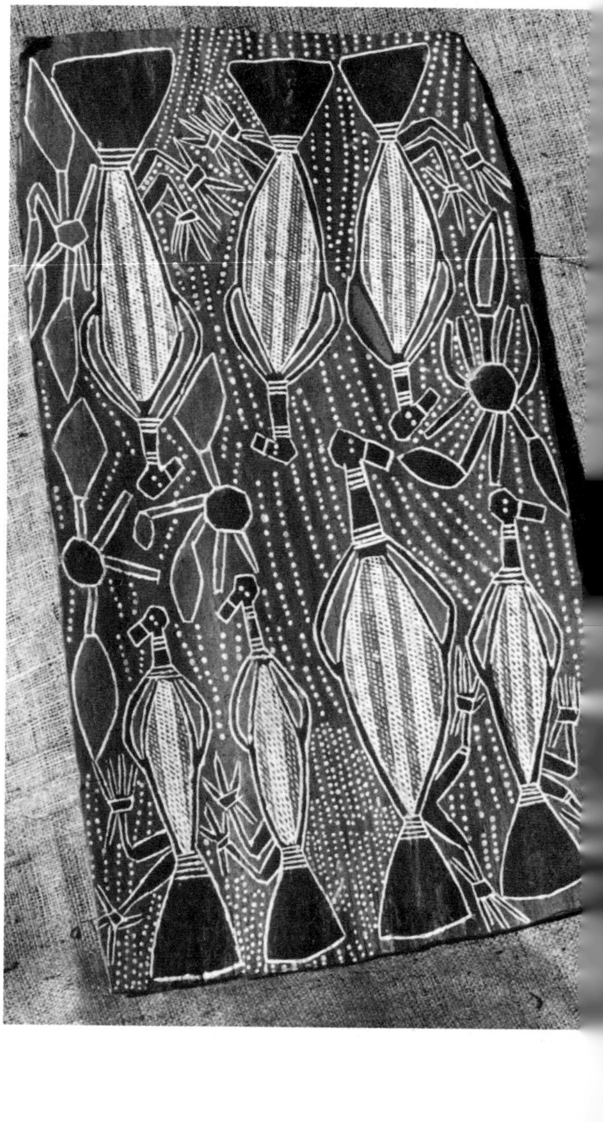

Oben: Initiationszeremonie bei den Aranda. Die Initiationsriten für Knaben, in denen diese mit den geheiligten Mythen und Bräuchen aus dem Schatz der Stammesüberlieferung vertraut gemacht werden, sollen einstmals von den Totem-Ahnen eingeführt worden sein.

Rechts: Baumrinden-Malerei aus dem Besitz eines australischen Medizinmanns mit einer Darstellung von Gänsemänner-Totemahnen. Aus dem Sumpfgebiet im Bereich der Insel Elcho, Arnhem-Land.

zwar, jedoch nur, um wieder zum Leben zu erwachen. Sieh mich an: Hier bin ich wieder, neugeboren.« Der Gefleckte Katzenmann Djabo war jedoch sehr mißtrauisch und drängte Yagul, es auf keinen Versuch ankommen zu lassen. Da sagte Yagul zum Mond: »Nein, ich will einfach sterben.« Und so geschah es und wurde fortan die Regel bei den Menschen. Als Djabo selbst krank darniederlag, wollte der Mond auch ihm helfen und sagte: »Trink meinen Urin, und du wirst so sein wie ich und zu neuem Leben erwachen.« Djabo aber weigerte sich und starb. Wenn Yagul und Djabo auf den Mond gehört hätten, so wäre niemand mehr auf Erden gestorben.

Da sich die australischen Mythen ebenso mit dem »Sollen« wie mit dem »Sein« auseinandersetzen, enthalten sie auch Hinweise auf unerwünschte Verhaltensweisen. Das heißt, sie liefern sowohl positive als auch negative Beispiele. Inzest, Verletzungen der Ehevorschriften, Vergewaltigungen, Verrat und Mord - das alles braucht dabei nicht unbedingt geahndet oder auch nur explizit verurteilt zu werden. Diese komplexe Sachlage wirft erhebliche Deutungsprobleme auf - und zwar nicht nur für den ethnologischen Laien, sondern auch für die Fachwelt der wissenschaftlichen Völkerkunde.

Berichte über die Wanderungen mythischer Gestalten sollten nicht als zuverlässige Angaben darüber betrachtet werden, woher die heutige Bevölkerung eines bestimmten Gebiets ursprünglich gekommen ist. Wenn etwa erzählt wird, daß eine Seemöwe die Inseln der Torres-Straße durch ein »Über-das-Meer-Trippeln« geschaffen habe, so veranschaulicht dies lediglich den Kulturzusammenhang dieser Inseln mit dem Festland einerseits und mit Neuguinea andererseits. Ebenso spiegeln die aus Manggadjara (Macassar) über die Melville-Insel ins westliche Arnhem-Land eingewanderten mythischen Gestalten den Kontakt mit indonesischen Händlern wider, der erst im frühen 20. Jahrhundert aufhörte. Wesentlich mehr mythische Einwanderer kamen jedoch aus Australien selbst, und zwar aus allen Teilen. Die Betonung des einheimischen Ursprungs vieler Heroengestalten bei den Aranda steht mit ihrem festen Glauben an die Kontinuität lokaler Gegebenheiten in Einklang, die durch die partielle Reinkarnation solcher Figuren in einfacher Menschengestalt gewährleistet sein soll.

Unabhängig davon, wie groß die von ihnen zurückgelegten Entfernungen waren, hinterließen viele der mythischen Wanderer deutliche Spuren in der Landschaft. Land und Meer waren erst dann geschaffen, wenn sie dorthin kamen oder daraus emporstiegen. Sie gestalteten es, vergrößerten und veränderten es, schufen Flüsse und Billabong-Wasserläufe, Hügel und Bäume oder hinterließen bisweilen auch nur Fußspuren oder Gesäßabdrücke. Die zerklüftete Westküste von Arnhem-Land ist voller mythischer Gestalten, die sich in Felsen verwandelt haben - oder aber diese Felsenstücke sind ihre Knochen, die die Regenbogenschlange erbrochen hat. (Sie hatte sie nämlich verschlungen und dann mit einer großen Wasserflut wieder ausgespien, als sie durch den Lärm eines schreienden Kindes oder auf den Boden stampfender Menschen aufgestört wurde.) Die Mythen über drohende Katastrophen haben neuerdings durch die Vorbereitungen zum Abbau von Uran in diesem Gebiet wieder Auftrieb erhalten - ebenso wie die Geschichten über die ursprünglichen Besitzverhältnisse im Rahmen der Auseinandersetzungen um Siedlungsrechte oder der Proteste gegen den Bergbau eine neue Bedeutung bekommen haben.

Oben: Die Initiationsriten enthalten auch häufig Beschneidung und Feuerprobe. In dieser Szene bei den Aranda wird ein Knabe auf einem Schild hochgehoben, um dann beschnitten zu werden.

Die Beziehungen zwischen Mann und Frau

Nicht alle wichtigen Schöpfergestalten haben menschliche Wesen in endgültiger und vollkommener Form geschaffen. So waren nach einigen Mythen der Dieri (Südaustralien) die ersten Vertreter des Menschengeschlechts noch »völlig ungeformt«, während verschiedene ähnliche Berichte aus dem Südosten behaupten, daß sie keine Geschlechtsorgane besessen oder ihnen zumindest eine hinrei-

Links: Baumrinden-Malerei von der Croker-Insel (Nord-Territorium) mit der Darstellung einer schwangeren Geisterfrau. Viele Mythenwesen der Australier sollen auch Menschen geformt oder geboren haben, wenn auch nicht durchweg in endgültiger Gestalt. So seien die ersten Menschenwesen noch »ungestalt« gewesen, oder es fehlten ihnen die Geschlechtsorgane.

Rechts: Die Felsmalereien der australischen Eingeborenen sind eine Nachschöpfung und Verewigung jener Taten, die von den Mythengestalten der »Traumzeit«, also jener auch heute noch fortdauernden, ständig gegenwärtigen Vergangenheit, vollbracht wurden. Viele Riten geben Episoden aus dieser »Traumzeit« feierlich wieder, wobei die teilnehmenden Personen sich vorübergehend in die von ihnen verkörperten Mythengestalten selbst verwandeln können.

Unten: Baumrinden-Malerei aus Nordost-Arnhem-Land, auf der die Regenbogenschlange gerade die Kinder einer der beiden Wawalag-Schwestern verschlingt. Der entsprechenden Mythe zufolge schlugen die beiden Schwestern neben jenem Wasserloch, in dem die Große Pythonschlange Yulunggul hauste, ahnungslos ihr Lager auf. Die Schlange sang sie daraufhin in den Schlaf und verschlang nun die Schwestern ebenso wie die Kinder, die sie jedoch später wieder ausspie.

chend ausgeprägte Differenzierung derselben gefehlt habe. In einer Geschichte der Wotjo (Victoria) soll ein derartiger Vorzeitmensch »sich und einen anderen dergestalt verändert haben, daß nun er ein Mann und der andere eine Frau war«. Und in einer Mythe der Mungkan aus Nord-Queensland verwandelte der Mond seinen jüngeren Bruder in ein weibliches Wesen, das er zur Frau nahm. (Der Mond ist in Australien stets männlichen Geschlechts, während die Sonne fast allgemein als weiblich gilt.) Im Nordosten des Arnhem-Landes besaßen die Djanggau-Schwestern und ihr Bruder ungewöhnlich große Geschlechtsorgane. Die von ihnen gezeugten Kinder waren jedoch von Geburt an normal gebaut. Dieser Mythos liefert ein aufschlußreiches australisches Beispiel für das über die ganze Erde verbreitete Motiv, daß einstmals ausschließlich die Frauen alle – oder doch wenigstens einige – der heilig-geheimen Riten und Gesänge besessen oder gehütet hätten, bis diese von den Männern geraubt oder sonstwie übernommen worden seien.

Die ebenfalls aus Arnhem-Land stammende Mythe von den Wawalag-Schwestern weist dagegen eine andere Spielart der Beziehungen zwischen Männern und Frauen auf: Am Anbeginn der Welt zogen zwei Schwestern aus dem Wawalag-Gebiet in der Nähe des Roper-Flusses nach Norden. Einige Fassungen der Geschichte – meist jedoch nicht die von Frauen überlieferten – behaupten, daß sie wegen einer blutschänderischen Beziehung zu einem Mann von daheim fortgehen mußten. Die ältere von ihnen, Waimariwi, hatte ein kleines Kind

Geschnitzte Holzfiguren der älteren (*Mitte*) und jüngeren (*links*) Wawalag-Schwester. Die Figur rechts verkörpert den Kulturheros Laindjung, der mit schaumbedecktem Gesicht und wassertriefendem Körper aus dem Meer emportauchte. Derartige Figuren wurden in den mit Mythen verbundenen Kulthandlungen benutzt.

und war abermals schwanger, während die jüngere, Boaliri, gerade die Pubertät erreicht hatte. Sie zogen an vielen Plätzen vorbei, denen sie Namen gaben. Ihre großen Tragkörbe waren mit schweren steinernen Speerspitzen gefüllt. Auf ihrem Weg sammelten sie Wurzeln, und ihre beiden Hündinnen halfen ihnen beim Fang kleiner Tiere, denen sie gleichfalls Namen gaben. Schließlich kamen sie an eine heilige Wasserstelle, wo sie müde ihre Habseligkeiten niederlegten. Sie wußten nicht, daß hier die Behausung der großen Pythonschlange Yulunggul war. Waimariwi brachte ihr Kind zur Welt, und Boaliri versuchte ein Abendessen zu kochen. Aber alles, was sie essen wollten - Wurzeln, Warane, Gleitbeutler, Eidechsen, Wallabys (Kleinkänguruhs) -, sprang vom Feuer und verschwand im Wasserloch. »Ach, Schwester, irgend etwas stimmt hier nicht, ob sich vielleicht eine Schlange versteckt hält?« Es war aber schon zu dunkel, um den Platz noch zu verlassen. Ein großer Sturm erhob sich mit Blitzen, Donner und heftigem Regen. Sie wuschen schnell das Kind, um den Geruch des Nachgeburtsblutes zu tilgen, aber es war wohl schon etwas Blut in das Wasserloch gelangt (vielleicht auch, wie einige Quellen behaupten, ein wenig Menstruationsblut der jüngeren Schwester). Nun war es Nacht geworden. In der Hütte am Feuer tanzten die Schwestern und sangen heilige Lieder, um den Sturm zu besänftigen, und tatsächlich legte er sich. Sie konnten jedoch nicht wach bleiben, und vielleicht glaubten sie, die Schlange habe sie wieder verlassen. Diese aber war noch da und wartete und sang, um sie einzulullen. Und so schliefen die beiden Schwestern schließlich ein.

Jetzt tauchte Yulunggul aus seinem Wasserloch empor. Er reckte sich, stand aufrecht da und ließ sich dann wieder herab, um seinen Kopf in die Hütte zu stecken. Er rollte sich in vielen Windungen um sie herum, wie es Pythonschlangen mit ihrer Beute tun. Riesige Wassermengen überfluteten den Boden. Dann verschlang er seine Opfer: die Schwestern und die Kinder ebenso wie die Hündinnen und die Speerspitzen. Sie alle ruhten schließlich in seinem Magen, bis ihn eine Ameise biß. Da bäumte er sich auf und spie alles wieder aus. Dann verschlang er die Schwestern abermals. Er stand nun wieder aufgerichtet da, und sein Kopf reichte bis an den Himmel. Nach Osten gewandt, sprach er sodann mit den anderen großen Pythonschlangen, die an heiligen Plätzen derselben Gegend lebten. Zuerst belog er sie, dann aber gestand er, daß er die beiden Wawalag-Mädchen verschlungen habe. Er ließ sich wieder auf den Boden herab und verschwand in seinem Wasserloch. Und in diesem heiligen Wasser befindet er sich noch heute mit den beiden Wawalag-Mädchen.

So entstand der Monsun, der die feuchte Jahreszeit bringt. Und so begannen die Riten der Knabenbeschneidung.

Die Schwestern verloren nämlich an die Schlange – diese wird selbst dann als phallisches Symbol aufgefaßt, wenn man sie dem weiblichen Geschlecht zuordnet – alle die von ihnen mit Namen versehenen Lebewesen ebenso wie die Kultgesänge. In den von Männern erzählten Fassungen der Mythe sollen die Frauen versucht haben, der kultischen Autorität der Männer und dem im Ritual der Knabenbeschneidung vollzogenen Verlust ihrer Söhne an die »männliche« Welt Widerstand entgegenzusetzen.

Die Mythen von den Djanggau- und Wawalag-Schwestern werfen nicht nur hinsichtlich ihrer inhaltlichen Einzelheiten, sondern auch in bezug auf eine angemessene Interpretation vielschichtige Probleme auf, was einmal mehr die Tatsache bestätigt, daß Mythen grundsätzlich nicht isoliert, sondern immer nur als ein eng verwobenes Geflecht erforscht werden sollten. So unterscheidet sich die (durch das Fehlen des Vaters gekennzeichnete) Mutter-Kind-Situation in der Wawalag-Mythe von der allgemeineren, eher unpersönlichen Menschenschöpfung in der Djanggau-Geschichte. Mythen aus anderen Teilen Australiens wiederum versuchen den Familienverband hervorzuheben, oder sie rükken den Antagonismus der Geschlechter bzw. die ausschließliche Einschätzung der Frau als Sexualobjekt (unter gleichzeitigem Hintansetzen der Familie) in den Vordergrund.

Eine alle Einzelheiten berücksichtigende Analyse dieser und anderer Themen hat noch kaum begonnen, zumal eine direkte Symbol- und Ritualinterpretation lediglich einen Ausgangspunkt darstellen kann. Um nur ein Beispiel zu geben: Die während der Initiationsriten die Novizen verschlingende Alte Frau oder Mutter ist in Australien eine weitverbreitete und beliebte Mythengestalt; andererseits wird in einer Mythe vom Daly-Fluß (Nord-Territorium) Mutjinga, die Alte Frau, zur Strafe dafür getötet, daß sie alle ihrer Obhut anvertrauten Novizen verschlungen hat – ohne sie, wie man hier vielleicht ergänzen darf, auch wieder lebendig auszuspeien?

Ein wesentliches Problem der australischen Mythenforschung besteht darin, den Inhalt der Erzählungen zu den Deutungen der Eingeborenen sowie zur jeweiligen lokalen »Wirklichkeit« in Beziehung zu setzen, ohne sich jedoch auf diese zu beschränken. Diese Aufgabe wird etwa durch jene Aranda-Mythe veranschaulicht, in der ein bleicher Totenkopf-Ahne inmitten von »dunklen und vom Blute schlüpfrigen Felsen« vorkommt sowie ein ehrwürdiger Vorfahr, der seine Söhne, die ihm feindselig begegnet waren, tötete: eine Mythe mit »einem starken Element roher Grausamkeit und Treulosigkeit« (Strehlow 1971) – und dies ausgerechnet in einem Gebiet, in dem das Alltagsleben, von seinen normalen Konflikten abgesehen, keineswegs den Stempel jener kriegerischen Aggressivität trägt, die andere Kulturen kennzeichnet. Der Begriff »Katharsis« liefert hier jedoch keine ausreichende Erklärung. Vielmehr muß auch diese Mythe im Zusammenhang des gesamten Erzählrepertoires der Aranda gesehen und beurteilt werden.

Häufig werden gewisse australische Mythen den Bedürfnissen des Tourismus entsprechend vereinfacht und umgeformt. Ein bekanntes Beispiel für diesen Vorgang sind die Geschichten um Uluru (Ayer's Rock) in Zentralaustralien, das jedoch andererseits – gerade weil es die Heimstätte vielfältiger Mythenwesen wie Schlangen, Eidechsen, Hasenkänguruhs, Dingos, Beutelmaulwürfen, oder Stelzen ist – sowohl theoretische wie praktische Verbindungen mit den Eingeborenentraditionen anderer Gebiete aufweist. Die australischen Mythen besitzen nach wie vor genügend dynamische Kraft und innere Festigkeit, um über ihre regionale Bedeutung hinaus den sich wandelnden Erfordernissen der Gegenwart begegnen zu können. So berufen sich auch die derzeit verstärkte Tendenz einer kulturellen Erneuerung und die Suche nach einer die gesamte Nation umfassenden kulturellen Identität vor allem auf jene ungebrochen lebendigen lokalen Traditionen, deren mythologische Inhalte und Symbole ständig auf behutsame Weise ergänzt und verallgemeinert werden können.

BIBLIOGRAPHIE

ALLGEMEINE DARSTELLUNGEN, NACHSCHLAGEWERKE

Bachofen, J. J., *Gesammelte Werke,* Hg. K. Meuli. 10 Bde., Basel/Stuttgart 1943 ff.
Bibliographie zur Symbolik, Ikonographie und Mythologie. Internationales Referateorgan, Hg. M. Lurker. Baden-Baden 1968 ff.
Blumenberg, H., *Arbeit am Mythos.* Frankfurt a.M. 1979.
Campbell, J., *The mythic image.* 2. A. Princeton/N. J. 1975.
Cassirer, E., *Philosophie der symbolischen Formen.* 4. Bde., Berlin 1923-1931.
Cotterell, A., *A dicionary of world mythology.* New York 1980.
Creuzer, G. F., *Symbolik und Mythologie der alten Völker.* 4 Bde., Hildesheim 1973 (Nachdr. d. Ausg. 1837-1843).
Diehl, K. S., *Religions, mythologies, folklores. An annotated bibliography.* New York 1962.
Dumézil, G., *Mythe et épopée.* 2 Bde., Paris 1968-1971.
Eliade, M., *Die Religionen und das Heilige. Elemente der Religionsgeschichte.* Salzburg 1954.
-, *Schamanismus und archaische Ekstasetechnik.* Zürich/Stuttgart 1957.
-, *Mythen, Träume und Mysterien.* Salzburg 1961.
-, *Das Mysterium der Wiedergeburt. Initiationsriten, ihre kulturelle und religiöse Bedeutung.* Zürich/Stuttgart 1961.
-, *Geschichte der religiösen Ideen.* 2 Bde., Freiburg i.B. 1978/79.
Eliot, A., *Mythen der Welt.* Frankfurt a.M./Luzern 1976.
Frazer, J. G., *Der goldene Zweig. Eine Studie über Magie und Religion.* Berlin 1977 (Teilausg. des urspr. in 12 Bdn. erschienenen Werks *The Golden Bough. A Study in magic and religion.* London 1907-1915).
Fromm, E., *Märchen, Mythen und Träume.* Konstanz/Stuttgart 1957.
Fuhrmann, M. (Hg.), *Terror und Spiel. Probleme der Mythenrezeption. Kolloquium Bielefeld 1968.* München 1971.
Göll, H., *Illustrierte Mythologie.* Wiesbaden 1979 (Nachdr. d. Ausg. 1879).
Gottschalk, H., *Lexikon der Mythologie.* München 1979.
Grimal, P. (Hg.), *Mythen der Völker.* 3 Bde., Frankfurt a.M. 1977.
Herrmann, F. (Hg.), *Symbolik der Religionen.* 20 Bde., Stuttgart 1957-1975.
Ions, V., *Welt der Mythen.* Freiburg i.B. 1976.
Jensen, A. E., *Mythos und Kult bei Naturvölkern.* Wiesbaden 2. A. 1960.
Jung, C. G., *Der Mensch und seine Symbole.* Olten/Freiburg i.B. 1968 (Gesammelte Werke).
-, *Die Archetypen und das kollektive Unbewußte.* Olten/Freiburg i.B. 1976 (Gesammelte Werke).
Kerenyi, K. (Hg.), *Die Eröffnung des Zugangs zum Mythos.* Darmstadt 1967.
-, *Auf den Spuren des Mythos.* München/Wien 1967.
Koopmann, H. (Hg.), *Mythos und Mythologie in der Literatur des 19. Jahrhunderts.* Frankfurt a.M. 1979.
Leach, E. (Hg.), *Mythos und Totemismus. Zur Kritik der strukturalen Analyse.* Frankfurt a.M. 1973.
Lévi-Strauss, C., *Mythologica.* 4 Bde., Frankfurt a.M. 1971-1975.
Malinowski, B., *Sex, culture and myth.* London 1963.
-, *Magie, Wissenschaft und Religion und andere Schriften.* Frankfurt a.M. 1973.
Mythe et foi. Paris 1967 (Intern. Kongreß zu Fragen der Mythologie, Rom 1966).
Neumann, E., *Ursprungsgeschichte des Bewußtseins.* Zürich 1949.
-, *Die Große Mutter. Eine Phänomenologie der weiblichen Gestaltungen des Unbewußten.* München 3. A. 1977.
Otto, W. F., *Die Gestalt und das Sein. Geschichtliche Abhandlung über den Mythos und seine Bedeutung für die Menschheit.* Darmstadt 4. A. 1975.
Parker, D. und J., *Die Unsterblichen. Die geheimnisvolle Welt der Götter, Geister und Dämonen.* München 1977.
Prinz, F., *Gründungsmythen und Sagenchronologie.* München 1979.
Strich, F., *Die Mythologie in der deutschen Literatur von Klopstock bis Wagner.* 2 Bde., Bern/München 2. A. 1970.
Vries, J. de, *Forschungsgeschichte der Mythologie.* Freiburg i.B./München 1961.
Weimann, R., *Literaturgeschichte und Mythologie. Methodologische und historische Studien.* Berlin (DDR)/Weimar 1971.
Wörterbuch der Mythologie. Hg. W. Haussig. Stuttgart 1961 ff.

HINDUISMUS, BUDDHISMUS

Bhattacarji, S., *The Indian Theology: A comparative study of Indian mythology.* Cambridge 1970.
Conze, E., *Der Buddhismus. Wesen und Entwicklung.* Stuttgart 5. A. 1974.
Danièlou, A., *Hindu polytheism.* London 1964.
Dikshitar, V. R. R., *The Purana Index.* 3 Bde., Madras 1955.
Dimmitt, C. und van Buitenen, J. A. B., *Classical Hindu Mythology.* Philadelphia 1978.
Dowson, J., *A classical dictionary of Hindu mythology and religion.* London 1961.
Eliade, M., *Yoga. Unsterblichkeit und Freiheit.* Zürich/Stuttgart 1960.
Gonda, J., *Veda und älterer Hinduismus.* Stuttgart 2. A. 1979 (Die Religionen der Menschheit).
Haldar, J., *Early Buddhist mythology.* New Delhi 1977.
Hopkins, E. W., *Epic mythology.* Wiesbaden 1978 (Nachdr.).
Ions, V., *Indische Mythologie.* Wiesbaden 1967.
Keith, A. B., *Indian mythology* (in *The mythology of all races,* Bd. 6, New York 1964; Nachdr.).
Kosambi, D. D., *Myth and reality.* Bombay 1962.
-, *The Culture and civilization of ancient India.* London 1965.
Law, B. C., *The Buddhist conception of spirits.* Kalkutta 1923.
-, *Heaven and hell in Buddhist perspective.* Kalkutta 1923.
Ling, T., *Buddhism and the mythology of evil.* London 1962.
Macdonell, A. A., *Vedic mythology.* Delhi 1963 (Nachdr.).
Mackenzie, D. A., *Indian myth and legend.* Boston 1977 (Nachdr. d. Ausg. London 1913).
Mani, V., *Puranic encyclopedia.* Delhi 1975.
Marasinghe, M. M. J., *Gods in early Buddhism.* Sri Lanka 1974.
Michell, G., *Der Hindu-Tempel. Bedeutung und Formen.* Köln 1979.
Moor, E., *The Hindu pantheon.* Delhi 1968 (Nachdr.).
O'Flaherty, W., *Hindu myths.* London 1975.
Schumann, H. W., *Buddhismus. Stifter, Schulen und Systeme.* Olten/Freiburg i.B. 1976.
Sörensen, S., *Index to the names in the Mahabharata.* Delhi 1963 (Nachdr.).
Thapar, R. und P. Spear, *Indien von den Anfängen bis zum Kolonialismus.* Zürich/München 1966.
Weber, M., *Hinduismus und Buddhismus* (in: *Gesammelte Aufsätze zur Religionssoziologie,* Bd. 2, Tübingen 6. A. 1978).
Wilkins, W., *Hindu mythology. Vedic and Puranic,* London 1973 (Nachdr. d. Ausg. 1913).
Zimmer, H., *Maya. Der indische Mythos.* Frankfurt a.M. 1978 (Erstausg. Stuttgart 1936).
-, *Indische Mythen und Symbole.* Wiesbaden 1967.

ZOROASTRISMUS

Bemmelen, D. van, *Zarathustra.* Stuttgart 1975.
Boyce, M., *A Persian stronghold of Zoroastrianism.* Oxford 1978.
-, *Zoroastrians, their religious beliefs and practices.* London 1978.
Christensen, A., *Die Iranier* (in *Kulturgeschichte des Alten Orients,* 3. Abschn., München 1933; Handbuch der Altertumswissenschaft).
Frye, R. N., *Persien.* Zürich/München 1962.
Hinnells, J. R., *Persian Mythology.* London 1973.
Jackson, A. V. W., *Zoroaster the prophet of ancient Iran.* New York 1965.
-, *Zoroastrian studies.* New York 1965 (Nachdr.).
König, F., *Zarathustras Jenseitsvorstellungen und das Alte Testament.* Wien 1964.
Schlereth, B. (Hg.), *Zarathustra.* Darmstadt 1970.
Zaehner, R. C., *The dawn and twilight of Zoroastrianism.* London 1976.
-, *The teachings of the Magi.* London 1976 (Nachdr.).

TIBET

Chang, G. C., *Mahamudra-Fibel. Eine Einführung in den tibetischen Zen-Buddhismus.* Wien 1979.
David-Neil, A., *The superhuman life of Gesar of Ling.* London 1958.
Evans-Wentz, W. Y., *Tibet's great Yogi Milarepa.* London 1951.
Getty, A., *The gods of northern Buddhism.* Oxford 1963 (Nachdr.).
Govinda, A. *Grundlagen tibetischer Mystik. Die geheime Lehre des großen Mantra.* München 4. A. 1975.
Karmay, S. G., *The treasury of good sayings. A Tibetan history of Bon,* Oxford 1972.
Hermanns, M., *Schamanen – Pseudoschamanen, Erlöser und Heilbringer.* 3 Bde., Wiesbaden 1970.
-, *Mythen und Mysterien, Magie und Religion der alten Tibeter.* Köln 1956.
Nebesky-Wojkowitz, R., *Oracles and demons of Tibet.* Den Haag 1956.
-, *Where the gods are mountains.* London 1956.
Snellgrove, D., *Buddhist Himalaya.* Oxford 1957.
-, *Nine ways of Bon.* London 1967.
Snellgrove, D. und Richardson, H., *A Cultural History of Tibet.* London 1968.
Stein, R. A., *Tibetan civilization.* London 1972.
Das Tibetanische Totenbuch. Hg. u. Komm. A. Govinda. Olten/Freiburg i.B. 4. A. 1980.

CHINA UND JAPAN

Anesaki, M., *Japanese mythology* (in: *The mythology of all races,* Bd. 8, New York 1964; Nachdr.).
Bancroft, A., *Religionen des Ostens. Wege geistiger Erfahrung.* Zürich 1975.
Birch, C., *Chinese myths and fantasies.* Oxford 1962.

Christie, A., *Chinesische Mythologie.* Wiesbaden 1968.
Colegrave, S., *Yin und Yang. Die Kräfte des Weiblichen und des Männlichen. Spannung und Ausgleich zwischen den beiden Polen des Seins.* München 1980.
Dumoulin, H., *Der Erleuchtungsweg des Zen im Buddhismus.* Frankfurt a.M. 1976.
Dürckheim, K. von, *Hara - Die Erdmitte des Menschen.* München 7. A. 1974.
Eberhard, W., *Folktales of China.* London 1965.
Eichhorn, W., *Die Religionen Chinas.* Stuttgart 1973 (Die Religionen der Menschheit).
Enomiya-Lassalle, H. M., *Zen - Weg zur Erleuchtung. Hilfe zum Verständnis. Einführung in die Meditation.* 3. A. Wien 1971.
Fitzgerald, C. P., *China. Von der Vorgeschichte bis zum 19. Jahrhundert.* München 1971.
Faust, A. (Hg.), *Zen. Der lebendige Buddhismus in Japan.* Darmstadt 1968 (Wege der Forschung).
Gernet, J., *Die chinesische Welt.* Frankfurt a.M. 1979.
Granet, M., *Festivals and songs of ancient China.* London 1932.
I Ging. Das Buch der Wandlungen, Hg. R. Wilhelm. Düsseldorf/Köln 1972.
I Ging. Text und Materialien, Einl. W. Bauer. 5. A. Düsseldorf/Köln 1980.
Mackenzie, D. A., *Myths of China and Japan.* London 1923.
Münke, W., *Die klassische chinesische Mythologie.* Stuttgart 1976.
Numazawa, F. K., *Die Weltanfänge in der japanischen Mythologie.* Paris 1946.
Sansom, G. B., *Japan.* Zürich/München 1967.
Saunders, E. D., *Japanese Mythology* (in: *Mythologies of the Ancient World,* Hg. S. N. Kramer. New York 1961).
Waley, A., *Monkey.* London 1961.
-, *Lebensweisheit im alten China.* Frankfurt a.M. 1974.
Watts, A., *Der Lauf des Wassers. Eine Einführung in den Taoismus.* 2. A. München 1978.
Werner, E. T. C., *Myths and legends of China.* London 1922.
-, *A dictionary of Chinese mythology.* Shanghai 1932.
Wilhelm, H., *Der Sinn des I Ging.* Düsseldorf/Köln 3. A. 1979.
Wilhelm, R., *Die Seele Chinas.* Nachw. W. Bauer, Frankfurt a.M. 1980.

MESOPOTAMIEN, SYRIEN, PALÄSTINA

Albright, W. F., *Yahweh and the Gods of Canaan,* 1968.
Beltz, W., *Gott und die Götter. Biblische Mythologie.* Berlin (DDR)/Weimar 1975.
Biblisch-historisches Handwörterbuch, Hg. B. Reicke, L. Rost. 4 Bde., Göttingen 1962–1979.
Brandon, S. G. F., *Creation legends of the ancient Near East.* London 1963.
Childs, B. S., *Myth and reality in the Old Testament.* London 1960.
Cross, F. M., *Canaanite Myth and Hebrew epic.* 1973.
Driver, G. R., *Canaanite myths and legends.* Edinburgh 1978.
Frankfort, H. (Hg.), *Before Philosophy.* London 1949.
-, *The problem of similarity in ancient Near Eastern religions.* 1951.
Gaster, T. H., *Thespis: Ritual, myth and drama in the ancient Near East.* New York 1961.
Gibson, J. C. L., *Canaanite myths and legends.* 1978.
Gray, J., *The legacy of Canaan.* London 1965.
-, *Mythologie des Nahen Ostens.* Wiesbaden 1975.
Heidel, A., *The Babylonian Genesis.* Chicago 1951.
Hooke, S. H., *Babylonian and Assyrian religion.* London 1953.
-, *Myth, ritual and kingship.* Oxford 1958.
Hörig, M., *Dea Syria. Studien zur religiösen Tradition der Fruchtbarkeitsgöttin in Vorderasien.* Neukirchen 1979.
James, E. O., *Myth and ritual in the ancient Near East.* London 1958.
Jirku, A., *Der Mythus der Kanaanäer.* Bonn 1966.
Kapelrud, A. S., *Baal in the Ras Shamra texts.* 1952.
-, *The violent goddess.* 1969.
Kramer, S. N., *Sumerian mythology.* Philadelphia 1944.
Müller, H.-P., *Mythos, Tradition, Revolution. Phänomenologische Untersuchungen zum Alten Testament.* Neukirchen 1973.
Obermann, J., *Ugaritic mythology. A study of its leading motifs.* New Haven 1948.
Ohler, A., *Mythologische Elemente im Alten Testament.* Düsseldorf 1969.
Ringgren, H., *Israelite religion.* 1969.
Rogerson, J. W., *Myth in Old Testament interpretation.* Berlin/New York 1974.
Saggs, H. W. F., *Mesopotamien. Assyrer, Babylonier, Sumerer.* Zürich/München 1966.
Sandars, N. K., *The Epic of Gilgamesh.* London 1960.
Wiseman, P. J., *Die Entstehung der Genesis. Der erste Buch der Schöpfung im Licht der archäologischen Forschung.* Haan 3. A. 1971.
Zanot, M., *Die Welt ging dreimal unter. Kometen, Sintflutmythen und Bibel-Archäologie.* Reinbek 1978.
Zenger, E., *Der Gott der Bibel. Ein Sachbuch zu den Anfängen des alttestamentlichen Gottesglaubens.* Stuttgart 1979.

ÄGYPTEN

Bonnet, H., *Reallexikon der ägyptischen Religionsgeschichte.* Berlin 2. A. 1971.
Brandon, S. G. F., *Creation legends of the Ancient Near East.* London 1963.
Brunner, H., *Die Geburt des Gottkönigs. Studien zur Überlieferung eines altägyptischen Mythos.* Wiesbaden 1964.
Brunner-Traut, E., *Die Alten Ägypter. Verborgenes Leben unter Pharaonen.* Stuttgart 2. A. 1976.
Champdor, A., *Das Ägyptische Totenbuch in Bild und Deutung.* München 1977.
Clark, R. T. Rundle, *Myth and symbol in Ancient Egypt.* London 1959.
Clarus, I., *Du stirbst damit du lebst. Die Mythologie der alten Ägypter in tiefenpsychologischer Sicht.* Fellbach 1979.
Daumas, F., *Ägyptische Kultur im Zeitalter der Pharaonen.* München/Zürich 1969.
Edwards, I. E., *Die ägyptischen Pyramiden.* Wiesbaden 1967.
Erman, A., *Die Religion der Ägypter. Ihr Werden und Vergehen in vier Jahrtausenden.* Berlin 1978 (Nachdr. d. Ausg. 1934).
Frankfort, H., *Ancient Egyptian religion.* New York 1948.
Gardiner, A. H., *Egypt of the Pharaohs.* Oxford 1961.
Green, R. L., *Tales of ancient Egypt.* London 1967.
Grieshammer, R., *Das Jenseitsgericht in den Sargtexten.* Wiesbaden 1970.
Griffiths, J. G., *The origins of Osiris.* Berlin 1966.
Hornung, E., *Ägyptische Unterweltsbücher.* Zürich/Stuttgart 1972.
-, und Keel, O. (Hg.), *Studien zu altägyptischen Lebenslehren.* Göttingen 1979.
-, *Der Eine und die Vielen. Ägyptische Gottesvorstellungen.* Darmstadt 2. A. 1977.
Ions, V., *Ägyptische Mythologie.* Wiesbaden 1970.
Kaiser, O., *Die mythische Bedeutung des Meeres in Ägypten, Ugarit und Israel.* Berlin 2. A. 1962.
Kees, H., *Ägypten.* München 1933 (Handbuch der Altertumswissenschaft).
Lurker, M., *Götter und Symbole der alten Ägypter. Einführung und kleines Lexikon.* München 3. A. 1978.
Mackenzie, D. A., *Egyptian myth and legend.* London 1913.
Mendelssohn, K., *Das Rätsel der Pyramiden.* Bergisch-Gladbach 1974.
Montet, P., *Das alte Ägypten.* Zürich/München 1964.
Morenz, S., *Ägyptische Religion.* Stuttgart 2. A. 1977 (Die Religionen der Menschheit).
-, *Religion und Geschichte des alten Ägypten. Gesammelte Aufsätze.* Köln 1975.
Notter, V., *Biblischer Schöpfungsbericht und ägyptische Schöpfungsmythen.* Stuttgart 1974.
Schenkel, W., *Kultmythos und Märtyrerlegende. Zur Kontinuität des ägyptischen Denkens.* Wiesbaden 1977.
Schott, S., *Mythe und Mythenbildung im alten Ägypten.* Leipzig 1945.
Teichmann, F., *Der Mensch und seine Tempel.* Bd. 1: *Ägypten.* Stuttgart 1978.
Wildung, D., *Imhotep und Amenhotep.* Berlin 1977.

DER ISLAM

Beltz, W., *Die Mythen des Koran. Der Schlüssel zum Islam.* Düsseldorf 1980.
Eliade, M., *Ewige Bilder und Sinnbilder. Vom unvergänglichen menschlichen Seelenraum.* Olten/Freiburg i.B. 1958.
Engnell, I., *Studies in divine kingship in the Ancient Near East.* Oxford 1967.
Faris, N., *The antiquities of South Arabia,* Princeton 1938.
Gerhardt, M. I., *The art of story-telling. A literary study of 1001 nights.* Leiden 1963.
Grohmann, A., *Arabien.* München 1963 (Handbuch d. Altertumswissenschaft).
Grunebaum, G. E. von, *Der Islam in seiner klassischen Epoche 662–1258.* Zürich/Stuttgart 1966.
Hamori, A., *On the art of medieval Arabic literature.* Princeton 1975.
Hitti, P. K., *History of the Arabs.* London 1946.
Khoury, A. Th., *Einführung in die Grundlagen des Islams.* Graz 1978.
Leach, E., *Genesis and myth and other essays.* London 1970.
Miquel, A., *Der Islam von Mohammed bis Nasser.* Zürich/München 1970.
Nicholson, R. A., *A literary history of the Arabs.* Cambridge 1969.
Norris, H. T., *Saharan myth and saga.* Oxford 1972.
Serjeant, R. B., *South Arabian hunt.* London 1976.
Wensinck, A. J., *The ocean in the literature of the western semites.* Amsterdam 1918.

GRIECHANLAND, ROM

Archaeologia Homerica. Die Denkmäler und das frühgriechische Epos, Hg. F. Matz, H. G. Buchholz. 3 Bde., Göttingen 1967 ff.
Aufstieg und Niedergang der römischen Welt. Geschichte und Kultur Roms im Spiegel der neueren Forschung, Hg. H. Temporini u. W. Haase. Bd. 16: Religion, 2 Bde., Berlin 1978.
Berve, H. u. G. Gruben, *Tempel und Heiligtümer der Griechen.* München 1978.
Burkert, W., *Homo Necans. Interpretationen altgriechischer Opferriten und Mythen.* Berlin 1972.
-, *Griechische Religion der Archaischen und Klassischen Epoche.* Stuttgart 1977 (Die Religionen der Menschheit).
Burckhardt, J., *Griechische Kulturgeschichte.* 4 Bde., Berlin/Stuttgart 1898–1902; ern. München 1977 (dtv, 6075–6078).
Chamoux, F., *Griechische Kulturgeschichte.* München/Zürich 1966.
Diez del Corral, Luis, *La función del mito clásico en la literatura contemporánea.* Madrid 1974.
Dirlmeier, F., *Der Mythos von König Ödipus.* Mainz 2. A. 1964.
Dodds, E. R., *Die Griechen und das Irrationale.* Darmstadt 1970.
Dörrie, H., *Sinn und Funktion des Mythos in der griechischen und der römischen Dichtung.* Opladen 1978.
Dowrick, S., *Greek island mythology.* London 1974.
Feder, L., *Ancient myth in modern poetry.* Princeton/N.J. 1971.
Field, D. M., *Die Mythologie der Griechen und Römer.* Zollikon 1977.
Fietz, W., *Römische Sagen. Geschichten und Geschichte aus der Frühzeit Roms.* Frankfurt/M. 1980.
Fink, G., *Pandora und Epimetheus. Mythologische Studien.* Bonn 1958.
Finley, M. I., *Die Welt des Odysseus.* Darmstadt 1968.
Fontenrose, J. E., *Python: A Study of Delphic Myth.* Berkeley und London 1959.
Fränkel, H., *Dichtung und Philosophie des frühen Griechentums.* München 1976 (Nachdr. d. Ausg. NY 1951).
Frentz, W., *Mythologisches in Vergils Georgica.* Meisenheim 1967.
Friedell, E., *Kulturgeschichte Griechenlands.* München 36. Tsd. 1979.

Gerhard, E., *Etruskische Spiegel.* 5 Bde., Berlin 1974 (Nachdr. d. Ausg. 1843–1897).
Gjerstad, E., *Legends and facts of early Roman history,* Lund 1962.
Grant, M., *Mythen der Griechen und Römer.* Zürich 1965.
Grant, M. u. J. Hazel, *Lexikon der antiken Mythen und Gestalten.* München 1976.
Grimal, P., *Römische Kulturgeschichte.* München/Zürich 1969.
Gruben, G., *Die Tempel der Griechen,* München (Hirmer), 2. Auflage 1976.
Guthrie, W. K. C., *The religion and mythology of the Greeks* (in *The Cambridge Ancient History,* Band 2, 1961).
Hawkes, J., *Geburt der Götter. An den Quellen griechischer Kultur.* Bern 1972.
Hirsch, W., *Platons Weg zum Mythos.* Berlin 1971.
Hunger, H., *Lexikon der griechischen und römischen Mythologie.* Wien 1959; ern. Reinbek 1974.
Jaeger, W., *Paideia. Die Formung des griechischen Menschen.* 3 Bde., Berlin 1973 (Nachdr. d. Ausg. 1936–1944).
Jünger, F. G., *Griechische Mythen.* Frankfurt/M. 1947.
Kerényi, K., *Die Mythologie der Griechen.* 2 Bde., München 1966 (dtv, 392).
Kirk, G. S., *The Nature of Greek Myths.* London 1974.
–, *Myth: Its Meanings and functions ancient and other cultures,* Cambridge. 1970
Latte, K., *Römische Religionsgeschichte.* München 1976 (Nachdruck d. Ausg. 1960; Handbuch der Altertumswissenschaft).
Lessing, E., *Die griechischen Sagen. In Bildern erzählt.* München 1977.
Lloyd-Jones, H., *The Justice of Zeus.* Berkeley, 1971.
Mackenzie, D. A., *Myths of Crete and pre-Hellenic Europe.* Boston 1977 (Nachdr. d. Ausg. 1918).
Melas, E. (Hg.), *Tempel und Stätten der Götter Griechenlands,* Köln 1970.
Morford, M. P. O. und R. J. Lenardon, *Classical Mythology,* NY 2. A. 1977.
Nack, E., *Götter, Helden und Dämonen. Mythologie der Ägypter, Griechen, Römer und Germanen.* Wien 1980.
Nilsson, M. P., *Geschichte der griechischen Religion.* 2 Bde., München 1976 (Nachdr. d. 3. A. 1967 bzw. 1974; Handbuch der Altertumswissenschaft).
–, *The Mycenaean Origin of Greek Religion.* New York 1963.
Ogilivie, R. M., *The Romans and their gods.* London 1969.
Oswalt, S. G., *Concise encyclopaedia of Greek and Roman myth,* London 1969.
Otto, W. F., *Theophania. Der Geist der altgriechischen Religion.* Frankfurt/M. 2. Auflage 1979.
Overbeck, J. A., *Griechische Kunstmythologie.* 4 Bde., Osnabrück 1969.
Perowne, S., *Roman Mythology,* London 1969.
Peterich, E. und P. Grimal, *Götter und Helden. Die klassischen Mythen und Sagen der Griechen, Römer und Germanen.* Olten/Freiburg 1971; ern. München 1978 (dtv).
Pfister, F., *Götter- und Heldensagen der Griechen.* Heidelberg 2. A. 1970.
Pinsent, J., *Griechische Mythologie.* Wiesbaden 1978.
Prinz, F., *Gründungsmythen und Sagenchronologie,* München 1979.
Rademacher, L., *Mythos und Sage bei den Griechen.* Darmstadt 1968 (Nachdr. d. Ausg. 1943).
Ranke-Graves, R. v., *Griechische Mythologie. Quellen und Deutung,* 2 Bde., Reinbek 1960.
Rohde, E., *Psyche. Seelenkult und Unsterblichkeitsglaube der Griechen.* Darmstadt 1974 (Nachdr. d. Ausgabe 1898).
Rose, H. J., *Griechische Mythologie. Ein Handbuch.* München 5. A. 1978.
Snell, B., *Die Entdeckung des Geistes. Studien zur Entstehung des europäischen Denkens bei den Griechen.* Göttingen 1975.
Schefold, K., *Götter- und Heldensagen der Griechen in der spätarchaischen Kunst.* München 1978.
Schirnding, A. von, *Die Weisheit der Bilder. Erfahrungen mit dem griechischen Mythos.* München 1979.
Schütze, A., *Mithras-Mysterien und Urchristentum.* Stuttgart 1972.
Schwab, G., *Die schönsten Sagen des klassischen Altertums. Nach seinen Dichtern und Erzählern.* Berlin/München 1968. (Erstausgabe 1838–1854).
Teichmann, F., *Der Mensch und sein Tempel.* Bd. 2: *Griechenland,* Stuttgart 1980.
Trencsényi-Waldapfel, J., *Die Töchter der Erinnerung.* Berlin 1968.
Tripp, E., *Reclams Lexikon der antiken Mythologie.* Stuttgart 1975.
Uehli, E., *Mythos und Kunst der Griechen im Geist ihrer Mysterien,* Dornach 1958.
Walter, H., *Griechische Götter. Ihr Gestaltwandel aus den Bewußtseinsstufen des Menschen dargestellt an den Bildwerken.* München 1971.
Wilamowitz-Moellendorff, U. von (Hg.), *Der Glaube der Hellenen.* Darmstadt 5. A. 1976.

MYSTERIENKULTE

Angus, S., *The mystery religions and Christianity.* New York 1925.
Campbell, J. (Hg.), *The mysteries.* London 1955.
Cole, S., *The Samothracian mysteries.* High Wycombe 1975.
Cumont, F., *The mysteries of mithra.* Chicago 1910.
Ferguson, J., *The religions of the Roman Empire.* London 1970.
–, *An illustrated encyclopedia of mysticism and the mystery religions.* New York 1977.
Festugière, A. J., *Personal religion among the Greeks.* Berkeley 1954.
Graf, F., *Eleusis und die orphische Dichtung Athens in vorhellenistischer Zeit.* Berlin/New York 1974.
Guthrie, W. K. C., *Orpheus and Greek religion.* London 1952.
Heigl, B., *Antike Mysterienreligionen und Urchristentum.* Münster 1932.
Hinnells, J. R., *Spanning East and West.* Milton Keynes 1977 (über Mithrakulte).
Kerenyi, K., *Dionysus: Archetypal image of indestructible life.* Princeton 1976.
Kerényi, K., *Die Mysterien von Eleusis.* Zürich 1962.
Linforth, I. M., *The arts of Orpheus.* Berkeley 1941.
Merkelbach, R., *Roman und Mysterium in der Antike.* München 1962.
Mylonas, G. E., *Eleusis and the Eleusinian mysteries.* Princeton 1961.
Schuré, E., *Die großen Eingeweihten. Geheimlehren der Religionen.* Weilheim 1976.
Skerst, H. von, *Der unbekannte Gott. Griechische Mysterienschau und christliche Erfüllung.* Stuttgart 1967.
Uehli, E., *Mythos und Kunst der Griechen im Geiste ihrer Mysterien.* Dornach 1958.
Willoughby, H. R., *Pagan regenerations.* Chicago 1929.
Witt, R. E., *Isis in the Graeco-Roman world.* London 1970.

DAS CHRISTENTUM

Beltz, W., *Gott und die Götter. Biblische Mythologie.* Düsseldorf 1977.
Borne, G. von dem, *Der Gral in Europa. Wurzeln und Wirkungen.* Stuttgart 1976
Brandon, S. G. F., *Creation legends of the Ancient Near East.* London 1963.
Cavendish, R., *Visions of heaven and hell.* London 1977.
–, *King Arthur and the grail.* London 1978.
Every, G., *Christian mythology.* Feltham 1970.
Evola, J., *Das Mysterium des Grals.* München 1955.
Fawcett, Th., *Hebrew myth and Christian gospel.* London 1973.
Hammes, M., *Hexenwahn und Hexenprozesse.* Frankfurt a.M. 1977.
Hick, J., *Evil and the god of love.* London 1966.
Hick, J. (Hg.) *The myth of god incarnate.* London 1977.
Holmyard, E. J., *Alchemy.* London 1957.
Jones, G. V., *Christology and myth in the New Testament.* London 1956.
Jung, C. G., *Psychologie und Alchemie.* Zürich 1944; ern. Olten/Freiburg i.B. 1972.
Levin, Harry, *The myth of the Golden Age in the Renaissance.* London 1970.
Loomis, R. S., *The grail: from Celtic myth to Christian symbol.* New York/Cardiff 1963.
Meyer, R., *Der Gral und seine Hüter.* Stuttgart 1956.
Pannenberg, W., *Christentum und Mythos. Späthorizonte des Mythos in biblischer und christlicher Überlieferung.* Gütersloh 1972.
Patch, H. R., *The other world according to descriptions in medieval literature.* Harvard 1950.
Rahner, H., *Griechische Mythen in christlicher Deutung.* Zürich 1966.
Russell, J. B., *Witchcraft in the Middle Ages.* Cornell 1972.
Seznec, J., *The survival of the pagan Gods.* New York 1953.
Simon, U., *Heaven in the Christian tradition.* London 1958.
Soldan, W. G. und J. H. Heppe, *Geschichte der Hexenprozesse.* 2 Bde. Hanau 1968/69 (Nachdr. d. Ausg. München 1911).
Trevor-Roper, H. R., *The European witch-craze in the 16th and 17th centuries.* London 1969.
Waite, A. E., *The Holy Grail. Its legends and symbolism.* London 1933.
Watts, A. W., *Mythus und Ritus des Christentums.* München 1956.
Wehrli, M., *Die Suche nach dem Gral.* Zürich 1971.
Williams, N. P., *The ideas of the fall and of original sin.* London 1927.
Wind, E., *Pagan mysteries in the Renaissance.* New York 1958.
Yates, F. A., *Aufklärung im Zeichen des Rosenkreuzes.* Stuttgart 1975.

DIE KELTEN

Benning, M. C., *Alt-Irische Mysterien und ihre Spiegelung in der Keltischen Mythologie.* 2. A. Stuttgart 1978.
Chadwick, N. K., *The Celts.* London 1970.
Chaplin, D., *Matter, myth and spirit of Celtic and Hindu links.* London 1935.
Dillon, M., *Early Irish literature.* Chicago 1948.
Dillon, M., (Hg.), *Irish sagas.* Cork 1968.
Dillon, M. und N. K. Chadwick, *Die Kelten.* Zürich/München 1966.
Filip, J., *Celtic civilisation and its heritage.* Wellingborough 1977.
Lessing, E., *Die Kelten. Entwicklung und Geschichte einer europäischen Kultur in Bildern.* Text: V. Kruta, Freiburg i.B. 1979.
Löpelmann, M., *Erinn. Keltische Sagen aus Irland.* Düsseldorf/Köln 1977.
MacCana, P., *Celtic mythology.* London 1970.
Murphy, G., *Saga and myth in Ancient Ireland.* Cork 1971.
O'Rahilly, Th. F., *Early Irish history and mythology.* Dublin 1946.
Piggott, S., *The Druids.* London 1974.
–, *Vorgeschichte Europas.* Zürich/München 1972.
Powell, T. G. E., *Die Kelten.* Köln 1959.
Rees, A. & B., *Celtic heritage.* London 1961.
Ross, A., *Pagan Celtic Britain.* London 1967.
Rolleston, Th. W. H., *Myths and legends of the Celtic race.* London L. A. 1912.
Yeats, W. B., *Mythologies.* London 1959.
Young, E., *Keltische Mythologie.* 2. A. Stuttgart 1977.

SKANDINAVIEN, DEUTSCHLAND

Altner, G., *Weltanschauliche Hintergründe der Rassenlehre des Dritten Reiches.* Zürich 1967.
Baetke, W., *Die Isländersaga.* Darmstadt 1974.
Bein, A., *Die Judenfrage. Biographie eines Weltproblems.* 2 Bde., Stuttgart 1980.
Branston, B., *Gods of the North.* London/New York 1955.
Bronsen, D. (Hg.), *Jews and Germans from 1860 to 1933. The Problematic Symbiosis.* Heidelberg 1979.
Daim, W., *Der Mann, der Hitler die Ideen gab. Von den religiösen Verirrungen eines Sektierers zum Rassenwahn des Diktators.* München 1958 [über Lanz von Liebenfels].

Davidson, H. R. E., *Goods and myths of northern Europe.* Harmondsworth 1972.
Döbler, H., *Die Germanen, Legende und Wirklichkeit.* München 1975.
Eigl, K., *Deutsche Götter- und Heldensagen.* München 1963.
Fischer-Fabian, S., *Die ersten Deutschen.* München/Zürich 1975.
Gamm, H.-J., *Der braune Kult. Das Dritte Reich und seine Ersatzreligion.* Hamburg 1962.
Grönbech, W., *Kultur und Religion der Germanen.* 2 Bde., Darmstadt 9. A. 1980.
Helgasson, H., *Das Heldenlied auf Island. Seine Vorgeschichte, Struktur und Vortragsform.* Graz 1980.
Hellwing, I. A., *Der konfessionelle Antisemitismus im 19. Jahrhundert in Österreich.* Wien 1972.
Kershaw, I., *Der Hitler-Mythos 1920–1945.* Stuttgart 1981.
King, F., *Satan and Swastika.* London 1976.
Klingenberg, H., *Edda – Sammlung und Dichtung.* Basel 1974.
Krapf, L., *Germanenmythus und Reichsideologie. Frühhumanistische Rezeptionsweisen der taciteischen »Germania«.* Tübingen 1979.
Lukács, G., *Die Zerstörung der Vernunft. Der Weg des Irrationalismus von Schelling zu Hitler.* Berlin (DDR) 1954.
Lutzhöft, H. J., *Der Nordische Gedanke in Deutschland 1920 bis 1940.* Stuttgart 1971.
Magnusson, M. und W. Forman, *Der Hammer des Nordens. Mythen, Sagas und Heldenlieder der Wikinger.* Freiburg i.B. 1977.
Mildenberger, G., *Sozial- und Kulturgeschichte der Germanen.* Stuttgart 2. A. 1977.
Mosse, G. L., *Ein Volk – ein Reich – ein Führer. Die völkischen Ursprünge des Nationalsozialismus.* Königstein 1979.
Mosse, G. L., *Rassismus. Ein Krankheitssymptom in der europäischen Geschichte des 19. und 20. Jahrhunderts.* Königstein 1978.
Nack, E., *Germanien. Länder und Völker der Germanen.* Wien 1977.
Ninck, M., *Wodan und germanischer Schicksalsglaube.* Jena 1935.
Poliakov, L., *Der arische Mythos. Zu den Quellen von Rassismus und Nationalsozialismus.* Wien 1977.
Reallexikon der germanischen Altertumskunde. Begr. von J. Hoops, Berlin 1973 ff.
See, K. von, *Germanische Heldensage. Stoffe – Probleme – Methoden.* Wiesbaden 2. A. 1980.
–, *Die Skalendichtung. Eine Einführung.* München 1980.
Ström, A. und H. Biezais, *Germanische und baltische Religion.* Stuttgart 1975 (Die Religionen der Menschheit).
Voegelin, E., Anamnesis. Zur Theorie und Geschichte der Politik. München 1966.
Vondung, K., *Magie und Manipulation. Ideologischer Kult und Politische Religion des Nationalsozialismus.* Göttingen 1971.
Young, E. J., *Gobineau und der Rassismus.* Maisenheim 1968.
ZurMühlen, P. von, *Rassenideologien. Geschichte und Hintergründe.* Bonn 1977.

DIE SLAWEN – DIE KAUKASUSVÖLKER

Baddeley, J. F., *The rugged flanks of Caucasus,* 2 Bde., Oxford 1940.
Burney, Ch. und D. M. Lang, *Die Bergvölker Vorderasiens.* Zürich/München 1973.
Cherniavsky, M., *Tsar and people. Studies in Russian myths.* New Haven/London 1961.
Downing, C., *Armenian folk-tales and fables.* Oxford 1972.
Dvornik, F., *The Slavs.* Boston 1956.
Fessenden, R. A., *The deluged civilization of the Caucasus isthmus.* Boston 1923.
Gimbutas, M., *The Slavs.* London/New York 1971.
Hoddinott, R. F., *Early Byzantine churches in Macedonia and Southern Serbia.* London 1963.
Karst, J., *Mythologie arméno-caucasienne et hétito-asianique.* Straßburg 1948.
Lang, D. M., *The Georgians.* London und New York 1966.
–, *The Bulgarians.* London und Boulder 1976.
–, *Armenia, cradle of civilization.* London 1978.
Maclean, F., *To Caucasus, the end of all the earth.* London 1976.
Ostrogorsky, G., *Byzanz und die Welt der Slawen.* Darmstadt 1974.
Ralston, W. R. S., *Russian folk-tales.* London 1873.
Surmelian, L., *Daredevils of Sassoun.* London 1966.
–, *Apples of immortality.* London 1968.
Wosien, M. G., *The Russian folk-tale.* München 1969.
Zagiba, F., *Das Geistesleben der Slawen im frühen Mittelalter.* Wien 1971.
Zimmer, H., *Abenteuer und Fahrten der Seele. Mythen, Märchen und Sagen aus keltischen und östlichen Kulturbereichen. Darstellung und Deutung.* Düsseldorf/Köln 1977.

AFRIKA

Argyle, W. J., *The Fon of Dahomey.* Oxford 1966.
Baumann, H. (Hg.), *Die Völker Afrikas und ihre traditionellen Kulturen.* 2 Bde., Wiesbaden 1975–1979.
Bleek, W. H. und L. C. Lloyd, *Bushman folklore.* London 1911.
Bleek, W. H. I. und L. C. Lloyd, *Das wahre Gesicht des Buschmannes in seinen Mythen und Märchen.* Basel 1938.
Bryant, A. T., *Olden times in Zululand and Natal.* London 1965 (Nachdr.).
Dammann, E., *Die Religionen Afrikas.* Stuttgart 1963 (Die Religionen der Menschheit).
Doke, C. M., *Lamba folklore.* New York 1927 (Sambia).
Evans-Pritchard, E. E., *Witchcraft, oracles and magic among the Azande.* Oxford 1937.
–, *The Zande trickster.* Oxford 1967.
Forde, D. (Hg.), *African worlds.* New York 1954.
Gelfand, M., *Shona religion.* Kapstadt 1962.
Herskovits, M. J., *Dahomey.* New York 1938.
Hirschberg, W., *Die Kulturen Afrikas.* Wiesbaden 1974 (Handbuch der Kulturgeschichte).
Hohn, E., *Tier und Gott. Mythik, Mantik und Magie der südafrikan. Urjäger.* Basel/Stg. 1965.
Junod, H. A., *The life of a South African tribe.* 2 Bde., London 1927 (Ronga).
Kesby, J. D., *The cultural regions of East Africa.* London und New York 1977.
Knappert, J., *Traditional Swahili poetry.* London 1967.
–, *Myths and legends of the Swahili.* London 1970.
–, *Myths and legends of the Congo.* London 1971.
–, *Bantu myths and other tales.* Leiden 1977.
Kohl-Carsen, L., *Mythen aus der Serengeti (Tindiga). Das Elefantenspiel.* Kassel 1956.
Maquet, J. und H. Ganslmayr, *Afrika.* Zürich/München 1970.
Mbiti, J. S., *Akamba stories.* Oxford 1966 (Ostafrika).
–, *Afrikanische Religion und Weltanschauung.* Berlin 1974.
Merlo Pick, V., *Miti e leggende Kikuyu.* Turin 1967.
Miller, P., *Myths and legends of Southern Africa.* Kapstadt 1979.
Parrinder, G., *African mythology.* London 1967.
Post, L. van der, *The heart of the hunter.* London 1961.
Reynolds, B., *Magic divination and witchcraft among the Barotse of Northern Rhodesia.* London 1963 (Sambia).
Schapera, I., *Praise poems of Tswana chiefs.* Oxford 1965 (Botswana).
Werner, A., *African mythology* (in *The mythology of all races,* Bd. 7, New York 1964; Nachdr.).
–, *Myths and legends of the Bantu.* London 1933.

DIE NORDAMERIKANISCHEN INDIANER

Alexander, H. B., *North American mythology.* Cambridge/Mass. 1916.
Barbeau, M., *Haida myths.* Ottawa 1953.
–, *Tsinsyan myths.* Ottawa 1961.
Barnouw, V., *Wisconsin Chippewa myths and tales.* Madison 1977.
Benedict, R., *Zuni mythology.* New York 1935, 2 Bde.
Boatright, M. C., *The sky is my tipi.* Dallas 1966 (Kiowa-Apachen).
Bramly, S., *Im Reiche des Wakan. Das magische Universum der nordamerikanischen Indianer.* Basel 1977.
Brown, J. E., *The sacred pipe.* Norman/Okl. 1953.
Ceram, C. V., *Der erste Amerikaner. Das Rätsel des vorkolumbischen Indianers.* Reinbek 1972.
Clark, E. E., *Indian legends of the Pacific Northwest.* Berkeley 1933.
Coffin, T. P., *Indian tales of North America.* »Journal of American folklore«, 1961.
Curtin, J., *Seneca Indian myths.* New York 1923.
Fagan, B. M., *Die vergrabene Sonne. Die Entdeckung der Indianer-Kulturen in Nord- und Südamerika.* München 1979.
Griddings, R. W., *Yagui myths and legends.* Tucson 1959.
Johnston, B., *Und Manitu erschuf die Welt. Mythen u. Visionen der Ojibwa.* Düsseldorf/Köln 1979.
Lindig, W., *Die Kulturen der Eskimo und Indianer Nordamerikas.* Wiesbaden 1973 (Handbuch der Kulturgeschichte).
Marriott, A. u. C. Rachlin, *Plain Indian mythology.* New York 1975.
Müller, W., *Indianische Welterfahrung.* Stuttgart 1976.
–, *Geliebte Erde. Naturfrömmigkeit u. Naturhaß im indianischen u. europäischen Nordamerika.* 3. A. Bonn 1979.
Opler, M. E., *Myths and tales of the Jicarilla Apache Indians.* New York 1938.
–, *Myths and legends of the Lipan Apache Indians.* New York 1940.
O'Bryan, A., *Myths and tales of the Chiricahua Apache Indians.* New York 1976 (Nachdr. d. Ausg. 1942).
–, *The Dîné: Origin myths of the Navaho Indians.* Washington 1956.
Reichard, G. A., *An analysis of Cœur d'Alene Indian myths.* New York 1969 (Nachdr. d. Ausg. 1947).
Rooth, A. B., *The Alaska expedition, 1966. Myths, customs and beliefs among the Athabascan Indians and the Eskimos of Northern Alaska.* Lund 1971.
Snow, D., *Die ersten Indianer. Archäologische Entdeckungen in Nordamerika.* Bergisch-Gladbach 1976.
Snyder, G., *He who hunted birds in his father's village. The dimensions of a Haida myth.* Bolinas/Calif. 1979.
Swanton, J. P., *Tlingit myths and texts.* Washington D. C. 1909.
–, *Myths and tales of the Southeastern Indians.* Washington D. C. 1929.
Tedlock, D. und B., *Über den Rand des tiefen Canyon. Lehren indianischer Schamanen.* Düsseldorf/Köln 2. A. 1980.
Tyler, H. A., *Pueblo gods and myths.* Norman 1964.
Wherry, J. H., *Indian masks and myths of the West.* NY 1969.

ZENTRALAMERIKA

Brotherston, G., *Image of the New World.* London 1978.
Brundaye, B. C., *The fifth sun. Aztec gods, Aztec world.* Austin/London 1979.
Burland, C., *Magic Books from Mexico.* London 1953.
–, *The gods of Mexico.* London 1967.
–, *Völker der Sonne. Azteken, Tolteken, Inka und Maya.* Bergisch-Gladbach 1977.
Burland, C. u. W. Forman, *Gefiederte Schlange und Rauchender Spiegel. Götter und Schicksalsglaube im alten Mexiko.* Freiburg i. B. 1977.
Caso, A., *The Aztecs: People of the sun.* Norman/Okl. 1954.
Coe, M. D., *The Maya.* London 1966.
Davies, N., *Die Azteken. Meister der Staatskunst – Schöpfer hoher Kultur.* Düsseldorf/Wien 1977.

Eschmann, A., *Das religiöse Geschichtsbild der Azteken.* Berlin 1976 (Indiana, Beiheft 4).
Helfrich, K., *Menschenopfer und Tötungsrituale im Kult der Maya.* Berlin 1973.
Homet, M. F., *Auf den Spuren der Sonnengötter.* München 1976.
Katz, F., *Vorkolumbische Kulturen. Die großen Reiche des alten Amerika.* München 1969.
Krickeberg, W., *Pre-Columbian Mexican religions.* London 1968.
Leon-Portilla, M., *Aztec thought and culture.* Norman/Okl. 1963.
-, *Pre-Columbian literatures of Mexico.* Norman/Okl. 1968.
Lindig, W. und M. Münzel, *Die Indianer. Kulturen und Geschichte der Indianer Nord-, Mittel- und Südamerikas.* München 1978.
Maler, T., *Bauten der Maya.* Berlin 1971.
Nicholson, I., *Mexikanische Mythologie.* Wiesbaden 1967.
Preuß, K. Th., *Religion und Mythologie der Uitoto. Textaufnahmen und Beobachtungen bei einem Indianerstamm in Kolumbien.* 2 Bde., Göttingen 1921–23.
Seler, E., *Popol Vuh. Das heilige Buch der Quiche Guatemalas.* Berlin 1976.
Stingl, M., *Die indianischen Zivilisationen Mittelamerikas.* Hanau 1980.
-, *Die indianischen Zivilisationen Mexikos.* Hanau 1980.
Thompson, J. E. S., *Die Maya.* Zürich/München 1968.
Tompkins, P., *Die Wiege der Sonne. Die Geheimnisse der mexikanischen Pyramiden.* Bern/Mchn. 1977.
Vaillant, G. C., *The Aztecs of Mexico.* London 1965.
Wolf, E., *Sons of the Shaking Earth.* Chicago 1959.

DIE INKA

Disselhoff, H. D., *Das Imperium der Inka und die indianischen Frühkulturen.* Berlin 1974.
Huber, S., *Im Reich der Inka.* Olten/Freiburg i.B. 1976.
Mason, J. A., *Das alte Peru. Eine indianische Hochkultur.* Zürich 1965.
Métraux, A., *The history of the Incas.* New York 1969.
Molina, C. de, *The fables and rites of the Incas.* Übers. v. C. R. Markham, Cambridge 1873.
Müller, R., *Sonne, Mond und Sterne über dem Reich der Inka.* Heidelberg u. a. 1972.
Pease, F., *El Dios Creador Andino.* Lima 1973.
Salentiny, F., *Machu Picchu. Steinernes Rätsel im Lande des Kondor.* Frankfurt 1979.
Wachtel, N., *The vision of the vanquished: The Spanish conquest of Peru through Indian eyes.* Hassocks 1977.
Waisbard, S., *Machu Picchu. Felsenfestung und heilige Stadt der Inka.* Bergisch-Gladbach 1978.
Wedemeyer, J. von, *Sonnengott und Sonnenmenschen. Kunst und Kult, Mythos und Magie im alten Peru.* Tübingen 1970.

TROPISCHES SÜDAMERIKA

Da Câmara Cascudo, L., *Geografia dos mitos brasileiros.* 2. A. Rio de Janeiro 1976.
Deren, M., *Divine horsemen.* London 1953.
Farabee, W. C., *The central arawaks.* Philadelphia 1918.
Fichte, H. und L. Mau, *Xango. Die afro-amerikanischen Religionen. Bahia – Tahiti – Trinidad.* Frankfurt a.M. 1976.
-, *Petersilie. Die afro-amerikanischen Religionen. Santo Domingo, Venezuela, Miami, Grenada.* 2 Bde., Frankfurt a.M. 1980.
Fock, N., *Waiwai: Religion and society of an Amazonian tribe.* Kopenhagen 1963.
Hargons, S., *Beschwörer der Seelen. Das magische Universum der südamerikanischen Indianer.* Basel 1976.
Haßler, G. von, *Noahs Weg zum Amazonas. Von den Überlebenden der Sintflut zu den Gottkönigen unserer Welt.* Hamburg 1976.
Haskins, J., *Voodoo and hoodoo. Their tradition and craft as revealed by actual practitioners.* New York 1978.
Huxley, F., *The invisibles.* London 1966.
Kaplan, J. O., *The Piaroa: a people of the Orinoco Basin,* Oxford 1975.
Kerboull, J., *Le Vandou. Magie où religion?* Paris 1977.
Lehmann-Nitsche, R., *Studien zur südamerikanischen Mythologie. Die ätiologischen Motive.* Hamburg 1939.
Lévi-Strauss, C., *Traurige Tropen.* Köln/Berlin 1974.
Maybury-Lewis, D., *Akwe-Shavante society.* Oxford 1967.
Métraux, A., *Voodoo in Haiti.* London 1959.
Nimuendajú, C., *The Apinaye.* Washington 1939.
Orico, O., *Mitos ameríndios e crendices amazônicas.* Rio de Janeiro 1975.
Ott, Th., *Der magische Pfeil. Magie und Medizin.* Zürich/Stg. 1979.
Reichel-Dolmatoff, G., *Amazonian cosmos.* Chicago 1971.
-, *The Shaman and the jaguar.* Philadelphia 1975.
Rivière, P., *Marriage among the trio.* Oxford 1969.
Straass, F., *Im Lande der lebenden Toten. Der geheimnisvolle Vodu-Kult auf Haiti.* München 1972.
Villas Boas, O. u. C., *Xingu. The indians, their myths.* New York 1973.
Wilbert, J., *Folk literature of the Warao indians.* Los Angeles 1970.

OZEANIEN

Alpers, A., *Maori myths and tribal legends.* London 1964.
-, *Legends of the South Sea.* London 1976.
Andersen, J. C., *Myths and legends of the Polynesians.* London 1928 (Nachdr. Ruthland/Tokio 1969).
Berger, R., *Mani überlistet den Feuergott. Mythen, Gesänge und Berichte der Maori.* Kassel 1978.
Berndt, R. M., *Excell and restraint.* Chicago 1962 (Fore people).
Best, E., *Maori religion and mythology.* Wellington/New Zealand 1924 (Nachdr. NY 1977)
Burridge, K., *Tangu traditions,* Oxford 1969.
Caillot, A.-C. E., *Mythes, légendes et traditions des Polynésiens.* Paris 1914.
Dixon, R. B., *Oceanic mythology* (in *Mythology of all races,* Bd. 9, New York 1964 Nachdr.).
Dubois, M.-J., *Mythes et traditions de Maré. Nouvelle Caledonie. Les Eletok.* Paris 1975.
Emerson, N. B., *Pele and Hiiaka. A myth from Hawaii.* Ruthland/Tokio 1978 (Nachdr. d. Ausg. Honolulu 1915).
Fischer, H., *Watut. Notizen zur Kultur eines Melanesierstammes in Nordost-Neuguinea.* Braunschweig 1963.
Grey, G., *Polynesian mythology.* Christchurch 1956 (Nachdr.).
Grimble, Sir A., *Migrations, myth and magic from the Gilbert Islands.* London/Boston 1972.
Hambruch, P., *Südseemärchen.* Düsseldorf/Köln 1979 (Nachdr. d. Ausg. Jena 1916).
Hart, R., *Maori myth. The supernatural world of the Maori.* Wellington 1977.
Hesse, K., *Baining Legends.* Port Moresby 1977.
Hogbin, I. (Hg.) *The island of menstruating men.* London 1970 (Wogeo people).
-, *Anthropology in Papua New Guinea.* Melbourne 1973.
Kamma, F. C., *Koreri.* Den Haag 1972 (Biak people).
Kelm, A. u. H., *Ein Pfeilschuß für die Braut. Mythen u. Erzählungen aus Kwieftim und Abrau. Nordostneuguinea.* Wiesbaden 1975.
Koch, S. (Hg.), *Erzählungen aus der Südsee. Sagen u. Märchen von den Gilbert- und Ellice-Inseln.* Berlin 1966.
Laade, W., *Das Geister-Kanu. Südseemythen und -märchen aus der Torres-Straße.* Kassel 1974.
Lawrence, P., *Road belong cargo.* Melbourne 1964 (Madang people).
Lawrence, P. und Meggitt, M. J. (Hg.), *Gods, ghosts and men in Melanesia,* Oxford 1965.
Lawrie, M. E., *Myths and legends of Torres Strait.* New York 1971.
Leenhardt, M., *Do kamo. Person and myth in the Melanesian world.* Chicago/London 1979.
Lessa, W., *Tales from Ulithi atoll.* Berkeley 1961.
Luomala, K., *Mani-of-a-thousand tricks. His Oceanic and European biographers.* Honolulu 1949.
-, *Voices on the Wind.* Honolulu 1955.
Malinowski, B., *The sexual life of savages in North-Western Melanesia.* London 1929 (Trobriands people).
Nevermann, H., E. A. Worms u. H. Petri, *Die Religionen der Südsee und Australiens.* Stuttgart 1968 (Die Religionen der Menschheit).
Poignant, R., *Ozeanische Mythologie. Polynesien, Mikronesien, Melanesien, Australien.* Wiesbaden 1968.
Reed, A. W., *Myths and legends of Polynesia.* Wellington 1974.
Schubert, R., *Methodologische Untersuchungen an ozeanischem Mythenmaterial.* Wiesbaden 1970.
Stuebel, C., *Tala o le vavau. Myths and legends of Samoa.* Wellington 1976.
Sun and moon in Papua New Guinea folklore, Hg. U. Beier und P. Chakravarti, Port Moresby 1974.
Van Baal, J., *Dema: Description and analysis of Marind-Anim culture.* Den Haag 1966.
Vicedom, G. F., *Myths and legends from Mt. Hagen.* Port Moresby 1977.
Wagner, R., *Habu.* Chicago (Daribi people).
Williams, F. E., *Drama of Orokolo.* Oxford 1940.
Worsley, P., *Die Posaune wird erschallen. »Cargo«-Kulte in Melanesien.* Frankfurt a.M. 1973.

AUSTRALIEN

Allen, L. A., *Time before morning. Art and myth of the Australian aborigines.* New York. 1975.
Berndt, R. M. (Hg.), *Australian aboriginal anthropology.* Canberra 1970.
Berndt, R. M. und C. H., *Man, land and myth in North Australia: the Gunwinggu people.* Sydney 1970.
-, *The world of the first Australians.* Sydney 1977.
Erde, die die Seele trägt. Australische Mythen. Ausgew. u. übers. v. Th. Göbel, Stuttgart 1976.
Googer-Wurm, H. M., *Australian aboriginal bark paintings and their mythological interpretation.* Canberra 1973 ff.
Hiatt, L. R. (Hg.), *Australian aboriginal mythology,* Canberra 1975.
Howitt, A. W., *The native tribes of South-East Australia.* London 1939.
Kaberry, P. M., *Aboriginal woman, sacred and profane.* London 1939.
Lamilami, L., *Lamilami speaks.* Sydney 1974.
McConnel, U., *Myths of the Mungkan.* Melbourne 1957.
Mountford, C. P., *The Tiwi – their art, myth and ceremony.* London 1958.
Mountford, C. P., *Ayers rock.* Sydney 1965.
-, *Winbaraku and the myth of Jarapiri.* Adelaide 1968.
Robinson, R., *The feathered serpent.* Sydney 1956.
-, *Aboriginal myths and legends.* Melbourne 1966.
Smith, W. R., *Myths and legends of the Australian aboriginals.* London 1930.
Spencer, B. und Gillen, F. J., *The native tribes of Central Australia.* London 1938, Nachdr.
Stanner, W. E. H., *On aboriginal religion.* Sydney 1959–63.
Strehlow, T. G. H., *Songs of Central Australia.* Sydney 1971.
The rainbow serpent. A chromatic piece. Hg. J. R. Buchler, K. Maddock. Den Haag/Paris 1978.
Warner, W. L., *A black civilization,* New York 1958 (Nachdruck).

BILDNACHWEIS

Abkürzungen: o. = oben; r. = rechts; l. = links; M. = Mitte; sowie Zusammensetzungen, z.B. o.r. = oben rechts, u.l. = unten links.

Die Herausgeber möchten folgenden Personen und Institutionen für die Erlaubnis zum Abdruck der Bilder und Dokumente danken:

Antikvarisk-Topografiska Arkivet, Stockholm: 181 r., 183 o. r., 183 u. r., 185 u.
Antikenmuseum, Basel: 131 u.
Archeological Survey of India, New Delhi: 17 o., 27 l.
David Attenborough: 280 o.
Australian Information Service: 287 u., 288 u., 290-1 o.
Belzaux-Zodiaque: 171 u., 175
Bodleian Library: 159 u. r. (Ms. Bodley 270 u.), 244 o. (Ms. Laud misc. 678), 248 o. (Ms. Laud misc. 678)
British Library: 114, 117 o., 117 u., 118 u.
Trustees of the British Museum: 60 o., 68 o., 71 u., 127 u., 128 u., 130, 168, 169 o., 202 o., 210 o., 316, 226 o., 251 o., 253 o., 276 o. l.
Bulloz: 67, 98 u.
Cambridge University Museum of Archeology and Anthropology: 277 M., 277 r.
Chandler-Pohrt Collection: 231 u.
Chester Beatty Library, Dublin: 116, 118 o.
Christie's, London: 159 u. l. (A. C. Cooper), 274 l. (A. C. Cooper), 276 u. (A. C. Cooper)
Colorphoto Hans Hinz, Basel: 281 u.
Cooper-Bridgeman Library: 162, 208 o., 223
Dr. Audrey Coulson: 261
Department of Antiquities and Museums, Damaskus: 94
Detroit Institute of Arts: 240-1 o.
Kerry Dundas: 286 o.
Edinburgh University Library: 112, 115
The Syndics of the Fitzwilliam Museum, Cambridge: 160
Werner Forman Archive: Titelseite, 26 o., 26 u., 31, 42, 52 u., 54 o., 56 l., 66 o. l., 77, 102 o., 106 o., 108, 171 o., 177 r., 179, 180 r., 181 l., 182, 183 u. l., 184 l., 184 r., 185 o., 186, 187 u., 206, 211, 213, 219 o., 222, 224 r., 225 o., 225 u., 226 u., 227 o., 227 u., 238 u., 239, 241, 244 u., 245, 246 o., 248 u., 249 u. l., 249 u. r., 252 u., 273
Giraudon: 18 o., 18 u., 63 r., 93 r., 111
Gulbenkian Museum of Oriental Art: 51, 53, 56 r., 62 u., 81 u.
Haddon Collection, Cambridge University Museum of Archeology and Anthropology: 284, 287 o., 288 o., 289 o.
Sonia Halliday Photographs: 136, 142 o., 242 M., 158, 161 o., 165 u., 166, 169 u., 199, 200 u., 201 l., 203 l., 203 r.
Claus und Liselotte Hansmann: 21 u., 22 u., 50 o., 52 o., 65 u., 68-69 u., 69 o., 193, 267, 270 o., 279, 283
Robert Harding Associates: 41 o. (Richard Ashworth), 45 r. (Christina Gascoigne), 190 (Christina Gascoigne)
Dr. John Hinnells: 41 u., 45 l., 46
Hirmer Fotoarchiv: 101 u. l., 106 u., 109 u., 122 u., 128 o., 134, 135, 157
Michael Holford Library: 59 l., 70 u., 71 o., 73, 78-79 u., 80-81, 88, 89, 98 o., 99 u., 103 o., 123, 124, 127 o., 129, 131 o., 142 u., 146 r., 147 o., 262
Horniman Museum, London: 55 r., 72
Alan Hutchison Library: 207 (Sarah Errington), 209 (Piers Hamick), 220-221 (Bernard Gerard)
I.G.D.A.: 35 o. (N. Cirani), 48 (G. Dagli Orti), 49 u. (G. Dagli Orti), 50 u. (G. Dagli Orti), 76 u. (G. Ricatto), 82 o. (G. Dagli Orti), 87 u. (A. C. Cooper), 99 o. (Seemuller), 100 u. (G. Dagli Orti), 101 u. r. (G. Dagli Orti), 102 u. (Seemuller), 104 u., 121 u. (C. Bevilacqua), 122 o. (R. Lalance), 125 u. (A. C. Cooper), 138 (R. Pedicini), 139 o. (C. Bevilacqua), 141 u. (A. Buscaglia), 145 o. (C. Bevilacqua), 146 l. (C. Bevilacqua), 159 o. (G. Nimatallah), 163 (G. Dagli Orti), 164-165 (C. Bevilacqua), 165 o. (G. Dagli Orti), 165 M. (G. Dagli Orti), 167 o. (Seemuller), 167 u. (C. Ciccione), 195 l. (G. Tomsich), 196 (G. Dagli Orti), 197 o. (G. Dagli Orti), 200 o. (E. Turri), 212, 243, 247 (G. Dagli Orti), 250, 264 (M. Carrieri), 289 u. (G. Dagli Orti)
I.G.D.A./Bulloz: 98 u., 113
I.G.D.A./Scala: 161 u.
Israel Department of Antiquities and Museums: 95 o., 95 u.
Trustees of the Lady Lever Art Gallery, Port Sunlight: 64, 66 u. r.
Professor David Lang: 197 u., 198, 201 r., 202 o.
Larousse: 80 l., 195 r.
Lindenmuseum, Stuttgart: 217 o., 218
MacQuitty Collection: 36 o., 97, 101 o., 107, 210 u., 219 u.
Manchester Museum: 104 o., 109 o.
Mansell Collection: 36 u., 137, 139 u., 147 u., 150, 151 o., 202 u.
Manx Museum, Isle of Man: 187 o.
John Massey Stewart: 204
Metropolitan Museum of Art, New York: 60 u.
John Moss: 263, 265
Musée de l'Homme, Paris: 217 u., 220 l., 228
Musée Romain, Avenches: 140
Musée Royale de l'Afrique Centrale, Tervuren: 208 u.
Museum für Völkerkunde, Hamburg: 275 o.
Museum of Fine Arts, Boston, Bigelow Collection: 76 o.
Museum of the American Indian, Heve Foundation, New York: 233
National Monuments Record, London: 173 u.
National Museum of Antiquities of Scotland: 174 o.
Peter Newark's Western Americana: 234 r.
Novosti Press Agency: 194
W. H. Pederson: 291
Anne und Bury Peerless: 15, 16, 17 u., 21 o., 22 o., 23 u.l., 23 u. r., 24 o., 24 u., 25 o., 25 u., 27 r., 30 u., 33, 100 o.
Percival David Foundation of Chinese Art, London: 70 o.
Photoresources: 29 l., 35 u. l., 38, 62 o., 65 o., 87 o., 93 l., 121 o., 125 o., 126, 132, 138 l., 152, 153 o., 237, 274 r.; 277 l., 280 u., 281 o.
Axel Poignant: 180 l., 275 u., 276 o. r., 282 o., 282 u., 285, 286 l., 290 u.
Popperfoto: 191
Michael Ridley: 19, 20 u., 23 o., 28, 29 r., 37 l., 59 r.
Jean Roubier: 172, 173 o., 177 l.
Royal Ontario Museum: 231 o.
Sakamoto Photo Research Laboratory, Tokio: 78 l., 79 r., 82 u., 84
Scala: 35 u. r., 37 r., 57, 103 u., 145 u., 148 l., 148 r., 149 o. l., 149 o. r., 148 u., 155
Ronald Sheridan's Photo-Library: 143, 153 u., 154
Edwin Smith: 144, 174 u.
Smithsonian Institution, National Anthropological Archives: 234 l., 240 u.
Smithsonian Institution, National Collection of Fine Arts: 232 u.
South American Pictures: 255 (Marion Morrision), 256 u.(Tony Morrison), 257 (Marion Morrison)
Staatl. Museum, Ostberlin: 90
University Museum, Philadelphia: 91
University of Hong Kong: 63 l.
Mireille Vautier: 39 o., 39 u., 78-79 o. (Vautier-Decool), 83 r. (Helene Decool), 232 o. (Vautier-de Nanxe), 249 o. (Vautier-Decool), 251 o. (Vautier-Decool), 252 o. (Vautier-Decool), 256 o. (Vautier-Decool), 258 (Vautier-Decool), 259 l. (Vautier-Decool), 259 r. (Vautier-Decool), 268 (Vautier-de Nanxe), 269 o. (Vautier-de Nanxe), 269 u. (Vautier-de Nanxe), 270 u. (Vautier-de Nanxe)
Victoria und Albert Museum, Crown Copyright: 20 o., 49 o., 54 u., 55 l., 61 r., 66 o., 81 o., 83 l.
Roger-Viollet: 105
Warburg Institute: 141 o.
John Webb: 30 o.
Wellcome Institute: 61 l.
Wheelwright Museum of the American Indian, Santa Fe, New Mexico: 236 o., 236 u.
Wiener Library: 189
Frank Willett: 224 l.
Roger Wood: 43, 47, 151 u.
Zefa: 75, 215

Wir danken folgenden Museen und Sammlungen:

Anspach Collection, New York; Archeological Museum, Florenz; Archeological Museum, Jerusalem; Art Gallery of New South Wales; David Attenborough Collection, London; Australian Institute of Anatomy, Canberra; Australian Museum, Sydney; Ayudha National Museum; Collection of Kurt Bachmann, New York; Baroda Museum; Bibliothèque Nationale, Paris; British Library, London; Trustees of the British Museum, London; Bodleian Library, Oxford; Cairo Museum; Cambridge University Museum of Archeology and Anthropology; Dom Museum, Gerona; Chandigarh Museum; Chandler-Pohrt Collection; Chester Beatty Library, Dublin; Dallas Museum of Fine Arts; Delphi Museum; Detroit Institute of Arts; The Syndics of the Fitzwilliam Museum, Cambridge; Galleria dell' Accademia, Venedig; Philip Goldman Collection, London; Gulbenkian Museum of Oriental Art, Durham; Hermitage Museum, Leningrad; Horniman Museum, London; Indian Museum, Kalkutta; Khajuraho Museum; Collection of Mr. and Mrs. David Lloyd Kreeger, Washington D. C.; Kyoto Museum; Lady Lever Art Gallery, Port Sunlight; Lahore Museum; Le Bardo Nationalmuseum, Tunis; Lindenmuseum, Stuttgart; Liverpool City Museum; Louvre, Paris; Madras Museum; Manchester Museum; Fosco Maraini Collection; Metropolitan Museum of Art, New York; Musée Alésia, Alise-Sainte-Reine; Musée Calvet, Avignon; Musée Condé, Chantilly; Musée de l'Homme, Paris; Musée Granet, Aix-en-Provence; Musée Guimet, Paris; Musée Nationale des Arts Africains et Oceaniens, Paris; Musée Romain, Avenches; Musée Royale de l'Afrique Centrale, Tervuren; Museo Capitolino, Rom; Museo Castello, Mailand; Museo Gregoriano Etrusco (Vatikanische Museen), Rom; Museo Nazionale, Neapel; Museo Nazionale, Palermo; Museum für Völkerkunde, Basel; Museum für Völkerkunde, Berlin; Museum für Völkerkunde, Hamburg; Museum of Fine Arts, Boston; Museum of Haitian Art, College of St. Pierre, Port-au-Prince; Museum of the American Indian, Heye Foundation, New York; Museum of the Cherokee Indian, North Carolina; National Archeological Museum, Reggio Calabria; National Gallery of Prague; Nationalmuseum, Athen; Nationalmuseum, Belgrad; Nationalmuseum, Kopenhagen; Nationalmuseum, Damaskus; Nationalmuseum, Reykjavik; National Museum of Anthropology, Mexiko; National Museum of Antiquities, Schottland; National Museum of Villa Giulia, Rom; Palazzo Ducale, Venedig; Percival David Foundation of Chinese Art, London; Pio Clementino Museum (Vatikanische Museen), Rom; Prince of Wales Museum, Bombay; Pruniger Collection, Luzern; Katherine White Reswick Collection, Cleveland; Rhodos Museum; Royal Ontario Museum, Toronto; Schimmel Collection, New York; Staatl. Museum, Ostberlin; State Museum, Lucknow; Statens Historiska Museet, Stockholm; Smithsonian Institution; Museum of History and Ethnography, Tbilisi; Übersee Museum, Bremen; University Library, Uppsala; University of Hong Kong; University Museum, University of Pennsylvania.

Unser besonderer Dank gilt:

Professor Gordon Brotherston; Christie's, London; Dr. Audrey Coulson; Dr. Rosalie David; the Gulbenkian Museum of Oriental Art, Durham; Sonia Halliday; the Lady Lever Art Gallery, Port Sunlight; Professor David Lang; Tony Morrison; Bury Peerless; Michael Ridley; Tadeusz Skorupski; Sotheby's, London; Mireille Vautier and the Wheelwright Museum of the American Indian, Santa Fe.

REGISTER

Seitenzahlen mit Sternchen * verweisen auf Abbildungen. Die Namen authentischer (nichtlegendärer) Personen sind *kursiv* gesetzt. Für die in Klammer angefügten Zugehörigkeitsbezeichnungen gelten folgende Abkürzungen: afr. = afrikanisch; ägypt. = ägyptisch; arab. = arabisch; arm. = armenisch; äthiop. = äthiopisch; austr. = australisch; bibl. = biblisch; brit. = britisch; buddh. = buddhistisch; bulg. = bulgarisch; chin. = chinesisch; christl. = christlich; gall. = gallisch; germ. = germanisch; griech. = griechisch; hindu. = hinduistisch; ind. = indisch; indian. = indianisch; ir. = irisch; iran. = iranisch; isl. = isländisch; islam. = islamisch; jain. = jainistisch; jap. = japanisch; kauk. = kaukasisch; kelt. = keltisch; lit. = litauisch; mamer. = mittelamerikanisch; melan. = melanesisch; mesop. = mesopotamisch; mikron. = mikronesisch; nilot. = nilotisch; paläst. = palästinisch; poln. = polnisch; polyn. = polynesisch; röm. = römisch; russ. = russisch; skand. = skandinavisch; slaw. = slawisch; syr. = syrisch; taoist. = taoistisch; tibet. = tibetanisch; wal. = walisisch; zoroastr. = zoroastrisch.